Klaus von Beyme

Das politische System der Bundesrepublik Deutschland

SERIE PIPER

Zu diesem Buch

Diese völlig neubearbeitete Auflage eines eingeführten Buches ist vor allem dem schwierigen Prozeß der deutschen Einigung gewidmet. Außen- und innenpolitische Hindernisse des Prozesses werden dargestellt. Die Schwierigkeiten des Zusammenwachsens von Ost- und Westdeutschland werden mit der Analyse der Institutionen – Parteien, Bundestag, Regierung, Verwaltung, Verfassungsgerichtsbarkeit und Föderalismus – und der politischen Prozessse – Wahlverhalten, Legitimierung des Systems, Durchsetzung organisierter Interessen und Führungsauslese – verknüpft. Die Aussichten der Forderung des Grundgesetzes nach Herstellung einheitlicher Lebensverhältnisse werden im Lichte der Leistungen des Systems bewertet.

Klaus von Beyme, geboren 1934 in Saarau/Schlesien. Studium der Politikwissenschaft, Geschichte und Soziologie an den Universitäten Heidelberg, München, Paris und Moskau; 1962 Promotion, 1967 Habilitation. 1967 bis 1973 Professor für Politikwissenschaft an der Universität Tübingen, seit 1973 o. Professor am Institut für Politikwissenschaft der Universität Heidelberg. Von 1982 bis 1985 Präsident der *International Science Association*. Mitglied der Akademie Berlin-Brandenburg.

Klaus von Beyme

Das politische System der Bundesrepublik Deutschland

Eine Einführung

Überarbeitete Neuausgabe 1996

Piper München Zürich

Originalausgabe
1. Auflage März 1979
8., überarbeitete Auflage Mai 1996

Umschlag: Büro Hamburg
Simone Leitenberger, Susanne Schmitt, Andrea Lühr
Umschlagabbildung: Thomas Rosenthal/allover
Foto Umschlagrückseite: Andreas Busch
Gesamtherstellung: Clausen & Bosse, Leck
Printed in Germany ISBN 3-492-20578-X

Inhalt

Verzeichnis der Tabellen und Grafiken

Tabellen

Grafik:

Abkürzungen

AJdD	Allensbacher Jahrbuch der Demoskopie
APSR	American Political Science Review
APuZG	Aus Politik und Zeitgeschichte
BVerfGE	Verfassungsgerichtsentscheidungen
DÖV	Die öffentliche Verwaltung
GMH	Gewerkschaftliche Monatshefte
JdöM	Jahrbuch der öffentlichen Meinung
JÖR	Jahrbuch des öffentlichen Rechts
KZfSS	Kölner Zeitschrift für Soziologie und Sozialpsychologie
Lev.	Leviathan
PVS	Politische Vierteljahresschrift
VVDStRL	Veröffentlichungen der Vereinigung der Deutschen Staatsrechtslehrer
WEP	West European Politics
ZfP	Zeitschrift für Politik
ZfSoz	Zeitschrift für Soziologie
ZParl	Zeitschrift für Parlamentsfragen

Vorwort

9. November 1989 – der Tanz des Volkes auf der Berliner Mauer wurde als die erste erfolgreiche Revolution in Deutschland gewertet. Im linearen Fortschrittsdenken befangen, hatten viele Linke Schwierigkeiten, in der unerwarteten Wende der DDR zu Marktwirtschaft und Demokratie eine Revolution zu erkennen. Ihre Hoffnungen richteten sich auf eine positive Konvergenz der beiden deutschen Systeme. Etwas vom Hoffen auf den »Dritten Weg« zwischen dem realen Sozialismus und dem westlichen System schien auch für die Bundesrepublik aufzukeimen. Die Überstürzung der Ereignisse machte diese Hoffnungen seit Februar 1990 auch für die DDR zunichte.

Übersehen wurde dabei, daß auch die südlichen Nachbarländer der DDR, vor allem die Tschechoslowakei und Ungarn, mit besseren Voraussetzungen keinen »Dritten Weg« in Aussicht nahmen. Dort waren die reformsozialistischen Eliten von der Repressionspolitik des realen Sozialismus unbelastet.

Die deutschen Eliten in Ost- und Westdeutschland hatten 40 Jahre nur eines gemeinsam gehabt: Kein »deutscher Sonderweg« sollte das jeweilige System mehr vom Rest des eigenen Lagers trennen. Ein »Dritter Weg« für die DDR war daher von Anfang an aussichtslos. Ohne internationale Solidarität der ex-sozialistischen Länder war ein »Dritter Weg« nicht denkbar. Der »Restsozialismus in dem Teil eines Landes« wäre selbst in marxistischer Sicht als Szenario unter das Verdikt von Engels gegen die preußischen Sozialisten von Rodbertus bis Dühring gefallen, daß sie als »verkannte Genies« eine große Ignoranz offenbarten, »über alles, was außerhalb Preußens vorging« (MEW Bd. 21: 176).

Die friedliche Kerzenrevolution vom November 1989 kann als erste erfolgreiche deutsche Revolution nur bedingt mit Stolz erfüllen. Sie war die erste Revolution in einem *Modell des Kollapses* eines anscheinend noch gefestigten sozialistischen Systems. Aber ein tschechischer Demonstrant auf dem Wenzelsplatz wies auf die internationalen Zusammenhänge hin, als er mit Stolz verkündete, »wir werden in acht Tagen schaffen, wozu Polen acht Jahre und die DDR acht Wochen brauchte«. Im Modell der *Erosion des realen Sozialismus* wogen die acht Jahre des polnischen Widerstandes schwerer als die acht Wochen in der DDR. Die »ausgehandelte Revolution« Ungarns war eine direkte Vorbedingung für die Abstimmung mit den Füßen durch die Bürger der DDR. Die Erosion des realen Sozialismus in Polen und Ungarn ihrerseits wäre ohne die friedliche Revolution Gorbatschows von oben in der Perestroika der Sowjetunion kein unumkehrbarer Prozeß gewesen.

Trotz der singulär erscheinenden Ereignisse des deutschen Einigungsprozesses wird der Verfasser in einer konfigurativen Analyse des politischen Systems in Deutschland dem Ansatz der früheren Auflagen treu bleiben und die Prozesse in Deutschland am Vergleich mit anderen Ländern messen. Die reiche Literatur über Systemwandel in den siebziger Jahren wird heute in den osteuropäischen Raum kanalisiert. Die Ereignisse der Forschung über »Transition to Democracy« sind aber nur sehr bedingt auf den östlichen Teil des Landes anwendbar. Die Stärke des Westens als Referenzkultur für die DDR, die organisatorische Macht westdeutscher sozialer und politischer Kräfte haben der Transformation der DDR ihr beispielloses Tempo verliehen. Daher ist es, trotz der Ungleichheit der Lebensverhältnisse in Ost und West, bereits möglich, von einem deutschen »*System*« zu sprechen. Selten hat in einem politischen Prozeß die *gute Absicht* des Handelns der Akteure in der DDR so wenig Einfluß auf das *funktionale Resultat* im Systemzusammenhang Deutschlands entwickelt. Kein Wunder, daß sich Enttäuschung und Apathie unter den Bürgern der ehemaligen DDR und ihren Akteuren in der friedlichen Revolution ausbreiteten. Aber die Enttäuschungen werden sich als weitgehend unvermeidlich erweisen, wenn die sozialen und politischen Kräfte in Ost und West analysiert werden: die politische Kultur, die Parteien, die Interessengruppen, die Eliten.

Der Verfasser wurde im fernen Australien von den Ereignissen überrascht. Auf einer Tagung der Osteuropaforschung des Südpazifiks brachen Statusängste naturwüchsig hervor: »Wir Sozialismusforscher müssen uns nun alle im History Department bewerben.« »Du hast es gut«, sagte ein Kollege zu mir, »du schreibst ja auch über Deutschland. Bei dir ist nicht alles Makulatur.« Ich war damals keineswegs davon überzeugt, daß mein Buch über das »Politische System der Bunderepublik Deutschland« Namen und Struktur seines Aufbaus behalten könnte. Der Verfasser ist eher von einem anderen Schockerlebnis gezeichnet: Die Struktur des Aufbaus des alten Buches kann wenig verändert beibehalten werden. Der Prozeß der publizistischen Adaption an das neue größere System zeigt das Problem in der Sache: Es wird ein asymmetrisches System beschrieben, in dem die Grundstruktur dem Muster der Bundesrepublik folgt. Nicht nur der Mangel an substantiellen Studien zu den Angleichungsvorgängen in den sechs neuen Bundesländern, sondern auch der Mangel an eigenständigen politischen Impulsen Ostdeutschlands machen erschreckend deutlich, daß die Beschreibung eines politischen Systems in Deutschland noch nicht die Beschreibung gleichwertiger Systemteile bedeutet. Dem Verfasser bleibt nur die Hoffnung, daß eine künftige Neuauflage diese Asymmetrie schon in gemildertem Licht zeigt.

Neuere Literatur zum politischen System der Bundesrepublik Deutschland

K. von Beyme/M. Schmidt (Hrsg.): Politik in der Bundesrepublik Deutschland. Opladen, Westdeutscher Verlag, 1990

K. M. Bolte/St. Hradil: Soziale Ungleichheit in der Bundesrepublik Deutschland. Opladen, Leske & Budrich, 1988

D. P. Conradt: The German Polity. New York, Longman, 1989[4]

R. J. Dalton: Politics in Germany. New York, Harper Collins, 1992

Th. Ellwein: Krisen und Reform. Die Bundesrepublik seit den sechziger Jahren. München, DTV, 1989

W. Glatzer/W. Zapf (Hrsg.): Lebensqualität in der Bundesrepublik. Objektive Lebensbedingungen und subjektives Wohlbefinden. Frankfurt a. M., Campus, 1984

J. J. Hesse/Th. Ellwein: Das Regierungssystem der Bundesrepublik Deutschland. Opladen, Westdeutscher Verlag, 1992[7]

R. Hettlage (Hrsg.): Die Bundesrepublik. Eine historische Bilanz. München, C. H. Beck, 1990

P. J. Katzenstein: Policy and Politics in West Germany. Philadelphia, Temple University Press, 1987

R. Merkl (Hrsg.): The Federal Republic of Germany at Forty. New York UP, 1989

W. Rudzio: Das politische System der Bundesrepublik Deutschland. Opladen, Leske & Budrich, 1991[3]

B. Schäfer: Gesellschaftlicher Wandel in Deutschland. Stuttgart, Enke, 1995[6]

G. Smith u. a. (Hrsg.): Developments in German Politics. London, Macmillan, 1992

K. Sontheimer: Grundzüge des politischen Systems der neuen Bundesrepublik Deutschland. München, Piper, 1995[2]

Einleitung: Der Weg zur deutschen Einheit

»Die Präambel ist der wichtigste Teil einer Verfassung«, begann einmal ein bekannter amerikanischer Verfassungsrechtler seine Vorlesung über die amerikanische Verfassung. »Wenn meine Kollegen das Gegenteil sagen, glauben Sie ihnen nicht.« Für das Grundgesetz der Bundesrepublik Deutschland sollte er recht behalten. Im Lauf der 40jährigen Geschichte der Bundesrepublik wurde der Anspruch des Grundgesetzes, auch für »jene Deutsche« zu handeln, »denen mitzuwirken versagt war«, für die westdeutschen politischen Kräfte zunehmend zum Ärgernis, die sich im Status quo der Teilung eingehaust hatten. Wie die Anerkennung der DDR als Staat zu vereinbaren war mit dem Festhalten an der Aufforderung des Grundgesetzes an das deutsche Volk, »in freier Selbstbestimmung die Einheit und Freiheit Deutschlands zu vollenden«, schien immer schwerer zu begründen. Dennoch erwies sich diese Präambel – ihren Spöttern zum Trotz – als der erfolgreichste Teil dieser provisorischen Verfassung. Immer größere Teile des westdeutschen Volkes schienen aber geneigt, sie eher unter die »dignified parts« der Verfassung zu rechnen – »ehrwürdig«, aber bedeutungslos. Walter Bagehot, auf den diese Unterscheidung zurückgeht, hatte jedoch schon vor solchen Verallgemeinerungen gewarnt: Die effizienten Teile des Systems wendeten nach seiner Ansicht die Macht nur an, aber die ehrwürdigen Teile »attract its motive power«, sie legitimierten die Macht. Die Analyse der politischen Kultur in Deutschland (Kap. 2) wird zeigen, daß das Nationalgefühl der Westdeutschen im Vergleich der Nationen unterdurchschnittlich entwickelt war. Aber die Macht der Präambel war bei etwa zwei Dritteln der Bevölkerung groß genug, um die Einheit so rasch zu ermöglichen, obwohl schon früh klar wurde, daß sie Opfer verlangen würde.

Im Frühjahr 1990 schien der Prozeß der Annäherung der beiden deutschen Staaten noch offen. Auf einer Tagung der Vereinigung der deutschen Staatsrechtlehrer (VVDStRL 49: 124) hat ein Berichterstatter noch argumentiert, daß – falls die Vereinigung trotz guter Chancen scheitern sollte – erwogen werden müsse, die Präambel des Grundgesetzes und das Wiedervereinigungsgebot abzuschaffen, um der Europäischen Integration auch in der Verfassung Priorität zu geben. Vierzig Jahre lang hatte es Lippenbekenntnisse zur Konzeption Adenauers gegeben, daß die Wiedervereinigung nur über eine enge Anlehnung an den Westen zu erreichen sei. 1990 wurde diese Auffassung richtig, wenn auch unter ganz anderen Prämissen, als sie Adenauer zugrunde gelegt hatte. Die europäische Einigung wurde 1990 nicht zur Alternative der deutschen Einheit, sondern trug dazu bei, sie zu beschleunigen und international abzusichern.

Unter den ca. 70% Bürgern, welche die Einigung in Westdeutschland Ende 1989 billigten, war ein großer Prozentsatz für eine langsamere Vereinigung. Willy Brandt sprach davon, daß nun zusammenwachse, was zusammengehöre, aber vielen wurde bei dem Tempo unheimlich. Selbst Bundespräsident von Weizsäcker warnte vor dem »Zusammenwuchern«. Drei Stadien lassen sich in diesem Prozeß unterscheiden:

(1) Bis Dezember 1989 war ein großer Teil der Westdeutschen zunächst für die Zweistaatlichkeit,

(2) bis Februar 1990 wurde klar, daß die Erosion des Systems der DDR auch unter der Regierung Modrow so rasche Fortschritte machte, daß eine lockere Form der Vereinigung unvermeidlich wurde. Dafür waren drei Faktoren maßgebend:

- Die Zuspitzung der *wirtschaftlichen Krise* in der DDR.
- Der *anhaltende Exodus* aus der DDR, der in der ersten Jahreshälfte auf eine halbe Million geschätzt wurde.
- Die *Halbherzigkeit der Maßnahmen der DDR-Regierung*. Mißtrauen wurde durch einen Brief Modrows an Gorbatschow vom 2.2.1990 geschürt, in dem der DDR-Ministerpräsident die Sowjetunion bat, »mit ihren Rechten als Siegermacht des Zweiten Weltkrieges... für die Sicherung der Eigentumsverhältnisse« einzutreten (DDR-Almanach, 1990: 364).

(3) Nach den ersten freien Wahlen der DDR im März 1990 und dem Wahlsieg der Unionsparteien kam es von beiden Seiten zu verstärkten Einigungsbemühungen. Die linken Gegner einer Vereinigung begannen sich in Resignation zu üben. Die Intellektuellen wurden aufgerufen, ihre Rolle zu bestimmen, ob sie »Mittäter bei einer machtpolitischen und ökonomischen Landnahme sein wollen – oder Sand im Getriebe dessen, was läuft oder abfährt« (Greiner, 1990: 68).

Zwei Interpretationen des improvisierten Prozesses wurden in der westdeutschen Linken angeboten:

- Als treibende Kraft wurde ein *»Nationalismus von oben«* gesehen, der Arbeitsplätze für Machthaber und Staatsdiener schafft (Dekker/Held, 1990: 21). Die reflektiertere Variante sprach von einem »Syndrom des Eliten-Nationalismus«, der »keineswegs eine in der Bevölkerung tatsächlich vorherrschende Gefühlslage zum Ausdruck« bringe, sondern, umgekehrt, das nationale Motiv zur Erzeugung der Akzeptanz einsetze (Offe, 1990). Hartnäckig hielt sich die Vorstellung: »Art und Tempo der Vereinigung sind von der Bundesregierung bestimmt worden.« »Terminzwänge« wurden als ausschließlich selbstgesetzt dargestellt (Habermas, 1991: 63). Diese Analytiker kritisierten nicht die Vereinigung an sich, sondern die Art und Weise. Der langsame Prozeß der Vereinigung, um Zeit für Kommunikation und Reflexion zu gewinnen, war in der Stille von der Hoffnung gekennzeichnet, daß ein längerer Prozeß der Besinnung auf die wohlverstandenen Eigeninteressen der DDR zu einer weniger anschlußwütigen Sofortentscheidung geführt hätte. Kommunikationstheorien der Politik geben dem Volk gern jede Möglichkeit der Mitwirkung, scheuen aber nichts mehr, als auch die Möglichkeit zuzugeben, daß das Volk sich in höchst konservativer und wenig aufgeklärter Weise entscheidet.

- Eine zweite Hypothese scheint näher an der Realität, wenn festgestellt wurde, daß das Nationale in der Bundesregierung erst einmal keine Rolle gespielt habe und nur von einigen »Pickelhaubenträgern vom Dienst« vorgebracht worden sei. Der politischen Klasse in Bonn wurde nicht nationale Mobilisierung vorgeworfen, sondern umgekehrt, daß sie *machtlos gegen den Einigungsdrang* war und über keinen Willen verfügte, den sie dagegen hätte mobilisieren können (Schmid, 1990: 92f.).

Konservative Betrachter befürchteten eher ein Ende der Bundesrepublik. Für Niklas Luhmann (1990) schien die Kontinuität allenfalls gesichert durch die zwei Haupthaltungen der Bevölkerung: Dabeisein und Dagegensein, Teilhabe an den wirtschaftlichen »Errungenschaften« und zugleich eine Protestkultur zu pflegen.

Beide Sichtweisen überschätzen den Anteil der deutschen Akteure am Geschehen. Zur raschen Einigung wurden die Eliten in beiden deutschen Staaten durch die Ereignisse eher gedrängt, als daß sie diese geplant hätten. Weit bemerkenswerter als dieser Prozeß des Sich-Drängen-lassens war die internationale Hinnahme der Einigung, die sie erst ermöglichte und ohne welche die Intentionen der deutschen Akteure zweitrangig für den Erfolg geblieben wären.

Anders als bei dem historischen deutschen Einigungsprozeß 1871 war die zweite Vereinigung keine innerdeutsche Angelegenheit. Es ist leicht, mit Faktoren der Stabilitätssehnsucht politischer Eliten und der

Risikoscheu der Massen in beiden deutschen Staaten zu erklären, warum der rasche Anschluß gewählt wurde. Schwerer ist zu erklären, wie es international möglich wurde, daß Deutschland 1990 durch eine ganz »schmale Tür der Geschichte in die Einheit schlüpfte«, wie der brandenburgische Ministerpräsident Stolpe sich so treffend wie behutsam ausdrückte. Es grenzte an ein Wunder, daß die außerordentlich heterogenen Akteure – trotz aller Annäherung seit der Perestroika – in der Frage der deutschen Einheit dem Drängen der Deutschen nachgaben.

Auch innenpolitisch gab es keinen »Meisterplan« zur Vereinigung. Kohls 10-Punkte-Plan vom Dezember 1989 – in sträflichem Leichtsinn nicht einmal mit den westlichen Verbündeten abgestimmt – ließ nicht darauf schließen, daß die Bonner Regierung Ende 1989 mit einer raschen Vereinigung rechnete. Gleichwohl ist von Akteuren der DDR-Opposition wie des Demokratischen Aufbruchs schon der moderate 10-Punkte-Plan als »größte Katastrophe nach Öffnung der Grenzen« bezeichnet worden. Pfarrer Schorlemmer aus Wittenberg (DA) befürchtete eine Wirkung des Konföderationsplans, der den Selbstlauf der Ereignisse verstärkte: »Er bestärkt nicht unser Selbstvertrauen, sondern unsere Hilfsbedürftigkeit« (Interview mit der RNZ 16.1.1990: 13). Die Wirkung des Plans wurde damit vermutlich überschätzt. Aber die rasche Bonner Initiative gegenüber der DDR verstärkte zweifellos die Erosionstendenzen in der DDR.

Die größte Leistung der Bundesregierung – neben der außenpolitischen Konzertierung, bei der sie häufig mehr Glück als Geschick bewies – war zweifellos, die rasche Führung gegenüber dem wirtschaftlichen System zu übernehmen. Die Wirtschaftseliten hatten naturgemäß mehr Bedenken gegen die Währungsunion und den raschen Einigungsprozeß als das Volk.

Entscheidend für die deutsche Einigung war die Dynamik der Annäherung in Europa. Andreotti hatte als italienischer Außenminister 1984 geäußert, daß niemand in der Welt die deutsche Einigung wünsche. Selbst Bruno Kreisky assistierte damals: »Dem Herrn Andreotti ist es halt passiert, daß er etwas deutlicher formuliert, was alle denken« (FAZ, 29.9.1984: 5). Noch Egon Krenz berief sich in seiner kurzen Regierungszeit auf diesen Satz. Andreotti hat im Februar 1990 diese Meinung revidiert, und dieser Prozeß der weltweiten Revision alter bipolarer Konzeptionen wurde der eigentliche Schlüssel zur Vereinigung. Die Motive der anderen Mächte waren unterschiedlich. Nur Amerika hatte immer Lippenbekenntnisse zur deutschen Einheit abgelegt und hatte auch von einem zu großen Deutschland in der Mitte Europas nichts zu fürchten. Für die USA war die deutsche Einheit eine

Art Krönung ihrer »Einhegungspolitik« gegenüber dem sowjetischen Expansionismus (Kaiser, 1991: 49).

Die *westeuropäischen Mächte* sahen nun die positiven Möglichkeiten einer deutschen Vereinigung aus einer Reihe von Gründen:

- Nach dem Zusammenbruch des bipolaren Sicherheitssystems war die Rolle der DDR unsicher geworden. Noch waren 400000 sowjetische Soldaten auf dem Territorium Ostdeutschlands stationiert, die neutralisiert werden sollten.
- Die *Neutralität* Deutschlands war seit den Erfahrungen mit der Weimarer Republik ein *Alptraum*. Die Devise für 40 Jahre »to keep the Soviets out, to keep the Germans down« hatte sich gewandelt. Es ging vor allem um die Einbindung eines künftigen Deutschland.
- Die *Prävention gegen einen deutschen Nationalismus* im Falle eines Vetos gegen die Vereinigung hat ebenfalls einige Akteure motiviert.
- Eine unabhängige DDR hätte der Europäischen Gemeinschaft starke *finanzielle Lasten* aufgebürdet. Die rasche Vereinigung wurde auch für die anfangs zögernde EG ein Mittel, die Kosten des Annäherungsprozesses in Deutschland zu internalisieren. Eine spanische Zeitung rechnete viele Milliarden Dollar aus, welche der Eintritt der DDR in die EG für Spanien kosten würde (La Vanguardia, 21.3.1990: 15).
- Die *Wirtschaftskraft* der Bundesrepublik konnte durch diese Kosten für die Zukunft mittelfristig *stark gebunden* werden und schien den Vorsprung Westdeutschlands im Handel mit Osteuropa zu mildern und die Chancen anderer westeuropäischer Länder zu vergrößern. Die *osteuropäischen Länder* hatten ebenfalls einige Hoffnungen mit der raschen Vereinigung, die ihre Bedenken schließlich überwogen:
- Die *Hoffnung auf eine sichere Grenze mit Westeuropa* und den Wegfall einer Bedrohung durch die DDR, die auf bedingungslose Gefolgschaft zur Sowjetunion angewiesen war.
- Die Hoffnung auf *raschere Beitrittschancen zur EG*, wenn die Sonderrolle der DDR entfiel.
- Die Hoffnung, *ganz Deutschland in der Nato zu halten*, um Deutschland unter Kontrolle zu halten. Artikel 23 des Grundgesetzes schien den Eintritt der DDR in die westdeutschen Bindungsverpflichtungen zu garantieren.

Die Sowjetunion war im Februar 1990 durch die internen ethnischen Konflikte relativ handlungsschwach. Ohne diese Ablenkung hätte sie vermutlich ihre Interessen stärker im Sinne der Großmachtkontinuität durchgesetzt. Gorbatschow akzeptierte schließlich die Einheit – und zur großen Verwunderung aller Kenner der sowjetischen Außenpolitik – auch die deutsche Nato-Mitgliedschaft aus mehreren Gründen:

- Von Breschnew bis Gorbatschow hatte die Führung nie ausgeschlossen, daß »die Geschichte« die deutsche Frage lösen werde. Der Glaube nahm ab, daß dies unter sozialistischem Vorzeichen geschehen werde. Es schien sinnvoll, verlorene Positionen aufzugeben, solange Gegenleistungen dafür erhältlich waren. Die *traditionellen Sonderbeziehungen* zwischen Deutschland und Rußland, von Tauroggen bis Rapallo, waren ein Alptraum der Westmächte; sie paßten jedoch durchaus ins Moskauer Kalkül.
- Die *Übernahme der wirtschaftlichen Verpflichtungen der DDR* durch die westdeutsche Regierung und eine erhoffte enge wirtschaftliche Kooperation zum Nutzen des wirtschaftlichen Umbaus in der Sowjetunion. Bis März 1990 wurde die PDS-Position gegen die Einigung nach Artikel 23 noch unterstützt. Diese Haltung wurde angesichts der vollendeten Tatsachen nach der März-Wahl aufgegeben.
- Zweimal gab Gorbatschow seine Vetoposition auf (Wettig 1990). Die Nichtratifizierung des Zwei-plus-Vier-Abkommens wurde nur gelegentlich angedroht, schien aber nicht opportun zur Erhaltung des neugewonnenen Vertrauens der Westmächte. Die Trumpfkarte der sowjetischen Truppen in der DDR stach zunehmend weniger. Bis Februar 1991 gab es 550 Asylanträge sowjetischer Soldaten. Disziplinschwierigkeiten ließen es sogar geraten erscheinen, den Abzug so rasch wie möglich ins Werk zu setzen, zumal mit der Schnelligkeit des Abzugs weitere *finanzielle Konzessionen* Bonns erwartet werden konnten.
- Die Ungewißheiten des eigenen Lagers machten es ratsam, die *Wünsche der früheren osteuropäischen Verbündeten* nicht zu ignorieren, um ihr Wohlwollen für die Schaffung einer neuen Sicherheitsordnung in Osteuropa zu erhalten.

»Das Wunder von Moskau« und der Stimmungsumschwung der sowjetischen Führung im Kaukasus anläßlich des Besuchs von Bundeskanzler Kohl im Juli 1990 ist aus westdeutscher Sicht übertrieben wahrgenommen worden. Hans Modrow (1991: 123) nahm für seine vorangegangenen Initiativen in Anspruch, die Grundhaltung der sowjetischen Führung zur Vereinigung der beiden deutschen Staaten bereits »geklärt« zu haben. Aber Gorbatschow ging nach Modrow (1991: 121) auch von einem losen Konföderationsszenario für die Einheit Deutschlands aus. Er rechnete damit, daß die Mehrheit der DDR-Bevölkerung sich für die Weiterexistenz der DDR aussprechen und daß die SPD bei den Wahlen die besseren Chancen haben werde. Beides erwies sich als Fehleinschätzung. Beide Annahmen wurden im Februar 1991 auch im Westen noch vielfach zugrunde gelegt.

Modrow und andere Gegner der überstürzten Vereinigung haben das Argument benutzt, um die Eilbedürftigkeit des Prozesses zu verneinen. Der Schluß ist freilich im Licht immer neuer Quellen unhaltbar. Nicht nur die Memoiren von Schewardnadse (1991) zeigten, daß die Zustimmung der Sowjetunion zur Einigung am seidenen Faden hing und daß die Gegenkräfte, auch nachdem die Haltung der sowjetischen Führung »geklärt« schien, nicht locker ließen und versuchten, die Aufgabe der DDR zu verhindern.

Nur zweimal hat die Bonner Regierung im Alleingang gegen die Interessen ihrer Verbündeten gehandelt:

- bei der Nichtabstimmung des 10-Punkte-Plans zu einer deutschen Konföderation
- und beim Zögern der Anerkennung der Oder-Neiße-Grenze in einem Abkommen mit Polen.

Im ganzen aber war der Prozeß international konzertiert, und der Spielraum der Bonner Regierung wurde aus der deutschen Perspektive vielfach überschätzt.

Die friedliche Revolution in der DDR – und in ihren Nachbarländern – hatte *kein historisches Vorbild*. Die Erkenntnisse der Forschung über den Übergang zur Demokratie in Südeuropa und Lateinamerika in den siebziger Jahren lassen sich nicht auf die DDR und Osteuropa anwenden.

(1) Selbst Spanien hatte lange vor Francos Tod seine Autarkiebestrebungen der faschistischen Epoche aufgegeben und war in die europäische Wirtschaft integriert worden. Ursprünglich halb-oppositionelle Opus-Dei-Eliten hatten den Prozeß beschleunigt. Die vollendete Marktwirtschaft konnte das autoritäre System wie eine reife Frucht aufplatzen lassen. In Osteuropa hingegen siegte eine friedliche politische Revolution. Die neue Führung mußte *das Wirtschaftssystem erst schaffen*. Sie befand sich eher in einer Situation wie Lenin, nur ohne seine Mittel der Gewaltanwendung.

(2) In allen Revolutionen mußte das neue Regime zunächst *mit den alten Eliten in der Bürokratie weiterarbeiten*. Das galt vor allem für das italienische Risorgimento, mit dem die deutsche Einigung gelegentlich verglichen wurde (Lehmbruch, 1990: 465f.). Selbst Lenin stand vor dieser Notwendigkeit. In Italien wurde 1860 zwar das effizientere moderne Verwaltungssystem Piemonts ganz Italien übergestülpt. Auf die Dauer aber konnten die süditalienischen Administratoren einen gewaltigen Einfluß im ganzen System erlangen. In der DDR bestand eine solche Kontinuität auf unterer Ebene, und die Klagen darüber

rissen nicht ab, daß die »Wendehälse« der alten SED-Elite in administrativen Posten oder in der freien Wirtschaft sich rasch mit dem Wandel zurechtgefunden hatten. Dennoch ist in diesem Fall der deutschen Einigung soviel administrativer Sachverstand ostwärts dirigiert worden, daß Kolonialisierungsgefühle in den neuen Bundesländern entstanden (vgl. Kap. 8d).

Nach dem Grundsatz, den das Verfassungsgericht am 31. Juli 1973 anläßlich des Grundlagenvertrages mit der DDR feststellte, war die Bundesrepublik nicht »Rechtsnachfolger«, sondern als Staat identisch mit dem Staat »Deutsches Reich«, auch wenn die räumliche Ausdehnung nur teilidentisch war (BVerfGE 36, 16). Die rabulistische Debatte um die Frage, ob das Deutsche Reich untergegangen sei, hat im Prozeß der Einigung keine Bedeutung gehabt. Die Debatte hatte etwas von theologischen Spitzfindigkeiten alter Abendmahlsstreite gehabt, die um die Frage tobten: »das ist mein Leib« – oder »das bedeutet mein Leib«. So überholt die Identitätsthese angesichts einer Aushandlung der Einigung durch völkerrechtliche Verträge zweier deutscher Staaten schien, so war doch nicht zu verkennen, daß die Bundesrepublik vom Vollgefühl der Identitätsthese auch rechtlich gestärkt wurde und daher folgerichtig keinerlei Abstriche von ihrer eigenen Grundordnung zuließ.

Vier Verträge ebneten den Weg zur Einigung, welche die Grundordnung der Bundesrepublik noch über die in der Verfassung festgelegten Prinzipien hinaus auf die DDR übertrug:

(1) Der Vertrag über die Schaffung einer Währungs-, Wirtschafts- und Sozialunion vom 18. Mai 1990, der sogenannte Staatsvertrag.

(2) Der Wahlvertrag vom 3. August 1990.

(3) Der Einigungsvertrag vom 31. August 1990 und

(4) der Zwei-plus-Vier-Vertrag vom 12. September 1990, der die internationale Weichenstellung zur Einheit Deutschlands vorbereitete.

(1) Der *Staatsvertrag* unterschied sich von vergleichbaren Schaffungen von Währungsunionen im Sterling-Gebiet (1931) und im Franc-Gebiet der Communauté Française (1958) in der auf weitere Einigungsschritte angelegten Präambel. Waren diese historischen Währungsunionen die Zementierung einer letzten Klammer eines zerfallenden Kolonialreiches, so war der Staatsvertrag als erster Schritt zu einem neuen Staatsgebilde in Deutschland konzipiert. In den ersten Artikeln überwogen die materiell staatsrechtlichen Inhalte bereits die völkerrechtlichen Aspekte einer Abmachung unter Gleichen. Artikel 1 Abs. 3 ging dabei sogar über das Grundgesetz hinaus. Das Grundgesetz ist in den fünfziger Jahren in seinem Grundgehalt zur Wirtschaftsordnung stark umstritten gewesen. Die

Rechte sah das Grundgesetz als Schranke gegen den Sozialismus an, die Linke hielt es für »offen gegenüber einer sozialistischen Transformation«. Das Bundesverfassungsgericht hat im Investitionshilfeurteil 1954 die wirtschaftspolitische Neutralität des Grundgesetzes dahingehend relativiert, daß sich der Verfassungsgeber nicht ausdrücklich für ein bestimmtes Wirtschaftssystem entschieden habe. Das Prinzip der sozialen Marktwirtschaft ist durch den Staatsvertrag zwar noch nicht in den Rang des Verfassungsrechts gehoben worden, aber zweifellos wurde es aufgewertet (I. von Münch in: Die Verträge, 1990: XVL). Nicht nur das Sozialstaatsprinzip von Art. 20 Abs. 1 und Art. 28 Abs. 1 GG wurde festgeschrieben, sondern sogar die Grundsätze des magischen Vierecks (hoher Beschäftigungsstand, Preisstabilität, außenwirtschaftliches Gleichgewicht und angemessenes Wirtschaftswachstum) wurden auf die DDR ausgedehnt (Art. 11.1). Nur im Bereich der Umweltunion wurden Abstriche von westlichen Vorstellungen gemacht. Die DDR verpflichtete sich, das Umweltrecht der Bundesrepublik zu übernehmen.

Die Durchsetzung der Grundordnung der Bundesrepublik in allen Bereichen, vom Rechts- und Sozialstaat bis zur sozialen Marktwirtschaft, war jedoch mit großen Leistungen verbunden, welche das Paket für die DDR-Politiker akzeptabel machten. Die größte Leistung der Bundesregierung bestand weniger in der Überzeugung des DDR-Partners als in der weitreichenden Selbstbindung, die einem ungläubigen westdeutschen Wählervolk noch schwer zu vermitteln war und die gegen den nahezu einhelligen Sachverstand der Wirtschaft stand. Gegen alle politökonomischen Restriktionshypothesen für das Handeln der Politiker gegenüber dem marktwirtschaftlichen System kam es zu einem beispiellosen Primat der politischen Führung.

Es hatte ursprünglich keinen Meisterplan zur Einigung gegeben. Es ging eher archaisch machiavellistisch zu: Die Perestroika hatte *»fortuna«* geschaffen, die politische Führung – ursprünglich eher auf lange Übergangszeiten eingerichtet – entwickelte *»virtù«*. Die widerstrebenden Wirtschaftsexperten von den Forschungsinstituten bis zur Bundesbank beugten sich der *»necessità«* einer raschen Einigung binnen weniger Wochen.

Die Währungsunion zum 2. Juli 1990 galt den meisten Wirtschaftsexperten als riskant. Christian Watrin verglich die Maßnahme mit der »Eigernordwand im Winter« (FAZ, 23. 2. 1990). Vor allem die Kosten für die Bundesrepublik erschreckten die Experten, weil sie einseitig der Bundesrepublik auferlegt wurden. Manfred Borchert sah in der raschen Währungsunion die teuerste Lösung, die »einem Kauf der DDR durch die Bundesrepublik« gleichkomme, »allerdings zu einem stark überhöhten Preis« (Die Zeit, 23.2.1990). Der Preis hätte nach der Vorstellung der SPD noch erhöht werden können. Die finanzpolitische Sprecherin der SPD-Fraktion, Ingrid Matthäus-Maier, setzte sich für einen Umtausch von Renten, Löhnen und Sparguthaben im Verhältnis 1:1 ein, während den Betrieben die Schulden völlig erlassen werden sollten. Ausgleichsforderungen in Höhe von fast 200 Milliarden DM wären entstanden.

Der Präsident des Deutschen Instituts für Wirtschaftsforschung hielt den Kurs 2:1 nur für die Bewertung der Verbindlichkeiten der Unternehmen für sinnvoll. Sonstige Umstellungen 2:1 hätten dieser Ansicht nach ein Sinken unter das Existenzminimum für große Teile der DDR-Bevölkerung zur Folge (Die Zeit, 6.4.1990: 27). Als sich die beiden deutschen Regierungen auf die Lösung 1:1 für Löhne und Renten und Sparguthaben und Bargeld bis 4000 DM und für restliche Bestandsgrößen auf den Kurs 2:1 einigten, stellten die Experten ihre Bedenken zurück: »Damit ist der Disput durch eine im ganzen vertretbare politische Setzung entschieden worden« (N. Kloten in: Probleme, 1990: 91).

Bei der Organisation der Akzeptanz der »politischen Setzung« wurde nicht ganz so machiavellistisch verfahren, wie die weitverbreitete Wahlbetrugsthese nach dem Dezember-Wahlkampf von 1990 suggerierte.

Es gab kein wirtschaftswissenschaftliches Alternativszenario mit Aussicht auf Erfolg. Eine protektionistische Marktwirtschaft in der DDR hätte eine neue Mauer mit Devisenkontrollen und scharfer Überwachung erfordert. Fehlallokationen in diesem protektionistischen System wären nicht zu vermeiden gewesen. Für eine Dolchstoßlegende der DDR-Wirtschaft besteht kein Anlaß (Willgerodt, 1991). Selbst wenn der langsame abgesicherte Übergang in die Marktwirtschaft hätte funktionieren können, wäre die Akzeptanz, für die späteren Kosten der Vereinigung aufzukommen, in Westdeutschland vermutlich auf Null gesunken.

Die westdeutsche Elite übte sich früh in der Aussage, daß die Einheit »nicht zum Nulltarif» zu haben sei. Über die Höhe der notwendigen Opfer wurden keine Aussagen gemacht. Die Tatsache, daß im Sommer 1990 bei einer Umfrage 73% der Westdeutschen ihre mangelnde Bereitschaft, Opfer für die Vereinigung auf sich zu nehmen, zu Protokoll gaben, konnte noch nicht als Beweis dafür gelten, daß die Kostenfrage aus negativer Demagogie heruntergespielt wurde. Die Beratung durch wirtschaftlichen Sachverstand war nicht eben der Klarheit förderlich. Steuererhöhungen waren mit der nächsten Stufe der EG 1992 im Bereich der Mehrwertsteuer ohnehin zu erwarten.

Man konnte 1990 hoffen, bis dahin eher mit Umschichtungen des Haushalts plus Erhöhung der Staatsverschuldung über die Runden zu kommen. Die Opposition war dennoch rasch mit dem Vorwurf des »Wahlbetrugs« zur Hand. Erstaunlicher als die unterstellte wahltaktische Täuschungsabsicht ist wohl die Tatsache, daß die Regierung Kohl in großen Teilen geglaubt hat, eine Steuererhöhung vermeiden zu können. Sie vertraute auf die Marktkräfte, nachdem ein Fonds für die deutsche Einheit mit den Ländern ausgehandelt war und die rechtlichen Grundlagen für Erwartungssicherheit der Investoren gelegt waren (vgl. Kap. 9d).

Die Wirtschaftsexperten hatten 1990 nicht nur kein Konzept, wie der Übergang der DDR zur Marktwirtschaft bewerkstelligt werden könnte. Sie widersprachen einander auch über die Höhe der Kosten. Der wirtschaftspolitische Sprecher der CDU-CSU-Bundestagsfraktion, Matthias Wissmann, veranschlagte 890 Milliarden DM in 10 Jahren (FAZ, 17.2.1990). Der Vizepräsident des HWWA-Instituts für Wirtschaftsforschung überbot den Ansatz mit der Zahl von 1000 Milliarden (Hamburger Abendblatt, 20.2.1990). Je gigantischer die geschätzten Summen, um so nötiger wurde das Vertrauen auf die Investoren. Der einstige SPD-Wirtschaftsminister Schiller hoffte, daß bei 100 Milliarden Nettokapitalexport die Probleme schon gelöst werden könnten, wenn nur ein Drittel davon in die DDR flösse (Wirtschaftswoche, 2.3.1990). Alle Prognosen sind von der Realität rasch zu Makulatur gemacht worden (vgl. Kap. 8d, 9e). Man begann Bismarck zu beneiden, der in seinem Einigungswerk 1871 geringere wirtschaftliche Systemunterschiede auszugleichen gehabt hatte als Kohl. Bismarck konnte 1871 noch auf die Milliarden an französischen Reparationsleistungen rekurrieren, während das neue Deutschland noch durch reparationsähnliche Restverpflichtungen belastet schien, etwa mit den Milliarden, die für den sowjetischen Truppenabzug ausgehandelt worden waren.

Die Bundesregierung war mit ihrer Zurückhaltung, die Kosten der Einheit dem Wähler gegenüber im Halbdunkel zu lassen, theoretisch gut beraten:

- Die wissenschaftlichen Experten spekulierten über diese Kosten kaum weniger verwegen als die ökonomischen Laien.
- Die Akzeptanz der Vereinigung lag bei über 70% im Westen und über 90% im Osten Deutschlands, sie sank aber im Westen auf unter 30 Prozent, wenn die Frage nach der Bereitschaft wirtschaftlicher Opfer hinzugefügt wurde (vgl. Kap. 2).

Psychologisch hingegen war es ein Fehler, die nationale Begeisterungswelle im Herbst 1989 nicht zu einem Appell an die Opferbereitschaft umzumünzen. Nach einer Umfrage vom Januar 1991 hatten 55% (selbst viele Anhänger der Unionsparteien) den Eindruck, die Bundesregierung habe die Belastung vor der Wahl im Dezember 1990 vor den Bürgern verheimlicht. 45% rechneten inzwischen mit großen Belastungen, 48% mit mittleren Belastungen in der Zukunft. Trotz der alarmierenden Ergebnisse hat die kurzatmige Befragungsindustrie jedoch voreilig auf ein Wachstum der Unwilligkeit zu Opfern geschlossen, zu Unrecht. Die Kluft zwischen Erwartungen und Bereitschaft, diese Erwartungen hinzunehmen, hatte sich eher leicht geschlossen. Eine große Belastung wollten zwar nur 5% der Befragten akzeptieren, aber immerhin 46% waren für eine mittlere Belastung und 49% für eine geringfügige Belastung zu gewinnen. Vergleichbar waren die Daten freilich nicht, da die späteren Umfragen vom Ist-Zustand ausgingen und die mangelnde Bereitschaft zur Übernahme von Belastungen gar nicht mehr als Alternative offenließen (Der Spiegel, 1991, Nr. 6: 47). Da inzwischen jedoch der Golfkrieg mit seinen Kosten als Belastung hinzugekommen war, durfte die Zahlungsverweigerungsbewegung nicht überschätzt werden. 69% der befragten Bundesbürger sprachen sich sogar für eine finanzielle Beteiligung an den Kosten des Krieges aus, während nur 28% bereit waren, auch Truppen ins Kampfgebiet zu entsenden. Opfer für die deutsche Einheit hätten bei einiger propagandistischer Umsicht in ähnlicher Höhe mobilisiert werden können.

(2) Der *Wahlvertrag* vom 3. August 1990 wurde in der Präambel als weiterer wichtiger Schritt zur Herstellung der deutschen Einheit bezeichnet. Selbst die Rücksicht auf die ablaufende Tagungsperiode des Deutschen Bundestags wurde vorgeschrieben. Als die Fristenkalkulation in Gefahr geriet, kam es zu unschönen taktischen Manövern. De Maizière hatte sich dafür ausgesprochen, daß die Beitrittserklärung erst nach der Wahl wirksam werden solle, auch wenn sie vorher abgegeben werde. Die rasche Erosion zwang zu einem anderen Zeitplan und führte zu jener unguten Interimsperiode, in der die DDR-Repräsentanz in Bonn nur »zu Gast« war. Namhafte Staatsrechtler hatten kurz vor der Verabschiedung des Wahlgesetzes noch zweierlei Wahlgesetze für nicht verfassungswidrig erklärt, wenn man die Gesetzgebungshoheit der DDR in diesem Punkt respektiere und die dadurch bedingten Ungleichheiten in Kauf nehme (M. Kriele in: FAZ, 19.7.1990: 8). Nur durch den Eingriff des Bundesverfassungsgerichts wurde verhindert, daß kleinliche taktische Parteivorteile wie das Hukkepack-System und die Benachteiligungen durch eine einheitliche Fünfprozentklausel festgeschrieben wurden (vgl. Kap. 3).

Als die Volkskammer der DDR am 23. August 1990 ihren Beitritt zum Geltungsgebiet des Grundgesetzes nach Art. 23 GG mit Wirkung zum 3. Oktober erklärte – ein PDS-Abgeordneter sprach in der Debatte um die Zwei-plus-Vier-Verhandlungen in der DDR-Volkskammer von einer »Sturzgeburt« (Auf dem Weg V: 275) –, mußte sie in ihrem Beschluß noch Vorbehalte für zwei weitere Einigungswerke machen:

- daß der Einigungsvertrag zu diesem Termin abgeschlossen sein müsse
- und die Zwei-plus-Vier-Verhandlungen soweit gediehen sein sollten, daß die außen- und sicherheitspolitischen Bedingungen der deutschen Einheit geregelt sein müßten.
- Nur in der Länderbildung wurde eine Bedingung geschaffen, welche die DDR-Gesetzgebung selbst in der Hand hatte. Das Länderbildungsgesetz der DDR lag seit dem 22. Juli 1990 vor, aber Grenzfragen zwischen den DDR-Ländern und die Voraussetzungen zur Wahl waren noch nicht völlig geklärt.

(3) Der *Einigungsvertrag* vom 31. August 1990 kam rasch zustande. Der Vertrag war erstaunlich knapp gehalten. Wichtige Regelungen der Rechtsanpassung in der DDR wurden in die Anlagen verwiesen.

In Art. 1 des Einigungsvertrages wurden die Länder und die Vereinigung Berlins erwähnt. Art. 2 erklärte Berlin zur Hauptstadt. Die Frage des Sitzes von Parlament und Regierung wurde auf die Zeit nach der Herstellung der Einheit verschoben; ein geschickter Schachzug, angesichts der Tatsache, daß die Lobby für den Verbleib in Bonn täglich stärker wurde. Die Hauptstadt Berlin war im Einigungsvertrag eine der wenigen Konzessionen, die an die DDR gemacht werden konnten. Nur hier ließ sich ein paritätischer Beitrag von West und Ost in einer wichtigen Frage der symbolischen Politik leisten. Berlin war in West- und Süddeutschland immer umstritten gewesen und war fern davon, als »natürliche« Hauptstadt wie Paris oder London empfunden zu werden. Eigentlich hat sie erst durch Teilung und Knebelung an Boden in der Akzeptanz außerhalb der östlichen, ehemals preußischen Gebiete gewonnen. Eine Umfrage der Amerikaner ergab in Hessen 70%, in Baden-Württemberg 58% und in Bayern 52% für Berlin. In den 40 Jahren der Teilung hatte sich an dieser nicht überwältigenden Akzeptanz wenig geändert. Im April 1990 ergab eine Allensbach-Umfrage 51,6% für Berlin und nur 26,3% für Bonn. Im Oktober 1990 war die Bevorzugung Berlins wenig gesunken (51%, Westdeutschland 46%, Ostdeutschland 70%), aber die Stimmung für Bonn war im Volk günstiger geworden (28%, davon in Westdeutschland 33% und in Ostdeutschland 9%) (Quellen in: v. Beyme, 1991: 123). In anderen Umfragen lag Berlin geringfügig höher, nie aber erreichte die Stadt mehr die 60%-Marke. Der Lobbyismus für Bonn hat die finanziellen Interessen der Mehrheit der politischen Klasse mit vielen Argumenten verbrämt:

- Die neue Bescheidenheit Deutschlands werde durch Bonn repräsentiert,
- astronomische Kostenszenarios wurden gegen Berlin ausgespielt.
- Latenter wurden Furcht vor Stasi-Relikten und Sorge um ein Leben in der sozial unruhigen (schon Bismarck hatte einst Bedenken gegen das »rote Berlin«) und grenznah-östlichen Stadt laut.

Der Streit zwischen Bonn und Berlin ließ sich nicht mit historischen Argumenten entscheiden. Wäre Frankfurt 1949 nicht von der damaligen Bonn-Lobby ausmanövriert worden, wäre der Konflikt 1991 vermutlich zugunsten des Kompromisses ›Frankfurt‹ gelöst worden. Die öffentliche Auseinandersetzung in der Frage des Regierungssitzes wurde vielfach von kleinlichen Kostenargumenten und historischen Ressentiments gegen Berlin beherrscht. Das Lob der Bonner Demokratie machte sich nicht selten unglaubwürdig, wenn der Wandel der Deutschen zur Demokratie als so unsicher dargestellt wurde, daß er bereits durch eine Verlegung des Parlaments an die Spree gefährdet werden konnte. Die Debatte am 20. Juni 1991 im Deutschen Bundestag war im Vergleich zu den publizistischen Vorspielen von hohem Ernst und dem Geist der Toleranz geprägt. Die knappe Entscheidung für Berlin (338:320) wird voraussichtlich nicht von weiteren Zweifeln an der Mehrheit beeinträchtigt werden. In beiden großen Parteien ergab sich eine knappe Mehrheit für Bonn. Den Ausschlag für Berlin gaben die kleinen Parteien (FDP, PDS und Bündnis 90/Grüne).

Die offene Zukunft wurde zugunsten der Interessen der Bundesrepublik vor allem bei den Artikeln des Einigungsvertrages präjudiziert, welche die Grundgesetzänderungen betrafen (vgl. Kap. 1d). Nicht eigentlich beitrittsbedingt war die Grundgesetzänderung, welche die Vormacht der westlichen Flächenstaaten festschrieb, weil der Beitritt einiger kleiner Länder – im Schlüssel der Verteilung von Bundesratssitzen leicht privilegiert – eine Verschiebung des Machtgleichgewichts hätte bedeuten können. Mit der Stimmenerhöhung für Länder mit mehr als 7 Millionen Einwohner auf 6 Bundesratsstimmen (vgl. Kap. 9b) haben die mächtigeren Länder sich gegen die Majorisierung durch die kleinen Länder geschützt. Wo Interessen von Teilen der DDR-Bevölkerung geregelt werden sollten, wie bei der ursprünglich geplanten Amnestie für Spionagetätigkeit von Angehörigen der DDR-Nachrichtendienste, wurde mit Rücksicht auf die DDR-Regierung darauf verzichtet, die einen solchen damals unpopulären Schritt nicht mittragen wollte: Die Angleichung der öffentlichen Verwaltung und

Rechtspflege war ein unvermeidlicher Hauptbestandteil des Einigungsvertrages. Vordergründiger politisch war das Kapitel über öffentliches Vermögen und Schulden. Im »Treuhandgesetz zur Privatisierung und Reorganisation des volkseigenen Vermögens« vom 17. Juni 1990 war die Umgestaltung der Eigentumsverhältnisse in der DDR im Hinblick auf die Währungsunion in Angriff genommen worden. Art. 25 des Einigungsvertrages gab der »Treuhand« Quasi-Verfassungsrang. Nur im Kapitel über »Kultur, Bildung und Wissenschaft, Sport« wurden zahlreiche Zugeständnisse gemacht, die freilich eher nicht einklagbarer Natur waren. Die ganze Härte der »Abwicklung«, die kommen sollte, war aus diesem Text nicht herauszulesen. Die Finanznöte der neuen Länder haben diese Härte mangels Finanzierungsmöglichkeiten inzwischen noch verschärft (vgl. Kap. 8d).

(4) Der *Zwei-plus-Vier-Vertrag* mit den vier Siegermächten vom 12. 9. 1990 hat die Notwendigkeit eines umständlichen Verfahrens für einen Friedensvertrag umschifft und die Nichtmitwirkung zahlreicher ehemaliger Kriegsgegner und Kriegsbetroffener sichergestellt. Er diente der Einbindung des neuen Deutschland in das westliche Sicherheitssystem. Die Sicherung der Grenzen, die Beschränkung der deutschen Truppen auf 370000 Mann, die Begrenzung des Aufenthalts sowjetischer Truppen in Ostdeutschland bis Ende 1994 und die Verpflichtung, keine NATO-Truppen in Ostdeutschland zu stationieren, waren die Konzessionen der deutschen Seite. Dafür erlangte man für relativ bescheidene finanzielle Kompensation an die Sowjetunion die Souveränität zurück und das Recht, für das westdeutsche Gebiet Mitglied der Nato sein zu können.

Der interne Willensbildungsprozeß über die Vertragswerke und die zahlreichen Einzelgesetze, die sie begleiteten, ist erstaunlich wenig beleuchtet worden. Der Inhalt der Regelungen bot täglich so viele neue Überraschungen, daß die Interna auch von der Presse weit weniger beachtet wurden als in Zeiten bloßer Routineentscheidungen. Bundesinnenminister Schäuble und seinem Haus kam zweifellos eine Schlüsselrolle zu, die dem Innenminister ein Ansehen brachte, das ganz ungewöhnlich in einem Ressort ist, dessen »regulative« und »repressive« Tätigkeitsaspekte in der Öffentlichkeit meist Respekt, aber kaum Bewunderung einflößen. Die Kodifikationsleistungen unter ständig wechselnden Bedingungen sind ebenfalls eine erstaunliche Leistung. Möglich waren sie in diesem Tempo freilich nur, weil der westdeutsche Standpunkt so dominant blieb. In einem paritätischen Verhandlungsprozeß hätte das Tempo kaum eingehalten werden können.

Über die Einzelheiten der Verhandlungen über die Verträge zur deutschen Einheit wird erst die historische Forschung dermaleinst

Aufschluß geben können. Erste Vorboten der Aufklärungen zeigten sich in den Erinnerungen der Beteiligten. Wolfgang Schäuble (1991: 130) berichtete über zahlreiche Wünsche de Maizières, die nicht erfüllt wurden. Viele lagen im Bereich der Staatssymbolik von der Flagge bis zur Hymne. Die Formulierung des behutsam-verständnisvollen Innenministers ließ aber keinen Zweifel daran, daß für die Bonner Regierung viele Sonderwünsche des »Beitrittsgebietes« nicht akzeptabel waren: »Ich habe diese Anregungen unterschiedlich ernst genommen.« Nur in der Hauptstadtfrage kam es zu dem Kompromiß, der die Entscheidung über den Sitz der Regierung dem Bundestag überließ. Vor allem die SPD versuchte sicherzustellen, daß der Bundesrat in dieser Frage kein Mitwirkungsrecht bekam. Hart umstritten war vor allem die Finanzverfassung (vgl. Kap. 9d). Zeitweilig schien der Vertrag ganz zu scheitern. Ein Vertrag war in den Augen mancher Bonner Unterhändler ohnehin nicht nötig und wurde schon als großzügige Konzession an die DDR angesehen. Die »Vereinigung in Würde«, die viele Politiker auch im Westen beschworen hatten, konnte angesichts des raschen Systemzerfalls in der DDR nicht gewahrt werden. In der Debatte über den Einigungsvertrag am 6. September 1990 sprach ein Abgeordneter des Bündnis 90 – trotz des Bekenntnisses zur »Einheit der Nation« – davon, daß die Vereinigung nicht »die Vereinigung zweier Regierungsmannschaften, auch nicht die Verbrüderung zweier Parlamente« sein dürfe, sondern nur in freier Volksabstimmung entschieden werden könne (Auf dem Weg V: 211). Als die DDR-Minister nach dem Beitritt am 3. Oktober 1990 als Gastminister ohne Portefeuille in die Bundesregierung eintraten, wurde deutlich, daß nicht einmal eine Vereinigung der Regierungsmannschaften herausgekommen war. Ministerpräsident de Maizière hatte in seinem Plädoyer für den Einigungsvertrag vom 31. August erklärt, daß dies »kein Einverleibungsvertrag sei« (ebd.: 161). Dennoch ging das böse Wort von der »bedingungslosen Übergabe« um. Vergessen wurde dabei, daß die Assoziation mit der deutschen Niederlage 1945 auch positive Seiten für die Betroffenen hatte: Im Gegensatz zu 1918, als die demokratische Neuordnung durch harte Reparationen erschwert wurde, mußten die Sieger bei der zweiten Niederlage auch die Verantwortung für das Weiterleben der Besiegten übernehmen. Ähnlich haftete nun die Bundesrepublik zur gesamten Hand. Im Vertrauen auf die Pflicht der konkurrierenden Gesetzgebung im Artikel 72.2.3 GG, die »Einheitlichkeit der Lebensverhältnisse« zu schaffen, wurden von der DDR raschere Konzessionen gemacht, als ursprünglich erwartet.

Die DDR hat eine gewisse Vetoposition mit 20 % der Stimmen in den legislativen Gremien bewahren können. Die Hoffnung, diese Position gewichtiger ausfallen zu lassen, ließ sich nicht realisieren, da die Länder und Parteiinteressen der Bundesrepublik eine nur nach der Bevölkerungszahl angemessene Repräsentation akzeptierten. Die Gefahr, daß 20% der Wählerschaft die Opposition verstärken könnten, wurde jedoch zu einer realen Drohung, die Wohlverhalten der stärkeren Hälfte Deutschlands zu garantieren schien. Selbst im Bundesrat wurde durch »Stimmenspreizung« zugunsten der großen Länder der Machtvorsprung der mächtigen Territorien gegenüber »den armen Vettern« ausgebaut.

Literatur

Auf dem Weg zur deutschen Einheit V. Deutschlandpolitische Debatten im Deutschen Bundestag vom 5. bis 20. September mit Beratungen der Volkskammer der DDR zu dem Vertrag über die Herstellung der Einheit Deutschlands. Bonn, Deutscher Bundestag, 1990

K. von Beyme: Transition to Democracy – or Anschluß? The Two Germanies and Europe. Government and Opposition 1990: 170–190

K. von Beyme: Hauptstadtsuche. Hauptstadtfunktionen im Interessenkonflikt zwischen Bonn und Berlin. Frankfurt, Suhrkamp, 1991

DDR-Almanach '90. Daten, Informationen, Zahlen. Bonn, Bonn aktuell, 1990

P. Decker/K. Held: Der Anschluß. Eine Abrechnung mit der neuen Nation und ihrem Nationalismus. München, Resultate Verlag, 1990

Deutscher Bundestag, Wissenschaftliche Dienste: Politisches Geschehen 1990. Chronik der wichtigsten Ereignisse. 1.12.1989–3.12.1990. Bonn, Dez. 1990

Deutscher Bundestag, Wissenschaftliche Dienste: Revolution und Reformen in der DDR. Auswahlbibliographie 1989–1990

Deutschland 1990. Dokumentation der Berichterstattung in der DDR und die deutsche politische Entwicklung. Bonn, Presse- und Informationsamt der Bundesregierung, 1993, 99 Bände

Deutschlands aktuelle Verfassungslage VVDStRL 49. Berlin, De Gruyter, 1990

R. Fritsch-Bournazel: Europa und die deutsche Einheit. Stuttgart, Bonn Aktuell, 1991[2]

B. Giesen/C. Leggewie (Hrsg.): Experiment Vereinigung. Ein sozialer Großversuch. Berlin, Rotbuch, 1991

V. Gransow/K. H. Jarausch (Hrsg.): Die deutsche Vereinigung. Dokumente zu Bürgerbewegung, Annäherung und Beitritt. Köln, Wissenschaft und Politik, 1991

U. Greiner: Das Phantom der Nation. Die Zeit, 1990, Nr. 12: 67–68

J. Habermas: Die andere Zerstörung der Vernunft. Über die Defizite der deutschen Vereinigung und über die Rolle der intellektuellen Kritik. Die Zeit, 1991, Nr. 20: 63–64

K. Hancock/H. A. Welsh (Hrsg.): German Unification. Boulder, Westview, 1994
W. Hankel: Die sieben Todsünden der Vereinigung. Berlin, Siedler, 1993
W. Heisenberg: Die Vereinigung Deutschlands in europäischer Perspektive. Baden-Baden, Nomos, 1992
J. Isensee: Verfassungsrechtliche Wege zur deutschen Einheit. ZParl. 1990: 309–322
E. Jesse/A. Mitter (Hrsg.): Die Gestaltung der deutschen Einheit. Bonn, Bouvier, 1992
K. Kaiser: Deutschlands Vereinigung. Die internationalen Aspekte. Bergisch Gladbach, Bastei Lübbe, 1991
G. Lehmbruch: Die improvisierte Vereinigung: Die Dritte deutsche Republik. Leviathan, 1990: 462–486
G. Lehmbruch: Die deutsche Vereinigung: Strukturen und Strategien. PVS 1991: 585–604
Ch. Lemke: Die Ursachen des Umbruchs 1989. Opladen, Westdeutscher Verlag, 1991
U. Liebert/W. Merkel (Hrsg.): Die Politik zur deutschen Einheit. Opladen, Leske & Budrich, 1991
N. Luhmann: Dabeisein und Dagegensein. Anregungen zu einem Nachruf auf die Bundesrepublik. FAZ, 22. 8. 1990: N 3
H. Modrow: Aufbruch und Ende. Hamburg, Konkret Literatur Verlag, 1991
C. Offe: Vom taktischen Gebrauchswert nationaler Gefühle. Die Zeit, 1990, Nr. 51: 42
K.-D. Opp u. a.: Die volkseigene Revolution. Stuttgart, Klett-Cotta, 1993
F. Pilz/H. Ortwein: Das vereinte Deutschland. Wirtschaftliche, soziale und finanzielle Folgeprobleme und die Konsequenzen für die Politik. Stuttgart, G. Fischer, 1992
J. Priewe/R. Hickel: Der Preis der Einheit. Bilanz und Perspektiven der deutschen Vereinigung. Frankfurt, Fischer, 1991
Probleme des (Wieder-) Vereinigungsprozesses in Deutschland. Der Bürger im Staat, H. 2, 1990
D. Rauschning: Der deutsch-deutsche Staatsvertrag als Schritt zur Einheit Deutschlands. APuZG B 33/1990: 3–16
Th. Schmid: Staatsbegräbnis. Berlin, Rotbuch, 1990
M. G. Schmidt: Political Consequences of German Unification. Westeuropean Politics, 1992: 1–15
W. Schäuble: Der Vertrag. Stuttgart, DVA, 1991
E. Schewardnadse: Die Zukunft gehört der Freiheit. Reinbek, Rowohlt, 1991
H. Schui: Die ökonomische Vereinigung Deutschlands. Heilbronn, Diestel, 1991
H. Siebert: Das Wagnis der Einheit. Eine wirtschaftspolitische Therapie. Stuttgart, DVA, 1992
G. u. H.-W. Sinn: Kaltstart. Volkswirtschaftliche Aspekte der deutschen Vereinigung. Tübingen, Mohr, 1991

H. Teltschik: 329 Tage. Innenansichten der Einigung. Berlin, Siedler, 1991
Die Verträge zur Einheit Deutschlands. München, DTV, 1990
Th. Waigel/M. Schell: Tage, die Deutschland und die Welt veränderten. Vom Mauerfall zum Kaukasus – die deutsche Währungsunion. München, Ferenczy, 1994
H. Weber: Aufbau und Fall einer Diktatur. Köln, Bund, 1991
W. Weidenfeld/K.-R. Korte (Hrsg.): Handwörterbuch zur deutschen Einheit. Frankfurt, Campus, 1992
G. Wettig: The Soviet Union and German Unification. Köln, BioSt 38, 1990
G. Wewer/B. Sievers: Was kostet die Einheit? Gegenwartskunde 2, 1990: 209–222
R. Wildenmann (Hrsg.): Nation und Demokratie. Politisch-strukturelle Gestaltungsprobleme im neuen Deutschland. Baden-Baden, Nomos, 1991
H. Willgerodt: Gegen eine Dolchstoßlegende. Der politische Entschluß zur deutschen Währungs- und Wirtschaftsunion steht nicht im Gegensatz zur ökonomischen Vernunft. FAZ, 13.4.1991: 13

1. Die Verfassungskonzeption des Grundgesetzes

(a) Der Prozeß der Verfassunggebung

Verfassungen sind Kompromisse im Streit von Parteien und Gruppen. Selbst wenn die Verfassungsarbeit durch eine Regierung vorbereitet wurde und durch Experten versucht wird, das Werk aus einem Guß geraten zu lassen wie am Anfang der Weimarer Republik durch die Vorarbeiten von Hugo Preuß, sind komplizierte Verhandlungen nötig, um Kompromisse zu erzielen. Die Entstehung der Bundesrepublik war im Gegensatz zu früheren verfassunggebenden Prozessen an einigen innenpolitischen Konfliktlinien entlastet: Parteien und Verbände entstanden angesichts der alliierten Lizensierungspolitik in kleinerer Anzahl und waren beschränkt in ihrem Meinungsspektrum. Kirchen und Gewerkschaften waren die Interessengruppen, die den Alliierten am wenigsten suspekt erschienen. Im Prozeß der Verfassunggebung setzten sie sich jedoch nur zugunsten von Teilinteressen ein: die *Kirchen* vor allem in den Bereichen Erziehung sowie Kirche und Staat, die *Gewerkschaften* im Bereich Wirtschafts- und Sozialordnung. Die Gewerkschaften waren dabei gelegentlich sogar kurzsichtig in bezug auf ihre eigene Position, wenn sie zum Beispiel erklärten: »Es ist nicht Sache der Gewerkschaften, sich über die Fragen der Kompetenzverteilung zwischen Ländern und Bund ein Urteil zu bilden, soweit sie nicht die Interessen der arbeitenden Bevölkerung direkt oder indirekt berühren« (zit. Merkl, 1968: 148). Erst als die föderalistischen Dezentralisierungstendenzen der Länder und der Alliierten deutlich wurden, begann der DGB gegen eine übertriebene Aufsplitterung der Gesetzgebungskompetenzen Front zu machen, weil er für die Geschlossenheit einer die Gleichheit fördernden Wirtschafts- und Sozialpolitik fürchtete. Die Kirchen waren bei der positiven Mitgestaltung der Verfassung im ganzen erfolgreicher als die Gewerkschaften, vor allem in Fragen des Verhältnisses von Kirche und Staat, in der Schulpolitik und der Anerkennung des Elternrechts. Die Gewerkschaften waren allenfalls im negativen Sinne erfolgreiche Lobbyisten. Sie erreichten den Verzicht auf eine verfassungsrechtliche Regelung der negativen Koalitionsfreiheit, mußten aber ihrerseits auf die ausdrückliche Garantie des Streikrechts verzichten, um es nicht durch allzu viele Einschränkungen, die seine Durchsetzung mit sich gebracht hätte, faktisch wieder aushöhlen zu lassen (Hartwich, 1977: 37). Die Möglichkeit der Sozialisierung von Produktionsmitteln wurde nur in abgeschwächter Form (Art. 14 Abs. 3; Art. 15) durchgesetzt. Freie Berufswahl und freie Arbeitsplatzwahl wurden garantiert (Art. 12 Abs. 1), nicht aber das Recht auf Arbeit schlechthin.

Den Widerstand der *Unternehmer* kann man in diesem frühen Stadium für die mangelnde gewerkschaftliche Durchsetzungsfähigkeit nicht verantwortlich machen. Außer den *Flüchtlingen*, deren Organisation sich die Alliierten aus Sorge vor nationalistischem Protestpotential widersetzten und an deren Konkurrenz die lizensierten Parteien ebenfalls kein Interesse zeigten, waren die Unternehmer die in ihrer Organisationsmöglichkeit am stärksten behinderte Gruppe. Die Besatzungsmächte sahen die Unternehmer und die Beamten als mitschuldig am nationalsozialistischen System an und belegten diese Gruppen daher mit Organisationsverboten. Gänzlich einflußlos waren die Unternehmer gleichwohl nicht. Über die Presse und einige bürgerliche Parteien konnten sie trotz der beschränkten Organisationsfähigkeit Einfluß ausüben. Das Grundgesetz ist jedoch nicht in erster Linie Ausdruck dieses Interesses. Die Stellungnahmen der Unternehmerpresse zum Grundgesetz waren angesichts der Sorge um die wirtschaftlichen Kompetenzen der Zentralregierung nicht weniger skeptisch als die Meinungen der Gewerkschaften (Soergel, 1986^2: 222f.).

Die These vom »erzwungenen Kapitalismus« läßt sich jedenfalls schwer am Handeln einzelner etablierter Interessen festmachen. In der Eigentumsfrage und in bezug auf den Sozialisierungsartikel war die Mehrheit der westdeutschen Bevölkerung damals relativ offen. Der Sozialisierungsartikel der hessischen Verfassung fand bei der Volksabstimmung am 1. 12. 1946 immerhin eine Mehrheit von 71,9 %. Daraus kann jedoch kaum auf eine mehrheitlich sozialistische Gesinnung der Bevölkerung geschlossen werden, wie die Umfragen der Zeit zeigten. Der Kampf der KPD für die Sozialisierung war im Hinblick auf die sowjetische Besatzungs- und Deutschlandpolitik in manchem Punkt unglaubwürdig. Wo KPD-Mitglieder für stärkere Autonomie deutscher Politik und Berücksichtigung der Arbeiterinteressen kämpften, wurden sie nicht selten als Titoisten von oben desavouiert (Schmidt/Fichter, 1971: 88). Der Mehrheit der Bevölkerung brauchten die Alliierten keinen Kapitalismus aufzuzwingen. Auch in Italien und Frankreich stellte sich ein marktwirtschaftliches System wieder her, obwohl dort keine Besatzungsmacht ihren Einfluß ausübte und obwohl die Kommunisten durch ihre Resistance-Tätigkeit in diesen Ländern mehr Ansehen und politischen Kredit besaßen als in Deutschland und in den Verfassungen 1946 und 1947 auch einiges durchsetzen konnten. Die These vom »erzwungenen Kapitalismus« läßt sich allenfalls in modifizierter Form halten: Politisches Desinteresse und Folgebereitschaft der Mehrheit der westdeutschen Bevölkerung hätten vielleicht größere Schritte in Richtung Sozialismus hin erlaubt, jedoch – wie Umfragen jener Jahre zeigen – nur in Richtung eines nichtsowjetisch geprägten Sozialismus. Selbst für diesen gab es aber – nach den Wahlergebnissen in den Ländern zu urteilen – nur in wenigen Teilen Westdeutschlands eine Mehrheit.

Für die mangelnde Durchsetzungsfähigkeit der Organisation der Gewerkschaften trotz des Vorsprungs vor den behinderten Unternehmern läßt sich kein einzelner Grund herausstellen. Eine Reihe von Faktoren wirkten zusammen:

- Der Frankfurter Wirtschaftsrat schuf im Wirtschaftsbereich vollendete Tatsachen, auf welche die SPD mit harter Opposition reagierte. Ihre Politik war aber mit der Fehleinschätzung verbunden, daß die neoliberale Wirtschaftspolitik bald scheitern werde.
- Die Marshallplanpolitik war mit gewissen Optionen der Amerikaner für eine marktwirtschaftliche Ordnung verbunden, was die antigewerkschaftlichen Gruppen stärkte.
- Die Gewerkschaften waren besonders auf die parlamentarische Durchsetzung ihrer Ziele und die Zusammenarbeit mit der SPD fixiert. Ob die Alternative einer »kontrollierten Massenbewegung« den Besatzungsmächten größere Zugeständnisse hätte abnötigen können (Schmidt, 1974: 171), erscheint fraglich, schon weil der »Kontrollierbarkeit« solcher Bewegungen von seiten deutscher politischer Kräfte enge Grenzen gesetzt waren.

Von den übrigen Interessen waren dank der Restriktionen für das Verbandswesen und der Beschränkung der Organisationen auf möglichst unpolitische Agenden die *kommunalen Verbände* und die *Beamten* besonders begünstigt, denen gleichsam naturwüchsig ein überproportionaler Einfluß zufiel. Mit 16 Ministern der Länderkabinette, 23 hohen Landesbeamten, 13 kommunalen Beamten und fünf Repräsentanten aus den Wirtschaftsordnungsämtern hatten diese Gruppen eine komfortable Mehrheit im Parlamentarischen Rat.

War ein Verfassungskompromiß 1948/49 leichter als bei früheren deutschen Prozessen der Verfassunggebung im Hinblick auf die Konzeptionen von Parteien und Gruppen, so mußte er schwerer erscheinen angesichts der mehrfachen alliierten Interventionen und der starken Stellung der Länder. Zwar waren letztere 1948/49 formell nur indirekt beteiligt, im Gegensatz zum Jahr 1919 spielten sie aber faktisch eine größere Rolle:

- Es gab keine Reichsregierung, die wie 1919 das Staatsgebiet zusammenhielt und dank der preußischen Hegemonie auch faktisch dominierte. Preußen war aufgelöst, und seine Gebietsteile in drei Einflußzonen (Westzonen, SBZ, polnisch verwaltete Gebiete) waren handlungsunfähig.
- Es gab 1948/49 keine volksgewählte Nationalversammlung, die kraft ihrer Parlamentssouveränität Zugeständnisse der provisorischen Regierung an die Länder wieder zurücknehmen konnte.
- Die Konferenzen der Ministerpräsidenten übten manche der Funktionen aus, die 1919 von der provisorischen Regierung wahrgenommen worden waren. Der Parlamentarische Rat war von den Landtagen gewählt und von den Ministerpräsidenten gebilligt worden. Nicht eine zentrale Regierung versuchte einen Verfassungsentwurf aus einem Guß durchzusetzen, sondern die Vorarbeit von Herrenchiemsee war das Werk föderalistischer Kräfte, und die Verfassungsarbeiten des Parlamentarischen Rates wurden durch Parallelkonferenzen begleitet. Gelegentlich kam es auch zu gemeinsamen Sitzungen der Ausschüsse.
- Die föderalistischen Kräfte konnten sich wesentlich unbehinderter durchsetzen als 1919, da der Föderalismus als Ideologie nicht mehr mit »Separatismus« gleichgesetzt wurde wie am Anfang der Weimarer Republik, deren Bestand von separatistischen Bewegungen stets bedroht erschien. Selbst in Bayern war die konservative Mehrheit nicht separatistisch gesinnt. Zwar lehnte die Mehrheit der CSU-Abgeordneten das Grundgesetz ab, zwei fränkische Abgeordnete der CSU stimmten jedoch mit der bayerischen SPD und der FDP im Parlamentarischen Rat dem Grundgesetz zu. Die Zugehörigkeit Bayerns zu einem deutschen Gesamtstaat wurde niemals in Frage gestellt. In der bayerischen Verfassung von 1946 heißt es im Artikel 178: »Bayern wird einem künftigen deutschen demokratischen Bundesstaat beitreten.« Als die Ablehnung des Grundgesetzes durch die bayerische Regierung feststand, wurde das »Nein« zum Grundgesetz mit der Versicherung gemildert, daß Bayern ebenso »die Ausgliederung aus der deutschen Schicksalsgemeinschaft« ablehne. Ministerpräsident Hans Ehard beeilte sich, der Militärregierung mitzuteilen, daß Bayern sich der Entscheidung der Mehrheit der deutschen Länder unterwerfe. Das grundsätzliche Ja zum deut-

Tabelle 1.1: Die Ratifizierung des Grundgesetzes durch die Landtage

Länder	Mitglieder insgesamt	Ja	Nein	Enthaltungen	Abwesend
Bayern	180	63	101	9	7
Bremen	99	77	9	1	12
Hamburg	109	97	3	–	9
Hessen	90	73	8	–	9
Niedersachsen	149	98	37	–	14
Nordrhein-Westfalen	216	153	38	–	25
Rheinland-Pfalz	101	91	8	–	2
Schleswig-Holstein	70	59	6	1	4
Südbaden	60	49	2	–	9
Württemberg-Baden	98	80	8	–	10
Württemberg-Hohenzollern	62	34	16	1	11
Gesamtzahlen	1234	874	236	12	112

Quelle: Merkl, 1968: 159

schen Staat erleichterte es den ultraföderalistischen Kräften jedoch, im Prozeß der Verfassunggebung hart zu pokern.

Die Alliierten unterstützten ihrerseits die föderalistischen Kräfte, wenn auch in unterschiedlicher Stärke: am meisten die Franzosen, am wenigsten die Briten. Die Meinung der Amerikaner bot sich gelegentlich nicht nur wegen ihres faktischen Übergewichts unter den Siegern, sondern auch sachlich als Kompromiß an.

Das Grundgesetz wurde auch im nachhinein nicht vom Volk ratifiziert, sondern nach dem Plazet der Militärgouverneure durch die Landtage. Die Länder, außer Bayern, stimmten mehrheitlich für die Annahme. Die Opposition gegen den Verfassungskompromiß war im Vergleich zur Weimarer Republik klein: Kommunisten, Zentrum und die Südschleswiger Wählervereinigung stimmten dagegen. Die Haltung der beiden letzten Gruppen war jedoch nicht mit der Fundamentalopposition der Konservativen gegen die Weimarer Verfassung zu vergleichen.

Partizipation und Interesse der Bevölkerung an einem so wenig plebiszitär legitimierten Verfassungsprozeß waren gering. Laut Umfragen jener Zeit wurde zwar von 51% die Bildung der Bundesrepublik gutgeheißen und nur von 23% abgelehnt, aber 33% erklärten, nur wenig, und 40%, überhaupt nicht an der Verfassungsarbeit interessiert zu sein (JdöM 1947–1955: 157; Merritt, 1970: 307). Ein Teil der Gegnerschaft war jedoch nicht grundsätzlich von anderen Verfassungskonzeptionen geleitet, sondern richtete sich gegen den Föderalismus des Systems, der nicht weitgehend genug erschien. In einigen Ländern hatte sich sogar die Mehrheit der CDU (vor allem in Südwürttemberg-Hohenzollern) nicht zu einem »Ja« durchringen können. Gleichwohl haben die deutschen Staatsrechtslehrer – wie bei den von den Landesherren oktroyierten Verfassungen des 19. Jahrhunderts – auf einen Konsens der Mehrheit der Bevölkerung durch »konkludente Handlung« geschlossen. Die Wahlbeteiligung betrug 1949 78,5%. Von den dezidierten Neinsager-Parteien erhielten die Kommunisten 5,7% und die regionalen Gruppen nur zwischen 3–4% der Stimmen (vgl. Tab. 4.1). Ein großer Teil der Bevölkerung blieb aber skeptisch gegenüber dem deutschen Föderalismus, was sich erst im Laufe der Jahre wandelte (vgl. Kap. 9).

Eine umfangreiche Literatur vertrat in der linken Welle Anfang der siebziger Jahre die Ansicht, daß durch Massenmobilisierung Mehrheiten für eine weit sozialistischer orientierte Politik in den Westzonen hätten gefunden werden können. Vergleicht man jedoch die Umfragedaten jener Zeit, so sind an dieser These Zweifel erlaubt.

Die Billigung der Westorientierung und des Marshallplans sowie die Kritik an sowjetischen Vorschlägen zur deutschen Frage hatten komfortable Mehrheiten in der Bevölkerung. Die Prioritäten wurden eindeutig zugunsten der Wiederaufbauarbeit gesetzt. Drei Viertel der Bevölkerung der amerikanischen Zone erklärten sich zu täglich einer Stunde unbezahlter Mehrarbeit für den Wiederaufbau bereit, aber 71% waren nicht gewillt, ein politisches Amt in ihrer Gemeinde zu übernehmen, und fast zwei Drittel der Befragten hatten Zweifel an der Gemeinwohlorientierung der Parteien. Allenfalls in der Frage der repräsentativen Demokratie gab es Dissens zu den Eliten. Die Mehrheit war weit stärker plebiszitär orientiert als die Väter des Grundgesetzes: 65% hätten 1949 einen direkten Einfluß der Bevölkerung auf die Gesetzgebung bejaht (Merritt, 1970: 307ff., 315f., 317).

(b) Grundprinzipien des Grundgesetzes

Im Gegensatz zu den Verfassungen westlicher Nachbarländer, die kurz vor dem Grundgesetz erarbeitet wurden, liegen die Innovationen des Grundgesetzes vor allem im institutionellen Teil. Der Verfassungskonsens war überwiegend auf Machtbalance und Stabilitätssicherung aus: Die horizontale und die vertikale Gewaltenteilung (Föderalismus) und die Sicherung vor Machtmißbrauch des Staatsoberhauptes (geringe Rolle des Bundespräsidenten bei der Regierungsbildung und der Parlamentsauflösung, das Fehlen von Notstands- und Sonderrechten, wie sie der Weimarer Reichspräsident hatte, der mißtrauische Modus der Wahl durch die Bundesversammlung, in der das föderative Element auf Kosten des plebiszitären gestärkt wurde) bildeten Schwerpunkte des Konsensus. Die Beschneidung der »Willkür parlamentarischer Mehrheiten« (konstruktives Mißtrauensvotum, erschwerte Bedingungen für die Vertrauensfrage) flankierte das Mißtrauen gegen den Bundespräsidenten (vgl. Kap. 8c). Vor allem in den Unionsparteien wurde immer wieder der Gedanke laut, daß »parlamentarische Diktaturen« die Gewissensfreiheit nicht weniger vergewaltigt hätten als »Einmanndiktaturen« (Niclauß, 1974: 177). Das mißtrauische Wahlrecht sollte später außerhalb der Verfassung das Trauma von Weimar, das die Väter des Grundgesetzes nicht abgearbeitet hatten, noch verstärken (vgl. Kap. 4a).

Selbst das positive Vorbild der Weimarer Verfassung wurde für das Grundgesetz im ganzen weniger als von den Landesverfassungen aufgegriffen. Abschreckend wirkte die etwas heterogene Zusammensetzung des Grundrechtsteils der Weimarer Verfassung, wo effektive Rechte mit allerlei gutgemeinten Deklamationen gemischt waren. Zum Beispiel waren Art. 119 Abs. 2, der sich die »Reinerhaltung, Gesundung und soziale Förderung der Familie« zur Aufgabe machte, oder Art. 122, der die Jugend gegen »Ausbeutung sowie gegen sittliche, geistige oder körperliche Verwahrlosung« schützen sollte, wahllos zwischen effektiven Grundrechten wie Versammlungs- und Koalitionsrecht unter der wolkigen Bezeichnung des Abschnitts »Das Gemeinschaftsleben« eingestreut.

Schon im Konvent von Herrenchiemsee haben Vertreter der beiden größten Parteien sich dagegen ausgesprochen, den ganzen Weimarer Grundrechtskatalog zu übernehmen. Im Lichte der Erfahrungen mit dem Nationalsozialismus schienen vor allem die dem Individuum zustehenden Freiheitsrechte stärker gefährdet als die sozialen Rechte. Zudem ließ sich die Ausklammerung der sozialen Grundrechte mit der Abwendung von einer rechtspositivistischen und funktionalistischen Grundrechtskonzeption hin zu einer neo-naturrechtlichen Auffassung verbinden, da für soziale Grundrechte kaum der gleiche »Ewigkeitscharakter« unterstellt werden konnte wie für die individuellen Freiheitsrechte. Auch kam ein Verzicht auf einen umfangreichen Grundrechtskatalog zugunsten der expansiven Interpretation der Gesetzgebungskompetenz des Bundes der deutschen Verfassungstradition entgegen, die zu diesem Zeitpunkt mehr von der SPD als von den Unionsparteien hochgehalten wurde.

Der Verfassungskonsens in diesem Bereich kam aus unterschiedlichen Motiven der Parteien zustande:

- In der CDU/CSU setzten sich mehr die norddeutschen Vertreter mit ihrer altliberalen Grundrechtskonzeption gegenüber zahlreichen süddeutschen Vertretern durch, die unter dem Einfluß der katholischen Soziallehre und in Anlehnung an korporative Gedankengänge die »Rechte der menschlichen Lebensgemeinschaften« im Grundrechtsteil des Grundgesetzes ausführlich zu regeln suchten. Der Verzicht auf weitreichende – in Richtung Sozialismus deutende – soziale Grundrechte von seiten der SPD wurde gleichsam mit der Aufgabe konservativer Konzeptionen in der CDU erkauft.
- Der SPD wurde vielfach in der Literatur vorgeworfen (Soergel, 1986[2]: 206; Hartwich, 1977: 27 ff.), sie habe es an einer Konzeption vermissen lassen und nicht entschieden genug auf die sozialen Grundrechte gedrungen. Die SPD hatte dafür drei Gründe:

  Einmal hielt sie im ganzen stärker als die CDU an gesamtdeutschen Vorstellungen fest. Sie wollte das Grundgesetz nicht als Verfassung verstanden wissen. Menzel hat seinen Entwurf als »Westdeutsche Satzung« bezeichnet. Selbst den Ausdruck »vorläufige Verfassung« lehnte er ab, weil dies endlose Debatten über Grundrechte, Bodenreform, Sozialisierung und Arbeitsrecht bedeutet hätte.

  Das Grundgesetz sollte nach SPD-Konzeption sowohl in räumlicher Hinsicht (in bezug auf die Wiedervereinigung) als auch in struktureller Hinsicht (Wirtschafts- und Sozialordnung) offenbleiben. Letzteres zum Teil ebenfalls im Hinblick auf eine zukünftige gesamtdeutsche Lösung, zum anderen Teil jedoch im Hinblick auf die Hoffnung der SPD, bei den Wahlen die Mehrheit zu gewinnen und dann die durch Diskussion angesichts der Mehrheitsverhältnisse im Parlamentarischen Rat kaum zu lösenden Fragen in ihrem Sinne gestalten zu können. Auch die Verschiebung der Aufmerksamkeit vom Grundrechtskatalog auf die Kompetenzen der Zentralregierung zeigt die Bedeutung dieses Punktes für die SPD.

  Dieser taktische Gesichtspunkt wurde durch eine gewisse – für einen Konstituierungsprozeß unziemliche – Eile bei der SPD verstärkt. Sie versprach sich Vorteile von baldigen Wahlen, während die CDU die Wahlen eher hinauszuschieben trachtete. Die CDU hoffte, daß für sie im Zeichen des Aufschwungs die Früchte der Erhardschen Wirtschaftspolitik zu Buche schlagen würden. Die übertriebenen Hoffnungen, die sich die SPD für den Wahlausgang machte, sollten die folgenreichste Fehlkalkulation sein. Hätte die SPD geahnt, daß 20 Jahre Hegemonie der Unionsparteien bevorstanden, hätte ihr Verhalten im Parlamentarischen Rat vermutlich anders ausgesehen.

- Die FDP war von ihren liberalen Grundsätzen her weit stärker zu einem Engagement für die Individualgrundrechte bereit. Wie bei allen liberalen Parteien – die nach dem Bonmot Herriots dazu neigen, »das Herz links, aber das Portemonnaie rechts« zu tragen – wurden soziale Grundrechte als Einfallstor für Bestrebungen zur Änderung der marktwirtschaftlichen Ordnung empfunden. Der Einsatz für die klassischen Freiheitsrechte, bei denen es nicht um Eigentumsfragen geht, wurde von jeher als Domäne des Liberalismus betrachtet. Bei der FDP war auch die Abneigung gegen ideologische Grundrechtsdeklamationen am stärksten, ob sie nun aus konservativ-korporatistischem Gedankengut kamen oder aus sozialistischem. Heuss mokierte sich etwa über die hessische Verfassung, die heute noch von Linken immer wieder zur Rechtfertigung von wenigstens regionalen »Verfassungsaufträgen« herangezogen wird: »Man kann in eine Verfassung ganze Parteiprogramme hineinschreiben. Die hessische Verfassung ist wunderbar; sie ist eine Rededisposition für Leute, denen selbst nichts einfällt. Auf diesem Wege kommen wir nicht weiter« (PR-Grundsatzausschuß, 8.–21. Sept. 1948, Sten. Prot.: 12f., 16, 33).

Soziale Grundrechte sind in jedem System problematisch. Sie sind einerseits Ausführungsbestimmungen und an die Aktivität des Gesetzgebers gebunden. Auch eine noch so radikale Lehre vom Verfassungsauftrag schützt nicht vor Untätigkeit des Gesetzgebers. Das zeigt sich in Italien, wo von den Regionen bis zum »Recht auf Arbeit« und anderen sozialen Grundrechten, die im ersten »historischen Kompromiß« zwischen De Gasperi und Togliatti in die Verfassung aufgenommen wurden, bis in die siebziger Jahre wenig realisiert wurde. Ließe man Leistungsbeschwerden zu, würde das Gericht den Gesetzgeber ersetzen, und das System der Gewaltenteilung würde noch mehr verletzt, als es in einem System mit Verfassungsgerichtsbarkeit ohnehin schon Gefahr läuft, auch wenn der »Richterstaat« noch ein Schreckgespenst und nicht Realität ist. Zum anderen sind soziale Grundrechte an den wirtschaftlichen Entwicklungsstand gebunden. Sie werden wertlos, wenn der Verfassungsgesetzgeber in einem Anflug von Ehrlichkeit – wie in der alten Verfassung der Türkei (Art. 53) – den Staat zur Realisierung der sozialen Grundrechte »nur im Rahmen der wirtschaftlichen Entwicklung und der zur Verfügung stehenden finanziellen Mittel« verpflichtet.

Der Verzicht auf die sozialen Grundrechte im Grundgesetz – mit Ausnahme von Art. 6 Abs. 4, der den Müttern »Anspruch auf Schutz und Fürsorge der Gemeinschaft« verspricht – hat freilich dem System keinen Konflikt erspart, auch wenn ihre Aufnahme an sich noch kein einziges soziales Problem löst. Die Mehrheit von CDU und FDP ist gegen die Lehre vom sozialen Verfassungsauftrag gewesen. Beide Parteien haben aber einem Kompromiß zugestimmt, der als Auftrag gedeutet werden konnte, mit der Formel vom »sozialen Rechtsstaat« (Art. 28). Die Vagheit dieses Begriffes hat nicht minder scharfe ideologische Konflikte ausgelöst als die Kodifizierung von sozialen Grundrechten in anderen Verfassungen.

Seit der Schrift von Adolf Arndt über ›Das nichterfüllte Grundgesetz‹ (1960) ist die Lehre vom Verfassungsauftrag wieder stärker in die Diskussion gekommen. Die Anfänge der Protestbewegung in den sechziger Jahren, zunächst meist noch bürgerlich-radikal gesinnt, haben den Auftragsgedanken betont und dabei die Dehnungsfähigkeit des Rahmens, den das Grundgesetz spannt, gelegentlich wohlmeinend überschätzt. Zwar ist das Grundgesetz auch nach Auffassung des Bundesverfassungsgerichts wirtschaftspolitisch neutral (BVerfGE 4, 7, 17; 7, 377, 400). Die Demokratisierung der Wirtschaft ist kein Gebot des Grundgesetzes, aber sie ist in gewissen Grenzen auch nicht verfassungswidrig. Das Grundgesetz, wie es uns vorliegt, ist daher nur für kleine Schritte in Richtung Sozialismus hin offen und nicht so generell neutral gegenüber der Frage der Gesellschaftsformation, wie die Abendroth-Schule gelegentlich interpretiert hat. Sozialistisches Gedankengut, das im Parlamentarischen Rat geäußert wurde, war jedenfalls überwiegend nicht vom marxistischen Klassenkampfgedanken inspiriert.

Das System der Kompromißformel vom sozialen Rechtsstaat ist überwiegend nicht als sozialistischer Staat gedacht. Aber schlechthin als »Schranke gegen den Sozialismus« (Roman Herzog) braucht man das Grundgesetz ebenfalls nicht aufzufassen. Jedenfalls ist es in seinem Rahmen erlaubt, über Alternativen nachzudenken und um Mehrheiten für ihre Realisierung zu werben. Einige Gruppen links von der SPD betonen daher heute auch die Wichtigkeit der Grundrechte, neigen aber zu ihrer Instrumentalisierung, die auf der anderen Seite zu einer engherzig-technokratischen Verfassungsauslegung geradezu herausfordert.

Aber selbst ohne solche potentiellen Hintergedanken gegenüber dem Grundgesetz bei einigen Linken ist die konservative Kritik am Auftragsgedanken weit über das Ziel hinausgeschossen. Da wurde die Gefahr beschworen, daß dem Grundgesetz »sakraler Gebotsrang« zugeschrieben werden könnte: »Das Wort soll Fleisch werden« und »die Verfassung als Vergatterung der Nation zum Grundrechtsvollzug« (Hennis, 1968: 21). Jedenfalls handelt es sich nicht um ein »deutsches Problem«, auch wenn das gleiche Problem sich in den USA anders stellt, weil der Verfassungswandel dort überwiegend nicht so sehr durch Verfassungsänderungen als durch richterliche Interpretation der Verfassung zustande kommt, und wenn es sich in Großbritannien mangels einer geschriebenen Verfassung aus einem Guß in dieser Form gar nicht stellen kann. Für viele kontinentale Länder Europas existiert hingegen ein ähnliches Problem mit ganz ähnlichen Konflikten, die daraus resultieren.

Im Kampf gegen das Denken in Verfassungsaufträgen haben konservative Gruppen häufig vergessen, daß sie den Auftragsgedanken der Präambel des Grundgesetzes bis heute stark betonen. Wo das Grundgesetz selbst Gesetzgebungsaufträge enthält, haben auch konservative Juristen immer wieder die lange Verschleppung ihrer Realisierung kritisiert (z. B. Art. 6 Abs. 5 GG [Gleichstellung des unehelichen Kindes], Art. 21 Abs. 3 [Parteien]). Gelegentlich wurden diese Aufträge so lange verzögert, daß ihre Realisierung durch die Entwicklung überholt oder politisch unmöglich erscheinen mußte wie bei Art. 95, bei dem die Dringlichkeit um so geringer erachtet wurde, je länger dieser Gesetzgebungsauftrag unerfüllt blieb, da kein effektiver Arbeitsbereich für ein Oberstes Bundesgericht übriggeblieben war. Auch der Gesetzgebungsauftrag des Art. 29 Abs. 1 GG, der bis 1976 die Neugliederung verlangte, ist durch Verzögerung zwar nicht obsolet, aber aufgrund der Verfestigung von Interessen immer weniger realisierbar geworden (vgl. Kap. 9c).

Die Lehre vom Verfassungsauftrag spielt auch beim Bundesverfassungsgericht (vgl. Kap. 10) eine wichtige Rolle und ist damit gewiß keine Domäne der Anhänger einer totalitären Mobilisierungsherrschaft. Die Rechtsprechung des Bundesverfassungsgerichts geht von einer Auftragskonzeption aus, nach der es Pflicht des Staates ist, für eine gerechte Sozialordnung zu sorgen (BVerfGE 5, 85 [198]; 22, 180 [204]; 27, 253 [283]; 35, 202 [235f.]), und nimmt selbst diesen Auftrag wahr, wenn es bei der Auslegung von Grundrechten über die Verfassungsmäßigkeit von Regelungen der Gewährung staatlicher Leistungen zu entscheiden hat. Die Folgen der Formel können – wie die Rechtsstreitigkeiten vor dem Bundesverfassungsgericht zeigen – durchaus zur Beeinträchtigung der Grundrechte anderer führen, wie es auch liberale Staatsrechtslehrer in der Bundesrepublik von kodifizierten sozialen Grundrechten immer wieder befürchteten.

Die Vagheit der Formel vom sozialen Rechtsstaat war schon, ehe eine breitere Öffentlichkeit nach Wandel verlangte und die Auftragsidee wieder fordernd an das Grundgesetz herantrug, zum Gegenteil einer Systemveränderung eingesetzt worden. Am Anfang stand nicht der linke Angriff auf den Primat der Rechtsstaatlichkeit, sondern die konservative und restriktive Auslegung des Verhältnisses der beiden Prinzipien Rechts- und Sozialstaat. Nicht selten wurde das Wort des Staatsrechtlers Heinrich Triepel von 1931 zitiert, daß der Rechtsstaat keine adjektivischen Verkleinerungen und Einengungen dulde und durch solche Formeln »ein Ewigkeitswert in den Staub des Irdisch-Kleinlichen gezogen« werde. So unverhüllt äußerte sich deutsche Staatsmetaphysik nach 1949 meist nicht mehr. Aber die Neigung, den Sozialstaat in seiner adjektivischen Verkleinerung nur als Beigabe zum Rechtsstaat anzusehen, war weit verbreitet. Sozialstaatlichkeit wurde der Verwaltung zugeordnet, nicht dem Verfassungssystem. Der Staat als »entscheidende Instanz« über »allen partikularen Interessen« hat von Lorenz von Stein bis zu Forsthoff (1968: 171) in der deutschen Denktradition auch Daseinsvorsorge zu treiben. Sie bleibt aber gleichsam paternalistisch und beruht nicht auf einklagbaren Rechten.

Die Rechtsstaatsdogmatik blieb zum Teil machtfremd. »Das Politische wurde von der Rechtsstaatlichkeit nicht miterfaßt, sondern nur begrenzt«, und der Gesellschaft blieb ein »Angstkomplex vor der Politik« (Luhmann). Eine stärker auf Partizipation angelegte Verfassungskonzeption wäre vermutlich auch den sozialen Grundrechten gegenüber aufgeschlossener gewesen. War für Konservative die Sozialstaatskonzeption immerhin ein Einfallstor für die Staatsmacht, ihren Vorrang im Kampf der Gruppen zu behaupten, so war für Liberale der Sozialstaat als Wohlfahrtsstaat eher verdächtig, und er mußte noch zusätzlich adjektivisch verkleinert werden, um erträglich zu sein. Werner Maihofer formulierte einmal in ungewollter Doppeldeutigkeit: »...geht der auf die Würde des Menschen verpflichtete freiheitliche Sozialstaat auch nach unserem Grundgesetz davon aus, daß seine Bürger ein Recht darauf und das Vermögen dazu haben, in freier sittlicher Selbstbestimmung zu entscheiden, welches ihre individuellen Bedürfnisse sind, die sie befriedigen, welches ihre persönlichen Fähigkeiten sind, die sie entfalten wollen« (Weyer, 1972: 26). Das »Vermögen« der Bürger dazu ist jedoch nach einer realistischeren Sozialstaatskonzeption gerade zum Teil abhängig vom Vermögen im hier nicht gemeinten pekuniären Sinne.

Die Vorbelastungen des deutschen Verfassungsverständnisses durch alte Traditionen der politischen Kultur wie durch gewisse (zum Teil nicht gewollte) Weichenstellungen bei Schaffung des Grundgesetzes dürfen jedoch nicht den Blick dafür verstellen, daß die Betonung der *Rechtsstaatlichkeit* 1948/49 nicht nur den konservativen und defensiven Charakter hatte, den sie in der Ausspielung gegen sozialstaatliche Prinzipien später anzunehmen drohte. Echtes Mißtrauen gegen Machtballungen hat zu einer in der deutschen Geschichte beispiellosen Sicherung der Durchsetzung von Grundrechten geführt.

Diesem Zwecke dienen:

- *Die Sicherung des Primats der Verfassung.* In manchem Punkt sind die Väter des Grundgesetzes hier freilich in bester Absicht über das Ziel hinausgeschossen. Nicht nur durch Ewigkeitsklauseln zugunsten der Grundrechte und des Föderalismus (Art. 79 Abs. 3), sondern auch durch zusätzliche Versuche, den »Wesensgehalt« der Grundrechte gegen die schon hoch angesetzte Amendementbarriere abzusichern. Substantielle Verfassungsänderungen sollten damit nicht generell unterbunden werden, aber »die immerwährende Bevormundung aller nachfolgenden Generationen« (Löw, 1977: 29) ist bei konservativer Auslegung dieser Grundgesetzartikel nicht auszuschließen.
- *Die »Sicherung des Rechtswegstaates«.* Die Schaffung eines lückenlosen Systems des Individualrechtsschutzes ist beispiellos in der deutschen Geschichte. Erstmals findet der Staat keine Möglichkeit, richterlicher Nachprüfung für irgendwelche Staatsakte zu entgehen (VerfGE, 10, 267). Verschwunden sind die gerichtsfreien Hoheitsakte. Es gilt nicht mehr das Enumerationsprinzip, das einst die verwaltungsgerichtliche Klage nur zuließ, wenn dies ausdrücklich im Gesetz vorgesehen war.
- *Der Ausbau der Institutionen zur Sicherung von Grundrechten.* Das Bundesverfassungsgericht, der Wehrbeauftragte als Ansatz zu einem Ombudsmannsystem (das durch die Verfassungsgerichtsbarkeit aber nicht den gleichen Stellenwert erlangen kann wie im andersartigen skandinavischen Rechtssystem) und das Petitionswesen sind starke institutionelle Sicherungen über die traditionelle deutsche Rechtsstaatlichkeit hinaus.
- *Die Drittwirkung von Grundrechten* wird zwar überwiegend abgelehnt. Aber eine grundrechtsorientierte Auslegung privatrechtlicher Klauseln wird vielfach gefordert, auch wenn die Realisierung solcher Ansprüche häufig an der Vielfalt der Anspruchsgegner in einem pluralistischen System zu scheitern droht. Arbeitsrechtlich relevante Grundrechte gelten im bestehenden Arbeitsverhältnis auch zugunsten des Arbeitnehmers gegen den Arbeitgeber wie der Gleichheitssatz des Art. 3 Abs. 1, die Gleichberechtigung von Mann und Frau (Art. 3 Abs. 2) und besondere Diskriminierungsverbote (Art. 3 Abs. 3GG – Badura, 1975: 39).
- *Der Ausbau des Lobbyismus zugunsten der Grundrechte* auf nationaler wie auf internationaler Ebene von ›Amnesty International‹ bis zu mancher Bürgerinitiative, die im Bereich von »Lebensquali-

tät« um neue soziale Grundrechte kämpft. Sie gehören zu einer Konzeption der »neuen Politik«, einer Politik, die gegen »tertiäre« (psychische) und nicht mehr gegen »primäre« (materiell-ökonomisch bedingte) Armut kämpft, wie die klassischen sozialen Grundrechte, um die seit 1848 in verschiedenen verfassunggebenden Versammlungen in Europa gerungen wurde. Diese Bewegung zugunsten der Grundrechte hat in der Phase der Radikalisierung von Randgruppen freilich gelegentlich Auswüchse entwickelt, die auf »falsche Freunde« der Grundrechte schließen ließen, etwa wenn ›amnesty international‹ durch ein ›Komitee gegen Folter an politischen Gefangenen in der BRD‹ – eine Organisation der Sympathisanten der Baader-Meinhof-Gruppe – und durch Hausbesetzung, verbunden mit ultimativen Forderungen, unter Druck gesetzt werden sollte (Claudius/Stepan, 1976: 228). Solche Auswüchse sind jedoch nur ein Anzeichen dafür, daß selbst der Konsens im Bereich der klassischen Grundrechte in der Bundesrepublik nicht immer so ungeteilt war, wie er 1949 zu sein schien.

(c) Verfassungswandel

Jedes politische System muß einen Mittelweg suchen zwischen der Beständigkeit der Verfassung, die allein Erwartungssicherheit und Vertrautheit der Bürger mit den Regeln des Verfassungssystems gewährleisten kann, und einem Wandel, der der sozialen Entwicklung in der Gesellschaft Rechnung trägt. Für das westdeutsche Staatsgebilde war dieser Weg nicht einfach. Das Grundgesetz war in relativer Eile geschaffen worden. Es war als Provisorium gedacht, das den 1875 geprägten Gemeinspruch für die aus drei Verfassungsgesetzen zusammengestückelte Verfassung der 3. Republik in Frankreich nirgends so wahr werden ließ wie in der Bonner Republik: »Rien ne dure que le provisoire.« Eile und Ungeregeltheit vieler Materien zwangen zur Abänderung. Grundsätzlicher Wandel war angesichts der hohen Amendementbarriere, Zweidrittelerfordernis, im Art. 79 GG politisch schwer zu realisieren. Angesichts der Parteienkonzentration und der Einschränkung der möglichen Koalitionen (vgl. Kap. 4) konnte nur eine große Koalition grundlegenden Verfassungswandel bewirken, wie jene, die sich zur Verabschiedung der Notstandsgesetze durchrang.

Linke Kritiker geißelten die laxe Behandlung der Verfassung in der Art von »allgemeinen Geschäftsbedingungen eines Monopolunternehmens: Laufend wurde das Grundgesetz bestehenden oder vermeintlichen Erfordernissen der politischen Marktlage angepaßt« (Seifert, 1974: 11). Die 34 das Grundgesetz ändernden Gesetze in den ersten sieben Wahlperioden (1949–1976) mit 70 Amendements und 109 insgesamt von Änderungen betroffenen Artikeln sprechen freilich nicht für sich. Wichtiger als die Zahl der Änderungen ist die Richtung, in die geändert wurde. Ein großer Teil dieser Amendements betrifft redaktionelle Fragen, zum Teil von marginaler Bedeutung, wie etwa die Kompetenzregelung bei der Fürsorge für Kriegsgräber (Art. 74 Abs. 10a).

Die in der Linken gelegentlich vertretene Depravationstheorie, die im Verfassungswandel nichts als eine Aufgabe der Prinzipien von 1949 sieht, läßt sich nicht halten. Die Einführung einer 2. Instanz für politische Straftaten (Art. 96 Abs. 5), die Verankerung der Verfassungsbeschwerde im Grundgesetz (Art. 93 Abs. 1 Ziff. 4a und 4b) als Antwort auf Bedenken gegen die Notstandsgesetzgebung, die Senkung des Wahlalters auf 18 Jahre (Art. 38 Abs. 2), die Einrichtung des Wehrbeauftragten (Art. 45b) oder das Notparlament im Rahmen der Notstandsverfassung (Art. 53a) sind Änderungen, die auch dem Schutz von Grundrechten dienen und nicht nur repressive Komponenten haben, wie man sie der Notstandsverfassung auf der Linken und dem Abbau föderalistischer Rechte auf der Rechten des Meinungsspektrums in der Bundesrepublik gelegentlich nachsagt. Wie bei der Abschätzung des Kräfteverhältnisses im Parlamantarischen Rat wird vor allem der SPD vorgeworfen, zu stark nachgegeben zu haben und ihre Zustimmung zu unvermeidlichen Änderungen (bei den Notstandsgesetzen etwa) nicht von Zugeständnissen und Gegenleistungen der anderen Seite abhängig gemacht zu haben (Seifert, 1974: 28).

Ende der sechziger Jahre gab es eine Debatte um die *Totalrevision* des Grundgesetzes. Die Anerkennung des Status quo in Deutschland, die Scheu, angesichts der Notstandsgesetzdebatte das halbe Grundgesetz mit redaktionellen Änderungen wie einen Flickenteppich übersäen zu müssen, die Hoffnung auf die Realisierung dessen, was im Bereich der sozialen Grundrechte 1949 versäumt worden war, und die Aussicht, mit der großen Koalition jede beliebige Verfassungsänderung, auf die sich die beiden großen Parteien einigen können, durchzusetzen, bildeten die politische Grundlage dieser Erörterungen. Seit 1969 ist diese Hoffnung angesichts der Polarisierung im Parteiensystem zur Illusion geworden.

Im Oktober 1970 wurde eine Enquetekommission für die Verfassungsreform eingesetzt. Als ein Versuch, das Parlament in langfristige planende und strukturpolitische Steuerungsprozesse stärker mit einzubeziehen, war das Experiment beachtlich. Vom Auftrag her waren der Tätigkeit der Kommission jedoch enge Grenzen gesetzt, da die Grundprinzipien des Grundgesetzes gewahrt werden sollten. Im Grunde beschränkte sich die Initiative auf die Institutionen, insbesondere auf die Parlamentsreform und die Modernisierung des Föderalismus.

Gefährlicher als der Immobilismus in der Verfassungsreform war die Rückkehr zu einem Bekenntnisstaat im Namen der Verfassungstreue. Zwar gab es rechtlich gesehen keinen »Radikalenerlaß« und keine »Berufsverbote« in der Bundesrepublik. Es gab lediglich einen Ministerpräsidentenbeschluß, der die Fortgeltung der Gesetze und ihrer Auslegung noch einmal bekräftigte, weil es so schien, als ob sie durch bare Auslegung gegenüber Radikalen in einigen Ländern in Frage gestellt worden seien. Die unübersichtliche und zuweilen diskriminierende Einstellungspraxis, die verstärkte Überwachung und die Einschüchterungseffekte im Meinungsklima sind jedoch die eigentlichen Mängel dieser Entwicklung. Sie waren um so gravierender, als das Bundesverfassungsgericht 1975 entschied, daß bei der Beurteilung der Verfassungstreue eines Beamten schon die Zugehörigkeit zu einer Partei relevant sei – auch wenn sie vom Bundesverfassungsgericht noch nicht als verfassungsfeindliche Gruppe gekennzeichnet worden ist (BVerfGE, 39, 334ff.). Die Beweislast, daß ein Bürger jederzeit bereit ist, aktiv für die freiheitlich-demokratische Grundordnung einzutreten, wurde dem einzelnen zugeschoben, anstatt die Vermutung für Loyalität sprechen zu lassen, solange nicht durch die Tat das Gegenteil bewiesen wurde.

Vergleicht man den Verwaltungsaufwand dieser Überwachung mit der Zahl der Ablehnungen der Einstellung von Amtsbewerbern im Staatsdienst, so fällt ein Mißverhältnis ins Auge. Weniger als 0,05% sind in den meisten Ländern abgelehnt worden. Dennoch sind Extremisten nicht in großer Zahl in den öffentlichen Dienst eingesickert. Von über 3 Millionen Beschäftigten im öffentlichen Dienst (vgl. Tab. 8.1) hat der Verfassungsschutz an der Wende zu den neunziger Jahren nur 222 Rechtsextremisten und 2003 Linksextremisten aufgespürt (Verfassungsschutzbericht 1989). Eine echte Gefährdung der freiheitlich-demokratischen Grundordnung konnte aus diesen Zahlen kaum abgeleitet werden. Nach der Vereinigung kam die Gefahr eher von rechts.

(d) Vom Grundgesetz zur gesamtdeutschen Verfassung?

Das Grundgesetz war von dem Widerspruch gekennzeichnet, einerseits als Provisorium dienen zu müssen, andererseits die Keime der endgültigen Ordnung Deutschlands zu enthalten. Die Pfeiler der Legitimation in demokratischen Staaten sind von unterschiedlicher

Tragfähigkeit: Rechtsstaat und Nationalprinzip wurden im 19. Jahrhundert entwickelt, das demokratische Prinzip und der Wohlfahrtsstaat traten im 20. Jahrhundert hinzu. Nationalstaatlichkeit wurde schon im 19. Jahrhundert angesichts der Heterogenität der deutschen Lande nicht der demokratischen Bestätigung ausgesetzt. Der Rechtsstaat, als das ältere Prinzip, blieb in der deutschen Tradition über das demokratische Prinzip gestellt. Die Erfahrungen mit dem Mißbrauch von Wählermehrheiten 1933 bestärkten nach 1945 diese Tendenz.

Das Grundgesetz machte den Beitritt der ostdeutschen Länder nicht vom Mehrheitswillen der Wähler abhängig. Die Vereinigung nach Artikel 23 war nicht nur die politisch rascher zu bewerkstelligende Lösung. Sie lag auch nahe, weil die Grundgesetzgeber nicht auf die Idee verfallen konnten, daß das westdeutsche Volk eines Tages mehrheitlich kein Interesse an der Wiedervereinigung haben könnte. Dem System wurde der Fall erspart, daß die DDR sich durch das Bundesverfassungsgericht in die Bundesrepublik einklagen mußte. Beide deutsche Staaten neigten zur »objektivistischen« Definition der Nation: Die DDR hoffte auf die integrative Kraft der *Klassennation*. Die Bundesrepublik hoffte auf ein Nationalgefühl, das alle Deutschen umspannte, und auf die konservierende Kraft der *»Kulturnation«*. Die Begründung der Nation durch subjektive Zustimmung der Betroffenen, die in Westeuropa überwog und die Ernest Renan als »tägliches Plebiszit« definiert hatte, war in Deutschland auf beiden Seiten des Eisernen Vorhangs nicht hinreichend verankert.

Die paradoxe Entwicklung der Herbstrevolution, von politischen Kräften begonnen, die zunächst nur eine Demokratisierung der DDR anstrebten, führte dazu, daß die Linken mit ihrer Betonung des demokratischen Zustimmungsprinzips in Schwierigkeiten kamen. Als der Ruf »wir sind das Volk« mehr und mehr in den Ruf »wir sind ein Volk« umfunktioniert wurde, begann auch die westdeutsche Linke die DDR-Regierung zu ermuntern, möglichst viel vom Sozialismus zu retten. Dabei wurde in Kauf genommen, daß die Sicherung von DDR-Errungenschaften durch einen völkerrechtlichen Vertrag notfalls der demokratischen Zustimmung des Volkes in Westdeutschland völlig entzogen wurde. Die ideologischen Vorgaben der Linken konnten so – ähnlich wie die ideologischen Vorgaben der Rechten, welche das Nationalstaatsprinzip im Grundgesetz zu einem der höchsten Staatszwecke festgeschrieben hatten – zu einer Umgehung des Volkswillens werden. Der Appell vieler Intellektueller, von Sternberger bis Habermas, die Deutschen sollten sich künftig auf den *Verfassungspatriotismus* beschränken, konnte kein Ausweg aus der Verpflichtung zum Nationalgefühl werden, wo die Verfassung der Einheit der Nation als Prinzip so hohe Priorität verlieh. Habermas – der immer mehr in die seit Jaspers' Tod vakante Position eines »praeceptor Germaniae« hineinwuchs – mißbilligte den DM-Nationalismus der Ostdeutschen. Er hatte aber übersehen, daß auch die Westdeutschen zu 70–80 % an der kühlen Idee des Verfassungspatriotismus vorübergehend kein Genüge fanden. Habermas als umsichtiger Verteidiger der Lebenswelt hätte ahnen müssen, daß lebensweltliche Gefühle eher von der konkret erfahrbaren Nationsidee als von dem abstrakten System der Verfassung ausgehen können. Erst nach der Vereinigung darf man hoffen, daß die Deutschen mehr Verfassungspatriotismus als Nationalismus entwickeln. Aber dafür müßte die Verfassung stark geändert werden, um den demokratisch-diskursiven Vorstellungen von Habermas zu entsprechen. Das Grundgesetz in seiner vorliegenden Form setzt bis heute das Rechtsstaatsprinzip über das demokratische Partizipationspostulat. Soll der Verfassungspatriotismus auch diese Restriktionen hinnehmen?

Rechtsstaatsprinzip – die Basis des Verfassungspatriotismus – und demokratisches Prinzip standen im deutschen Einigungsprozeß in einem Spannungsverhältnis. Ein stark fragmentiertes System mit möglichst breiter Streuung der Machtzentren wie das deutsche kennt viele Brechungen des demokratischen Prinzips, wie den Föderalismus, die Dominanz des Repräsentationsprinzips und die Verfassungsgerichtsbarkeit.

Daher ließ sich mit der Staatsräson – und der Verstärkung der nationalen Legitimation der Präambel – durchaus der Weg der Vereinigung über Artikel 23 durch schlichten Beitritt der DDR rechtfertigen. Das Wiedervereinigungsgebot legte nahe, die Chance zur Wiedervereinigung zu nutzen. Daß sie ewig bestehen würde, wie einige Linke in aller Naivität zu glauben schienen, konnte ein realistischer Blick in die internationale Politik nicht bestätigen:

- Die sowjetische Entwicklung, von der alles abhing, war mehr als unsicher. Der Putsch im August 1991 sollte das beweisen.
- Der ökonomische Niedergang der DDR ließ keine Wahl, als rasch zu handeln, ohne zuzulassen, daß auf westdeutsche Kosten noch ein bißchen Sozialismus gespielt wurde, wie Graf Lambsdorff sich in gewohnter Bissigkeit ausdrückte.
- Die Kosten der Vereinigung schienen im Augenblick eines auslaufenden europäischen Booms tragbarer als in einigen Jahren.
- Der Zeitplan der europäischen Einigung ließ es geraten erscheinen, die deutsche Vereinigung vorzuziehen, um sich dann uneingeschränkt der nächsten Runde der europäischen Einheit widmen zu können. Nicht alle »Terminschwierigkeiten« der Einigung waren also in Bonn »selbstgeschaffene Terminzwänge«.

Nicht nur die »erhabenen Teile« des Grundgesetzes waren in diesem Einigungsprozeß erstaunlich erfolgreich, sondern auch die effizienten Passagen des Grundgesetzes. Die Erbauer der Ordnung des Grundgesetzes hatten zwei Optionen für die Realisierung der Wiedervereinigung eröffnet, welche die Präambel beschwor. In Artikel 146 war eine Möglichkeit vorgesehen, durch eine Ausübung der verfassunggebenden Gewalt des Volkes eine neue Verfassung zu schaffen. In Artikel 23 hingegen war die Möglichkeit eröffnet worden, in anderen Teilen Deutschlands als den aufgezählten westlichen Bundesländern das Grundgesetz durch »deren Beitritt in Kraft zu setzen«.

Schon früh schlug sich die Mehrheit der relevanten Experten und politischen Kräfte auf die Seite des Beitritts der DDR nach Artikel 23. Ein Motiv dafür war außenpolitischer Natur: Die DDR wurde von vornherein in das westliche Sicherheitssystem eingebunden. Ein weiteres Motiv lag in einem Grundzug des Systems der Bundesrepublik: in dem tiefen Mißtrauen gegen plebiszitäre Mehrheitsentscheidungen. Dieses Mißtrauen hat eine lange Tradition: Schon die erste deutsche Einigung vollzog sich nicht mit Plebisziten, wie sie Cavour in Italien zuließ, obwohl auch er die Einigung durch »Blut und Eisen« vollzog. Deutschland und vor allem seine teilstaatlichen Eliten waren zu sehr an Selbständigkeit gewöhnt, als daß die Einigungspolitiker den Test von Volksentscheidungen riskieren wollten. Auch Länder, in denen die Nation als »tägliches Plebiszit« angesehen wurde, haben in Teilfragen den Test gescheut; etwa 1919 das Elsaß, da nach Expertenmeinung die Eliten zwar ganz überwältigend für Frankreich schienen, aber über die Stimmung im Volk keine Sicherheit herrschte (vgl. Craig, 1984). Die Möglichkeit der Einigung über den Beitritt diente auch 1990 erneut zur Bewahrung der Vetopositionen der etablierten politischen Eliten. Der ausgehandelte Verfassungskonsens schien risikoloser als der plebiszitäre durch die verfassunggebende Gewalt des Volkes (vgl. Lehmbruch, 1990: 463). Man konnte sich dabei explizit auf das Bundesverfassungsgericht stützen, das in seinem Urteil zum Grundlagenvertrag vom 31. Juli 1973 Artikel 23 als Weg zur Wiedervereinigung genannt hatte und den Artikel keineswegs – wie einige Kritiker wähnten – für überholt hielt.

Die Versöhnung des nationalen und rechtsstaatlichen Prinzips mit den Postulaten des Demokratieprinzips legte eine Abfolge des Einsatzes von Artikel 23 GG für den Beitritt und von Artikel 146 zur Schaffung einer neuen gesamtdeutschen Verfassung nahe. Eine Minderheit liberaler Staatsrechtler hielt den Einsatz beider Artikel des Grundgesetzes für vereinbar (VVDStRL 49, 1990: 34). Konservative Staatsrechtslehrer bevorzugten den Artikel 23 für den Beitritt der DDR, auch um sicherzustellen, daß das Grundgesetz nicht durch völkerrechtliche Verhandlungsmacht der DDR in Frage gestellt würde. Einige zeigten auch keinerlei Interesse an der Schaffung eines gesamtdeutschen Verfassungskonsenses. Josef Isensee (VVDStRL 49, 1990: 66) erklärte es sogar als Mißbrauch, ein Verfassungsreferendum zu verlangen, wenn man keine Alternative für eine deutsche Verfassung anzubieten habe. Eine Radikalalternative verlangten aber nicht einmal die Linken, welche am Verfassungsentwurf des Runden Tisches mitgewirkt hatten.

Eine Arbeitsgruppe »Neue Verfassung« wurde vom Runden Tisch in seiner ersten Sitzung eingesetzt. In den Sitzungen dieser Arbeitsgruppe und ihrer vier Untergruppen wurden zahlreiche Experten zu Rate gezogen, darunter auch einige aus der Bundesrepublik, wie der frühere Verfassungsrichter Simon und die Hochschullehrer Axel Azzola, Alexander von Brünneck, Ulrich Preuß und Bernhard Schlink. Hätte sich der ursprüngliche Termin für die Volkskammerwahlen in der DDR am 6. Mai 1990 halten lassen, so hätte der Runde Tisch sein Werk mit einem Verfassungsentwurf gekrönt. So kam es nur zu einem nicht durchredigierten Entwurf, der der Volkskammer am 4. April 1990 vorgelegt wurde, als die Unionsmehrheit bei den Volkskammerwahlen die Vorstellungen des Runden Tisches nicht länger mehrheitsfähig erscheinen ließ (Thaysen, 1990: 143 ff.).

Der Entwurf konnte nur im ersten Teil der Grundrechte und der Staatszielbestimmungen als Radikalalternative verstanden werden. Die »Verantwortung vor Gott« in der Präambel des Grundgesetzes wurde durch die »humanistischen Traditionen unseres Volkes«, die »Verantwortung aller Deutschen für ihre Geschichte und deren Folgen« und die Gründung auf die »revolutionäre Neuerung« ersetzt. Im Grundrechtsteil wurde teils auf die autoritäre Vergangenheit der DDR reagiert, wenn Selbstverständlichkeiten wie »Freizügigkeit« (Art. 6) oder das Verbot des Entzugs der Staatsbürgerschaft (Art. 7) kodifiziert wurden, oder man setzte auf demokratische Weise die alte DDR-Konzeption sozialer Grundrechte fort, wie das Recht auf Wohnung (Art. 25), das Recht auf Arbeit und Arbeitsförderung (Art. 27) oder sogar das Recht auf »gleichen unentgeltlichen Zugang zu den öffentlichen Bildungs- und Ausbildungseinrichtungen«. Gelegentlich wurden Abstriche von den lapidaren Prinzipien gemacht, wenn die Arbeitsförderung wie eine zweitbeste Lösung dem Recht auf Arbeit an die Seite gestellt oder das Recht auf Bildung unter den Vorbehalt gestellt wurde, daß durch ein Gesetz in dieses Recht eingegriffen werden könne. Ein Aussperrungsverbot und eine stärkere Betonung der Gemeinwirtschaft schienen auch für die westdeutsche Linke attraktiv.

Unter den westdeutschen Konservativen wurde hingegen das böse Wort von der »Wunschliste zum Nikolaustag« in Umlauf gesetzt.

Im organisatorischen Teil der Verfassung hingegen konnte man keine Radikalalternative zum Grundgesetz entdecken. Die tragenden Säulen des Systems wurden weitgehend kopiert: das parlamentarische System, der Föderalismus, die Verfassungsgerichtsbarkeit. Selbst umstrittene Errungenschaften des Grundgesetzes wie das konstruktive Mißtrauensvotum (Art. 75) wurden übernommen. Auch für die Präsidentenwahl fiel dem Runden Tisch nur eine »Bundesversammlung« ein. Lediglich mehr Publizität der Staatsorgane wurde dem Muster der Bundesrepublik hinzugefügt (z. B. öffentliche Ausschüsse der Volkskammer, Art. 59). Das bewährte Gute der bundesrepublikanischen Institutionen wurde mit den sozialen Errungenschaften eines nun demokratisierten Sozialismus verbunden. Ob beides immer kompatibel war, blieb fraglich. Die Verfassungsgerichtsbarkeit wäre durch einen so umfangreichen Katalog sozialer Ansprüche an den Staat vermutlich überfordert worden.

Der Verfassungsentwurf des Runden Tisches wurde durch konservative Mehrheiten in der DDR überholt. Seine Grundprinzipien entfalteten jedoch zweifellos Vorbildwirkung für die Linke – und genau dies führte zur Verfestigung von Vetopositionen gegen weitreichende Änderungen des Grundgesetzes. Die Erinnerung an die verfassunggebende Gewalt des Volkes war verpönt. Die demokratischen Legitimationsmängel des Grundgesetzes, das aufgrund alliierten Wunsches dem Volk nicht vorgelegt worden war, wurden als durch die Zeit geheilt angesehen. Nur eine Minderheit der Staatsrechtler kämpfte noch für eine verfassunggebende Versammlung und lehnte die bloße Grundgesetzänderung nach Art. 79 ab. Die verfassunggebende Gewalt des Volkes sollte nicht nur durch die bereits konstituierten Gewalten in einer Selbstermächtigung usurpiert werden (Storost, 1990: 326). Dieses nun gleichwohl immer wahrscheinlicher werdende Verfahren kann als Verstoß gegen den Grundsatz der Volkssouveränität von Art. 20, Abs. 2 GG angesehen werden. Noch schwerer wogen politische Erwägungen: Wenig sprach dagegen, angesichts gesicherter Mehrheiten auf dem Boden des Grundgesetzes den Verfassungskonsens in der Bundesrepublik auch förmlich zu vollziehen und das Resultat der Arbeit eines Verfassungsrats der Abstimmung des Volkes zu unterbreiten.

Der Bundesrat hat schneller als der Bundestag seinen Verfassungsauftrag nach dem Einigungsvertrag in Angriff genommen. Die 16 Länder einigten sich schon im Februar 1991 auf eine Kommission zur Grundgesetzreform unter Vorsitz des Bundesratspräsidenten mit den

Regierungschefs und einem weiteren Regierungsmitglied, welche Beschlüsse jeweils mit Zweidrittelmehrheit fassen sollte, wobei die Ausdifferenzierung nach Ländergrenzen durch das Prinzip »ein Land – eine Stimme« ersetzt wurde.

Umsichtig verfuhr die Bundesregierung auch hinsichtlich der notwendigen Verfassungsänderungen. Eine Einladung zur Totalrevision wurde nicht ausgesprochen. Artikel 4 des Einigungsvertrages vom 31.8.1990 erwähnte einige »beitrittsbedingte Änderungen des Grundgesetzes«, die vorab erfolgen mußten:

- Die Präambel mußte geändert werden. Die verfassunggebende Gewalt des Deutschen Volkes wurde erneut bekräftigt.
- Der Beitrittsartikel 23 wurde aufgehoben, um keinen Verdacht aufkommen zu lassen, daß Deutschland nicht »saturiert« sei, wie Bismarck es 1871 ausgedrückt hatte.
- In Artikel 52, Abs. 2 wurde in der Stimmenverteilung des Bundesrates die Vetoposition der großen Länder durch »Spreizung der Stimmen« zementiert (vgl. Kap. 9).

Die Verfassungspolitik im Einigungsprozeß war von penibler Respektierung der Grundprinzipien der Bundesrepublik geprägt. Die Marktwirtschaft – an sich kein Verfassungsprinzip – wurde schon im Staatsvertrag staatsrechtlich aufgewertet (vgl. Einleitung). Alle wichtigen Grundsätze des Verfassungssystems der Bundesrepublik, die »Grundsätze einer freiheitlichen, demokratischen, föderativen, rechtsstaatlichen und sozialen Ordnung«, wurden in einem »Gemeinsamen Protokoll der Hohen Vertragschließenden Seiten« dem Staatsvertrag hinzugefügt (Die Verträge, 1990: 19). Als sozialistischer Rest wurde aus außenpolitischen Gründen in einem gemeinsamen Brief von Außenminister Genscher und des amtierenden Außenministers der DDR de Maizière, zugleich Ministerpräsident, an die Außenminister der Siegermächte die Respektierung der Enteignungen auf besatzungsrechtlicher Grundlage von 1945–1949 übernommen. Die Formel »die Enteignungen sind nicht mehr rückgängig zu machen« (Die Verträge, 1990: 37) vermittelt keine Begeisterung darüber, daß man sich in diesem einen Punkt den Forderungen des Verfassungsentwurfes des Runden Tisches (Art. 133, Abs. 1) annähern mußte. Als das Bundesverfassungsgericht im Frühjahr 1991 Klagen gegen die Regelung abwies und bestätigte, daß Enteignungen in der damaligen sowjetischen Besatzungszone zwischen 1945 und 1949 nicht rückgängig gemacht werden müßten, gab es zwei Hoffnungen unter den Betroffenen:

- De lege ferenda wurde darüber nachgedacht, den ehemaligen Eigentümern ein Vorkaufsrecht und einen Vorzugspreis einzuräumen, falls ihr Eigentum zum Verkauf kam.

- Bei Nichtrückgabe des Eigentums winkte eine Entschädigung, welche die Bundesrepublik schwer zu belasten drohte. In den Verträgen mit der DDR vor der Einigung war keine Übereinkunft bezüglich der Entschädigungssumme erzielt worden. Näheres sollte ein Gesetz regeln.

Ein neuer Artikel 143 beschränkte Abweichungen von Bestimmungen des Grundgesetzes im »Beitrittsgebiet« nur bis zum 31. Dezember 1992. Der Artikel 146 – die überspielte Alternative einer paritätischen Einigung – wurde umformuliert. Das Grundgesetz sollte seine Gültigkeit an dem Tage verlieren, »an dem eine Verfassung in Kraft tritt, die von dem deutschen Volke in freier Entscheidung beschlossen worden ist«.

Wie die verfassunggebende Gewalt des deutschen Volkes zum Ausdruck kommen sollte, wurde verschwiegen. Ein Minimalschutz von Interessen der ehemaligen DDR wurde im Artikel 5 angefügt, der binnen zwei Jahren den gesetzgebenden Körperschaften einige Verfassungsänderungen empfahl. Zu ihnen gehörten:

- Änderungen im Verhältnis von *Bund und Ländern* nach dem gemeinsamen Beschluß der Ministerpräsidenten vom 5. Juli 1990.
- Eine *Neugliederung* für den Raum Berlin/Brandenburg durch Vereinbarung der beteiligten Länder. Eine umfassende Neugliederung der Länder schien damit wohl zu den Akten gelegt zu sein (vgl. Kap. 9).
- Überlegungen zur Aufnahme von *Staatszielbestimmungen* in das Grundgesetz. Es war dabei vor allem an den Umweltschutz gedacht, der in der Bundesrepublik von einigen Parteien seit langem für die Aufnahme als Staatszielbestimmung ins Grundgesetz vorgesehen war.
- Dem Wunsch nach plebiszitärer Ausübung der verfassunggebenden Gewalt des Volkes wurde durch die Erwägung einer *Volksabstimmung* Rechnung getragen, falls Artikel 146 zur Anwendung kommen sollte.

Gleichwohl war mit Beginn der 11. Legislaturperiode die Anwendung von Artikel 146 weiterhin umstritten. Auch linke Publizisten wie Jürgen Seifert (1990) empfahlen inzwischen, die Änderungen des Grundgesetzes auf ein Minimum zu beschränken. Gewerkschafter wie der DGB-Vorsitzende Meyer (1990) erneuerten alte gewerkschaftliche Forderungen: ein Aussperrungsverbot und soziale Grundrechte. Konservative Publizisten machten solche Forderungen gerne lächerlich durch Zitate aus den Katalogen des Wünschenswerten in DDR-Länder-Verfassungen. Art. 23.3 der Verfassung von Sachsen-Anhalt von 1946 hatte sogar ein Recht der Jugend »auf Freude und Frohsinn«

kodifiziert – ein harmloser Sproß am Baum der Verfassungsprinzipien, den man einst auch in den USA als »pursuit of happiness« am liebsten in den Verfassungsrang erhoben hätte.

Ein breiter Fächer von sozialen Grundrechten hatte angesichts der Mehrheitsverhältnisse des 11. Deutschen Bundestags keine Chance. Eine Denkschrift zum Einigungsvertrag beraubte mit ihren Überlegungen zu Verfassungsänderungen nach der normalen Amendementprozedur des Artikels 79 den umformulierten Artikel 146 seiner verfassunggebenden Kraft.

Die Schaffung eines geänderten Grundgesetzes – es machte das Wort die Runde, daß die Schaffung eines neuen Grundgesetzes der erneuten Erfindung des Rades gleiche (R. Leicht in: Die Zeit, 1990, Nr. 9: 3) – wurde eine Änderung über die konstituierten Gewalten. Innenminister Schäuble hat nach den ersten gesamtdeutschen Wahlen erklärt, daß er eine Volksabstimmung »nicht für notwendig« halte, »aber, wenn man es in einer vernünftigen und gemäßen Form macht, auch nicht für ein unvertretbares Risiko« (FAZ, 13.12.1990: 4). Plebiszitäre Demokratie wurde in der Bundesrepublik noch immer unter Risikogesichtspunkten gesehen. Das Rechtsstaatsprinzip und der repräsentative Parlamentarismus werden auch im vereinten Deutschland ihr Übergewicht über das demokratische Prinzip in der Form der direkten Beteiligung des Volkes behalten.

Mit solchen Zeichensetzungen waren auch die Hoffnungen der Linken, die plebiszitäre Komponente im neuen Deutschland ausbauen zu können – der Entwurf des Runden Tisches hatte Gesetzgebung durch Volksentscheid vorgesehen (Art. 90) –, bereits zum Scheitern verurteilt. Hartnäckig hält sich die Behauptung, das System von Weimar sei auch an der plebiszitären Komponente zugrunde gegangen, obwohl keine der vier Initiativen die nötige Mehrheit fand. Ebenso hartnäckig wird die relativ moderate und seltene Ausübung der plebiszitären Komponente wie in Italien in Deutschland nicht zur Kenntnis genommen. Wenn es bei der Verfassunggebung kein Risiko ist, warum sollte es angesichts einer gefestigten Parteiendemokratie bei der gelegentlichen fakultativen Volksabstimmung ein Risiko darstellen?

Durch den Golfkrieg im Januar 1991 wurde die Frage der Grundgesetzänderung aktuell, die den Einsatz deutscher Truppen im Dienst der UNO ermöglichen soll. Da die Regierungsparteien die SPD bei Verfassungsänderungen brauchten, wurde von einem Koppelungsgeschäft gesprochen: der Volksentscheid bei der Verabschiedung des Grundgesetzes als »risikolose« Konzession für die Zustimmung der SPD in der Frage des Einsatzes deutscher Truppen in der Weltfriedensordnung. Das Asylrecht wurde zu einem weiteren immer dringenderen Punkt, in dem weniger Absprachen mit der früheren DDR als mangelnde Einigung der EG-Staaten die Aktivitäten in Richtung Verfassungsänderung behinderten. Das neue Deutschland mochte naturgemäß nicht mit einer Beschränkung des Asylrechts im Alleingang isoliert werden.

Mit erstaunlich geringer Publizität wurde 1991 der Verfassungsrat konstituiert, der im Oktober 1991 seine Arbeit aufnahm. Die 64 Mitglieder wurden zur Hälfte vom Bundestag und zur anderen Hälfte vom Bundesrat gestellt. Das Kontingent des Bundestages enthielt 15 Sitze für die Unionsparteien, 11 für die SPD, vier für die FDP, je einen für PDS und Bündnis 90. Auf der Bundesratsseite erhielt jedes Land zwei Mandate. Für den Vorsitz wurde nach dem Vorbild des Vermittlungsausschusses eine Tandemlösung angenommen. Für die Union wurde Rupert Scholz, für die SPD der Bundesratsvorsitzende Henning Voscherau (Hamburg) benannt. Für die Lager wurde etwa ein Gleichstand der Stimmen errechnet. Die linke Konzeption weitreichender Grundgesetzänderungen verlor damit die Chance der Durchsetzung. Über solche konfliktträchtigen Punkte kam 1991 der Blick auf die Routine-Amendements im Organisationsbereich der Verfassung zu kurz. Der Präsident des Bundesverfassungsgerichts, Roman Herzog (FAZ, 3.12.1990: 4), hat an die Notwendigkeit erinnert, eine erleichterte Möglichkeit zur Auflösung des Bundestages vorzusehen. Aber Empfehlungen zur erneuten Rationalisierung des parlamentarischen Kräftespiels, wie sie die Enquetekommission zur Verfassungreform 1976 vorgelegt hatte (Beratungen, 1976), mußten in die Debatte um eine Erneuerung des Grundgesetzes erst wieder eingebracht werden. Als die Verfassungskommission im Winter 1993 ihre Arbeit beendete, war abzusehen, daß die effizienten Teile des Grundgesetzes ähnlich stark in der Selbstbehauptung waren, wie es die »ehrwürdigen Teile« der Verfassung gewesen sind, die ihre Funktion mit der deutschen Wiedervereinigung weitgehend erfüllt haben.

Die Änderungen des Grundgesetzes konnten schließlich Anfang November 1994 verkündet werden. Drei vom Bundestag verabschiedete Grundgesetzänderungen waren aufgrund der Beschlußempfehlung des Vermittlungsausschusses abgespalten worden. Die Macht des Bundesrates (vgl. Kap. 9d) zeigte sich erneut. Eine am 30. Juni 1994 vom Bundestag für erledigt erklärte Initiative des Bundesrats wurde weitgehend wiederhergestellt. Nur wenige Neuerungen gingen in die Neufassung des Grundgesetzes ein: Art. 3 Gleichberechtigung und Behinderte, Art. 28, der die finanzielle Eigenverantwortung der Selbstverwaltung betraf, Art. 72, 74, 75, 76 und 77 über Gesetzgebungskompetenzen, Art. 80 über Rechtsverordnungen, Art. 87 über die Sozialversicherungsträger wurden geändert. Art. 20a, der den Umweltschutz unter die Staatsziele aufnahm, wurde in der Öffentlichkeit als einzige Innovation überhaupt wahrgenommen. Die Länderneugliederung der Länder Berlin und Brandenburg (118a) und die Fortgeltung von Bundesrecht (125a) gemahnten noch am ehesten an den Anlaß dieser Grundgesetzänderung, nämlich die Vereinigung zweier deutscher Staaten. Der kreißende Berg hatte ein Mäuslein geboren.

Literatur

W. Abendroth u. a.: Der Kampf um das Grundgesetz. Über die politische Bedeutung der Verfassungsinterpretation. Frankfurt, Syndikat, 1977

P. Badura: Das Prinzip der sozialen Grundrechte und seine Verwirklichung im Recht der Bundesrepublik Deutschland. Der Staat, 1975: 17–48

U. Battis u. a. (Hrsg.): Das Grundgesetz im internationalen Wirkungszusammenhang der Verfassungen. 40 Jahre Grundgesetz. Berlin; Duncker & Humblot, 1990

Beratungen und Empfehlungen zur Verfassungsreform. Zur Sache 3/1976, 2/1977

Th. Blanke/R. Erd (Hrsg.): DDR – ein Staat vergeht. Frankfurt, S. Fischer, 1990

K. Borgmann u. a. (Hrsg.): Verfassungsreform und Grundgesetz. Stuttgart, Boorberg, 1992

B.-O. Bryde: Verfassungsentwicklung. Baden-Baden, Nomos, 1982

Th. Claudius/F. Stepan: Amnesty International. Portrait einer Organisation. München, Oldenbourg, 1976

J. E. Craig: Scholarship and Nationbuilding. The Universities of Strasbourg and the Alsatian Society 1870–1939. Chicago UP, 1984

E. Forsthoff (Hrsg.): Rechtsstaatlichkeit und Sozialstaatlichkeit. Darmstadt, Wiss. Buchgesellschaft, 1968

B. Guggenberger/T. Stein (Hrsg.): Die Verfassungsdiskussion im Jahr der deutschen Einheit. München, Hanser, 1991

B. Guggenberger u. a. (Hrsg.): Eine Verfassung für Deutschland. Manifest, Text, Plädoyers. München, Hanser, 1991

J. Habermas: Der DM-Nationalismus. Weshalb es richtig ist, die deutsche Einheit nach Artikel 146 zu vollziehen, also einen Volksentscheid über eine neue Verfassung anzustreben. Die Zeit, 1990, Nr. 14: 62–63

H.-H. Hartwich: Sozialstaatspostulat und gesellschaftlicher Status quo. Opladen, Westdeutscher Verlag, 1977[2]

W. Hennis: Verfassung und Verfassungswirklichkeit. Ein deutsches Problem. Tübingen, Mohr, 1968

H. Herles/E. Rose (Hrsg.): Vom Runden Tisch zum Parlament. Bonn, Bouvier, 1990
O. Jung: Grundgesetz und Volksentscheid. Gründe und Reichweite der Entscheidungen des Parlamentarischen Rats gegen Formen direkter Demokratie. Opladen, Westdeutscher Verlag, 1994
Ch. Klessmann: Die doppelte Staatsgründung. Deutsche Geschichte 1945–1955. Bonn, Schriftenreihe der Bundeszentrale für politische Bildung, 1982
E. H. M. Lange: Die Würde des Menschen ist unantastbar. Der Parlamentarische Rat und das Grundgesetz. Heidelberg, Hüthig, 1993
H. Laufer: Verfassungsreform in der Bundesrepublik. München, Bayerische Landeszentrale für politische Bildungsarbeit, 1979
G. Lehmbruch: Die improvisierte Vereinigung: Die dritte deutsche Republik. Leviathan, 1990: 462–486
U. Liebert/W. Merkel (Hrsg.): Die Politik zur deutschen Einheit. Opladen, Leske, 1991
K. Löw: Die Grundrechte. München, Verlag Dokumentation, 1977
P. H. Merkl: Die Entstehung der Bundesrepublik Deutschland. Stuttgart, Kohlhammer, 1968[2]
A. J. u. R. L. Merritt (Hrsg.): Public Opinion in Occupied Germany. The Omgus Surveys, 1945–1949. Urbana, University of Illinois Press, 1970
H. H. Meyer: Soziale Demokratie als verfassungspolitischer Auftrag. GMH, Nr. 10. 1990: 609–613
K. Niclauss: Demokratiegründung in Westdeutschland. Die Entstehung der Bundesrepublik von 1945–1949. München, Piper, 1974
F. R. Pfetsch: Verfassungspolitik der Nachkriegszeit. Darmstadt, Wiss. Buchgesellschaft, 1985
F. R. Pfetsch: Ursprünge der Zweiten Republik. Prozesse der Verfassungsgesetzgebung. Opladen, Westdeutscher Verlag, 1990[2]
St. Schaub: Der verfassungsändernde Gesetzgeber 1949–1980. Berlin, Duncker & Humblot, 1984
E. Schmidt: Die verhinderte Neuordnung 1945–1952. Frankfurt, EVA, 1974[5]
U. Schmidt/T. Fichter: Der erzwungene Kapitalismus. Klassenkämpfe in den Westzonen 1945–1948. Berlin, Wagenbach, 1971
V. Schockenhoff: Wirtschaftsverfassung und Grundgesetz. Die Auseinandersetzungen in den Verfassungsberatungen 1945–1949. Frankfurt, Campus, 1986
J. Seifert: Grundgesetz und Restauration. Darmstadt, Luchterhand, 1977[3]
J. Seifert: Klassenkampf von rechts oder Modernisierung des Grundgesetzes? GMH, Nr. 10. 1990: 614–632
W. Soergel: Konsensus und Interessen. Eine Studie zur Entstehung des Grundgesetzes für die BRD. Opladen, Leske, 1986[2]
U. Storost: Das Ende der Übergangszeit. Erinnerung an die verfassunggebende Gewalt. Der Staat, 1990: 321–331
U. Thaysen: Der Runde Tisch oder: Wo blieb das Volk? Opladen, Westdeutscher Verlag, 1990

Die Verträge zur Einheit Deutschlands. München, DTV, 1990
H. Vorländer: Verfassung und Konsens. Berlin, Duncker & Humblot, 1981
W. Weyer (Hrsg.): Rechtsstaat, Sozialstaat. Stuttgart, Kohlhammer, 1972
H. Wilke: Stand und Kritik der neueren Grundrechtstheorie. Berlin, Duncker & Humblot, 1975

2. Die politische Kultur

In den sechziger Jahren setzte sich der Begriff der »politischen Kultur« in der Politikwissenschaft durch, nachdem die bahnbrechende Studie von Almond und Verba: Civic Culture (1963) einen ersten Versuch gemacht hatte, in einer international vergleichenden Studie den vagen Begriff empirisch zu testen. Der Begriff stand ursprünglich quer zur deutschen Tradition, in der der Kulturbegriff vielfach idealistisch überhöht gegen das »Machbare« der Zivilisation ausgespielt worden war. Diese Tradition könnte erklären helfen, warum der Begriff »politische Kultur« in Deutschland vielfach bis heute normativ gedeutet wird. Die politische Kultur der Deutschen wurde daher vielfach an normativen Idealen gemessen (Reichel, 1981) und überwiegend ideengeschichtlich beschrieben (vgl. Sontheimer, 1990).

Die Forderung nach einem empirischen und wertneutralen Begriff der politischen Kultur spürte die Wahrnehmungen, Gefühle und Bewertungen gegenüber dem politischen System auf. Dabei mußten die Einstellungen aufgeschlüsselt werden und konnten gegenüber dem System allgemein untersucht werden: gegenüber den *Input*strukturen (Entscheidungsstrukturen) oder gegenüber dem Resultat der Politik auf verschiedenen Politikfeldern, den *Output*strukturen (Zufriedenheit mit den Leistungen des Systems). Im Sinne des *Policy Cycle* könnte man auch vereinfachend drei Ausrichtungen festhalten: Einstellungen zur politischen Ordnung im allgemeinen *(polity)*, zum Entscheidungssystem *(politics)* und zum Resultat in Form von materieller Politik *(policies)*. Gerade Empiriker blieben gegenüber einem so gewaltigen Forschungsprogramm skeptisch. Nur weil der Begriff sich durchgesetzt hatte, wollten sie ihn beibehalten, befürchteten aber weiterhin die Beliebigkeit der Messungen und die theoretische Unmöglichkeit, die verschiedenen Indikatoren zu einem theoretischen Begriff sinnvoll zu verbinden (Kaase, 1983). Die Gefahr, daß die alten Studien über den Nationalcharakter nur in neuen wissenschaftlicheren Formen wieder aufleben würden, schien gegeben. Die wachsende internationale Kommunikation ließ es problematisch scheinen, ganze Gesellschaften als mit einer abgrenzbaren politischen Kultur ausgestattet wahrzunehmen.

Dennoch hat sich der Begriff durchgesetzt. Er wurde in den achtziger Jahren vielfach mit neueren Ansätzen zum Studium des *Wertewandels* verknüpft. Politische Kultur galt im Gegensatz zu statischen Bildern von Nationalcharakter immer als »gelernt«. Mit der Entdeckung des Wertewandels wurde einerseits die Fragmentierung der angeblich einheitlichen Kultur stärker gewürdigt, andererseits der rasche Wandel von politischen Kulturen erkannt, soweit sich Verallgemeinerungen über ihn in ganzen Nationalstaaten treffen ließen. Der Begriff »politische Kultur« wurde zum neutralen Terrain der Begegnung für alle, welche die subjektive Seite politischer Systeme nicht vernachlässigten. Immer schon hatte es Äquivalente gegeben, ob Robert von Mohl von *»politischer Gesittung«* sprach oder Dolf Sternberger von *»lebender Verfassung«*. In Deutschland wurde der Begriff nach dem Krieg zum Instrument der Messung, inwieweit die Bürger der Bundesrepublik sich mit den selbstgewählten Normen konform verhielten. Die Anwendung der Demokratictheorie ging von dem traumatischen Erlebnis einer tiefen Diskrepanz zwischen der demokratischen und sozialen Weimarer Verfassung und den autoritären Verhaltensmustern paramilitärisch organisierter Bürgerkriegsparteien aus.

(a) Die historischen Belastungen der politischen Kultur in Deutschland

Die Besatzungsmächte hegten einiges Mißtrauen gegen die Institutionen, die der Parlamentarische Rat 1948/49 schuf. Die Bedenken der ausländischen Sozialwissenschaftler hingegen bezogen sich von Anfang an weniger auf den konstitutionellen Rahmen, den Westdeutschland sich geschaffen hatte, als auf die politische Haltung der Bevölkerung, die diesen Rahmen ausfüllen sollte. Die Einstellungs- und Verhaltensweisen der Bürger gegenüber dem politischen System, die die politische Kultur eines Landes ausmachen, waren für ausländische Forscher um so wichtiger, als Deutschland sich in seiner Entwicklung im Lichte vergleichender Betrachtung als ein erstaunlicher Fall der Abweichung von der »normalen« Entwicklung darstellte. Die Modernisierungsforscher, die eine stabile Demokratie von Indikatoren wie dem wirtschaftlichen Entwicklungsstand, dem Bildungsgrad des Durchschnitts und der Ausdifferenziertheit des Kommunikationssystems abzuleiten versuchten, mußten an der deutschen Entwicklung scheitern. An den genannten Indikatoren gemessen, hätte Deutschland eine gute Voraussetzung für normale stabile demokratische Entwicklung bieten müssen (Verba, 1965: 131).

Die Verwunderung über die deutsche Sonderentwicklung schlug vielfach in sehr weitreichende Verallgemeinerungen über den Zusammenhang zwischen autoritären Familienstrukturen und einer überwiegend apathischen politischen Kultur um, die Partizipation überwiegend passiv und formal auffaßte, Politik mit Vorbehalten beurteilte und stark legalistisch dachte.

Politische Kulturen sind nicht Ausfluß eines statischen Nationalcharakters, sondern werden gelernt und sind Wandlungen unterworfen, wie auch die Umfragen in der Bundesrepublik zeigen. Die traumatischen Erfahrungen der Zeit der Übermobilisierung durch die Nazis und die neuen Übermobilisierungsversuche in Ostdeutschland hatten in Westdeutschland starke Rückwirkungen. In Befragungen von 1949 zeigte sich eine gewisse Gleichsetzung von Politik und Parteipolitik mit dem, was man bisher erlebt hatte. Die Aversion gegen stärkere politische Teilnahme, gegen Übernahme politischer Ämter und bei zwei Dritteln auch gegen die Politik der Parteien (Merritt, 1970: 314 ff.), die 1949 noch überwog, wurde im Laufe der Entwicklung der Bundesrepublik abgebaut. Die Einstellungen zu den Parteien und zum Föderalismus sowie das Image der Politiker haben sich schon in den fünfziger Jahren wesentlich gebessert. Politik wurde – vor allem bei jüngeren Menschen – als immer wichtiger erkannt (Allerbeck, 1976: 35).

Das System hat sich nach Umfragen rascher gefestigt, als viele ausländische Betrachter befürchtet haben. Amerikanische Wissenschaftler haben dies mit dem hohen Bildungsstand und der auch in der überwiegenden Passivität der Bürger immer relativ guten Informiertheit der Westdeutschen erklärt, die zur Grundlage eines raschen Anwachsens der Unterstützungsbereitschaft für das System wurden. Manche der Äußerungen über eine bloß passive Hinnahme des Systems durch die Bürger wurden schon in den fünfziger Jahren durch Umfrageergebnisse teilweise überholt.

Die starke Output-Orientierung führte in der Bundesrepublik in unterschiedlichen Umfragen immer wieder zu einer Identifizierung von Staat und Regierung und einem erstaunlichen Glauben an die Effektivität von Regierung und Verwaltung. Die *»Staatsverdrossenheit«*, von der seit der ökonomischen Krise von 1973 oft gesprochen wurde, bezog sich vielfach auf die Kritik an bestimmten Maßnahmen der Regierung und auf bestimmte Politiker und Parteien. Die Umfrageergebnisse lassen kaum auf grundlegende Ablehnung des Systems schließen, wie auch im internationalen Vergleich festgestellt wurde (Barnes/Kaase,

1979: 523). Selbst die Parteien werden akzeptiert, aber vor allem Jungwähler identifizieren sich weniger mit ihnen als früher. Es zeigten sich erstaunliche Widersprüche: Politik wird vielfach noch als schmutziges Geschäft angesehen, und dennoch wird relativ positiv über die geurteilt, die dieses Geschäft vom Durchschnittsbürger fernhalten.

Gleichwohl blieben angesichts der Legitimation des Systems durch wirtschaftliche Erfolge und Aufbauleistungen besorgte Fragen im Hinblick auf die Belastbarkeit dieses »Schönwettersystems«. In der Krise zeigte sich jedoch in den sechziger und siebziger Jahren, daß manche Ängste in vielen Bereichen (Arbeitsmarktpolitik, Umweltpolitik, Geldwertstabilität), die den Bundesbürger heute bewegen, vereinbar waren mit einem erstaunlichen Vertrauen in die Handlungskompetenz der Regierung und die Möglichkeit, diese Probleme durch Politik zu lösen. Gerade auch in der Arbeiterschaft hat die schwerste Krise der BRD seit 1949 im Jahre 1973/74 nicht zu einer Erschütterung des Glaubens an die Regenerations- und Selbstheilungskräfte der Wirtschaft geführt.

Die eigenen Einflußmöglichkeiten auf Politik und Verwaltung wurden in der Bundesrepublik gering eingeschätzt. Fast zwei Drittel glaubten nach einer Infas-Umfrage von 1971 nicht, daß sie auf den Staat irgendwelchen Einfluß ausüben könnten. Das Gefühl der Ohnmacht gegenüber der öffentlichen Verwaltung war ähnlich groß. Nur 39% von 1978 Befragten glaubten, daß Verwaltungsentscheidungen vom Bürger nachvollziehbar und kontrollierbar sind. Während nach den alten Civic-Culture-Umfragen das Vertrauen in die Verwaltung und die staatlichen Agenturen mit dem Bildungsgrad – im Vergleich zu den angelsächsischen Ländern – auffällig stieg (Almond/Verba, 1963: 111f.), galt dies zumindest nicht mehr für die Akademiker, die sich in der Ausbildung befanden (Sinus, 1978: 13).

Die nüchterne Einschätzung der eigenen Einflußmöglichkeiten wirkte in Krisenzeiten rasch eintretenden Enttäuschungen aufgrund überhöhter Partizipationserwartungen entgegen. Der Glaube an die Wirkung der eigenen Anteilnahme kann erfahrungsgemäß im Lichte konkreter Enttäuschungen schneller entlegitimierend wirken, als wenn man sich auf den allgemeinen Glauben an die Kompetenz irgendwelcher politischer Eliten verläßt. Die Berelson-These von der *stabilisierenden Apathie* trifft angesichts der hohen Wahlbeteiligung sicher nicht generell für die Bundesrepublik zu, sondern allenfalls in dem Sinne, daß eine überwiegend passiv gestimmte politische Kultur die »Rebellion steigender Erwartungen«, die häufig zu plötzlichen Entfremdungserscheinungen führen kann, stärker im Zaum hält.

Die Frage, die sich vor allem ausländischen Betrachtern aufdrängte, war, ob die politische Kultur in der Bundesrepublik sich grundsätzlich durch kollektives Lernen gewandelt habe. Daß dieses möglich ist, wurde etwa am Beispiel Schwedens demonstriert, das auch nicht immer das Image eines friedliebenden und sozial fortschrittlichen Landes gehabt hat.

Da sich wirtschaftliche Enwicklungsdaten nicht als Variablen erwiesen hatten, von denen man den Demokratiegrad eines Landes ableiten konnte, suchte man nach subjektiven Faktoren, die den Überzeugungssystemen, die politische Kulturen abstützen, näherstehen, wie Bereitschaft zum politischen Wettbewerb und Meinungsfreiheit. Diese beiden Eigenschaften waren nach älteren Untersuchungen in der Bundesrepublik relativ unterentwickelt (Verba, 1965). Der Wandel der Meinungen der Bundesbürger in diesen beiden Bereichen beeindruckte auch viele Ausländer. Hatten 1950 noch 25% einen Einparteienstaat für wünschenswert gehalten und nur 53% ein Mehrparteiensystem bevorzugt, so waren es 1968 nur noch 7%, die gegen, und 81%, die für den Parteienpluralismus optierten (Conradt, 1974: 227). Die verschiedenen Gruppen der deutschen Gesellschaft waren relativ gleichmäßig von diesem Wandel erfaßt: Vertriebene und Einheimische, Männer und Frauen, die unterschiedlichen Bekenntnisse und die Regionen zeigten in der Antwort auf diese Grundfragen einer Demokratie keinen wichtigen Unterschied mehr. Allenfalls das Alter erwies sich als entscheidend: Die Jugend hatte stärker diesen Wandel mitgetragen.

Trotz der Verhärtungen im Zeichen der Polarisierung und der Neigung der Oppositionsanhänger, das System deutlich negativer einzuschätzen, führte die Konfliktverschärfung seit 1969 nicht dazu, daß die Meinungsfreiheit bei den Anhängern der Opposition in der Bundesrepublik wesentlich eingeschränkter wahrgenommen wurde als bei den Anhängern der Regierungskoalition.

Im internationalen Vergleich überraschten die Westdeutschen durch ihren Optimismus im Hinblick auf die demokratische Entwicklung im In- und Ausland. 1981 – in einer Phase der Erosion der sozialliberalen Koalition – stand die Bundesrepublik (mit Ausnahme von Luxemburg) in Europa noch immer an der Spitze einer Skala der Zufriedenheit der Bevölkerung mit dem Funktionieren der Demokratie (Eurobarometer, Nr. 16, 1981: 11).

1983 antworteten nur die Dänen noch ein bißchen euphorischer auf ihren »Machtwechsel« als die Deutschen (Eurobarometer, Nr. 19, 1983: 2), wenn nach dem Vertrauen in das System gefragt wurde. Die Bundesrepublik lag zugleich in der Bereitschaft der Verteidigung des Systems gegen umstürzlerische Kräfte an der Spitze der EG-Länder

(Eurobarometer, Nr. 16, 1981: 14). Für den Kriegsfall hingegen überwog die Zahl derer, die nicht kämpfen wollten (41 %) die der Kampfwilligen (IfD-Umfrage 1295; 1981).

Die »stille Revolution« der Herausbildung eines neuen politischen Stils, der den Eliten nicht mehr gehorsam folgt, sondern sie herausfordert und an postmateriellen Werten wie Lebensqualität mehr interessiert ist als an den Umweltverteilungsritualen der traditionellen Politik, schien anfangs in Deutschland in geringerem Maße stattgefunden zu haben als in den meisten anderen europäischen Ländern mit Ausnahme von Irland und Dänemark (Zahlen bei: Inglehart, 1977: 38) und hat dennoch paradoxerweise tiefergreifende Folgen im Parteiensystem hinterlassen als in anderen europäischen Ländern. Offenbar ist das Bekenntnis zum Postmaterialismus nur eine Erklärung für diesen Wandel im Parteiensystem (vgl. Kap. 4 e). Neuere Umfragen zeigten, daß der Mobilisierungseffekt an der Wende der siebziger Jahre kein dauerhafter war. Selbst große Teile der Jugend, der mehr Offenheit für die »neue Politik« nachgesagt wurde, reagierten nach der Politisierungswelle wieder mit Rückzug. Soziale Probleme und die Bereitschaft zur politischen Anteilnahme stehen noch immer ganz unten auf der Liste der persönlichen Lebenswünsche.

Politik wird vielfach in Deutschland noch »als Flankenschutz für den persönlichen Lebensvollzug angesehen« (Jaide). Mitte der siebziger Jahre zeigte sich in Längsschnittvergleichen, daß die Einstellungen und Meinungen Veränderungen in Richtung Konservatismus erfuhren und daß Reformpolitik und die außenpolitische Neuorientierung, die 1969 eingeleitet wurde, auf größere Skepsis stießen. Andererseits ist die Bereitschaft zum Einsatz unkonventioneller Mittel gestiegen. Im internationalen Vergleich haben Deutsche und Österreicher jedoch rechtliche Einschränkungen unkonventionellen politischen Verhaltens eher befürwortet als Holländer und Amerikaner und waren »offenbar willens, Teile ihrer Bürgerrechte für ein ruhiges Leben hinzugeben« (Barnes/Kaase, 1979: 88). Bei Messungen von Konfliktbereitschaft erwiesen sich Jugendliche als kaum weniger konfliktscheu als der Durchschnitt der Bevölkerung (Greiffenhagen, 1979: 123). Bei der Bereitschaft, Gewalt für politische Ziele einzusetzen, sind die Deutschen im internationalen Vergleich eher am unteren Ende der Skala. Selbst die Anhänger der Alternativbewegungen rangierten in der Bereitschaft, an gewaltsamen Aktionen teilzunehmen, mit 5 % der Befragten nicht nennenswert vor dem Bevölkerungsdurchschnitt (3 %) (Sinus, 1983: 55). Der »Linkstrend« der Jugend war nicht dauerhaft. Die Übermobilisierung durch Peer-groups hat inzwischen Übersättigungsprozesse in Gang gesetzt, die eher eine Rückkehr zu den

Spielregeln der repräsentativen Demokratie vermuten lassen. Aber die Jugend ist zweifellos sensibler in bezug auf Verselbständigungstendenzen in der politischen Elite geworden, wie Bürgerinitiativen, Parteienverdrossenheit, kritisches Engagement in den Parteijugendorganisationen und das Wachstum der Grünen zeigten (vgl. Kap. 4d).

(b) Die Legitimierung des politischen Systems

In den siebziger Jahren wurden Legitimitätskrisen von links und Unregierbarkeitskrisen von rechts im politischen System der Bundesrepublik entdeckt. Die empirische Forschung hat jedoch alle Generalisierungen als unhaltbar verworfen. Man kann nicht nur die »diffuse Unterstützung« eines politischen Systems als Anhaltspunkt für Legitimität nehmen, wie das in Nachfolge der Theorien von David Easton vielfach geschah. Ein normativer Begriff von Legitimität, der bei den Bürgern abfragt, ob sie das politische System für »fair und gerecht« halten, ergab keine Bestätigung von Systemkrisen. Zwischen 83 und 88 % haben Anfang der achtziger Jahre das System für fair und gerecht gehalten. Wurde die gleiche Frage im Hinblick auf die jeweilige Regierung gestellt, so lag die Zustimmung etwa 20 % tiefer (Gabriel, 1986: 304 f.). Die Bürger haben die Ebene der politischen Ordnung und der speziellen Institutionen auch sonst immer unterschieden. Je näher die Fragen an bestimmte Politikfelder kamen, um so spezifischer wurde die Unterstützung. Unzufriedenheit mit der Leistung der Regierung auf bestimmten Politikfeldern zieht jedoch keineswegs einen Entzug des generellen Vertrauens durch die Bürger nach sich. Unzufriedenheit breitet sich leichter bei Anhängern der Regierung aus, während die Anhänger der Opposition geringere Erwartungen hegen (Westle, 1989: 301). Mißtrauen gegen die Regierung deutet noch nicht auf eine Legitimitätskrise hin. Die skeptische Maxime gegenüber einer verantwortlichen Regierung fordert geradezu ein gewisses Mißtrauen im Sinne von John Lockes Wort heraus: »Ihr vertraut die Regierung jenen an, denen ihr mißtraut« (Döring, 1990: 88). Erst ein sinkendes Vertrauen in die unparteiischen Institutionen ist ein Alarmzeichen, diese aber – wie vor allem das Bundesverfassungsgericht – erfreuen sich doch immer der höchsten Vertrauenswerte in der Meinung der Bürger (Tab. 2.1).

Vergleicht man die »Vertrauensfragen« an die Bürger über die Zeit, so fällt eine Zunahme des Vertrauens in Institutionen der Politik und Verwaltung (mit Ausnahme der städtischen Behörden) und der Bildung auf. Einen Niedergang des Vertrauens erlebten die Medien – am

Tabelle 2.1: Vertrauen in öffentliche Institutionen

	Westen			Osten		
Vertrauen in	1990	1992	Diff.	1990	1992	Diff.
Polizei	91	84	− 7	52	53	+ 1
Bundesverfassungsgericht	87	80	− 7	49	63	+14
Justiz	81	67	−14	30	54	+24
Bundestag	83	60	−23	49	46	− 3
Stadtverwaltung	83	56	−27	36	51	+15
Bundesregierung	75	52	−23	55	55	0
Fernsehen	64	43	−21	76	52	−24

Quelle: infas-Repräsentativerhebungen in Ost- und Westdeutschland, jeweils 1000 Fälle, September 1990 und Juli 1992. – Angaben in Prozent.

drastischsten die Zeitungen –, die Justiz, die Interessengruppen und die Unternehmer. Der Niedergang betrifft die Kirchen nur leicht, die Gewerkschaften hingegen am härtesten.

Ist eine allzu starke Zustimmung zu den Institutionen wünschenswert? Allzu große Zufriedenheit mit dem System muß nicht als Zeichen demokratischer Reife gewertet werden. Die hohe Zufriedenheit mit der Demokratie in Deutschland in vergleichenden Befragungen des Eurobarometers der Europäischen Gemeinschaft ist gelegentlich auch als Fortwirken obrigkeitsstaatlicher Wertvorstellungen und Verhaltensnormen gedeutet worden (vgl. Gabriel, 1986: 285). In einem neuen System wie dem der Bundesrepublik war es von entscheidender Bedeutung, daß die Opposition 1966 in die Regierung aufgenommen wurde. Die alternierende Regierungsweise stärkt in der Regel die Akzeptanz des Systems. Wichtig ist auch, daß keine der Parteien grundsätzlich als »nicht koalitionsfähig« angesehen wird. Diese Gefahr konnte selbst durch den Eintritt der Grünen in den Bundestag auf die Dauer vermieden werden. Unzufriedenheit mit dem System, die in vielen Umfragen bei zahlreichen Gruppen auftauchte, ist voreilig als *Legitimitätsdefizit* gewertet worden. Es zeigte sich jedoch in Zeiten der Gefährdung des Systems – wie in der Epoche des Terrorismus der Roten Armee Fraktion –, daß die Zustimmung zum System spontan stieg. Gerade in Schönwetterzeiten wurde in Deutschland Unzufriedenheit viel unverblümter ausgedrückt.

In den achtziger Jahren kam mit der Debatte über den *Wertewandel* ein neuer Begriff auf, der seinerseits ein komplexes Konstrukt darstellt: der *Postmaterialismus*. Das Wachstum des Postmaterialismus schien die alte Politik und die konventionellen Institutionen, in denen sie stattfand, in eine Krise zu treiben. Auch diese Annahme ließ sich nicht halten. Konventionelles und unkonventionelles Verhalten entwickelten sich nebeneinander. Teilnahme an Bürgerinitiativen schloß Parteimitgliedschaft nicht aus. Die Präferenzen der Individuen waren nicht so strikt abzusondern, wie Inglehart (1977) angenommen hatte. Anhänger der neuen Werte und der sozialen Bewegungen, die sie zu fördern suchten, zeigten einen höheren Grad der Unzufriedenheit mit den Institutionen. Aber auch sie orientierten sich um so stärker an den idealen Sollwerten der politischen Ordnung. Nicht das System geriet in die Krise, sondern – wie in Amerika schon lange – das System mußte seinem idealen Verfassungsmodell wieder angenähert werden (vgl. Westle, 1989: 319). Während konservative Befürchtungen geäußert wurden, daß »Wahrheit« von den neuen sozialen Bewegungen an die Stelle des »Mehrheitsprinzips« gesetzt werden solle, zeigte sich, daß das Mehrheitsprinzip mit über 70% noch immer starke Zustimmung hatte, selbst bei den Grünen (Westle, 1989: 329, 339). Es wurde eine Wiederbelebung eines alten deutschen Mythos befürchtet, die Teilung von Legitimität und Legalität. Kritiker sahen eine beunruhigende Geringachtung staatlicher Institutionen in der jüngeren Generation entstehen. Momentaufnahmen von Interviewstudien in konfliktreichen Zeiten haben jedoch in der Regel den Einfluß der Effekte des Lebenszyklus verkleinert: Bei älteren Menschen zeigte sich auch in Deutschland eine geringere Kluft zwischen Erwartungen und Akzeptanz der politischen Ordnung. Mit dem Hineinwachsen jüngerer Altersgruppen in eine diffuse Unterstützung des politischen Systems schließt sich die Schere. Angesichts zunehmender Überalterung moderner Gesellschaften kann man von einem linearen Wachstum von Protesthaltungen kaum ausgehen. Zudem zeigten selbst die jüngeren Altersgruppen in jeder Generation neue Einstellungsmuster. Neue Werte setzen sich nicht linear in der Entwicklung durch. Wertemuster kommen und gehen zyklisch mit den Generationen. Die Zyklenthese ist vor allem auch gegen die Annahme einer stetigen Ausweitung postmaterieller Haltungen vorgebracht worden (Bürklin, 1988).

Alle diese Einschränkungen an globalen Thesen des Wertewandels und einer Änderung der politischen Kultur mit jeder neuen Generation lassen andererseits nicht den Schluß zu, daß ein Wandel nicht stattfand und daß dieser Wandel nur positiv zu bewerten ist. Bei einem knappen Drittel der Bevölkerung wurde eine gewisse *Politiker-* und *Parteienverdrossenheit* festgestellt. Etwa die Hälfte der Bürger waren mit den Leistungen des Systems im Bereich der Politikfelder nicht zufrieden (Westle, 1989: 293). Ein bleibender Wandel hat im Bereich der Partizipation stattgefunden: Nichtkonventionelle Formen der Teilnahme und neue Muster einer stark an Problemen orientierten neuen Politik –

neben und außerhalb der Institutionen – breiteten sich aus. Mit der Krise der Grünen und dem Abflauen des Ost-West-Konflikts schienen tragende Säulen der neuen sozialen Bewegungen orientierungslos. Beim Golf-Konflikt im Januar 1991 zeigte jedoch die totgesagte Friedensbewegung eine erstaunliche Breite der Koalition von Kräften der alten und neuen Politik. Dcn Wandel der Werte und der politischen Verhaltensmuster für beendet zu erklären erwies sich als verfrüht.

(c) Zwei politische Sozialisationsformen – eine politische Kultur?

Moderne Demokratien werden nicht nur durch einen diffusen Konsens und über Verfahrensgerechtigkeit legitimiert. Wichtige Stützpfeiler von Gefühlen der Legitimität der Bürger sind die Prinzipien des Rechtsstaats, des Nationalgefühls, der demokratischen Teilnahme und der wohlfahrtsstaatlichen Absicherung der Existenz (vgl. Einleitung). Im geteilten Deutschland konnte das Nationalgefühl naturgemäß nicht die gleiche Rolle wie in anderen Systemen spielen. Die Identifizierung der Bürger vollzog sich stärker über den Rechtsstaat – bis hin zu einem gewissen Legalismus, der in den Einstellungen der Bundesbürger im Ausland immer kritisiert worden ist – und über den Stolz auf wirtschaftliche und soziale Leistungen des Systems.

Im europäischen Vergleich lag die Bevölkerung der Bundesrepublik immer am Ende der Skala des Nationalstolzes. Selbst das durch Sprachenkonflikte zerrissene Belgien hatte 1983 mehr Menschen, die angaben, sehr stolz oder wenigstens ziemlich stolz auf ihr Land zu sein, als die Bundesrepublik, wo sie nur 17% bzw. 39% ausmachten (Eurobarometer, Nr. 19, 1983: 54). Das Fehlen einer starken emotionalen Identifikation mit dem westdeutschen Rumpfstaat ist dabei im Rückblick weniger verwunderlich. Mehr Gleichsetzung und Übereinstimmung mit einem Teilstaat unter Mitwirkung und Auflagen der Besatzungsmächte wäre eigentlich fast noch erstaunlicher gewesen. Bis 1989 schwankte die offizielle Politik darin, ob sie ihren Bürgern mehr Loyalität in bezug auf die Bundesrepublik oder in bezug auf Deutschland nahebringen sollte. Daß in einem zerstörten Lande die Identifikation eher über Outputorientierung., Aufbauleistungen und wirtschaftliche und soziale Vergünstigungen lief, welche die staatliche Politik bereitstellte, war ebenfalls relativ einleuchtend. Daß man sich angesichts der Vagheit von Wiedervereinigungshoffnungen mehr auf geistige und geistliche Werte konzentrierte als auf den politischen Bereich (Almond/Verba, 1963: 429), war in der zur Passivität verurteilten Lage der Deutschen gleichfalls verständlich. Die Hinwendung zum politischen System vollzieht sich vielfach über den Output an Symbolen. In einem Provisorium und in einem Rumpfstaat verbot sich jedoch der Einsatz starker Mittel zur Identifikation der Bürger mit ihrem Teilstaat. So gab es keine Hauptstadt, in der die Symbole der nationalen Einheit zur täglichen Wirkung gelangen konnten. Die Zeit des Kalten Krieges führte dazu, daß die Identifikation weitgehend in der Abgrenzung vom östlichen Deutschland bestand. Größere Freiheitsspielräume und ein höherer Lebensstandard wurden durch staatliche Werbung bewußt dazu eingesetzt, daß das *Staatsbewußtsein* (bezogen auf die BRD) und das *Nationalbewußtsein* (überwiegend ausgerichtet auf die Kulturnation Deutschland) nicht noch stärker auseinanderklafften.

Die pragmatische Orientierung der Bundesbürger, die von amerikanischen Forschern als an Zynismus grenzend empfunden wurde (Verba, 1965: 169), hat vor allem im Ausland immer wieder Erstaunen und Mißtrauen erregt. Dabei wäre zu fragen, ob die deutschen Zyniker nicht weitgehend bloß einen in der ganzen westlichen Welt vorherrschenden Zynismus in bezug auf die nationale Identität Deutschlands nachvollzogen. Die Inkonsequenz der Haltung der westlichen Nationen, die Teilung von Nationen für ein Unrecht zu halten, sie gleichzeitig aber aus Gründen der Sicherheit und Bequemlichkeit (in der Auseinandersetzung mit dem Ostblock) in Deutschland relativ positiv zu bewerten, kann bei den Betroffenen eigentlich nur Zynismus und Apathie in dieser Frage hervorrufen. Ein Aufbäumen dagegen hätte nur zu neuen Radikalismen führen können, denen keine deutsche Stelle offiziell Vorschub leisten konnte.

Einerseits war man beruhigt, wenig Nationalismus in der westdeutschen Bevölkerung zu finden. Nationalismus galt auch in internationalen Studien als veraltete Form der Identifizierung mit einem politischen System. Nationalgefühl wurde häufig mit Ethnozentrismus und Neigung zu Rechtsextremismus identifiziert, bis in vergleichenden Studien festgestellt wurde, daß mit einem ausgeprägten Nationalgefühl das Vertrauen in die Institutionen des Systems stieg (Harding u.a., 1986: 95). Der Zusammenhang zwischen Vertrauen in die Institutionen und Nationalgefühl kann jedoch kein sehr starker gewesen sein. In Deutschland wurde trotz schwach entwickelter nationaler Identifizierung bei über 52% der Bevölkerung kein Mißtrauen in die Institutionen festgestellt. Deutschland lag etwa im europäischen Durchschnitt (Döring, 1990: 87). Nur bei der zur Protesthaltung neigenden Jugend wurde mit abnehmendem Nationalbewußtsein auch eine mangelnde Achtung vor den Institutionen der Republik festgestellt. Nationalgefühl wurde häufig als Ersatz für aktive soziale Beziehungen von Menschen interpretiert (zur Kritik: Noelle-Neumann/Köcher, 1987: 29), bis das Nationalgefühl als starker Zusammenhang zwischen öffentlichen und privaten Tugenden entdeckt wurde.

Die soziale Indifferenz nationaler Orientierungen schien zudem die Nation zu einer potentiellen Bezugsebene für übergreifende politische Identitätsbildung zu machen (Best, 1990: 17). Dennoch waren empirische Forscher andererseits immer wieder beunruhigt und glaubten, daß in der Bundesrepublik erst, wenn sie einen anderen Demokratien vergleichbaren Stand der nationalen Identität gefunden habe, die Synthese von positivem Legitimationsverständnis mit dem System und den partizipatorischen Komponenten der politischen Kultur gelingen könne (Pappi, 1982: B 79). Ein »verdruckster«, nicht offen bekannter Nationalstolz wurde als Gefahr gewertet. Das Pendeln der Deutschen zwischen übersteigertem Selbstgefühl und Selbstanklage wurde als Gefahr gesehen (Honolka, 1987: 126ff.).

Die Zahl der Bundesbürger, die eine Wiedervereinigung wünschten für den Fall, daß sie möglich werde, stabilisierte sich in den siebziger Jahren bei etwa zwei Dritteln der Bürger. Ebenso viele glaubten aber, daß diese Chance in absehbarer Zeit nicht bestehe. Die ständige Optimistin der deutschen Umfrageforschung im Punkt des deutschen Zusammengehörigkeitsgefühls, Elisabeth Noelle-Neumann, hat im Januar 1989 – kurz ehe die Wiedervereinigung ein Thema wurde – nur 51% Deutsche ausmachen können, welche die deutsche Frage noch für offen hielten (FAZ, 23.10.1989: 13).

Als die Wiedervereinigung durch die friedliche Revolution in der DDR wieder auf die Tagesordnung der Weltpolitik geriet, wurde das deutsche Nationalgefühl vielfach an den Bildern in der DDR abgelesen. Nur der vermutete DM-Nationalismus konnte die Rufe »wir sind ein Volk« nicht erklären. Dennoch blieb die Mehrheit in Westdeutschland erstaunlich distanziert. Kein neuer Nationalismus ersetzte den »Verfassungspatriotismus«, den die deutschen Intellektuellen dem westdeutschen Volk empfohlen hatten. Die Linke vergaß weitgehend ihren Verfassungspatriotismus und empfahl eine neue Verfassung nach Art. 146 GG (vgl. Einleitung). »Das Volk« in seiner Mehrheit von fast 60% aber wünschte die Vereinigung nach Artikel 23 ohne neue Verfassung (ZDF-Politbarometer, März 1990: 130).

Die Chancen zur Wiedervereinigung haben den Prozentsatz ihrer Anhänger nicht drastisch vermehrt. Er stieg Ende 1989 auf ca. 70% und schwankte in den zahllosen Umfragen 1990 zwischen 76% und 82% in der Bundesrepublik und 91% – 94% in der DDR. In der DDR war auch ein großer Teil der PDS-Anhänger in dieser Zahl enthalten. Die PDS hatte sich lediglich einen langsameren Weg zur Vereinigung

gewünscht, ähnlich wie die meisten westdeutschen Linken (FAZ, 28.8.1990: 6, 18.10.1990: 3, ZDF-Politbarometer, März und Mai 1990).
Ab März 1990 ging es nicht mehr um das »Ob« der Vereinigung, sondern nur noch um das »Wann und Wie«. In den Umfragen hatten zwei Drittel der DDR-Bevölkerung für die Vereinigung in weniger als zwei Jahren votiert. Die Wirtschafts- und Währungsunion hielten die meisten (80%) für den wichtigsten Schritt zur Vereinigung, daher hatte die Koalition vom März 1990 wenig Spielraum, die riskante Forcierung der Währungsunion zu verzögern.

Der Patriotismus der Deutschen wurde durch die Vereinigung nicht nennenswert über die niedrigen Ausgangswerte gehoben, welche die Deutschen im internationalen Vergleich nach dem Eurobarometer für sich verbuchen konnten. Auf die Frage, ob man stolz sei, ein Deutscher zu sein, blieb die Zurückhaltung der großen Mehrheit weiterhin erhalten (vgl. Daten in: Der Spiegel, 1990, Nr. 46: 114). Die starke wirtschaftliche und wohlfahrtsstaatliche Orientierung der Westdeutschen gegenüber ihrem politischen System blieb erhalten, da die Opferbereitschaft für die erreichte Wiedervereinigung gering war. Zur Entschuldigung der Wähler muß freilich auch gesagt werden, daß sie auf Opfer von ihrer Regierung nicht vorbereitet worden waren (vgl. Einleitung). In der Times Mirror Studie (1991) zeigte Deutschland mit 74% (Ostdeutschland: 69%) eine durchschnittliche patriotische Einstellung, wie andere Länder auch. Auf die Frage, ob man für sein Land kämpfen solle, lagen die Deutschen mit 31% (Ostdeutsche: 16%) jedoch unter dem internationalen Durchschnitt Ost- und Westeuropa. Beim Wunsch nach Zuzugsbeschränkungen für Ausländer schien die deutsche Zustimmungsrate von 70% hoch, aber weniger durch Zuzug belastete Gesellschaften wie Frankreich (86%) und Italien (84%) waren noch intoleranter gegen unkontrollierte Wanderungsbewegungen.

Die Wiedervereinigung gab Deutschland die Chance, endlich zu werden, was die große Mehrheit sein wollte: ein Volk wie andere auch. Die selbstquälerische Beschäftigung mit den Folgen der deutschen Teilung – die vor allem einen großen Teil der schönen Literatur in West und Ost provinzialisiert hatte – war beendet. Die Kulturnation, lange mehr beschworen als praktiziert, konnte sich auf ihre kosmopolitischen Traditionen von Goethe und Heine bis Thomas Mann zurückbesinnen. Dabei schien die immer stärkere Annäherung der deutschen politischen Kultur an die der europäischen Nachbarländer von Vorteil.

Die Nationalismusforschung hat auch in Deutschland differenziertere Maßeinheiten als die Selbsterklärung der Befragten zu Patrioten gefunden. Das Projekt »Politische Kulturen im vereinigten Deutschland« an der Universität Mannheim hat drei Typen des Nationalgefühls unterschieden (Westle 1994):

Das *traditionale Kollektivbewußtsein* umfaßt keineswegs nur staatliche Aspekte, sondern vorpolitisch-ethnische und transpolitische kulturelle Elemente. Es weist die größte Systemzufriedenheit und die geringste Kritik am System auf. Sein Optimismus ist relativ unreflektiert.

Reflektiertes Nationalbewußtsein spricht anderen Nationen die gleiche Wertigkeit und gleiche Rechte zu. Es ist im Gegensatz zum Nationalbewußtsein der Traditionalisten aber verfassungspatriotisch modernisiert und auf Demokratie, Partizipation und Bürgerrechte bezogen.

Postnationales Bewußtsein ist an übernationalen kosmopolitischen Idealen orientiert. Es bezieht sich auf das demokratische System in ambivalenter Weise: Einerseits ist es an mehr Partizipation interessiert, andererseits werden die politischen Eliten und Institutionen des Systems grundsätzlich viel kritischer eingeschätzt als bei den reflektierten Positionen der Mitte.

Dem Osten ist vor 1989 häufig ein archaischeres Nationalbewußtsein nachgesagt worden. Die Orientierung an der westdeutschen Referenzkultur (Lepsius) war vermischt mit *traditionalen Orientierungen* der Epoche vor der deutschen Teilung. Auch in den neunziger Jahren sind mehr Ostdeutsche (51,2%) als Westdeutsche (43,6%) diesem herkömmlichen Modell kollektiver Identifizierung zuzuordnen. *Postnational* erschienen im Westen 24,2% und im Osten 15,8%. Nur im eher *verfassungspatriotischen* Bereich der Mitte des reflektierten Nationalgefühls sind die Differenzen relativ gering (32% West, 30,3% Ost). Postnationalismus korreliert vor allem mit der Jugend (unter 30 Jahre 33,3% im Westen und 24,9% im Osten) und mit höherer Schulbildung. Aber nur im Westen auch mit einem höheren Anteil an politischem Interesse, linker Gesinnung und postmaterialistischer Orientierung. Die differenzierte Analyse der nationalen Identifikation ist den üblichen Instrumenten der Meinungsforschungsinstitute weit überlegen. Noch wird kein teleologischer Entwicklungsdrang in Richtung Postnationalismus unterstellt wie einst in der Erforschung des Postmaterialismus.

Noch beunruhigen einige Differenzen der politischen Kultur die Betrachter im In- und Ausland. Am krassesten wurden solche Differenzen bei Umfragen in Berlin demonstriert (Klingemann, 1990). Differenzen von Berliner Ausmaßen sind vermutlich – trotz der räumlichen

Nähe von Ost- und Westberlinern – nicht auf die Unterschiede der Einstellungen von Ost- und Westdeutschen übertragbar. In Ost-Berlin drängte sich die Verwaltungselite. Durch hohe PDS-Anteile drückte sie auch nach der Wende ihre Nostalgie nach dem alten Regime und seinen Werten aus. In West-Berlin häuften sich Überalterung, Statusfurcht und räumlicher Immobilismus. Die Mauer fiel, die Mauer in den Köpfen aber muß langsam noch abgebaut werden. Xenophobie – selbst gegenüber dem eigenen Volk, das in Massen nach Berlin einströmte – trat gehäuft in Berlin Ost und West auf.

In wesentlichen Fragen der Demokratieauffassung zeigten sich jedoch rasch erste Annäherungen. Vergleicht man Umfragen nach dem Interesse an Politik, so ist es im Osten auch nach dem Umbruch noch höher als im Westen, wie das Eurobarometer (Trends, 1974–1990, Brüssel, 1991: 156f.) ermittelte. In den Werten Gesamtdeutschlands, wie sie Ende 1990 erstmals durch Interviews erforscht wurden, wichen die Zahlen für Deutschland und Westdeutschland nicht sehr stark voneinander ab.

Die politische Akkulturation der vereinten Deutschen wird gleichwohl schwieriger werden, als solche großflächigen Zahlen ermittelten. Psychologische Analysen, die beim Individuum ansetzten, haben die Altlasten des Systems in der psychosozialen Situation scharf pointiert. Ängste vor Arbeitslosigkeit, Konkurrenzkampf, Werteverfall, Kriminalität, Ausländern und den Folgen der Stasi-Herrschaft kumulierten zu einem »Gefühlsstau« (Maaz, 1990, 1991: 5). Das düstere Szenario wurde nur gemildert durch den Hinweis, daß die Ost- und Westdeutschen mit verteilten Rollen an dem gleichen Drama mitwirkten.

Noch sind die Prognosen über das Hineinwachsen der Ostdeutschen in eine gemeinsame politische Kultur mit vielen Unsicherheiten belastet. Noch ist die Parteienidentifikation gering entwickelt (Kap. 3 b) und die soziale Basis der Parteien in Ostdeutschland unsicher. Empirische Studien zu den Werthaltungen der Deutschen in Ost und West haben beträchtliche Differenzen im Wahljahr 1990 ermittelt (Feist, 1991: 23ff.). Im Ganzen äußerten sich die Westdeutschen prononcierter, außer in den Problembereichen Ordnung/Sicherheit, Wachstum und Freizeit. Bei den Westdeutschen wurde ein großer Modernitätsvorsprung festgestellt, vor allem im Hinblick auf die klare Artikulierung postmaterieller Gesellschaftsbilder. In Ostdeutschland waren die Erwartungen von traditionelleren Denkmustern geprägt, vor allem in der Betonung materieller Werte, autoritärer und apolitischer Einstellungen. Fragen zum Demokratieverständnis im einzelnen wiesen ebenfalls große Differenzen aus. Plebiszit und Selbstvertretung wurden im Westen häufiger unterstützt, Führung durch Eliten und Delegierung von Interessen sind stärker in Ostdeutschland internalisiert worden (Feist, 1991: 31). Als beträchtlich erwiesen sich auch die Differenzen im Vertrauen in Institutionen, das im Osten größeren Schwankungen unterlag und insgesamt geringer war – mit Ausnahme des Fernsehens (bis 1992), das für Jahrzehnte die Informationsquelle über politische Realität gewesen war und bei über 70% der Ostdeutschen auch als weiterhin westlich dominiertes Fernsehen großes Vertrauen genoß.

Alarmierend war die Abnahme des *politischen Interesses* bei der Jugend in beiden Teilen Deutschlands. Der Jugendsurvey des Deutschen Jugendinstituts (Hoffmann-Lange u.a. 1994: 144) fand nur bei 20,6% in Westdeutschland und 22,3% in Ostdeutschland ein starkes politisches Interesse. Es korreliert vor allem mit dem Bildungsgrad und liegt bei männlichen Jugendlichen deutlich höher als bei weiblichen. Nach anderen Befragungsstudien standen 1994 21% der Jugendlichen mit sehr starkem politischen Interesse 42% mit wenig politischem Interesse gegenüber. Am größten war das politische Interesse bei den Älteren über 60 Jahre, was von sonstigen Ergebnissen abweicht. Aber im ganzen zeigte sich auch hier, daß die mittleren Jahrgänge nicht nur beruflich auf dem Höhepunkt sind, sondern auch politisch am einsatzbereitesten erscheinen (Kurz-Scherf/Winkler 1994: 311).

Das *Vertrauen in die Institutionen* ist bei den Jugendlichen deutlich niedriger als beim Durchschnitt der Bevölkerung. Neuere Untersuchungen haben neue Akteure der Politik aufgenommen, wie die Bürgerinitiativen oder Greenpeace. Greenpeace schob sich als Spitzenreiter (West 68,4%, Ost 60,4%) noch vor das Bundesverfassungsgericht (West 62,9%, Ost 54,0%). Es folgen die Bürgerinitiativen, gefolgt von Gerichten und Polizei. Im Mittelfeld liegen die Gewerkschaften, der Bundestag und die Medien. Schlußlichter bilden die Bundesregierung, Großunternehmen, Kirchen und Parteien (West 23,4%, Ost 18,9%). Im Osten ist das Institutionenvertrauen durchgängig etwas geringer als im Westen (Hoffmann-Lange 1994: 155). Die Ergebnisse bestätigen die Befunde früherer Shell-Jugendstudien. Eine globale Niedergangstheorie ist aus ihnen nicht abzuleiten. Das Vertrauen in die Institutionen hat zwar abgenommen, zugleich wuchs jedoch die subjektive politische Kompetenz der Jugend. Die Mehrheit der Jugend glaubt heute stärker als früher, selbst etwas von Politik zu verstehen.

Als Bindeglied zwischen den Studien, die Meinungen und Einstellungen erforschen, und den herkömmlichen Sozialstrukturanalysen, die objektive soziale Indikatoren bevorzugen, hat sich in den achtziger Jahren die Erforschung von Formen der Mentalität und *sozialen Mi-*

lieus entwickelt. Während die westdeutschen Klassenmilieus sich in der horizontalen und vertikalen Mitte der Schaubilder konzentrierten, waren die Klassenmilieus der DDR-Gesellschaft deutlich polarisiert. Die oberste Gruppe der führenden Milieus war mit 23% ausgedehnter als in Westdeutschland, wo diese Gruppe von 1982 bis 1991 von 22% auf 19% schrumpfte. Gruppen mit Arbeiterhabitus machten in Ostdeutschland 40%, in Westdeutschland nur noch 22% aus. Ostdeutschland hat an dieser Modernisierungslücke zu tragen, zumal die übergroße Funktionärsschicht eine Fehlentwicklung in eine bürokratisch-unproduktive Tertiarisierung darstellte (Vester u.a. 1995: 15ff.). Sie wurde durch den Zusammenbruch des Sozialismus funktionslos. Kein Wunder, daß ein großes latentes Potential an unzufriedenen Verlierern der zweiten Modernisierung in allen Umfragen zu Tage tritt.

Immer wieder werden alarmierende Zahlen über DDR-Nostalgie in Ostdeutschland publiziert. Eine DDR, wie sie wirklich war, wünschten bei einer Umfrage in Jena 1992 0%. 17% hätten eine DDR in reformierter Gestalt vorgezogen (Kreikenboom/Stapelfeld 1994: 165). In den meisten Umfragen geben zwei Drittel der Ostdeutschen zu Protokoll, daß es in ihrer Umgebung aufwärts gehe. In der Jugend waren 1994 laut Umfrage sogar 76% zufrieden. Am unzufriedensten waren die mittleren Altersgruppen (35–45 Jahre) (Kurz-Scherf/Winkler 1994: 27).

Allzu pessimistische Schlüsse über den Prozeß der inneren Vereinigung Deutschlands sind nicht selten das Produkt von allzu pauschalen Fragen. Detailfragen zeigten, daß die Ostdeutschen eine sehr differenzierte – und keineswegs realitätsferne – Wahrnehmung der Folgen der Vereinigung haben. Positiv werden die Wirtschaftspolitik und die Bereiche der persönlichen Freiheit und der Möglichkeiten als Bürger eingeschätzt. Kritisch hingegen werden einige Bereiche der Sozialpolitik, der Bildungspolitik und der Rechtssicherheit im Vergleich zu den einstigen »Errungenschaften« der DDR wahrgenommen (Köcher 1994: 5).

Die westdeutschen Institutionen wurden in Ostdeutschland übernommen. Westdeutsche Haltung zu ihnen aber konnte bei zahlreichen Enttäuschungen nicht so schnell entwickelt werden. Obwohl die beiden Teilelektorate nicht so große Unterschiede aufweisen, wie man 1990 befürchtet hatte (vgl. Kap. 3), bleiben die langfristigen Einstellungen, die als politische Kultur zusammengefaßt werden, noch lange relativ unterschiedlich.

K. R. Allerbeck: Demokratisierung und sozialer Wandel in der Bundesrepublik Deutschland. Sekundäranalyse von Umfragedaten 1953–1974. Opladen, Westdeutscher Verlag, 1976

G. Almond/S. Verba: The Civic Culture. Princeton UP, 1963

S. H. Barnes/M. Kaase u. a.: Political Action. Mass Participation in Five Western Democracies. Beverly Hills, Sage, 1979

U. Becker u. a.: Zwischen Angst und Aufbruch. Das Lebensgefühl der Deutschen in Ost und West nach der Wiedervereinigung. Düsseldorf, Econ, 1992

D. Berg-Schlosser/J. Schissler (Hrsg.): Politische Kultur in Deutschland. Opladen, Westdeutscher Verlag, 1987 (PVS-Sonderheft 18)

H. Best: Nationale Verbundenheit und Entfremdung im zweistaatlichen Deutschland. KZfSS, 1990: 1–19

E. Brähler/H.-J. Wirth (Hrsg.): Entsolidarisierung. Die Westdeutschen am Vorabend der Wende und danach. Opladen, Westdeutscher Verlag, 1995

P. Braitling/W. Reese-Schäfer (Hrsg.): Universalismus, Nationalismus und die neue Einheit Deutschlands. Frankfurt, Fischer TB, 1991

W. Bürklin: Wertewandel oder zyklische Werteaktualisierung? In: H. O. Luthe/H. Meulemann (Hrsg.): Wertewandel – Fakten oder Fiktion? Frankfurt, Campus, 1988: 193–216

W. Bürklin u. a.: Dimensionen des Wertewandels. PVS 1994: 579–606

D. P. Conradt: West Germany: A Remade Political Culture? Some Evidence from Survey Archives. Comparative Political Studies, Juli 1974: 222–238

H. Döring: Aspekte des Vertrauens in Institutionen. Zeitschrift für Soziologie, 1990: 73–89

Eurobarometer: Central and Eastern: Eurobarometer 1990/91, 1991/92, 1992/93. Brüssel, Commission of the European Communities

U. Feist: Zur politischen Akkulturation der vereinten Deutschen. APuZG, B 11/12, 1990: 21–32

U. Feist/H. J. Hoffmann: Wahlen in der DDR 1990: Referendum für die Einheit und Exempel für modernes Wahlverhalten. Journal für Sozialforschung, 1991, Nr. 3: 253–277

D. Fuchs/H.-D. Klingemann/C. Schöbel: Perspektiven der politischen Kultur im vereinten Deutschland. APuZG B 32/1991: 35–46

O. W. Gabriel: Politische Kultur, Postmaterialismus und Materialismus in der Bundesrepublik Deutschland. Opladen, Westdeutscher Verlag, 1986

W. Glatzer/H.-H. Noll (Hrsg.): Lebensverhältnisse in Deutschland. Ungleichheit und Angleichung. Frankfurt, Campus, 1992

M. u. S. Greiffenhagen: Ein schwieriges Vaterland. Zur Politischen Kultur Deutschlands. München, List, 1979, Neuauflage 1993

M. u. S. Greiffenhagen/R. Prätorius (Hrsg.): Handwörterbuch zur politischen Kultur der Bundesrepublik Deutschland. Opladen, Westdeutscher Verlag, 1981

S. Harding u. a.: Contrasting Values in Western Europe. London, 1986

U. Hoffmann-Lange u. a.: Jugend und Politik in Deutschland. In: Niedermayer/v. Beyme, 1994: 140–161
U. Hoffmann-Lange (Hrsg.): Jugend und Demokratie. Opladen, Leske & Budrich, 1995
H. Honolka: Schwarzrotgrün. Die Bundesrepublik auf der Suche nach ihrer Identität. München, C. H. Beck, 1987
R. Inglehart: The Silent Revolution. Changing Values and Political Styles Among Western Publics. Princeton UP, 1977
W. Jaide: Achtzehnjährige – zwischen Reaktion und Rebellion. Opladen, Leske, 1978
M. Kaase: Sinn oder Unsinn des Konzepts »Politische Kultur« für die vergleichende Politikforschung oder auch: Der Versuch, einen Pudding an die Wand zu nageln. In: M. Kaase/H.-D. Klingemann (Hrsg.): Wahlen und politisches System. Opladen, Westdeutscher Verlag, 1983: 144–171
H.-D. Klingemann u. a.: Was wird mit Berlin? Eine Befragung zur politischen und sozialen Entwicklung Berlins. Berlin, Wissenschaftszentrum, 1990
H.-D. Klingemann u. a. (Hrsg.): Zwischen Wende und Wiedervereinigung. Analysen zur politischen Kultur in West- und Ost-Berlin. Opladen, Westdeutscher Verlag, 1995
R. Köcher: Blühende Landschaften, welkende Launen? Stimmungsumschwung in den neuen Bundesländern. FAZ, 13. 4. 1994: 5
H. Kreikenboom/M. Stapelfeld: Vorgeprägte Orientierungen und aktuelle Erfahrungen der ehemaligen DDR-Bürger mit dem Interessenvermittlungssystem der Bundesrepublik. In: Niedermayer/v. Beyme, 1994: 162–183
F. Krotz: Lebenswelten in der Bundesrepublik Deutschland. Opladen, Leske, 1990
I. Kurz-Scherf/G. Winkler (Hrsg.): Sozialreport 1994. Daten und Fakten zur sozialen Lage in den neuen Bundesländern. Berlin, GSFP, 1994
H.-J. Maaz: Der Gefühlsstau. Ein Psychogramm der DDR. Berlin, Argon, 1990
H.-J. Maaz: Psychosoziale Aspekte im deutschen Einigungsprozeß. APuZG B 19, 1991: 3–10
Materialien zum Bericht zur Lage der Nation 1974. Bonn, Bundesministerium für innerdeutsche Beziehungen, 1974
A. J. u. R. L. Merritt (Hrsg.): Public Opinion in Occupied Germany. The Omgus Surveys, 1945–1949. Urbana, University of Illinois Press, 1970
O. Niedermayer/K. von Beyme (Hrsg.): Politische Kultur in Ost- und Westdeutschland. Berlin, Akademie Verlag, 1994
N. Niemann: Meinungsforschung in der DDR. Köln, Bund Verlag, 1993
E. Noelle-Neumann/R. Köcher: Die verletzte Nation. Stuttgart, DVA, 1987
H.-W. Platzer/W. Ruhland: Welches Deutschland in welchem Europa? Demoskopische Analysen. Bonn, Dietz, 1994
H. Rattinger u. a.: Außenpolitik und öffentliche Meinung in der Bundesrepublik. Ein Datenhandbuch zu Umfragen seit 1954. Frankfurt, Lang, 1995

P. Reichel: Politische Kultur in der Bundesrepublik. Opladen, Leske, 1981

E. Scheuch: Die Suche nach der Besonderheit der heutigen Deutschen. KZfSS, 1990: 734–752

Sinus: Folgen des Bürokratismus. Einstellungen der Wahlbevölkerung zur öffentlichen Verwaltung in der Bundesrepublik Deutschland. München–Heidelberg, Sozialwissenschaftliches Institut Nowak und Sörgel, Aug. 1978 (hektogr.)

Sinus: Die verunsicherte Generation. Jugend und Wertewandel. Opladen, Leske, 1983

K. Sontheimer: Deutschlands politische Kultur. München, Piper, 1990

S. Verba: Germany: The Remaking of Political Culture. In: L. W. Pye/S. Verba (Hrsg.): Political Culture and Political Development. Princeton UP, 1965: 130–170

M. Vester u. a. (Hrsg.): Soziale Milieus in Ostdeutschland. Gesellschaftliche Strukturen zwischen Zerfall und Neubildung. Köln, Bund, 1995

W. Weidenfeld/K.-R. Korte: Die Deutschen. Profil einer Nation. Stuttgart, Klett-Cotta, 1991

B. Westle: Politische Legitimität. Theorien, Konzepte, empirische Befunde. Baden-Baden, Nomos, 1989

B. Westle: Traditionalismus, Verfassungspatriotismus und Postnationalismus im vereinigten Deutschland. In: Niedermayer/v. Beyme, 1994: 43–76

3. Wahlen

Für die meisten Bürger sind die Wahlen das Ereignis, bei dem sich das verbale Verhalten der Einstellungen und Meinungen, welches die Erforscher der politischen Kultur messen (vgl. Kap. 2), in tatsächliches politisches Verhalten umsetzt. Die Teilnahme an der Politik ist bei vielen Bürgern auf die Stimmabgabe bei Wahlen beschränkt. Die Bundesrepublik fiel einst durch hohe Wahlbeteiligung im internationalen Vergleich auf. Als Beweis für die demokratische Gesinnung der Deutschen mochten viele ausländische Betrachter dies gleichwohl nicht anerkennen. Das Vorurteil war weit verbreitet: »Die Deutschen sind ordnungsgemäß zur Wahl angetreten.«

Die *Political-Culture*-Forschung ist nie davon ausgegangen, daß eine hohe Wahlbeteiligung bereits als ein Zeichen für eine funktionierende Demokratie angesehen werden kann. Sie kann Legitimationseinverständnis, aber auch Legitimationsdefizite anzeigen. Die These von der »stabilisierenden Apathie« seit Berelson ist auch in Deutschland im Zeichen wachsender Mobilisierung aufgegriffen worden. Wo die einen Interpreten nur eine wachsende Amerikanisierung deutscher Wahlkämpfe mit immer größeren Materialschlachten und immer umfassenderer Geschäftigkeit sahen, begannen Konservative, aus Sozialismusfurcht Züge der Weimarer Republik zu entdecken, die nach den Äußerungen vieler Amerikaner unter anderem an einer hektischen Übermobilisierung zugrunde gegangen ist. Diese Kritiker übersahen freilich, daß es außer der hohen Wahlbeteiligung wenig Parallelen zum Bild des politischen Lebens der Weimarer Zeit gab. Es fehlte die Übermobilisierung in Subkulturen von den »schrecklich ernsten Turnvereinen« (H. Eckstein) bis hin zu den latenten Bürgerkriegsarmeen von der SA bis zum Reichsbanner, die in der angelsächsischen Forschung (Lipset, Eckstein) für die Krise durch Überpartizipation häufig angeführt wurde. Aber auch die Handhabung des zweigleisigen Wahlsystems wird relativ *rational* vorgenommen. Das Stimmensplitting stieg von 1976 bis 1980 um 4,2% auf 10,2%. Einige

Wahlforscher kamen schon vor Jahren zu dem Ergebnis, »daß die Wähler bessere Voraussetzungen zur Funktionsfähigkeit des politischen Systems in der Bundesrepublik als die Parteien selber liefern, die so leicht geneigt sind, dem Wähler seine Nichtzuständigkeit in politischen Fragen zu bestätigen« (Kaase, 1967: 147).

Wahlbeteiligung erschien vielen Kritikern nur als ritualisiertes konventionelles politisches Verhalten, das für sich allein noch nicht auf eine stabile demokratische politische Kultur schließen ließ. Erst in den achtziger Jahren wandelte sich das Bild der Deutschen. Die Bundesrepublik wurde von einem als relativ »langweilig« eingeschätzten politischen System in wenigen Jahren zum »Mekka der Grünen und Alternativen« in ganz Europa und begann, auch das Interesse der internationalen Forschung wieder stärker anzuziehen. Das verfestigte Bild über die legalistische deutsche politische Kultur begann zu brökkeln. In transnationalen Studien über politisches Handeln hatten die deutschen neben den amerikanischen Bürgern die höchsten Partizipationsraten, die über bloße Information über Politik und die Diskussion über Politik hinausgingen (Barnes/Kaase, 1979: 84). In einer Typologie des politischen Handelns, welche Inaktive, Konformisten, Reformisten, Aktivisten und Protestierer unterschied, hatte Deutschland weniger Inaktive als das Mutterland des parlamentarischen Systems, Großbritannien. Bei den Protestierern lag Deutschland nach den Niederlanden vor beiden großen angelsächsischen Demokratien.

Politisches Verhalten, das über Wahlen hinausging, wurde nicht mehr als »extremistisch« diskriminiert. Der Terminus *»unkonventionelles Verhalten«* bemühte sich um eine wertneutrale Betrachtung. Das politische Verhalten der Deutschen belegte, daß konventionelles und unkonventionelles Verhalten einander nicht ausschlossen und daß die Deutschen auf beiden Skalen den Ruf der nichtpartizipativen politischen Kultur nicht verdienten. Da die Intensität politischer Teilnahme in vielen internationalen Studien vor allem vom Bildungsgrad der Bevölkerung abhing, war in Deutschland ein hoher Grad an politischer Teilnahme ohnehin naheliegend.

Hinter dem als »Protestierer« bezeichneten Handlungstyp wurde ein hoher Anteil Jugendlicher vermutet. Aber auch bei den Jugendlichen zeigte sich eine starke Neigung, konventionelles und unkonventionelles Verhalten nebeneinander zu billigen und zu praktizieren. Eine Studie des Sinus-Instituts im Auftrag des Bundesministeriums für Jugend, Familie und Gesundheit (Die verunsicherte Generation, 1983: 55) unter jungen Menschen zwischen 15 und 30 Jahren fand heraus, daß die Teilnahme an Wahlen von 81% der Jugendlichen und noch von 77% derer, die sich der Alternativbewegung zurechneten, für wirkungsvoll erachtet wurde. Genehmigte Demonstrationen billigten 45 % (von den Alternativen 58 %), Hausbesetzung 15 % (Alternative: 26 %), spontane Demonstration 14 % (Alternative: 24 %) und gewaltsame Aktionen nur 3 % (Alternative: 5 %). Eine generelle Ablehnung der institutionellen Politik konnte nicht einmal bei den alternativen Jugendlichen festgestellt werden.

(a) Das Wahlsystem

Das Wahlrecht ist als »Stiefmutter der Demokratie« bezeichnet worden (Kaack, 1967: 7). Trockene Details und juristische Klauseln machen es zum Tummelplatz von Statistikern und Juristen. Die ältere deutsche Politikwissenschaft, wie die F. A. Hermens' in Köln und Dolf Sternbergers in Heidelberg, hat dem Wahlrecht einst übertriebene Bedeutung beigemessen. Die empirische Forschung hat sich an den Altvätern gerächt und abstrahierte in ihren Studien auf Interviewbasis weitgehend vom Wahlrecht.

Das Bundeswahlgesetz bekennt sich zu den Grundsätzen »einer mit der Personenwahl verbundenen Verhältniswahl« (§ 1,1). In der Systematik gehört das deutsche Wahlsystem zu den Verhältniswahlrechten. Vielfach wird der Ausdruck »Mischwahlsystem« benutzt, aber es ist zu bezweifeln, daß die wesentlichen Elemente von Mehrheits- und Verhältniswahlrecht im deutschen System verbunden worden sind. Die Bezeichnung »teilpersonalisierte Verhältniswahl« (Meyer, 1973: 26) erscheint am treffendsten. Der Kompromiß, der im Parlamentarischen Rat gefunden wurde, schloß gerade die bewußte Ablehnung des relativen Mehrheitswahlrechts ein, wie es die Unionsparteien vorschlugen. Außerdem ergaben sich bei dem System verhältnismäßig geringe Differenzen zwischen Stimmen und Mandatsanteilen für die Parteien, so daß auch von daher die Ablehnung des Terminus »Mischwahlsystem« berechtigt erscheint.

1949 hatte jeder Wähler nur eine Stimme. Erst seit der Änderung des Wahlgesetzes von 1953 verfügt er über zwei Stimmen: über die Erststimme zur Wahl des Wahlkreiskandidaten nach dem Prinzip der relativen Mehrheit und über eine Zweitstimme für die Wahl einer Parteiliste auf Landesebene. Die Mandatszahl der Parteien wurde bis 1956 nach dem Stimmenanteil der Parteien auf Länderebene, seit der Wahlgesetzänderung von 1956 aber auf Bundesebene errechnet. Das entscheidende Element des Wahlsystems bleibt somit der Proporz (Nohlen, 1990: 192).

Wie beim Grundgesetz spielten die Militärgouverneure der Besatzungsmächte und die Ministerpräsidenten der Länder bei der Schaffung des Wahlrechts in einigen Punkten eine wichtige Rolle. Ihr Zusammenwirken beim Wahlrechtsproblem war jedoch weniger von Gleichklang beherrscht als in einigen Fragen, die den Bundesstaat betrafen. Die Militärgouverneure wollten den Parlamentarischen Rat darauf beschränken, die Zahl der Abgeordneten und ihre Verteilung auf die Länder festzulegen. Die Ministerpräsidenten akzeptierten jedoch den Vorschlag der Alliierten nicht, gleichlautende Ländergesetze zu schaffen, und setzten bei den Militärgouverneuren die Schaffung eines Wahlgesetzes durch den Parlamentarischen Rat durch. Die inhaltlichen Eingriffe in die Gestaltung des Wahlrechts hielten sich jedoch in Grenzen und waren der Schaffung eines möglichst weitreichenden Föderalismus zugeordnet (vgl. Kap 9a). Der Parlamentarische Rat mußte zum Beispiel die in Aussicht genommene *Bundesliste* aufgeben, gegen die die Militärgouverneure im Interesse einer starken Stellung der Länder Einspruch erhoben.

Die wichtigste Änderung des Wahlgesetzentwurfs, die auf die Ministerpräsidenten zurückging, war die Einführung der *Fünfprozentklausel.* Indirekt hatte die Intervention der Besatzungsmächte gegen eine Bundesliste die Chancen kleinerer Parteien erleichtert, weil die *Landeslisten* sie von der Verpflichtung entbanden, im ganzen Bundesgebiet 5% der Stimmen zu erlangen. Dieser Vorteil wurde mit dem Nachteil erkauft, daß die Stimmen nur in den Ländern zählten, in denen die Partei mehr als 5 Prozent der Stimmen erlangte. Eine Sperrklausel auf Bundesebene hätte damals vier Parteien (Zentrum 10, WAV 12, DRP 5, SSW 1) insgesamt 28 Mandate gekostet. Benachteiligt war durch die getroffene Regelung vor allem die KPD, die zwar im Bundesgebiet 5,7% der Stimmen, aber nur 3,7% der Mandate erhielt, da sie in einigen Ländern die Fünfprozenthürde nicht nehmen konnte oder sie zwar übersprang, aber keinen Sitz erhielt, weil nach dem d'Hondtschen System bei der geringen Anzahl von Bundestagsmandaten rechnerisch kein Mandat an diese Partei fiel. Ohne die Bindung an Landeslisten hätten die KPD fünf und das Zentrum zwei weitere Mandate errungen (Meyer, 1973: 44). Der Abstand zwischen den beiden größten Parteien hätte sich um einen Sitz zugunsten der SPD verringert, an der Koalitionsmehrheit der Unionsparteien mit FDP und DP hätte ein solches Ergebnis jedoch nichts geändert.

Die Regelung von 1949 hat daher die grundlegenden Machtverhältnisse wenig beeinflußt. Einschneidend für die kleinen Parteien wurden erst die Verschärfungen der Sperrklausel in den Änderungen des Bundeswahlgesetzes von 1953 und 1956. Seit 1953 mußte eine kleinere Partei im ganzen Bundesgebiet die Fünfprozenthürde überspringen (oder mindestens ein Wahlkreismandat gewinnen), um an der Mandatsverteilung teilzuhaben. Bis dahin genügten fünf Prozent in einem Bundesland. 1956 wurde eine zusätzliche Beschneidung der Chancen für kleinere Parteien erreicht, indem nur noch Parteien berücksichtigt wurden, die im Bundesgebiet über der Fünfprozentbarriere lagen oder drei Wahlkreismandate direkt errangen. Die Hilfestellung dieser Regelung bei der Parteienkonzentration wurde mit entlegitimierenden Effekten durch die hohe Zahl verfallender Stimmen erkauft. Bis 1969 verfielen regelmäßig über eine Million der Zweitstimmen (1953: 6,5%; 1957 sogar 6,9%, 1961 5,7%, 1963 3,6%, 1969: 5,4%). Erst 1972 und 1976 hatten die Wähler die Gefahr des Verlustes ihrer Zweitstimme hinreichend antizipiert, und ihr Anteil sank auf etwa 0,9% (Nohlen, 1978: 300).

Nicht so sehr das zweistimmige Wahlsystem allein, vielmehr seine Verbindung mit der Sperrklausel hat durch *Überhangmandate* vorübergehend bewirkt, daß die Schere zwischen dem Prozentsatz der erhaltenen Stimmen und dem der errungenen Mandate bei manchen Parteien auseinanderklaffte. Durch die Parteienkonzentration wurde jedoch der Verzerrungseffekt der Überhangmandate seit 1965 abgebaut. 1965 – 1976 hat es kein Überhangmandat mehr gegeben. 1949 waren es zwei, 1953 und 1957 je drei, 1961 sogar fünf gewesen. (Überhangmandate treten auf, wenn die Zahl der in Wahlkreisen gewählten Bewerber einer Partei die Zahl der auf ihre Landesliste entfallenden Sitze übersteigt, weil in diesem Fall die überzähligen Mandate der Partei erhalten bleiben.)

Bei der Wahl von 1994 gerieten die Überhangmandate wieder ins Zielfeuer der Kritik. Die CDU errang 12 Überhangmandate, überwiegend in Ostdeutschland, die SPD 4, davon drei in Brandenburg. Wenn eine Regierungskoalition ihre Mehrheit den Überhangmandaten verdankt, taucht bei der Opposition der Vorwurf der Verfassungswidrigkeit auf. In mehreren Urteilen hat das Bundesverfassungsgericht die von Klägern unterstellte Verfassungswidrigkeit verneint. Der Vorschlag, der Gegenpartei, die bei der Erringung von Direktmandaten weniger glücklich war, Ausgleichsmandate zukommen zu lassen, würde jedoch mit dem Bestreben, den Deutschen Bundestag zu verkleinern, in Konflikt geraten. Für eine Änderung des Wahlrechts stehen angesichts der prekären Machtbalance im neuen Vierparteiensystem die Chancen ebenfalls nicht günstig. Die Rechtsstellungskommission des Bundestags hat im Juni 1995 Wahlrechtsänderungen anläßlich der Parlamentsreform abgelehnt. Eine Lex PDS wurde gleichwohl weiter diskutiert. Stabilitätsstrategen möchten die Regelung, daß Parteien, die unter 5% der Stimmen erhalten, in den Bundestag einziehen, wenn sie drei Direktmandate erhalten, abschaffen oder die Zahl der erforderlichen Direktmandate erhöhen.

Bis 1972 hatte die CDU vom Wahlsystem den größten Vorteil: 1949 – 1953 waren aber alle drei damals im Bundestag verbliebenen Parteien durch das *d'Hondtsche System* begünstigt, seit 1957 wirkte die Sperrklausel allein am stärksten. Die Mandatszahlen der drei Parteien übersteigen seither ihre Stimmenanteile. Abweichungen von dieser Regel gab es 1953 einmal bei der DP, 1972 bei der FDP.

Das Wahlsystem bevorzugt allgemein nicht nur gewisse Parteien, sondern – durch die Regelung der Zweitstimmen – die Parteien gegenüber *parteilosen Kandidaturen.* Das zweistufige Verfahren der Kandidatenauslese ermöglicht jedem Bürger, der 200 Unterschriften von wahlberechtigten Bürgern eines Wahlkreises sammeln kann, eine Kandidatur. Landeslisten aber können nur Parteien aufstellen. Seit 1953 hat kein parteiloser Kandidat mehr den Sprung in den Bundestag geschafft, obwohl das Bundesverfassungsgericht anläßlich der Klage eines parteilosen Kandidaten (des Bonner Oberbürgermeisters Daniels) im März 1976 erklärte, daß die Monopolisierung der Kandidatenaufstellung durch die Parteien dem Gleichheitsgrundsatz widerspreche und von einem bestimmten Anteil der Erststimmen an für Parteilose analog zur staatlichen Parteienfinanzierung ein Teil der Wahlkosten zu erstatten sei.

Den deutschen Parteien, die an der Schaffung des Wahlrechts 1948/49 beteiligt waren, wurde »erfrischende Nüchternheit in politischen Verfahrensfragen« bescheinigt (Merkl). Die CDU trat gegen die Mehrheit der anderen Parteien überwiegend für ein relatives Mehrheitswahlrecht ein, hat ihren Standpunkt jedoch angesichts der Kompromißnotwendigkeit nicht doktrinär behauptet. Von den kleineren Parteien hat sich nur die DP in dieser Frage an die Seite der CDU gestellt, weil sie sich aufgrund ihrer starken Position in Bremen und Niedersachsen unter diesem System Chancen ausrechnete, in den Bundestag zu kommen. Innerhalb der CDU gab es jedoch auch Opposition gegen das relative Mehrheitswahlrecht. Das Argument, daß Minderheiten in diesem Wahlsystem nicht repräsentiert wurden, mußte für eine sozial so heterogene Partei wie die CDU schwer wiegen. Vor allem mußte auf die Eingaben der Vertriebenenverbände reagiert werden. Die Unionsparteien schlugen daher vor, das Flüchtlingsproblem durch Flüchtlingswahlkreise zu lösen (Hauptausschuß, Sten. Prot: 776). Der Kompromiß, der schließlich gefunden wurde, ist am wenigsten von allen institutionellen Regelungen des Grundgesetzes vom Trauma geprägt, das die Weimarer Republik hinterlassen hatte. Die Grundentscheidung fiel zugunsten eines Verhältniswahlrechts mit möglichst geringer Beeinträchtigung der Erfolgswertgleichheit der Stimmen.

Die relativ pragmatische Haltung zum Wahlrecht, die trotz einiger heftiger Grundsatzdebatten im ganzen überwiegend an praktischen Fragen orientiert war, setzte sich in der *Wahlgesetzgebung* der Bundesrepublik fort. Der mit großer Regelmäßigkeit erneuerte Vorschlag einer Wahlrechtsänderung wurde vielfach unter Manipulationsverdacht gestellt. Der FDP fiel in der Geschichte versuchter Wahlrechtsänderungen eine Schlüsselrolle zu. Der Vorschlag der Unionsparteien, ein mehrheitsbildendes Wahlsystem (nach dem sogenannten Grabensystem) einzuführen, scheiterte vor allem am Widerstand der FDP. Sie kündigte 1956 im Bund und im Land Nordrhein-Westfalen die Koalition auf. 1969 wurde die FDP durch den wachsenden Unmut in der Wählerschaft über die große Koalition in ihrer Existenz gerettet. Seither hat sie geradezu eine Gravitationskraft zu ihren Gunsten entwickelt, da der Regierungswechsel von ihr abhängt. Diese Rolle ist für die Partei durchaus prekär, weil sich ein Frontenwechsel nach den Erfahrungen von 1969 und 1982 als keine einfache Entscheidung erweist. Spaltungen in der Führung und Auswechslung eines Teils der Wähler sind die Folge. Die Umschichtung der Wählerschaft war 1969 nahe daran, die FDP in die Gefahrenzone der Fünfprozentklausel zu bringen.

Die starke Parteienkonzentration ist nur zum geringen Teil den formalen Vorschriften des Wahlgesetzes zuzuschreiben. Diese Reduktion des Spektrums auf ein Zweieinviertelparteiensystem hat nun die Koalitionsmöglichkeiten so weit eingeschränkt, daß das im Ausland vielfach bewunderte Wahlsystem im Inland zu ständigen Überarbeitungsversuchen herausforderte. Eine erste Wahlrechtskommission gab in ihrem Bericht von 1955 keine ausdrückliche Empfehlung (Grundlagen eines deutschen Wahlrechts: 1955). Eine zweite Kommission des ›Beirats für Fragen der Wahlrechtsreform‹ trat in ihrem ›Bericht zur Neugestaltung des Bundestagswahlrechts‹ (1968: 8) trotz der relativ guten Entwicklung des deutschen Systems doktrinärer für das Mehrheitswahlrecht in Einerwahlkreisen ein, als seine Verfechter im Parlamentarischen Rat es getan hatten. Eine Minderheit des Ausschusses, der mehrheitlich aus Staatsrechtlern und Sozialwissenschaftlern bestand (Dürig, Ellwein, Scheuch), schlug zusätzlich Vorwahlen *(primaries)* für die Aufstellung der Kandidaten vor. Die Kritik entzündete sich am Manipulationsverdacht, zumal die große Koalition solche Pläne vorbereitete und diese sich zwangsläufig gegen die damalige Mini-Opposition der FDP im Bundestag richten mußten. Die Berechnungen, wie sich FDP-Wählerstimmen bei Einführung eines mehrheitsbildenden Wahlrechtes verteilen würden, nahmen sich aus wie das Würfeln um die Kleider eines noch nicht Gestorbenen (zu den prognostischen Problemen dieser Rechnungen: Naschold: 1971).

Die SPD – schon auf dem Sprung zum Machtwechsel und die Zeichen des Koalitionsklimawandels gerade noch rechtzeitig begreifend – kam mit einem Kompromißvorschlag zur Dreierwahl heraus. Der Verhältniswahlcharakter des vorgeschlagenen Systems wurde bestritten. Eine zweite Variante, die Verhältniswahl in Viererkreisen, schien zu wenig Änderung zu erbringen – außer der faktischen Erhöhung der Sperrklausel auf etwa 18%. Hochburgenausbildung, Verödung der Provinz, Einladung zum »Gerrymandering« und zur Wahlkreisgeometrie, für die Mehrheitswahlsysteme immer anfälliger sind als Proporzsysteme, waren die beachtenswerten Gegenargumente in dieser Debatte, die durch den Machtwechsel 1969 vorläufig beendet wurde. Zur Disziplinierung der FDP wird der Gedanke sporadisch wieder ins Spiel gebracht.

1985 beschloß der Bundestag die Ablösung des d'Hondtschen Verfahrens durch die Zuteilung der Sitze nach dem System Hare/Niemeyer. Diese Reform verbesserte die Ausgangslage der kleinen Parteien wie der FDP und der Grünen. Eine Umrechnung des Bundestagswahlergebnisses von 1983 ergab, daß beide Parteien je einen Sitz mehr erhalten hätten, wenn man nicht noch nach dem d'Hondtschen Verfahren gezählt hätte (Nohlen, 1990). Auch eine weitere Reduzierung von *Überhangmandaten* hatte man sich durch das neue Verfahren erhofft, nicht ganz zu Recht. Zwar sank die Zahl von 2 Überhangmandaten für die SPD (1983) auf eines (1987) für die CDU; 1990 entfielen jedoch 6 in Ostdeutschland auf die CDU, 3 in Sachsen-Anhalt, 2 in Mecklenburg-Vorpommern und eines in Thüringen.

Durch den Einzug der Grünen in den Bundestag 1983 wurde der alte Vorwurf etwas entkräftet, die Fünfprozentklausel schirme das Parteiensystem gegen neue Bewegungen ab. Die Fünfprozentklausel hat gerade bei den Grünen segensreich gewirkt. Ein Jahrzehnt lang hatte sich die heimatlose Linke, die in der SPD nicht mehr integrierbar war, in Studentenparteien und K-Gruppen isoliert. Ohne die Fünfprozentklausel wäre jener heilsame Zwang nicht ausgeübt worden, daß die Sektenpolitiker sich auf das Minimalprogramm der Grünen einigen mußten. Angesichts der Flügelkämpfe bei den Grünen ist die Wirkung der Sperrklausel noch immer positiv. Ohne sie wären die Grünen vermutlich längst in mindestens zwei Parteien zerfallen.

Wahlsysteme wirken nicht nur auf die Parteiensysteme, sondern der Wandel von Parteiensystemen kann auch auf das Wahlsystem zurückwirken. Durch den Einzug der Grünen in den Bundestag kam es zur

Herausbildung zweier Lager. Sie wurden durch rot-grüne Koalitionen in den Ländern verstärkt. Eine SPD-FDP-Koalition, wie sie 1991 für kurze Zeit in Hamburg und Rheinland-Pfalz zugleich bestand, war selten geworden. Das Wahlverhalten wurde in dieser Konstellation zunehmend koalitionspolitisch gefärbt, vor allem bei Parteien in der Opposition. Die Kluft zwischen Erst- und Zweitstimmen bei der FDP wurde größer. Das Stimmensplitting wurde zunehmend strategisch eingesetzt. Es kam zu »Leihstimmen«, um das Überleben des kleineren Koalitionspartners zu garantieren. Die FDP hat gelegentlich ihre Wahlkampfwerbung ganz auf den Fang von Zweitstimmen eingerichtet und den Wählern vorgespielt, daß beide Stimmen gleichen Zählwert für den Erfolg hätten.

Das strategische Wählen hat in den Augen einiger Analytiker zu schwerwiegenden Verzerrungen des Wählerwillens geführt. Es ist sogar die Rückkehr zum ursprünglichen Wahlsystem Adenauers gefordert worden (Jesse, 1987), vor allem von den Autoren, welche das Stimmensplitting nicht als Zunahme von Rationalität und Durchblick des Wählers werteten, sondern Unkenntnis als Motiv für die Stimmenspaltung unterstellten. Die Unkenntnis-These war mit dem Nachweis verbunden, daß 1987 12,9% der Wähler, die ihre erste Stimme der SPD gaben, ihre Zweitstimme der CDU zukommen ließen, 6,9% hingegen der FDP und damit nicht koalitionstaktisch, sondern taktisch »falsch« wählten. Damit ist freilich die Unkenntnis-These noch nicht erhärtet, auch wenn ein umgekehrter Einsatz der Stimmen rationaler erschienen wäre. Ablehnung des Erstkandidaten der CDU, Belohnung des Wahlkreiskandidaten der FDP in aussichtslosem Kampf – sind das alles irrationale Motive? Die Forschungsgruppe Wahlen, die für das ZDF Umfragen bei der Wahl 1990 und 1994 machte, stellte bei den beiden großen Parteien fest, daß in Deutschland fast 95% bei der CDU und 91% bei der SPD ihrer Partei beide Stimmen gaben. Selbst bei der FDP machten die »Nichtsplitter« mehr als 70% (1990, 69% 1994) aus.

Auch die reinen DDR-Parteien haben das Stimmensplitting rasch gelernt. Bei der PDS wurde in alter Gewohnheit noch die stärkste Disziplin geübt 89% (1990) und 74% (1994) derer, die mit der Zweitstimme PDS wählten, taten dies auch mit der Erststimme. Bei den Grünen / Bündnis 90 lag das homogene Wählen bei zwei Dritteln. Die Grünen bevorzugten meist einen SPD-Kandidaten, die PDS-Wähler mußten sich zwischen einem SPD- oder Grünen-Kandidaten entscheiden. Eine taktisch irrationale Vergabe der Erst- und Zweitstimmen ließ sich auch in der DDR nur bei kleinen Minderheiten zeigen (vgl. Tab 3.1). Das strategische Stimmensplitting wurde in Ostdeutschland rasch gelernt. In Ost-Berlin verdankte die PDS 1994 einem Teil der Wähler, die ihre Zweitstimme der SPD gaben, ihren Einzug in den Bundestag. Abwehrmanöver rationaler CDU-Wähler, die in Ost-Berlin zu 12% ihre Erststimme dem SPD-Kandidaten gaben, konnten dies Ergebnis nicht verhindern (Bundestagswahl 1994: 17).

Vom Wahlmodus mit zwei Stimmen gehen keine schwerwiegenden Störungen des Systems aus. Das Hauptproblem der Regelung stellt die Begünstigung der FDP dar. Das System ist aus dem Entgegenkommen gegenüber der FDP geboren worden (Nohlen, 1990: 209). Nichts spricht dafür, daß die Union künftig auf dieses Entgegenkommen verzichtet, seit die FDP 1994 in eine Existenzkrise geriet. Das System ist durch die vierte Partei im Deutschen Bundestag asymmetrischer geworden, obwohl die Zwei-zu-Zwei-Konstellation der Lager auf den ersten Blick ein symmetrisches Kräfteverhältnis vermuten läßt. Das deutsche Wahlsystem wurde auch im Ausland gerade mit seiner Zwei-Stimmen-Komponente als vorbildlich diskutiert. Es hat bessere Aussichten als jedes andere Wahlsystem eines der großen europäischen Länder, mit Modifikationen in ein künftiges europäisches Wahlrecht einzugehen.

Wahlrechtspolitik ist Machtpolitik. Das wurde selten so deutlich wie bei der Wiedervereinigung Deutschlands. Eine der vier wichtigen vertraglichen Voraussetzungen für die Vereinigung war der *Wahlvertrag* vom 3.8.1990, der am 3.9.1990 in Kraft trat. Der Vertrag sollte für die Wahl am 2. Dezember 1990 ein gesamtdeutsches Wahlrecht schaffen. Es zeigte sich jedoch, daß die Bundesregierung in ihren Bemühungen um die Vereinheitlichung nach dem Empfinden relevanter politischer Kräfte in der DDR zu weit gegangen war. Beim Staatsvertrag zur Schaffung einer Währungs- und Wirtschaftsunion hat die DDR-Führung Risiken der schnellen Angleichung in Kauf genommen, um die Bundesrepublik rasch finanziell zur gesamten Hand haften zu lassen (vgl. Einleitung). Die westdeutsche Führung hat das Ausmaß des Risikos nicht übersehen, wie sie spätestens im Februar 1991 einräumte, als Steuererhöhungen für die deutsche Einheit nicht mehr zu umgehen waren. Beim Wahlvertrag aber war das Risiko für die kleineren und autochthonen Parteien auf dem Gebiet der DDR allen Beteiligten klar.

Die Bundesregierung sah in ihrem ersten Entwurf eine Fünfprozentklausel für ganz Deutschland vor. Zur Milderung der Chancenungleichheit für kleinere DDR-Parteien sollten gesamtdeutsche Listenverbindungen von Parteien zugelassen werden, die nicht in den zwei Landesteilen konkurrierten. Diese Geste wurde rasch als »Lex DSU« gewertet, die in einem Huckepackverfahren – wie es seit der Symbiose

Tabelle 3.1: Stimmensplitting (in Prozent)

Wahltagsbefragung Bundestagswahl am 16. Oktober 1994
Welche Partei haben Sie gerade mit Ihrer Zweitstimme gewählt?
Nur: ›Gültige Stimmen‹

		Wahl 94: Erststimme					
Prozentwerte	Gesamt	CDU-CSU	SPD	FDP	Grüne	PDS	andere
Wahl 94: Zweitstimme							
CDU-CSU	41,6	86,0	2,7	18,6	5,5	1,6	8,8
SPD	36,4	2,8	85,9	8,1	19,3	10,1	7,4
FDP	6,9	8,2	1,8	69,1	2,5	0,8	2,4
Grüne	7,3	1,1	6,3	1,6	66,4	2,9	4,3
PDS	4,4	0,3	1,9	0,9	3,1	81,1	2,3
andere	3,4	1,6	1,4	1,7	3,2	3,5	74,8

Welchen Kandidaten haben Sie gerade mit Ihrer Erststimme gewählt?
Nur: ›Gültige Stimmen‹

		Wahl 94: Zweitstimme					
Prozentwerte	Gesamt	CDU-CSU	SPD	FDP	Grüne	PDS	andere
Wahl 94: Erststimme							
CDU-CSU-Kandidat	45,7	94,6	3,5	54,6	6,7	3,3	21,6
SPD-Kandidat	38,5	2,5	90,9	9,9	33,2	16,7	15,1
FDP-Kandidat	3,2	1,4	0,7	31,9	0,7	0,6	1,6
Grüner Kandidat	6,2	0,8	3,3	2,3	56,4	4,4	5,8
PDS-Kandidat	4,0	0,2	1,1	0,5	1,6	73,8	4,1
anderer Kandidat	2,4	0,5	0,5	0,8	1,4	1,2	51,8

Quelle: Bundestagswahl 1994: 16.

von CDU und DP in der späten Adenauerzeit nicht mehr praktiziert worden war – von der CSU in den Bundestag getragen werden sollte. Die DSU hatte bei den Volkskammerwahlen im März 1990 6,2% der Stimmen erhalten. Auf ganz Deutschland umgerechnet, konnte sie sich nicht mehr als 1,3% bei den gesamtdeutschen Wahlen ausrechnen. Die PDS hatte keinen Partner für eine gemeinsame Liste. Die SPD hat bei der Zustimmung zu dieser Regelung in Kauf genommen, die neue »sozialistische Einheitspartei« zu werden (Kriele in: FAZ 19.7.1990: 8), um sich einer lästigen Konkurrenz um linkes Wählerpotential zu entledigen. Von der Begünstigung der DSU konnte sie sich eine Aufsplittung des konservativen Lagers erhoffen. Nur beim Versuch der Bundesregierung, auch noch den Wahltermin vom 2. Dezember auf den 14. Oktober 1990 vorzuziehen, blieb die SPD hart. Lafontaine sprach von einem »Betrugsmanöver«. Entscheidend sei der Beitritt der DDR, ob früher oder später gewählt werden würde, habe keinen Einfluß auf Arbeitsplätze und Wohnungsnot. Der Streit um den Wahltermin wurde zum unerfreulichen Auftakt des ersten gesamtdeutschen Wahlkampfes. Angesichts der Schwäche der SPD gerade in ihren alten Hochburgen Sachsen und Thüringen hätten sich die Chancen der SPD in einer vorgezogenen gesamtdeutschen Wahl weiter verschlechtert. Die SPD profitierte bei ihrem Nein zum frühen Wahltermin auch von Bedenken in Moskau. Gorbatschow befürchtete, daß der von beiden deutschen Regierungschefs beschleunigte Zeitplan die Zwei-plus-Vier-Gespräche in unangemessener Weise präjudizieren könne.

Gegen das Wahlgesetz klagten die Partei der Grünen, die Linke Liste/PDS und die Republikaner beim Bundesverfassungsgericht. Sie sahen in der Möglichkeit der Listenverbindungen eine Begünstigung der großen Parteien, die sich aus dem Kreis der kleinen Parteien einen Partner, der ihre eigene Position verstärkte, heraussuchen konnten. Der zweite Senat des Verfassungsgerichts erklärte in seinem Urteil (BVerfGe 82, 327ff.) vom 29.9.1990 die Anwendung einer Fünfprozentklausel auf ganz Deutschland für eine Benachteiligung der kleinen Parteien in der DDR und sah auch die Möglichkeit der Listenverbindung als verfassungswidrig an. Listenverbindungen wurden zugelassen, aber sie mußten im gesamten Wahlgebiet kandidieren. Damit wurde der DSU der Einzug in den Bundestag versperrt. Sie sank im östlichen Wahlgebiet auf 1,4% der Erststimmen und 1% der Zweitstimmen ab. Die Regionalisierung der Sperrklausel ermöglichte der PDS, mit 14 Sitzen in den Deutschen Bundestag einzuziehen, mit 9,8% der Stimmen in Ostdeutschland bei einem Gesamtergebnis von nur 1,9%. Die PDS bekam aufgrund der Möglichkeit von Listenverbindungen für die bescheidenen 0,3% ihres westlichen Partners 2 Mandate. Die Grünen hingegen wurden zum Opfer ihrer Politik der »Nichtkolonisation«. Sie hatten sich nicht rechtzeitig bis zum vorgeschriebenen Termin mit den Grünen der Ex-DDR vereint und scheiterten mit 4,8% knapp an der Fünfprozentklausel. Als vereinte Partei hätten sie im westlichen Wahlgebiet mit dem Ergebnis ihrer Zweitstimmen 26 Sitze erreicht, was die Mehrheitsverhältnisse im ersten gesamtdeutschen Bundestag nennenswert verändert hätte (vgl. Bundestagswahl 1990: 12). Rein rechnerisch wäre nach dem Wahlergebnis die sogenannte »Ampelkoalition« von SPD, FDP und Grünen möglich gewesen. Politisch freilich ist wenig Schaden entstanden, da die FDP zu einer solchen Koalition auf Bundesebene – anders als in Brandenburg – nicht bereit gewesen wäre. Der realistische Flügel der Grünen Westdeutschlands hat jedoch durch diese unpolitische Fehlkalkulation der Grünen Ende 1990 gewaltigen Auftrieb erhalten (vgl. Kap. 4e).

Dank der Wachsamkeit des Hüters der Verfassung hat das gesamtdeutsche Wahlrecht sowohl den Repräsentanten der friedlichen Revolution in der DDR (Bündnis 90/Grüne) als auch den Vertretern des alten Regimes der DDR (PDS) für vier Jahre ihre Existenz gesichert. An der allgemeinen Machtverteilung in Deutschland hat es jedoch wenig geändert.

Das Urteil ist als Verstoß gegen den Trend zur richterlichen Zurückhaltung beurteilt worden (FAZ, 1. 10. 1990:2) – zu Unrecht. Im ganzen hat es einen fairen Kompromiß möglich gemacht. Es schloß sich nicht der vom Neuen Forum in der mündlichen Verhandlung geäußerten Meinung an, daß das zu wählende gesamtdeutsche Parlament nach Artikel 146 zur verfassunggebenden Versammlung werden könne und daher jede Sperrklausel abzulehnen sei. Aktiv verhielt sich der zweite Senat in der Mahnung an die Bundesregierung zur Eile mit dem Hinweis, daß das Gericht sonst von der Möglichkeit Gebrauch machen könnte, selbst eine Regelung zu treffen.

Das gesamtdeutsche Wahlsystem sah 656 Sitze und 328 Wahlkreise vor. An der Sitzverteilung nahmen nur Parteien teil, die mindestens 5% der abgegebenen gültigen Stimmen oder drei Direktmandate im westlichen oder östlichen Wahlgebiet erhalten hatten. Die Zahl der Sitze wurde nach dem Hare-Niemeyer-System berechnet. Sie berechnete sich aus der Gesamtzahl x Zweitstimmen der Partei, dividiert durch die Gesamtzahl der Zweitstimmen.

(b) Wahlverhalten und Hochburgenbildung

Obwohl die politische Kultur der Deutschen lange nicht als sehr partizipationsfreudig galt, stach die Bundesrepublik durch überdurchschnittliche *Wahlbeteiligungsziffern* hervor. Nur Länder mit Wahlpflicht wie Belgien und Italien erreichten höhere Wahlbeteiligungsraten. Lediglich 1949, 1990 und 1994 lag die Wahlbeteiligung unter 80%. Die höchste Wahlbeteiligung wurde bei den vorgezogenen Bundestagswahlen 1972 mit 91,2% erreicht. Auch nach Abflauen der großen Zeit der Mobilisierung 1976 lag die Wahlbeteiligung noch bei 90,7%. 1972 wurde die hohe Wahlbeteiligung auf die Senkung des Wahlalters auf 18 Jahre zurückgeführt. Bei Routinewahlen aber zeigte sich, daß die Jungbürger unter 30 Jahren eher die niedrigste Beteiligungsrate von allen

Altersgruppen aufwiesen. Regionale Differenzen der Wahlbeteiligung sind in Deutschland nicht sehr ausgeprägt. Unter dem Bundesdurchschnitt lag die Wahlbeteiligung einerseits in den Hansestädten, andererseits in den beiden großen südlichen deutschen Ländern. Über dem Durchschnitt lag die Beteiligung im Saarland, in Rheinland-Pfalz und in Hessen. Geschlechtsspezifische Partizipationsraten haben sich verringert. Bis 1957 wählten Frauen zu über 3% weniger als Männer. 1987 hatten die Frauen in der Altersgruppe 30-40 Jahre die Männer sogar überholt. 1987 wählten 2,1% weniger Frauen als Männer. Daß die »elektorale Wiedervereinigung« 1990 die geringste Wahlbeteiligung der Nachkriegsgeschichte mit 77,8% hervorbrachte, mußte jeden Kritiker beruhigen, der noch Sorge vor nationalem Überschwang hatte. Übersättigung von Urnengängen, vor allem in den östlichen Ländern, widrige Witterungsverhältnisse und ein spannungsloser Wahlkampf, der keine Unsicherheit des Wahlausgangs aufkommen ließ, erklärten die niedrige Beteiligung. Gewichtiger als diese Gründe – denen die Linke noch ein »Null-Bock-auf-Deutschland«-Gefühl bei der Jugend hinzufügte – sind die Wirkungen der niedrigen Beteiligung.

Vergleicht man die wichtigsten OECD-Staaten im Hinblick auf den Niedergang der Wahlbeteiligung, so liegt Deutschland mit einem Minus von 11,3% an der Spitze, vor Spanien und Finnland (Falter/Schumann, 1994: 164). Diese Entwicklung ist jedoch zum Teil die Folge des überdurchschnittlich hohen Ausgangsniveaus deutscher Wahlbeteiligung. Optimisten interpretieren den Trend daher eher als »Normalisierung« des deutschen Partizipationsverhaltens.

Ein Vergleich der Wählerfluktuation in Wahlkreisen mit hoher und niedriger Wahlbeteiligung ließ darauf schließen, daß die Unionsparteien stärker unter der geringen Wahlbeteiligung litten. SPD und Grüne verloren unabhängig von der Höhe der Wahlbeteiligung etwa den Durchschnitt ihrer allgemeinen Einbußen (Bundestagswahl 1990: 48). Dieser Befund von 1990 ließ sich mit Daten über die Bundestagswahl 1987 zur Deckung bringen, 1987 schien die Wahl weit offener in ihrem Ausgang. Eine solche Situation mobilisierte die Politiker zu größeren Anstrengungen. Aber auch die Mobilisierungsthese kann allenfalls 10% der Varianz an der Wahlbeteiligung erklären. Auch 1987 hatte die SPD durch die Anstrengungen des Kanzlerkandidaten Rau weniger Reserven zu mobilisieren. Potentielle SPD-Wähler gehen, wenn die sonstigen Bedingungen gleich sind, häufiger zur Wahl als mögliche Wähler der Unionsparteien (Kirchgässer in: Kaase / Klingemann, 1990: 472).

Noch ist umstritten, ob es sich bei der sinkenden Wahlbeteiligung

1990 um einen säkularen Trend handelte. Eine geringe Wahlbeteiligung, vor allem in Ostdeutschland nach den Märzwahlen von 1990, könnte auch als Ausdruck des Wunsches gedeutet werden, sich von der manipulierten Pseudopartizipation des realen Sozialismus zu erholen und sich den dringenden privaten Existenzproblemen zuzuwenden. In den meisten ex-sozialistischen Ländern war die Wahlbeteiligung noch niedriger – Ungarn nicht ausgenommen, das Land, das vergleichsweise das nach westlichen Standards »reifste« Wahlverhalten zeigte, weil die Parteien sich alten und neuen Konflikten in der Gesellschaft am eindeutigsten zuordnen ließen. Die geringe Wahlbeteiligung der jungen und gut ausgebildeten Gruppen in Westdeutschland, auch derer, die grünes Wählerpotential darstellten, ließ eher auf einen säkularen Trend abnehmender Wahlbeteiligung in Deutschland schließen. Ein Teil der jüngeren Alterskohorten mißt anderen Formen der Partizipation höhere Bedeutung bei (Gibowski/Kaase, 1991: 20). Die Daten zur Erforschung der politischen Kultur zeigten jedoch (vgl. Kap. 2), daß es noch zu früh ist, auf eine generelle Partizipationsbereitschaft zu schließen, da konventionelle und unkonventionelle Beteiligungsformen auch von jungen Menschen meist nicht in einem Verdrängungswettbewerb, sondern komplementär gesehen werden.

Die Erforschung des Wählerverhaltens ist der methodisch am weitesten entwickelte Zweig der deutschen Politikwissenschaft. An keinem anderen Forschungsbereich des Faches scheiden sich jedoch die Geister so stark. In der Zeit der Protestbewegung neigten die Behavioralisten dazu, sich in der Festung »empirische Wahlforschung« gegen die Ideologisierung der Sozialwissenschaften einzuigeln. Die Linken auf der Suche nach immer partizipatorischeren Demokratiemodellen verachteten diesen Wissenszweig. Erst neuerdings beginnen sie die Wichtigkeit wieder anzuerkennen und sich kritisch damit auseinanderzusetzen. Aber schon vor dem Abbau dieser Polarisierung fragte sich ein entschiedener Förderer der Wahlforschung selbstkritisch, »ob es sich überhaupt noch lohnt, so wie bisher weiterzuarbeiten« (Kaase, 1973: 152).

Für die Darstellung eines Regierungssystems ist die Anregung, die *primäre Umwelt des Wählers* stärker einzubeziehen (Meyer, in: Kaase, 1977: 170), weniger fruchtbar als für die vergleichende Wahlforschung. Die mikrosoziologische Erforschung der primären Umwelt, die nicht nur mit statistischen Größen, sondern mit der tatsächlichen Motivation des einzelnen Wählers befaßt ist, kommt am stärksten zu vergleichenden Aussagen, aber vielleicht am wenigsten zu solchen über die Eigenarten einer nationalen politischen Kultur.

Die *sekundäre Umwelt des Wählers*, vor allem der Einfluß organi-

Tabelle 3.2: Wahlberechtigte und Wahlbeteiligung bei Bundestagswahlen[1]

Wahl	Wahlberechtigte 1000	Wahlbeteiligung %
1949[2]	31208	78,5
1953[2]	33121	86,0
1957	35401	87,8
1961	37441	87,7
1965	38510	86,8
1969	38677	86,7
1972	41446	91,1
1976	42058	90,7
1980	43232	88,6
1983	44089	89,1
1987	45328	84,3
1990	60373	77,8
1994	60396	79,1

1 Im Bundesgebiet ohne Berlin (West)
2 Ohne Saarland

sierter Großgruppen, wurde wesentlich häufiger erforscht. Die Bindung an Kirchen oder Gewerkschaften als Faktor der Wahlentscheidung zugunsten der Unionsparteien oder der SPD wird noch immer stark betont. Eine generelle Gefahr des soziologischen Ansatzes ist seine statische Betrachtungsweise. Selbst im Umkreis starken kirchlichen Einflusses und im Milieu dominanter gewerkschaftlicher Bindungen ist eine verläßliche Orientierung auf die Unionsparteien einerseits und die SPD andererseits nur bei zwei Dritteln der Wähler festzustellen. Der soziologische Ansatz versagt am stärksten bei den Mittelschichten, die unterschiedlichen sozialen Bindungen und Kontakten ausgesetzt sind. Dieser Ansatz kann die Stabilität des Wählerverhaltens in Deutschland besser erklären als kurzfristige Wandlungen. Beim Wandel konnte er etwa im Kaiserreich die Zunahme der SPD mit der Zunahme der Arbeiter und der Gewerkschaftsmitglieder erklären, für die Bundesrepublik hingegen nicht. Die SPD hatte von 1953 bis 1972 ungefähr 3,5% Stimmenzuwachs je Wahl. Der Anteil der Arbeiter an der Bevölkerung nahm hingegen ab und der gewerkschaftliche Organisationsgrad nur geringfügig zu. Der Anteil der Katholiken blieb konstant, allenfalls über die abnehmende Kirchgangshäufigkeit lassen sich Erklärungen des Wandels von Wählerverhalten finden. SPD-nahe Prognosen haben meist diesem Ansatz stark gehuldigt und wie INFAS die sozial bestimmten Vorbedingungen des Wählerverhaltens betont, während die CDU-nahe Kölner Schule schon früher auch sozialpsychologische Erklärungen, den Kanzlereffekt und den Einfluß der politischen Angebotsseite mit in die Analyse einbezog.

Die Suche nach der *konfessionellen Determinante* des Wahlverhaltens hat ein Paradoxon zutage gefördert: Gerade weil das System der Bundesrepublik sich säkularisierte, hat sich die früher von der Kirche abgeleitete Bindung an christdemokratische Parteien in eine originäre Parteibindung transformiert. Daher ist der Anteil der Wähler, die sich als entschlossene Anhänger der CDU bezeichnen, heute höher als bei der einst stark ideologischen SPD. Die Unionsparteien hatten traditionell ihre besten Ergebnisse in katholischen Landesteilen. Sachsen und der Süden der ehemaligen DDR haben diese Faustregel falsifiziert, weil im Osten die Religionszugehörigkeit kaum eine wichtige Determinante der Wahlentscheidung ist.

Der Konfessionalismus des Wahlverhaltens ist das Produkt der Entkonfessionalisierung der Unionsparteien (Schmitt, 1989: 305) und trägt zu der strukturellen Stärke der Union bei, weil sie gleichsam ein schrumpfendes, aber nicht unstabiles Segment neben dem allgemeinen Appell an die konfessionell nicht gebundenen Schichten der Bevölkerung mobilisieren kann.

Man sprach gelegentlich auch in Deutschland vom *»roten Gürtel«*. Dieser respektierte die Main-Linie keineswegs. Es handelt sich um einen großen Halbkreis, der sich von Ostfriesland und dem Raum Bremen über den Raum Hannover-Braunschweig, Hessen, mittlere Gebiete von Rheinland-Pfalz bis nach Saarbrücken zog. Wenn sich die Bundesrepublik von der DDR wegkrümmte, schien sich dieser Gürtel zu ihr hin zu wölben (1980 war dies noch auffälliger als 1976). 1983 bekam der Gürtel zwei große Risse im mittleren Niedersachsen und im mittleren Hessen. Vermutlich läßt sich daher die längerfristige Hochburgenbildung besser an den Wahlergebnissen von 1980 ablesen, denn viele gaben 1983 der Union ihre »(Zweit-)Stimme und nicht ihr Herz« (Berger u. a., 1983: 582). In diesem Gürtel gab es ländliche und halburbanisierte Brücken zwischen den Hochburgen. Manche von ihnen wurden langsam zu Hochburgen, wie zum Beispiel Ostfriesland, wo die SPD 1969 zufällig alle Wahlkreise gewann, aber in den Wahlen von 1976-1994 zu stabil erscheinenden Schwerpunkten ausbaute. Im Bereich anderer solcher Brücken, wie in Nordhessen, war die Stärke der SPD eher die Schwäche der CDU, mitbedingt durch hohe Anteile von FDP- oder NPD-Wählerstimmen.

Obwohl der Nord-Süd-Konflikt sich bis in die Unionsparteien hinein nachweisen ließ und das innerparteiliche Schimpfwort über die

»Nordlichter« populär wurde, zeigt ein Blick auf die Karte, daß das Nord-Süd-Schema eine grobe Vereinfachung der Realität darstellt. Die SPD Hochburgen massierten sich in den großen Städten, vor allem in Nordrhein-Westfalen. Der SPD ist es offenbar gelungen, 1994 durch den Mitte-Kurs des Kanzlerkandidaten Scharping jenen Teil der Kernwählerschaft wieder an die Urne zu führen, welcher der Wahl von 1990 ferngeblieben war. Die FDP-Hochburgen liegen meist in Städten mit einem geringen Anteil an Katholiken. Die Schwerpunkte in Sachsen-Anhalt von 1990 verlor die Partei wieder. Der Wahlkreis Halle ging seines »Genscher-Bonus« verlustig und fiel an die SPD. Die Grünen wuchsen in den Dienstleistungszentren, am stärksten wiederum in den Universitätsstädten.

1990 waren das Ruhrgebiet und Brandenburg zwei SPD-Hochburgen, die mit dem »roten« Halbkreis von Ostfriesland bis zum Saargebiet unverbunden erschienen.

1994 gelang es der SPD mit Ausnahme des Wahlkreises 46 (Helmstedt/Wolfsburg), eine geschlossene Landbrücke ihrer Hochburgen von der Leine bis zur Oder auszubauen. Die SPD-Bilanz in Süddeutschland hingegen war noch magerer als 1990. Nur München-Mitte konnte gehalten werden. Nürnberg-Nord ging wieder verloren. Beide Male gelang es nicht, einen Sitz in Frankfurt und Stuttgart zu erringen.

(c) Parteiidentifikation und »neue Politik«

Wie man aufgrund des stark konzentrierten Parteiensystems annehmen konnte, ist in Deutschland – wie in den meisten europäischen Ländern – eine große Zahl von etwa 80% bereit, sich in eine *Rechts-Links-Skala* einzuordnen. Die Verteilung ist wie in Luxemburg und Dänemark relativ gleichmäßig in Pyramidenform angelegt. Der Trend zur Mitte wird auch darin deutlich. Segmentierte Systeme wie die Niederlande oder Belgien haben demgegenüber eine Verteilung mit größeren Ausschlägen an den Extremen und mit mehreren Gipfeln im Gegensatz zum deutschen Gipfel in der Mitte (Falter/Schumann, 1992).

Das in den USA entwickelte Meßinstrument der *Parteiidentifikation* wurde anfangs in Deutschland als nicht brauchbar erklärt. Man zog es vor, von *affektiver Parteiorientierung* zu sprechen, um die gefühlsmäßige Hinwendung der Bürger zu den Parteien zu erfassen. Der Versuch mit den in Amerika entwickelten Meßinstrumenten führte auch bei Befragung der gleichen Gruppen in kurzer Zeit zu außerordentlich unterschiedlichen Ergebnissen, so daß ihr Nutzen von deutschen For-

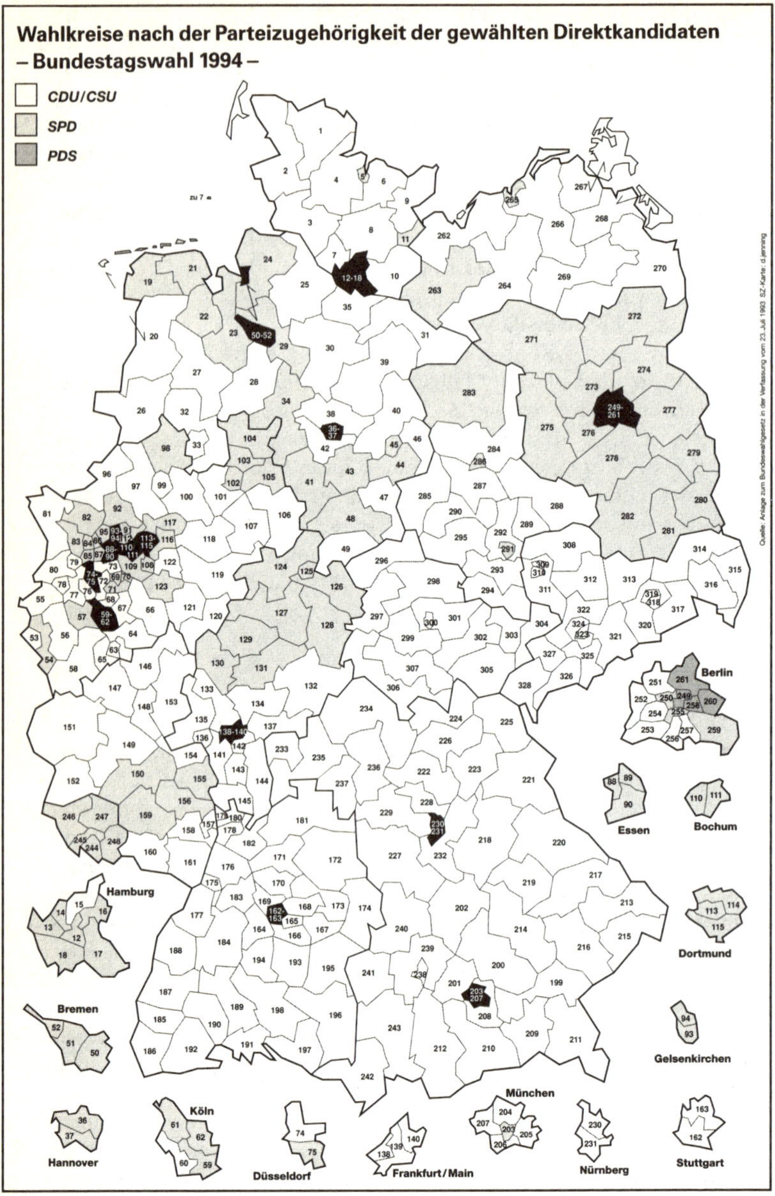

Die Erststimmen-Mehrheiten in den 328 Wahlkreisen

Quelle: FAZ, 18. 10. 1995: 33.

schern bestritten wurde. Die Parteibindungen gelten in Deutschland als nicht so stark verankert wie in den USA und sind wegen der Kontinuitätsbrüche in den besiegten Ländern – ebenso wie in Italien – an Zahl geringer als in Großbritannien oder in den USA. Die Alternative kleinerer Parteien und die Aufwirbelung des Parteiensystems durch neue Parteien (radikale Gruppen, Bürgerinitiativen, ökologische Gruppen, Wählergemeinschaften auf lokaler Ebene) bieten eine größere Reihe von Optionen an. Die Wechselwählerströme fließen ohnehin nur partiell und bei sehr starker Polarisierung direkt zwischen den beiden großen Parteien hin und her.

Dennoch wurde auch für Deutschland die Notwendigkeit erkannt, die *Wahlabsichten* nicht allzu kurzfristig zu sehen und mit dauerhaften affektiven und kognitiven Faktoren in Verbindung zu bringen. Die affektiven Seiten der Wahlentscheidung lassen sich an der *langfristigen Parteiorientierung* und an der *Kandidatenorientierung* fassen, die kognitiven vergleichsweise am besten an der *Issue-Kompetenz,* die den Parteien jeweils für bestimmte Politik-Bereiche zugeschrieben wird. Die Beziehungen zwischen den drei Variablen wurden in folgender Weise erklärt:

(1) Wähler entwickeln eine affektive Parteibindung, weil sie der Ansicht sind, daß die entsprechende Partei einen fähigen *Kandidaten* präsentiert und hohe *Kompetenz* für die Lösung der anstehenden politischen Probleme besitzt.

(2) Wähler halten einen Kandidaten für geeignet, weil sie sich mit einer *Partei* identifizieren, und schreiben ihr somit auch *Issue-Kompetenz* zu.

Man ging davon aus, daß Kandidatenorientierung und Issue-Kompetenz zwei weitere Möglichkeiten darstellen, die Parteinähe zu messen, obwohl die Beziehungen beider Faktoren zur konkreten Wahlabsicht sich als relativ schwach erwiesen haben. Das gilt für die individuelle Ebene. Andererseits nahm man an, daß auf der Aggregatebene diese beiden Variablen einiges zur Erklärung der Parteistimmenanteile beitragen. Es zeigte sich beim Vergleich der Daten für die verschiedenen Bundestagswahlen, daß sich sowohl die affektive Parteiorientierung als auch der Beitrag, den sie zur konkreten Wahlabsicht leistet, stark wandelte. Es wird geleugnet, daß sich säkulare Trends der Änderung von affektiven Parteiorientierungen in Deutschland ausmachen lassen, die direkt von sozialstrukturellen Gegebenheiten wie »Religion« oder »Schichten« abzuleiten sind. Der Wandel scheint hingegen weit mehr mit der *Intensität des politischen Konflikts* einherzugehen. Selbst dort, wo für einzelne Gruppen die Werte der affektiven Parteiorientierung relativ konstant sind, wie für den alten

Mittelstand, der katholisch ist und den Unionsparteien zuneigt, und für die protestantische Arbeiterschaft, die immer noch mehrheitlich der SPD zuneigt, haben sich diese Werte nicht immer in Wahlabsichten umgesetzt.

Die Erforschung der *Issue-Kompetenz* der Parteien wird kompliziert durch die quer durch die Parteien laufenden Konfliktlinien zwischen Anhängern der alten und neuen Politik. *Alte Politik* wird als Aufrechterhaltung der überkommenen Sozialordnung und der inneren Ruhe und Sicherheit aufgefaßt. Ihre Anhänger sind jedoch nicht mit konservativen Verfechtern von *law and order* identisch. Die überwiegende Beschäftigung mit materiellen Werten (etwa Lohnpolitik bei Gewerkschaften) deutet ebenfalls auf ein Verhaftetsein in der alten Politik hin. *Neue Politik* hingegen erscheint stärker auf postmaterielle Werte, auf Selbstverwirklichung, Partizipation und Zugehörigkeit *(belonging)* gerichtet. Die Konfliktlinie läuft nicht exakt an den Schnittstellen der großen Parteien entlang, wie sich an den Fragen Atomenergie, Schwangerschaftsunterbrechung, Gleichberechtigung der Frau und der Umweltpolitik zeigt. Höhere Bildungsschichten und jüngere Menschen werden vor allem von der neuen Politik angesprochen. Streitfragen, die nicht ohne weiteres dem einen oder anderen Typ zuzuordnen waren, wie zum Beispiel die Ostpolitik, wurden sehr unterschiedlich in ihrer Wirkung gedeutet. Während SPD-nahe Forscher mehr die positiven Rückwirkungen der Ostpolitik auf das Wählerverhalten hervorhoben, neigten CDU-nahestehende Interpreten eher dazu, der Ostpolitik Wirkung nur als kompensatorische Ablenkung von inneren Schwächen zuzubilligen. Die Entwicklung der »neuen Politik« wurde vielfach auch für die Schwächung der sozialstrukturellen Bindung von Wählern und Parteien verantwortlich gemacht. Mit wachsender Bedeutung neuer Politikinhalte scheinen sich die langfristigen Parteiidentifikationen der Bürger zu verwischen. Dieser Prozeß wirkte jedoch nicht nur in einer Richtung. Die Programmpunkte der »neuen Politik« kamen seit Ende der sechziger Jahre vor allem auf die Tagesordnung der SPD. Die Parteiführung in der Ära Brandt war außerordentlich rasch im Aufgreifen der Impulse und in der Neutralisierung der »Kulturrevolution«. Mit der Ölkrise von 1973 kam es zu einer »Ökonomisierung« der Reformpolitik. In der Ära Schmidt fand eine partielle Abkehr von der neuen Politik statt. Schmidt gab Fragen der alten Politik wie Sicherung des Wachstums, Inflationsbekämpfung, Arbeitsfrieden, innere und äußere Sicherheit (Terrorismus-Bekämpfung, Nachrüstung der NATO) wieder Priorität. Sozialstrukturen waren jedoch auch bei der Durchsetzung von Programmpunkten der neuen Politik nicht bedeutungslos. Sie kamen – vor allem bei der SPD – über die Rekrutierung junger Akademiker in die Parteien und wurden in einem innerparteilichen Lernprozeß adaptiert. Je mehr solche Programmpunkte auch von Pragmatikern und strategisch denkenden Parteieliten – vor allem in der CDU – adaptiert wurden, um so mehr verwischte sich in den achtziger Jahren das Sozialprofil der Anhänger neuer Politik wieder (Schmitt, 1987: 212f.). Der ideologische Konflikt zwischen Anhängern der neuen und alten Politik hat daher nicht – wie in einigen voreiligen Szenarios – zur raschen Auflösung von Parteiidentifikation geführt. Trotz der Adaption von Teilen der neuen Politik in den etablierten Parteien kam es auch nicht zur völligen Deckungsgleichheit der Programme, wie zahlreiche Wehklagen über die »gesichtslosen Volksparteien« oder gar die These von »Weg in den Einparteienstaat« unterstellten. Die Parteien haben jeweils Teile der neuen Politik in ihre Zielvorstellungen eingebaut, die sie nach wie vor unterscheidbar machen. Im transnationalen Vergleich hat sich gezeigt, daß Parteiprogramme nicht bedeutungslose Rituale sind, sondern der Mehrheit der Wähler klare Orientierungen bieten und den Parteiführungen durchaus als Richtschnur des politischen Handelns bei der Durchsetzung eigener Programme dienen. Paradoxerweise hat gerade das Aufkommen der »neuen Politik« einen Teil traditionaler Parteiidentifikation gerettet, weil es die Schere zwischen dem Programmangebot der Parteien und den sich rasch wandelnden Auffassungen der Hauptprobleme der Gesellschaft bei den Wählern wieder schloß.

Im Zusammenhang mit den Debatten um den Stellenwert von Nichtwählern und dem Wandel der Perzeption von Issue-Kompetenz an der Scheidelinie alte/neue Politik wurde auch das Wahlverhalten der *Jungwähler* (18-25 Jahre) zunehmend diskutiert. 1972 waren die Erstwähler von einem einmaligen Akt der Herabsetzung des Wahlalters begünstigt. Die SPD scheint damals von dieser Altersgruppe stark profitiert zu haben (sie gewann rund 55%, 1976 nur noch knapp 50%). Andererseits ist die ausschlaggebende Bedeutung der Jungwähler für den Wahlausgang 1972 durch Rechnung mit bereinigten Daten bestritten worden (Küchler, in: Kaase, 1977: 155), für 1976 war ihr Einfluß noch größer, wenn man die Zahl 58:40 zugunsten der Koalition für eine gesicherte Annahme hält. Sicher scheint zu sein, daß die *Wahlenthaltung* bei den Jungwählern besonders hoch war, bis die Grünen ihnen eine Alternative zu bieten schienen.

Langfristig gesehen, waren die Kohorteneffekte gering. Die SPD nach 1972 konnte sich keineswegs mehr als die Partei der Jugend präsentieren (Fehring, in: Klingemann / Kaase, 1994: 258). Die Grünen haben noch stärker als die SPD in der Zeit ihrer Reformeuphorie gehofft, eine Partei der Jugend zu werden. Dieser Mobilisierungsfaktor wirkte jedoch nicht kontinuierlich für die Grünen. Jede neue soziale Bewegung trat mit der Devise an: »Wer die Jugend hat – hat die Zukunft«, die Grünen nicht ausgenommen. Bei der Einigungswahl 1990 haben die Grünen im Westen die Fünfprozenthürde unter anderem auch wegen einer überdurchschnittlichen Nichtwählerbewegung in der Jugend verloren. Die Grünen verloren darüber hinaus unter den Jugendlichen, die zur Wahl gingen, vor allem an die SPD und stärker unter den Männern als unter den Frauen. Die Einbußen waren besonders stark unter den 25–40jährigen, also in jener Altersgruppe, die einst zu den Mobilisierten der Ersten Stunde der Grünen Anfang der achtziger Jahre gehört hatte. Dieser Effekt trat nicht zuletzt ein, weil mit Lafontaine als Kandidat der SPD eine Alternative zu der zerstrittenen Partei der Grünen bereitstand.

Im Superwahljahr 1994 wurde vom »Ergrauen der Grünen« gesprochen. Trotz aller Veränderungen der sozialen Basis und der Altersstruktur blieb die Partei noch immer die Partei der jüngeren, besser gebildeten, postmaterialistischen Wähler (Bürklin/Dalton, 1994: 297).

Der oberflächlichste Indikator zur Messung der Wählerbindung an die etablierten Parteien ist die Anzahl der *Zweitstimmen* in bezug auf die Wahlberechtigten. 1949 betrug er für die Unionsparteien, die Liberalen und die Sozialdemokraten 54,9%. Einen Höhepunkt erreichte er 1972 mit 89,5% und sank 1987 auf 75,5% (Stöss, 1990: 23). Aussagekräftiger ist die Untersuchung des Stimmensplitting (vgl. Kap. 3a und Tab. 3.1). Der Anteil der Wähler in Westdeutschland, die beide Stimmen einer Partei geben und kein taktisches Stimmensplitting vornehmen, lag auch 1994 noch bei den beiden großen Parteien über 85%. Stimmensplitting ist jedoch kein Beweis für mangelnde Parteiidentifikation. Auch ein glühender Anhänger kann – vor allem bei kleineren Parteien – aus ganz rationalen Erwägungen die Chancen seiner Partei maximieren, indem er seine beiden Stimmen unterschiedlich plaziert. Nur die Zweitstimmenabgabe ist relevant, wenn sie über die Zeit konstant erfolgt.

Diese Konstanz wird mit dem nicht immer zuverlässigen Instrument der Befragung zu messen versucht. Aber die Wähler haben die Tendenz, ihr Verhalten über die Zeit homogener erscheinen zu lassen, als es tatsächlich war. Schon die Frage »Haben Sie bei der letzten Wahl die gleiche Partei gewählt?« wird mit starken Abweichungen vom tatsächlichen Wahlverhalten beantwortet. Sinnvoller scheinen daher die direkte Frage nach der Parteibindung und der Test, wieviel Prozent sich als »überzeugte Anhänger« der Partei fühlen, der sie ihre Stimme gaben. In Westdeutschland waren das 1990 noch 58%.

(d) Die Wiedervereinigung auf Wählerebene

Kaum schien das Konzept der Parteiidentifikation in seiner oft bezweifelten Brauchbarkeit rehabilitiert, kam es durch die Vereinigung zu einer neuen Anomalie der Entwicklung. In Ostdeutschland konnte es bei der Vereinigungswahl keine stabile Parteiloyalität geben. Zwar hatten die mitgliederstärksten Parteien CDU und FDP Vorgängerorganisationen unter den Blockparteien. Obwohl sie einen Teil der Mitglieder der alten Blockparteien in der gesamtdeutschen Parteiorganisation erbten, bezog sich die Identifikation aber nicht auf die alte Blockpartei, sondern auf die Referenzgruppe im Westen, die nach anfänglichem Widerstreben die DDR-CDU und die LDPD als Gesprächspartner und organisatorischen Kern akzeptierte. Während man in der Bundesrepublik von der Existenz hoher Anteile überzeugter Anhänger mit voller Identifikation ausgehen konnte (Unionsparteien 62 %, SPD 58 %), lag die Parteibindung in Ostdeutschland sehr niedrig (Allianz 15 %, SPD 11 %). Bei der PDS (35 %) und den Grünen (30 %) lagen die Werte höher. Aber die intensivste Parteiidentifikation kam auch bei diesen Parteien kaum über das Niveau der Westpartei hinaus, bei der der Prozentsatz überzeugter Anhänger am niedrigsten ist, den Republikanern (27 %), und die daher als die typische »Protestpartei des Augenblicks« bezeichnet worden ist (Feist/Hoffmann, 1990: 274). Der DDR-Wähler des Jahres 1990 erschien daher in vielen Analysen als der klassische »postmoderne« Wähler, ohne Parteiidentifikation, geleitet vom kühlen Abwägen seines wirtschaftlichen Vorteils. Einige Wahlforscher fanden bei den drei Wahlen in Ostdeutschland im Jahre 1990 eine erstaunliche Konstanz des Wahlverhaltens innerhalb der sozialen Gruppen. Andererseits fielen die ostdeutschen Wähler auf, weil sie weniger traditionsorientiert und stärker einstellungsgelenkt stimmten (Falter 1992: 186f.). Das Paradigma des *issue-votings* der Ostdeutschen ist jedoch nicht unwidersprochen geblieben. Nicht die Suche nach Parteiidentifikationen schien in der Krise, sondern eher der *cleavage-Ansatz*, der von historisch begründeten Trennungslinien sozialer Konfliktgruppen ausging: »So dicht war die Mauer nicht!« war die erstaunliche Entdeckung (Schmitt 1992: 231). Im Vergleich zu anderen ex-sozialistischen Ländern hatten die Ostdeutschen schon vor der Wende durch das Fernsehen ein klares Bild über die Politik in Westdeutschland. Das ideologische Profil der Parteien war ihnen geläufig, Identifikationen hatten sich herausgebildet, und ein Urteil über die Spitzenpolitiker hatte man sich nicht erst 1990 gebildet. Dies erleichterte die Übernahme des virtuell bereits vorhandenen westdeutschen Parteiensystems.

Es gab auch eine Interpretation (Bluck/Kreikenboom, 1991), die für die Entstehung von Quasi-Parteibindungen in der DDR weniger auf die heimliche Sozialisation durch verbotenes Westfernsehen zurückgriff als auf eine Revitalisierung von Fossilien eines Parteiensystems, das anfangs auch im Osten, von den Besatzungsmächten getragen, existierte und später durch die SED-Einparteienherrschaft verdrängt wurde. Wo Parteiidentifikation nicht mehr als aussagekräftiges Meßinstrument angesehen wird, ist die ideologische Wahrnehmung der Parteien häufig an ihre Stelle getreten, und sie erwies sich in Ost und West als nicht sehr unterschiedlich (Schmitt, 1994: 200). Ideologische Wahrnehmung konnte den Vorwurf des im Osten bloß »ausgeliehenen Parteiensystems« entkräften. Rational-choice-Ansätze haben seit Fiorina in Amerika das retrospektive Wählen betont. Wähler übertragen frühere Erfahrungen auf die Zukunft. Eine solche Haltung stand den ostdeutschen Erstwählern 1990 nicht zur Verfügung. Aber die ideologische Einschätzung des westlichen Parteienangebots hinsichtlich der eigenen Zukunftserwartungen konnte auch ohne eigene Wahlerfahrungen in der Wahlentscheidung ausgedrückt werden. 1994 schlug sich die Enttäuschung, daß die Einigung schlechter lief, als man erwartet hatte, folgerichtig in einem Anwachsen der PDS-Stimmen in Ostdeutschland von 9,9% auf 19,8% nieder, das eine Verdoppelung der Wähler bedeutete, die eine »etwas andere Republik« bevorzugten.

Die manchmal übereinige Ingroup der Wahlforscher entzweite sich nach 1990 vor allem über der Frage der Parteiidentifikation in Ostdeutschland. Unbestritten ist, daß diese abnahm: von 47,8% (1991) auf 37,7% (1993). Sie lag nach diesen Befunden jedoch noch immer über der Westdeutschlands, die noch stärker abnahm: von 57% (1990) auf 34,5% (1993) (Rattinger 1994: 83f.). In der Bamberger Wiederholungsbefragung schien lediglich die von der Mannheimer »Forschungsgruppe Wahlen« betonte Differenz zwischen Ost- und Westdeutschland sehr gering. Die Unterschiede lagen weniger in der Stärke der Parteiidentifikation als in der geringeren Stabilität und schwächeren Polarisierungstendenz der Parteiidentifikation in den neuen Bundesländern. Rattinger betonte, daß das Konzept jedoch auch im Osten anwendbar sei. Das änderte nichts an der Tatsache, daß ein Teil der Wahlforscher zunehmend Rational-choice-Modelle an die Stelle der Messung von Parteiidentifikationen setzt (Pappi, 1994, vgl. Schultze, 1994: 478).

Das *Issue-voting* bei den Volkskammerwahlen im März 1990 schien auch den anderen für Westdeutschland üblichen Interpretationsansätzen zu widersprechen. Die soziologisch orientierte Suche nach sozial-

Tabelle 3.3: Parteibindung in West- und Ostdeutschland

In Deutschland neigen viele Leute längere Zeit einer bestimmten politischen Partei zu, obwohl sie auch ab und zu eine andere Partei wählen. Wie ist das bei Ihnen: Neigen Sie – ganz allgemein gesprochen – einer bestimmten Partei zu?
Wie stark oder schwach neigen Sie – alles zusammengenommen – dieser Partei zu?

Jahr	starke	schwache	keine
1980	52	25	13
1983	40	35	19
1987	37	28	25
1990	37	33	28
1993 West	24	38	32
1993 Ost	21	27	49

Quelle: 1980–1990: jeweils Politbarometer im Monat der Wahl; 1993: Dezember Politbarometer West bzw. Ost.

strukturellen Konstanten stieß auf das Paradoxon, daß der stärker urbanisierte Süden der DDR mit einem hohen Anteil qualifizierter Facharbeiterschaft besonders geringe Neigungen zur SPD entwickelte. Die Linkswähler fanden sich hingegen eher im agrarischen Norden. Dieser Widerspruch konnte aufgelöst werden, als man die internen Konfliktlinien in der DDR ins Visier nahm: Thüringen und Sachsen fühlten sich vom Ost-Berliner Zentralismus vernachlässigt. Ein interner Zentrum-Peripherie-Konflikt führte zur CDU-Protestwahl im Süden der DDR (Schultze, 1990: 143).

Die erste gesamtdeutsche Wahl war keine Normalwahl. Sie hat aber die Besonderheiten der DDR-Konflikte weiter abgeschwächt und Annäherungen an westdeutsches Verhalten gebracht, die den Schluß zulassen, daß die elektorale Wiedervereinigung in relativ kurzer Frist möglich ist.

Die Bundestagswahl 1990 fiel durch einen überragenden Themenkreis »Einheit« und durch das einmalige soziale Experiment der Wiedervereinigung durch Wahlen aus dem Rahmen. Während Politikwissenschaftler, die Einzelphänomene erforschen, über einmalige Vorgänge – wie Historiker – glücklich sind, zeigen Wahlforscher sich eher an der Richtigkeit ihrer Prognosen als an der Beschreibung und theoretischen Verarbeitung von Fakten, wie sie vorliegen, interessiert. Das liegt an einer anderen Auffassung von polititischer Theorie. Das Denken in Modellen hat seit Anthony Downs (An Economic Theory of Democracy. New York, Harper & Row, 1957: 21) eher die Testung der Richtigkeit von Prognosen im Auge als die Exaktheit der Beschreibung von augenblicklichen Realitäten durch eine Theorie. Die Wahlforschung entwickelte folgerichtig die Theorie der *»Normalwahl«* und untersuchte mit Vorliebe die Abweichungen von dem Wahlverhalten, das als normal angesehen wurde, im Licht der sozialen Strukturdaten, Entwicklungen von Parteiidentifikationen, Wählerwanderungen etc. Die Wahl von 1990 war damit für den orthodoxen Behavioralisten eigentlich eine uninteressante Wahl, die nur deskriptiv angegangen wurde und an der das Wirken einzigartiger Faktoren nach Art historischer Analysen herausgestellt werden konnte.

1990 kam es in Deutschland zu einem einzigartigen Experiment. Zwei Wahlgebiete wurden mit einem nahezu identischen Parteiangebot und Wahlgesetz zur Einheit gezwungen. Der Vergleich der DDR-Ergebnisse mit den März-Wahlen zur Volkskammer und mit den westdeutschen Ergebnissen zeigte, daß das Verhalten der DDR-Bevölkerung stark am Kräfteverhältnis der Bundesrepublik orientiert war. Das Parteiangebot der Bundesrepublik wurde jedoch in die Konfliktlinien der DDR vom Wähler übersetzt. Eine Erklärung mit dem Lipset-Rokkanschen Konfliktlinienmodell (Emmert, 1991: 87ff.) ging von drei Konfliktlinien in der DDR aus: von Klassenkonflikten, von Konfessionskonflikten und von einem Zentrum-Peripherie-Konflikt.

- Die durch den Sozialismus benachteiligten Gruppen wählten im März 1990 überwiegend die Allianz. Die PDS erhielt Unterstützung von den Privilegierten des Systems. Die SPD schnitt in dieser Polarisierung schlecht ab. Die Wahl einer alternativen Partei folgte eher den Bedingungen, die in der Bundesrepublik zur Stimmabgabe für die Grünen führen.
- Religiös gebundene Wählerschichten stimmten gegen das System der DDR.
- Die Gebiete des Südens, die sich von Berlin bevormundet fühlten, drückten in ihrer Stimme für die Allianz auch einen Protest gegen die Metropole aus.

So einleuchtend die Annahme eines Zentrum-Peripherie-Konflikts in der DDR auf den ersten Blick schien, so kann der Anti-Berlin-Affekt im Süden Ostdeutschlands nicht geleugnet werden. Aber anhand objektiver Daten über die Regionen der DDR (vgl. Kap. 9e) sind die eigentlich unterprivilegierten Gebiete der Ex-DDR mehr im Norden als im Süden zu finden. Im Norden wurde gleichwohl – wie in anderen ex-sozialistischen Ländern bis hin nach Bulgarien – von den weniger modernisierten Bevölkerungsteilen für die Kräfte des alten Regimes gestimmt.

Singuläre Ereignisse verschoben die Gewichte selbst innerhalb der recht bescheidenen Kräfteverschiebungen einer solchen für die Regierungsparteien triumphalen Wahl. Die Grünen brachten sich selbst in das Aus, obwohl sie neben der PDS am stärksten für die erfolgreiche Klage in Karlsruhe gewirkt hatten, die ihr politisches Überleben in einer Listenverbindung möglich gemacht hätte.

Bei den Volkskammerwahlen waren außer bei der PDS keine Politiker im Rennen, die schon einen persönlichen Bonus für sich verbuchen konnten. Die Parteikompetenzvermutung bei den Bürgern war hier wichtiger als der persönliche *Politiker-Bonus*. In Fragen der als typisch sozialdemokratisch angesehenen Politikfelder wie soziale Sicherheit und Arbeitsmarktpolitik erhielt die SPD einen gewissen Vorsprung vor der Allianz. Aber durch die zögerlich erscheinende Haltung der SPD zur Frage der deutschen Einheit wurde sie im Kompetenzvorsprung von der Allianz in Lauf des Wahlkampfes in allen Fragen der wirtschaftlichen Aussichten weit überrundet. Selbst die PDS gewann mit der Mobilisierung der wirtschaftlichen Angst zunehmend Punkte auf Kosten der SPD (Feist/Hoffmann, 1990: 269). Erst bei den Bundestagswahlen im Dezember 1990 trat der Politiker- und Kanzlerbonus zur Kompetenzvermutung gegenüber den Parteien hinzu.

Die Kandidatenorientierung im parlamentarischen Parteienstaat erscheint weniger ausgeprägt als im präsidentiellen System Amerikas. Helmut Kohl als »ungeliebter Kandidat« mit beträchtlichen Wahlerfolgen (Roth, 1990a) brachte die Forschung über den Einfluß der Person des Kanzlers noch zusätzlich in Schwierigkeiten. Schon der Urnengang von 1987 war eine untypische Wahl gewesen. Es kam zum Gleichstand zwischen Kohl (46) und Rau (46). 1983 hatte Kohl (44) einen größeren Vorsprung vor Vogel (35) gehabt. 1980 im Kampf zwischen Schmidt (61) und Strauß (29) setzte sich Schmidts gewaltiger Vorsprung nur in einen sehr knappen Wahlsieg um (Forschungsgruppe Wahlen, 1990: 720). Der Slogan »auf den Kanzler kommt es an« erwies sich in der Bundesrepublik nur als bedingt richtig. Parteibindungen erwiesen sich als stärker als der Einfluß des Kandidaten, den die beiden großen Parteien jeweils in das Rennen des Wahlkampfs schickten.

Bei der Einigungswahl 1990 war der Vorsprung des Kandidaten nicht von vorneherein klar auszumachen. Kanzler Kohl kam gegenüber dem SPD-Herausforderer Lafontaine erst spät in Führung, und zwar nicht vor Juni 1990. Dessen skeptische Fragen nach den Kosten der Einheit und seine zögerliche Haltung sollten sich ab Anfang 1991 als durchaus berechtigt erweisen. Aber mit den ersten Vorentscheidungen für die Währungsunion ließ sich die Mehrheit der Wähler für eine Polarisierungsstrategie nicht mehr gewinnen und schien mehr

Tabelle 3.4: Annäherung durch Wahlen

	1990				1994		
	Ges.	West	Ost		Ges.	West	Ost
			März	Okt.			
CDU/CSU	43,8	44,1	40,8	43,4	41,4	42,0	38,5
SPD	33,5	35,9	21,9	23,6	36,4	37,5	31,5
FDP	11,0	10,6	5,3	13,4	6,9	7,7	3,5
B 90/Grüne	1,2	4,7	2,9	5,9	7,3	7,9	4,3
Rep.	2,1	2,3		1,3	1,9	2,0	1,2
PDS			16,4	9,9	4,4	1,0	19,8
Wahlbeteiligung	77,8	78,6	93,4	74,5	79,0	80,5	72,6

Quelle: Forschungsgruppe Wahlen: Befragung am Wahltag (n = 17708).

Vertrauen in einen wirtschaftlich wenig erleuchteten Optimismus zu haben, wie ihn der Bundeskanzler ausstrahlte. Der ungewöhnliche Erfolg von Kohls Einigungspolitik schien negative Stimmungsmache laufend zu widerlegen. Die deutsche Einheit wurde zum beherrschenden Thema eines müden Wahlkampfes 1990. Kanzlerkompetenz und Issue-Präferenz ließen sich bei den Wählern kaum noch exakt trennen. Dieses Sonderthema ließ die Faustregeln außer Kraft treten, daß die Popularität der Regierung in erster Linie auf der Wirtschaftslage beruht (Norpoth, in: Kaase/Klingemann, 1990: 327) und daß die Wähler auf Geldwertstabilität weniger stark reagieren als auf die Entwicklung der Arbeitslosigkeit. Daß die Arbeitslosigkeit sich nicht nur im Osten vergrößern könnte, wurde der deutschen Einigung von den Oppositionsparteien vielfach nachgesagt. Die Wähler glaubten mehrheitlich jedoch eher optimistischen Prognosen. Zweifellos wäre diese Entwicklung jedoch so nicht eingetreten, wenn die Wirtschaftslage nicht 1990 im internationalen Vergleich noch ungewöhnlich günstig für die Bundesrepublik ausgesehen hätte. Die traumatische Sorge der Deutschen um die Geldwertstabilität scheint ebenfalls wenige beunruhigt zu haben, obwohl viele Wirtschaftsexperten an der überstürzten Währungsunion vor allem die Gefahren für die Geldwertstabilität kritisierten. Diese Sorge erwies sich zum Erstaunen der Bundesbank (Monatsberichte, Febr. 1991: 8ff.) als übertrieben. 1994 überrundete Kohl im Juni erneut seinen Herausforderer Scharping. Der wirtschaftliche Aufschwung, das unklare Führungsprofil der SPD mit der Troika, vielleicht auch die von der PDS tolerierte Minderheitsregierung in Sachsen-Anhalt verschlechterten das Image der SPD.

Die Vereinigungswahl von 1990 hat die etablierte Wahlforschung in Verwirrung gestürzt. Einerseits zeigte sich nach 41 Jahren Trennung

Tabelle 3.5: Parteianteile in den Berufsgruppen (in Prozent)

	CDU/ CSU	SPD	FDP	Bündnis 90/ Grüne	PDS	Andere
Gesamt	41,4	36,4	6,9	7,3	4,4	3,6
Berufsgruppe						
Arbeiter	36,9	45,3	3,5	4,7	4,7	4,9
Angestellte	38,4	36,4	7,5	8,8	5,8	3,1
Beamte	42,7	32,9	8,0	10,9	2,6	2,9
Selbständige	52,2	17,5	14,9	7,7	3,4	4,3
Landwirte	64,3	14,0	8,6	4,3	2,7	6,1

Quelle: wie bei Tab. 3.4

ein erstaunlicher *Gleichklang der Parteienverteilung* in der Wahlbevölkerung. Die Voraussagen, die bei den Märzwahlen 1990 für die DDR-Volkskammer noch relativ ungenau waren, erlaubten im Dezember bereits gute Prognosen. Nur beim Bündnis 90/Grüne verschätzte man sich ähnlich wie in Westdeutschland bei den Grünen fast um 100% (vgl. Tab. 3.4). Ein Vorteil der Wahltagbefragung ist, methodisch gesehen, daß nicht – wie bei sonstigen Umfragen – alle Wahlberechtigten befragt werden, so daß bei niedriger Wahlbeteiligung die Ergebnisse stark verzerrt werden, sondern nur die wirklich Wählenden gefragt werden. Die Antworten scheinen somit ein verläßlicheres Bild zu geben. Das Wahlergebnis wurde als Bestätigung der Einigungspolitik durch die ostdeutschen Wähler interpretiert. 1990 wählten 79% und 1994 noch immer 73,5% die drei »Systemparteien« des Westens. 1994 konnte man die Grünen hinzuzählen, so daß die Zustimmung zur Einigung nicht wirklich abgenommen hatte.

Geschlechtsspezifische Differenzen tauchten bei den Parteien am Rande des Spektrums auf: Frauen wählten im Westen häufiger als Männer die Grünen. Republikaner und PDS wurden wesentlich häufiger von Männern als von Frauen gewählt. Jugendliche sind in allen drei Parteien häufiger vertreten als in den etablierten Gruppen.

Die Zuordnung zu *Schichten*, nach der die Wahlentscheidung entsprechend dem Beruf des Haushaltsvorstandes in die Gruppen ungelernte und gelernte Arbeiter, Angestellte und Beamte (untere und mittlere/leitende) und Selbständige eingeteilt wird, hat bis 1987 keine dramatischen Veränderungen gebracht. Die SPD verlor in allen Gruppen der Angestellten und Beamten, 1987 auch drastisch bei den Selbständigen. Bei den gelernten Arbeitern konnte die SPD ihren Anteil von 52% halten, bei den Ungelernten 1987 auf 55% verbessern. Die

Arbeiteranteile der Unionsparteien unterlagen einigen Schwankungen in den achtziger Jahren. Die These von den zunehmend konservativ wählenden Facharbeitern, die vor allem in Großbritannien entwickelt wurde, hat sich für Deutschland nicht erhärten lassen und ist auch in anderen Ländern stark abhängig von den jeweiligen Politikinhalten (Döring, in: Kaase/Klingemann, 1990: 74ff.).

Werden Wahlentscheidung und Konfession nach Berufsgruppen in Beziehung gesetzt, so zeigten sich Verluste der SPD in der Arbeiterschaft, die vor allem bei der katholischen Arbeiterschaft beträchtlich sind. 1987 hatten noch einmal überdurchschnittlich viele katholische Arbeiter (44%) für die SPD gestimmt. Der Anteil sank 1990 um 10% auf 34%. Aber auch bei den nichtkatholischen Arbeitern ging der Anteil Ende der achtziger Jahre von 60% auf 55% zurück. Hingegen war der Trend bei den Beamten und Angestellten und den Selbständigen bei einem geringen Ausgangsniveau eher gegenteilig. Bei Beamten und Angestellten war ein weiterer Aufstieg der FDP augenfällig. Wo die Mitgliedschaft in einer der Gewerkschaften mit den konfessionellen Daten in Beziehung gesetzt wurde (Gibowski/Kaase, 1991: 17), zeigten sich weitere Verluste der SPD bei Katholiken wie Nichtkatholiken. Auffällig war der beträchtliche Zuwachs der FDP unter den katholischen Gewerkschaftsmitgliedern in der Arbeiterschaft von 1% auf 11%.

Es zeigte sich für Ostdeutschland, daß die Arbeiterschaft zu großen Teilen dem Vorurteil der britischen These gefolgt ist. Aber nicht, weil der Arbeiter *»affluent«* ist, sondern aus gegenteiligen Motiven: weil der als staatstragende Klasse mißbrauchte Arbeiter besondere Enttäuschungen mit dem System der DDR zu verarbeiten hatte. Bei den Republikanern in der Ex-DDR waren auch auffällig viele Arbeiter vertreten.

Die Wählerschaft der CDU im Osten ist ländlicher geprägt, die SPD ist stärker in den Großstädten vertreten. Die CDU war jedoch so dominant, daß sie in allen Berufsgruppen und Schichten vor der SPD lag. 1994 verteilten sich die Stimmen der Arbeiter zu 40,6% auf die CDU und zu 35,1% auf die SPD (Jung/Roth, 1994: 11). Bei den Jungwählern war die CDU weniger gut vertreten als bei den anderen Altersgruppen. Bei ihnen sind Bündnis 90 und PDS, aber auch die Republikaner überrepräsentiert. Die SPD hat eine ausgewogene Altersverteilung, die FDP hat ihren Schwerpunkt – wie im Westen – bei den 40–60jährigen (Bundestagswahl 1990: 36). Bündnis 90/Grüne und PDS – so feindlich sie sich gesonnen waren – erhielten von den Angestellten – die PDS vor allem von den leitenden Angestellten, die schon im alten Regime Führungskader waren – viele Stimmen, aber auch von Schülern und Studenten.

Der Anteil der PDS war in den Wahlkreisen hoch, die einen starken Dienstleistungssektor, eine hohe Anzahl von Einpersonenhaushalten und einen hohen Ausländeranteil aufwiesen. Gering waren die Erfolge der PDS in Wahlkreisen mit starker Landwirtschaft oder Industrie (Falter/Klein, 1994). Die PDS wurde nicht zu einer Partei der Arbeiter wie einige reformkommunistische Parteien Osteuropas, die in die Rolle der Sozialdemokratie hineinwuchsen. Die wirklich Unterprivilegierten wählten 1994 überwiegend nicht PDS. Für die Unzufriedenen stand die Alternative der Nichtwahl zur Verfügung, wenn sie auch die PDS ablehnten (Feist, 1994: 37).

Eine *Sozialstrukturanalyse* im östlichen Teil Deutschlands ist vorerst noch problematisch. Noch wirkten die strukturellen Kategorien des aus ideologischen Gründen erfundenen Modells »zwei Klassen und eine Schicht« nach. Auch wenn diese Klassen aus ideologischen Gründen »erfunden« worden waren, so hatten sie doch in 40 Jahren prägende Kraft entwickelt. Die Arbeiter als Gruppe verhielten sich lediglich anders, als sie nach der westlichen Wahlsoziologie sollten. In einer postrevolutionären Situation wurden sie bei den Volkskammerwahlen, bei denen sie bereits in großem Maße für die CDU gestimmt hatten, eines »Fehlens gewachsener Bindungen« verdächtigt (Roth, 1990: 377). Daher konnte ein einziges Problem – die Angleichung der Lebensverhältnisse durch Wiedervereinigung – so überragende Bedeutung in gerade dieser »Klasse« gewinnen. Auch als Bestrafungsaktion der Arbeiter gegenüber der SED sind die CDU-Stimmen gedeutet worden. In Berlin haben bei den Volkskammerwahlen überdurchschnittlich mehr Arbeiter SPD gewählt und unterdurchschnittlich viele PDS. Die Ausstrahlungskraft der SPD West-Berlins, die dort überwiegend regiert hatte, ist die wahrscheinlichste der Erklärungen.

Bei den Volkskammerwahlen vom März 1990 benutzte die »Forschungsgruppe Wahlen« ein Berufsmodell, das zwar die Intelligenz in alter Form enthielt, nicht aber die zweite tragende Klasse, die LPG-Bauern. Paradoxerweise wurde in Mecklenburg – das Engels als das reaktionärste Land bezeichnet hatte – mit 22,8% die höchste Stimmenzahl für die PDS – nach Ostberlin (30,2%) – abgegeben. Hier dürften, wie in Brandenburg, wo die PDS auf 18,4% der Stimmen kam, die LPG-Bauern eine wichtige Rolle gespielt haben. Erst spät wurde das Engels-Wort wahr. »Das Recht auf Revolution ist ja überhaupt das einzig wirklich ›historische‹ Recht, das einzige, worauf alle modernen Staaten ohne Ausnahme beruhen, Mecklenburg eingeschlossen« (MEW Bd. 7: 524). Ein Teil der LPG-Bauern wurde durch die Unsicherheit der Zukunft der »Errungenschaft« der Landreform in die Arme der PDS getrieben. Eine Infas-Analyse zu der Volkskammerwahl vom März 1990 hat in den Regionen, die sehr viel Landwirtschaft hatten, im Durchschnitt 18,6% PDS-Wähler festgestellt. Nur die Regionen, in denen Bürokratie und Dienstleistungen dominierten, lagen mit 22,7% PDS-Stimmen noch höher (Feist/Hoffmann, 1990: 261). Eine Alternative für die LPG-Bauern schien lediglich die alte Blockpartei Demokratische Bauernpartei Deutschlands DBP darzustellen. Sie erreichte ebenfalls mit 4,9% der Stimmen in Mecklenburg das bei weitem höchste Ergebnis in der ganzen DDR.

Diese erste Analyse wurde bestätigt durch die späteren Wahlen im Jahre 1990. Als die Zukunft der LPGs sich von einem rechtlichen in ein Problem des wirtschaftlichen Überlebens verwandelte, weil die Respektierung der Bodenreform von 1946 durch die Einigungsdokumente festgeschrieben wurde, waren die Einbrüche der PDS in den nordöstlichen Gebieten der DDR stark. In Mecklenburg-Vorpommern sank die PDS bei den Landtagswahlen vom Oktober 1990 von 22,8% auf 15,7%, in Brandenburg von 18,5% auf 13,4%. In den anderen drei ostdeutschen Ländern, die stärker industrialisiert waren, verlor die PDS hingegen nur zwei bis drei Prozent.

Letzte Klarheit über das Wahlverhalten der LPG-Bauern ist aufgrund der bisherigen Daten schwer zu erhalten. Die Forschungsgruppe Wahlen hat in ihrer Analyse die in der Landwirtschaft Tätigen nicht ausgewiesen. In der Infas-Analyse wurde einerseits vom guten Abschneiden in ländlichen Regionen auf einen hohen Stimmenanteil von PDS und SPD auf den Dörfern geschlossen. Andererseits lag die PDS bei den landwirtschaftlichen Berufen in der Wahltagbefragung von Infas mit 9% der Erwerbsgruppe, welche die Stimme für die PDS abgegeben hatte, genau so niedrig wie bei den Arbeitern, und nur noch unter den Gewerbetreibenden niedriger (4% PDS-Anteil).

Die Gruppe, die im alten Regime »Intelligenz« genannt wurde und manchmal mit dem Ausdruck »politische Klasse« ins Westdeutsche übersetzt worden ist (Roth, 1990: 379), hatte die meisten Privilegien zu verlieren. In ihr ist der PDS-Anteil naturgemäß am höchsten gewesen. Daher ist es nicht verwunderlich, daß Ost-Berlin zur Hochburg der PDS wurde. Nur in Ost-Berlin konnte der PDS-Chef Gregor Gysi mit einem Direktmandat in den Bundestag einziehen. 1994 gewann die PDS vier Direktmandate im Osten Berlins.

Die Wahl von 1990 war noch in vielerlei Hinsicht untypisch. Kaum hatte die etablierte Wahlforschung (Kaase/Klingemann, 1990: 732) ihre zögernde Haltung in der Frage der Bewertung der Dauerhaftigkeit der Grünen aufgegeben und von einem »etablierten Vierparteiensystem« gesprochen, da geriet dieses in Westdeutschland in Gefahr. Die ungewöhnliche Taktik des Bruchs der Berliner Koalition durch die AL, um im Wahlkampf den Rücken gegen die SPD frei zu haben, hat zu diesem Ergebnis beigetragen, kann es aber nicht allein erklären. Auch die Mannheimer Wahlforscher rechneten nicht damit, daß dieses schlechte Wahlergebnis von 1990 als das »Ende der Grünen« zu interpretieren sei (Gibowski/Kaase, 1991: 20). Die Berliner Wahl hat eine besondere Rolle gespielt, weil hier die Bundestagswahl mit der ersten vereinigten Landtagswahl zusammenfiel. Daher lag die Wahlbeteiligung mit 81,1% auch deutlich über dem Bundesdurchschnitt. Die CDU konnte die SPD-AL-Regierung stürzen, aber alle drei etablierten Parteien lagen unter dem Bundesdurchschnitt – die CDU mit 40,3%, die SPD mit 30,5% und die FDP mit 7,1%. Die SPD hatte drastische Verluste in West-Berlin, die CDU hingegen mäßige Gewinne. Die PDS wurde mit 9,2% (Ost-Berlin 30%) drittstärkste Partei – kein gutes Omen für die Hauptstadt-Ambitionen Berlins. Die Grünen/AL sanken von 11,8 auf 6,9% – eine vernichtende Niederlage als Quittung für ihre wenig solidarische Koalitionspolitik vor den Wahlen, in der planmäßig der Konflikt mit der SPD gesucht worden war. Für die Reorientierung der Grünen dürfte jedoch gerade diese Lehre von heilsamer Wirkung in der Zukunft gewesen sein.

In den achtziger Jahren wurde die amerikanische Diskussion um eine *Abkoppelung* der Wähler von den Parteien nach Deutschland getragen. Während dort jedoch keine ganz neue politische Kraft in die Arena trat, tauchte in Deutschland die Frage auf, ob der Zulauf von Wählern zu den Grünen einem *Realignment* gleichkomme. Die ökologische Konfliktlinie schien eine Weile zu einer neuen Konfliktdimension zu führen. Dealignment und Realignment konnten somit gerade in Deutschland Hand in Hand wirken (Dalton/Rohrschneider in: Kaase/Klingemann, 1990: 322). Ökologie und Ökonomie schienen auch bei den Themen, die die Wähler interessierten, nahezu gleichrangig zu sein (Küchler, ebd.: 443). 1990 wurden beide Themen verdrängt oder nur durch die Brille der Einigung wahrgenommen. In Ostdeutschland wird es zweifellos zum Realignment kommen. Das politische Vakuum, das der zerbröckelnde reale Sozialismus hinterließ, hat sich bisher nicht durch neue Organisationsstrukturen füllen lassen. Die Parteimitgliedschaft, auch die Organisationsbereitschaft in Interessengruppen ist noch weit geringer, als der äußere Anschein stabiler Einordnung in das westdeutsche Parteiensystem vermuten läßt.

In den bisherigen Wahlstudien mußten West- und Ostdeutschland noch getrennt behandelt werden. Je länger der soziale Prozeß der Vereinigung dauert und je kostenreicher er zu werden droht, um so mehr entwickelt er Einfluß auf die Stabilität der Wählerbindungen im Westen wie im Osten des Landes. Daher sind im Augenblick die spärlichen Daten über die faktische Stärke der Parteien im Hinblick auf Mitglieder und Ressourcen aussagekräftiger als die Ergebnisse der Wahlen von 1990 und 1994. Ohne entwickelte Parteiidentifikation haben die ostdeutschen Wähler 1990 relativ rational im Sinne ihrer Interessenpräferenz abgestimmt. Diese aber kann sich in relativ kurzer Zeit ändern.

Literatur

S. H. BARNES/M. KAASE: Political Action. Participation in Five Western Democracies. London, Sage, 1979

M. BERGER u. a.: Bundestagswahl 1976. Politik und Sozialstruktur. ZParl., 1977: 197–231

M. BERGER u. a.: Regierungswechsel und politische Einstellungen. Eine Analyse der Bundestagswahl 1993. PVS, 1983: 556–582

K. VON BEYME: Zusammenlegung von Wahlterminen: Entlastung der Wähler, Entlastung der Politiker? ZParl., 1992: 339–353

C. BLUCK/H. KREIKENBOOM: Die Wähler der DDR: nur issue-orientiert oder auch parteigebunden? ZParl., 1991: 495–502

W. BÜRKLIN: Wählerverhalten und Wertewandel. Opladen, Leske & Budrich, 1988

W. BÜRKLIN/R. J. DALTON: Das Ergrauen der Grünen. In: Klingemann/Kaase, 1994: 264–302

W. BÜRKLIN/D. ROTH (Hrsg.): Das Superwahljahr. Deutschland vor unkalkulierbaren Regierungsmehrheiten? Köln, Bund, 1994

Bundestagswahl 1990. Eine Analyse der ersten gesamtdeutschen Bundestagswahl am 2. Dezember 1990. Mannheim, Berichte der Forschungsgruppe Wahlen, Nr. 61, 1990

Bundestagswahl 1994. Eine Analyse der Wahl zum 13. Deutschen Bundestag am 16. Oktober 1994. Berichte der Forschungsgruppe Wahlen e. V., Mannheim, Nr. 76, 21. Oktober 1994. Gekürzt wiederabgedruckt als: Forschungsgruppe Wahlen e. V.: Gesamtdeutsche Bestätigung für die Bonner Regierungskoalition. Eine Analyse der Bundestagswahl 1990. In: Klingemann/Kaase, 1994: 615–665

R. J. DALTON/W. BÜRKLIN: The Two German Electorates: The Social Bases of the Vote in 1990 and 1994. German Politics and Society, 1995: 79–99

R. J. DALTON (Hrsg.): The New Germany votes. Oxford, Berg, 1993

Datenreport 1994. Bonn, Bundeszentrale für politische Bildung, 1994

J. W. FALTER u. a. (Hrsg.): Wahlen und politische Einstellungen in der Bundesrepublik Deutschland. Frankfurt, Campus, 1989

J. W. FALTER: Wahlen 1990. In: E. Jesse/A. Mitter (Hrsg.): Die Gestaltung der deutschen Einheit. Bonn, Bouvier, 1992: 163–188

J. W. FALTER/S. SCHUMANN: Konsequenzen einer bundesweiten Kandidatur der CSU bei Wahlen. APuZG, B 11/12, 1991: 33–45

J. W. FALTER/S. SCHUMANN: Die Nichtwähler – das unbekannte Wesen. In: Klingemann/Kaase, 1994: 161–213

J. W. FALTER/S. SCHUMANN: Politische Konflikte. Wählerverhalten und die Struktur des Parteienwettbewerbs. In: O. W. Gabriel (Hrsg.): Die EG-Staaten im Vergleich. Opladen, Westdeutscher Verlag, 1992: 192 bis 219

J. FALTER/M. KLEIN: Die Wähler der PDS bei der Bundestagswahl 1994. APuZG, B 51/52, 1994: 22–34

U. FEIST/K. LIEPELT: Auseinander oder miteinander? Zum unterschiedlichen Politikverständnis der Deutschen in Ost und West. In: Klingemann/Kaase, 1994: 575–614

U. FEIST: Nichtwähler 1994. Eine Analyse der Bundestagswahl 1994. In: APuZG, B 51/52, 1994: 35–46

U. FEIST/H.-J. HOFFMANN: Wahlen in der DDR 1990: Referendum für die Einheit und Exempel für ein modernes Wahlverhalten. Journal für Sozialforschung, 1990: 253–277

C. A. FISCHER (Hrsg.): Wahlhandbuch für die Bundesrepublik Deutschland. Paderborn, Schöningh, 1990, 2 Bde.

Forschungsgruppe Wahlen e. V.: Wahl in den neuen Bundesländern. Eine Analyse der Landtagswahlen vom 14. 10. 1990. Mannheim, 1990

O. W. GABRIEL/K. G. TROITZSCH (Hrsg.): Wahlen in Zeiten des Umbruchs. Frankfurt, Campus, 1993

W. GIBOWSKI: Demokratischer (Neu-)Beginn in der DDR. Dokumentation und Analyse der Wahl vom 18. März 1990. ZParl 1990: 5–22

W. GIBOWSKI/D. ROTH: Die wählerischen Wähler. Bei der ersten gesamtdeutschen Wahl: Kleine Veränderungen, große Wirkung. Die Zeit, 1990, Nr. 50: 9

W. GIBOWSKI/M. KAASE: Auf dem Weg zum politischen Alltag. Eine Analyse aus Anlaß der ersten gesamtdeutschen Bundestagswahl. – APuZG, B 11/12, 1991: 3–20

E. JESSE: Wahlrecht zwischen Kontinuität und Reform. Düsseldorf, Droste, 1985

E. JESSE: Die Bundestagswahlen von 1972 bis 1987 im Spiegel der repräsentativen Wahlstatistik. ZParl, 1987: 232–242

E. JESSE: Wahlen. Bundesrepublik Deutschland im Vergleich. Berlin 1988

H. JUNG: Wirtschaftliche Einstellungen und Wahlverhalten in der Bundesrepublik Deutschland. Paderborn, Schöningh, 1982

M. JUNG: Parteiensystem und Wahlen in der DDR. APuZG, B 27, 1990: 3–15

M. JUNG/D. ROTH: Kohls knappster Sieg. Eine Analyse der Bundestagswahl 1994. APuZG, B 51/52: 3–15

H. KAACK: Zwischen Verhältniswahl und Mehrheitswahl. Opladen, Westdeutscher Verlag, 1967

M KAASE: Wechsel von Parteipräferenzen. Meisenheim, Hain, 1967

M. KAASE (Hrsg.): Wahlsoziologie heute. Analysen aus Anlaß der Bundestagswahl 1976. PVS, 1977, Heft 2/3

M. KAASE/H.-D. KLINGEMANN (Hrsg.): Wahlen und politisches System.

Analysen aus Anlaß der Bundestagswahl 1980. Opladen, Westdeutscher Verlag, 1983

M. Kaase/H.-D. Klingemann (Hrsg.): Wahlen und Wähler. Analysen aus Anlaß der Bundestagswahl 1987. Opladen, Westdeutscher Verlag, 1990

W. Kaltefleiter: Vorspiel zum Wechsel. Eine Analyse der Bundestagswahl 1976. Verfassung und Verfassungswirklichkeit, Jahrbuch 1977

Th. Kleinhenz: Die Nichtwähler. Opladen, Westdeutscher Verlag, 1995

H.-D. Klingemann/M. Kaase (Hrsg.): Wahlen und politischer Prozeß. Analysen aus Anlaß der Bundestagswahl 1983. Opladen, Westdeutscher Verlag, 1986

H.-D. Klingemann/M. Kaase (Hrsg.): Wahlen und Wähler. Analysen aus Anlaß der Bundestagswahl 1990. Opladen, Westdeutscher Verlag, 1994

U. Koch: Das Gewicht der Stimme. Die Verteidigung des Nichtwählers. Nördlingen, Greno, 1994

R. Köcher: Auf einer Woge der Euphorie. Veränderungen der Stimmungslage und des Meinungsklimas im Wahljahr 1994. In: APuZG, Nr. 51/52, 1994: 16–21

J. Korte-Krieger/J. W. Mundt: Praxis der Wahlforschung. Frankfurt, Campus, 1986

E. H. M. Lange: Wahlrecht und Innenpolitik. Entstehungsgeschichte und Wahlrechtsdiskussion im westlichen Nachkriegsdeutschland. 1945–1956. Meisenheim, Hain, 1975

Materialien zu den Wahlen in der DDR. WZB Berlin, Aug. 1990

M. Meyer: Wahlsystem und Verfassungsordnung. Frankfurt, Metzner, 1973

U. Molitor: Wählen Frauen anders? Zur Soziologie eines frauenspezifischen Verhaltens in der Bundesrepublik Deutschland. Baden-Baden, Nomos, 1992

F. Müller-Rommel: Die Grünen – künftig ein fester Bestandteil unseres Parteiensystems? In: H.-G. Wehling (Red.): Westeuropas Parteiensystem im Wandel. Stuttgart, Kohlhammer, 1983: 83–94

O. Niedermayer/H. Schmitt (Hrsg.): Wahlen und europäische Einigung. Opladen, Westdeutscher Verlag, 1993

D. Nohlen: Wahlsysteme der Welt. Daten und Analysen. Ein Handbuch. München, Piper, 1978

D. Nohlen: Wahlrecht und Parteiensystem. Opladen, Leske, 1990[2]

D. Oberndörfer u. a. (Hrsg.): Die Bundesrepublik im Umbruch. Analysen zur ersten gesamtdeutschen Bundestagswahl. Freiburg, Arnold-Bergstraesser Institut, 1992

H. Oberreuter (Hrsg.): Das Wahljahr 1994. Eine Bilanz. München, Olzog, 1995

F. U. Pappi: Wahlverhalten und politische Kultur. Meisenheim, Hain 1970

F. U. Pappi: Wahrgenommenes Parteiensystem und Wahlentscheidung in Ost- und Westdeutschland. APuZG, B 44, 1991: 15–26

F. U. Pappi: Parteienwettbewerb im vereinten Deutschland. In: Bürklin/Roth, 1994: 219–248

H. Rattinger: Wirtschaftliche Konjunktur und politische Wahlen in der Bundesrepublik Deutschland. Berlin, Duncker & Humblot, 1980
H. Rattinger: Demography and Federal Elections in Germany. 1953–1990 and beyond. Electoral Studies, 1992: 223–247
H. Rattinger: Parteiidentifikationen in Ost- und Westdeutschland nach der Vereinigung. In: O. Niedermayer/K. von Beyme (Hrsg.): Politische Kultur in Ost- und Westdeutschland. Berlin, Akademie-Verlag, 1994: 77 – 104
H. Rattinger/J. Krämer: Wahlnorm und Wahlbeteiligung in der Bundesrepublik Deutschland: eine Kausalanalyse. PVS, 1995: 267–285
G. A. Ritter/M. Niehuss: Wahlen in der Bundesrepublik Deutschland. Bundestags- und Landtagswahlen 1946–1987. München, C. H. Beck, 1987
K. Rohe: Wahlen und Wahltraditionen in Deutschland. Frankfurt, Suhrkamp, 1992
D. Roth: Der unbeliebte Kanzler – Helmut Kohl im Licht (oder Schatten?) demoskopischer Befunde. In: R. Appell (Hrsg.): Helmut Kohl im Spiegel seiner Macht. Bonn, Bouvier, 1990: 285–299
D. Roth: Die Wahlen zur Volkskammer in der DDR. ZParl, 1990: 369–393
R. A. Roth: Zur Problematik der politischen Kultur der Jungwähler in der Bundesrepublik Deutschland. Passau, Passavia, 1984
H. Schmitt: Neue Politik in alten Parteien. Opladen, Westdt. Verlag, 1987
K. Schmitt: Konfession und Wahlverhalten in der Bundesrepublik Deutschland. Berlin, Duncker & Humblot, 1989
K. Schmitt (Hrsg.): Wahlen, Parteieliten, politische Einstellungen. Frankfurt, Lang, 1990
K. Schmitt: Im Osten nichts Neues? Das Kernland der deutschen Arbeiterbewegung und die Zukunft der politischen Linken. In: Bürklin/Roth, 1994: 185–218
R.O. Schultze: Die Bundestagswahl 1976. Prämissen und Perspektiven. ZParl, 1975: 530–565
R. O. Schultze: Wählerverhalten und Parteiensystem. Der Bürger im Staat. 1990, H. 3: 135–144
R.-O. Schultze: Aus Anlaß des Superwahljahres: Nachdenken über Konzepte und Ergebnisse der Wahlsoziologie. ZParl, 1994: 472–495
R. O. Schultze: Widersprüchliches, Ungleichzeitiges und kein Ende in Sicht: Die Bundestagswahl vom 16. Oktober 1994. In: ZParl, 2, 1995: 325–352
Sozialreport 1994. Daten und Fakten zur sozialen Lage der DDR. Berlin 1994
K. Starzacher: Protestwähler und Wahlverweigerer. Krise der Demokratie? Köln, Bund, 1992
R. Stöss: Parteikritik und Parteiverdrossenheit. APuZG, B 21, 1990: 15–24
Wahlkommission der DDR: Wahlen zur Volkskammer der DDR. Berlin 1990
H.-G. Wehling (Red.): Wahlverhalten. Stuttgart, Kohlhammer, 1991
I. H. Wernicke: Die Bedingungen politischer Partizipation. Eine international vergleichende Kontext- und Aggregatdatenanalyse für Großbritannien, Norwegen, Deutschland (BRD) und Frankreich. Meisenheim, Hain, 1976
B. Wessels: Erosion des Wachstumsparadigmas. Neue Konfliktstrukturen im politischen System der Bundesrepublik? Opladen, Leske & Budrich, 1991

4. Das Parteiensystem

(a) Konzentrationstendenzen

Die Vielfalt im Parteiensystem ist abhängig von der Überlagerung unterschiedlicher Konfliktlinien, die im Laufe der Geschichte eines Volkes auftauchen. Sie hinterlassen selbst nach Abflauen der akuten Konflikte häufig langfristige Nachwirkungen in der politischen Partizipationsstruktur. Solche Konfliktlinien waren für Deutschland:

- Protestantismus versus Katholizismus,
- Nationalismus versus legitimistische Gruppen, die an den Einzelstaaten festhielten (später regionale Parteien),
- Organisation der Arbeiterklasse versus dominante bürgerliche Gruppen,
- Organisation von Gruppen, die in ihrem Status bedroht wurden, wie die Bauern, versus Entwicklung zur Industriegesellschaft,
- Flüchtlinge versus Einheimische.

Das deutsche Mehrparteiensystem hat sich bereits zu einer Zeit – im Vormärz – herausgebildet, als in den meisten deutschen Staaten noch nicht gewählt wurde. Auch Polarisierungstendenzen, die sich im Anschluß an die konstitutionellen Brüche dreimal vollzogen, haben die Vielfalt nicht beseitigt:

- Reichsanhänger versus »Reichsfeinde« nach 1871,
- Republikaner versus Gegner der Weimarer Republik nach 1919,
- Parteien, die das Provisorium der Bundesrepublik akzeptieren, versus Gegner dieses Teilstaates.

Paradoxerweise hat die Bundesrepublik als der am wenigsten vollständige Staat auf deutschsprachigem Boden und der am wenigsten durch Partizipation zustande gekommene deutsche Staat gleichwohl am Anfang die höchste Unterstützung gehabt. 1871 war bei einer Wahlbeteiligung von nur 52% ein großer Teil der SPD (3,1%), des Zentrums (18,7%) und der regionalen und Minderheitengruppen (6,6%) dem Staat gegenüber zumindest skeptisch, wenn nicht feind-

Tabelle 4.1: Ergebnisse der Bundestagswahlen 1949–1994 (Zweitstimmen in Prozent)

Jahr der Wahl	1949	1953	1957	1961	1965	1969	1972	1976	1980	1983	1987	1990	1994
Wahlbeteiligung	78,5	86,0	87,7	87,7	86,8	86,7	91,1	90,7	88,7	89,1	84,4	77,8	79,0
CDU/CSU	31,0	45,2	50,2	45,4	47,6	46,1	44,9	48,6	44,5	48,8	44,3	43,8	41,4
SPD	29,2	28,8	31,8	36,2	39,3	42,7	45,8	42,6	42,9	38,2	37,0	33,5	36,4
FDP	11,9	9,5	7,7	12,8	9,5	5,8	8,4	7,9	10,6	7,0	9,1	11,0	6,9
DP	4,0	3,3	3,4	–	–	–	–	–	–	–	–	–	–
Gesamtdeutscher Block/BHE	–	5,9	4,6	–	–	–	–	–	–	–	–	–	–
Gesamtdeutsche Partei (GdP)	–	–	–	2,8	–	0,1	–	–	–	–	–	–	–
Zentrum	3,1	0,8	0,3	–	–	–	–	–	–	–	–	–	–
Bayernpartei	4,2	1,7	0,5	–	–	0,2	–	–	–	–	–	0,1	–
KPD	5,7	2,2	–	–	–	–	–	–	–	–	–	–	–
Deutsche Reichspartei (DRP)	1,8	1,1	1,0	0,8	–	–	–	–	–	–	–	–	–
Wirtschaftliche Aufbauvereinigung (WAV)	2,9	–	–	–	–	–	–	–	–	–	–	–	–
Deutsche Friedensunion (DFU)	–	–	–	1,9	1,3	–	–	–	–	–	–	–	–
NPD	–	–	–	–	2,0	4,3	0,6	0,3	0,2	0,2	0,6	0,3	–
DKP	–	–	–	–	–	–	0,3	0,3	0,2	0,2	–	–	–
Die Grünen	–	–	–	–	–	–	–	–	1,5	5,6	8,3	3,9	–
B '90/Grüne	–	–	–	–	–	–	–	–	–	–	–	1,2	7,3
DSU	–	–	–	–	–	–	–	–	–	–	–	0,2	–
Republikaner	–	–	–	–	–	–	–	–	–	–	–	2,1	1,9
PDS	–	–	–	–	–	–	–	–	–	–	–	2,4	4,4

Quelle: Nach den Statistischen Jahrbüchern der Bundesrepublik Deutschland, Stuttgart, Kohlhammer.

lich eingestellt. 1920 standen bei einer Wahlbeteiligung von 79,2% die KPD (2,1%), die USPD (17,9%) und die DNVP (15,1%) dem System mit Vorbehalten gegenüber. Nach Gründung der Bundesrepublik schrumpfte bei einer Wahlbeteiligung von 78,5% – die einzige bis 1990, die je unter 80% lag – die grundsätzliche Opposition auf die KPD (5,7%) und die Deutsche Reichspartei (1,8%) zusammen.

Die grundsätzliche Opposition hatte freilich latent auch 1949 größere Potentiale, die sich nicht zu artikulieren wagten oder es auch nicht konnten. Die Parteien wurden von den Alliierten lizensiert, die vor allem auf dem rechten Teil des Spektrums eine Auslese trafen:

- Die *Linke* war durch die Anfänge des Kalten Krieges und die Politik vollendeter Tatsachen diskreditiert, die die Sowjetunion in der sowjetisch besetzten Zone in einigen Bereichen verfolgte. Der Konzentrationsprozeß auch innerhalb der Parteien, die auf dem Boden des Systems standen, machte rasche Fortschritte. Die Wahl von 1953 wurde gelegentlich als das »deutsche Wahlwunder« apostrophiert. Die drei heute noch das System tragenden Parteien erhielten bereits damals 83,5% der Stimmen. Die Gründe für diesen Konzentrationsprozeß lagen in erster Linie in der sozialen Nivellierung alter Disparitäten.

- Die *religiöse* Konfliktlinie wurde durch die Gründung einer überkonfessionellen christlichen Partei früher überwunden als in anderen gemischtkonfessionellen Ländern (z. B. den Niederlanden).
- Die *regionalen* Differenzen waren durch die Amputation des deutschen Staatsgebietes und die beispiellose Durcheinanderwürfelung der Bevölkerung durch Hitler und seine Besieger stark homogenisiert worden. 1957 konnten regionale Parteien zum letztenmal Stimmen bei der Bundestagswahl verbuchen (Bayernpartei, Deutsche Partei), aber nur die DP schaffte dank des Huckepacksystems von Wahlhilfen durch die CDU noch einmal den Sprung ins Parlament.
- *Agrarische* Gruppen wurden überwiegend bei den Unionsparteien integriert. Nur in einigen Gebieten (Franken, Nordhessen, Nordwürttemberg) hatte auch die FDP anfangs gewisse ländliche Hochburgen. Durch die Abtrennung der Ostgebiete und die Teilung Deutschlands spielten der Großgrundbesitz und die traditionellen Versuche, die Landbevölkerung in einer konservativen Partei zu organisieren, nach dem Krieg keine Rolle mehr.
- Die Eingliederung der *Vertriebenen* gelang dank des wirtschaftlichen Aufschwungs und der Mobilisierung der Arbeitskräfte und durch sozialpolitische Maßnahmen wie die Lastenausgleichsgesetze schneller als erwartet. Der BHE als Partei der Vertriebenen kam 1957 schon nicht mehr über die Fünfprozenthürde (4,6%).
- Die *extremistischen Parteien* hatten nach den Startverlusten durch die alliierte Lizensierungspolitik zunehmend weniger Chancen. Die Linke wurde durch Kontrolle und Verbote im Vorfeld der Parteien schon vor dem förmlichen KPD-Verbot von 1956 stark behindert. Die Entwicklung der DDR war darüber hinaus für die Mehrzahl der westdeutschen Bürger wenig attraktiv. Rechtsextreme Gruppen – die bis zum SRP-Verbot von 1952 niemals eine einheitliche Partei vom Typ der späteren NPD zustande gebracht hatten – gediehen im Klima einer relativ reibungslosen Westintegration ebenfalls nicht.

Das *Wahlrecht* hat als institutioneller Faktor diesen sozialen Wandlungen gegenüber nur subsidiäre Bedeutung entfaltet. Selbst die Entwicklung des Vielparteiensystems im Kaiserreich wird heute kaum noch aus dem Wahlrecht erklärt (absolute Mehrheitswahl mit Stichentscheid zwischen den beiden stärksten Kandidaten des ersten Wahlgangs). In der Weimarer Republik ließ sich das Parteiensystem ebenfalls nicht nur auf das Verhältniswahlrecht zurückführen. Auch die Nationalsozialisten wären vermutlich von der relativen Mehrheitswahl nur anfangs behindert, später aber sogar gefördert worden (Fenske, 1974: 215).

Die *Fünfprozentklausel*, durch Wahlgesetze von 1953 und 1956 verschärft, hat die Entstehung neuer Parteien behindert und das Absterben bestehender beschleunigt, aber nicht bewirkt. Die Fünfprozentklausel ist vom Bundesverfassungsgericht als mit den Grundsätzen eines demokratischen Wahlrechts zu vereinbarende Hürde akzeptiert worden, freilich nicht in der Anwendung auf die Parteienfinanzierung, wo sie auf 0,5 % gesenkt wurde.

Der beispiellose Konzentrationsprozeß im deutschen Parteiensystem begann 1953 und war 1961 im wesentlichen abgeschlossen. Er setzte sich jedoch in den Ländern fort und erfaßte in den siebziger Jahren sogar das kommunale Parteiensystem. Allerdings ist der Prozeß kein unilinearer. Regionale Gruppen und freie Wählervereinigungen haben als Konkurrenz der lokalen Parteien an Bedeutung eingebüßt. Aber die Ökologen und Bürgerinitiativen haben in einigen Regionen eine neue Herausforderung für das lokale Parteiensystem bereitgestellt.

Alle Parteien hatten in den siebziger Jahren einen Mitgliederzuwachs zu verzeichnen. Am stärksten gilt das für die CSU, die einst die traditionalste Partei gewesen ist. Sie wandelte sich seit 1969 am tiefgreifendsten. Die konservativ-ständischen und antilaizistisch-katholischen Gruppen wurden durch den Zustrom neuer Mitglieder weniger dominant in der Partei. Zwar sind 87 % der CSU-Mitglieder Katholiken, so daß der konfessionelle Gesichtspunkt bei der CSU noch immer beitrittsmotivierender wirkt als bei der CDU. Aber die soziale Zusammensetzung der Partei ist nicht mehr so einseitig auf den katholischen Besitzmittelstand zugeschnitten (Mintzel, 1977: 129f.). Der Zustrom an Arbeitern und Angestellten und vor allem auch an Jugendlichen und Intellektuellen hat die Struktur der CSU der der anderen Parteien stärker angeglichen.

Die Angleichung der beiden größten Parteien findet auch in den Mitgliederzahlen statt (vgl. Tab. 4.2). Wenn man zu den förmlichen CDU-Mitgliedern noch die Mitglieder der Jungen Union und aller übrigen CDU-Vereinigungen hinzuzählt, die nicht CDU-Mitglieder sind, so kann man die Union als stärkste deutsche Partei mit über einer Million Mitgliedern »errechnen«. Die CSU bietet detailliertere Daten an als die Schwesterpartei. Nach ihnen zeigte sich, daß die Zählung aller Mitglieder der parteinahen Zubringerorganisation als Parteimitglieder nicht zulässig ist. Von über 46000 Mitgliedern der Jungen Union waren 1990 nur etwa ein Viertel (über 11000) auch Mitglied der CSU.

Der Niedergang der Parteiidentifikation der Bürger ist in den achtziger Jahren vielfach an der Abnahme der Mitgliederzahlen der meisten Parteien festgemacht worden. Bei der SPD setzte der Prozeß des Mitgliederschwundes schon 1978 ein, als die Mitgliedschaft wieder unter die Millionengrenze sank. Bei den Unionsparteien hielt das Wachstum bis 1983 an. Nach der Wende sanken auch bei ihnen die Zahlen der eingeschriebenen Mitglieder. Um 1987 war bei den vier etablierten Parteien wieder ein Aufschwung zu verzeichnen. Der Prozeß des Mitgliederschwundes ist vor allem mit zwei Faktoren erklärt worden: Die Krise der Parteien hat zu neuen Partizipationsformen geführt. Lose Formen des institutionellen Engagements wurden von vielen Bürgern bevorzugt. Selbst die Grünen sind über 40000 Mitglieder nicht hinausgekommen. Zum anderen wurde die Zunahme der öffentlichen Parteienfinanzierung dafür verantwortlich gemacht, daß die Parteien ein abnehmendes Interesse an der Mobilisierung von Mitgliedern entwickelten. Auch diese Erklärung eignete sich nicht zu einer pauschalen Verallgemeinerung, die öffentliche Parteienfinanzierung hielt zur Ermittlung des Chancenausgleichs wenigstens ein taktisches Interesse an wachsenden Mitgliederzahlen bei den Parteizentren wach. Die Genauigkeit der Berichterstattung ist in den achtziger Jahren gewachsen. Nach § 23 Abs. 1 Parteiengesetz ist die Zahl der beitragspflichtigen Mitglieder zum Ende des Kalenderjahres zu verzeichnen. § 22a, Abs. 2 legte fest, daß der als Chancenausgleich an eine Partei zu zahlende Betrag sich aus der Differenz ergibt zwischen dem Ergebnis bei der letzten vor dem Stichtag liegenden Bundestagswahl für alle Parteien, die mindestens 5 % der gültigen Zweitstimmen erreicht haben, und 40 % des Gesamtbetrages, der einer Partei an Mitgliedsbeiträgen und Spenden zugeflossen ist. Damit ist der Chancenausgleich an gewisse Erfolge der Mobilisierungsarbeit der Partei gebunden.

Ein säkulärer Trend der Mitgliederentwicklung ist ebenso oft behauptet wie später widerrufen worden. Bis 1979 stellte die Forschung bei den Mitgliedern der Parteien insgesamt einen Zuwachs fest. Um 1977 verlangsamte er sich plötzlich. 1980 und 1983 kam es zu einem Sprung nach oben. Eine neue Partei, die Grünen, und Gewinne bei den Unionsparteien erklärten die Pendelausschläge. Bis Ende der achtziger Jahre erhielten die Szenarios wieder stärkere Berechtigung, welche von einem säkularen Niedergang der Parteiorganisation sprachen. 1989 kam es zu einem leichten Abwärtstrend. Seine Dauerhaftigkeit wurde 1990 durch die Vereinigung Deutschlands undurchsichtig. Die echten Gewinne lassen sich erst ermitteln, wenn die wirklich neuen Mitglieder im Osten nachweisbar werden. Die FDP hatte in Ostdeutschland Anfang der neunziger Jahre einen überdurchschnittlichen Organisationsgrad. Bei der CDU ist der Anteil der Mitglieder zu den Wählern etwa »normal«, das Verhältnis der CDU-Mitglieder zur hohen Anzahl ihrer Wähler 1990 aber immer noch eher unterdurchschnittlich. Bei der SPD lag die bisherige Mobilisierung von 30000 Mitgliedern in Ostdeutschland noch in jeder Hinsicht unter dem Durchschnitt. Die Zahl sank inzwischen auf 27000 (1994; vgl. Tab. 4.5). Im Durchschnitt längerer Zeiträume hatte die CDU mit dem Durchbruch zur Mitgliederpartei langfristig besser abgeschnitten als die klassische Mitgliederpartei SPD. Bei der FDP war die Mitgliederbewegung immer stark abhängig von den Wendungen ihrer Koalitionspolitik und zeigte kaum langfristige Trends ihrer Stärke in der Wählerschaft an.

In der Partizipationsforschung wurde eingeräumt, daß die »Sättigungsgrenze« der Parteien nach den überdurchschnittlichen Mobilisierungserfolgen im Gefolge der Studentenrevolte bis in die siebziger Jahre erreicht worden sei. Aber eine tiefgreifende Unzufriedenheit, die sich in einer massenhaften Abkehr der Mitglieder der Parteien niederschlug, ließ sich nicht erkennen (Niedermayer, 1989: 119). Der Organisationsgrad der etablierten Parteien ist zwischen 1986 und 1987 unter die Vierprozentmarke gerutscht. Ab 1990 ist er durch die Vereinigung noch weiter gesunken. Er lag damit aber immer noch über dem Niveau der sechziger Jahre. Erst 1974 hatte er die Vierprozentgrenze erreicht. Politikmüdigkeit wurde aus dem Mitgliederschwund gelegentlich geschlossen. Alarmierend ist vor allem der »Organisationsverdruß« der jüngeren Generation. Die Schere zwischen dem Anteil der Jugendlichen in der Bevölkerung und dem Prozentsatz der Jugendlichen in den Parteien klaffte immer weiter auseinander (Wiesendahl, 1990: 12). Befragungen unter Jugendlichen, welche nach geeigneten Partizipationsformen spürten, haben von Mitte der siebziger bis Mitte der achtziger Jahre eindeutig eine abnehmende Bereitschaft zur Mitarbeit in den Parteien festgestellt. Sie sank von 22% auf 18%. Zugleich wuchs jedoch die Bereitschaft zu unkonventionelleren Partizipationsformen wie den Bürgerinitiativen (von 28% auf 32%) oder Demonstrationen (von 11% auf 19%) (Jaide/Veen, 1989: 140). Solche Befunde ließen noch den Schluß zu, daß die politische Partizipationsbereitschaft sich nur verlagert habe. Es blieb die Hoffnung erhalten, daß die Summe der Partizipationsbereitschaft in etwa konstant sei und unkonventionelles und konventionelles Verhalten einander nicht ausschlössen. Wo darüber hinaus nicht nur Meinungen, sondern Aktivierungspotentiale gesucht wurden, hat zwischen 1980 und 1985 die parteiorientierte Partizipation am stärksten abgenommen (von 40 % auf 27 %). Die Neigung zum zivilen Ungehorsam hingegen nahm leicht zu, aber auch bei denen, die bisher in diesem Bereich noch nicht aktiv gewesen waren (Uehlinger, 1988: 145). Studien des Aktivierungspotentials müssen den Fall der Eskalation ins Auge fassen; er tritt ein, wenn die konventionellen Methoden zur Durchsetzung des Standpunktes ergebnislos bleiben. Es zeigte sich in den achtziger Jahren für den Eskalationsfall eher eine abnehmende Bereitschaft des Engagements. Gesichert ist einstweilen nur die Einsicht der politischen Aktionsstudie von Barnes/Kaase (1979), daß die Bürger zunehmend mehrere Aktions- und Teilnahmeformen ins Auge fassen und daß konventionelles und unkonventionelles Verhalten zugleich die konventionelle Arbeit in den Parteien verstärkt. Offen mußte vorerst bleiben, ob konventionelles Engagement in ad-hoc-Gruppen immer ähnlicher wird. Viele Partizipationsstudien zeigen, daß die problemspezifische Teilnahme im Zeitalter postmoderner Fragmentierung von Werten und Lebensstilen zugenommen hat.

Wo voreilig ein säkularer Trend unterstellt wurde, ließen sich konjunkturelle Pendelausschläge feststellen. Die kurz- und mittelfristigen Schwankungen der Bereitschaft der Bürger, sich in den Parteien zu engagieren, lassen sich nicht monokausal erklären, vor allem wenn man längere Zeiträume und Vergleiche der Entwicklung von Parteien in anderen Ländern zur Korrektur des Bildes heranzieht.

In der vergleichenden Parteienforschung sind die treibenden Kräfte der Mitgliederbewegungen stark umstritten. Verallgemeinerungen über den Zusammenhang von wirtschaftlichen Schwankungen und Mitgliederbewegungen haben sich nicht erhärten lassen. Wenn Parteidefinitionen von Burke bis Weber die Elemente Ideologie und Patronage herausstellen, so sind beide Faktoren am häufigsten zur Erklärung der Mitgliederfluktuation herangezogen worden. Der Zustrom zu SPD und FDP nach 1969 und 1982 zur Union läßt sich durchaus mit Patronagehoffnungen erklären. Aber gerade in Deutschland zeigte sich die Wirksamkeit des Faktors Ideologie, als die Union nach 1972 ihre Oppositionsrolle akzeptiert hatte und mobilisierend tätig wurde. Die Organisationsbereitschaft der Anhänger ließ mit zunehmender Amtsdauer einer Partei an der Regierung nach (Falke, 1982: 56), jedenfalls in Deutschland. In Italien ist das für die DC nicht so einfach nachzuweisen (vgl. v. Beyme, 1984: 211 ff.). Nach hektischer Mobilisierung kann es auch zu Rückschlägen kommen, so etwa 1976, als der Machtwechsel durch die Union nicht erreicht wurde.

Im internationalen Vergleich scheint die Welt der Mitgliederrekrutierung in Deutschland in Ordnung. Die Parteimitglieder als Prozentsatz der Wähler, der Organisationsgrad der Parteien also, stieg von 2,7% (Ende der sechziger Jahre) auf 4,2% (Ende der achtziger Jahre). Deutschland gehörte zu den seltenen Ländern, in denen der Organisationsgrad zugenommen hatte. Aber dieser Zuwachs ist weitgehend das rechnerische Produkt des Ausbaus der Unionsparteien zu Massenparteien. Belgien, der zweite Fall in Europa, ist ebenfalls kaum vergleichbar. Hier ist ein leichter Zuwachs vermutlich auf die föderale Mobilisierung der beiden großen Ethnien des Landes zurückzuführen (Katz/Mair 1994: 5). Mitgliederzahlen, die in der Zeit der Vorherrschaft eines Mobilisierungs- und Transmissionsparadigmas der Linken eifrig studiert wurden, sind als Forschungsgegenstand teils – mangels Daten – schwer zugänglich, teils uninteressant geworden. Ein moderner Ressourcenansatz versucht eher die übrigen Ressourcen der Massenorganisationen zu erfassen, wie die Finanzierung, die Qualität der Führung und die Stellung von Parteien zu den Massenmedien.

Eines der meisterforschten rätselhaften Wesen der Politik ist der Wähler. Selten hingegen wurde das *Parteimitglied* mit ähnlicher empirischer Sorgfalt bedacht. Beim Wähler kann man aus den Antworten in Befragungen auf ein Ohnmachtsgefühl schließen. Emnid ermittelte 1986 23% der Befragten, welche dem Satz zustimmten »Die da oben machen, was sie wollen«. Die Jugendlichen von 22–24 Jahren lagen mit 21% dieser Einstellung keineswegs an der Spitze (Jaide/Veen, 1989: 140). Ohnmachtsgefühle, die von 17% und 23% in einem Zeitraum von 10 Jahren wuchsen, könnten die abnehmende Bereitschaft, Parteimitglied zu werden, erklären.

Der Eintritt in die Parteien scheint prima vista bei den Wählern nahezuliegen, die ein Mehr an politischer Partizipation und an politischem Einfluß wünschen. Befragungen von Parteimitgliedern haben jedoch ergeben, daß drei Viertel aller Parteimitglieder ihren Einfluß als gering oder sehr gering ansehen. Dennoch waren sie zufrieden mit ihrer Situation. Neuere Mitglieder sind von dem Erlebnis ihres geringen Einflusses in den beiden großen Parteien noch stärker gekennzeichnet als ältere Mitglieder. Aber die alten Mitglieder haben mit diesen Gefühlen zu leben gelernt. 70% der CDU-Mitglieder und fast 66% der SPD-Mitglieder haben dieses Gefühl lange ertragen, ohne der Partei den Rücken zu kehren. Weit mehr als bei den neuen Mitgliedern äußerten sie sich zufrieden mit ihrer Lage und begnügten sich mit dem Gefühl, wenigstens eine politische Heimat gefunden zu haben (Greven, 1987: 56f.). Die Wahrnehmung der Vertretung eigener Interessen durch die eigene Partei verstärkte die Motivation. Ein Motiv des Engagements war die Bekämpfung der Macht der als politischer Gegner eingeschätzten Partei. Parteien sind nicht nur Organisationen zur Förderung der eigenen Karriere. Die Beeinflussung der eigenen beruflichen Situation spielte bei etwa 90% angeblich keine Rolle für den Eintritt in eine Partei. Parteimitgliedschaft wird heute in geringerem Maße durch Sozialisation übertragen und vom Elternhaus »ererbt«. Dennoch findet langfristig eine Sozialisation durch Parteien statt, weil sich bei langjähriger Parteimitgliedschaft die Tendenz entwickelt, im gleichgerichteten Meinungsfeld zu leben, um die eigene Sicht der Dinge nicht in Frage stellen zu lassen. Die Mitgliedschaft in einer Partei führt allenfalls bei einer aktiven Minderheit von Amtsträgern zur Steigerung des Gefühls, Einfluß zu besitzen. Großen Einfluß schrieben sich bei Befragungen nur die alten Parteimitglieder zu. Aber sie machten nur drei bis fünf Prozent aus. Bei der CDU lag der Anteil höher als bei der SPD (Greven, 1987: 69). Die Zahl der aktiven Parteimitglieder ist umstritten. Sie schwankt zwischen 10% und 20%. Die Zahl der Aktiven ist nicht an jedem Ort gleich groß. Die Ortsgröße, die Machtstrukturen in der Gemeinde und die Patronagemacht der Parteien sind für die Partizipationsbereitschaft der aktiven Parteimitglieder wichtig. Immer wieder zeigte sich, daß etwa die Hälfte derer, die im Wahlkampf sehr aktiv hervortraten, später auch Karrierevorteile aus diesem Engagement gezogen haben (v. Beyme u. a., 1974). Das Rollenverständnis der aktiven Mitglieder, die zu Delegierten aufstiegen, war bei den großen Parteien recht unterschiedlich. Während in der SPD und FDP die Mitglieder an die Parteiführung zu »vermitteln« sind, zeigten die Anhänger der Unionsparteien eher ein repräsentativ-parlamentarisches Verständnis ihrer Delegierten. Bei ihnen steht die Kontrolle der Parteiführung im Vordergrund. Ein großer Teil der Parteimitglieder hat Frustrationserlebnissen vorgebaut: Über die Hälfte der Befragten hatte schon zum Zeitpunkt des Beitritts nicht die Absicht, sich selbst innerparteilich stark zu engagieren (Niedermayer, 1989: 47/224).

Trotz und wegen des Zuwachses an Mitgliedern ist ein starker Wandel der sozialen Basis der Parteien eingetreten. So haben sie nicht mehr die gleiche relativ homogene Rekrutierungsbasis verläßlicher Mitglieder. Die Zeiten sind vorbei, da versäulte Subkulturen sich um die jeweilige Partei gruppierten, in der sich manches Individuum von der Wiege bis zur Bahre – vom sozialistischen Kinderhort oder vom katholischen Kindergarten bis zum der Sozialdemokratie nahestehenden Feuerbestattungsinstitut oder zur letzten Ölung – betreuen ließ, ohne aus dem Umkreis der weltanschaulichen Bindung herauszutreten. Von solchen Möglichkeiten der Rekrutierung im Vorfeld hat die FDP immer am wenigsten profitiert, und ihre Repräsentanten sind organisatorisch meist weniger »verfilzt« als Abgeordnete der SPD und der Unionsparteien. Die FDP hat eine Weile versucht, Organisationen im Vorfeld zu schaffen. Die Parteireform-Kommission der FDP hat jedoch erkannt, daß der Vorsprung der beiden großen Lager kaum aufzuholen ist, und statt dessen mehr auf eine Strategie bürgernaher Politik gesetzt.

Aber auch bei den beiden großen Parteien sind traditionelle Organisationsbindungen schwächer geworden. Die Fluktuation ist damit gewachsen. Die Motive für Parteieintritte und -austritte sind funktionaler und individueller geworden. In den »Omnibusparteien« fährt mancher nur ein paar Jahre als Mitglied mit. Vor 1933 hatten bei der SPD zwei Drittel aller Mitglieder Väter, die schon Parteimitglieder waren. Am Anfang der zweiten Mobilisierungswelle 1969/70 sank dieser Anteil auf 19%. Persönliche Entscheidung und Einfluß von Peer-Gruppen, nicht Determinierung durch die Familie, scheinen für die Mehrzahl der Beitrittswünsche in neuerer Zeit ausschlaggebend zu sein.

Auch die *Verflechtung von Mitgliedschaften* in den früheren Subkulturen wird geringer. Die Verbindung zwischen SPD und Gewerkschaften ist auf der Mitgliederebene im Abnehmen. In den sechziger Jahren waren in der SPD etwa die Hälfte der in die SPD eintretenden Neumitglieder auch in einer Gewerkschaft. 1970 hat INFAS nur noch 39% ermittelt. Die Parteien haben trotz wachsender Mitgliederzahlen den mittleren Organisationsgrad der Bürger kaum über 5% anheben können, und bei den früheren klassischen Mitgliederparteien sank sogar der Anteil der Parteimitglieder an der Zahl der Wähler. Bei der SPD kamen 1906 auf 100 Wähler etwa 13 Mitglieder, 1972 waren es nur noch sieben.

Es ist umstritten, ob die Steigerung der Mitgliederzahl für die Parteien ein Ziel an sich sein kann. Die Wahlforschung zeigte, daß der Zuwachs an Mitgliedern nur unter bestimmten sozialstrukturellen Voraussetzungen auch einen Zuwachs an Stimmen bedeutete. Am ehesten gilt dies bei den regionalen Mitgliederbewegungen. Während in den traditionellen Hochburgen der SPD im Norden der Bundesrepublik die Zunahme in der Zeit des organisatorischen Booms nicht so groß war, wuchsen die Zahlen in Süddeutschland und hatten hier auch größeren Einfluß auf den Zuwachs an Wählerstimmen.

Die *Anlässe* des Parteieintritts gleichen sich in den politischen Lagern noch stärker an als die weltanschaulichen Grundlagen der Entscheidung für politische Aktivität. Private Kontakte sind in beiden Parteien entscheidend. Die Werbetätigkeit schien in den siebziger

Jahren bei der CDU eine größere Rolle zu spielen als bei der SPD. Die Parteimitgliedschaft wird nach außen in allen Parteien nur von einer Minderheit bekennerisch dokumentiert. CDU-Mitglieder scheinen eher mit Vereinskollegen, SPD-Mitglieder eher mit Arbeitskollegen über ihren politischen Einsatz zu sprechen.

In der *beruflichen und sozialen Rekrutierung* zeigt sich ebenfalls ein starker Wandel. Zwar nimmt der Anteil der Arbeiterwähler für die CDU eher ab, und jener, der für die SPD stimmt, wächst weiter. Da aber die Zahl der Arbeiter als Prozentsatz der Erwerbstätigen unter 40% sank und die Zunahme von Angestellten und Beamten in den Parteien, vor allem auch in der SPD, noch über ihrem rasch ansteigenden prozentualen Anteil an den Erwerbstätigen lag, nahm der Arbeiteranteil bei Wählerstimmen wie bei Parteimitgliedern in der SPD laufend ab (1930: 59,5%, 1952: 45%, 1990: 26%). Wenn man die Neuaufnahmen einzelner Jahre zum Vergleich hinzuzieht und neuere Befragungen von SPD-Mitgliedern konsultiert, so scheint der Arbeiteranteil noch stärker geschrumpft (1983: 24,4%). Mitgliederstatistiken aller Parteien haben gegenüber Befragungen den Nachteil, veraltete Daten widerzuspiegeln, weil in der Regel der Beruf des Mitglieds beim Parteieintritt in der Statistik gespeichert wird. Spätere vertikale Mobilität wird hingegen nicht in ausreichender Weise erfaßt. Günstiger wird der Arbeiteranteil der SPD, wenn man die nicht Erwerbstätigen – die etwa ein Drittel ausmachen – nach ihren Lebensverhältnissen befragt. Rund 35% der Mitglieder stammen dann aus Arbeiterfamilien. Dies ist gegenüber 56% der Mitglieder, die – am Beruf des Vaters gemessen – im Arbeitermilieu großgeworden sind, noch immer eine relativ niedrige Zahl. Der Trend von der Arbeiterpartei zur Arbeitnehmerpartei scheint unumkehrbar zu sein. Angestellte und Beamte sind in der SPD im Vergleich zum Durchschnitt der Bevölkerung überrepräsentiert. Diese Tendenz verstärkt sich bei der Analyse von lokalen und regionalen Führungspositionen, in denen ein Viertel bis zur Hälfte – je nach Ebene – von Beamten und ein stattlicher Teil von Angestellten eingenommen wird.

Eine Untersuchung in Nordrhein-Westfalen ergab, daß die Arbeiter in Vorständen und Entscheidungsgremien gering vertreten sind. Bei den Delegierten waren nur 13% Arbeiter, bei den Vorsitzenden waren es nur 11% (Becker u.a., 1983: 60). Um den »neuen Mittelstand« ringen alle großen Parteien. Nur vorübergehend gelangen der SPD in diesem Bereich stärkere Einbrüche; seit 1974 verbuchten die Unionsparteien hier wieder starke Geländegewinne. Vor allem bei den Beamten scheint die Attraktivität der SPD abgenommen zu haben. 1976/77 waren nur noch 6% der Neueintretenden Beamte, nach

Tabelle 4.2: Berufliche Gliederung der Parteimitglieder

Berufsgruppen	Deutschland							Ost-Deutschland		
	CDU		CSU		FDP	SPD		CDU	SPD	PDS
	1978	1994	1978	1994	1986	1977	1994	1992	1993	1991
Arbeiter	10,7	10,8	14,9	17,9	5,0	28,0	23,9	31,9	18,3	26,0
Angestellte	27,4	28,8	22,1	31,3	30,0	24,0	27,8	16,9	42,2	45,2
Beamte	12,3	11,4	13,2	15,9	14,0	10,0	10,8	2,1	1,9	2,1
Selbständige	25,4	21,5	23,3	34,3	19,0	5,0	4,5	7,5	7,3	3,6
Rentner	5,2	6,7	6,8	3,0*	12,0	10,0	9,7	17,4	4,8	*
Hausfrauen	10,4	10,5	4,7	5,3*	11,0	11,0	11,4	3,9	0,9	2,2
in Ausbildung	6,6	3,7	4,1	5,8*	9,0	9,0	6,7	1,4	3,3	**
sonstige und unbekannt	2,0	–	10,9	–	–	3,0	–	1,5	8,4	–

* Die Rentner sind bei der PDS und der CSU als besondere Rubrik geführt

** Die große Zahl der in der DDR-Terminologie als Intelligenz aufgeführten sind meistens vermutlich Angestellte und Auszubildende

Quellen: Parteizentralen, Kurz-Scherf/Winkler, 1994: 323, Wittich, 1994: 23.

1972 waren es hingegen noch jährlich bis zu 17% gewesen (Infratest: Kommunikationsstudie zur SPD-Organisation. Mitgliederbefragung. Bd. 7: Sozialstruktur von Mitgliedern und Funktionären).

Klassenkampf-Nostalgiker, die die Entwicklung der SPD zur wenig klassenkämpferischen Arbeitnehmerpartei bedauerten, werden auch die subjektiven Befunde von Befragungen diesen objektiven Daten gegenüberstellen müssen. In der Selbsteinordnung haben befragte SPD-Mitgieder sich beinahe genauso häufig in die Mittelschicht eingeordnet wie CDU-Mitglieder, und über die Hälfte (wiederum geringfügig weniger als bei den Unionsparteien) hat ihren Werdegang subjektiv als Aufstieg erlebt. Für die Zukunft waren SPD-Mitglieder gelegentlich noch optimistischer als der Durchschnittswähler. Am Einkommen und Hauseigentum gemessen, lagen SPD-Mitglieder ebenfalls nicht mehr unter, sondern leicht über dem Durchschnitt der Gesamtbevölkerung.

In einigen Bereichen gleichen sich die Trends in den beiden größten Parteien nach neueren Zahlen an. Der Anteil der Frauen betrug um 1987 bei der SPD 26%, bei der FDP 25% und bei der CDU 22%. Nur in der CSU war der Frauenanteil deutlich geringer (14%) und bei den Grünen deutlich höher (33%) als bei den konkurrierenden Parteien (Datenreport 1989: 158). Die beiden größten Parteien verjüngten sich. Der Anteil der unter 36jährigen betrug 1977 bei der CDU 27%, bei der SPD 29,2%. Im Elektorat verlor die SPD um 1980 ihre Anziehungskraft für die Mehrheit der Jugend. Grüne und CDU hatten wachsenden Zulauf der Jugend unter 30 Jahren. Beide Parteien ähnelten sich darin, daß 10–12% der Mitglieder Beamte und über ein Viertel Angestellte sind (CDU 28,6%, SPD 26,6%). Unterschiede bestanden noch hinsichtlich der Rekrutierung der traditionellen sozialen Unterstützungsgruppen. Die CDU hat mehr Selbständige organisiert (1994: 21,5%, CSU: 34,3%), die SPD mehr Arbeiter (SPD 23,3%, CDU 10,8%, CSU 17,4%) (vgl. Tab. 4.2). In der Wählerschaft hingegen sank der Anteil von Höhergebildeten und Selbständigen bei der SPD Anfang der achtziger Jahre beträchtlich. Die Abschleifung der Sozialprofile ist von Linken beklagt, von den Anhängern der nivellierten Mittelstandsgesellschaft begrüßt worden. Aber auch die Sozialprofile spiegeln die alten sozialen Schwerpunkte der Partei durchaus noch wider (Veen/Gluchowski, 1994).

Mit dem Konzentrationsprozeß verbunden war die Tendenz zur entideologisierten *Volkspartei*. Mitte der sechziger Jahre mehrten sich die Stimmen der Kritik an den modernen *»Omnibus«-Parteien*, in die man nach Belieben ein- und aussteigt und die man unemotional wie einen großen Dienstleistungsbetrieb betrachtet. Es waren keineswegs nur Kritiker der Linken, die ein Unbehagen an der theorielosen Volkspartei entwickelten. Es wurde die Gefahr gesehen, daß die Parteien immer verbandsdurchlässiger werden und nicht mehr strukturieren, daß sie die Interessen nur noch kanalisieren, aber nicht mehr in eine politische Form gießen und keine inhaltlichen politischen Ziele mehr verfolgen außer dem Machterwerb. In der Literatur wurde es zu einem »deutschen Problem« aufgebauscht, das in anderen Ländern kaum ein Äquivalent besitze. Der Begriff bleibt auf beiden Seiten stark ideologisch befrachtet (vgl. Mintzel, 1983).

Die CDU war die erste deutsche Volkspartei, vielleicht sogar die erste Volkspartei in Europa von dieser Bedeutung. Daß die SPD einen ähnlichen Weg seit dem Godesberger Programm beschritt, trug nach Meinung ihrer Strategen wie Gegner zu ihrer Bündnisfähigkeit bei. Die Gegner eines Versuches, wieder eine marxistische Klassenpartei aus der SPD zu machen, gingen davon aus, daß die SPD nur als Volkspartei mehrheits- und koalitionsfähig sei.

Ende der achtziger Jahre hatten sich die Argumente von linken und rechten Flügeln in der Partei verkehrt. Lafontaine als Kanzlerkandidat der SPD trat eher für eine geringere Betonung der Symbiose mit der organisierten Arbeiterbewegung ein und setzte auf die Schubkraft der neuen sozialen Bewegungen. Bei der Bundestagswahl 1990 tat er dies trotz des bescheidenen Gesamtergebnisses durchaus mit einem gewissen Erfolg (vgl. Kap. 3c). Die neue Troika, die an der Spitze der SPD Mitte der neunziger Jahre entstand, hatte unterschiedliche Konzeptionen der Partei. Scharping war mit der traditionellen auf die gewerkschaftliche Industriearbeiterschaft zielenden Linie verbunden. Das Szenario einer Öffnung der Partei hin zu den sozialen Bewegungen, das einst Brandt und Eppler vertreten hatten, wurde mit Lafontaine assoziiert. Der niedersächsische Ministerpräsident Gerhard Schröder schließlich schien in der Tradition eines arbeitsteilig-kooperativen Reformbündnisses zu stehen (Leif/Raschke, 1994).

(b) »Etatisierung« und die staatliche Parteienfinanzierung

Die klassische Trennung zwischen *Staat und Gesellschaft*, die im 19. Jahrhundert als Vorstellung dominierte, wurde mit der Parlamentarisierung und Demokratisierung des politischen Systems mehr und mehr aufgegeben. Leibholz empfahl, mit dieser obsoleten Unterscheidung auch die übliche Unterscheidung zwischen *Volk und Partei* aufzugeben. Der *Parteienstaat* war für ihn die »rationalisierte Erscheinungsform der direkten Demokratie im modernen Flächenstaat«, in dem das Parlament zur Stätte werde, »an der sich gebundene Parteibeauftragte treffen, um anderweitig (in Ausschüssen und Parteikonferenzen) bereits getroffene Entscheidungen registrieren zu lassen.

Die Lehre vom grundsätzlichen Unterschied von Parteienstaat und repräsentativem Parlamentarismus war überspitzt und einseitig. Ihre Wirksamkeit erlangte sie durch eine doppelte Ausdeutungsfähigkeit:

- durch die *konservative* Indienstnahme der Parteien durch den Staat. Die »formierte Gesellschaft« schien im Parteienbereich ideologisch mit der Parteienstaatsthese abgestützt zu werden, und die Entgesellschaftlichung der Parteien wurde mit ihr gerechtfertigt. Die Gegenkritik beklagte die »Etatisierung der Parteien«, die sie »auf Gedeih und Verderb an den Staatsapparat« schweiße (Narr, 1977: 12).
- Aber auch die *radikal-demokratische* Ausdeutung konnte an die These vom Parteienstaat anknüpfen. Die Mandats- und Abberufungsdiskussion konnte die Bresche erweitern, welche diese These geschlagen hatte. Eine weitere Aushöhlung der Idee des freien Mandats und der Unabhängigkeit des Abgeordneten von der Basisorganisation wurde möglich. Die radikal-demokratische Kritik am freien Mandat hatte das Verdienst, die Gewissensklausel des Artikels 38 GG in Frage zu stellen und ihres staatsmetaphysischen Inhalts zu entkleiden, indem die starke Interessengebundenheit derer, die sich gern auf ihr Gewissen beriefen, herausgestellt wurde. Die metaphysische Überhöhung des Gewissens in der Repräsentationsidee hat ihre Herkunft aus der lutherischen Überzeugung nicht verleugnen können. Nur in einem anderen Land mit lutherischem

Bekenntnis wird in der Verfassung (Dänemark, Art. 56) die eigene Überzeugung als Motivationsgrund des Repräsentanten so stark herausgestellt wie in der Bundesrepublik. Die angelsächsischen Länder, von einem calvinistischen Protestantismus geprägt, haben in ihrer Konzeption der Repräsentation seit Madison, Bentham und Mill immer sehr viel stärker auf die Interessenrepräsentation abgestellt. Diese machte hellsichtiger für das Problem, daß der auftragsungebundene Abgeordnete unter Umständen »Aufträge« mächtiger Interessenten für die nicht erlaubten »Aufträge« aus dem Wahlkreis eintauscht.

Die radikal-demokratische Kritik war jedoch vielfach bereit, den Teufel mit Beelzebub auszutreiben. Das *imperative Mandat* sollte der Demokratisierung dienen. Es könnte jedoch angesichts mangelnder Durchdemokratisierung der Parteien gerade die Parteioligarchien stärken und den Konformismus der Meinungen forcieren. Die Idee einer direkten plebiszitären Parteidemokratie, die solchen Konzeptionen zugrunde lag, schützt erfahrungsgemäß nicht vor undemokratischen Praktiken. Auch die Gefahr, daß rein negativ operierende, gutorganisierte Vetogruppen die innerparteiliche Entscheidung beherrschen, ist beim imperativen Mandat ständig gegeben. Das hat sich angesichts der Polarisierung zwischen Marxisten und Nichtmarxisten auf lokaler Ebene vor allem in der SPD häufig gezeigt. Eine weniger weitgehende Variante der radikal-demokratischen Mandatskonzeption, die gegen die Sanktion der Abberufung von Abgeordneten einige Vorbehalte hatte, wie sie Bermbach (in: Guggenberger u.a., 1976: 47ff.) vertrat, erwog gleichwohl Instruktionen, die von den zuständigen Führungsgremien jeweils optimal realisiert werden müßten. Auch abgestufte Sanktionen gegenüber Mandatsträgern – Mißbilligung, finanzielle Auflagen, zeitweiliges Untersagen der Wahrnehmung von Parteiämtern und nur als ultima ratio die Abberufung aus dem Amt – wurden vorgeschlagen. Mit guten Gründen hat die Enquetekommission (Beratungen, 1976: 79) solchen Versuchungen, Artikel 38 zu ändern, widerstanden.

Geblieben ist die starke Antipathie gegenüber dem *Parteiwechsler* in der politischen Kultur der Bundesrepublik. In der ersten Wahlperiode hatte es 91 Fälle, in der zweiten Wahlperiode noch 77 Fälle gegeben. Erst seit der vierten Wahlperiode von 1961 an war mit dem Abschluß des Prozesses der Parteienkonzentration der Parteiwechsel spektakulärer und einflußreicher geworden und zugleich in der öffentlichen Meinung noch stärker geächtet.

Die Zahl der Fraktions- und Parteiwechsler hat seit 1961 abgenommen. Zugleich hat ihre Chance, von einer anderen Partei wiederaufgestellt zu werden, zugenommen (bis 1972: knapp ein Drittel). Dennoch haben nur wenige Wechsler Karriere gemacht, wenn man einmal von der Aufsaugung des Führungspotentials kleiner Parteien wie der DP und des BHE durch die CDU absieht. Spektakuläre Übertritte wie der des früheren FDP-Vorsitzenden Mende zur CDU und des SPD-Abgeordneten Günther Müller zur CSU haben sich nicht ausgezahlt. In Deutschland gilt auch für den Parteiwechsel: Man liebt den Verrat, aber nicht den Verräter. Gustav Heinemann, der spätere deutsche Bundespräsident, ist der einzige prominente Fall, in dem ein Parteiwechsler in der Bundesrepublik noch einen bedeutenden politischen Aufstieg erlebte. Auch dieser Fall wäre vermutlich nicht ohne den Umweg über eine eigene Splitterpartei (GDP) denkbar gewesen, die es Heinemann erlaubte, mit einer Hausmacht von vorübergehend 2–3 Prozent der Wählerstimmen der SPD beizutreten. Durch die lange Karenzzeit seit dem Austritt aus der CDU war das Odium des Parteiwechslers zudem weitgehend vergessen.

Mit dem Abbröckeln der sozialliberalen Mehrheit seit 1976 kam eine neue Dimension in die Debatte. Es ging nicht mehr nur um die Treue zur Partei, sondern um die *Treue zur Koalition*. Bei knappen Mehrheiten war der Parteiwechsel entscheidend für das Leben von Regierungen geworden. Gerüchte um Stimmenkauf und Abwerbung einzelner Liberaler stigmatisierten den Parteiwechsler zusätzlich. Selbst die Minderheit der FDP um Erich Mende, die den Wechsel der Partei in die sozialliberale Koalition durch Übertritt in die CDU quittierte, wurde vielfach mit dem Ruch des »Verrats« umgeben. Als vier SPD-Abgeordnete im Februar 1978 gegen die Anti-Terrorgesetze stimmten, die vor allem für die FDP unverzichtbar erschienen, setzte eine förmliche Kampagne gegen diese Abweichler ein. Problematisch war, daß die Parteivorstände nicht nur die Grundsätze der Partei gegenüber der Minderheit zu erzwingen suchten. Genügend Parteimitglieder dachten ähnlich wie die vier, und die Frage, ob man mit den Gesetzen gegen den Terror nicht überreagiere, wurde allgemein diskutiert und war zulässig gewesen. Nun wurde gleichsam auch noch die Grundlage der Koalition für sakrosankt erklärt, und dies war eine starke Überdehnung des Parteienstaatsprinzips. Selbst Leibholz hat aber diese Verschärfung publizistisch und in Zeitungsinterviews gebilligt.

In den achtziger Jahren schien der Parteiwechsel vor allem dann nicht das Ende der Karriere zu sein, wenn eine Partei durch Umorientierung eine innere Zerreißprobe durchmachte, die einige Exponenten zum Anlaß des Parteiwechsels nahmen, wie der frühere Geschäftsführer der FDP Verheugen oder Ingrid Matthäus-Meier, die die Koalitionswechsel ihrer Partei zur CDU nicht mittragen wollten und in die SPD eintraten, oder bei dem Übertritt Otto Schilys zur SPD angesichts der Verschärfung der internen Konflikte zwischen »Realos« und »Fundis« bei den Grünen. Als Resultat dieser Entwicklung wurde absehbar, daß die Hoffnung, durch den Mandatsgedanken die Parteien wieder in die Gesellschaft (gleichsam als Opposition gegenüber »dem Staat«) zu ziehen und den Etatisierungsprozeß aufzuhalten, trügerisch ist. Einschränkungen der Freiheit des Abgeordneten waren die Folge, sie stärkten jedoch nicht die Basis, sondern die Führungsgremien.

Ein *Mandatsverlust* bei Partei- oder Fraktionswechsel wurde nicht ernsthaft erwogen. Das Reichswahlgesetz vom 3. Juli 1934 in der Nazizeit sah einen solchen Mandatsverlust vor, für die Gegenwart durchaus noch ein mahnendes Zeichen. Man befürchtet mit Recht, daß eigenständige Persönlichkeiten immer weniger bereit wären zu kandidieren und daß Kreaturen der Parteivorstände die politische Szene beherrschen könnten. Auch zwei weitere Vorschläge, die keine so starken Nachteile zu haben scheinen wie die Sanktion des Mandatsverlustes, haben zur Zeit keine Chance: Eine *Nachwahl* bei Parteiwechsel würde zur Ungleichbehandlung von Wahlkreiskandidaten und Listenabgeordneten führen. Der Vorschlag, *Ausgleichsmandate* für die Fraktion einzuführen, die durch einen Fraktionswechsler geschwächt worden ist, scheint sich technisch leichter realisieren zu lassen, aber er bedeutet eine Veränderung des Stimmenverhältnisses im Parlament zu Lasten dritter Parteien. Bei Fällen der Parteispaltung, wie er zweimal in der FDP vorgekommen ist, ist in unglücklichen Fällen kaum auszumachen, wer die Austretenden und wer die Ausgleichsberechtigten sind. Gerade im Hinblick auf die FDP-Abgeordneten wurde jedoch diese ganze Debatte überwiegend geführt.

Die *Parteienfinanzierung* in der Bundesrepublik wurde vielfach als ein weiterer Beleg für die zunehmende Etatisierung der Gesellschaft und das Aufsaugen der gesellschaftlichen Kräfte der Parteien durch staatliche Imperative gewertet. Funktionen der Parteien waren nicht auf allen Gebieten von zunehmender Wichtigkeit: In der Repräsentation von sozialen Interessen und in der Kontrollfunktion nahm die Bedeutung der Parteien im Vergleich zum ideologischen Zeitalter eher ab. In der Zielfindungsfunktion schrumpfte die Bedeutung der großen ideologischen Weltbilder von Parteiprogrammen. Zugleich wurden klassenspezifische Verengungen abgebaut, die Programme der Parteien wurden handlungsrelevanter und waren konkreter auf die zunehmende Fülle neuer Politikfelder gerichtet. In der Elitenbildungs- und Rekrutierungsfunktion hat das Wachstum der Parteienstaatlichkeit moderner Demokratien auch in Deutschland eher einen Funktionszuwachs der Parteien gebracht. Ein gewisser Etatisierungsprozeß war damit vorgezeichnet. Mit den wachsenden Funktionen der Parteien wurde ihr zunehmender Finanzbedarf begründet. Die Mobilisierungsfunktion der Parteien, die nicht mehr überwiegend über ideologische Identifikation vollzogen werden konnte, wurde kostenintensiver. Der Wettbewerb der Parteien um alle Schichten der Wähler, vor allem aber um die neuen Mittelklassen, wurde härter und trieb den Mitteleinsatz bei der Stimmenwerbung der Parteien in die Höhe.

Der wachsende Finanzbedarf und die Flucht der Parteien in die staatliche Finanzierung waren daher weniger die Ursache als die Folge eines generellen Etatisierungsprozesses, der Parteien nicht mehr als rein gesellschaftliche Organisationen bestehen ließ und sie immer stärker in die staatliche Sphäre einband. Früh wurde kritisiert, daß die Tätigkeit der Parteien schon um 1970 einen Finanzbedarf von 400 Millionen DM anfallen ließ, was etwa 0,06% des Bruttosozialprodukts der Bundesrepublik, 0,25% des Steueraufkommens, 4% aller Subventionen der öffentlichen Hand, 10% der Einnahmen der beiden großen Kirchen und 100% der jährlichen Einnahmen der DGB-Gewerkschaften entsprach.

Diese Zahlen sprachen keineswegs für sich. Warum sollten nicht die Parteien in ihrer verfassungsmäßig herausgehobenen Stellung den gleichen Einkommensbedarf entwickeln wie die Gewerkschaften? Maßstäbe für die Beurteilung konnten sich nur aus dem Vergleich des Wachstums der Lebenshaltungskosten, der Preisentwicklung und der Bruttoeinkommen ergeben. Die Sachverständigenkommission des Bundespräsidenten hat sich um eine Versachlichung der Diskussion bemüht und einen Quotienten aus Personalkosten, Lebenshaltungskosten, Parteimitgliedern und Zahl der Wahlberechtigten entwickelt. An ihm gemessen schienen die Parteien seit Mitte der siebziger Jahre eher *zu schwach alimentiert* zu sein (Bericht, 1983: 100). Zwar hatten sich die Einnahmen der Parteien in 20 Jahren 1969–1988 um das Viereinhalbfache vermehrt, stärker als die Einkommen, die Preise oder das Bruttoinlandsprodukt (Landfried, 1994: 92), aber die Zahlen mußten von den Sachverständigen mit den Kosten für Organisation und den Kosten der Wählerwerbung verglichen werden. Dabei stellte sich heraus, daß diese stärker zugenommen hatten als die Einnahmen der Parteien.

Nach der Verabschiedung der Novelle zur Parteienfinanzierung konnte man für Anfang der achtziger Jahre von einer Unterfinanzierung der Parteien auch bei Akzeptierung des Berechnungsschlüssels der Sachverständigenkommission des Bundespräsidenten nicht mehr sprechen. Die Einnahmen aus der Wahlkampffinanzierung für das

Wahljahr von 1983 führten zu einer *Überfinanzierung*, da die Novelle die Erstattungskosten von 3,50 DM auf 4,50 DM erhöht hatte. Zusätzlich erhielten die Parteien 1983 5,00 DM pro Wahlberechtigten für die Europawahl. Diese singuläre Konstellation heizte die Kritik an der Überfinanzierung der Parteien erneut an. Die Polemik hat vornehmlich mit Zahlen in Wahljahren gearbeitet, obwohl nur ein Mittel in einer Legislaturperiode zu fairen Schlüssen über die Parteieneinkommen führen konnte. 1984–1987 haben sich die Durchschnittswerte wieder angeglichen. Dennoch schien alarmierend, daß die Fremdfinanzierung der Parteien durch die Wahlkampfkostenerstattung bei allen Parteizentralen gelegentlich (vgl. Tabelle 4.4) mehr als 50% aller Gesamteinnahmen betrug. Die Kritik richtete sich nun weniger gegen die allgemeine Kostenentwicklung auf dem Sektor der Parteien als auf die Etatisierungsfolgen von einem wachsenden Anteil von öffentlichen Subventionen. Obwohl das Bundesverfassungsgericht mehrfach zum Hüter der Wettbewerbschancen der kleinen und neuen Parteien wurde, verschärfte sich die Kritik, daß auch das Verfassungsgericht in seiner Eindämmungspolitik der Privilegierung der etablierten Parteien nicht entschieden genug auftrete. Es wurde vermutet, daß es seine Funktion vor allem in der Verhinderung staatlicher Eingriffe in die Rechte der Bürger sehe und dabei die Kontrolle angemessener staatlicher Leistungen zu kurz kommen lasse (v. Arnim, 1991: 271). Es kann jedoch bezweifelt werden, daß die Kontrolle der Angemessenheit von Staatstätigkeit wirklich eine Funktion der Verfassungsgerichtsbarkeit sein kann (vgl. Kap. 10).

Das Parteiengesetz, das die Demokratisierung der Parteien vorantreiben helfen sollte, verdankte seine Entstehung unter anderem dem allzu ungenierten Zugriff der Parteien auf Staatsgelder. 1966 erklärte das Bundesverfassungsgericht die seit Ende der fünfziger Jahre praktizierte Finanzierung der Parteien aus öffentlichen Mitteln für verfassungswidrig und stellte damit rd. 50% der Einnahmen der Parteien in Frage. Gleichwohl wurde eine Brücke für den Rückweg in dem Urteil offengelassen: Zwar wurde die unkontrollierte und unspezifizierte Subventionierung der Parteien nunmehr für unzulässig erklärt, aber die Ersetzung von Wahlkampfkosten wurde als Möglichkeit angedeutet. Zum Problem wurde dabei die Sperrklausel des Wahlgesetzes. Nach Ansicht des Gerichts mußte sie erheblich unter der Fünfprozentklausel liegen. Erst senkte man sie daher auf 2,5% und nach erneutem Einspruch des Gerichts auf 0,5% der Stimmen, um die Parteienlandschaft nicht noch weiter zu immobilisieren.

Der Finanzhunger der Parteien ist kein rein deutsches Phänomen. »Deutsch« war nur die Neigung zur staatlichen Subventionierung und der Selbstbedienung aus der Staatskasse. In westlichen Demokratien gibt es unterschiedliche Formen der Parteienfinanzierung. Zwei Hauptentwicklungstrends lassen sich verfolgen:

- Privatrechtliche Ausgestaltung der Parteienfinanzierung bei großzügiger steuerlicher Begünstigung von Spenden, verbunden mit rechtlicher Regelung von Höchstgrenzen und Offenlegung gegen Mißbrauch.
- Öffentlich-rechtliche Regelung bei Ausbau staatlicher Zuwendungen an die Parteien.

Der Bundesrepublik war es vorbehalten, beide Wege zu beschreiten.

Eine zusätzliche Einnahmequelle war die Besteuerung der Amtsträger, die eine indirekte öffentliche Finanzierung genannt werden kann. Die Abgeordneten verlieren ihre Abgaben bei der Festsetzung der Höhe der Diäten nicht aus den Augen. Die Sachverständigenkommission, die der Bundespräsident bestellt hatte, hielt in ihrem Bericht (1983: 122) diese Abgaben für verfassungswidrig, weil sie dem Prinzip der freien Repräsentation zuwiderliefen. Die Kommission zog aus dieser Einsicht jedoch nicht die Konsequenz, diese Beiträge, die nach Umfrage unter den Abgeordneten des Deutschen Bundestages pro Abgeordneten bis zum Maximum von 2500 bis 2600 DM bei den beiden großen Parteien ausmachten (Landfried, 1994: 98) und die unbestritten bei der Höhe der selbstbewilligten Diäten berücksichtigt wurden, zur öffentlichen Parteienfinanzierung zu zählen. Mit der Bewertung als »potentielle Eigenmittel« wurde mehr verschleiert als erhellt. Es erscheint hingegen sinnvoll, diese Abgaben als indirekte Parteienfinanzierung zu werten.

Die indirekte Form staatlicher Parteienfinanzierung durch Abgaben an die Fraktionen wurde am exzessivsten von den Grünen praktiziert. Die Kehrseite des hehren Ideals, daß ein Volksvertreter nicht mehr als ein Arbeiter verdienen sollte, wurde den Wählern verschwiegen: Es kamen beträchtliche Mittel in die Hände der zentralen Parteigremien, die zur Verfestigung der Macht der Parteieliten dienen konnten. Darüber hinaus wurde fühlbarer sozialer Druck ausgeübt, um »freiwillige Spenden« von den Abgeordneten einzufordern. Die Folge war – wie Petra Kelly (in: Fücks, 1991: 29) verbittert schrieb – die »aufdringliche Verletzung ihrer Privatsphäre« durch den Zwang der Rechtfertigung ihres Privatlebens. Die Erhebung des Sockelbetrages der etablierten Parteien schien im Vergleich zu dieser Geldeintreibungspraxis neutral und human.

Rechnet man die Parteisteuern, welche die Abgeordneten an ihre Parteien abführen, und die indirekten Subventionen des Staates bei

Mitgliedsbeiträgen und Spenden und den früher existierenden Chancenausgleich hinzu, so kann man eine staatliche Finanzierungsquote von »weit über 60 %« ausrechnen. Dabei sind die Fraktionen und Parteistiftungen, die ebenfalls überwiegend vom Staat finanziert werden, noch nicht berücksichtigt (v. Arnim, 1991: 79). Fairer erscheint die Beschränkung auf die Wahlkampfkostenerstattung und die Fraktionszuschüsse, und dabei zeigt sich im Gegensatz zu den Thesen Arnims, daß die Bundesrepublik nicht an der Spitze der öffentlichen Parteienfinanzierung liegt. In Italien, in Spanien und in anderen Ländern (v. Beyme, 1984: 254) haben sich vielfach höhere Werte ausmachen lassen.

Die Bundesrepublik gilt im Ausland vielfach als die Erfinderin der *öffentlichen Parteienfinanzierung aus dem Staatshaushalt*, obwohl diese zuerst in Puertorico (1957) praktiziert wurde. Aber erst das deutsche Beispiel machte Schule, anfangs in Skandinavien und später in vielen europäischen Ländern. Frei verfügbare Zuschüsse aus der Staatskasse gab es in der Bundesrepublik jedoch nur zwischen 1959 und 1966. Das Bundesverfassungsgericht (VerfGE 52, 63, 85) hielt öffentliche Unterstützungen an die Parteien, die über 50 % ihres Einkommens ausmachten, für verfassungswidrig. Die deutschen Parteien gelten von ihren Mitteln her als die reichsten der Welt. Dennoch machte die Wahlkampfunterstützung nur in wenigen Jahren – Ausnahme 1983 bei drei Parteien, 1984 bei den Grünen und 1990 bei der FDP – mehr als 50 % der Einnahmen aus. Im Durchschnitt pendelte sich der Anteil bei etwa einem Drittel der Parteieinnahmen ein.

Die Abzugsfähigkeit von Parteispenden von der Steuer wurde durch den Ausbau der staatlichen Finanzierung nicht überflüssig. 1980 wurde der Betrag verdreifacht (von 600 auf 1800 DM). Ende 1981 wurde der größte Finanzskandal in der deutschen Nachkriegsgeschichte entdeckt. Der Flick-Konzern geriet in Verdacht, beim Verkauf von Mercedes-Anteilen Steuernachlässe als Gegengabe für großzügige Parteispenden erhalten zu haben. Ehe noch die gerichtlichen Ermittlungen abgeschlossen waren, versuchte der Bundespräsident durch ein unabhängiges Expertengremium eine Neuordnung der Parteienfinanzierung voranzutreiben, um weiteren Schaden von der Parteiendemokratie abzuwenden. Die Vorschläge des Gremiums (Bericht, 1983) sahen eine Steuerabzugsfähigkeit von Spenden bis zu 5 % des Einkommens des Spenders vor. Die neue CDU-FDP-Koalition legte im Juni 1983 in großer Eile einen Gesetzesentwurf vor. Sowohl gegen die Empfehlungen der Sachverständigen als auch gegen den CDU-Gesetzesentwurf wurden schwerwiegende verfassungsrechtliche Bedenken erhoben, die in dem Vorwurf gipfelten, daß die vorgesehene Regelung drohe, »zu einer Amnestie durch die Hintertür zu führen« (v. Arnim, 1983: 26). Dennoch wurde im Dezember 1983 das neue Parteiengesetz mit großer Mehrheit verabschiedet. Nach diesem Gesetz konnte jeder Bürger bis zu 5% seines Einkommens und jede juristische Person bis zu 2 Promille des Umsatzes und der Löhne steuerbegünstigt an Parteien spenden. Die Grünen klagten vor dem Bundesverfassungsgericht, das im Juli 1986 entschied, daß die steuerliche Abzugsfähigkeit von Spenden nach bestimmten Prozent- und Promillesätzen verfassungswidrig ist. Es setzte statt dessen eine Spendenhöchstgrenze bei 100000 DM fest. Die Bevorzugung von Großspendern blieb damit erhalten. Die Rechenschaftsberichte zeigten aber, daß ohnehin nur selten eine Firma mehr als 100000 DM gespendet hat.

Die Neuregelung von 1988 wurde mit großer Eile und mit wenig Publizität selbst gegenüber den Fraktionen von den Schatzmeistern der Parteien erarbeitet. Die Öffentlichkeit wurde mit dem Hinweis beruhigt, daß die steuerliche Absetzbarkeit von Spenden bis 60000 DM unter der Höchstgrenze lag, die das Verfassungsgericht für zulässig erachtete, und daß die Privilegierung der Großspender im Vergleich zur Fassung des Parteiengesetzes von 1984 abgebaut worden sei. Dabei wurde verschwiegen, daß die Publizitätspflicht für Großspenden vermindert wurde. Nur noch Spenden ab 40000 DM waren mit dem Namen des Spenders zu veröffentlichen. Die Neigung der Großspender zur Anonymität ist damit kodifiziert worden.

Die Grünen als Wächter der Wettbewerbschancen in der Parteienfinanzierungspolitik haben diesen Konsens der etablierten Parteien erneut vor das Bundesverfassungsgericht gebracht. Das Urteil des 2. Senats erging am 2. April 1992 (BVerfGE 85: 264ff.). Es wurde zu einer rechtspolitischen Sensation, da das Gericht relativ rasch früher verkündete Maximen als falsch erkannt hatte: In dem Urteil wurde die Unterscheidung von Organisationskosten und Wahlkampfkosten aufgegeben. Die *relative Obergrenze* der Staatssubventionierung – die Summe der Eigenmittel, welche die Parteien aufbringen – wurde bekräftigt. Der *Chancenausgleich*, der 1988 in das Parteiengesetz Eingang fand, wurde als ungerecht empfunden, und der *Sockelbetrag* wurde für verfassungswidrig erklärt. Die *Publizitätsgrenze* für Spenden wurde auf 20000 DM herabgesetzt und schloß Sachleistungen ein. Bis Ende 1993 wurde eine gesetzliche Neuregelung verlangt, damit die Wettbewerbsverzerrungen im Wahlkampf von 1994 neutralisiert werden könnten. Mit einer *Anhebung der Subvention* auf 6,50 DM pro Wähler wurden die Parteien aber so gestellt, daß eine kontinuierliche Weiterarbeit möglich wurde.

Selten ist ein Urteil durch empirische Berechnungen so gut untermauert worden. Selten ist ein Urteil in den Medien und in der Wissenschaft so einhellig gelobt worden. Die »*Staatsfreiheit*« der Parteien sollte gestärkt werden, aber es blieben so viele Probleme offen, so daß die Balance zwischen Staatsferne und Staatsnähe kaum verrückt worden sein dürfte. Kritisiert wurde vor allem, daß die Spendenhöhe nicht grundsätzlich begrenzt wurde. Da juristische Personen nach dem Urteil nicht mehr steuerabzugsfähig spenden dürfen, wurde jedoch geargwöhnt, daß künftig die Unternehmer als Personen statt der Unternehmen spenden würden (Landfried 1992: 10).

Der nun fällige Gesetzgebungsprozeß wurde durch eine vom Bundespräsidenten berufene Expertenkommission vorbereitet. Ihre Empfehlung (1993: 48ff.) erarbeitete wichtige Grundsätze, die in dem Urteil des Verfassungsgerichts nicht gelöst werden konnten. Die *Indexierung* der staatlichen Subventionen von Parteien wurde – systemgerecht – verworfen. Die *absolute Obergrenze* von ca. 230 Millionen DM sollte der Gesetzgeber nur nach Rat eines unabhängigen Sachverständigenrates überschreiten dürfen. Das Kommissionsmitglied v. Arnim gab seine abweichende Meinung über weitere Reduzierungsmöglichen zu Protokoll. Der Zwang zu *Mandatsbeiträgen* wurde erneut angeprangert, und *Direktspenden* an Abgeordnete sollten in einem Gesetz für unzulässig erklärt werden. Auch die Finanzierung der parteinahen *Stiftungen* wurde der gesetzlichen Neuregelung empfohlen.

Die Grünen haben unbestrittene Verdienste im Kampf um eine faire Regelung für die Parteienfinanzierung. Gelegentlich wurde jedoch in Ausübung der watch-dog-Funktion der Grünen das Dilemma des Tugendwächters sichtbar. Im Juli 1986 wies das Bundesverfassungsgericht eine Klage der Grünen gegen die Globalzuschüsse an die parteinahen Stiftungen ab, weil die Klägerin in ihren Rechten nicht verletzt werde, da sie über keine Stiftung verfüge. Ein Bundesvorstandssprecher wertete das Urteil als »Einladung zur Prostitution« (Murphy in: Wewer, 1990: 328). Im März 1988 wurde die Stiftung der Grünen »Stiftungsverband Regenbogen« gegründet. Der Drang, an der »Staatsknete« zu partizipieren, überwog die Bedenken der Hüter der reinen fundamentalistischen Flamme. 1992 erhielt die Stiftung »Regenbogen« 25,8 Millionen von einer Gesamtsumme von 669 Millionen DM, die an parteinahe Stiftungen ging.

Am stärksten privatwirtschaftlich orientiert ist die Parteienfinanzierung über Fördergesellschaften, wie sie in der Bundesrepublik, in Norwegen und heute vor allem in Japan noch sehr erfolgreich arbeiten. Im Urteil des Landgerichts Düsseldorf gegen den Bundesschatzmeister der CDU, Kiep, vom Mai 1990, in dem dieser wegen fortgesetzter Beihilfe zur Steuerhinterziehung verurteilt wurde, berief sich das Gericht auf ein Urteil des Bundesverfassungsgerichts von 1958, das eine großzügige Steuerbegünstigung der Partei für verfassungswidrig erklärt hatte. Dieses Verbot sei mit Hilfe der »Staatsbürgerlichen Vereinigung 1954 e. V. Köln/Koblenz« gezielt umgangen worden. Hatten in den sechziger Jahren die staatsbürgerlichen Vereinigungen um Spenden geworben, so ging in den siebziger Jahren die Initiative von den Parteien aus. Großunternehmen wurden regelrecht »veranlagt« und sind auf Bitten des Schatzmeisters um Spenden angegangen worden. Kiep hatte in den siebziger Jahren bereits auf eine rechtliche Klärung der Spendenpolitik gedrängt und empfand daher das Urteil einer hohen Geldstrafe als zu hart. Die rechtliche Klärung wurde damit vermutlich endlich möglich. Spender wie Begünstigte haben inzwischen daran ein Interesse, wenn der Spendenstrom nicht gänzlich versiegen soll. Um 1988 kam es zu einem Einbruch der Spendenaktivitäten bei fast allen Parteien, außer den Grünen. Der Trend hielt jedoch nicht an. Anfang der neunziger Jahre wuchsen die Spenden an die Parteien wieder.

Während die Kommerzialisierung der Parteienfinanzierung auf Initiative von Großspendern zunehmend weniger die ganzen Parteien als einzelne Gruppen und Exponenten als Adressaten wählte, wurden die Parteimaschinen zu einer Art »Etatisierung« selbst der privaten Spendenfreudigkeit gedrängt. Als quasi hoheitliche Organisationen legten sie Firmen direkt nahe, auf welchem Umweg sie kostengünstig spenden konnten.

In der Debatte um die Parteienfinanzierung spielen hauptsächlich die *Einnahmen* eine Rolle (Tab. 4.3). Wo Parteien als gesellschaftliche Organisationen verstanden werden, ist die Ausgabenstruktur vielfach wie ein Betriebsgeheimnis behandelt worden, in dessen Erhellung der Staat sich nicht einmischen durfte. Dennoch ist auch die Untersuchung der Ausgabenstruktur im Haushalt der Parteien von entscheidender Bedeutung für die Beurteilung der Frage, ob die Parteien – an ihren Aufgaben gemessen – überfinanziert sind.

Die Konzeption der Parteien als gesellschaftliche Organisationen geht davon aus, daß mitgliederstarke Volksparteien überwiegend aus *Mitgliedsbeiträgen* finanziert werden sollten. Unter den Quellen der Eigenfinanzierung spielen die Spenden eine herausragende Rolle. Echte Eigenfinanzierung stellen sie jedoch nur dar, wenn sie von den Parteimitgliedern stammen. Spenden von Nichtparteimitgliedern unterliegen dem Verdacht des Versuchs einer Fremdbestimmung der Parteien. Wo ihr Anteil wächst, ist von einer Tendenz zur *Kapitalisierung* der Parteifinanzen gesprochen worden (Landfried 1994: 119ff.). Bis 1982 entsprach die SPD – ihrem Selbstimage gemäß – am stärksten

Tabelle 4.3: Die Gesamteinnahmen der einzelnen Bundestagsparteien von 1968 bis 1993 (bis 1983 ohne Kredite, ab 1984 ohne Zuschüsse an Gliederungen) (in Millionen DM)

Jahr	CDU	CSU	FDP	GRÜNE	PDS	SPD
1968	34,0	10,0	9,6	–	–	48,0
1969	44,6	13,3	9,1	–	–	65,0
1970	43,7	11,6	10,4	–	–	53,2
1971	43,3	14,0	9,4	–	–	56,4
1972	113,6	22,8	23,1	–	–	113,0
1973	72,1	10,7	13,5	–	–	76,7
1974	87,3	24,4	17,6	–	–	95,7
1975	111,6	19,8	22,7	–	–	118,8
1976	144,5	29,9	28,3	–	–	123,4
1977	97,7	19,3	17,0	–	–	93,1
1978	109,2	32,2	19,5	0,2	–	110,5
1979	190,5	42,1	34,2	6,0	–	197,4
1980	159,3	37,6	35,0	6,7	–	156,1
1981	111,6	24,0	23,5	2,8	–	120,0
1982	145,7	36,5	20,6	7,0	–	143,2
1983	251,9	68,3	40,7	19,4	–	233,3
1984	192,7	42,6	28,6	34,9	–	198,1
1985	176,7	39,5	30,3	26,8	–	193,7
1986	192,1	60,2	33,1	30,4	–	199,2
1987	193,0	48,3	44,7	44,2	–	214,0
1988	174,0	43,6	33,1	29,6	–	195,8
1989	198,3	57,1	42,8	41,8	–	241,1
1990	330,4	89,8	83,8	44,5	72,9	338,0
1991	212,8	51,7	52,2	32,5	–	339,6
1992	222,1	50,1	49,5	47,0	36,6	282,1
1993	234,0	57,1	47,0	42,5	40,2	298,1

Quellen: BT Drs 12/4425, Drs 13/26.

einer mitgliederfinanzierten Partei. 1982–1983 wurde sie jedoch von der CDU/CSU im Aufkommen an Mitgliedsbeiträgen vorübergehend überrundet. Der Wandel der Unionsparteien zu Mitgliedsparteien – der vor allem durch Helmut Kohl als Oppositionsführer seit 1976 planmäßig vorangetrieben wurde – begann sich auch in den Parteifinanzen auszuwirken. Seit 1984 konnte die SPD nur noch einen leichten Vorsprung vor den Unionsparteien im Aufkommen an Mitgliedsbeiträgen aufweisen. Die Bedeutung der Spenden hat bei allen Parteien in den achtziger Jahren zugenommen, die Grünen nicht ausgenommen.

Nicht nur in den Spenden, sondern auch bei dem Kernstück der Aufbringung von Eigenmitteln durch Mitgliedsbeiträge ist ein gewis-

Tabelle 4.4: Haupteinnahmequellen der Parteien (in %)

	Jahr	CDU	CSU	FDP	Grüne	PDS	SPD
Mitgliedsbeiträge	1992	41,5	30,9	26,6	27,5	38,2	54,1
	1993	40,9	31,1	25,4	31,4	36,7	51,5
Spenden	1992	16,8	32,4	24,9	14,4	10,2	7,5
	1993	18,8	36,0	28,8	18,6	10,4	8,8
Wahlkampf-kostenerstattung	1992	25,3	25,6	27,9	30,4	1,2	20,2
	1993	26,1	22,5	26,5	23,4	12,4	19,8

Quelle: Berechnung nach den Angaben der Rechenschaftsberichte.

ser Anteil Parteienfinanzierung verborgen, da der Staat durch die Steuerbegünstigung von Mitgliedsbeiträgen beträchtlich beteiligt ist. 1984–1987 lag er bei Zweidritteln der Wahlkampfkostenerstattung durch die Staatskasse (Landfried, 1994: 113).

Die *Spenden* als die zweite Quelle der Eigenfinanzierung sind noch stärker ins Zwielicht des Vorwurfs der versteckten Staatsfinanzierung einerseits bei Förderung der Kapitalisierung der Parteienfinanzen andererseits geraten.

Entscheidend für die Beurteilung der Rolle der Spenden sind zwei Faktoren:

- das Verhältnis von Beiträgen zu den Spenden
- und der Anteil der Großspenden innerhalb des Spendenaufkommens für die Parteien.
- Gemessen an dem ersten Kriterium weisen die drei etablierten Parteien der Bundesrepublik große Unterschiede auf. Die SPD ist noch immer die Partei, in der die Beiträge eine weit größere Bedeutung als die Spenden besitzen. 1986 und 1987 war das Verhältnis etwa 5:1, in vielen Nichtwahljahren war die Kluft noch größer. Bei der FDP liegen die Spenden in ihrem Gewicht über den Beiträgen etwa im Verhältnis 0,7:1. Nur bei den Liberalen ist die Kapitalisierungstendenz auffallend. Bei den Unionsparteien pendelte sich die Relation von Beiträgen zu den Spenden etwa auf ein Verhältnis 2:1 ein. Weit schwieriger erscheint es, den Anteil der Großspenden an den Einnahmen der Parteien aus Spenden auszumachen. Bei der Wahlkampffinanzierung der Bundestagsabgeordneten überwiegen nach einer Umfrage von 1988 (Landfried, 1994: 131) die Spenden bis zu 100 DM. Unter dem Vorbehalt von Dunkelziffern wurde nach den Rechenschaftsberichten der Parteien nur bei der CSU ein großer Anteil an Großspenden von ca. einem Drittel ermittelt. Die machten aber nur 5% des Spendenaufkommens aus. Bei der CDU

waren es etwa 9,5%, bei der FDP 7%. Nur bei der SPD waren sie die Ausnahme, ca. 1%. Spektakulär war die Nau-Spende von 7,6 Millionen DM von 1982. Die Kapitalisierung machte nur langsam Fortschritte, und durch die Finanzskandale am Ende der achtziger Jahre ging die Spendenwilligkeit der Unternehmen vorübergehend stark zurück. Nur in kriminalistischer Kleinarbeit konnten gelegentlich die illegalen Großspenden ermittelt werden wie bei dem Flick-Prozeß. Der Anteil der illegalen Großspenden war gelegentlich höher als der der legalen Zuwendungen Dritter. Die Förderungsgesellschaften, die in der Literatur vielfach schon als bedeutungslos eingestuft worden waren, spielten in den Transaktionen wieder eine gewichtige Rolle.

- Dunkelziffern im Spendenaufkommen liegen auch in den direkten Zuwendungen an einzelne Abgeordnete oder Parteiflügel, ohne den Umweg über die zentrale Partei. Die Zuwendungsgeber sind zunehmend wählerischer in ihren Zielkandidaten geworden, und darin liegt vielleicht die größte Gefahr einer Kapitalisierung der Parteifinanzen. Im Gegensatz zu den USA, welche die Abgeordnetenbestechung unter Strafe stellen, sind die »Verhaltensmaßregeln der Mitglieder des Deutschen Bundestages« sehr viel weniger restriktiv gehalten. Die Novellierung des Abgeordnetengesetzes war 1986 durch den Fall Barzel ausgelöst worden, der für seine Mitarbeit an einer Rechtsanwaltspraxis durch einen verschleierten Beratervertrag mit der Firma Flick hochdotiert war. Ein Verbot direkter Spenden an Abgeordnete ist gleichwohl in Deutschland noch nicht mehrheitsfähig geworden. Die vom Bundespräsidenten berufene Expertenkommission hat diese Forderung erneut auf den Tisch des Gesetzgebers gebracht (Empfehlung 1993: 50).

Eine weitere Gefahr der Entstehung von Abhängigkeiten der Parteien ist durch die wachsende Bedeutung der *Kreditaufnahme* gegeben. Die Nettokreditaufnahme wurde in den neueren Rechenschaftsberichten seit 1989 nicht mehr ausgewiesen. Bei der CDU stellte sie im Wahljahr 1987 36% der Gesamteinnahmen dar. Bei SPD und FDP gingen die Bankkredite zurück, und bei den Grünen spielten sie keine Rolle. Vorschläge zur Schaffung einer Obergrenze für die Kreditaufnahme der Parteien, wie sie die Sachverständigenkommission vorstellte, griff der Gesetzgeber auf (Empfehlungen 1993: 50).

Die *Ausgabenseite* der Parteifinanzen ist bisher weit seltener untersucht worden. Sie ist jedoch auch für die Tendenzen der Einnahmen von Bedeutung, falls sich eine *Kommerzialisierung* als dauerhafter Trend nachweisen läßt. Die wichtigsten Ausgabenposten sind politische Arbeit (vor allem innerparteiliche Gremienarbeit), Personal und

Verwaltung. Bei den beiden größten Parteien in Deutschland haben sich die Ausgaben stark angenähert. Die knappe Hälfte der Ausgaben entfällt auf die politische Arbeit. Bei FDP und Grünen liegt dieser Anteil noch höher. Ausgaben für Wahlkampftätigkeiten werden von den Parteien am stärksten als ein vor der Konkurrenz gehütetes Betriebsgeheimnis behandelt. In Deutschland werden diese Ausgaben nicht einzeln ausgewiesen. Die Parteien haben hier noch weniger als in anderen Ländern mit geringerer Wahlkampfkostenerstattung wie Amerika oder Frankreich ein Interesse an der Offenlegung ihrer Ausgaben, weil diese Offenheit die hohe Wahlkampfkostenerstattung aus dem Staatshaushalt in Frage stellen könnte. Die Schatzmeister der Parteien haben gleichsam ein Kartell gebildet. Es stellte die Kriterien auf, nach denen direkte und sonstige wahlkampfbezogene Kosten definiert worden sind. Sie sollten maximal auf 50% der laufenden Kosten begrenzt werden. Hinzu treten die Eigenmittel der Kandidaten, die nach verschiedenen Umfragen Anfang der siebziger Jahre ca. 10000 DM und Ende der achtziger Jahre ca. 18000 DM ausmachten. Drucksachen und Kandidatenfaltblätter standen bei den Wahlkampfausgaben mit 28% an der Spitze der Ausgaben der Parteien. Es folgten Anzeigen (23%) und Plakate (19%). Die Kommerzialisierung der Wahlkämpfe ist im Gegensatz zu Amerika nicht so weit fortgeschritten. Angesichts der öffentlich-rechtlichen Dominanz der Medien müssen Fernsehzeiten nicht gekauft werden. Im Gegensatz zu Amerika werden Werbefirmen nicht pauschal beauftragt. Die Parteien versuchen, Wahlkampfexpertisen in der eigenen Organisation zu entwickeln. Am stärksten gilt das für die Unionsparteien (Radunski, 1980). Der Kauf von Leistungen gegen Geld der Parteien, welcher die Kommerzialisierung vorantreibt, ist allenfalls bei den Parteizentren üblich, kaum bei den Untereinheiten der Parteien. Im Gegensatz zu Amerika ist der Wahlkampf noch weitgehend von der Partei koordiniert und läßt keine großen Abweichungen bei einzelnen Kandidaten und Abgeordneten zu. Zur Verhinderung einer Verselbständigung der Parteien ist von Eschenburg ein Bürgerbonus vorgeschlagen worden, der von der Sachverständigenkommission (Bericht, 1983: 213) wieder aufgegriffen worden ist. Die Parteien – mit Ausnahme der Grünen – haben jedoch eine dritte Finanzstimme (die über die Verteilung der staatlichen Mittel den Wähler entscheiden läßt) als »Bonus für Spaßvögel und Querulanten« bisher abgelehnt (Landfried, 1994: 311). Auch die Einführung der amerikanischen Matching funds – staatliche Gelder an die Beiträge und Kleinspenden zu koppeln –, die von einem USA-Spezialisten vorgeschlagen worden ist (Lösche, 1984: 125), war ein Weg, die Staatssubventionierung wieder stärker an die Leistungen der Parteimitglieder zu koppeln. Das Bundesverfassungsgericht hat ihn beschritten.

Der Ausbau der öffentlichen Parteienfinanzierung hat sich gerade für unkonventionelle neue Kräfte und noch nicht gefestigte Organisationen als tödliche Gefahr erwiesen. Als die Grünen im Dezember 1990 bei den Bundestagswahlen scheiterten, mußten sie über Nacht auch den wirtschaftlichen Ruin erkennen. Der Schatzmeister der Grünen rechnete für die 11. Wahlperiode mit 12,7 Millionen DM weniger an staatlichen Zuschüssen. Die Zwangsausgaben von Bundestagsabgeordneten aus deren Diäten entfielen zusätzlich. Die Wahlkampfkostenerstattung und der Sockelbetrag fielen aufgrund des schlechten Abschneidens niedriger aus als erwartet. Auch die unkonventionelle Antipartei hatte sich in wenigen Jahren an die öffentliche Subventionierung gewöhnt, so scharf sie auch deren Mißbräuche und Übertreibungen angeprangert hatte. Im Februar trat die sechste Novelle zum Parteiengesetz in Kraft, welche die Auflagen des Bundesverfassungsgerichts von 1992 zur Wahlkampfkostenerstattung (BVerfGE 85, 264 ff.) gesetzgeberisch umsetzte. Wahlkampfkostenerstattung und Chancenausgleich wurden durch eine Teilfinanzierung der Parteien ersetzt. Die Zweckbindung der staatlichen Mittel an Wahlkampfkostenerstattung, die immer etwas Künstliches hatte und zum Mißbrauch einlud, wurde durch eine Teilfinanzierung aller Funktionen von Parteien ersetzt. Um die Eigenkräfte anzuregen, wurden diese Mittel jedoch an den Erfolg eigener Anstrengungen in Form von gesammelten Mitteln und Stimmen bei den Wahlen gebunden. Für jede Stimme wird 1,– DM vergütet. Um die kleinen Parteien nicht zu benachteiligen, sollen für die ersten fünf Millionen DM 1,30 zugeschossen werden. Für jede DM, die Parteien aus Mitgliedsbeiträgen oder Spenden aufbringen, soll ihnen DM 0,50 aus dem Bundeshaushalt vergütet werden. Eine Kommission unabhängiger Sachverständiger soll über die Auswirkungen der Neuregelung bis zum 31. 3. 1999 berichten.

Die Begünstigung der ersten fünf Millionen Stimmen, die eine Partei erhält, wurde als »verkappter Sockelbetrag« angesehen. Die Obergrenze von 230 Millionen DM wurde, ohne daß das Verfassungsgericht dies verlangt hatte, festgeschrieben. Schon für 1994 wurde eine Obergrenze bis 250 Millionen DM für angemessen errechnet (Kaltefleiter/Naßmacher, 1994: 256). Es ist damit vorgesorgt, daß die Parteienfinanzierungsdebatte nicht zur Ruhe kommt. Wählerparteien vom Typ der Grünen scheinen durch die Subventionsregelung schwächer dotiert als Kaderparteien vom Typ PDS. Die Neuregelung ist sogar als »vorverlegte Verschanzung gegenüber allen, auch demokratischen Herausfordererparteien« eingeschätzt worden (Rudzio, 1994: 399). Die Neuregelung enthält Anreize zur Organisation von Scheinspenden. Die Entwicklung von den Volks- und Mitgliederparteien zur postmodernen Rahmenpartei professioneller Parteieliten wird durch die Neuregelung vermutlich begünstigt. Bei ihr kommt es weniger auf die Mobilisierungskraft von Massenparteien an als auf findige Parteieliten, die in geschickt arrangierten Netzwerken ihre Erfolge im »fundraising« von der Staatskasse belohnen lassen.

Die staatliche Finanzierung von Parteien wird vielfach stellvertretend für alle Etatisierungstendenzen verketzert. Zu Unrecht, denn sie ist nur ein Indiz, nicht die Ursache dafür, daß Parteien immer stärker in die staatliche Sphäre hineinwachsen. Dieser Prozeß ist unumkehrbar und keineswegs nur negativ zu beurteilen. Die traditionelle Scheidung zwischen Staat und Gesellschaft läßt sich nicht mehr aufrechterhalten, auch wenn linke Oppositionen an diese Topoi des 19. Jahrhunderts wieder anzuknüpfen versucht haben. Die Gruppen stehen dem Staat nicht mehr bloß als fordernde Interessenverbände gegenüber, sondern treffen mit dem Abbau der »Verbandsprüderie« der traditionellen Staatsmetaphysik selbst zunehmend politische Verteilungsentscheidungen zusammen mit staatlichen Institutionen.

Die Polemik gegen die Staatsfinanzierung geht von einem veralteten Ideal der sich selbst finanzierenden Mitgliederpartei aus. Dies ist auch durch den *Wandel der Motivation für die Parteimitgliedschaft* zum Teil überholt. Selbst die SPD ist heute nicht mehr die verschworene Gemeinschaft der einander duzenden Kämpfer für die Unterprivilegierten. Ausschließliche Selbstfinanzierung stärkt die Tendenzen von Patronagepolitik, wie die USA als abschreckendes Beispiel zeigen. Die Aufgaben der Parteien sind vielfältiger geworden, die Mitgliederzahlen aber sind nicht mehr nennenswert zu steigern.

Umfragen zeigen, daß die Beitrittswilligkeit begrenzt ist, auch wenn der alte Anti-Parteien-Affekt, der 1949 alle neuen Parteien suspekt machte, weitgehend abgebaut werden konnte. Mit der Entwicklung zu Volksparteien kann keine Partei mehr hoffen, den Bürger in allen Fragen an sich zu binden und womöglich auch alle auftauchenden Sinnfragen des Lebens noch zu beantworten, wie es die alten Subkulturparteien der Katholiken und der weltanschaulich gebundenen Sozialisten versuchten. Umfragen zeigen, daß der Bürger den Parteien rationaldistanzierter gegenübersteht und je nach Problem seine Präferenz für bestimmte Parteien aufteilt. Daher sind auch Fragen nach der Parteienidentifikation in der Bundesrepublik häufig in die Irre gegangen (vgl. Kap. 3b).

Die staatliche Parteiensubventionierung muß die Mitte zu halten suchen zwischen dem Zwang zur Aufspürung privater Gelder und zunehmender Trägheit der Parteibürokratien, die es nicht mehr nötig haben, die Mitglieder und deren Opfersinn zu mobilisieren.

(c) Demokratisierung und Fraktionierung

Das Grundgesetz gewährt den Parteien im Artikel 21 nicht nur Privilegien über die Mitwirkung an der politischen Willensbildung, sondern stellt an sie auch Anforderungen hinsichtlich der inneren Ordnung, die »demokratischen Grundsätzen« entsprechen muß. Bis zum Parteiengesetz wurde das Demokratiedefizit meist rein negativ in bezug auf verfassungsfeindliche Organisationen bestimmt. Die positiven Erfordernisse der innerorganisatorischen Demokratie bei den übrigen Parteien wurden kaum reflektiert.

Das Parteiengesetz brachte hier inhaltliche Verbesserungen. Die territoriale Gliederung muß so eingerichtet sein, daß die Mitwirkung der Mitglieder ermöglicht wird. Die Zahl der Delegationsstufen, die Fristen für die Wahlen der innerparteilichen Leistungsgremien, das Verbot von Aufnahmestopps für neue Mitglieder, die Regelung der Schiedsgerichtsbarkeit und der Ausschlußgründe schützen die rechtliche Stellung der Mitglieder.

Gerade starke Mitgliederparteien haben besondere Schwierigkeiten, die innere Organisationsstruktur demokratisch und transparent zu halten. Die SPD kann Kreismitgliederversammlungen angesichts ihrer Größe schon nicht mehr zulassen. Daher wird der »Volkswille« der Parteibasis in der Regel in dieser Partei durch eine *Delegationsstufe* mehr als bei den anderen Parteien »gebrochen«. Ein gewisser Organisationstraditionalismus wird durch das Festhalten an herkömmlichen *Gebietseinheiten* gestärkt, die sich vielfach nicht mit den Ländergrenzen decken.

Die *Existenz von Untereinheiten* bei den Landesverbänden (vier bei der CDU in Baden-Württemberg und bei der SPD in Niedersachsen sind die krassesten Fälle) kompliziert die Willensbildung und macht die Konflikte zwischen Landesregierungen und ihrer Partei in einigen Bundesländern undurchsichtig. Etablierte Hausmachtinteressen widersetzen sich in beiden großen Parteien einer Flurbereinigung der Organisationslandschaft.

Noch anstößiger im Sinne des Demokratiegebots sind die *Ex-officio-Stimmrechte der Vorstände* bei Parteitagen. Das Parteiengesetz (§ 9 Abs. 2) hat versucht, Mißbräuchen der Vormachtstellung von Vorständen einen Riegel vorzuschieben. Aber es gestattet den Ex-officio-Mitgliedern noch immer, mit Stimmrecht bis zu einem Fünftel der satzungsmäßigen Gesamtzahl der Versammlungsmitglieder an den Vertreterversammlungen teilzunehmen. Bei drei Delegationsstufen wäre der Extremfall denkbar, daß bei Bundesparteitagen nur etwas über die Hälfte der Parteitagsdelegierten ihr Mandat durch eine nicht durch Amtsmitgliedschaften unterbrochene Delegationskette legitimiert erhalten hat (Zeuner, 1970: 56). Zum Glück wird der Rahmen, den das Parteiengesetz steckt, nicht ausgeschöpft. In der Regel überschreitet der Anteil der Delegierten kraft Amtes 5–15% (SPD) und 10–20% (CDU) der Gesamtzahl nicht. In der FDP gab es Parteitagsdelegierte kraft Amtes nur im Bundeshauptausschuß, der eine Art »kleiner Parteitag« darstellte (Kaack, 1978: 71).

Demokratisierungstendenzen gingen im Gefolge der Protestbewegung Ende der sechziger Jahre Hand in Hand mit *Fraktionierungstendenzen*, die einen Teil der Demokratisierung durch innerorganisatorische Polarisierung wieder zunichte machten. Gutgemeinte Ratschläge zum Ausbau des innerorganisatorischen Wettbewerbs, wie sie Naschold (1969) von den amerikanischen Druckergewerkschaften auf die deutschen Parteien übertrug, blieben unrealisierbar. Einige der Voraussetzungen dieser Konflikte bei grundsätzlicher Einheit (z. B. relative soziale und weltanschauliche Homogenität) waren angesichts der innerparteilichen Diskussion und der starken inneren Konflikte in den deutschen Parteien nicht gegeben.

Einen begrenzten innerorganisatorischen Wettbewerb hatte es in den Parteien immer gegeben. Die *Arbeitsgemeinschaften* führten zu einem Wettbewerb funktionaler Gliederung. Vor allem bei der CDU hat dies den Wettbewerb bis hin zu Kampfabstimmungen bei der Kandidatenaufstellung belebt. Im Gegensatz zur SPD war die CDU auch in bezug auf die Finanzierung der Ausschüsse offenbar toleranter, etwa wenn die Sozialausschüsse von der Jakob-Kaiser-Stiftung mitfinanziert wurden. Bei der CSU hat die Betonung des ständischen Organisationsprinzips als Anachronismus eigentlich eher dazu beigetragen, daß die Arbeitsgemeinschaften lange ein organisatorisches Scheinleben führten (Mintzel, 1977: 179).

Die *Jugendorganisationen* waren unter den Arbeitsgemeinschaften immer eine Sonderform, die am stärksten zur Belebung von Wettbewerb und Konflikt beitrug. Bei der CDU war die Junge Union sehr viel problemloser Karrierevehikel als die Jungsozialisten bei der SPD. Die »Ochsentour« bei der SPD war fast unvermeidbar. Die Elitenforschung zeigt (Kap. 6), daß die herkömmlichen Rekrutierungsmuster in dieser Partei seltener durchbrochen wurden als in den beiden anderen Parteien.

Ende 1961 kam es zum ersten Unvereinbarkeitsbeschluß des SPD-Vorstandes gegen den SDS, der im Vergleich zur weiteren Entwicklung hin zur außerparlamentarischen Opposition im Rückblick relativ gemäßigt erschien, gemäßigter jedenfalls als die Ansichten des Stamokap- und des antirevisionistischen Flügels der Jungsozialisten, die ihre Meinungen äußern, ohne daß die Parteispitze es bisher zum Bruch mit dieser Arbeitsgemeinschaft kommen ließ. Spätestens seit dem Münchner Kongreß der Jungsozialisten im Dezember 1969 wurde eine Linie der stärkeren Autonomie gegenüber der Partei verfolgt, die aus der außerparlamentarischen Opposition (APO) eine innerparteiliche Opposition (IPO) zu machen drohte. Eine schlichte Identität zwischen Jungdemokraten und Jungsozialisten mit der APO der sechziger Jahre war jedoch nicht gegeben. Nur kleine Teile der APO gingen in die Jugendorganisationen der Parteien ein, der größere Teil setzte die Traditionen in den K-Gruppen als Reaktion auf die antiautoritäre Welle oder in neuen antiautoritären Gruppen spontaneistischer und undogmatischer Provenienz fort.

Die FDP war organisatorisch lange am tolerantesten gegenüber ihrer Jugendorganisation. Die Jungdemokraten waren am unabhängigsten von ihrer Partei, bis der Koalitionswechsel von 1982 auch die Liberalen zur Trennung von ihrem Jugendverband zwang, als dieser die Wende nicht mitmachen wollte und in zunehmenden Konflikt mit der Partei geriet.

Die Satzungsänderung vom Februar 1978 hat durch eine Änderung des Paragraphen 5 Abs. 2 die Mußbestimmung: »Die Mitglieder des Bundesvorstandes müssen FDP-Mitglied sein« in eine Sollbestimmung abgemildert. Anlaß war ein Ausschlußverfahren in Hessen. Zweck der Änderung war, Parteiausschlüsse nicht automatisch auch für Führungsfunktionen bei den Jungdemokraten wirksam werden zu lassen. Die Jugendorganisationen der Parteien haben immer versucht, die Frage der Mitgliedschaft in ihrer Partei nicht allzusehr zu schematisieren. Auch die Jungsozialisten haben in der Zeit, als neue Volksfrontvorstellungen in ihren Reihen auflebten, gelegentlich mit Nicht-SPD-Mitgliedern eng zusammengearbeitet. Diese durften jedoch keine organisatorischen Führungsfunktionen übernehmen.

Die Grüne Partei schien lange die einzige, die keiner Jugendorganisation bedurfte. Sie empfand sich als »die Jugend«. Bei der Idolisierung der jugendlichen Protestkultur wurde übersehen, daß eine Generation – die 68er – lange ihre Macht zementierte. Joschka Fischer hat wohl als erster klar gesehen, daß auch die Grünen einen Jugendverband gründen sollten, um ihre Erfolge intergenerationell auf Dauer zu stellen und eine Partei wie andere zu werden. Aber selbst dieser Vorschlag ist noch als Versuch gewertet worden, die Dominanz der 68er in der Satzung der Grünen festzuschreiben (Fücks, 1991: 79), obwohl er eher das Gegenteil darstellte: Abschied von den Illusionen der 68er, die ihr eigenes Altern nicht akzeptieren konnten. Bisherige Erfahrungen mit Nachwuchsverbänden der Grün-Alternativen Jugend, etwa in Schleswig-Holstein seit 1988, haben gezeigt, daß das Verhältnis von Partei und Jugendorganisationen noch konfliktreicher werden dürfte als bei den alten Parteien. Die Nachwuchsorganisationen verstehen sich nicht als Werbevereine für die Grünen.

Ein Paradoxon hat sich entwickelt. Die Partei, die einst für ideologische Geschlossenheit und straffe Organisation stand, die SPD, hat sich Anfang der neunziger Jahre als die »postmodernere« Partei von den beiden großen Volksparteien gezeigt. Die soziale Heterogenität hat die SPD noch rascher verändert als die CDU. Arbeitsgemeinschaften und innerparteiliche Interessengruppen sind selbst in sich zunehmend vom Faktionalismus gespalten, wie die Jungsozialisten. Gruppen in der Defensive rufen nach der »Quotenpartei«. Noch schreckt das amerikanische Beispiel, das durch exzessive Konzessionen an das Prinzip der »politischen Korrektheit« seine Parteien noch stärker zersplittert hat, als sie im Vergleich zu Europa ohnehin schon waren (Lösche/Walter, 1992: 382). Aber auch im Bereich der Parteien scheint sich zunehmend zu zeigen, daß die »erste neue Nation« mit ihren fluktuierenden Strukturen nicht Nachhut, sondern Vorhut einer Entwicklung war, die allen sich modernisierenden Parteiensystemen drohte. Die »lose verkoppelte Anarchie«, die Lösche in der SPD entstehen sah, wurde bereits selbst in der PDS gesichtet (Brie u. a., 1995: 56), die von ihren Gegnern noch immer für eine verschwörerisch geführte Kaderpartei gehalten wird.

(d) Entlegitimierung durch Extremismus und neue soziale Bewegungen?

Der Konzentrationsprozeß im Parteiensystem zwischen 1949 und 1961 erschien Ende der siebziger Jahre nicht mehr umkehrbar. Seit Mitte der sechziger Jahre ist wieder Bewegung in das westdeutsche Parteiensystem gekommen. Sie hat sich jedoch nicht in traditioneller Weise durch Bildung neuer Protestparteien manifestiert. Überhaupt haben die kleinen Parteien einige der Generalisierungen, die in der angelsächsischen Forschung üblich waren, in Frage gestellt. Die meisten kleinen Parteien nach 1949 waren kleine Bewegungen, die aufbrachen, weil das etablierte Parteiensystem nicht in der Lage war, bestimmte Interessen zu aggregieren. Allenfalls für den BHE galt das, und dies auch nur, weil die Vertriebenenbewegung anfangs organisatorisch von den Besatzungsmächten behindert wurde. Andere kleine Parteien aus der Zeit vor 1961 waren eher Relikte älterer Strukturen und Konflikte, sei es auf regionaler Ebene wie die DP und die Bayernpartei, sei es in funktionaler Hinsicht wie die Wirtschaftliche Aufbauvereinigung.

Das alte Vorurteil, daß kleine Parteien *keinen Einfluß auf die zentralen Fragen* des Systems hätten, vor allem auf die Regierungsbildung, ließ sich im deutschen Kontext auch nicht halten. BHE und DP hatten bis 1957 wichtige Funktionen zur Absicherung der Vorherrschaft der CDU. Ohne die FDP kann heute keine der beiden großen Parteien ihre Rechnung für die Regierungsführung machen. Somit wird auch der Umkehrschluß problematisch, der kleinen Parteien die Funktion zuschreibt, gleichsam als Pressure-groups ihren Einfluß auf die großen Parteien geltend zu machen.

Klassifikationen von kleinen Parteien müssen einen Mittelweg finden zwischen der Behandlung irrelevanter Gruppen und solchen Parteien, die nach der traditionellen Definition von Sartoris Parteienlehre ein Potential für die Regierungsbildung oder ein Erpressungspotential im politischen System mobilisieren können. Die Grenze relevanter Parteien ist numerisch bei etwa 2% angesiedelt worden. Die Relevanz von Parteien schwankte jedoch mit der politischen Kultur. Auch kleine Parteien können bei der Definition der politischen Spielregeln eine wichtige Funktion besitzen. Wo eine Partei von der Bedeutung der FDP unter die kleinen Parteien eingereiht wurde (Müller-Rommel/Pridham, 1991: 16), wurde die Grenze überschritten, an der nur partiell relevante Gruppen als kleine Parteien gewertet werden.

Deutschland ist ein Beispiel für ein Land, in dem die kleinen Parteien eine vergleichsweise geringe Rolle spielen. Die Fünfprozenthürde hat eine überragende Bedeutung für die Definition von Relevanz und Größe. Die Grünen als wichtigste kleine Partei, der es in relativ geringer Zeit gelang, ein recht stabiles Wählerpotential zu mobilisieren und Relevanz auch in Koalitionsverhandlungen wenigstens auf Länder- und Gemeinde-Ebene zu erlangen, erlaubten von einer kleinen Partei nurmehr in numerischer Hinsicht zu sprechen. Die Konzeption der »wehrhaften Demokratie«, die nirgends so stark entwickelt worden ist wie in der Bundesrepublik, hat dazu geführt, daß kleine Parteien in der Regel als extremistische Parteien von Koalitionserwägungen strikter ausgeschlossen wurden als in anderen westlichen Demokratien. Das galt in einem bis 1990 geteilten Land vor allem für die Linke, aber angesichts der deutschen Vergangenheit rein rechtlich auch für die Gruppen rechts von den etablierten Parteien, die sich überwiegend als Parteien der Mitte definierten. In Deutschland lassen sich drei Wellen des *Rechtsextremismus* feststellen, die – wie in anderen westeuropäischen Ländern – jeweils unterschiedliche Formen von Parteien hervorbrachten. Die erste Welle organisierte vor allem die depravierten Nutznießer des untergegangenen faschistischen Regimes, die zweite Welle organisierte Protestparteien, die keinen integralen Faschismus oder Nationalismus mehr vertraten, aber noch stark von Führungskräften geprägt waren, die im vordemokratischen Regime eine untergeordnete Rolle gespielt hatten. In der dritten Welle dominierten Einzelprobleme wie Arbeits- und Wohnungsnot, die von populistischen Demagogen einseitig auf Asylanten und Ausländer zurückgeführt wurden (von Beyme, 1988: 10ff.). Der Rechtsextremismus begann, sich vom alten Faschismus loszusagen. Schönhuber als Führer der Republikaner brachte es fertig, zunächst die Existenz von Nazis in seiner Bewegung zu leugnen, und als er in seiner Parteiführung an den Rand gedrängt wurde, seine Entmachtung auf eine Verschwörung alter »Faschisten« zurückzuführen.

Der *Rechtsextremismus* spielte in der ersten Krise 1966/67 eine starke Rolle, obwohl seine Stimmenzahl auch auf dem Höhepunkt geringer war als die Durchschnittszahlen, die die neofaschistische MSI in Italien bei Wahlen erhält. Daß die Krise von 1973/74 kein analoges Wachstum der NPD-Stimmen mit sich brachte, nachdem diese 1969 ihr Ziel, die Fünfprozenthürde zu überspringen, knapp verfehlt hatte, hat manche der Krisenerklärungen fragwürdig gemacht. Erklärungen, die schlichte Analogien zum »Faschismus« und zur Radikalisierung der unteren Mittelschichten der Weimarer Republik ziehen wollten, sind im Lichte der quantitativen Daten nicht erhärtet worden. Nur die Landwirte und die Einzelhändler zeigten überdurchschnittlich hohe Sympathien für die NPD, nicht der ganze untere Mittelstand der Bundesrepublik (Herz, 1975: 151, 160).

Die Peer-group-Sozialisation und die jeweils lokale Art von Extremismus machen daher immer wieder viele Verallgemeinerungen der Forschungen über frühe Sozialisation, Familienverhältnisse und soziale Herkunft von Extremisten seit den Studien von Adorno und seinen Mitarbeitern bei der Untersuchung des Extremismus und Terrorismus der siebziger Jahre in der Bundesrepublik wenig brauchbar.

Angesichts der ersten Anzeichen einer Radikalisierung der bisher kaum gewachsenen faschistischen Gruppen, die begannen, sich unter dem Eindruck des linken Terrorismus der siebziger Jahre zu gewaltsamen Methoden zu bekennen, wurde vielfach von links nach scharfem Durchgreifen gegen die Rechtsradikalen gerufen. Das Problem blieb, daß das Grundgesetz nicht die marxistische Werthaltung teilt, wonach Rechtsextremismus verfolgt und Linksextremismus gefördert werden muß. Politisch wurde die schärfere Wachsamkeit nach rechts von vielen Bürgern akzeptiert, vor allem seit dem Zusammenbruch des »realen Sozialismus«.

Die formalen Prinzipien des Rechtsstaates in einer »streitbaren Demokratie«, die sich vielfach als Schutz für politisch abweichendes Verhalten erweisen, bleiben jedoch gegen Gesinnungsmomente weitgehend immun. Angesichts der häufig bewußt sehr formalen Handhabung der Prinzipien des Rechtsstaates war nicht auszuschließen, daß der Ruf nach Verbotsanträgen gegen die Rechten, wo immer sie auch nur eine Versammlung ankündigten, durch das Denken in Rechts-Links-Symmetrien zum Bumerang für die Linke wurde.

Nach dem Zweiten Weltkrieg sind in westlichen Demokratien weniger neofaschistische Parteien als vielmehr *kleinbürgerliche Protestbewegungen* wie der Poujadismus in Frankreich und die Bewegung von Glistrup in Dänemark zur Bedrohung für das etablierte Parteiensystem geworden. Ansätze dazu zeigten sich in der Bundesrepublik erst seit der »Tendenzwende«. Die ›Deutsche Fortschrittsbewegung‹ (DFB) und einzelne Drohungen des Bundes der Steuerzahler, eine Partei der Steuerrebellen in die politische Arena zu führen, wurden in ihren Erfolgsaussichten skeptisch beurteilt, obwohl nach Umfragen ein stattlicher Teil der Befragten seine Bereitschaft erklärte, für eine Partei nach dem dänischen Vorbild Glistrups zu stimmen, wenn sie existierte. Die Statt-Partei, mit Zentrum in Hamburg, hat die Hamburger Regierungsbildung beeinflussen können, aber es gelang ihr nicht, eine dauerhafte Kraft im Parteiensystem zu werden.

Die *Bürgerinitiativen* haben seit Mitte der siebziger Jahre die Vorstellung falsifiziert, daß sie überwiegend Abwehrinitiativen darstellen, auf längere Dauer nicht organisierbar sind, den Dunstkreis regionaler Probleme nicht verlassen und überwiegend ein mittelständisches Vorurteil verraten. Die Abkehr von makropolitischen zu mikropolitischen Zielsetzungen, die sich in anderen westeuropäischen Demokratien überwiegend in der Regionalismus- und Devolutionsbewegung zeigte, hatte deutsche Parallelen in einer Re-Kommunalisierung der Politik. Durch den Föderalismus der Bundesrepublik konnten diese Tendenzen jedoch schneller auf landespolitischer Ebene eingebunden werden als in anderen Ländern.

Die vielfach alarmierende Behauptung, daß die Bürgerinitiativen mehr Mitglieder als die Parteien hätten, hielt einer Nachprüfung nicht stand. Spitzenschätzungen kamen für die rund 50000 Bürgerinitiativen nicht über 1,5 Millionen Mitglieder. Die Parteien organisieren hingegen mehr als 2,3 Millionen (Tab. 4.5). Die Bereitschaft von über der Hälfte der Bürger, eventuell an einer Bürgerinitiative teilzunehmen, kann nicht darüber hinwegtäuschen, daß nur ein kleiner Teil von ihnen tatsächlich an einer Initiative mitwirkt.

Angesichts der immer stärker sich ausbreitenden Tätigkeit der staatlichen Verwaltung sind Bürgerinitiativen in der Bundesrepublik aufgrund der starken Abschottung des Parteienkartells im Elfenbeinturm der Fünfprozentklausel zum unerläßlichen Ventil für Aktivitäten abwehrender und prophylaktischer Art geworden. Mangels plebiszitärer Möglichkeiten im stark repräsentativ-parlamentarischen System der Bundesrepublik sind sie zudem eine Form des Rechtsschutzes »nicht-justizieller Art« (Schmitt-Gläser, VVDStRL, 1973: 260). Ferner sind sie ein Frühwarnsystem für das Aufkommen von Gruppen, die auf Veränderung der offiziellen Entscheidungsstrukturen drängen und sich dadurch von den ganz im bestehenden System integrierten Interessengruppen unterscheiden. Die staatlichen Akteure beantworteten diese Initiativen mit Erweiterung der Konsultationsrechte, vor allem im kommunalen Bereich und bei Planungen. Eine Radikalisierung der Bewegung zur Gewalt hin und zur »Phonokratie« der Lautsprecher ist nicht als dauerhafter Trend zu beobachten. Die »grüne Front« von Parka und Lodenmantel, von radikalen Studenten und konservativen Bürgern und Bauern, zerbrach überall da, wo radikale Gruppen versuchten, ihr Süppchen auf dem Feuer der Bürgerinitiativen zu kochen. Auch der Wille, sich als dauerhafte politische Konkurrenz der Parteien zu etablieren, ist bisher nicht überall zu erkennen. Die Dachverbände der Bürgerinitiativen sind mit politischen Optionserklärungen so vorsichtig wie die großen Interessenverbände geworden, um ihre Einheit nicht zu gefährden. Die etablierten Parteien entwickelten zunehmend Strategien, die Partizipationswilligkeit der Bürger zu nutzen. Gelegentlich hat sich eine förmliche Arbeitsteilung in der Behandlung der Bürgerinitiativen bei den Parteien herausgebildet, etwa in Baden-Württemberg in Wyhl, wo Ministerpräsident Filbinger sie hart kritisierte und auf die parlamentarischen Kanäle verwies, der Fraktionsvorsitzende seiner Partei, Späth, jedoch vor Ort zu ihrer Besänftigung tätig wurde. Die Parteien haben nach anfänglicher Feindseligkeit aufgehört, Bürgerinitiativen nur negativ zu beurteilen. Nicht selten zeigten empirische Untersuchungen, daß die dauerhafte Wirkung nicht die Abkehr von Parteien ist, sondern langfristig auch Zubringerwirkungen für diese durch Politisierung bisher unpolitischer Bürger von den Bürgerinitiativen ausgehen.

Die Bundesrepublik wurde mit den Wahlen von 1983 vom Hort des Immobilismus im Parteiensystem zu einem Eldorado des Erfolgs alternativer Politik, das im Ausland vielfach Beachtung und Überschätzung erfuhr. Die Abnahme der Parteienidentifikation, die laut Umfrage in anderen Demokratien drastischer ist, konnte den Durchbruch der *Grünen* trotz der Behinderung durch die Fünfprozentklausel kaum erklären. Auch der Wandel in der sozialen Bevölkerungsstruktur erklärt das Phänomen nur partiell. Der Trend zur postindustriellen Gesellschaft mit Abnahme der Arbeiterklasse und den Großorganisationen der alten Erwerbsgruppen ist in anderen Ländern auffälliger, ohne die gleichen politischen Folgen. Der Wertewandel in der Gesellschaft (vgl. Kap. 2) hat auch nach neueren Umfragen Ingleharts wachsende Teile der westdeutschen Bevölkerung erfaßt, aber immer noch liegen andere Länder wie die Niederlande und Belgien auf der Postmaterialismus-Skala an der Spitze. Die Analyse der Wahlergebnisse in einzelnen Regionen zeigt, daß selbst das Ausmaß der Bedrohung durch Atomkraftwerke und umstrittene Großbauvorhaben die Stimmenstärke der Grünen nicht erklärt. Nur in Wahlkreisen, in denen eine zusätzliche Mobilisierung durch handfeste Fehler in der Repressionspolitik von staatlicher Seite gelegentlich provoziert wurde, wuchs auch der Stimmenanteil der Grünen überdurchschnittlich. Singuläre institutionelle Faktoren erklärten einen Teil des überdurchschnittlichen Erfolgs der Grünen: die mangelnde Attraktivität des Sozialismus im anderen Teil Deutschlands und der Kommunistischen Partei, welche für diesen realen Sozialismus eintritt, die Heimatlosigkeit der libertären Linken, die aufgrund des politischen Klimas und der Fünfprozentklausel die Etablierung als Partei links von der SPD nicht erreichen konnte. Aber auch die Fragmentierung des politischen Machtsystems und der Föderalismus begünstigten regionale Erfolge der Grünen und gaben der relativ unorganisierten Bewegung einen Ansatzpunkt, in der Politik Fuß zu fassen. Im Vergleich zu Frankreich, wo die ökologische Bewegung früher lautstark in die politische Arena trat als in der Bundesrepublik, sind auch die Wirkung des Rechtssystems, die lückenlose Rechtswegstaatlichkeit (vgl. Kap. 1b) und die ausgebaute Verwaltungsgerichtlichkeit als Hebel von Anfangserfolgen hervorgehoben worden.

Es ist noch zu früh, um die Dauerhaftigkeit der Bewegung zu beurteilen. Es ist jedoch wahrscheinlich, daß die Konfiktlinie zwischen neuen und alten Werten von Dauer sein wird. Die Grünen haben viele der »reinen Postmaterialisten« mobilisieren können, aber sie erlangten kein Monopol auf die Vertretung der verschiedenen sozialen Bewegungen. Die Verschiebung der Aufmerksamkeit von den Umweltproblemen auf die Friedensbewegung könnte für die Grünen durchaus zur Fußangel werden, da die SPD, seit 1982 in der Opposition, ihr

Image, die beste Lösungskompetenz in der Friedensfrage zu haben, erfolgreich verstärken konnte. Die heterogene soziale Basis, die selbst 2% Öko-Rechte umfassen könnte, die eine Sinus-Umfrage von 1981 ermittelt haben will (Sinus, 1981: 9), wurde durch permanente Fraktionskämpfe nicht gerade zementiert. Selbst die überwiegend linken Wähler sind in Fundamental-Ökologisten und Reform-Ökologisten, die gegenüber einem Bündnis mit einer erneuerten SPD aufgeschlossener sind, gespalten. Die Eigenarten der Partei »neuen Typs« ohne straffe Disziplin und mit offener Mitgliedschaft (die Frage der Doppelmitgliedschaften schuf den ersten Konfliktstoff zwischen »bürgerlichen« und linken Grünen), ohne Berufspolitiker, bei Rotation der Abgeordneten und imperativem Mandat führten zu immer neuen Konflikten. Einige der gutgemeinten Innovationen drohten das zu erzeugen, was sie verhindern wollten: den Berufspolitiker, da die Nachrücker weniger Kündigungsschutz genießen und die berufliche Unsicherheit die Mandatsträger um so abhängiger von ihrer Partei machte.

Trotz der spektakulären Querelen – deren Höhepunkt die Aufkündigung der Unterstützung der SPD-geführten Regierung Mompers in Berlin im Herbst 1990 vor der ersten gesamtdeutschen Bundestagswahl darstellte – haben die Grünen sich im ganzen als Protestpartei »neuen Typus« erstaunlich schnell in der Parteienlandschaft zurechtgefunden. Parallelen zur SPD im Bismarck-Reich sind gezogen worden: Die Grünen lehnten vielfach den Haushalt ab. Während die SPD jedoch diese Strategie jahrzehntelang verfolgte, haben die Grünen ab Mitte der achtziger Jahre ihre Koalitionsfähigkeit unter Beweis zu stellen versucht, wenn auch die Beispiele in Hessen und in Berlin bis 1990 nicht von Dauer und Erfolg gekrönt waren.

(e) Vom alten Blocksystem zum neuen Systemblock: Parteien im Prozeß der Integration

Parteiensysteme reagieren am sensibelsten von allen politisch relevanten Institutionen auf neue soziale Konflikte. Das Parteiensystem der Bundesrepublik hatte in seiner Anfangsphase noch Regionalparteien, die den Zentrum-Peripherie-Konflikten Ausdruck verliehen. Auch in der Ex-DDR gab es einen Zentrum-Peripherie-Konflikt. Sachsen und Thüringen hatten sich von Berlin bevormundet gefühlt. Der regionale Protest des Südens vereinte sich im Wahlverhalten von März/Dezember 1990 mit dem Konflikt der Schichten. Die Arbeiterklasse wählte noch immer gegen das System, vor allem am Ende des »Arbeiter- und Bauernstaates«.

Dennoch blieben die verschiedenen Konfliktlinien von erstaunlich geringem Einfluß auf die Parteien in Ostdeutschland, und die Vereinigung hatte relativ wenige Auswirkungen auf die Parteienlandschaft in der alten Bundesrepublik. Die alten Blockparteien wechselten – kollaborationsgewohnt – die Führungskräfte aus, weil Leninpreisträger nicht mehr in die christdemokratische oder liberale Szene paßten. Einen großen Teil der Mitgliedschaft konnten sie behalten. Bruchlos wurden die Blockparteien dem neuen »Systemblock«, der auf dem Boden des Grundgesetzes stand, noch ehe es in der DDR zu gelten begann, eingefügt. In der Präambel der Koalitionsvereinbarung von CDU, DSU, DA, Liberalen und SPD vom 12. April 1990 versprach der neue Systemblock »parteitaktische Interessen zurückzustellen und eine große Koalition für die Zeit des Zusammenwachsens beider deutscher Staaten zu bilden«. Die Ausarbeitung einer DDR-Verfassung wurde schon in Frage gestellt, und es wurden nur noch Verhandlungsziele der neuen Regierung für die »Veränderung des Grundgesetzes« aufgestellt. Keine Überlebenschancen hatten die gesellschaftlichen Organisationen, welche an den Parteiprivilegien im alten Blocksystem teilhatten, wie Gewerkschaften, Jugend-, Frauen- und Bauernorganisationen, die zum Teil bei den Märzwahlen noch repräsentiert gewesen waren. Das Parteienprivileg des Grundgesetzes hat sich in der DDR voll durchgesetzt. Kleine Parteien wie die DSU, die versuchten, mit einem Huckepackverhältnis zur CSU politisch zu überleben, scheiterten. Die DSU ist auch in den Landtagen Ostdeutschlands nicht mehr vertreten. Auf ihrem Parteitag im Mai 1991 mußten sie sich von den bayerischen Freunden der CSU harte Kritik anhören über die Fühler, welche die DSU in die rechtsradikale Szene in der Bundesrepublik ausgestreckt hatte. Es ist nicht unwahrscheinlich, daß die Tage dieser Gruppierung gezählt sind. Die anderen Gruppen, die in der Koalitionsregierung de Maizière saßen, sind längst im neuen Systemblock aufgegangen.

In Westdeutschland waren die Rückwirkungen auf das Parteiensystem indirekter Art. Keine Parteigruppierung der DDR konnte hier Proselyten machen, vor allem nicht die PDS. Die Kräfteverhältnisse im Konflikt um die richtige Einigungsstrategie verschoben sich. Aber der Wahlsieg der Union war ja für die Größe des Anlasses eher dürftig ausgefallen. Nur die FDP war vorübergehend Einheitsgewinnler. Die wichtigsten Veränderungen lagen in der weiteren Marginalisierung des Extremismus, vor allem des Linksextremismus.

Der relativ größte Verlierer der deutschen Einigung unter den Parteien war die CSU. Es ist unwahrscheinlich, daß die CSU je wieder drittstärkste Partei werden kann. In einer Zeit der Reflexion über den

Statusverlust wurde ein rostiges Schwert in der Diskussion wieder von der Wand geholt, das Franz Josef Strauß gelegentlich benutzt hatte, ohne sich je auf einen ernsthaften Zweikampf mit der CDU einzulassen: die bundesweite Kandidatur der CSU. In der Zeit der Opposition der Unionsparteien hatten auch CDU-Politiker an Überlegungen teilgenommen, ob zwei christliche Parteien nicht besser der Mehrheitssicherung für die Christdemokraten dienen könnten als das gegenwärtige Arrangement. Hochrechnungen und Befragungen von Unionswählern haben gezeigt, daß die Hoffnung trügerisch ist, den Block christdemokratischer Wähler durch eine Doppelkandidatur christlicher Parteien auszuweiten (Falter, 1991). Die Verluste der CSU in Bayern wären vermutlich größer als die Gewinne der CSU in Norddeutschland. Nur in Baden-Württemberg wird einer CSU eine gewisse Chance eingeräumt. Eine bundesweite Kandidatur der CSU wäre daher ein auf Zeit gestreckter Selbstmord dieser Partei. Die CSU-Führung scheint das begriffen zu haben und dachte 1991 nicht mehr ernsthaft über eine Attacke auf die Kräfteverhältnisse im bürgerlichen Lager nach.

Dauerhafte Veränderungen der Parteienlandschaft in ganz Deutschland könnten in der internen Struktur der Parteien vermutet werden. Die Mitgliederzahlen haben sich durch die deutsche Einheit in den Parteien verschoben. Eine klassische Mitgliederpartei wie die SPD mobilisierte nur 30000 Mitglieder (1994: 28000). Die klassische Honoratiorenpartei der FDP mit Mitgliederzahlen um die 70000 hat ihre Mitgliederzahl fast verdreifacht, von 65000 auf 178000 Mitglieder. 1992 waren es noch 33800 (Tabelle 4.5). Die CDU lag in ihrem Zuwachs mit 186000 neuen Mitgliedern zwischen diesen beiden Extremen. Bis 1994 konnte sie davon 87000 halten. Nur Karrierehoffnungen konnten diese Zahlen nicht erklären, da die CDU weit mehr Machtpositionen in den neuen Ländern zu bieten hatte als die FDP. Gängige Erklärungen von Mitgliederentwicklungen erwiesen sich in diesem Integrationsprozeß als unbrauchbar.

Die SPD war in der ersten Phase der Vereinigung stark durch die Ablehnung jeder Form von Sozialismus bei der Mehrheit der Bevölkerung in den ostdeutschen Ländern behindert. Der gewichtigste Grund für den Vorsprung der beiden bürgerlichen Parteien im Hinblick auf die Mitgliederentwicklung dürfte jedoch in einer gewissen Kontinuität der Mitgliedschaft der alten Blockparteien liegen. Es liegen keine Zahlen vor, wie viele der »neuen« Mitglieder von CDU und FDP auch Mitglieder der alten Blockparteien CDU und LDPD waren. Da beide Parteien in den achtziger Jahren noch 120000 und ca. 80000 Mitglieder hatten, scheint ein Grundbestand an Mitgliedern auch nach der

Wende für kurze Zeit bei der Partei geblieben zu sein. In den ostdeutschen Landesverbänden der SPD wurde das Wachstum der Mitgliedschaft zum Teil durch Aufnahmesperren für ehemalige SED-Mitglieder behindert. In einigen Landesverbänden wurde diese Selbstbeschränkung inzwischen aufgehoben. Der Anteil der Mitglieder im Osten an den Parteimitgliedern lag 1994 nur bei der FDP über dem Wähleranteil (29,5%). Der geringe Prozentsatz der Ostmitglieder (SPD 3,3%, Grüne 7,5%, CDU 11,6%) hat langfristige Folgen, da er auch zur sinkenden Repräsentanz der Ostdeutschen in den Führungsgremien führt (vgl. Kap. 6).

Nicht wenige in- und ausländische Kommentatoren hatten befürchtet, daß im vereinten Deutschland der Links- und Rechtsextremismus wachsen würde. Beides hat sich nicht ereignet.

Der *Rechtsextremismus* ist in den Aufschwungjahren seit 1982 in eine schwere Krise geraten. Die Partei mit der längsten Kontinuität war die NPD, die ihren ersten Aufstieg in der Wirtschaftskrise 1966/67 erlebte. Die Nationaldemokraten sind auf eine Mitgliedschaft von 7000 gesunken. Das gesamte Umfeld der rechtsextremistischen Organisationen wurde auf 39800 geschätzt (Verfassungsschutzbericht 1991: 72). Ein Teil dieser Gruppen war stark verfeindet. Gefährlich schien daher die Wahlabsprache von 1987 zwischen der NPD und der Gruppe »Deutsche Volksunion – Liste D« (DVU – Liste D) unter der Ägide von Gerhard Frey, Eigentümer der drei wichtigsten rechtsextremistischen Wochenblätter, wie zum Beispiel der »Deutschen Nationalzeitung«. Die Koalition war jedoch eine negative Revierabgrenzung: Die NPD verzichtete auf die Teilnahme an der Europawahl im Juni 1989, die DVU nahm an der Bundestagswahl 1990 nicht teil. Die Sammlung der Kräfte gelang gleichwohl nicht. Bei der Europawahl überrundeten die Republikaner die DVU mit ihren 7,1% der Stimmen. Bei der Bundestagswahl 1990 sanken die Stimmen der Republikaner auf 2,1%, damit lag die Partei aber immer noch weit vor der NPD (0,3%) (Tab. 4.1). Die NPD war auf Bundesebene 1989 nur noch mit 48 Mandaten in den kommunalen Parlamenten vertreten. Die erfolglose Sammlungsbewegung gegen die Republikaner hat die Gruppen in eine schwere Krise gestürzt. Die rasche Vereinigung Deutschlands hat die Krise verschärft.

Obwohl die Medien – insbesondere im Ausland – die neofaschistische Gefahr in Deutschland bei jedem kleinen Stimmengewinn einer rechtsextremistischen Gruppe unnachsichtig geißelten – während 8% für den MSI in Italien und 11% für Le Pen in Frankreich sehr viel gelassener aufgenommen wurden –, kam es bisher nicht zu einer dauerhaften Neuverteilung der Kräftegleichgewichte aufgrund eines

Tabelle 4.5: Mitglieder der Parteien (in Tausend)

	CDU	CSU	FDP	Grüne	PDS	SPD
1968	286	73	57			732
1969	303	76	58			778
1970	329	76	56			820
1971	355	109	53			847
1972	422	106	57			954
1973	457	111	63			973
1974	530	122	70			957
1975	590	132	74			998
1976	652	144	79			1022
1977	664	159	79			1006
1978	675	165	80			997
1979	682	169	83			998
1980	593	172	85	18		986
1981	705	175	86	21		956
1982	718	178	81	25		926
1983	734	185	71	30		925
1984	730	184	71	32		916
1985	718	182	66	39		916
1986	714	182	64	39		916
1987	705	184	65	39		910
1988	676	182	64	37		911
1989	662	185	65	37		921
1990	784	186	168	39	284	949
1991	756 (114)	184	137 (71)	39 (1,4)	172	919 (29,7)
1992	713 (96)	181	103 (38)	35 (1,0)	146	886 (28,2)
1993	694 (87)	177	94 (33)	39 (3,1)	131	885 (28,5)
1994	639 (92)		58 (29)	41 (2,7)	121	821 (27,7)

Quelle: Rechenschaftsberichte der Parteien an die Bundestagspräsidentin (ab 1991 in Klammern: Parteimitglieder in Ostdeutschland).

Rechtsrucks. Eine Umverteilung der Kräfteverhältnisse ist allenfalls durch den Aufstieg der Grünen seit 1983 erfolgt. Neue Gefahren gingen weniger von rechtsextremistischen Parteien aus als von der Welle des extremistischen Terrorismus.

In der dritten Welle des Rechtsextremismus in der Geschichte der Bundesrepublik Deutschland schien die Herausforderung der Republikaner besonders gefährlich. Erstmals wurden Rechtsradikalismus und Rechtsextremismus propagandistisch auseinanderdividiert. Obwohl der Begriff Radikalismus in Deutschland im Gegensatz zu den romanischen Ländern traditionell keine allzu positive Bedeutung hatte, wurden die *Republikaner* vielfach nur als »radikal« und nicht als

»extremistisch« eingestuft. 1989 wurde nur in Nordrhein-Westfalen der Landesverband der Republikaner nachrichtendienstlich beobachtet (Verfassungsschutzbericht 1989: 108). Das änderte sich 1992.

Spektakuläre Einzelerfolge der Republikaner machten den Umgang mit der neuen Form des Rechtsextremismus für die etablierten Parteien schwierig. Erstmals kam es zu einer Unterstützung einer solchen Partei durch Bürger, die bisher nicht als Teil der rechtsextremistischen Szene aufgefallen waren. Der »nette Nachbar von nebenan« schien von einer generalisierenden Antifaschismus-Kampagne nicht recht betroffen zu sein. In Bayern kamen die Republikaner bei der Landtagswahl 1986 auf 3%, in Berlin (West) 1989 auf 7,5%. Bei der Europawahl wurde die Fünfprozenthürde in fünf Bundesländern übersprungen, in Bayern erreichten sie 14,6% der Stimmen. Wo besondere Probleme in einzelnen Großstädten auftauchten, von der Jugendarbeitslosigkeit bis zur Wohnungsnot, konnten die Republikaner spontane Erfolge verbuchen. Solche Erfolge wurden entweder als Strohfeuer des Protests verharmlost oder – anhand von Umfragedaten – zu einer rechtsextremistischen Weltanschauungspartei verfestigt (Stöss, 1989: 221). Bei Untersuchung der Parteibindungen zeigte sich jedoch bereits, daß die Republikaner mit 27% überzeugten Anhängern unter ihren Wählern die schwächste Position von allen deutschen Parteien aufwiesen. Die aufflackernden Erfolge waren nicht ohne Folgen für die Strategie der Unionsparteien. Daß Bundeskanzler Kohl in der Frage der erneuten Bekräftigung der Anerkennung der Oder-Neisse-Grenze gegenüber Polen im deutschen Einigungsprozeß so zögerlich verfuhr, ist auch mit Rücksicht auf das nationalistische Potential erklärt worden. 62% der Republikaner lehnten laut Umfrage die Anerkennung der Oder-Neisse-Grenze ab (vgl. Der Spiegel, 1989, Nr. 15: 156). Die Schwankungen in den Wählerstimmen einer Partei, die nur ca. 14000 Mitglieder hatte (1989), schienen der Deutung recht zu geben, die eher politische als soziale Gründe für das Protestwahlverhalten unterstellten. Im Oktober 1990 sank der republikanische Stimmenanteil auch in Bayern auf 4,9%. Die deutsche Einigung schien den Republikanern vorübergehend die Schau gestohlen zu haben. Paradoxerweise haben Umfragen unter Bürgern, ob sie die rasche Realisierung der deutschen Einheit wünschten, geringe Zustimmungsanteile unter Republikaner-Sympathisanten zutage gefördert. Dieser Umstand sprach eher dafür, daß die sozialen Gründe die politischen Wahlabsichten ausstachen. Viele Republikaner hatten die sozialen und wirtschaftlichen Kosten der überstürzten Einheit stark in den Vordergrund populistischer Befürchtungen gerückt. Die bisher im Sinne alter Faschismusthesen nicht für möglich gehaltene Form eines rechtsradikalen »rationalen Protestes« schien damit in den Bereich der Interpretationsmöglichkeiten gerückt (Pappi, 1990: 38).

Neu an den Republikanern war, daß der Rechtsradikalismus in der Innen- und Rechtspolitik klar autoritäre Züge aufwies (Leggewie, 1989), aber in der Wirtschaftspolitik sich der Marktwirtschaft angenähert hatte und keinen autoritären Korporatismus mehr vertrat. Auch die traditionell negative Einstellung zu den USA hatte sich in dieser dritten Welle gemildert. In der Einordnung der Parteien auf einer Rechts-Links-Skala wurden die Republikaner eindeutig rechts eingeordnet. Sie nahmen 1989 etwa die Stelle ein, welche 1980 der CSU zugemessen worden war. Die Position der CSU hatte sich durch die Republikaner leicht zur Mitte hin verschoben (Pappi, 1990: 41). Bei den Wählern haben die Republikaner jedoch keineswegs nur traditionelle, für »rechte Politik« anfällige Statusgruppen mobilisieren können. Es beunruhigte vor allem, daß selbst katholische Arbeiter in Bayern und Oberschwaben nicht mehr resistent gegen die rechtsradikale Versuchung schienen. Die starke Betonung einzelner Politikfelder wie Asylanten- und Ausländerpolitik erschwerte die klare Einordnung der Republikaner in die Standortbestimmung der Parteien. Sie minderte jedoch auch die Gefahr, weil die Republikaner weit weniger als die Grünen damit Erfolg hatten, ein konsistentes politisches Programm anzubieten.

Bei den Europawahlen 1994 war Deutschland – außer Großbritannien – das einzige der großen Länder, das keine Rechtsextremisten ins Straßburger Parlament entsandte. Bei den Bundestagswahlen kamen die Republikaner nicht über 2%. In den meisten Statistiken rangierte die Gefahr Nr. 1 plötzlich nur noch unter »sonstige«. Es herrscht keine Einigkeit unter den Wissenschaftlern, ob die rechtsextremistische Gefahr wirklich schwächer geworden ist. Sie scheint sich vor allem auf Straftaten von Kleingruppen und transnational arbeitenden Netzwerken verlagert zu haben. Die Verfassungsschutzberichte lieferten Mitte der neunziger Jahre die tröstliche Botschaft, daß auch die Gewalttaten der rechtsextremistischen Szene zurückgingen (von 2232 im Jahr 1993 auf 1489 im Jahr 1994).

Der Aufstieg der Republikaner wurde vielfach mit der Hypothese erklärt, daß rechtsextremistische Wähler *»Modernisierungsverlierer«* darstellten. Objektive soziale Probleme werden durch subjektive Deprivationsgefühle verschärft (Falter, 1994: 157). Bei der Wahl von 1994 waren die objektiven sozialen Probleme der Modernisierungsverlierer schwerlich alle verschwunden. Aber einige Probleme schienen durch den Asylkompromiß der Parteien 1993 gelöst. Die Arbeitslosigkeit hingegen war ziemlich konstant geblieben. Der Aufschwung, der sich Mitte 1994 abzeichnete, führte zu einem erneuten Vertrauensvorschuß für die Regierungskoalition. Nur wenn er eingelöst wird, kann der Rechtsextremismus wenigstens auf der Wählerebene auf dem niedrigen Niveau von 1994 gehalten werden.

Auch der *Linksextremismus* geriet Ende der achtziger Jahre in die Krise, noch ehe er durch den Zusammenbruch des realen Sozialismus in Mitleidenschaft gezogen wurde. Die »*Deutsche Kommunistische Partei*« (DKP) verkleinerte sich in der zweiten Hälfte der achtziger Jahre von ca. 40000 Mitglieder auf 22000. 1988 hatte sie noch 500 hauptamtliche Funktionäre. In den manipulierten Zahlen des Rechenschaftsberichtes wurden 7 Millionen DM für Personalausgaben nachgewiesen. Der tatsächliche Aufwand wurde auf ein Vielfaches geschätzt (Verfassungsschutzbericht 1989: 28). Nach dem Zusammenbruch der DDR mußte im März 1990 die zentrale Jugendbildungsstätte der DKP schließen. Verlage und Publikationen erfaßte ein Massensterben. Selbst »Bündnisorganisationen« der DKP wie die »Deutsche Friedensunion« (DFU), die sich vielfach erfolgreich in der Öffentlichkeit gegen den Vorwurf der DDR-Finanzierung als »Lüge des Verfassungsschutzes« wehrte, mußten erkennen, daß die Finanzquellen plötzlich versiegten. Der frühere DKP-orientierte Jugendverband MSB Spartakus ging auf Distanz zur Partei. Annäherungsversuche an die PDS wurden abgewiesen. Der DKP gelang es nicht, für die Bundestagswahlen 1990 in die linke Liste aufgenommen zu werden. 1991 versuchte die DKP daher, in der ehemaligen DDR Fuß zu fassen, um die Versprengten zu sammeln, denen die PDS schon zu »westlich angepaßt« erschien.

Aus dem Zusammenbruch der DDR und ihrer Staaatspartei SED ging auf ihrem außerordentlichen Kongreß im Dezember 1990 die »*Partei des Demokratischen Sozialismus*« (PDS) hervor. Am. 6. Dezember 1989 trat Honeckers Nachfolger, Egon Krenz, nach nur 44 Tagen im Amt des Staatsratsvorsitzenden zurück. Der neugewählte Vorsitzende der Partei, Gregor Gysi, versprach für die Zukunft: »Es geht nicht um neue Tapeten, wir wollen eine neue Partei.« Ganz glaubhaft war diese Erklärung nicht. Nur zögernd verabschiedete sich die Partei vom alten Namen: mit 2753 : 647 Stimmen am 27. Dezember für den Kompromiß SED–PDS, am 4. Februar 1990 schließlich wurde der Name PDS voll adaptiert. Das Prinzip des demokratischen Zentralismus wurde ebenfalls widerstrebend aufgegeben. Kontinuität zur SED wurde kleingeschrieben. Nur bei ihrem Vermögen hielt die neue Partei zäh am Nachfolgeanspruch fest. Gysi und Berghofer haben sich bei den Debatten des »Runden Tisches« (vgl. Kap. 1 d) für die Auflösung des Staatssicherheitsdienstes eingesetzt. Die Regierung Modrow hat diese Deklaration jedoch so zögerlich in die Tat umgesetzt, daß Mißtrauen aufkam (Thaysen, 1990: 119). Erst in einer Interregnumszeit der »Doppelherrschaft« – entgegen ihrem ursprünglichen Leninschen Sinn – erodierte die Macht der alten SED. Viele Rückzugsgefechte der Partei, Versorgungstaktiken für alte Genossen und die Schaffung von Tatsachen wie Grundstücksübertragungen an die eigene Klientel hielten das Mißtrauen gegen den innerlichen Wandel dieser Partei wach.

Die PDS hielt in ihrem Programm an der Notwendigkeit einer sozialistischen Alternative fest, trotz des Scheiterns des realen Sozialismus. Gregor Gysi (1990: 9) hoffte noch, daß der Sozialismus durch Reformen in der Sowjetunion, oder wenigstens in der RSFSR, bald zur »realen Alternative« zum Kapitalismus werde. Der demokratische Sozialismus als Programmpunkt wurde jahrzehntelang von der SPD beansprucht. Die PDS bemühte sich zu zeigen, daß die SPD ihren »Frieden mit dem Kapital« gemacht habe. Die Teilnahme der Ost-SPD an der Regierung de Maizière ist ihr nicht verziehen worden. Aber Hans Modrow (1991: 106) konnte der SPD nicht nachweisen, daß eine alternative Koalition möglich gewesen wäre, als er diesen Schritt als selbstmörderisch im Sinne des Eigeninteresses der Sozialdemokraten hinstellte. Die PDS blieb auch in diesem Punkt SED-Nachfolgepartei. Obwohl sie anerkannte, daß der SPD im alten Regime unrecht getan worden war und obwohl sie einen Teil des konfiszierten SPD-Vermögens zurückgeben wollte, war sie gezwungen, sich gegenüber den Sozialdemokraten am schärfsten abzugrenzen.

Die PDS wurde in ihrer Entfaltung durch eigene Schuld behindert, weil sie nicht die Kraft aufbrachte, jede Kontinuität zur SED abzubrechen. Noch anrüchiger als mögliche politische Kontinuität schien die Übernahme des gesamten Vermögens der SED. Schon im Koalitionsvertrag der DDR-Parteien vom April 1990 (Anlagen, Innenpolitik, Art. 5) wurde postuliert, »unrechtmäßig erlangtes Vermögen ist zu enteignen und dem Staatshaushalt zuzuführen«. Das am 1. Juni 1990 in Kraft getretene Parteiengesetz der DDR, das weitergalt, und der Einigungsvertrag (Protokollzusatz 17) versuchten bereits sicherzustellen, daß das gewaltige Vermögen der SED nicht die PDS im Wahlkampf bevorteilte und zu Wettbewerbsverzerrungen führte. Das Vermögen der Parteien und Massenorganisationen wurde unter treuhänderische Verwaltung gestellt. Eine unabhängige Kommission und die Treuhandanstalt sollten einvernehmlich bei der Prüfung des Vermögens zusammenwirken. Obwohl die PDS lange bestritt, daß das Vermögen der SED unrechtmäßig erworben sei, hat sie durch Konzessionsangebote selbst Zweifel an dieser Darstellung geweckt, etwa als sie der SPD einen Teil des Vermögens schon unter Modrow als Wiedergutmachung für die Zwangsvereinigung des SPD-Vermögens mit dem der KPD–SED anbot. Fünf Jahre schwelte der Streit um das SED-Vermögen. Im Juni 1995 kam es endlich zu einem Vergleich. Die PDS durfte vier Immobilien im Werte von ca. 50 Millionen DM und 50 Kunstwerke, die sich in ihren Räumen befanden, behalten. Die Unabhängige Kommission zur Überprüfung des Vermögens der Parteien und Massenorganisationen der DDR hatte damit ihre Aufgabe im wesentlichen erfüllt. Aber die Einigung der FDP über das Vermögen der LDPD stand noch aus, und die einst mit der SED verbundenen Firmen waren nicht in dem Kompromiß enthalten, da sie sich gerichtlich gegen die Feststellung einer solchen Verbindung wehrten. Immerhin war die Politik der Nadelstiche durch hohe Steuernachforderungen an die PDS beendet. Die PDS zog 225 Widerspruchsverfahren zurück. Forderungen der »Bundesanstalt für vereinigungsbedingte Sonderaufgaben« (BVS) als Nachfolgeorganisation der Treuhandanstalt gegen die Zeitung »Neues Deutschland« wurden fallengelassen.

Die SED war in ihrer Mitgliedschaft von 2,3 Millionen (Mitte 1989) auf unter 650000 (März 1990) gesunken. Ende 1992 hatte sich die Mitgliedschaft auf 154400 verringert. Die alte Klientel der SED wurde durch die intellektuelle Öffnung unter Gysi starker Verunsicherung ausgesetzt, vor allem durch den Zugang westdeutscher Linker. Quantitativ ist die PDS in Westdeutschland noch keine relevante Größe. Sie hatte nach eigenen Angaben ca. 1000 Mitglieder. Dennoch war schon im Bundestagswahlkampf 1990 die Tendenz offenkundig, daß ein Teil der Grünen Linken mit der PDS liebäugelte und zu ihrer Wahlunterstützung aufrief. Viele der linken Grünen, wie Jutta Ditfurth oder Christian Schmidt, fühlten sich jedoch rasch von der PDS abgestoßen, die sie als »SED-Nostalgie-Club« einstuften (Der Spiegel, 1991, Nr. 17: 91). Eine engere Zusammenarbeit mit der PDS kam für die Mehrheit der Grünen ohnehin nicht in Frage, weil das Bündnis 90 – die Opfer des alten SED-Regimes – als die Schwesterpartei angesehen wurde, auch wenn die Listenverbindung nicht rechtzeitig zur Bundestagswahl zustande kam – sehr zum Nachteil der Grünen.

Die PDS trat bei den Bundestagswahlen 1990 mit einem gesamtdeutschen Wahlbündnis PDS/Linke Liste an, das sich weitgehend als eine Art »Selbstkontrahierung« erwies. Die einzige potentielle Gruppe von einiger Relevanz war die DKP. Ihre Mitgliedschaft war geschrumpft und wurde auf 10000 Mitglieder geschätzt. Sie bemühte sich um Aufnahme in das Bündnis. Aber angesichts des Dogmatismus der DKP hielten die PDS-Strategen eine solche Annäherung für nicht opportun. Die DKP hielt am Prinzip des »demokratischen Zentralismus« fest, das die PDS aufgegeben hatte.

Die PDS hatte ihre Stärke in der Angestelltenschaft, die von dem alten Regime profitiert hat. Dieses Klientel ist mit der neuen unorthodoxen Linken der Alt-Bundesrepublik in Ideologie und Lebensstil kaum zu harmonisieren. Ideologische Zudringlichkeit vom Westen, traditionelle Klüngelwirtschaft im Osten erschwerten die Zusammenarbeit. Diese heterogene soziale Basis gab der PDS wenig Wachstumschancen. Sie konnte als Regionalpartei in einigen ostdeutschen Landtagen überleben. Sie erhielt 1994 in Ostdeutschland fast ein Fünftel der Stimmen und wurde erstmals in Sachsen-Anhalt »bedingt koalitionsfähig« durch ihre Tolerierungspolitik gegenüber der SPD-Regierung in Magdeburg. Der Ruf nach dem Verbot der PDS ist 1991 erstmals in Bayern angestimmt worden. Ministerpräsident Streibl vertrat die These: »Die PDS verhält sich zur SED so, als ob 1946 die NSDAP sich in DAP umgetauft und unter Führung von Hermann Göring und dem Gauleiter von Sachsen einfach weitergemacht hätte« (Bild am Sonntag, 5.5.1991). Die Schwäche der Partei in Gesamtdeutschland macht es unwahrscheinlich, daß das Bundesverfassungsgericht in Parteienverbotsangelegenheiten erneut in Verlegenheit gebracht wird. Das Verbot der KPD war nicht ermutigend. Als es 1956 erfolgte, hatte Adenauer wegen der Aufnahme diplomatischer Beziehungen mit der Sowjetunion kein Interesse mehr an dem Vebot. Die DKP mit unwesentlich neuer Führung – nach Angaben des DKP-Vorsitzenden Mies waren die auf dem 9. Parteitag gewählten Vorstandsmitglieder noch zu 57% aktiv in der alten KPD – und angepaßtem Programm wurde nicht ohne duldende Mithilfe einiger staatstragender Parteien möglich gemacht (Mensing, 1989). Es wäre kein Ruhmesblatt für das vereinte Deutschland, erneut mit ähnlichen Manövern den Makel der Illiberalität auf sich zu ziehen, während alle anderen ex-sozialistischen Länder die KP-Folgeparteien duldeten.

Die *Grünen* waren die Partei, die der deutschen Einigung am feindlichsten gegenüberstand. Lange ignorierte sie die Realitäten der Stimmung im Lande. Ihre gutgemeinte Abstinenz, sich im Osten zu etablieren, führte zu einer verspäteten Bündnispolitik mit dem Bündnis 90/Grüne in Ostdeutschland. Diese Versäumnisse und die Polemik vorbei an den Realitäten des unaufhaltsamen Einigungsprozesses haben die Grünen in der Einigungswahl unter die Fünfprozentmarke sinken lassen. Sie kostete die Partei die Repräsentation im 12. Deutschen Bundestag.

Das Bündnis 90/Grüne mußte im Parlament allein die grüne Position vertreten. Sie verdankte ihre Existenz den Hütern der Verfassung in Karlsruhe, die über einen fairen Vereinigungsprozeß wachten (vgl. Kap. 10d). Die Gruppe hatte nicht mit den gleichen Startschwierigkeiten zu kämpfen wie die Grünen im Jahre 1983, als sie erstmals in den Bundestag einzogen. Als Repräsentanten der friedlichen Revolution in der DDR wurden sie mit einem gewissen Wohlwollen bedacht, was zunächst die Gegnerschaft der etablierten Parteien in der Sache zu verdecken schien. Das Bündnis 90 war gehandikapt durch innerliche Distanz zu den Grünen. Die Gruppe fühlte sich nicht als Rechtsnachfolger der Grünen im Bundestag. Die Grünen hatten nach Meinung des Bündnisses 90 in den acht Jahren parlamentarischer Tätigkeit zu wenig erreicht. Auf dem Parteitag der Grünen in Neumünster im April 1991 wurde deutlich, wie tief die emotionale Kluft zwischen ost- und westdeutschen Grünen war. Ostdeutsche Grüne äußerten sich abschätzig über den »pubertären Verein«. Westdeutsche Grüne hatten Mühe, die Quote an Ostdeutschen durchzusetzen, da viele Delegierte die präsentierten Kandidaten »spießig und autoritätsgläubig« fanden.

Die Niederlage der westdeutschen Grünen bei den ersten gesamtdeutschen Wahlen förderte auch auf Bundesebene einen Prozeß der Mäßigung der Ziele, der auf Länderebene seit langem eingesetzt hatte. Das bloß taktische Bekenntnis zum Parlamentarismus und zum Mehrheitsprinzip war in vielen Landesverbänden längst aufgegeben worden. Für künftige Koalitionen – wie in Hessen im Frühjahr 1991 – wurde »eine ganz normale Koalition« in Aussicht gestellt.

Die Umorientierung auf Bundesebene vollzog sich nicht ohne tumultartige Szenen. Auf dem Parteitag der Grünen in Neumünster im April 1991 kam es zu wichtigen Reformen. Antikapitalistische Deklarationen verschwanden aus den Resolutionen der Partei. Die Struktur der Grünen wurde reformieret. Der Vorstand wurde verkleinert. Der Bundeshauptausschuß wurde durch einen Länderrat ersetzt. Durch den institutionalisierten Einfluß der Landeschefs der Grünen wurde der gemäßigte Flügel weiter gestärkt. Nur die alte Trennung von Amt und Mandat, welche die Pragmatiker aufgeben wollten, blieb als Konzession an die Fundamentalisten noch übrig. Jutta Ditfurth als Exponentin der Fundamentalisten kündigte unter dem Beifall der Mehrheit ihre Abwendung von den Grünen an. Die Tumulte stärkten die Aussicht für SPD-Koalitionen mit den Grünen in den Ländern trotz der sachlichen Ergebnisse nicht.

Die Rotation als Prinzip wurde propagandistisch gegen Machtkonzentrationen eingesetzt. Da die Funktionäre, die Bundesgeschäftsführer und Fraktionsmitarbeiter jedoch nicht mitrotierten, wurde ihre Macht auf Dauer gestellt und in einer »Mißtrauenskultur« (Antje Vollmer) funktionalisiert, um mißliebige Abgeordnete »wegzurotieren«. Prominentenjagd diente der Festigung der Macht in den Machtnischen der Grünen. Heinrich Böll oder Joseph Beuys wurden gerne als Galionsfiguren benutzt. Sowie sie selbst sich in die Politik einmischten, wurden sie durch Beschimpfungen und Nichtwahl gedemütigt (Petra Kelly in: Fücks, 1991: 29).

Der Mythos der basisdemokratischen »Partei neuen Typs« zerbrökkelte. Ganz aufgegeben wurde er nicht. Auch die Grünen haben realisiert, daß an die Stelle von Basisdemokratie eine »rigide Steuerung durch Strömungseliten« getreten ist (van Hüllen, 1990: 475). Die Institutionalisierung und Transparenz überschaubarer Willensbildung wurde angestrebt. Um die Kontinuität zur alten Rhetorik zu wahren, wurde vorgeschlagen, zentrale Fragen durch Urabstimmungen in der Partei der Grünen zu demokratisieren. Nicht gesehen wurde, daß auch ein solches Instrument die alten Fraktionskämpfe um die Formulierung der Frage, die dem Parteivolk vorgelegt wird, reproduzieren dürfte und der plebiszitär gestützte Elitenpluralismus nicht notwendigerweise eine nichtmanipulierte Basispartizipation fördert.

Anfang der neunziger Jahre war auch für Analytiker, die den Grünen wohlwollend gesonnen waren, klar, daß die Tendenz der Grünen, auf die Selbstmobilisierung des Milieus zu hoffen, ein Fehler war. Er führte zu schwachen Institutionen und einer Konzentration auf die Konflikte der Binnengruppe. Angesichts der ideologischen Flügelkämpfe schienen die Grünen vom Schicksal der USPD zu Beginn der Weimarer Republik bedroht, in einem Moment, als die Spontaneität der Bewegung nachließ (Raschke, 1991: 247). Noch ist es freilich zu früh, die Grünen nur als »Taschenbuchausgabe der USPD« (Joschka Fischer) zu deklarieren. Die Bundestagswahlen von 1990 zeigten jedoch, daß nicht nur die SPD, sondern auch die Grünen in Westdeutschland von einem Prozeß der Überalterung erfaßt worden waren (vgl. Kap. 3). Die Generationenthese schien an Plausibilität gegenüber der Annahme eines einförmigen Trends zum Wachstum postmaterieller Gesinnung, verbunden mit dem Engagement für »neue Politik«, zu gewinnen (Bürklin, 1984). Der Verdrängungswettbewerb im Kampf um die Stimmen der neuen Mittelklassen, vor allem der qualifizierten Angestellten und der Jugendlichen in der Ausbildung, wurde in Zeiten eines andauernden wirtschaftlichen Aufschwungs Ende der achtziger Jahre schärfer.

Die Grünen gaben zunehmend das Scheitern ihres basisdemokratischen Konzepts zu erkennen. Die Delegierten auf den Parteitagen, die ihre Ansichten artikulierten, waren nicht zahlreicher als bei den etablierten Parteien. Der Unterschied zu diesen war lediglich, daß die personelle Fluktuation die Ausbildung von kontinuierlichem Sachverstand verhinderte. Auch wo die Rotation, wie in den meisten Landesverbänden und seit 1991 auch auf Bundesebene, auf acht Jahre verlängert wurde, hat sie die Herausbildung von Führungskräften in der Partei verhindert. Otto Schily hat 1989 den Austritt vollzogen. Petra Kelly bekam im April 1991 demütigend wenige Stimmen bei den Wahlen für Parteiämter. Die Partei, die für eine neue Menschlichkeit in der Politik angetreten war, sprang mit verdienstvollen Bannerträgern der Bewegung immer wieder geradezu unmenschlich um. Die basisdemokratische Konzeption der Grünen hat nicht einmal zu besserer Kontrolle der Parteiführung geführt. Kontrolle wirkte als Pauschalkritik im vorhinein destruktiv und vernachlässigte eine an Sachproblemen orientierte inhaltliche Kontrolle, die sich am Erfolg von Parteibeschlüssen orientierte. Eine professionelle Politik wurde auf diese Weise bisher unmöglich. Die Überschreitung der Grenzen einer sektoralen Rahmenpartei wurde nicht erreicht, um der Partei organisatorische Dauer zu verleihen.

Aus der Distanz Amerikas schienen diese Startschwierigkeiten weniger gravierend. Was in Europa mit seinem Festhalten am Bild straff organisierter Volksparteien archaisch erschien, wurde in den USA gelegentlich als Avantgarde einer Amerikanisierung der europäischen Politik wahrgenommen. Es wurde darauf hingewiesen, daß auch die SPD 40 Jahre und die CDU fast 30 Jahre für die Herausbildung einer festen Parteiorganisation gebraucht hätten (Kitschelt, 1989: 287, 310). Einst schien Ostrogorskis Abneigung gegen die Parteimaschinen sozialrevolutionär utopisch, wenn er zu dem Schluß kam: »nieder mit den Parteien – es lebe die Liga« als lose Konföderation von Gruppen. Ostrogorskis Vision schien mit den deutschen Grünen in Erfüllung gegangen zu sein. Aber auch für solche Schlüsse war es noch zu früh. Wahrscheinlicher ist ein Kompromiß zwischen den Prinzipien eines kontinentaleuropäischen Organisationsfetischismus und dem losen System von Bewegungsgruppen, welches vielfach die amerikanische Politik, vor allem unterhalb der nationalen Ebene, dominiert.

Alle großen Parteien haben einen prekären Balanceakt zwischen Parteiorganisation und Kooperation mit einer Bewegung vollbringen müssen. Wenn die Grünen sich als links von der SPD definieren wollen, sind sie weiterhin auf die alternative Bewegung angewiesen, um sich vor der Vereinnahmung durch die SPD zu schützen. Zu stark kann sich die Partei jedoch nicht auf »die Bewegung« stützen, wenn sie koalitionsfähig werden und bleiben will. Die Balance zwischen Distanz und Nähe muß so austariert werden, daß die Grünen von der weiter existierenden Bewegung und ihrem Milieu noch als ihre Partei akzeptiert werden (Pappi, 1989: 27).

Die Erfolgsaussichten, welche den Grünen gegeben wurden, hingen stark von dem Ansatz ab, mit dem die Forscher das Wahlverhalten erklärten (vgl. Kap. 3c). Sozialstrukturelle Ansätze der Wahlforschung konnten sich trotz gemeinsamer Methoden nicht leicht darauf einigen, ob mit den Grünen eine dauerhafte Konfliktlinie (cleavage) im deutschen Parteiensystem ihren Niederschlag fand oder ob die Grünen zur Episode, die auf eine Generation beschränkt war, werden würden. Forscher, die eher mit sozialpsychologischen Erklärungen auf der Grundlage von Umfragen über Meinungen und Einstellungen an die Grünen herangingen, sahen ein größeres Potential für die Gruppe in der Gesellschaft als die Theoretiker der gesellschaftlichen Konfliktlinien. Jeder neue Rückgang grüner Wählerstimmen – insbesondere der Einbruch im Dezember 1990 – führte zu neuen Ad-hoc-Hypothesen. Ihre kurzfristige Geltung stand in seltsamem Kontrast zum theoretischen und konzeptuellen Aufwand der Forschung. Die Prognosen der professionellen Wahlforscher waren selten besser als die der konventionell arbeitenden Parteienforscher.

Die Publizistik über die »*Parteien in der Krise*« ist ein Wachstumssektor. Die Abkoppelung der politischen Klasse wird zunehmend kritisiert. Die Finanzskandale erschütterten das Vertrauen. Von allen Funktionen der Parteien war die Rekrutierungspolitik am erfolgreichsten. Die Durchdringung aller Bereiche bis zu den öffentlich-rechtlichen Medien aber ist bei den Wählern nicht sehr beliebt. Die »ratlosen Riesen« (Wildenmann, 1989) hatten gleichwohl keine ernste Konkurrenz. Die »Zwerge« waren nicht weniger ratlos. Die Grünen befanden sich in einer tiefen Krise, die Republikaner hatten einige Schwierigkeiten, sich als kontinuierlich arbeitende Partei zu profilieren. In beiden Parteien ist die Anhängerschaft am mißtrauischsten gegenüber den Parteien: 77% der Wähler der Republikaner, 65% derjenigen mit Präferenz für die Grünen hatten kein Vertrauen in die Parteien. Aber auch bei der 1990 regierenden Union bekannten nur 46% Vertrauen in die Parteien (Emnid-Information Nr. 9/10, 1990: A 39).

Die These von der Krise der Parteien stützte sich immer wieder auf solche Umfragen. Kein Zweifel, die Parteien hatten mit 37% die niedrigste Rate des Vertrauens der Bürger in Institutionen, nur die Zeitungen schnitten mit 36% noch schlechter ab. Politik wurde von 55% noch immer als »schmutziges Geschäft« angesehen (Wildenmann, 1989: 48). Die Bürger schätzten demzufolge diejenigen, die es besorgen, nicht sehr hoch ein. Gleichwohl ist das Verständnis dafür gestiegen, daß Parteien unverzichtbar sind.

Enthält man sich kurzfristiger »steriler Aufgeregtheit« (Simmel) in der Debatte um die Parteiverdrossenheit, so entpuppt sich der Niedergang der Parteien weitgehend als Wandel der Parteien. Über die gewünschte Richtung des Wandels herrscht freilich keine Einigkeit. Auch im Ausland wird die Kartellpartei zunehmend als Form der Zukunft angepriesen (Katz/Mair, 1995). In Deutschland haben selbst einige linke Theoretiker der Parteien eine Wende vollzogen. Statt ideologischer Mobilisierung wurde nun die kühle Parteiräson der Bescheidung bei einer organisatorischen Minimalpartei empfohlen. Eine »professionelle Rahmenpartei« (Raschke, 1993: 868) erscheint als das Gegenteil von dem, was die Grünen einst anstrebten. Da sie jedoch keine Massen- und Mitgliederpartei wurden, haben sie mehr Veranlassung, über das neue Konzept nachzudenken, als eine Massenpartei wie die SPD, die ihre über 800000 Mitglieder nicht schlicht nach Hause schicken kann. Wurden Wahlkämpfe nach dem Eingeständnis eines amerikanischen Spezialisten auch veranstaltet, »to keep the membership happy«, so werden die Parteiorganisationen in Deutschland wohl auch künftig gebraucht, auch wenn es sich um schwindende heterogene Gruppen und nicht mehr ideologisch verschworene Kampfgemeinschaften handelt. Die neue Regelung der Parteienfinanzierung scheint jedenfalls einen Dammbau in diese Richtung hin versucht zu haben.

Die Entwicklung geht jedoch nicht in eine eindeutige Richtung. Immer wenn die Parteieliten als »politische Klasse« (vgl. v. Beyme, 1995) den Kontakt mit der Parteibasis zu stark verloren haben, kommt es zur Gegenbewegung. Die Parteien entdecken die Basisdemokratie und beteiligen die Mitglieder stärker an der Kandidatenaufstellung und der Führungsauslese. Da das politische System der Bundesrepublik jedoch antiplebiszitär konzipiert wurde, stößt der Ausbau der plebiszitären Komponente auch bei der innerparteilichen Demokratie regelmäßig auf enge Grenzen.

Literatur

U. von Alemann: Parteien. Reinbek, Rowohlt TB, 1195

H. H. von Arnim: Zur Neuordnung der Parteifinanzierung. DÖV, 1983: 486–493

H. H. von Arnim: Die Partei, der Abgeordnete und das Geld. Mainz, von Hase & Koehler, 1991

H. H. von Arnim: Der Staat als Beute. München, Knaur, 1993

U. Backes/E. Jesse: Politischer Extremismus in der Bundesrepublik Deutschland. Köln, Verlag Wissenschaft und Politik, 1989

U. Backes/E. Jesse: Jahrbuch Extremismus und Demokratie. Bonn, Bouvier, 1990

U. BACKES/P. MOREAU: Die extreme Rechte in Deutschland. München, Akademischer Verlag, 1993

ST. BARTOLINI/P. MAIR: Identity, Competition and Electoral Availibility. The Stabilisation of European Electorates 1885–1985. Cambridge UP, 1990

H. BECKER u. a.: Die SPD von innen. Auswertung und Interpretation empirischer Untersuchungen in der SPD Nordrhein-Westfalen. Bonn, Neue Gesellschaft, 1983

Bericht zur Neuordnung der Parteienfinanzierung. Vorschläge der vom Bundespräsidenten berufenen Sachverständigenkommission. Köln, Bundesanzeiger, 1983

K. VON BEYME u. a.: Wahlkampf und Parteiorganisation. Eine Regionalstudie zum Bundestagswahlkampf 1969. Tübingen, Mohr, 1974

K. VON BEYME: Parteien in westlichen Demokratien. München, Piper, 1984[2]

K. VON BEYME: (Hrsg.): Right-wing Extremism in Westeurope. London, Frank Cass., 1988

K. VON BEYME: Die politische Klasse im Parteienstaat. Frankfurt, Suhrkamp, 1995[2]

W. BILLING u. a. (Hrsg.): Rechtsextremismus in der Bundesrepublik Deutschland. Baden-Baden, Nomos, 1993

M. BRIE u. a. (Hrsg.): Die PDS. Empirische Befunde und kontroverse Analysen. Köln, Papyrossa, 1995

W. BÜRKLIN: Grüne Politik. Ideologische Zyklen. Wähler und Parteiensysteme. Opladen, Westdeutscher Verlag, 1984

J. DITTBERNER: FDP – Partei der zweiten Wahl. Opladen, Westdeutscher Verlag, 1987

K. H. F. DYSON: Party, State and Bureaucracy in Western Germany. London, Sage, 1977

P. EISENMANN/G. HIRSCHER (Hrsg.): Die Entwicklung der Volksparteien im vereinten Deutschland. Bonn, Aktuell, 1992

Empfehlung der Kommission unabhängiger Sachverständiger zur Parteienfinanzierung. Dt. Bt. 12. WP. Drs. 12/4425 v. 19.2.1993

W. FALKE: Die Mitglieder der CDU. Berlin, Duncker & Humblot, 1982

J. W. FALTER/S. SCHUMANN: Konsequenzen einer bundesweiten Kandidatur der CSU bei Wahlen. APuZG B 11/12, 1992: 33–45

J. W. FALTER/S. SCHUMANN: Die Republikaner. In: P. Eisenmann/G. Hirscher (Hrsg.): Die Entwicklung der Volksparteien im vereinten Deutschland. Bonn, Aktuell, 1992: 191–228

W. FALTER: Wer wählte rechts? Die Wähler und Anhänger rechtsextremistischer Parteien im vereinten Deutschland. München, Beck, 1994

H. FENSKE: Strukturprobleme der deutschen Parteiengeschichte. Frankfurt, Fischer-Athenäum, 1974

R. FÜCKS (Hrsg.): Sind die Grünen noch zu retten? Reinbek, Rowohlt, 1991

P. GLUCHOWSKI/H.-J. VEEN: Nivellierungstendenzen in den Wähler- und Mitgliedschaften von CDU/CSU und SPD 1959–1979. ZParl, 1979: 312–331

M. TH. GREVEN: Parteimitglieder. Ein empirischer Essay. Opladen, Leske & Budrich, 1987

B. GUGGENBERGER u.a. (Hrsg.): Parteienstaat und Abgeordnetenfreiheit. München, Vogel, 1976
G. GYSI: Wir brauchen einen dritten Weg. Selbstverständnis und Programm der PDS. Hamburg, Konkret Literatur Verlag, 1990
W. HEITMEYER u.a.: Die Bielefelder Rechtsextremismus-Studie. Weinheim, Juventa, 1992
W. HENNIS: Organisierter Sozialismus. Stuttgart, Klett, 1977
TH. A. HERZ: Soziale Bedingungen für Rechtsextremismus in der BRD und in den Vereinigten Staaten. Meisenheim, Hain, 1975
G. HIRSCHER (Hrsg.): Parteidemokratie zwischen Kontinuität und Wandel. Die deutschen Parteien nach den Wahlen 1994. München, Hanns-Seidel-Stiftung, 1995.
R. HOFMANN: Geschichte der deutschen Parteien. Von der Kaiserzeit bis zur Gegenwart. München, Piper, 1993
R. VAN HÜLLEN: Ideologie und Machtkampf bei den Grünen. Bonn, Bouvier, 1990
W. JAIDE/H.-J. VEEN (Hrsg.): Bilanz der Jugendforschung. Ergebnisse empirischer Analysen in der Bundesrepublik Deutschland von 1975 bis 1987. Paderborn, Schöningh, 1989
H.-G. JASCHKE: Die Republikaner. Profile einer Rechts-Außen-Partei. Bonn, Dietz, 1990
H. KAACK: Geschichte und Struktur des deutschen Parteiensystems. Opladen, Westdeutscher Verlag, 1971
H. KAACK: Zur Geschichte und Programmatik der FDP. Grundriß und Materialien. Meisenheim, Hain, 1978[2]
H. KAACK/R. ROTH (Hrsg.): Handbuch des deutschen Parteiensystems. Opladen, Leske, 1980, 2 Bde.
W. KALTEFLEITER: Parteien im Umbruch. Düsseldorf, Econ, 1984
W. KALTEFLEITER/K.-H. NASSMACHER: Das Parteiengesetz 1994 – Reform der kleinen Schritte. ZParl, 1994: 253–262
W. KALTEFLEITER: Strukturelemente des deutschen Parteiensystems nach den Wahlen von 1994. ZParl, 1995; 16–26
R. KATZ/P. MAIR (Hrsg.): How Parties Organize. London, Sage, 1994
R. KATZ/P. MAIR: Changing Models of Party Organization and Party Democracy. The Emergence of the Cartel Party. Party Politics, 1995: 5–28
H. KITSCHELT: The Logics of Party-Formation. Ecological Politics in Belgium and West Germany. Ithaca, Cornell UP, 1989
K.-H. KLÄR u.a. (Hrsg.): Sozialstruktur und Einstellungen von Wählern rechtsextremer Parteien. Studien von Sinus und Infratest. Bonn, Vorwärts-Verlag, 1989, 3 Bde.
H.-D. KLINGEMANN: Die programmatischen Profile der politischen Parteien in Deutschland. In: D. Herzog/B. Weßels (Hrsg.): Konfliktpotentiale und Konsensstrategien. Opladen, Westdeutscher Verlag, 1989: 99 bis 115
I. KURZ-SCHERF/G. WINKLER (Hrsg.): Sozialreport 1994. Daten und Fakten zur sozialen Lage in den neuen Bundesländern. Berlin, SFZ, 1994

Ch. Landfried: Parteienfinanzen und politische Macht. Baden-Baden, Nomos, 1994[2]
Ch. Landfried: Parteienfinanzierung. Das Urteil des Bundesverfassungsgerichts vom 9. April 1992. ZParl, 1992: 439–447
D. Langewiesche: Liberalismus in Deutschland. Frankfurt, Suhrkamp, 1988
C. Leggewie: Die Republikaner. Phantombild der neuen Rechten. Berlin, Rotbuch, 1989[2]
C. Leggewie: Druck von rechts. Wohin treibt die Bundesrepublik? München, Beck, 1993
G. Lehmbruch: Parteienwettbewerb im Bundesstaat. Stuttgart, Kohlhammer, 1976
T. Leif/J. Raschke: Rudolf Scharping, die SPD und die Macht. Reinbek, Rowohlt, 1994
F. Löbler u.a. (Hrsg.): Wiedervereinigung als Organisationsproblem: Gesamtdeutsche Zusammenschlüsse von Parteien und Verbänden. Bochum, Brockmeyer, 1991
P. Lösche: Wovon leben die Parteien? Frankfurt, S. Fischer, 1984
P. Lösche/F. Walter: Die SPD. Klassenpartei, Volkspartei, Quotenpartei. Darmstadt, Wiss. Buchgesellschaft, 1992
P. Lösche: Kleine Geschichte der deutschen Parteien. Stuttgart, Kohlhammer, 1993
W. Mensing: Wir wollen unsere Kommunisten wiederhaben. Demokratische Starthilfen für die Gründung der DKP. Zürich, Interfrom, 1989
A. Mintzel: Geschichte der CSU. Opladen, Westdeutscher Verlag, 1977
A. Mintzel: Die Volkspartei. Opladen, Westdeutscher Verlag, 1983
H. Modrow: Aufbruch und Ende. Hamburg, Konkret Literatur Verlag, 1991
P. Moreau: PDS. Anatomie einer postkommunistischen Partei. Bonn, Bouvier, 1992
F. Müller-Rommel: Innerparteiliche Gruppierungen in der SPD. Opladen, Westdeutscher Verlag, 1982
F. Müller-Rommel: Grüne Parteien in Westeuropa. Opladen, Westdeutscher Verlag, 1993
F. Müller-Rommel/G. Pridham (Hrsg.): Small Parties in Western Europe. London, Sage, 1991
W. D. Narr (Hrsg.): Auf dem Weg zum Einparteienstaat? Opladen, Westdeutscher Verlag, 1977
K.-H. Nassmacher: Parteien im Abstieg. Opladen, Westdt. Verlag, 1989
O. Niedermayer: Innerparteiliche Partizipation. Opladen, Westdeutscher Verlag, 1989
O. Niedermayer/R. Stöss (Hrsg.): Stand und Perspektiven der Parteienforschung in Deutschland. Opladen, Westdeutscher Verlag, 1993
O. Niedermayer/R. Stöss (Hrsg.): Parteien und Wähler im Umbruch. Parteien und Wählerverhalten in der ehemaligen DDR und den neuen Bundesländern. Opladen, Westdeutscher Verlag, 1994
D. Oberndörfer/K. Schmitt (Hrsg.): Parteien und regionale politische Tra-

ditionen in der Bundesrepublik Deutschland. Berlin, Duncker & Humblot, 1991
H. Oberreuter/A. Mintzel (Hrsg.): Parteien in der Bundesrepublik. München, Olzog, 1990
G. Olzog/H.-J. Liese: Die politischen Parteien in Deutschland. München, Olzog, 1995[23]
F. U. Pappi: Die Anhänger der neuen sozialen Bewegungen im Parteiensystem der Bundesrepublik. APuZG B 26/1989: 17–27
F. U. Pappi: Die Republikaner im Parteiensystem der Bundesrepublik, Protesterscheinung oder politische Alternative? APuZG, B 21/1990: 37–44
I. Poguntke: Alternative Politics: The German Green Party. Edinburgh UP, 1992
I. Poguntke/B. Boll: Germany. In: R. S. Katz/P. Mair (Hrsg.): Party Organizations. London, Sage, 1992: 317–388
P. Radunski: Wahlkämpfe. Moderne Wahlkampfführung als politische Kommunikation. München, Olzog, 1980
J. Raschke: Krise der Grünen. Marburg, SP-Verlag, 1991
J. Raschke: Die Grünen. Wie sie wurden, was sie sind. Köln, Bund, 1993
G. Rieger: »Parteienverdrossenheit« und »Parteienkritik« in der Bundesrepublik Deutschland. ZParl, 1994: 459–471
W. Rudzio: Das neue Parteienfinanzierungsmodell und seine Auswirkungen. ZParl, 1994: 390–401
I. Runge/U. Stelbrink: Gregor Gysi: »Ich bin Opposition.« Berlin, Dietz, 1990
K. Schacht u. a. (Hrsg.): Hilflos gegen Rechtsextremismus? Köln, Bund, 1995
E. K. u. U. Scheuch: Cliquen, Klüngel und Karrieren. Reinbek, Rowohlt, 1992
J. Schmid: Die CDU-Organisationsstrukturen, Politiken und Funktionsweisen einer Partei im Föderalismus. Opladen, Leske & Budrich, 1990
J. Schmid u. a. (Hrsg.): Organisationsstrukturen und Probleme von Parteien und Verbänden. Marburg, Metropolis, 1994
H. Schmitt: Neue Politik in alten Parteien. Opladen, Westdt. Verlag, 1987
H. Schmitt: So dicht war die Mauer nicht! Über Parteibindungen und cleavages im Osten Deutschlands. In: P. Eisenmann/G. Hirscher (Hrsg.): Die Entwicklung der Volksparteien im vereinten Deutschland. Bonn, Bonn Aktuell, 1992: 229–251
W. Schönbohm: Die CDU wird moderne Volkspartei. Selbstverständnis, Mitglieder, Organisation und Apparat 1950–1980. Stuttgart, Klett-Cotta, 1985
Sinus: Wir sollten wieder einen Führer haben. Reinbek, Rowohlt, 1981
R. Stöss: Die extreme Rechte in der Bundesrepublik. Opladen, Westdeutscher Verlag, 1989
R. Stöss: Parteikritik und Parteiverdrossenheit. APuZG B 21/1990: 15–24
R. Stöss (Hrsg.): Parteienhandbuch. Opladen, Westdeutscher Verlag, 1983/84, 2 Bde.
U. Thaysen: Der Runde Tisch. Oder: Wo blieb das Volk? Opladen, Westdeutscher Verlag, 1990

K.-R. Tietzek: Verfassungsfragen der Wahlkampfkostenerstattung. Baden-Baden, Nomos, 1990
H. Tiemann u. a.: Gewerkschaften und Sozialdemokratie in den neuen Bundesländern. Deutschland Archiv, 1993: 40–51
D. Th. Tsatos (Hrsg.): Auf dem Weg zu einem gesamtdeutschen Parteienrecht. Baden-Baden, Nomos, 1991
H. M. Uehlinger: Politische Partizipation in der Bundesrepublik. Opladen, Westdeutscher Verlag, 1988
H.-J. Veen / J. Hoffmann: Die Grünen zu Beginn der neunziger Jahre. Profil und Defizite einer fast etablierten Partei. Bonn, Bouvier, 1992
H.-J. Veen / P. Gluchowski: Die Anhängerschaften der Parteien vor und nach der Einheit – eine Langfristbetrachtung von 1953 bis 1993. ZParl, 1994: 164–186
Verfassungsschutzberichte 1989–1994. Bonn, Bundesminister des Inneren
A. Volkens / H. D. Klingemann: Die Entwicklung der deutschen Parteien im Prozeß der Vereinigung. In: E. Jesse / A. Mitter (Hrsg.): Die Gestaltung der deutschen Einheit. Bonn, Bouvier, 1992: 189–214
Ch. Welzel: Von der SED zur PDS. Frankfurt, Lang, 1992
G. Westerwelle: Das Parteienrecht und die politischen Jugendorganisationen. Baden-Baden, Nomos, 1994
G. Wewer (Hrsg.): Parteienfinanzierung und politischer Wettbewerb. Opladen, Westdeutscher Verlag, 1990
E. Wiesendahl: Der Marsch aus den Institutionen. Zur Organisationsschwäche politischer Parteien in den achtziger Jahren. APuZG B 21/1990: 3–14
R. Wildenmann: Volksparteien. Ratlose Riesen? Baden-Baden, Nomos, 1989
M. Wilke u. a.: Die Deutsche Kommunistische Partei (DKP). Geschichte, Organisation, Politik. Köln, Verlag Wissenschaft und Politik, 1990
D. Wittich: Sozialstruktur von PDS-Mitgliedern. In: Niedermayer / Stöss, 1994: 227–235

5. Interessengruppen

(a) Interessengruppen und Organisationsbereitschaft der Bürger

Die Tocqueville-These, daß die Amerikaner ein Volk von *»Joiners«* seien, ist häufig auf die Deutschen ausgedehnt worden, mit dem Zusatz, sie seien ein Volk von Vereinsgründern. Dabei wird gelegentlich eine unpolitische Art der Ausübung des Koalitionsrechts angeprangert. Nur partiell zu Recht, wie die historische Entwicklung zeigt. In Deutschland, wo das kapitalistische Wirtschaftssystem sich später als in einigen westeuropäischen Ländern durchsetzte, haben sich »die Vorteile, ein Nachzügler« zu sein (A. Hirschman), durchaus auch auf die Gruppenstruktur ausgewirkt. Das ungewöhnliche Tempo, mit dem sich die wirtschaftliche Expansion nach der Reichseinigung von 1871 vollzog, erforderte eine Kompensation der Folgen dieses Prozesses für die Gesellschaft durch organisierte Einwirkung der relevanten Gruppen und Schichten. Die mangelnde demokratisch-revolutionäre Tradition des Landes war für die Anfänge des Verbandswesens paradoxerweise partiell von Vorteil. Es gibt nicht nur eine obrigkeitsstaatliche »Verbandsprüderie«, die sich bis heute in Forderungen nach der Gemeinwohlpflichtigkeit der Verbände um die »Handlungsfähigkeit des Staates« sorgt, sondern auch demokratisch-egalitäre Vorbehalte gegen die Zwischengewalten der Gruppenmacht. Während in Frankreich die ›Loi Le Chapelier‹ von 1791 und in Großbritannien der ›General Combination Act‹ von 1799 sich vor allem gegen ständisch-berufliche Gruppen (in Frankreich auch gegen Parteien und politische Clubs) richteten, war die zum Teil noch ständisch strukturierte Gesellschaft der deutschen Staaten weniger argwöhnisch gegen die intermediären Gewalten.

Von 1871 an nahm der Einfluß der Verbände im Deutschen Reich zu. Das allgemeine Wahlrecht spielte eine verstärkende Rolle bei der Politisierung der Verbände und der konkreten Interessenausrichtung der Parteien, die vor 1871 weitgehend lose Weltanschauungsgruppen gewesen waren. Die Verwirtschaftlichung der Politik förderte das Verbandswesen nicht weniger als die staatlichen Initiativen im Bereich der Gesellschaft. Interessengruppen waren gerade in Deutschland keineswegs immer freie Vereinigungen der Gesellschaft zur Durchsetzung von Interessen gegenüber dem Staat, sondern vielfach sind sie durch die Staatsintervention hervorgerufen oder mit staatlicher Hilfe als Gesprächspartner im Bereich der Gesellschaft gegründet worden. Auch bei der Konzentration des Verbändewesens spielte der Staat schon früh eine aktive Rolle: etwa durch Anerkennung der Tarifpartner (im Kriegshilfsdienstgesetz von 1916) oder durch Begünstigung der Spitzenverbände bei Eingaben an die Ministerien in der Geschäftsordnung der Ministerien (GGO Bes. Teil, § 23 Abs. 1 u. 3). Die frühe Initiative des Staates im Bereich der Sozialpolitik führte dazu, daß in Deutschland nicht nur wirtschaftliche Vereinigungen, sondern auch Interessengruppen im sozialpolitischen Bereich besonders früh aktiv wurden.

Nicht nur ein hoher Organisationsgrad in allen Verbandsbereichen, sondern ein überdurchschnittlich hoher Konzentrationsgrad wurde zum Kennzeichen der deutschen Verbandsentwicklung. Die organisatorische Schlagkraft deutscher Verbände war im Gewerkschaftsbereich wie bei Unternehmer- und Bauernverbänden im Ausland ein vielfach bewundertes Vorbild.

Dennoch war die Konzentration in den politischen Systemen der Vergangenheit nicht vollständig. Die weltanschauliche Fragmentierung, die das Verbandswesen in vielen westlichen Demokratien bis heute kennzeichnet (vor allem in den romanischen Ländern und in den Konkordanzdemokratien), hatte auch in Deutschland einige Spuren hinterlassen. Wie in Großbritannien bis 1965 – im Gegensatz zu Frankreich und den USA – entwickelte sich hier eine Arbeitsteilung zweier Spitzenverbände im Unternehmerbereich. Der eine Verband ist für die Arbeitsbeziehungen zuständig (wie die BDA), und ein anderer betreut die allgemeine Wirtschaftspolitik (BDI). Historische Umstände scheinen diese Aufgabenteilung mehr zu bedingen als Gemeinsamkeiten der rechtlichen Regelung von Arbeitsbeziehungen und der Staatsstruktur.

Die Ausdifferenzierung der Arbeitgeberorganisation war zunächst weitgehend eine negative Abwehrfunktion zur Verteidigung gegen gewerkschaftliche Kampfmaßnahmen. Ein Ausstand der Textilarbeiter in Crimmitschau/Sachsen 1903 wurde zum Anlaß der Gründung des ›Vereins Deutscher Arbeitgeberverbände‹ im Jahre 1904. Die Abwehrfront war jedoch zunächst nicht einheitlicher als auf der Ebene der Wirtschaftsverbände. In enger Anlehnung an den ›Zentralverband Deutscher Industrieller‹ entstand 1904 eine Konkurrenzorganisation in der ›Hauptstelle Deutscher Arbeitgeberverbände‹. 1909 schlossen beide Organisationen einen Kartellvertrag, und 1913 kam es zur Verschmelzung in der ›Vereinigung der Deutschen Arbeitgeberverbände‹ (VDA).

Die wirtschaftspolitische Funktion der Unternehmerorganisationen blieb hingegen bis zum Untergang des Kaiserreichs geteilt. Der ›Centralverband Deutscher Industrieller‹ (CDI), 1876 gegründet, wurde mehr und mehr Sprachrohr der führenden Betriebe in einzelnen Branchen. 1895 bekam er durch Gründung des ›Bundes der Industriellen‹ Konkurrenz der kleineren, meist exportorientierten Industrie unter maßgebendem Einfluß von Stresemann. Im Ersten Weltkrieg wurden die institutionellen Anreize zur Vereinigung durch die Bildung des ›Kriegsausschusses der Deutschen Industrie‹ (August 1914) geschaffen, die zur gemeinsamen Interessenvertretung im ›Deutschen Industrierat‹ (Oktober 1916) führte, dem auch der seit 1899 aus dem Centralverband ausgetretene Chemieverband beitrat. Aber erst zu Beginn der Weimarer Republik kam es zur Gründung des ›Reichsverbandes der Deutschen Industrie‹ (RDI).

Auch auf der Gewerkschaftsseite war trotz der Dominanz der Sozialdemokratie im Organisationsbereich der Arbeiterinteressen keine »Einheitsgewerkschaft‹ durchzusetzen gewesen. Die Fragmentierung zwischen sozialistischen, liberalen und christlichen Gewerkschaften war jedoch nie so weitreichend, wie sie bis heute in den romanischen Ländern ist. In Deutschland wurde das anarchosyndikalistische Modell der strikten Arbeitsteilung zwischen Arbeiterparteien und Gewerkschaften nicht akzeptiert. Die Mehrheit der Gewerkschafter war in einer auf die Sozialdemokratie ausgerichteten Gewerkschaft organisiert, in der mehr als in anderen Ländern mit einem dominanten Dachverband (Großbritannien, Skandinavien) das *Industrieprinzip* sich durchsetzte. In der Weimarer Republik konnte seit dem Nürnberger Gewerkschaftskongreß von 1919, der zum Zusammenschluß der freien Gewerkschaften führte, der ›Allgemeine Deutsche Gewerkschaftsbund‹ (ADGB) seinen Vorsprung vor den beiden anderen weltanschaulichen Richtungsgewerkschaften ausbauen, obwohl auch der ADGB seinen Höchststand von 1919 nicht wieder erreichte.

Nach 1949 wurde aufgrund der Erfahrungen des Kampfes gegen den Nationalsozialismus von der Mehrheit der Gewerkschafter akzeptiert, daß eine Einheitsgewerkschaft gegründet werden sollte. Hans Böckler und eine Führungsgruppe der Gewerkschaften in den Westzonen wollten sogar ein integrierteres Modell einer Einheitsgewerkschaft, als es realisiert werden konnte: Die Fachgruppen sollten nur Unterab-

Tabelle 5.1: Mitglieder der Gewerkschaften (in Tausend)

Jahr	Freie	Christliche	Hirsch-Duncker	Insgesamt
1891	278	–	66	344
1900	680	77	92	849
1911	2340	341	107	2789
1918	1665	405	114	2184
1919	5479	854	190	6527
1926	3977	532	163	4672
1931	4418	578	181	5177
	DGB	DAG	DBB	
1982	7861	501	812	
1990	7937	584	1053	
1993	10290	527	1078	

Quelle: Statistische Jahrbücher der Bundesrepublik Deutschland

teilungen des gewerkschaftlichen Dachverbandes, nicht aber unabhängige Industriegewerkschaften sein. Diese Konzeption scheiterte am Einspruch der Besatzungsmächte und – im Gegensatz zu Unitarisierungsbestrebungen auf staatlicher Ebene – nicht am territorialen, sondern am *funktionalen Föderalismus* der größten Einzelverbände.

Hitlers brutale Nivellierung der organisatorischen Landschaft in Deutschland, die Ohnmacht des Widerstandes und die Lizensierungspolitik der Alliierten nach dem Krieg haben über die Tarifpartner hinaus die Vereinheitlichung der Organisation im gesellschaftlichen Bereich stark gefördert. Unternehmer und Vertriebene, die anfangs von den Besatzungsmächten in ihren Zusammenschlußversuchen und vor allem in ihrem politischen Lobbyismus stark gebremst wurden, haben das Einflußdefizit, das bei Schaffung des Grundgesetzes 1948/49 zu bestehen schien (vgl. Kap. 1a), rasch aufgeholt. Statusunterschiede schienen nach 1949 eine geringere Rolle zu spielen, so daß die Angestellten-Gewerkschaft (DAG) in der Bundesrepublik nicht die gleiche Stärke erlangte wie die Angestelltengewerkschaften innerhalb des TUC in Großbritannien oder die Angestelltengewerkschaften Skandinaviens, die eine Konkurrenz der mächtigen Einheitsverbände (LO) sind. Die Amputierung des Staatsgebiets und die Brechung der Grundlagen des politischen Einflusses des Großgrundbesitzes, vor allem in der SBZ und in den Ostgebieten, haben auch die Gegensätze in der Landwirtschaft verringert. Der ›Reichslandbund‹ der Weimarer Zeit, weitgehend von den Großagrariern Ostelbiens beherrscht und politisch mit den konservativen Kräften um die Deutsch-Nationale

Volkspartei (DNVP) eng verbunden, hatte noch gewichtige Konkurrenzorganisationen wie die Bauernvereine in West- und Süddeutschland und die ›Deutsche Bauernschaft‹ als Repräsentation der kleineren und mittleren landwirtschaftlichen Betriebe. Der Deutsche Bauernverband (DBV), der 1948 in München gegründet wurde, hat auch für die Landwirtschaft eine nie vorher dagewesene Einheitlichkeit des Handelns ermöglicht, wenn auch eine gewisse Dominanz der größeren Betriebe in Niedersachsen und Westfalen für den Bauernverband festzustellen ist.

Die *innerorganisatorische Ausdifferenzierung* der Verbände scheint für einen mittleren Flächenstaat vergleichsweise gering. Die Gewerkschaften mit 17 Einzelgewerkschaften werden im internationalen Rahmen nur von kleinen Ländern wie Luxemburg an Überschaubarkeit der Strukturen überboten. Der Deutsche Bauernverband hat trotz der Betonung vorbundesrepublikanischer Territorialgrenzen sogar nur 15 Unterverbände. Der Organisationsgrad in deutschen Verbänden ist im internationalen Vergleich hoch. Bei der BDA etwa 80%, beim BDI und beim Deutschen Bauernverband über 90%. Bei den Gewerkschaften erscheint er mit 35% im Mittelfeld des in Westeuropa üblichen. Die meisten Länder, die über der Bundesrepublik liegen, haben jedoch den Organisationsgrad mit organisatorischen Verflechtungen (mit der Arbeiterpartei in Großbritannien oder Schweden oder mit negativen Sanktionen gegenüber Nichtmitgliedern [*union shop* in Großbritannien] oder Solidaritätsbeiträgen wie in Belgien) künstlich in die Höhe getrieben. Aufgrund des Organisationszwanges im Dritten Reich und in der DDR werden solche Mittel, die immer wieder einmal in die Diskussion gerieten, von den deutschen Gewerkschaften entschieden abgelehnt.

In ihrer *Organisationsmacht* und *Finanzkraft* sind die deutschen Spitzenverbände im Ausland vielfach bewundert und beargwöhnt worden. Letzteres vor allem dort, wo sie in internationalen Zusammenschlüssen einen beträchtlichen Teil der Finanzen aufbringen und einen gewissen Einfluß auf die Richtung des internationalen Verbandes ausüben. Das gilt vor allem bei regionalen internationalen Vereinigungen wie im Europäischen Gewerkschaftsbund.

Mit dem Aufkommen der *neuen sozialen Bewegungen* haben sich die *Organisationsmuster* der Deutschen vor allem in der Jugend gewandelt. In den Untersuchungen zu den Aktivitäten der deutschen Jugend zeigte sich in den achtziger Jahren eine Hinwendung zu unkonventionellem Verhalten und loseren Formen des organisatorischen Engagements in neuen sozialen Bewegungen. Zwischen der tatsächlichen Teilnahme an Gruppen und der Sympathiequote haben sich zum Teil beträchtliche Differenzen aufgetan. Die allgemeine Sympathiequote von kirchlichen Gruppen war gering, obwohl diese nach der Friedensbewegung und den Ökogruppen den dritten Platz in der Mobilisierungsrate zu belegen schien (Sinus 1983: 57). Die politischen Jugendverbände hatten abnehmende Bedeutung. Aus diesen Veränderungen sind gelegentlich voreilige Schlüsse gezogen worden. Es zeigte sich, daß die neuen sozialen Bewegungen als alternativer Strukturtyp von freiwilligen Vereinigungen trotz ihres hohen Ranges in der Wertschätzung bei jungen Menschen weit hinter der Organisationsdichte des traditionellen Verbandswesens zurückblieben (v. Alemann, 1987:67).

Parallel zur Debatte in der Parteienforschung (vgl. Kap. 4a) entspann sich eine Debatte über die Erosion des Engagements der Bürger in den Verbänden. Wenig Aufmerksamkeit zogen Statusgruppen und Verbände von Gruppen von Erwerbstätigen auf sich. Von den Landwirten bis zu den Ärzten ist der Organisationsgrad unvermindert hoch. Schwankungen der Mitgliedschaft von Verbänden sind Nebenprodukte der Entwicklung der Erwerbstätigen in einem Sektor.

Am geeignetsten schienen die Gewerkschaften, um Niedergangsthesen zu erhärten. Der Niedergang des Vertrauens in die Gewerkschaften – die lange etwa mit den Unternehmen in der Akzeptanz Schritt gehalten hatten – war in den achtziger Jahren auffällig (Tab. 2.1). Dieser zu Protokoll gegebene Vertrauensverlust der Bürger gegenüber den Gewerkschaften hatte vor allem bei den Unionsparteien und den Liberalen stark zugenommen: 66 % und 64 % der Nahesteher beider Parteien hatten 1990 kein Vertrauen (Emnid Informationen Nr. 9/10, 1990: A 44). Daß aber auch 40 % der SPD-Sympathisanten den Gewerkschaften skeptisch gegenüberstanden, war das eigentlich Alarmierende an diesen Umfragebefunden.

Trotz dieser Abnahme von Vertrauen in die Institution hat sich die emotionale Distanz vieler zu den Gewerkschaften nicht in eine adäquate organisatorische Distanz der Bürger verwandelt. Einige Analytiker haben in einer Entwicklung vom Korporatismus zur Deregulierung mit flexiblen Arbeitsverhältnissen und neuartigen Kommunikationsstrukturen auf einen generellen Niedergang der gewerkschaftlichen Organisationsbereitschaft geschlossen (Windolf, 1989). Mitgliedsentwicklungen in einem Jahrzehnt wurden zu ähnlich dramatischen Niedergangshypothesen verwendet wie in der Parteienforschung. Bei längeren Zeitreihen ließ sich ein dramatischer Niedergang nicht nachweisen (Armingeon, 1989). Die Mitgliederfluktuation, die strategischen Wandlungen von Tarifpolitik, das Auf und Ab der Konjunkturen haben eine ökonomisch effiziente Interessenvertretung und politisch-parlamentarische Repräsentation langfristig nicht beeinflußt (Armingeon, 1988: 122).

Ein Grund zur Beunruhigung über die abnehmende Organisationsbereitschaft in den Gewerkschaften bleibt: In den achtziger Jahren waren 22% aller Mitglieder von DGB-Gewerkschaften Rentner, Hausfrauen, Schüler oder Studenten. Zwei Prozent der Organisierten waren arbeitslos. Kein Zweifel, die DGB-Gewerkschaften waren unter den Erwerbstätigen im engeren Sinne noch schwächer vertreten, als die üblichen Angaben über den Organisationsgrad vermuten ließen (Armingeon, 1991: 32).

Als die neuen sozialen Bewegungen aufbrachen, hat ein demokratietheoretischer Überschwang gern wieder an ein idealtypisches Graswurzelmodell geglaubt, in dem gesellschaftliche Konfliktlagen zur »Selbstentzündung« führen und spontanes Engagement der Bürger gesichert ist. Neuere Ansätze, die stärker auf eine politikwissenschaftliche Detailanalyse der organisatorischen Bedingungen von neuen sozialen Bewegungen setzten, haben gezeigt, daß latente Mobilisierungspotentiale nicht ausreichten, um eine Bewegung zu erzeugen. Protest-Eliten müssen die Konflikte in Programme umsetzen und Ressourcen für die Mobilisierung von Bewegungen bereitstellen. Die Bewegungsunternehmer (Schmitt, 1990: 288) waren dabei keineswegs immer nur außerhalb des etablierten Systems der Interessengruppen zu finden. So profitierte die Friedensbewegung als die neue soziale Bewegung, welche die breiteste Mobilisierung erreichte, die weit über das alternative Milieu hinausging, etwa davon, daß die Führungskräfte in Organisationen der evangelischen Kirche saßen und auf Resonanz bei den Gewerkschaften und bei Teilen der SPD-nahen Organisationslandschaft stießen. Daher wurde auch die Organisation von neuen sozialen Bewegungen nicht zum Verdrängungswettbewerb im Hinblick auf die alten Interessengruppen.

(b) Die Aktivität von Verbänden im politischen System

Bis 1990 hatten sich 1501 Interessenverbände beim Bundestag registrieren lassen (Mann, 1994: 19) und damit ihre Bezogenheit auf politische Entscheidungen bekundet. Die Registration bedeutet lediglich, daß Verbände dokumentieren, daß sie bei Anhörungen berücksichtigt werden wollen.

Das parlamentarische System der Bundesrepublik hat höchst widersprüchliche Rahmenbedingungen für die *Verbandsdurchlässigkeit* des Systems gesetzt. Einerseits wird nach dem Grundgesetz die Weisungsungebundenheit der Abgeordneten besonders betont (Art. 38 GG), was nicht nur gegen die Mehrheit der territorialen Wahlkörperschaft, sondern auch gegen Verbandsweisungen schützen müßte. Radikaldemokratische Versuche, den Mandatsgedanken zu fördern, sind leichter abzuwehren als die Versuche der Gruppen, Abgeordnete zu beeinflussen. Ruhende Verbandsmitgliedschaften, die der Offenlegungspflicht entgehen, Beraterverträge, indirekte Beeinflussungsversuche sind schwerer zu kontrollieren als Pressionen, die durch den Druck organisierter Massen ausgeübt werden können.

Andererseits erleichtern das Wahlrecht und die *Organisation des Deutschen Bundestages* eher den Einstieg für Verbandseinflüsse. Das zweistufige Kandidatenaufstellungsverfahren und die Listenplatzvergabe begünstigen die Plazierung von Verbandsvertretern, die Partialinteressen vertreten. Für die Rekrutierung von Sachverstand für die Parlamente ist diese Möglichkeit jedoch nach Abwägung aller Vor- und Nachteile nicht nur negativ zu bewerten. Die Verbandsgeschäftsführer, deren Anteil in den letzten Legislaturperioden leicht im Rückgang begriffen ist, scheinen mit etwa einem Viertel der Abgeordneten noch immer die zweitprivilegierte Gruppe (nach den Beamten) beim Zugang zum Parlament zu sein. Für den 3. Bundestag hat man noch über 30% Interessenvertreter gezählt, die als Angestellte von Verbänden in den Bundestag gingen.

Die *Verbandsaffinität* von Abgeordneten ist nicht immer an die berufliche Bindung an Interessengruppen gebunden. Die registrierten Verbandszugehörigkeiten bedürfen einer sorgfältigen Analyse. Bei ideellen Fördergruppen sind häufig nicht einmal Gruppenmitgliedschaften Grundlage des Einsatzes für ein Interesse (z. B. in weltanschaulichen Fragen der »neuen« von Statusgesichtspunkten kaum beeinflußten Politik wie der Umweltpolitik). Die Zahl der Abgeordneten mit hoher Verbandsaffinität erhöhte sich für den 7. Bundestag auf 42,8%. Nach dem Datenhandbuch des Deutschen Bundestages (Tabelle 5.2) scheint der Anteil der Interessenvertreter laufend abzunehmen von 58% im 10. Bundestag auf 39,4% im 12. Bundestag.

Eine neuere Analyse der Durchdringung des Parlaments durch Verbandsinteressen für den Zeitraum 1972–1987 (7.-10. Bundestag) fand bei 39% aller Abgeordneten der Unionsparteien starke Affinitäten zu mittelständischen und Industrieverbänden. 37% der SPD-Abgeordneten hingegen waren zugleich Funktionsträger in Arbeitnehmer- und Sozialverbänden (Müller-Rommel, 1988:308). In der politischen Elite scheint sich die Interessenrepräsentanz, die traditionell mit den beiden großen Parteien verbunden wird, weniger abgebaut zu haben als

Tabelle 5.2: Interessenvertreter im Deutschen Bundestag

	Wahlperiode	Vereinigungen im Wirtschafts- und Arbeitsbereich zusammen		davon: Arbeitnehmerorganisationen		Industrie- und Arbeitgeberverbände		Mittelständische Verbände		Verbände der freien Berufe		Verbraucherverbände	
		Anzahl	in %	Anzahl	in %	Anzahl	in %	Anzahl	in %	Anzahl	in %	Anzahl	in %
Bundestag insgesamt	10.	135	26,0	66	11,9	17	3,3	49	9,4	5	1,0	1	0,2
	11.	68	13,1	15	2.9	16	3,1	30	5,8	3	0,6	4	0,8
	12.	69	10,4	16	2,4	19	2,9	28	4,2	5	0,8	1	0,2
CDU/CSU	10.	82	32,2	19	7,5	15	5,9	44	17,3	4	1,6	0	–
	11.	40	17,1	3	1,3	13	5,6	22	9,4	1	0,4	1	0,4
	12.	42	13,2	5	1,6	14	4,4	20	6,3	2	0,6	1	0,3
SPD	10.	47	23,3	43	21,3	0	–	1	0,5	1	0,5	1	0,5
	11.	17	8,8	11	5,7	2	1,0	2	1,0	0	–	2	1,0
	12.	14	5,9	10	4,2	1	9,4	2	0,8	1	0,4	0	–
FDP	10.	6	17,1	0	–	2	5,7	4	11,4	0	–	0	–
	11.	8	16,7	0	–	1	2,1	5	10,4	2	4,2	0	–
	12.	12	15,2	0	4	–	5,1	6	7,6	2	2,5	0	–
GRÜNE	10.	0	–	0	–	0	–	0	–	0	–	0	–
	11.	3	6,8	1	2,3	0	–	1	2,3	0	–	1	2,3
PDS/LL	12.	1	5,9	1	5,9	0	–	0	–	0	–	0	–
B 90/GR	12.	0	–	0	–	0	–	0	–	0	–	0	–

in der Wählerschaft (vgl. Kap. 3b). Entscheidender für den Einfluß als die generelle Repräsentanz von Interessen im Parlament ist ihre Plazierung in den Ausschüssen, die Materien ihres Interesses bearbeiten. Die Repräsentanz wird meist *»Verbandsdichte der Ausschüsse«* genannt. Sie schwankte in vier deutschen Bundestagen zwischen 50% und 57%. Die größte Verbandsdichte zeigte sich in den Ausschüssen für Jugend, Familie und Gesundheit, Forschung und Technologie, Arbeit und Sozialordnung und Verkehr und Landwirtschaft. Organisierte Statusgruppen ohne Gegenverband haben ein hohes Maß an Kontrolle über die Ausschüsse erlangt. Gering ist die Verbandsdichte in Ausschüssen, die generellen politischen Fragen gewidmet sind und in denen sich eher die politische Führung auf der Suche nach allgemeinem Profil engagiert, wie im Rechtsausschuß, Finanzausschuß, Verteidigungsausschuß, Auswärtigen Ausschuß oder Innenausschuß (Müller-Rommel, 1988: 309).

Aus den Untersuchungen über Verbandsaffinität einzelner Abgeordneter kann man nicht schließen, daß die Abgeordneten überwiegend mit einem Verband in Kommunikation treten. 75% aller Bundestagsabgeordneten werden im Lauf ihrer Tätigkeit von mehr als

(Fortsetzung)
Tabelle 5.2: Interessenvertreter im Deutschen Bundestag

	Wahlperiode	Vereinigungen im Sozialbereich[1]		Vereinigungen im Freizeitbereich		Vereinigungen im Bereich Kultur, Wissenschaft, Religion, Politik		Vereinigungen von Gebietskörperschaften und anderen Körperschaften des öffentlichen Rechts		Vertreter aller Interessenverbände zusammen	
		Anzahl	in %	Anzahl	in %	Anzahl	in %	Anzahl	in %	Anzahl	in %
Bundestag insgesamt	10.	60	11,5	17	3,3	87	16,7	3	0,6	302[2]	58,1[1]
	11.	78	15,0	18	3,5	117	22,6	14	2,7	226	43,6
	12.	92	13,9	15	2,3	137	20,7	14	2,1	261	39,4
CDU/CSU	10.	34	13,3	9	3,6	53	20,8	2	0,8	180[2]	70,6[1]
	11.	40	17,1	12	5,1	58	24,8	7	3,0	113	48,3
	12.	49	15,4	9	2,8	70	22,0	7	2,2	143	44,8
SPD	10.	24	11,9	7	3,5	23	11,4	1	0,5	102[2]	50,5[2]
	11.	27	14,0	5	2,6	42	21,8	6	3,1	77	39,9
	12.	31	13,0	5	2,1	44	18,4	6	2,5	74	31,0
FDP	10.	0	–	1	2,9	5	14,3	0	–	12[2]	34,3[2]
	11.	7	14,6	1	2,1	11	22,9	1	2,1	24	50,0
	12.	9	11,4	1	1,3	19	24,1	1	1,3	34	43,0
GRÜNE	10.	2	7,1	0	–	6	21,4	0	–	8[2]	28,6[2]
	11.	4	9,1	0	–	6	13,6	0	–	12	27,3
PDS/LL	12.	2	11,8	0	–	3	17,7	0	–	6	8,8
B 90/GR	12.	1	12,5	0	–	1	12,5	0	–	1	12,5

1 u. a. Geschädigten-, Vertriebenen-, Wohlfahrts-, Frauen- und Jugendverbände.
2 Bei diesen Angaben können sich Mehrfachnennungen auswirken.

Quelle: P. Schindler: Datenhandbuch zur Geschichte des Deutschen Bundestages 1983 bis 1991. Baden-Baden, Nomos. 1994: 283 f.

30 Gruppen, 45% sogar von mehr als 50 Interessengruppen angeschrieben. Bei den Verbänden, die unter den Kontakten der Abgeordneten am höchsten rangieren, wurde der DGB am häufigsten genannt (83%), gefolgt vom BDI (80%) und dem Zentralverband des Deutschen Handwerks (ZdH) 80%. Intensive Kontakte gab es auch zum ADAC (Rang 4), dem Reichsbund der Kriegsopfer (Rang 5), dem Beamtenbund (Rang 7), dem Bund der Steuerzahler (Rang 8). Bei der Ermittlung von Initiativen der Verbände verschob sich die Reihenfolge unwesentlich. Die Arbeitgeberverbände und der DGB lagen an der Spitze. Es zeigte sich eine leichte Bevorzugung der Kandidaten, die durch ein Direktmandat in den Bundestag einzogen. Die Gruppen suchen Kontakte vor allem zu CDU- und SPD-Kandidaten. Bei der FDP sind die Kontakte sektoral begrenzter. Die BDA liegt in der Kon-

taktsuche an der Spitze. Die Grünen hingegen werden unterdurchschnittlich häufig angesprochen (Puhe/Würzberg, 1989: 54ff.).

Übertriebene Schlüsse können aus den Zahlen einzelner Umfragestudien freilich nicht gezogen werden, da die organisatorische Mitgliedschaft in einem Verband, ja selbst die Ausübung von Funktionen in einer Gruppe nicht zum einseitigen Einsatz für dieses Interesse führen muß. Linke Kritiker, die die Interessenverfilzung der Abgeordneten gern brandmarken, sind für die Spitzengewerkschaftsfunktionäre meist inkonsequent, indem sie Politikern wie Leber die Vernachlässigung der Arbeiterinteressen in ihren jeweiligen Ämtern vorwerfen. Von Kritikern des staatsmonopolistischen Kapitalismus in der Bundesrepublik wurden dem Unternehmerblock von 70 Abgeordneten »nur 22 ehemalige oder noch amtierende Gewerkschaftsfunktionäre« gegenübergestellt (Simon, 1976: 185). Die Aufzählung zeugte davon, daß hier alle – auch die noch so kleinen – Unternehmer wahllos zusammengezählt wurden, um die These zu belegen. Tatsache ist, daß vom 7. zum 8. Bundestag die Zahl der unabhängigen Wirtschaftsvertreter von 42 auf 26 sank (Neumann, 1978: 85). Die These, daß die Arbeitnehmerorganisationen gleichwohl unterrepräsentiert sind, bleibt dennoch richtig, trotz der irreführenden Zahlen über schlichte Gewerkschaftsmitglieder.

Ebenso mystifiziert erscheinen die Zahlen, die gelegentlich als Beleg für eine Tendenz zum »Gewerkschaftsstaat« angeboten werden. Für konservative Kritiker ist seit 1969 der »Gewerkschaftsstaat« durch eine zu enge Symbiose zwischen SPD und Gewerkschaften im Vormarsch (Triesch). Für Stamokap-Anhänger hingegen sind mit Hilfe der SPD seit 1969 die Kapitalinteressenvertreter erst richtig in die Spitzen der Ministerialbürokratie eingedrungen (Simon, 1976: 171). Interpreten aus den Reihen der Gewerkschaften spielten die Bedeutung solcher Zahlen mit dem Hinweis herunter, daß nur noch vier Spitzenfunktionäre im Bundestag seien. Die Zahl der hauptamtlichen Funktionäre sank kontinuierlich. Gewerkschaftszugehörigkeit ist mehr und mehr zum bedeutungslosen Abzeichen des sich arbeitnehmerfreundlich gerierenden Abgeordneten geworden. Auch bei einer weiteren Zunahme der Gewerkschaftsbindungen könnten die Gewerkschaften vermutlich ihren Einfluß nicht verstärken, sondern hätten sich gleichsam totgesiegt. Für SPD-Kandidaten ist die Gewerkschaftszugehörigkeit noch so etwas wie eine »Mußverbindung« (W. Zapf), dennoch ist die Ämterkumulation der SPD-Führung selbst im Bereich der Arbeitnehmerorganisationen als gering ausgewiesen worden, zumal die SPD-Spitze im Vergleich zur FDP und den Unionsparteien generell eine geringere Ämterkumulation aufweist. Traditionelle Verbundenheit also, nicht Abhängigkeit von den Gewerkschaften, schlägt sich in der hohen Zahl gewerkschaftlich organisierter SPD-Bundestagskandidaten nieder.

Die Polemiken um den dominanten Einfluß von Unternehmern oder Gewerkschaften können kaum durch bloßen Vergleich der Verbandszugehörigkeiten auf eine sachliche Ebene zurückgeführt werden. Zusätzlich müssen die Entscheidungszentren untersucht werden, und dafür ist eine Analyse der Rolle von Interessengruppen in den wichtigsten Ausschüssen des Bundestages von Bedeutung. Die starke Bezogenheit der Parlamentsausschüsse auf die vorhandenen Ressorts und die starke Kooperation beider mit einem zugeordneten Spitzenverband erleichtern den Zugang zu den Machtzentren für Interessengruppen stärker als in anderen Ländern. Im ganzen zeigen die Zahlen, daß nicht die Vertrauensmänner jener Organisationen, die *»Klassenpolitik«* treiben – wie Unternehmer und Gewerkschafter –, am stärksten danach trachten, die Parlamentsausschüsse zu durchsetzen, sondern daß die Gruppen, die *Statuspolitik* bevorzugen, wie Landwirte, Vertriebene und gewisse Sozialverbände, am stärksten die direkte Vertretung in den Entscheidungsgremien realisieren, weil sie keine organisierten Gegeninteressen haben. Dies geschieht wohl in der realistischen Einschätzung, daß sie geringere Möglichkeiten besitzen, ihre Gesichtspunkte in Parteien und in der Öffentlichkeit zur Geltung zu bringen, als Wirtschaftsverbände und Gewerkschaften.

Eine Parallele zu dieser Dominanz der Statusorganisationen findet sich auch auf der Ebene der Regierung. Bei der Ressortvergabe haben die statuspolitisch orientierten Verbände noch stärker als die anderen danach getrachtet, ein *»Verbandsherzogtum«* im Kabinett zu errichten.

In der Zeit der Vorherrschaft der CDU war paradoxerweise der Einfluß der Verbände bei der Regierungsbildung durch eine Partei, die seit 1972 in vielen Variationen die »Gemeinwohlpflichtigkeit der Verbände« fordert, wesentlich größer als unter der sozialliberalen Koalition. Die pluralistische Struktur der Unionsparteien und ihr loser Charakter als »Kanzlerwahlverein« – ehe die moderne gutorganisierte Partei als Herausforderung auf die Verdrängung von der Macht entwickelt wurde (vgl. Kap. 4 a) – haben solche Einflüsse begünstigt. Das gilt selbst für einen starken Kanzler wie Adenauer. Einzelne Verbände versuchten, entweder *neue Ressorts* durchzusetzen (meist erfolglos; erfolgreich waren aber zum Beispiel die Familienverbände mit der Errichtung eines Familienministeriums) oder *ihre Vertrauensleute an die Spitze* bestehender Ministerien zu bringen. Am unverblümtesten gingen dabei die Vertriebenenverbände vor, die 1952 »ihrem«

Minister das Mißtrauen aussprachen oder im Falle Oberländer den durch seine NS-Vergangenheit ins Zwielicht geratenen Vertrauensmann sogar gegen den Rat des Kanzlers im Amt zu halten versuchten. Aber auch der Deutsche Bauernverband war im Falle Schwarz nicht sehr zurückhaltend. Gelegentlich versuchten die Interessengruppen auch, ihnen *mißliebig gewordene Minister aus dem Amt zu drängen*. 1957 gelang es so, Fritz Schäffer als Finanzminister abzulösen. Weniger erfolgreich waren sie in ihrem Vorgehen gegen Erhard als Wirtschaftsminister und gegen Lübke als Landwirtschaftsminister.

Seit die SPD die Regierung führte, beklagte sich der ihr zugewandte Verband, der DGB, eher über eine allzu brüske Nichtberücksichtigung seiner Interessen bei Ressortwechseln, wie 1977 bei der Ernennung Ehrenbergs zum Arbeitsminister. Der DGB-Vorsitzende beeilte sich, die Verschnupfung seines Verbandes über mangelnde Konsultation bei Ressortvergaben öffentlich herunterzuspielen: »Wir haben kein Mitbestimmungsrecht bei der Geburt von Bundesministern.« Der DGB hatte durchaus Grund zur Zurückhaltung, weil er in der Regel dem Kanzler keine Kandidaten aufzunötigen brauchte. Mehrere Ressorts wurden an in der SPD-Fraktion angesehene und politisch bewährte Spitzengewerkschafter vergeben, ohne daß Druck ausgeübt werden mußte (Leber, Arendt, Rohde, Gscheidle). Die Gewerkschaften haben seit der Kabinettsumbildung 1978 die Abnahme der Zahl ihrer Repräsentanten (Arendt ist 1977 ausgeschieden, Leber und Rohde folgten 1978) erstaunlich ruhig hingenommen.

Der Einfluß von Interessengruppen in einem Lande mit relativ seltenem Regierungswechsel kann sich nicht darauf konzentrieren, »Vertrauensleute« im Staatsapparat zu plazieren. Die Hauptbemühungen bleiben auf den *täglichen Entscheidungsprozeß* in Regierung und Verwaltung gerichtet. Die starke Stellung des Kanzlers im parlamentarischen System (vgl. Kap. 8a) und die wachsende Bedeutung von Regierung und Verwaltung haben von Anfang an die *Exekutive* im Vergleich zur Legislative zum bevorzugten Adressaten von Einflußversuchen gemacht. Der BDI – als einer der mächtigsten Verbände des Landes – hat seine Eingaben zu etwa 90% an Ministerien und Regierungsämter gerichtet. Neben ihnen spielen Bundestagsausschüsse nur selten eine unabhängige Rolle. Meist sind sie an zweiter Stelle als Adressat genannt. Allenfalls der Finanzausschuß und die EG-Kommission behaupten als Adressaten von Eingaben eine wichtige Position.

Die neuere Forschung, die auf Planungsprozesse und Entscheidungsoutput konzentriert ist, hat häufig nicht beim »Input« des Lobbyismus der Verbände angesetzt, sondern die Interessen- und Kommunikationsstruktur innerhalb der *Ministerialbürokratie* untersucht. Je größer und untergliederter die Ministerien in einem Land sind, in dem die Zahl der Kabinettsposten vergleichsweise klein ist (vgl. Kap. 7a), um so mehr haben bestimmte Großverbände jeweils eine Abteilung des Ministeriums als Gesprächspartner und Adressaten ihrer Wünsche. Vor allem die Spitzenpositionsinhaber der Ministerialbürokratie sind nach der Aufgabe einer rein juristisch-regulativen Betrachtungsweise der modernen Politik den Interessengruppen und ihrer Kooperation gegenüber aufgeschlossener geworden, wie empirische Umfragen zeigen. In sich ständig weiter ausdifferenzierenden Kommunikationssystemen der Regierung spielen die Fachverbände als Kontaktstellen für die Referate außerhalb des Regierungsbereichs nach einer Untersuchung mit 41,7% der Aussagen die wichtigste Rolle, weit vor Bundesbehörden und Bundesanstalten (18,1%), wissenschaftlichen Institutionen (15%), obersten Landesbehörden (12%) und Parteien und Parlament (3,5% – Murswieck, 1975: 79, vgl. Kap. 8).

Einzelne Einflußstudien haben immer wieder Fälle benennen können, in denen das Interesse der Kapitalverbände keineswegs das durchsetzungsfähigste gewesen ist. Nicht selten liegen diese auf dem Gebiet der *Außenpolitik*, in dem die Regierung stärkere Rücksicht auf ausländische Gegeninteressen nehmen muß. Das von der Bundesregierung 1962 gegen die Eingaben deutscher Industrieinteressen beschlossene Röhrenembargo erwies sich doch mehr als Problem, in dem die Dominanz von Produzenteninteressen nur international verschoben war. Die Bundesregierung mußte sich gegen deutsche Stahlproduzenten durchsetzen, weil die Einflüsse der amerikanischen Ölwirtschaft auf die Washingtoner Regierung stärker waren. Die Verwirklichung des Embargos wurde in erster Linie durch amerikanischen Einfluß auf die Bundesregierung erreicht. In anderen Bereichen der Außenpolitik haben die Unternehmer diese Schlappe jedoch mehr als ausgleichen können: etwa im Ostausschuß seit 1965, der als Clearingstelle divergierender Bracheninteressen ein Monopol der Repräsentation der Spitzenverbände von Industrie, Handel und Banken erlangte, vor allem durch die unstrukturierte Entscheidungssituation im Vakuum einer fehlenden Ostpolitik in der Zeit des Kalten Krieges. Die Industrieverbände haben anfangs in diesem Vakuum geradezu die Funktion einer Art »Ersatzwirtschaftsdiplomatie« ausgeübt. Aber selbst bei weniger spektakulären Einzelentscheidungen, die gelegentlich gegen die Industrieinteressen ausfielen, zeigte sich, daß Industrieverbände mehr Möglichkeiten haben, unangenehme Entscheidungen zu unterlaufen oder in ihrem Sinne durch erneute Aktivitäten abmildern zu lassen, als andere, schwächer organisierte Gruppen.

Auch die Aufrechnung der formellen Eingaben, der bevorzugten

Gesprächspartner in Verbänden und Verwaltung, ja selbst die Auflistung der informellen Kommunikation, über die Zahlen kaum erhältlich sind, gäbe noch kein verläßliches Bild über den tatsächlich ausgeübten Einfluß. Wichtiger als formelle und informelle Einwirkungsversuche erweist sich der *Gleichklang von Ideologie, sozialem Hintergrund und Karrieremuster* bei den Akteuren in den Verbänden wie in der Bürokratie.

Empirische Untersuchungen über große *Entscheidungsprozesse* müssen das Bild ergänzen. Einzelstudien darüber (v. Bethusy-Huc, 1962) kamen gelegentlich zu einem vergleichsweise pluralistischen Bild der Einflußprozesse. Nur in wenigen Bereichen, wie bei den statusorientierten Verbänden – die kaum so stark institutionalisierte Gegenmacht aufweisen wie die Tarifpartner –, bei den Bauern (Ackermann, 1970), den Vertriebenen (Wambach, 1971) oder den Ärzten (Naschold, 1967; Rauskolb, 1976), dominieren einzelne Organisationen. Aber auch die Summe aller Einzelstudien – von denen es noch keineswegs genügend gibt – spiegelt nur einen Teil der Realität wieder, seit die Interessengruppenforschung festgestellt hat, daß das Bild einer pluralistischen Prozeßpolitik von Einzelprozessen her nicht auf den Gesamtprozeß der politischen Entscheidungsfindung übertragbar ist. Einzelstudien müssen *»Nichtentscheidungen«* (Bachrach) meist ausblenden. Bestimmte *»konkret-allgemeine Interessen«*, wie es in der Sprache der Frankfurter Schule heißt, erweisen sich als wenig organisationsfähig. Soweit sie es sind, erscheinen sie als *nicht hinreichend konfliktfähig*, weil die dahinterstehenden Gruppen amorph bleiben und weil vor allem marginalisierte Gruppen (wie Rentner, Schüler, Studenten, Randgruppen, Arbeitslose, Umweltschutzinteressen u. a.) der Gesellschaft keine lebenswichtigen Leistungen verweigern können. Dieser Mangel wurde durch die Übernahme gewerkschaftlicher Konfliktmuster und neuer Konfliktstrategien – deren Erfolg auf dem Höhepunkt der Protestwelle in der linken Literatur vielfach übertrieben worden ist – nur teilweise ausgeglichen.

Einzeluntersuchungen sind am stärksten in Gefahr, Staat und Interessengruppen im Sinne der Unterscheidung von Staat und Gesellschaft im 19. Jahrhundert schematisch voneinander getrennt zu sehen, und haben gelegentlich die Neigung, auf den Staat zentriert zu denken, wobei der Staat als gleichsam neutral über den Gruppen stehend verstanden wird. Solche Beobachtungen rechtfertigen jedoch nicht den Vorwurf, die gesamte Verbandsforschung denke *»etatozentrisch«* (Zeuner, 1976: 139). Einmal geht kaum ein Forscher schlicht von einem *Interessengleichgewicht* und einem altliberalen harmonistischen Pluralismusmodell her an seinen Gegenstand heran. Schon seit der

Rezeption der Ansätze der amerikanischen Bentley-Truman-Schule wurde erkannt, daß Staat und Interessengruppen eng verfilzt sind. Andererseits sieht es nicht so aus, als ob die Flucht der Kritiker von Interessengruppenstudien in die allgemeinen »Reflexionen über die gesellschaftlichen Konstitutionsbedingungen des Staatsapparats im Kapitalismus« in der marxistischen Staatsableitungsliteratur empirisch weitergeführt habe. Eher wenden sich die diesem Ansatz verbundenen Forscher heute wieder den Detailfragen zu. Im Unterschied zur älteren Interessengruppenforschung setzen sie in Deutschland nicht so sehr beim *Input* als beim *Output* an Entscheidungen an, kommen dabei jedoch zur Untersuchung von Gruppeneinflüssen zurück. Solche Pauschalkritiken der Verbandsforschung übersehen auch, daß zwar von den meisten Forschern die autonomen Handlungsspielräume der Regierungsagenturen betont werden, daß diese aber nicht als neutrale *»black-box«* aufgefaßt werden. Der *»within-put«* innerhalb der staatlichen Administration, seinerseits durch Interessen vorgeprägt, ist auf allen Entscheidungsstufen nicht weniger relevant als der Interesseninput der Lobbyisten.

Theorien des staatsmonopolistischen Kapitalismus hatten es in mancher Hinsicht zu Beginn der Entwicklung des Systems der Bundesrepublik leichter. Zur Zeit Adenauers war die Gruppenstruktur weniger ausdifferenziert. Die Zahl der wohlerworbenen Anhörungs-, Konsultations- und Mitentscheidungsrechte hat sich mit der sich weiter ausbreitenden Staatstätigkeit vermehrt. Der »Immediatvortrag beim Kanzler« dürfte heute weniger entscheidend sein als zu Adenauers Zeiten. Adenauers Regierungsstil war durch starke direkte Kontakte zu relevanten Interessenten (Großbanken, BDI) gekennzeichnet. Seit 1969 hat sich der direkte Zugang der Gewerkschaften zu den Zentren der Regierungsmacht verbessert. Es läßt sich jedoch nicht nachweisen, daß dies zu einer einseitigen Einflußgravitation zugunsten dieser Verbände führte, wie die Gewerkschaftsstaat-Kritiker zu unterstellen schienen. In wichtigen Entscheidungen haben SPD-Regierungen entweder überwiegend gegen das Interesse der Gewerkschaften (z. B. bei der Berufsbildungsreform) oder nur partiell im Sinne der Vorschläge der Gewerkschaften entschieden (z. B. in der Mitbestimmungsfrage). Wo die Gewerkschaften sich in der SPD in einer Frage innerparteilich durchzusetzen schienen (wie in der Atomenergiefrage), dienten sie häufig nur den herrschenden Gruppen in der Partei als willkommener Bündnispartner gegen die Anti-Atomenergie-Fronde in den eigenen Reihen.

Einzelstudien kommen keineswegs zu einem harmonischen Pluralismusmodell in der Bundesrepublik. Es ist theoretisch anerkannt, daß der Pluralismus hier weitgehend ein auf bestimmte aushandlungsfähige Fragen eingeschränkter *Bereichspluralismus* ist. Grundfragen des Systems bleiben ausgeklammert. Die mitwirkungsfähigen Interessen sind auf einen gewissen *Binnenpluralismus* (Narr, 1969: 62) unter akzeptierten und undiskutierten Entscheidungsprioritäten beschränkt. Durch die *Bürgerinitiativen* und *Protestbewegungen* ist jedoch das Kartell der Mitwirkungsberechtigten in einzelnen Bereichen immerhin gelegentlich aufgelockert worden. Ferner zeigen Detailstudien, daß in einzelnen Bereichen, wo es für Kapitalinteressen nur um *Tangentialinteressen* geht und nicht um zentrale Anliegen, keineswegs die Wirtschaftsverbände dominieren, sondern bestimmte Statusgruppen, deren Interesse eher von neuen Staatsinterventionen bedroht ist (z. B. Ärzte, Bauern). So hat man etwa feststellen können, daß der Bauernverband in der Getreidepreisfrage im besonderen und in der Agrarpoliktik im allgemeinen eine »Mitbestimmung der Richtlinien der Politik« durchgesetzt hat (Ackermann, 1970: 77).

In den siebziger Jahren hat eine gewisse Kräfteverschiebung in einigen Bereichen zugunsten der Gewerkschaften stattgefunden. Aber dieser Prozeß ging so langsam vor sich, daß er in der öffentlichen Meinung der Bevölkerung kaum als Tendenz zum »Gewerkschaftsstaat« hin wahrgenommen wurde. Das Allensbacher Institut hat bei der Frage nach den größten Sorgen der Bürger in bezug auf die Machtverteilung die Sorge vor zu großem Einfluß der Gewerkschaften erst an viertletzter Stelle (bei 31% der Befragten) eines achtzehn Items umfassenden Katalogs ausmachen können. Aber auch die Sorge vor einem zu großen Einfluß der Unternehmer rangierte mit 38% von Nennungen nur im hinteren Mittelfeld (JdöM, 1974: 350).

Der Wandel der Erwerbsstruktur und die Entwicklung der Elitenrekrutierung (vgl. Kap. 6) schafften einen relativen Bedeutungszuwachs der Gruppen der *Angestellten und Beamten* im System. Beide Gruppen sind von der Qualifikation und vom Organisationsgrad her dem Durchschnitt der Arbeitnehmer überlegen.

Neben den Determinanten der Organisationsbereitschaft, wie soziale Herkunft, Schulbildung, gewerkschaftliche oder antigewerkschaftliche Tradition der Eltern, ist ein weiterer Faktor raschem Wandel unterworfen, nämlich der Arbeitsbereich. Während der Schwerpunkt der DGB-Organisationsbereitschaft mehr in den Bereichen der Arbeitsvorbereitung, der Buchhaltung und materiellen Verwaltung (Versand und Lager) zu finden ist, liegt die DAG-Zielgruppe eher im Schwerpunktbereich des kaufmännischen Rechnungswesens, das durch eine gewisse Produktionsferne gekennzeichnet ist und dazu neigt, das spezifisch Kaufmännische zu betonen. Wenig Organisationsbereitschaft für DGB oder DAG zeigen alle Tätigkeitsbereiche, die der Unternehmensleitung nahestehen oder zuarbeiten.

Mit dieser Organisationsneigung korrelierte lange die Politisierbarkeit: DAG-Organisierte waren strikter gegen politische Funktionen der Gewerkschaften als DGB-Mitglieder. Gewerkschaftsstudien betonen, daß mit zunehmendem Politisierungsgrad und in Beziehung zur Betriebsgröße die Neigung der Angestellten wächst, sich gewerkschaftlich zu engagieren, und zwar weniger in Organisationen, die stärker ständisch und apolitisch sind wie die DAG, sondern in den Gewerkschaften des DGB. Andere Betriebsumfragen zeigten, daß Angestellte und Beamte in bezug auf einige Fragen in ihren Ansichten nicht so stark von den Arbeitern abweichen, wie man vermuten würde (z. B. in den Fragen der Verteilung des Mehrprodukts, gerechter Entlohnung usw.). Im Kampf um die 35-Stunden-Woche 1984 zeigten Umfragen, daß nur grüne Wähler und die knappe Hälfte der Gewerkschaftsmitglieder hinter der Gewerkschaftsforderung standen und selbst viele Metallarbeiter nur mit Skrupeln dem Aufruf der Funktionäre in den Urabstimmungen folgten (vgl. Die Zeit, 1984, Nr. 20: 25).

Die *Konsumenteninteressen* sind ebenfalls in den letzten Jahren verstärkt organisiert worden. In kaum einem Bereich der Interessengruppen hat der Staat selbst so stark unterstützend eingegriffen (Wieken, 1976: 22ff.), teils durch Sicherung der Organisationsfähigkeit der Verbraucherverbände, teils durch Einräumung von Gegenannoncen und Antireklame, teils durch finanzielle Unterstützung von Verbraucherforschung und Verbraucherorganisation. Die Hoffnung, die Verbraucher analog zu den Arbeitsbeziehungen »tariffähig« zu machen, indem den Betrieben auferlegt wird, vor Preiserhöhungen die Preise förmlich zu kündigen und unter Offenlegung ihrer Kalkulationsgrundlagen in Verhandlungen mit den Abnehmerverbänden einzutreten (Eisfeld, 1972: 108ff.), würde stärkere Eingriffe in die Marktwirtschaft erfordern, als sie heute durchsetzbar sind.

Die *Bauern* werden häufig als Beispiel für radikalisierte Statuspolitik angeführt. Linken Kritikern, die von einer Proletarisierung der Landbevölkerung redeten und die bisherige Agrarpolitik aller Regierungen als »hilfloses Herumfummeln« deklarierten (Poppinga, 1975: 95, 97) – als ob die Reduzierung der Agrarbevölkerung nicht ein Problem aller politischen Systeme, der kapitalistischen wie der sozialistischen wäre –, war die Radikalität der Mittel noch keineswegs ausreichend. Im internationalen Vergleich war der Mitteleinsatz der deutschen Bauern bisher auch relativ gemäßigt; selten gab es Formen der Nötigung wie Verkehrslahmlegungen durch Sternfahrten mit Traktoren, wie sie in Frankreich und Belgien üblich waren.

Gelegentlich kam es auch in den achtziger Jahren noch zu Straßenblockaden der Bauern. Gleichwohl dürfen solche Ereignisse nicht überbewertet werden. Trotz der militanten Parolen hatte sich einiges in der Verbandspolitik und ihren Konfliktmustern geändert: Im Gegensatz zur Ära Rehwinkel war Heeremann im Grunde kein Scharfmacher, sondern stand selbst unter Druck und machte die Unionsparteien – denen er nahestand – für 20 Jahre verfehlte Strukturpolitik verantwortlich. »Gesundschrumpfung« der Landwirtschaft wurde in der Führungsspitze als Notwendigkeit akzeptiert, trotz radikaler Transparente wie »Brandt und Schiller – Bauernkiller«. Hauptadressat des Druckes war nicht so sehr die Regierung als die EG, für deren Verhandlungen der Bonner Regierung der Rücken gestärkt werden sollte. Heeremann erklärte: »Die Demonstration ist nicht gegen die Regierung gerichtet, sie bedeutet Rückenwind für sie« (Die Zeit, 1971, Nr. 9: 25). Auch empirische Untersuchungen deuten darauf hin, daß der Mitteleinsatz von agrarischen Interessenverbänden häufig überschätzt wird, daß die Agrarpolitik aber zunehmend ihre einstige Sonderstellung verlor (v. Bethusy-Huc/Besch, 1971: 222). Der Aufwand im Mitteleinsatz – sowohl an direkter parlamentarischer Repräsentation wie an spektakulären Demonstrations- und Agitationsformen – hat sich im ganzen für die Bauern nicht gelohnt. Der bei einer exakteren Kosten-Nutzen-Analyse klarer zutage tretende Mißerfolg vieler Aktionen ist zum Teil direkt aus der Traditionalität der Zielvorstellungen von Agrarverbänden zu erklären. Da die Forderungen vor allem im Bereich der Preispolitik und der Subventionen steckenbleiben, kann auch ein modernisierter Mitteleinsatz das Defizit an realen Strukturänderungszielen bei den Agrarverbänden kaum ausgleichen. Daher gab es bisher auch kaum Spillover-Effekte von agrarischer Interessenvertretung auf andere Sphären im Gewerbe- und Konsumbereich.

Es ließ sich seit den siebziger Jahren eine immer stärkere Übernahme der *Konfliktmuster und Methoden* beobachten, die früher als ein *Reservat der Gewerkschaften* erschienen. Auch Statusgruppen drohten mit Kampfmaßnahmen aus dem Bereich des Streikrechts. Beamtengruppen, die kein Streikrecht besitzen, versuchen mit »Dienst nach Vorschrift« erprobte Formen des Bummelstreiks am Rande der Legalität zu benutzen. Selbst Ärzte und Lehrer, die im Gegensatz zu den romanischen Ländern in der Bundesrepublik relativ zurückhaltend mit Kampfmaßnahmen waren, haben vielfach damit gedroht. Eine Warnung lautete, daß die Kassenärzte ihre Zulassungen geschlossen zurückgeben würden. In diesem Fall würde zwar die ärztliche Versorgung fortgesetzt, aber Rechnungen würden privat liquidiert (Rauskolb, 1976: 244). Paradoxerweise war die Übernahme syndikaler Konfliktmuster begleitet vom Kampf gegen Syndikalisierungstendenzen bei Ärzten, wo gelegentlich von »Kaderbildung mit gewerkschaftlich organisierten Jungärzten« gesprochen wurde.

Die Syndikalisierungstendenzen innerhalb von Statusgruppen sind Anfang der siebziger Jahre vielfach überschätzt worden. Selbst bei den Lehrern gingen sie nicht so weit wie in anderen Ländern. Wenn man die Stellung der französischen FEN innerhalb der Sekundarschullehrer betrachtet, war die Machtposition der GEW relativ bescheiden.

Ein Arbeitskampfrecht im öffentlichen Dienst wurde in der Publizistik und von der Mehrheit der Politiker bisher abgelehnt, obwohl es sich in anderen westlichen Demokratien zunehmend ausbreitete (vgl. v. Beyme, 1977: 189ff.). Die Studienkommission für die Reform des öffentlichen Dienstrechts hat in ihrem Bericht 1973 (347ff.) Arbeitskampfmaßnahmen im öffentlichen Dienst abgelehnt, weil ein Leistungsausfall gerade die sozial Schwachen am härtesten treffe, weil dem öffentlichen Dienst die Elastizität des Marktes fehle und die Aussperrung als Gegenmaßnahme, welche in der privaten Wirtschaft die nach der herrschenden Lehre in Deutschland stark betonte Kampfparität ermöglicht, dem sozialen Rechtsstaat nicht zur Verfügung stehe.

Die Syndikalisierungstendenzen im öffentlichen Dienst wie im Bereich der Statusgruppen im sonstigen Erwerbsleben waren im Vergleich zu anderen westlichen Demokratien in Deutschland von relativ geringer Tragweite. Wo sie sich abzeichneten, führten sie zur starken Gegenmobilisierung, wobei die Kampagne nicht selten unter dem Stichwort *»Aktivierung der schweigenden Mehrheit«* geführt wurde, in Ärzteverbänden oder in Organisationen von Wissenschaftlern wie im ›Bund Freiheit der Wissenschaft‹, der manchmal als »Professoren-Poujadismus« ironisiert worden ist. Die »Gegendemokratie« gegen radikale Demokratievorstellungen, die sich gelegentlich mit etwas gewagten Alleingängen von elitären Minderheiten verbindet, kann sich bei einigen Massenorganisationen zur Benutzung plebiszitärdemokratischer Manöver steigern, wie beim ADAC, wenn er regionale Mobilisierungstreffen, »Gauverbandstage« und Pressekonferenzen veranstaltet, um die diffuse »Autofahrerpartei« zu einer angeblich einheitlichen politischen Handlung zu aggregieren.

Eine traditionelle Schwäche des deutschen Verbandswesens liegt im Überwiegen der wirtschaftlich orientierten Verbände und im Fehlen politischer Vereinigungen im Sinne von *Meinungsgruppen*. Das entstandene Vakuum wird in Krisenzeiten, wie sie seit dem Aufbrechen der Protestbewegung sichtbar wurden, durch *Ad-hoc-Organisationen* oder durch *Bürgerinitiativen* auszugleichen versucht. Als überwiegend

»single-purpose-movements« ist ihnen jedoch bisher allenfalls beim partiellen Ankoppeln an Parteien oder Gewerkschaften ein mehr als momentaner Erfolg beschieden gewesen.

Immer stärker wird die *Staatsbezogenheit* vieler Gruppen, die früher vor allem bei solchen Organisationen wie den Bauernverbänden auffiel, die keine ausgesprochene Gegenorganisation hatten und daher immer stärker als etwa die Tarifpartner auf die Methoden von *Pressure*-Politik und Lobbyismus konzentriert waren. Diese Tendenz dehnt sich zunehmend auch auf ideelle Fördergruppen aus.

Scheint sich einerseits in der Bundesrepublik eine Radikalisierung des Mitteleinsatzes zu zeigen, so ist andererseits seine bloße Form noch kein Zeichen für wachsende Radikalität. Die Konflikt-Mittel müssen in Beziehung gesetzt werden zu den Zielen, die sie zu erreichen vorgeben. Traditionale Verbände wie der Deutsche Bauernverband haben lange an dem unhaltbaren Widerspruch ihrer Ziele gekrankt (Verteidigung des Familienbetriebs bei gleichzeitiger Angleichung von Arbeitsbedingungen und Einkommen an die Industrie). Solche Inkonsistenzen lösen sich zunehmend auf, und selbst vergleichsweise radikalere Mittel führen nicht selten zu geringerer Verschärfung des Konflikts, weil sie geeigneter als früher erscheinen, die angeblichen Ziele zu erreichen. Das gilt jedoch auch für den Traditionalismus der Unterprivilegierten. Die Gewerkschaften in der BRD sind heute konfliktorischer eingestellt als in den fünfziger und dem Anfang der sechziger Jahre. Aber die Kluft zwischen der Klassenkampfphraseologie der älteren Programme und den kurzfristigen Zielen, die durch Konflikte realisiert werden sollen, ist geringer geworden, seit Strukturveränderungen in realisierbaren Größenordnungen und mit klarer angegebenen Fahrplänen vorgeschlagen werden (etwa betriebliche und gesamtwirtschaftliche Mitbestimmung, Ausdehnung des Staatssektors u. a. Maßnahmen statt globaler Sozialisierungsforderungen).

Anzeichen für einen latenten Glistrupismus – wie er in Dänemark als kleinbürgerliche Protestbewegung am stärksten hervortrat – gab es in der BRD allenfalls auf regionaler und lokaler Ebene, bei einigen freien Wählervereinigungen und unorthodoxen Einzelkandidaturen. Steuerrebellen haben bisher nicht so harte Mittel eingesetzt wie in anderen Ländern, etwa den Aufruf zum Steuerstreik. Der zuständige Verband, der »Bund der Steuerzahler‹, erwies sich für harte Kampfmaßnahmen weder als homogen noch als einflußreich genug. Sah es einen Augenblick so aus, als ob einige Bürgerinititativen – vor allem jene, die gegen die Atomkraftwerke demonstrierten – den Einsatz von Gewalt nicht scheuen würden, so hat der Versuch linker, vor allem maoistischer Gruppen, ihr Süppchen auf dem Feuer der Bürgerinitiativbewegung zu kochen, eher mäßigend auf den Mitteleinsatz gewirkt, weil die Bürgerinitiativen sich rasch von solchen Gruppen distanzierten.

Die Konfliktmuster entwickeln sich in der Bundesrepublik nicht unilinear in eine eindeutig auszumachende Richtung. Dies ist nicht nur in der zeitlichen Abfolge von Boom und Krise, von Reformenthusiasmus und politischer Stagnation auffällig. Auch in synchroner Betrachtungsweise entwickeln sich im Gesamtsystem organisierter Gruppen unterschiedliche Konfliktmuster, die man für die USA in den sechziger Jahren mit dem Begriffspaar »Statuspolitik« und »Klassenpolitik« zu umschreiben suchte. Beide sind jedoch mit wirtschaftlichen und politischen Krisenzyklen verbunden: *Klassenpolitik* überwiegt in Zeiten wirtschaftlicher Depression bei einem vorwiegend ökonomisch orientierten Verhalten der Verbände, während *Statuspolitik* ein Kennzeichen von Aufschwungsphasen zu sein scheint. Auf Grund des raschen Wachstums entsteht eine ungleiche Verteilung für einige Gruppen, die weniger am kollektiven Nutzenzuwachs profitieren. Obwohl in absoluten Zahlen ein Zuwachs vorliegt, ist er in relativen Zahlen (verglichen mit anderen Gruppen) geringer, so daß Statusfurcht und Radikalisierung die Folge sein können. Für die Bundesrepublik folgt daraus, daß einige Gruppen mit dem Wandel der langfristigen wirtschaftlichen Aussichten und ihrem kalkulierten relativen Nutzenzuwachs eine neue Position einnehmen.

(c) »Modell Deutschland« – ein System des liberalen Korporatismus?

Je stärker die Konflikte in der Bundesrepublik aufbrachen, um so mehr wurden immer integrativere Modelle der institutionalisierten Konfliktregelung diskutiert. Der Ausbau der *Kammern*, die als selbständige Arbeitnehmerkammern bisher nur in Bremen und im Saarland eine Tradition haben, wurde in der Literatur kaum empfohlen. Die Fragmentierungstendenzen, die in der österreichischen Konkordanzdemokratie auch nach Auflösung der zentralen Proporzregierung auftraten, waren ein abschreckendes Beispiel. Es wurde befürchtet, daß ein Ausbau des »Kammerstaates« zu sektoral unverbundenen Nebenplanungen führt. Durch das Prinzip der Zwangsmitgliedschaft wird zudem bei den Kammern ein Teil der Aggregationsleistungen der freien Verbände gefährdet, was ebenfalls nicht im Interesse des Krisenmanagements der Regierung liegen kann.

Eines der umstrittendsten Instrumente der Konfliktschlichtung in der Bundesrepublik war die *Konzertierte Aktion.* Zwischen der stark institutionalisierten Form von Sozial- und Wirtschaftsräten, wie sie in den romanischen Staaten und den Niederlanden existieren, und der lockeren Beiratsform, die Großbritannien entwickelte, hat die Konzertierte Aktion am ehesten in den Harpsundkonferenzen zwischen der schwedischen Regierung und den wichtigsten Verbänden des Landes ihre Parallele, die wie die Konzertierte Aktion nicht über den unverbindlichen Charakter eines Meinungsaustausches hinauskamen.

Die Konzertierte Aktion ist Ausdruck eines ersten institutionalisierten Versuches der Konfliktschlichtung zwischen den Gruppen. Der Staat hat damit zum Wandel der Konfliktaustragsmuster in der Bunderepublik indirekt beigetragen.

Bis 1966 überwog die liberale Vorstellung, daß die Wirtschaftsordnung nicht auf der Akzeptierung gemeinsamer Ziele durch die relevanten Gruppen beruhe, sondern allenfalls auf der Bejahung gemeinsamer Regeln des Konfliktaustrages. In neuerer Zeit setzt sich der Gedanke immer stärker durch, daß einige vorgegebene Grundziele von den Gruppen und Wirtschaftssubjekten gemeinsam verfolgt werden sollten.

Die Steuerungskapazität der Konzertierten Aktion wurde von detaillierteren Untersuchungen – im Gegensatz zu populären Annahmen – als verhältnismäßig gering erkannt. Ihre konfliktschlichtende und integrative Funktion ist übertrieben worden, zum Teil aufgrund der stark harmonisierenden und Konsens vortäuschenden Pressekommuniqués. An objektiven Indikatoren gemessen, haben sich die Verteilungskonflikte seit dem Bestehen der Konzertierten Aktion sogar verschärft (Hardes, 1974: 119ff.): 1960–1966 gingen 356000 *Arbeitstage* im Jahr verloren, 1967–1971 stieg die Zahl auf 671000. Die *Disparität* zwischen den ursprünglichen Forderungen der IG Metall und den ersten Angeboten des Arbeitgeberverbandes Gesamtmetall sank in den beiden Zeiträumen nur geringfügig und pendelte ständig um 6%. Die *Dauer der Tarifverhandlungen* lag bis zum Jahr 1966 bei einem Monat und erhöhte sich danach auf etwa 2 Monate.

Eindeutige Schlüsse aus diesen Feststellungen sind schwer möglich. Da sich die Konflikte insgesamt verschärften, ist kaum auszumachen, ob sie sich ohne Konzertierte Aktion nicht noch wesentlich stärker zugespitzt hätten. Der pazifizierende Einfluß der Konzertierten Aktion ist kaum von anderen integrationistischen Bemühungen zu isolieren, von der verstärkten Zusammenarbeit zwischen der SPD und den Gewerkschaften seit 1969 bis zu den ideologischen Integrationsbemühungen. In Rezessionsperioden ist die konsensstiftende Kraft von Instrumenten wie der Konzertierten Aktion wahrscheinlich generell größer als in Zeiten des Aufschwungs, in denen der Verteilungskampf sich wieder verschärft. Der Elitenkonsens ist mehrfach durch Zunahme »spontaner Streiks« (1969, 1973) in Frage gestellt worden.

Die Änderung im Kräfteverhältnis der Interessengruppen hat in der Bundesrepublik zu einer Diskussion geführt, die in einer weiteren beispiellosen Verrechtlichung und Kanalisierung gesellschaftlicher Organisationen enden könnte. Analog zum Parteiengesetz wurde gelegentlich ein *Koalitionsgesetz* (Giessen, 1976: 236; Gerhardt, 1977: 306 ff.) oder ein *Verbändegesetz* gefordert, um die Gemeinwohl- oder *Sozialpflichtigkeit* der Verbände zu sichern.

Die CDU machte sich solche Vorstellungen nur teilweise zu eigen, die FDP legte 1976 sogar einen Gesetzentwurf vor. Die Idee einer Regulierung der Verbandszwecke und einer Eindämmung des politischen Mandats und weitreichender Demokratisierungspostulate hat sich durch die »Tendenzwende« weitgehend von selbst erledigt.

Diese Tendenzen einer Begrenzung des Pluralismus in der Bundesrepublik waren existent. Sie dürfen aber nicht überbewertet werden. Mäßigende Liberalität in dieser Frage hat in weiten Teilen der Gesellschaft noch die Oberhand. Die Enquetekommission für die Verfassungsreform konnte sich nicht zufälligerweise im Punkte eines Verbändegesetzes am wenigsten einigen und verzichtete auf jegliche Empfehlung (Beratungen, 1976: 247). Differenzierte juristische Analysen hielten Pauschallösungen für alle politisch relevanten Verbände für unmöglich und unvernünftig (Teubner, 1978: 329).

In Politik und Wissenschaft gibt es noch genügend warnende Stimmen vor einer Überreglementierung des Verbandseinflusses. Man ist sich weitgehend einig, daß auch die stärkste Institutionalisierung der Einflußmöglichkeiten – als positive Flankierung rein negativer Einschränkungen des Lobbyismus durch Gesetz –, etwa in einem *Wirtschafts- und Sozialrat*, die Einflüsse der Gruppen außerhalb des Gremiums nicht ausschalten können (Beratungen, 1976: 242). Reglementierungen wie die berufliche Proporzregel bei der Zusammensetzung von Bundestagsausschüssen, die Festlegung einer obligatorischen Anhörung der Verbände durch Bundestagsausschüsse (Hearing), selbst die generelle Durchsetzung der Öffentlichkeit aller Ausschußsitzungen und kein noch so ausgeklügeltes System von Vorschriften können den Einfluß der Gruppen je völlig transparent machen und kanalisieren (Schröder 1976: 258 ff.).

Die Verrechtlichung der Arbeitsbeziehungen ist in der Bundesrepublik schon weiter entwickelt als in den meisten Ländern der Welt. Ein Mehr an Reglementierung droht eher das Gegenteil des Beabsichtigten zu bewirken, nämlich daß die Großorganisationen, vor allem die

Gewerkschaften, ihre integrierende und gegenüber gegensätzlichen Interessen vermittelnde Rolle nicht mehr spielen können. Vermehrung der spontanen Streiks, Störungen durch radikalere Gewerkschaftsgruppen, die sich nicht an zentrale Beschlüsse gebunden fühlen, ja selbst Gefahren für die Einheitsgewerkschaften wären bei einer solchen Entwicklung nicht auszuschließen.

Die Integration gesellschaftlicher Organisationen wird vermutlich auch in Zukunft weniger über gesetzliche Regelungen als über Koordination und Kooperation auf freiwilliger Basis laufen. Auch in der Bundesrepublik ist die Diskussion unter dem Stichwort »Neokorporatismus« zunehmend geführt worden. Die Beteiligung an liberal-korporativistischen Institutionen ist gelegentlich geradezu als »organisationsinduzierte Zielverschiebung« gedeutet worden, als Möglichkeit, ihre organisationsbezogenen Sekundärinteressen über diese Form der Partizipation zu realisieren (Streeck, 1981: 453). In der Tat, wo korporative Strategien sich durchsetzen, überwiegen gutorganisierte bürokratische Gewerkschaften. Im internationalen Vergleich erscheint der Zusammenhang von Organisationsgrad und Korporatismus nicht mehr so eindeutig. Die Frage bleibt, warum die Bundesrepublik trotz der Kooperation einen mäßig hohen Organisationsgrad unter 40% nicht überschreitet und weniger korporatistische Länder wie Großbritannien aus ganz anderen Gründen höhere Organisationsbereitschaft erreichen.

Das Konzept des Korporatismus wurde auch in Deutschland überdehnt. Überall wo sektorale statusorientierte Vertretungsmonopole ohne organisierten Gegenverband der Staatsmacht gegenübertreten und durch Penetration des staatlich-administrativen Systems und Klientelbildung in den Ressorts, durch Monopolisierung der Anhörungs- und Informationsrechte mächtig werden, wie bei Bauern, Ärzteverbänden oder Juristenvereinigungen, Vertriebenen- oder Jugend- und Frauenverbänden, können durchaus enge Kooperationsformen entstehen. Aber zum Korporatismus gehört der Dreieckscharakter konfligierender sozialer Interessen bei staatlicher Vermittlung.

Das Dreiecksverhältnis von Staat und zwei konfliktorisch zueinander stehenden mächtigen Interessengruppen legt nahe, von Korporatismus nur dort zu sprechen, *wo der Staat nicht lediglich mit einem Verband, der ein Repräsentationsmonopol besitzt,* verhandelt. Wo ein Verband überwiegend Statusverband wie bei Ärzten, Advokaten, Bauern oder Konsumenten ist, der durchaus Gegner hat, aber keinen institutionalisierten Gegenverband mit einem grundsätzlich antagonistischen Interesse, auf der Basis eines Nullsummenspiels, ist es wenig sinnvoll, von Korporatismus zu sprechen. Solche Verbände können weit erfolgreicher sein in der Penetration der Parlamentsausschüsse und in der Schaffung von Klientelverhältnissen zu Ressorts als etwa die Tarifpartner. Aber ihr Einfluß läuft doch überwiegend nach einem älteren Pluralismusmodell ab, nur daß es keine Symmetrie einer Vielzahl von Gruppen, ihren *»cross-cutting-pressures«* und *»overlapping memberships«* gibt, wie dies die alte Bentley-Truman-Schule in Amerika unterstellte.

Korporatismus – autoritärer wie liberaler – bedeutet den Versuch, mit staatlicher Hilfe konfliktorisch einander gegenüberstehende Interessen zu *versöhnen*. Nur wo Interessengruppen untereinander in einen andauernden Konflikt geraten, so daß der Staat vermittelnd eingreift, liegt korporative Politik vor. Das gilt für die meisten Standesorganisationen nicht. Die Gründe, die für die korporative Agrarpolitik angeführt wurden, sind wenig überzeugend (Heinze, 1981: 125). Nicht alles, was Verbände und »Quangos« (quasi non-governmental organizations) im Auftrag des Staates tun, ist Korporatismus (vgl. Kap. 8c). Das Modewort »Korporatismus« taucht aber zunehmend in fast allen Politikfeldern auf. Die spill-over-Effekte des Korporatismus in immer weitere Bereiche und Agenden sind jedoch bisher nicht systematisch untersucht worden. Schon jetzt steht fest, daß es Agenden gibt, die korporativen Konfliktschlichtungsmustern offener gegenüberstehen als andere. Zum Beispiel sieht es so aus, als ob nicht die Gesundheitspolitik und ärztliche Standespolitik als ganzes korporativ zu werden beginnen. Aber Teile lassen sich in Annäherungsformen organisieren, etwa in der Arzneimittelkontrolle. Der Konflikt zwischen der pharmazeutischen Industrie um die Kostendämpfung und die Arzneimittelkontrolle weisen in Ansätzen solche Elemente auf, insbesondere wenn es zu organisierter Gegeninteressenvertretung gegen Preis- und Zulassungspolitik in diesem Bereich kommt (Wiesenthal, in: v. Alemann, 1981: 180ff.).

Die Konzertierte Aktion im *Gesundheitswesen* seit Ende 1977 in der Bundesrepublik hat einige korporative Züge der unteren Stufe, die Schmitter vorschlug, als »Konzertierung« abzugrenzen. Vom klassischen Korporatismusmodell weicht sie ab durch die Vielzahl der beteiligten Verbände, von den Ärzten und Apothekern über die Krankenhausträger, Kommunalverbände und Krankenkassen bis zu den Tarifpartnern. Das sieht mehr nach dem älteren Korporatismus der Sozial- und Wirtschaftsräte in sektoraler Begrenzung aus. Soweit sich ein Dualismus zwischen Produzenten- und Konsumenteninteressen abzeichnet, kann sich das Modell der Konzertierung immer stärker in ein genuin korporatives verwandeln.

(d) Die organisatorische Vereinigung: Interessengruppen und gesellschaftliche Organisationen

Der Rückblick in die Geschichte des Verbandswesens (Kap. 5a) hatte gezeigt, daß die Organisationsmuster einer Nation mehr Beharrungsvermögen aufweisen können, als das Auf und Ab der politischen und der verfassungspolitischen Geschichte vermuten läßt. Gilt das auch für die Vereinigung Deutschlands? Konnte die DDR einen Teil ihrer Organisationsmuster in den gemeinsamen Staat einbringen?

In der DDR hatten sich einige Parallelen in der Verbandsorganisation zur Bundesrepublik erhalten, etwa die kleine Zahl von Branchengewerkschaften im FDGB. Aber die oberflächlichen Ähnlichkeiten verdeckten die tiefgreifenden Unterschiede in einem System, das allen Verbänden die Funktion eines bloßen Transmissionsriemens der Willensbildung der Staatspartei beimaß. In der Nationalen Front der DDR waren der »Demokratische Block« (die fünf Blockparteien) zusammengeschlossen. Neben den vier Massenorganisationen (FDGB, FDJ, Demokratischer Frauenbund Deutschlands und Kulturbund) wirkten 26 weitere Vereinigungen, Gesellschaften und Verbände mit. Diese Gleichschaltung der Verbände hat nach der Erosion der DDR wenig Ansatzpunkte für eine eigene Organisationsstruktur in den ostdeutschen Ländern übriggelassen.

Von den wichtigsten Verbänden, die wirtschaftliche Interessen verfolgten, waren eigentlich nur die Gewerkschaften im Zweifel, wie sie sich gegenüber den Möglichkeiten, in ein organisatorisches Vakuum hineinzustoßen, verhalten sollten. Eine freie Bauernschaft gab es in der DDR nicht zu organisieren. Die Organisation der Landwirtschaftlichen Produktionsgenossenschaften konnte daher noch einige Wirksamkeit entfalten. Eine freie Unternehmerschaft mußte erst aufgebaut werden. Die Wirtschaftsverbände der Bundesrepublik hatten keine Bedenken, sich dieser Aufgabe anzunehmen. Die Gewerkschaften waren nicht Motor der Vereinigung. Aber sie konnten sich dem Vereinigungsdruck ebensowenig entziehen wie die politischen Akteure.

In einigen Bereichen hatten westdeutsche Verbände starke Skrupel, den Ostdeutschen das westdeutsche Organisationsmodell überzustülpen. Aber selbst hier hat die Grundentscheidung für die westlich-demokratischen Rahmenbedingungen – etwa des westdeutschen Tarifsystems, der Personalvertretungsregelungen oder die Einführung des Berufsbeamtentums – die Angleichung der Organisationsstrukturen erzwungen. Gewerkschaften, Künstlerverbände und kirchliche Gruppen hatten zweifellos den größten Willen, die ostdeutsche Initiativbereitschaft nicht zu lähmen. Aber die Notwendigkeit, zur erfolgreichen Durchsetzung von Interessen an den Strukturen konzertierter Aktion im »halbsouveränen Staat« (Peter Katzenstein) teilzunehmen, vereinheitlichte die Organisationslandschaft in Ostdeutschland entscheidend.

Die deutschen Gewerkschaften haben in den zahlreichen »heißen Herbsten« in Westeuropa nie der Devise »tutto e subito« (alles und sofort) Vorschub geleistet. Aber als revindikative Organisationen konnten sie sich nach der Vereinigung kaum einem solchen Anspruchsbegehren verschließen. Die Gewerkschaften hatten anfangs nur reagiert: auf den sozialpolitisch motivierten Anschlußdruck von seiten der DDR-Mehrheit. Angesichts des Dilemmas, in der Programmformulierung vorsichtig sein zu müssen, weil die Linke schlechthin in die Defensive geriet und weil man von den Ereignissen und der Anspruchsinflation bei der Mehrheit der DDR-Bevölkerung überrollt wurde, konnte die Politik des DGB nur abwartend sein. Nach vollzogener Einheit gingen die Gewerkschaften in die Offensive.

Die deutsche Einigung fügte der *funktionalen Differenzierung* der Organisationsbereitschaft die *territoriale* hinzu. Bei der förmlichen Mitgliedschaft in Organisationen waren die Westdeutschen außer bei religiösen Organisationen und Landwirtschaftsverbänden 1990 aktiver als die Ostdeutschen (Weßels, 1992: 518). Die damalige Momentaufnahme war jedoch einem raschen Wandel unterworfen. In Umweltorganisationen waren 3,6 % der Westdeutschen engagiert und 0 % in Ostdeutschland. Das hat sich inzwischen geändert. Aussagekräftiger war daher die Antwort auf die Frage, durch welche Verbände man sich vertreten fühlte, unabhängig von einer Mitgliedschaft. Die Gewerkschaften lagen erwartungsgemäß an der Spitze (68,4 % in Ostdeutschland, 35,1 % sahen sie sogar als »die wichtigste Organisation« an). Das entsprach annähernd dem tatsächlichen Organisationsgrad. Bei Umweltgruppen war die Identifikation (80,1 %) groß, aber weniger als die Hälfte der westdeutschen Befragten (12,8 %) sahen in ihnen die wichtigste Organisation. Die stärkste Form der Identifikation, die Anerkennung als wichtigste Organisation, führte bei Bürgerinitiativen und berufsständischen Gruppen zu einer starken Angleichung der Meinungen in Ost und West. Nur die katholische Kirche und die Frauengruppen schienen für die Westdeutschen ungleich wichtiger als für die Ostdeutschen.

Die Funktion der Interessenartikulation, welche die Verbände ausüben, mußte in Ost- und Westdeutschland verschieden ausfallen. Dabei waren – im Gegensatz zu anderen ex-sozialistischen Ländern – weniger die Wahrnehmungen, Orientierungen und Bindungen der Bürger verschieden als die soziale Basis des Verbandswesens. Das Modell der »erfundenen Klassen« in der DDR ging unter. Aber die soziale Differenzierung der ostdeutschen Gesellschaft zeigte große Abweichungen von der des Westens (Weßels, 1992: 540).

Wie in anderen Bereichen des Transformationsprozesses hat man verschiedene Phasen in der strategischen Orientierung der Verbände – wie der Parteien – festgestellt. Irritation, Infiltration und Integration sind sie gelegentlich genannt worden (Tiemann u. a., 1993: 41). Solche Ablauftypologien wurden angereichert durch eine organisationssoziologische Klassifikation der Entstehung von Verbänden. In Ländern etatistischer Tradition wie Deutschland hat der Staat schon immer die Rahmenbedingungen für die Entwicklung von Verbänden stark vorgegeben (vgl. Kap. 5 a). Diese Erfahrung sollte sich im deutschen Einigungsprozeß noch verstärken.

In Abwandlung der berühmten Maxime von Th. Lowi zum policy cycle ist zu Recht die These aufgestellt worden: »*polity* (das Verfassungssystem) *determines politics*« (Eichener u. a., 1992: 44 f.). Das westdeutsche Modell des Interessenpluralismus setzte sich ganz überwiegend durch. Durch die wachsende Staatsintervention in der Transformation der Planwirtschaft zur Marktwirtschaft kam es sogar zur Verstärkung gewisser Eigenarten des westdeutschen Systems der Interessenartikulation, wie das Wiederaufleben einer korporatistischen Zusammenarbeit von parastaatlichen Institutionen – z. B. der Treuhand – und den gesellschaftlichen Organisationen.

In den neuen Bundesländern ließen sich Altorganisationen, Neugründungen nach der Wende und die Ausdehnung westdeutscher Verbände nach Osten unterscheiden (Eichener u. a., 1992: 36 ff.). Die wichtigsten *Altorganisationen* wie der FDGB oder der Kulturbund gingen unter. Die FDJ wurde als Rumpforganisation aus den Stadt- und Jugendringen meist ausgeschlossen. Wo eine Organisation überlebte, wie die »Volkssolidarität«, fusionierte sie bald mit dem westdeutschen Pendant, hier dem »Paritätischen Wohlfahrtsverband«. Die »Kammern der Technik« nahmen einen Konkurrenzkampf mit dem VDI auf. Erfolge hatten sie dabei nur im Osten, weil der VDI eine restriktive Mitgliederpolitik aufrechterhielt. Wo diese Strategie aufgegeben wurde, wie bei einigen Wissenschaftlerverbänden, kam es rasch zur Auflösung des ostdeutschen Verbandes.

Neugründungen wurden vor allem in Bereichen vollzogen, die in der DDR keine Organisationsfreiheit hatten, wie bei Mittelstandsverbänden der Ärzte, Anwälte, Apotheker oder Unternehmer. Sie wurden in der Regel rasch einem gesamtdeutschen Verband angeschlossen. Der »Arbeitslosenverband«, der »Behindertenverband« oder der »Unabhängige Frauenverband« konnten Sonderinteressen der ostdeutschen Klientel bis zu einem gewissen Grad verteidigen.

Die Mehrzahl der Organisationsfelder wurde nach dem *Modell der Landnahme* besetzt. Nur bei der noch von der DDR geschaffenen Treuhand oder der Gauck-Behörde wurde von der westdeutschen politischen Elite gern der Anschein einer Kontinuität der Organisationslandschaft erhalten.

Der Freie Deutsche Gewerkschaftsbund wurde am 30. September 1990 aufgelöst, die Einzelgewerkschaften lösten sich 1990/91 auf und empfahlen ihren Mitgliedern, in die DGB-Gewerkschaften einzutreten. Der Organisationsgrad der Gewerkschaften der alten DDR lag bei 97 %, er sank bis 1991 auf 60 % und rund 47 % der einstigen Mitgliedschaft des FDGB (Tiemann u. a., 1993: 45). 1992 sank der Mitgliederstand um 20 %. Dennoch blieb der Organisationsgrad mit ca. 60 % der Beschäftigten weit über westlichem Niveau (Schmid, 1994: 214).

Der Zuwachs an Mitgliederpotential war für die Gewerkschaften gleichwohl eine Belastung. Hohe Arbeitslosigkeit in den östlichen Bundesländern ließ die neue Mitgliedschaft noch nicht als gesicherten Besitz erscheinen. Ideologisch waren die inneren Gegensätze größer als in der westdeutschen Arbeiterschaft. Einerseits überlebten Führungskräfte des alten Regimes, die PDS-Positionen in die Gewerkschaften hineintrugen. Andererseits mußten die Gewerkschaften in Ostdeutschland den Ansichten eines höheren Anteils an CDU-Wählern als in Westdeutschland Rechnung tragen.

Im Westen stammten etwa 13 % der Stimmen für die Unionsparteien aus Gewerkschaftskreisen (Armingeon, 1991: 31). Da die CDU jedoch 1992 32 % ihrer Mitglieder in Ostdeutschland als Arbeiter klassifizierte – von denen große Teile Gewerkschaftsmitglieder waren –, dürfte der Prozentsatz weit höher als im Westen liegen. CDU- und SPD-Strömungen zugleich zufriedenstellen zu müssen, glich der Quadratur des Kreises. Szenarios des schlimmsten Falles rückten das Ende der Erfolgsgeschichte kooperativer deutscher Arbeitsbeziehungen in den Bereich des Möglichen. Bei Neugründungen von Betrieben verschob sich das Kräftegewicht zugunsten der Arbeitgeber. Die Gewerkschaften haben in diesem Einigungsprozeß weiter an Verhandlungsmacht im politischen Raum verloren und sind politisch in die Defensive geraten (Armingeon, 1991: 40).

Keine andere Interessengruppe in Deutschland war so stark zwischen den Ansprüchen ihrer Gefolgschaft in West- und Ostdeutschland hin- und hergerissen. Die Gewerkschaften wurden zum Motor der Angleichung der Löhne in den östlichen Bundesländern, zugleich wurde ihnen eine nicht sehr maßvolle Tarifpolitik im Frühjahr 1991 vorgeworfen, welche die Investoren nicht gerade zum Aufbruch nach Ostdeutschland ermunterte. Die Abschlüsse 1991 waren, angesichts der steigenden Inflationsrate, dann aber doch eher maßvoll zu nennen. Politische Bemühungen richteten sich auf die Einrichtung von Beschäftigungsgesellschaften, die gesetzliche Durchsetzung der Ausbildungspflicht der Betriebe, die Sicherung, daß bei Aufträgen ein bestimmter Anteil in den östlichen Bundesländern erwirtschaftet wird (local content-Auflagen), Kündigungsschutz und die Forderung, die sanierungsfähigen Unternehmen der DDR in eine Staatsholding aufzunehmen (F. Steinkühler in: Der Spiegel, 1991, Nr. 18:37). Als die Montagsdemonstrationen wiederauflebten, hat auch ein Teil von Gewerkschaftsführern diese Mobilisierungsmöglichkeit gefördert, obwohl sie ganz sicher nicht die Organisatoren gewesen sind, wie ihnen vielfach in Westdeutschland vorgeworfen wurde. Der DGB blieb seiner Tradition treu, nicht durch Mobilisierung der Straße, sondern durch harte Verhandlungen die Interessen seiner Mitglieder zu vertreten. Kurzfristig war die Lohnpolitik der Gewerkschaften in den neuen Bundesländern für das Investitionsklima ungünstig. Darüber sind sich alle Wirtschaftsexperten einig. Diese aber haben sich im Prozeß der deutschen Einigung schon einmal geirrt. Langfristig gesehen konnte die rasche Angleichungspolitik bei den Löhnen sozialen Sprengstoff neutralisieren, der ohne diese Politik entstanden wäre und der die wirtschaftliche Integration Ostdeutschlands ebenfalls nicht befördert hätte. Als 1993 die Arbeitgeberverbände laufende Tarifverträge kündigten, weil sie sich nicht in der Lage sahen, Lohnerhöhungen bis zu 26% zu realisieren, kam es erstmals in Ostdeutschland zu Massenstreiks.

Der Deutsche Bauernverband wurde gegen seine ursprüngliche Absicht im Osten zu einer Vertretung der Kollektivbauern. Die neu entstehenden Einzelbauern – im Amtsjargon »Wiedereinrichter« genannt – blieben Zaungäste, obwohl ihnen eigentlich die Ideologie des Bauernverbandes gewogen sein mußte. Ein großer Teil schloß sich dem »Verband deutscher Landwirte« an. Der DBV konnte diese Integrationsleistung erbringen, da er in seinen Strukturen auch im Westen schon zwischen widerstreitenden Interessen (norddeutsche Großbauern – süddeutsche Kleinlandwirtschaft) zu vermitteln gelernt hatte (Lehmbruch, 1994:377).

Da der Vereinigungsprozeß für die meisten DDR-Bürger nicht von postmaterieller Motivation getragen wurde, hatten die Gruppen, die nichtmaterielle Interessen vertraten, naturgemäß die größten Schwierigkeiten mit dem »Zusammenwuchern« der beiden deutschen Staaten gehabt. Zwei Gruppen hatten im Prozeß der friedlichen Revolution in der DDR eine herausragende Rolle errungen: die Kirchen und die Künstler. Die Beschränkung auf die Einheit des Machbaren mußte für ihre Mitglieder als Statusverlust wirken. Nach langen getrennten Sitzungen der Synoden der Evangelischen Kirchen in Deutschland (EKD) und dem »Bund der Evangelischen Kirchen in der DDR«, der 1969 die organisatorische Spaltung im Felde der Kirche akzeptierte, kam es im Februar 1991 zur Vereinigung der Kirchen. Der Vorsitzende des Kirchenbundes, Bischof Demke, erläuterte den Kompromiß mit der Aufforderung, daß die beiden Kirchenföderationen aufhören müßten, einander mit dem Postulat »werdet doch wie wir« zu missionieren (FAZ, 25.2.1991: 6). Einzelne Sprecher der EKD wie Schmude versprachen, was aus dem staatlichen Bereich kaum noch zu hören war: es werde zu keiner Restaurierung der alten EKD kommen. Angesichts der föderalen Tradition der evangelischen Kirchen war dies vermutlich nicht nur ein guter Vorsatz. Meinungsverschiedenheiten blieben ungelöst, vor allem in Fragen der Militärseelsorge.

Am stärksten war die Tendenz, etwas Eigenständigkeit Ostdeutschlands nach der Vereinigung zu wahren, bei den Intellektuellen und Kulturschaffenden. Das Pen-Zentrum im Osten blieb selbständig, vor allem, weil das westdeutsche Pen-Zentrum mit Sitz in Darmstadt nichts mit den alten Funktionären wie Klaus Höpcke und Hermann Kant zu tun haben wollte. Auch sonst lautete die Devise im Bereich der Verbände der Kulturschaffenden vielfach: »Anschluß nicht um jeden Preis.« Den fünf Künstlerverbänden der DDR fehlten die einstigen Zuschüsse aus der Staatskasse. Der Schriftstellerverband und der Verband der Theaterschaffenden lösten sich per 31. Dezember 1991 auf. Die Verbände der Komponisten, der bildenden Künstler und der Film- und Fernsehschaffenden hingegen wollten auch ohne Subventionen eigenständig bleiben. Der Theaterverband hat seine 2000 Mitglieder befragt. Bei geringer Beteiligung sprachen sich über 92 % für die unabhängige Existenz aus. Der Verband deutscher Schriftsteller in der IG Medien (VS) hat sich naturgemäß stärker mit der Vergangenheitsbewältigung auseinandergesetzt als andere Verbände. Paritätische Gesinnung schlug sich nicht nur in der Besetzung des Bundesvorstandes nieder, sondern auch in dem Kampf um die Erhaltung von möglichst vielen kulturellen Einrichtungen in der DDR.

Die gesellschaftlichen Organisationen haben vielfach eine behutsamere Vereinigungspolitik betrieben als der Staat. Regionale Besonderheiten Ostdeutschlands haben auf diesem Gebiet größere Chancen zu überleben als im Zentrum der politischen Arena. Im ganzen überwog jedoch auch bei allen Organisationen, die in Ostdeutschland nicht als »Kolonisatoren« auftreten wollten, das Ablaufmodell: Irritation, Infiltration, Integration.

Der geringere Organisationsgrad der Ostdeutschen hat schwerwiegende Nachteile für den Einigungsprozeß. Die Interessendurchsetzung der Ostdeutschen wird dadurch behindert. Es fehlt an der identitäts- und gemeinschaftsbildenden Wirkung der Verbände (Priller, 1994:318). Vor allem aber fehlt die organisatorische Infrastruktur, von der ein Teil des politischen Lebens lebt, vor allem die Parteien und die Netzwerke der Eliten.

Literatur

H. Abromeit/G. Wewer (Hrsg.): Die Kirchen und die Politik. Opladen, Westdeutscher Verlag, 1989

H. Abromeit: Interessenvermittlung zwischen Konkurrenz und Konkordanz. Opladen, Leske & Budrich, 1993

P. Ackermann: Der deutsche Bauernverband im politischen Kräftespiel der Bundesrepublik. Tübingen, Mohr, 1970

H. Adam/R. G. Heinze (Hrsg.): Verbände und Staat. Vom Pluralismus zum Korporatismus. Opladen, Westdeutscher Verlag, 1979

U. von Alemann/E. Forndran (Hrsg.): Interessenvermittlung und Politik. Opladen, Westdeutscher Verlag, 1983

U. von Alemann (Hrsg.): Neokorporatismus. Frankfurt, Campus, 1981

U. von Alemann: Der Wandel organisierter Interessen in der Bundesrepublik. Opladen, Westdeutscher Verlag, 1984

U. von Alemann: Organisierte Interessen in der Bundesrepublik. Opladen, Leske & Budrich, 1987

K. Armingeon: Die Entwicklung der westdeutschen Gewerkschaften 1950–1985. Frankfurt, Campus, 1988

K. Armingeon: Stabilität im Wandel. Eine kritische Anmerkung zu den Thesen von Paul Windolf. Journal für Sozialforschung, 1989: 388–398

K. Armingeon: Ende einer Erfolgsstory? Gewerkschaften und Arbeitsbeziehungen im Einigungsprozeß. Gegenwartskunde, 1991: 29–42

Auf dem Weg zur Einheit. Wirtschaft, Politik, Gewerkschaften im deutsch-deutschen Einigungsprozeß. Köln, Bund, 1990

J. Bauer: Aktivitäten des BDI in den neuen Bundesländern. APuZG B 13, 1991: 12–19

Beratungen und Empfehlungen zur Verfassungsreform. Teil 1: Parlament und Regierung. Zur Sache, 3, 1976

V. Berghahn: Unternehmer und Politik in der Bundesrepublik. Frankfurt, Suhrkamp, 1985

J. Bergmann u. a.: Gewerkschaften in der Bundesrepublik. Frankfurt, EVA, 1975

V. GRÄFIN VON BETHUSY-HUC: Demokratie und Interessenpolitik. Wiesbaden, Steiner, 1962
V. GRÄFIN VON BETHUSY-HUC/M. BESCH: Interessenverbände in der agrarpolitischen Willensbildung. ZParl, 1971: 206–223
K. VON BEYME: Gewerkschaften und Arbeitsbeziehungen in kapitalistischen Ländern. München, Piper, 1977
K. VON BEYME: Der Neo-Korporatismus und die Politik des begrenzten Pluralismus in der Bundesrepublik. In: J. Habermas (Hrsg.): Stichworte zur ›Geistigen Situation der Zeit‹. Frankfurt, Suhrkamp, 1979, Bd. 2: 229–262
K. VON BEYME: Interessengruppen in der Demokratie. München, Piper, 1980[5]
K. VON BEYME: Neokorporatismus – neuer Wein in alte Schläuche? Geschichte und Gesellschaft, Nr. 2, 1984: 211–233
K. H. BIEDENKOPF/R. VON VOSS: Staatsführung. Verbandsmacht und innere Souveränität. Stuttgart, Bonn aktuell, 1977
U. BILLERBECK u. a.: Korporatismus und gewerkschaftliche Interessenvertretung. Frankfurt, Campus, 1982
W. BORGMANN: Reformgrenze in der Bewährung. Theorie und Praxis des Betriebsverfassungsgesetzes von 1972. Opladen, Westdeutscher Verlag, 1987
K. BROICHHAUSEN: Knigge und Kniffe für die Lobby in Bonn. München, Langen-Müller/Herbig, 1982
W. DICHMANN (Hrsg.): Gewerkschaften in Deutschland. Aus der Legitimationskrise zu neuer Macht? Köln, Deutscher Institutsverlag, 1990
Die verunsicherte Generation. Sinus-Institut. Opladen, Leske & Budrich, 1983
V. EICHENER u. a. (Hrsg.): Organisierte Interessen in Ostdeutschland. Marburg, Metropolis, 1992, 2 Halbbände
V. EICHENER/H. VOELZKOW (Hrsg.): Europäische Integration und verbandliche Interessenvermittlung. Marburg, Metropolis, 1994
TH. ELLWEIN: Gewerkschaften und öffentlicher Dienst. Zur Entwicklung der Beamtenpolitik des DGB. Opladen, Westdeutscher Verlag, 1980
R. ERD: Verrechtlichung industrieller Konflikte. Normative Rahmenbedingungen des dualen Systems der Interessenvertretung. Frankfurt, Campus, 1978
TH. ESCHENBURG: Das Jahrhundert der Verbände. Berlin, Siedler, 1989
H. FINDEIS u. a.: Die Entzauberung des Politischen. Was ist aus den politisch alternativen Gruppen der DDR geworden? Leipzig, Evang. Verlagsanstalt, 1994
G. FLEISCHMANN (Hrsg.): Der kritische Verbraucher. Information, Organisation, Durchsetzung seiner Interessen. Frankfurt, Campus, 1981
H. FÖHR: Willensbildung in den Gewerkschaften und Grundgesetz. Berlin, Schweitzer, 1974
M. GERHARDT: Das Koalitionsgesetz. Berlin, Duncker & Humblot, 1977
Gewerkschaftsstaat oder Unternehmerstaat. WSI-Mitteilungen. Köln, Bund, Teil 1 (Aug. 1976), Teil 2 (Dez. 1977)
K.-H. GIESSEN: Die Gewerkschaften im Prozeß der Volks- und Staatswillensbildung. Berlin, Duncker & Humblot, 1976

R. Göhner: Demokratie in Verbänden. München, Olzog, 1981
M. Groser: Gemeinwohl und Ärzteinteressen – die Politik des Hartmannbundes. Gütersloh, Bertelsmann Stiftung, 1992
H.-D. Hardes: Einkommenspolitik in der BRD. Stabilität und Gruppeninteressen. Der Fall Konzertierte Aktion. Frankfurt, Herder & Herder, 1974
G. Haufe/K. Bruckmeier (Hrsg.): Bürgerbewegungen in der DDR und in den ostdeutschen Ländern. Opladen, Westdeutscher Verlag, 1993
M. von Hauff: Theorie und Praxis gewerkschaftlicher Interessenpolitik. Königstein, Hain, 1979
R. G. Heinze: Verbändepolitik und ›Neokorporatismus‹. Opladen, Westdeutscher Verlag, 1981
R. G. Heinze: Verbandspolitik zwischen Partikularinteressen und Gemeinwohl – Der Deutsche Bauernverband. Gütersloh, Bertelsmann Stift., 1992
H.-O. Hemmer/K. Th. Schmitz (Hrsg.): Geschichte der Gewerkschaften in der Bundesrepublik Deutschland. Köln, Bund, 1990
E. Hoppmann (Hrsg.): Konzertierte Aktion. Frankfurt, Athenäum, 1971
W. Jaide/H.-J. Veen: Bilanz der Jugendforschung. Paderborn, Schöningh, 1989
Jugendwerk der deutschen Shell, 1985, 5 Bde.
Jugendwerk der Deutschen Shell. Jugend '92, Bd. 3. Die Neuen Länder. Opladen, Leske & Budrich, 1992
Th. König: Entscheidungen im Politiknetzwerk. Wiesbaden, DUV, 1992
G. Lehmbruch: Liberal Corporatism and Party Government. Comparative Political Studies, No. 1, 1977: 91–96
G. Lehmbruch: Dilemma verbandlicher Einflußlogik im Prozeß der deutschen Vereinigung. In: W. Streeck (Hrsg.): Staat und Verbände. PVS-Sonderheft 25, 1994: 370–392
M. Leonhard: Umweltverbände. Opladen, Westdeutscher Verlag, 1986
F. Löbler u. a. (Hrsg.): Wiedervereinigung als Organisationsproblem: Gesamtdeutsche Zusammenschlüsse von Parteien und Verbänden. Bochum, Brockmeyer, 1991
S. Mann: Macht und Ohnmacht der Verbände. Das Beispiel des Bundesverbands der Deutschen Industrie. Baden-Baden, Nomos, 1994
R. Mayntz: Organisierte Interessenvertretung und Föderalismus. Jahrbuch zur Staats- und Verwaltungswissenschaft 1989 Bd. 4: 145–156
R. Mayntz (Hrsg.): Verbände zwischen Mitgliederinteressen und Gemeinwohl. Gütersloh, Verlag Bertelsmann Stiftung, 1992
S. Mielke/P. Rütters: Die neuen Gewerkschaftsbewegungen in Mittel- und Osteuropa. APuZG B 13, 1991: 35–46
F. Müller-Rommel: Interessengruppenvertretung im Deutschen Bundestag. In: Uwe Thaysen (Hrsg.): US-Kongreß und Deutscher Bundestag. Opladen, Westdeutscher Verlag, 1988: 300–324
W. D. Narr: Pluralistische Gesellschaft. Hannover, Niedersächsische Landeszentrale für politische Bildung, 1969
F. Naschold: Krankenhausärzte und Krankenversicherungsreform. Zu einer Theorie der Statuspolitik. Freiburg, Rombach, 1967

H. NASSMACHER u. a. (Hrsg.): Politische Strukturen im Umbruch. Berlin, Akademie Verlag, 1994
H. NEUMANN: Zur Machtstruktur in der Bundesrepublik Deutschland. Diss., Kiel, 1978
TH. PIRKER u. a.: FDGB – Wende zum Ende. Köln, Bund, 1990
O. POPPINGA: Bauern und Politik. Frankfurt, EVA, 1975
E. PRILLER: Demokratieentwicklung und gesellschaftliche Mitwirkung. In: I. Kurz-Scherf/G. Winkler: Sozialreport 1994. Berlin, GSFP, 1994: 301 bis 330
V. VON PRITTWITZ (Hrsg.): Verhandeln und Argumentieren. Dialog, Interessen und Macht in der Umweltpolitik. Opladen, Leske & Budrich, 1995
H. PUHE/H. G. WÜRZBERG: Lust und Frust. Das Informationsverhalten des deutschen Abgeordneten. Köln, Informedia, 1989
CH. RAUSKOLB: Lobby in Weiß, Struktur und Politik der Ärzteverbände. Frankfurt, EVA, 1976
L. ROLKE: Protestbewegungen in der Bundesrepublik. Opladen, Westdeutscher Verlag, 1987
D. RUCHT: Modernisierung und neue soziale Bewegungen. Frankfurt, Campus, 1994
J. SCHMID u. a. (Hrsg.): Organisationsstrukturen und Probleme von Parteien und Verbänden. Marburg, Metropolis, 1994
R. SCHMITT: Die Friedensbewegung in der Bundesrepublik Deutschland. Opladen, Westdeutscher Verlag, 1990
H. SCHRÖDER: Vorschläge zur Transparenz des Verbandseinflusses auf die Gesetzgebung. ZParl, 1977: 491–506
H. J. SCHRÖDER: Gesetzgebung und Verbände. Ein Beitrag zur Institutionalisierung der Verbandsbeteiligung an der Gesetzgebung. Berlin, Duncker & Humblot, 1976
K. SCHUBERT: Interessenvermittlung und staatliche Regulation. Opladen, Westdeutscher Verlag, 1989
C. SCHULZ: Der gezähmte Konflikt. Zur Interessenverarbeitung durch Verbände und Parteien am Beispiel der Wirtschaftsentwicklung und Wirtschaftspolitik in der Bundesrepublik. Opladen, Westdeutscher Verlag, 1984
P. SEIDENECK: Die soziale Einheit gestalten. Über die Schwierigkeiten des Aufbaus gesamtdeutscher Gewerkschaften. APuZG B 13, 1991: 3–11
W. SIMON: Macht und Herrschaft der Unternehmerverbände BDI, BDA und DIHT. Köln, Pahl-Rugenstein, 1976
W. STREECK: Gewerkschaftliche Organisationsprobleme in der sozialstaatlichen Demokratie. Königstein, Athenäum, 1981
W. STREECK (Hrsg.): Staat und Verbände. PVS-Sonderheft 24, 1994
Studienkommission für die Reform des öffentlichen Dienstes. Bericht der Kommission. Baden-Baden, Nomos, 1973
B. SÜLLOW: Kooperative Repräsentation der Gewerkschaften. Frankfurt, Campus, 1982
G. TEUBNER: Organisationsdemokratie und Verbandsverfassung. Tübingen, Mohr, 1978

H. Tiemann u. a.: Gewerkschaften und Sozialdemokratie in den neuen Bundesländern. Deutschland Archiv, 1993: 40–51

H.-M. Uehlinger: Politische Partizipation in der Bundesrepublik. Opladen, Westdeutscher Verlag, 1988

H.-P. Ullmann: Interessenverbände in Deutschland. Frankfurt, Suhrkamp, 1988

M. Vester u. a. (Hrsg.): Soziale Milieus in Ostdeutschland. Köln, Bund, 1995

M. M. Wambach: Verbändestaat und Parteienoligopol. Macht und Ohnmacht der Vertriebenenverbände. Stuttgart, Enke, 1971

J. Weber: Die Interessengruppen im politischen System der BRD. Stuttgart, Kohlhammer, 1980²

B. Wessels: Bürger und Organisationen in Ost- und Westdeutschland: vereint und doch verschieden? In: V. Eichener u. a. (Hrsg.): Organisierte Interessen in Ostdeutschland. Marburg, Metropolis, 1992, 2. Halbband: 509–543

Sinus: Die verunsicherte Generation. Opladen, Leske, 1983

K. Wieken: Die Organisation der Verbraucherinteressen im internationalen Vergleich. Göttingen, Schwartz, 1976

M. Wilke/H.-P. Müller: Zwischen Solidarität und Eigennutz. Die Gewerkschaften des DGB im deutschen Vereinigungsprozeß. Melle, Knoth, 1991

P. Windolf: Vom Korporatismus zur Deregulierung. Thesen zum Strukturwandel der Gewerkschaften. Journal für Sozialforschung, 1989: 367–387

C. W. Witjes: Gewerkschaftliche Führungsgruppen. Berlin, Duncker & Humblot, 1976

B. Zeuner: Verbandsforschung und Pluralismustheorie. Leviathan, 1976: 137–177

6. Elitenrekrutierung und Machtstruktur

(a) Sozialprofil der politischen Elite

Deutschland als Land einer verspäteten, dann aber um so hektischeren Industrialisierung und Modernisierung war nach 1871 dadurch gekennzeichnet, daß sich in geringerem Maße als in einigen westeuropäischen Ländern die Durchsetzung der Vorherrschaft des Bürgertums vollzog. »Aus der verspäteten deutschen Industrialisierung ist nicht das Junkertum, sondern das Kleinbürgertum angeschlagen hervorgegangen« (Zapf, 1966: 38). Das Bürgertum hat sich als selbständige Gruppe wenig profiliert. Besitzbürgertum und Bildungsbürgertum orientierten sich weitgehend am Lebensstil des preußischen Adels. Die Spitze der Regierungsposten hatten zu zwei Fünftel Positionsinhaber adliger Herkunft inne. Noch typischer für diese Oberschicht war der Geadelte. Zählt man sie hinzu, so waren fast zwei Drittel der maßgebenden Stellen des Kaiserreiches von Adligen besetzt (Knight, 1955). Thomas Manns bissige Benennung des Prototyps dieser Oberschicht »General Dr. von Staat« ist nicht ganz unzutreffend.

Der verlorene Erste Weltkrieg ließ einen großen Teil der alten Oberschicht verarmen. Durch die neue politische Führung der Mitte- und Linksparteien einerseits und die alten Führungsschichten andererseits ging ein sozialer Riß hindurch, der nennenswert zur wachsenden Handlungsunfähigkeit des Weimarer Systems beitrug. Der Aufstieg der Außenseiter der NS-Elite – nur in weitgehend untergeordneten Positionen von Angehörigen der alten, zum Teil aristokratischen Oberschicht ergänzt – beerbte beide Elitengruppen der Weimarer Zeit, die im Konflikt miteinander lagen. Nur im auswärtigen Dienst und in der Bürokratie konnten sich nennenswerte Teile der alten adligen Oberschicht halten. Im auswärtigen Dienst hat man noch für den Anfang der sechziger Jahre etwa 10 % Adlige unter den niederen Rängen festgestellt. In den höheren Rängen waren sie nur noch eine kleine Minderheit (End, 1969: 80).

Tabelle 6.1: Karrieremerkmale der politischen Elite der Bundesrepublik Deutschland in der NS-Zeit (bis 1969)

	Staatssekretäre	Politiker
Mitglieder in NS-Organisationen	10%	10,5%
Karrierekontinuität	45%	10,5%
Karrierestopp	16%	18 %
Privatwirtschaft	9%	19 %
Widerstand	5%	19 %
Unbetroffen aus Altersgründen	13%	21 %
keine Angaben	2%	2 %

Quelle: v. Beyme, 1974: 68

Nach 1945 wurde im Bereich der Elitenrekrutierung zunächst wenig der Selbstregenerierung der deutschen Gesellschaft überlassen. Gerade im Elitenbereich fand ein geplanter Wandel durch Entnazifizierung und Säuberung der Hierarchien statt. Nur im östlichen Teil Deutschlands wurde die alte Elite durch Verfügung der Besatzungsmacht vollständig durch eine neue, zum Teil aus der Emigration wieder zurückgeholte Führungsgruppe ersetzt. In den westlichen Besatzungszonen gingen die Alliierten davon aus, daß dem demokratischen Delegationsmechanismus nur durch Auslese negativ Belasteter vorgegriffen werden dürfe. Obwohl die faschistische Epoche kürzere Zeit gedauert hatte als in Italien, spielten nur geringe Teile der Weimarer politischen Elite bei der Gründung der Bundesrepublik eine Rolle. Eine ganz neue Gegenelite zu schaffen – wie in der DDR – gelang nicht, sondern es etablierte sich eine Elitenkoalition, von der die Mehrheit weder offen für noch offen gegen das NS-Regime optiert hatte (Edinger, 1960: 76).

Das Bild vom Wiederaufstieg der Nazi-Elite, das vor allem in der ausländischen Literatur verbreitet wurde, war für Westdeutschland sicher übertrieben. Spitzenpolitiker der NS-Zeit sind nicht wieder ins Amt gekommen. Am ehesten blieb die Kontinuität des Führungspersonals in den Verwaltungshierarchien unbemerkt. Der Fall des Staatssekretärs Globke hat in der Adenauerzeit immer wieder als Beleg dafür gegolten, daß nicht nur die formelle Zugehörigkeit zur Nazi-Elite, sondern auch eine in der Nazizeit nicht unterbrochene Karriere mitbewertet werden muß.

Je länger die NS-Zeit zurückliegt, um so geringer war in der politischen Elite aus Altersgründen der Anteil der Betroffenen. Durch den Machtwechsel von 1969 nahm die Zahl der durch den Nationalsozialismus Belasteten im öffentlichen Leben stark ab. Nur in Einzelfällen, wie bei Wirtschaftsminister Schiller, den Bundespräsidenten Scheel und Carstens, wurde die Debatte über die NS-Vergangenheit noch geführt. Auf Länderebene schien das Problem bis Ende der siebziger Jahre nicht endgültig gelöst zu sein. Mit Puvogel (CDU) in Niedersachsen und Filbinger (CDU) in Baden-Württemberg schieden noch 1978 zwei belastete Politiker unter dem Druck der öffentlichen Meinung aus dem Amt.

Quantitativ bedeutsam ist das Problem überwiegend bis 1969 gewesen. Die Analyse der Karrieremuster der bundesrepublikanischen politischen Elite bis 1969 zeigte für die Zeit von 1933 bis 1945 (siehe Tab. 6.1), daß zwar nur ein kleiner Teil direkt aktiv belastet war (durch eine meist wenig profilierte Zugehörigkeit zu NS-Organisationen), daß aber auch der Anteil der am Widerstand Beteiligten verhältnismäßig gering blieb, vor allem bei den Spitzen der Verwaltung. Die Karrierekontinuität ist bei den Staatssekretären zur Hälfte kaum unterbrochen worden, ein Teil konnte in der Privatwirtschaft oder im Militärdienst unbelastet »überwintern«.

Obwohl die politische Elite der Bundesrepublik durch den Nationalsozialismus überwiegend nicht belastet war, haben einzelne Politiker, die am Amt »klebten«, dem Ansehen der Bundesrepublik schwer geschadet. Man hat oft darüber gerätselt, warum Adenauer, an dessen antinazistischer Gesinnung kein Zweifel aufkam, Männer wie Globke oder Oberländer gegen Angriffe hartnäckig verteidigte. Er selbst erklärte das mit der Betonung seiner Richtlinienkompetenz, die es ihm nicht geraten erscheinen ließ, dem Druck der Opposition nachzugeben. Enge Mitarbeiter erklärten das Verhalten auch mit mangelnder Bereitschaft, sich an neue Gesichter zu gewöhnen, und mit Rücksicht gegenüber den Betroffenen (vgl. v. Beyme, 1974: 72). Fest steht, daß diese mangelnde Empfindlichkeit gegenüber Belastungen aus der NS-Zeit durch taktische Gesichtspunkte von Adenauers Kabinettspolitik mitbedingt war, vor allem durch Rücksicht auf die Vertriebenenorganisationen in den Fällen Oberländer und Krüger.

Nicht die NS-Belastung, sondern das *konservativ-mittelständische Rekrutierungsmuster* ist das eigentlich Auffällige an der westdeutschen Nachkriegselite. Die Bundesrepublik ist freilich in diesem Punkt kein herausstechender Fall mit einer Mittelschichtrekrutierung von über 50% in der politischen Elite. Bei den italienischen Führungsspitzen etwa fällt auf, daß sogar die linken Parteien keine nennenswert anderen Rekrutierungsmuster ihrer Parteispitzen und Parlamentarier aufweisen als die bürgerlichen Parteien, eine Angleichung, die sich in der Bundesrepublik erst in den siebziger Jahren vollzog, seit die SPD mehr und mehr den Charakter einer Volkspartei entwickelte.

In einem föderalistischen Staat wie der Bundesrepublik war der *regionale Faktor* von Bedeutung, wie vor allem Untersuchungen aus den USA bestätigen. Entgegen traditionellen Vorurteilen hat der norddeutsche »Junkergürtel«, der vor allem in der amerikanischen Literatur stark herausgestellt wurde, in der politischen Elite – mit Ausnahme des diplomatischen Dienstes und der Verwaltung – weder im Kaiserreich noch in der NS-Zeit so eindeutig dominiert, wie gern angenommen wird (Knight, 1955: 28). Im Prozeß der Kabinettsbildung haben die süddeutschen Länder häufig erfolgreich ihren Einfluß für eine gute Repräsentation ausgeübt. Die Zahlen zeigen keine Unterrepräsentierung von Bayern und Baden-Württemberg, trotz gelegentlicher Behauptungen in der politischen Arena, die eine politische Benachteiligung des Südens – vor allem gegenüber der Vorherrschaft der Norddeutschen in der Ära Brandt und Schmidt – unterstellen. Nordrhein-Westfalen, als größtes Bundesland, ist in der politischen Elite leicht überrepräsentiert, und in den ersten Jahren der Bundesrepublik gab es zweifellos auch eine geringfügige Überrepräsentation der Politiker, die aus den verlorenen deutschen Ostgebieten kamen. Vergleiche mit den USA zeigten, daß der regionale Faktor in der Bundesrepublik schon unter CDU-Regierungen stark an Bedeutung verloren hatte (Edinger/Searing, 1967: 437, Tab. 6.3).

Ostdeutschland – einschließlich der verlorenen Ostgebiete – war bis 1984 in der administrativen Elite als Herkunftsregion der Positionsinhaber häufiger vertreten (zu fast einem Drittel) als bei den Politikern (unter ein Viertel). Politiker mußten sich rasch an die Region anpassen, in der sie kandidierten. Es entsprach hingegen der Erfahrung anderer Länder, z. B. Italiens, daß die Aufstiegswilligen der unterprivilegierten Regionen Mobilität über administrative Karrieren versuchten.

Der Kampf um die Repräsentanz der *Frauen* in der politischen Elite wurde in den achtziger Jahren begonnen. Auf diesem Gebiet hat sich zweifellos der größte Wandel vollzogen. Nur zugunsten der Frauen kam es zu einer gezielten Elitenrekrutierungspolitik. Die staatliche Gleichstellungspolitik versuchte, die Rekrutierung der Verwaltungseliten zu beeinflussen. In der Politik hingegen lag die Initiative bei den Parteien. Die deutschen Parteien haben in der Frauenfrage eine sehr unterschiedliche Politik verfolgt. CDU und FDP lehnten Quotierungsregelungen ab, versuchten aber seit 1987 die Gleichstellungspolitik als Selbstverpflichtung voranzutreiben. Die Grünen haben 1986 eine 50%-Frauen-Quote in allen Gremien der Partei beschlossen. Die SPD hat 1988 auf ihrem Parteitag in Münster eine 40%-Quote bis 1994 in zwei Etappen für parteiinterne Ämter und in drei Etappen bis 1998 für alle Kandidaturen der Partei bei Wahlen beschlossen (Frauen, 1989: 80). Die Parteien hatten trotz einiger guter Absichten Schwierigkeiten, da der Anteil der Frauen an ihren Mitgliedern – mit Ausnahme der Grünen – dem Ziel höherer Repräsentierung der Frauen in Führungspositionen nicht günstig schien. In der SPD waren 1990 nur 27,3% der Mitglieder Frauen, in der CDU 22,5% (1988), in der CSU 15,3% (1990) und in der FDP 24% (1988).

Zur Rekrutierung der administrativen Eliten wurden seit 1979 in allen Bundesländern Gleichstellungsämter geschaffen, in sechs Ländern als Ministerien, in den anderen als eigenständige Landesbehörde (Bremen) oder als Stabsstelle bei der Regierungsspitze oder bei einem Ministerium. Die Koalitionspolitik auf Landesebene drängte zunehmend auf die Einrichtung von Frauenministerien. Die Gleichstellungsämter arbeiteten mit Informationen, Appellen und Überredungsdirigismus. Die Erfolge von 1986 bis 1989 sind bescheiden gewesen. Der Anteil der Frauen bei den Beamten des höheren Dienstes im unmittelbaren Bundesdienst ist nur um 1% auf 6% gestiegen (BT Drucksache 11/8129). Kalkuliert man das Verhältnis von Bewerbungen und Einstellungen, so hat sich das Verhältnis für Frauenbewerberinnen noch verschlechtert. Richtlinien, die nur verlangten, unter »Beachtung des Leistungsprinzips Frauen angemessen zu berücksichtigen«, entfalteten eine geringe Schubkraft (Landfried, 1994: 40).

Erfolgreicher war die Gleichstellungspolitik für die Frauen in der Politik. Im 12. Bundestag, der nach der ersten gesamtdeutschen Wahl zusammentrat, sind 20,6% der Mandate von Frauen besetzt, im 11. Bundestag waren es noch 15,4% gewesen. Damit liegt Deutschland über dem Durchschnitt von 14,5%, den die interparlamentarische Union errechnet hat. Frauenquoten in den Parteien waren erfolgreich: Bei der SPD wurden 27,1% der Mandate an Frauen vergeben. Die Selbstverpflichtung der Unionsparteien hat nur zur Verdoppelung des Frauenanteils in der Fraktion auf 14,1% geführt. Befragungen von weiblichen und männlichen Spitzenpolitikern auf Landesebene zeigten, daß die amtierenden Eliten nur einer Quotenregelung die nötige Schubkraft für eine erfolgreiche Gleichstellungspolitik beimaßen (Landfried, 1994: 45).

Bei der Regierungsbildung wurde die Zahl der Frauen im Kabinett auf vier von 19 erhöht. Überzeugend frauenfreundlich war diese Rekrutierungspolitik im ersten gesamtdeutschen Kabinett nicht. Das klassische Frauenressort, das Ursula Lehr verließ, wurde in drei Ressorts aufgeteilt: in ein Familien- und Seniorenministerium (Hannelore Rönsch), ein Frauen- und Jugendministerium (Angela Merkel) und ein Gesundheitsministerium (Gerda Hasselfeldt). Die Manövriermasse wurde zugunsten der Frauen geteilt statt vermehrt. Das einzige Ministerium in einer meist männlichen Domäne fiel an Irmgard Schwaetzer. Sie verdrängte aber aus dem Ministerium für Städtebau eine andere Frau, Gerda Hasselfeldt (CSU), die in diesem Ressort einiges Ansehen erworben hatte. 1994 wurde diese »Zellteilung« rückgängig gemacht. Alle Proporzrücksichten traten wieder in den Hintergrund, und die beiden wichtigen Ressorts, Gesundheits- und Bauministerium, fielen an die Männer zurück.

Frauenpolitik als Elitenrekrutierungspolitik wird zunehmend nicht nur unter dem Gesichtspunkt einer grundrechtlichen Gleichstellungspolitik gesehen. Auch viele Männer erhofften sich eine neue Qualität der Politik und des Arbeitsstils. Erst empirische Umfragen zeigten, daß Frauen eher postmaterialistische und lebensweltlich orientierte Standpunkte in der Politik vertreten als Männer. Andererseits sind die Abweichungen vom Durchschnitt der Männer geringer als erwartet. Frauen erwiesen sich stärker in der Parteibindung als Männer (Rebenstorf, 1990: 21) und brachten damit ein gewisses Anpassungspotential mit. Änderungen der Kommunikationsbeziehungen erwarteten von einem höheren Frauenanteil beide Geschlechter (Hoecker, 1987: 222).

Im Kommunikationsverhalten wiesen weibliche Abgeordnete leicht abweichende Muster auf. Sie lasen weniger Lokalblätter oder ausländische Zeitungen und hatten weniger Kontakt zu Journalisten und zu Verbänden. Noch ist die Ressortspezialisierung weiblicher Abgeordneter nicht überwunden. Sie kümmerten sich stärker um typische Domänen der Frauen wie Familie, Arbeit und Soziales und nur selten um Wirtschaft und Finanzen (Puhe/Würzberg, 1989: 94). Um so wichtiger sind einzelne Ausnahmen wie Ingrid Matthäus-Meier als Finanzexpertin der SPD.

In der DDR haben die Frauen in den Spitzen der Hierarchie kaum eine nennenswerte Rolle gespielt. Margot Honecker als Ausnahme war als Frau des Parteichefs so wenig typisch für den realen Sozialismus wie Frau Furzeva als Vertraute Chruščevs, der der seltene Aufstieg in das Politbüro gelang. Aber auf der mittleren und unteren Ebene spielten die Frauen in allen Bereichen von Staat, Wirtschaft und Gesellschaft eine bedeutendere Rolle als in der Bundesrepublik (Zahlen bei: Meyer, 1991:213, 218ff., 238).

Die Furcht vor Statuseinbußen der Frauen durch die Angleichung an westdeutsche Verhältnisse war groß. Auf dem Arbeitsmarkt wurde gerade den Frauen der Arbeitsplatz auch in den östlichen Bundesländern zunehmend abgejagt. In der Politik war bei den ersten gesamtdeutschen Wahlen nicht festzustellen, daß in den östlichen Ländern mehr Frauen von den Parteien aufgestellt und gewählt wurden als in Westdeutschland. Es ist jedoch nicht auszuschließen, daß langfristig gewisse Impulse für die Frauenrekrutierungspolitik von den Erfahrungen der DDR ausgehen. Die Erforschung der sozialen Repräsentativität der Eliten zeigte zwar, daß die Wähler den Aspekten proportionaler Präsenz nicht die Bedeutung beimessen, die manchmal in der Öffentlichkeit für Mängel an sozialer Repräsentanz des Bundestages unterstellt wird. Selbst bei Frauen zeigte sich das. Im Durchschnitt erwarteten nur ca. 10–13% die Vertretung des eigenen Geschlechts im Bundestag (Rebenstorf/Weßels, 1989: 421). Dieser Prozentsatz kann jedoch durch politische Gleichstellungskampagnen angehoben werden. In Konfliktfällen spielen Fragen der sozialen Repräsentanz der Eliten im Zweifel eine Rolle. Die Parteien wären nicht gut beraten, die Abkopplungshypothese in dem Sinne zu verstehen, daß sie auf soziale Repräsentanz nicht mehr zu achten hätten. Im Falle der Gleichstellung der Frauen sprechen ja auch grundsätzliche menschenrechtliche Erwägungen dafür und nicht nur die Frage der politischen Zweckmäßigkeit publikumswirksamer Repräsentationsschlüssel.

Die Berufsstruktur und Gruppenzugehörigkeit der parlamentarischen Eliten ist in kaum einer Demokratie so gut dokumentiert wie in Deutschland (Tab. 6.2). Auch in den achtziger Jahren hielten sich Beamte und Angestellte des öffentlichen Dienstes bei einem Drittel der Abgeordneten. Die Angestellten politischer und gesellschaftlicher Organisationen, deren Abnahme mehrfach prognostiziert worden war, schwankten zwischen 13% und 14%. Selbständige und Angestellte in der Wirtschaft nahmen weiter ab. Die politische Zugehörigkeit im engeren Sinn, Mitglieder und ehemalige Mitglieder der Regierung, machten bis zu 14% aus.

Gruppenzugehörigkeiten spielen eine wichtige Rolle für die Elitenrekrutierung, vor allem in den frühen Stadien der Karriere. Beim Karrierestart sind sie für die beiden größten Parteien im Bundestag von unterschiedlicher Bedeutung, wie Rekrutierungsstudien gezeigt haben. Bei der SPD waren regionale Gruppen und Kreisverbände ausschlaggebend, bei den Unionsparteien hingegen hatten funktionale Gruppen und Jugendorganisationen ein größeres Gewicht (Zeuner, 1970: 86). Da die Verbindung zwischen der SPD und den Gewerkschaften lockerer ist als bei skandinavischen oder britischen Arbeiterparteien und Gewerkschaften, kann auch der Einfluß der Gewerkschaften bei der Aufstellung von Parlamentskandidaten mit anderen Ländern nicht verglichen werden. In der Zeit der SPD-Opposition waren viele Parteiführer der SPD über führende Posten in den Jugendorganisationen aufgestiegen. Im ganzen haben diese abnehmende Bedeutung

Tabelle 6.2: Berufsstruktur der parlamentarischen Elite

Berufsgruppen	9. WP 1980–1983	10. WP 1983–1987	11. WP 1987–1990	12. WP 1990–1994
Regierungsmitglieder	8,7	14,3	12,7	k. A.
Beamte	32,8	31,1	32,2	37,5
Angestellte des öff. Dienstes	3,1	2,3	1,7	5,5
ev. Pfarrer	0,2	0,4	0,0	0,6
Angestellte politischer und gesellschaftlicher Organisationen	12,9	13,6	14,0	12,1
Angestellte in der Wirtschaft	10,2	8,3	7,9	11,1
Selbständige	12,5	12,8	11,0	13,0
Freiberufler	16,0	12,5	14,1	12,6
Hausfrauen	1,3	1,5	2,1	2,7
Arbeiter	1,7	1,9	1,7	1,5
keine Angaben u. a.	0,6	1,3	2,7	3,4

Quelle: Datenhandbuch zur Geschichte des Deutschen Bundestages 1980 bis 1987; Wiss. Dienste des Deutschen Bundestages. Baden-Baden, Nomos, 1988: 194; Hess 1992: 204f.

(Herzog, 1975: 221), wobei die Junge Union für die CDU noch immer eine wichtigere Rekrutierungsfunktion wahrnimmt als die Jungsozialisten für die SPD (vgl. Kap. 4a). Durch die Reideologisierung der Politik und die Konfrontation der Generationen als Folge der Protestbewegung seit Ende der sechziger Jahre ist das Verhältnis zwischen Partei und Jugendorganisation bei allen Parteien gespannter geworden. Die verhältnismäßig geringe Zahl der dissentierenden Jugendlichen, die durch die Filter der Elitenrekrutierung der Parteien ins Parlament gelangen, wird erfahrungsgemäß durch ein Netz hierarchischer Beziehungen im Parlement und in den Fraktionen einem wachsenden Anpassungsdruck unterworfen, der zu einem zunehmenden Konservatismus auch der Jungabgeordneten führt (Badura/Reese, 1976: 70ff.).

Berufszugehörigkeit und Berufsausbildung haben ebenfalls einen gewissen Einfluß auf die politischen Karrieren. Beamte und Angestellte sind die größten Gruppen, die im Bundestag repräsentiert sind. Die Zahl der Beamten und Bediensteten der öffentlichen Hand im Deutschen Bundestag ist kontinuierlich gestiegen. Im 1. Bundestag machte diese Gruppe 16,8% aus, im 8. bereits 41,9% (Neumann, 1978: 77).

In der Verwaltungselite war die *Berufsvererbung* auffällig. 43,8% der Beamtenelite in Bonn stammte aus Familien, in denen der Vater schon dem höheren Dienst angehörte. Nur 5% der Spitzenbeamten stammte von Arbeitern und kleinen Angestellten ab. Mit dem Regierungswechsel von 1969 verschoben sich die Rekrutierungsmuster der deutschen Elite leicht zu Ungunsten der Beamten. Diese Tendenz wurde durch den abermaligen Machtwechsel von 1982 wieder rückgängig gemacht. In der politischen Elite im engeren Sinn stammten auch 21,2% aus Familien des höheren Dienstes (Tab. 6.3, Derlien/Pippig, 1990: 33).

Die *Vormacht der Beamten* wurde in deutschen Parlamenten kritisiert, solange es diese gab. Mitte der siebziger Jahre wurde versucht, die Beamtenflut in den Parlamenten einzudämmen. Amt und Mandat wurden für unvereinbar erklärt. Beamte werden nunmehr für die Dauer der Mandatsausübung ohne Bezüge beurlaubt. Trotz finanzieller Einbußen haben die Beamten noch immer einen Vorteil gegenüber anderen Berufsgruppen: Sie haben Aussichten, keinen Karrierestopp zu erfahren, und ihre Weiterbeschäftigung nach dem Mandat ist gesichert. Die Juristen unter den Beamten können sich zudem schon während der Tätigkeit als Abgeordnete als Anwälte niederlassen. Selbst andere Freiberufler – vor allem wenn sie kleinere Betriebe leiten – haben diese Abkömmlichkeit nicht (Kaack, 1988: 129).

Die Stärke des öffentlichen Dienstes war durch Unvereinbarkeitsregelungen nicht zu brechen. Die Delegiertenkonferenzen der Parteien, welche die Kandidatenaufstellung vornehmen, zeigten vielfach die Neigung, bei Bewerbern aus dem Beamtenstand eine besondere Kompetenzvermutung für sie sprechen zu lassen. Die Begünstigung der Beamten ist auch Teil der legalistischen politischen Kultur Deutschlands (vgl. Kap. 2a). Die Struktur der Repräsentanten des öffentlichen Dienstes schichtete sich um. Juristen wurden durch Lehrer ersetzt. Diese Entwicklung wurde von den Grünen noch gefördert, bei denen die sozialen und Lehrberufe eine dominante Rolle spielten. Als das Bundesverfassungsgericht 1975 im Diätenurteil die Versteuerung der Diäten für notwendig erklärte und die Nichtfortzahlung der Beamtengehälter während der Mandatsausübung Gesetz wurde, ist die Entwicklung zum Berufspolitiker besonders gefördert worden.

In der Wahrnehmung der Bürger ist der *Berufspolitiker* noch kaum positiv besetzt, obwohl Befragungen der Bürger zeigten, daß diese toleranter geworden sind in bezug auf soziale Merkmale ihrer Abgeordneten. Sie finden ganz überwiegend, daß die Schichtzugehörigkeit oder die regionale und Generationenbindung keine große Rolle spielen muß (Herzog u. a., 1990: 56). Die Wähler haben ihre Einstellung zur politischen Elite so weit modernisiert, daß sie zu akzeptieren bereit sind, daß ein wachsender Anteil von der Politik lebt. Die Höhe der Diäten wird immer wieder als anstößig empfunden. Dabei wird selten einkalkuliert, daß die – eigentlich verfassungswidrigen – Abgaben der Abgeordneten an die Fraktionen darin enthalten sind (vgl. Kap. 4c). Die Höhe des Aufwandes für eine gute Wahlkreisbetreuung und den Wahlkampf (vgl. Kap. 3b) wird vom Bürger ebenfalls kaum honoriert. Nicht akzeptiert wird der Politiker, der keine Berufserfahrung hat. Genau dieser Typ des Berufspolitikers aber wächst, wenn Politiker jünger werden, Studien länger und Politik professionalisierter, dann kann der Honoratior mit langer Berufserfahrung nicht mehr der Normalfall des Politikers sein. 25 % der deutschen Abgeordneten haben den Beruf neben einem überwiegenden politischen Engagement nebenherlaufen lassen. 30 % der Abgeordnetenkarrieren wiesen weniger als 10 ernsthafte Berufsjahre auf (Kaack, 1988: 131). Die Berufspolitiker mit parteibezogenen Berufstätigkeiten machten 1969–1983 25 % aus. Zu ihnen ließen sich noch 12 % Verbands- und Gewerkschaftsfunktionäre hinzuzählen, so daß etwa ein Drittel nicht nur für die Zeit der Mandatsausübung zur Berufspolitikerschaft gerechnet werden kann. Zu den politiknahen Berufen gehören auch die Angehörigen des öffentlichen Dienstes und ein großer Teil der Lehrberufe, die etwa ein Achtel der Abgeordnetenschaft umfassen.

Die Berufsstruktur der Parlamente darzustellen, stößt noch immer auf Schwierigkeiten. Die Handbücher des Bundestages gehören zu den »diskretesten Nachschlagewerken der Welt« (Th. Eschenburg). Die Berufsbezeichnungen sind vielfach uneinheitlich und irreführend. Regierungsmitglieder und Funktionäre von Gruppen müssen daher stärker gesondert werden. Die Unterrepräsentation der Arbeiter fällt nach Abzug ihrer Funktionäre noch stärker ins Auge. Selbst Gruppen, die von Statusfurcht bedroht sind und deren relatives Gewicht in den siebziger Jahren abnahm – wie die Gruppen der Einzelhändler und Landwirte –, haben sich in der parlamentarischen Elite noch in überdurchschnittlichen Anteilen behaupten können.

Während die *Berufserfahrung* mit wachsender Professionalisierung der politischen Elite abnimmt, wächst die *Berufsqualifikation*. Nur 15 % der Bonner Exekutiv-Elite hatte lediglich einen Grundschulabschluß. 70 % hingegen haben ein Universitätsstudium absolviert (Derlien/Pippig, 1900: 34). Schon vor dem ersten Machtwechsel 1969 lag der Anteil der Akademiker bei 69 % (von Beyme, 1974: 56). Lediglich innerhalb der Akademikerschaft hat es einige Umschichtungen gegeben. Bis 1969 dominierte die Rechtswissenschaft bei Spitzenpolitikern mit 42 %, bei Staatssekretären mit 65 %. Spätere Analysen stellten bei der Verwaltungselite 65,1% und bei den Politikern 59,6% Juristen fest (Tab. 6.3), kamen aber gleichwohl zu dem milden Schluß, daß die »Juristendominanz... mit einem 65%-Anteil gar nicht so extrem ausgeprägt« sei, wie man annehmen könnte (Derlien/Pippig, 1990: 34). Schon Dahrendorf hatte einst die Dominanz der Juristen von wenigen etablierten Universitäten als das funktionale Äquivalent der Elitenschulen anderer Länder aufgefaßt. Vor allem für die Verwaltungseliten gibt es kein Pendant zur französischen »école normale d'administration«. Die Verwaltungshochschule in Speyer erlangte wichtige Fortbildungsfunktionen, aber eine ENA wurde sie nicht. Die Konzentration der Elite auf wenige Hochschulen wie Oxford und Cambridge entwickelte sich in Deutschland nicht. Hochburgen der politischen Elite, Orte, an denen die Politiker im Durchschnitt am häufigsten studiert haben, waren Frankfurt, München, Tübingen und Hamburg. Bei den Verwaltungseliten traten Orte wie Köln, Freiburg, Göttingen und Heidelberg hinzu (Derlien/Pippig, 1990: 34). Köln erklärte sich vermutlich durch den wachsenden Anteil an Ökonomen (14% bei den Politikern, 12,6% bei den Spitzenadministratoren). Die drei anderen Großstädte – mit Ausnahme des Sonderfalls Berlin – reproduzierten vermutlich in der Elite ihre schiere Absolventengröße. Die kleinen Traditionsuniversitäten Freiburg, Heidelberg, Tübingen und Göttingen gehörten – wie u. a. die beiden letzten – zu den Regionaluniversitäten, die einen unverhältnismäßig hohen Anteil der regionalen Eliten schon immer ausbildeten. Alle vier waren darüber hinaus unter den wenigen Universitäten Deutschlands, die schon seit dem 19. Jahrhundert eine große örtliche horizontale Mobilität anzogen. 22% der Spitzenbeamten haben auch im Ausland studiert, bei den Staatssekretären sogar 26%.

Unter SPD-geführten Regierungen in Bund und Ländern kam es zu einer größeren Diversifizierung der Karrieren. Mit der Politisierung der Verwaltung wurde von Konservativen eine Aufweichung der Karrieren befürchtet – zu Unrecht. Der Seiteneinsteiger ist noch immer eine Randerscheinung. Der klassische Beamte war reiner Laufbahnbeamter. Der Mischtyp, der vor allem unter SPD-Regierungen zunahm, der auch eine gewisse Zeit außerhalb der Verwaltung Karriere machte, hat zugenommen. Vor 1969 gehörten etwa ein Fünftel der administrativen Eliten dem Mischtyp an. In der Zeit der Dominanz der SPD stieg dieser Anteil auf etwa 30%, ein Trend, der unter den Regierungen Kohl erhalten blieb. Der Schluß ist daher zulässig, daß es sich um eine dauerhafte Auflockerung der Karrieretypen handelte und daß es nicht das Produkt von Parteiprofilen in ihrer Auffassung von politischer Steuerung der Verwaltung war.

Die Naturwissenschaften hatten nach 1969 eine leicht steigende Bedeutung. Aber als Ursprungsstudienfach haben sie noch immer nicht den Rang, der ihrer gestiegenen Bedeutung in der Gesellschaft entspricht.

Die Sozialwissenschaften sind immer noch auf einzelne Fälle beschränkt, die sich vor allem bei den Ministerpräsidenten und Landeskultusministern finden. Einige Untersuchungen warnten jedoch mit Recht davor, aus dem Studienberuf allzu weitreichende Schlüsse für das Verhalten zu ziehen. Entscheidender als das Studium ist häufig die Frage, wo ein Beruf ausgeübt wird. In zielbestimmenden Funktionen der Politik ist die Innovationsbereitschaft von Absolventen einzelner Studienfächer, denen im allgemeinen eine bewahrende Tendenz nachgesagt wird, größer als in rein adaptiven Funktionen. Juristen in adaptiven wie in zielbestimmenden Sektoren haben sich zudem häufig als innovationsfreudiger erwiesen als Naturwissenschaftler, denen gelegentlich allzu voreilig Modernität und damit reformerische Aufgeschlossenheit unterstellt wird (Sahner, 1975: 198).

Ist in der Protestpartei der Grünen eine Gegenelite entstanden, die dem Anspruch einer Partei neuen Typs gerecht wird? Erste Untersuchungen der parlamentarischen Eliten lassen das bezweifeln. In einigen Punkten wichen die Grünen von dem Muster der etablierten Parteien ab, sie waren jünger, überwiegend nach 1945 geboren und im Durchschnitt höher gebildet. Aber sie kamen zu noch höheren Anteilen als die anderen Parteien aus dem Dienstleistungsbereich.

Sie waren mittelständisch, aber ohne die für die Postmaterialisten (vgl. Kap. 2) sonst übliche berufliche und soziale Sicherheit, da sich ein hoher Anteil an Arbeitslosen und Hochschulabsolventen ohne Anstellung fand. Das Prinzip der Rotation zur Verhinderung der Verfestigung von Eliten änderte an diesem Sozialprofil wenig. Wie ein Grüner selbst einmal beklagte: »Was nützen uns die Nachrücker, wenn wieder nur Lehrer darunter sind« (Fogt, 1983: 509). Unter den etablierten Parteien kursierte das böse Wort: »Systemveränderer mit Pensionsanspruch« (G. Verheugen in: J. R. Mettke [Hrsg.]: Die Grünen. Reinbek, Rowohlt, 1982: 233).

Trotz der Repräsentationsdefizite sollte man jedoch die Grünen nicht schärfer beurteilen als die anderen Parteien. Schließlich wäre es eine Illusion, eine für den Durchschnitt der Bevölkerung »repräsentativ« zusammengesetzte politische Elite an sich schon für einen Garanten demokratischer und pluralistischer Verhaltensweisen zu halten, so sehr man sich auch für einen Abbau der Verzerrungen in der Berufsstruktur bei der Elitenrekrutierung einsetzen sollte.

Im Gegensatz zu früheren deutschen Systemen spielen Militärs und

Tabelle 6.3: Sozialstrukturelle Merkmale der politische Elite (bis 1984)

		Staatssekretäre		Abteilungsleiter		Beamte gesamt		Politiker	
		%	n = 100 %	%	n = 100 %	%	n = 100 %	%	n = 100 %
Regionale Herkunft	heute Ostdeutschland, ehemalige Ostgebiete, Berlin	34,0		31,9		32,4		24,4	
	NRW	13,6	147	22,7	427	20,4	574	19,8	192
	Bayern, Baden-Württemberg	18,4		15,9		16,5		27,0	
Konfession	katholisch	30,9		42,4		38,7		43,8	
	evangelisch	68,0	97	56,7		60,3		54,9	153
	konfessionslos	1,0		1,0	203	1,0	300	1,3	
Soziale Herkunft	Arbeiter, einfacher Angestellter	4,1		5,1		4,7		19,7	
	Beamter	47,9	98	49,6	137	48,9	235	34,3	137
	davon höherer Dienst	40,8		46,0		43,8		21,2	
Bildung	Universitätsabschluß	93,9	148	97,6	505	96,8	653	71,7	191
	Studium:								
	Jura	62,2	135	66,0	427	65,1	562	59,6	136
	Ökonomie	17,8		11,0		12,6		14,0	
Karrieretyp	Laufbahnbeamter	49,7		54,0		52,8		–	
	Verzögerter Laufbahnbeamter	11,4	149	19,8	415	17,6	564	–	193
	Mischtyp	38,9		26,3		29,6		13,5	

* Prozentdifferenz zu 100 = sonstiges.

Quelle: Derlien/Pipping, 1990: 33

Klerus als Gruppen keine Rolle mehr. Eine Klausel des Konkordats mit dem Vatikan von 1933 sah ein Verbot politischer Betätigung von Priestern vor; sie wurde niemals rechtlich verbindlich. Die katholische Kirche hat aber nach dem Krieg so gehandelt, als ob sie gültig wäre.

Neu war 1969–1982 eine Zunahme von Gewerkschaftskarrieren in politischen Spitzenposten, in Einzelfällen sogar unter den Staatssekretären, die im allgemeinen einem konservativen Rekrutierungsmuster folgten (mittelständische Herkunft, Jurastudium). Angesichts der Organisiertheit und des politischen Gewichts der Gewerkschaften in Deutschland ist jedoch der Positionsaustausch zwischen Gewerkschaften und der politischen Führungselite gering (Witjes, 1976: 207).

Auch die in Deutschland (mit Ausnahme der Zeit der Paulskirche) traditionell stärkere Abschottung des politischen Sektors von der Kultur- und Bildungselite schien sich nur zwischen 1969 und 1972 vorübergehend zu mildern.

Die politische Elite der Bundesrepublik ist durch einen hohen Grad an *Professionalisierung* gekennzeichnet. Auf der parlamentarischen Ebene fällt das vor allem gegenüber Großbritannien auf. Die Höhe der Diäten liegt konsequenterweise in Deutschland über denen der westlichen Demokratien. Ein großer Teil der Elite beginnt die politische Karriere auf lokaler Ebene. Parlamentarische Erfahrungen sind Vorbedingung für die Erlangung hoher Exekutivposten. Die Zeiten der Weimarer Republik mit einem hohen Anteil an nichtparteigebundenen Fachministern ohne parlamentarische Erfahrung sind vorbei. Selbst die Karrieremuster der Staatssekretäre haben sich politisiert. Vor allem nach 1969 gab es mehrfach Staatssekretäre, die eine politische Laufbahn hinter sich hatten und auch einmal als Abgeordnete fungierten, oder Staatssekretäre, die ein parlamentarisches Mandat anstrebten. Für die Erreichung höherer Ämter sind im Durchschnitt zwei Legislaturperioden parlamentarischer Arbeit Voraussetzung. Selbst für die parlamentarischen Staatssekretäre, die kurz nach der Schaffung dieser Einrichtung gelegentlich rasch Karriere in höheren Ämtern machten, gilt das im Durchschnitt. Die Parteizugehörigkeit muß in der Regel durch lange parteipolitische Aktivität bewährt sein. Bei der SPD sind die längsten Parteikarrieren Voraussetzung. Bis 1969 waren Minister im Durchschnitt 24 Jahre Mitglied der Partei, CDU- und FDP-Spitzenpolitiker in Exekutivämtern nur 17 Jahre. Seit dem Machtwechsel von 1969 senkten sich die Zahlen jedoch auch bei der SPD. Die Unionsparteien zeigen eine höhere vertikale Ämterkumulation als die SPD, was aus ihrem stärkeren Honoratiorencharakter erklärt worden ist (Herzog, 1975: 220).

Die *Karrierisierung* der Elitenauslese führt zu immer stärkeren Filtermöglichkeiten, die in den Händen der Parteibürokratien liegen. Die Tendenz zum *Berufspolitiker* verstärkt sich damit. Schon im 3. Deutschen Bundestag hat man 36% Berufspolitiker gezählt und 31,6% Parlamentarier, die nur noch partiell in ihrem ehemaligen Beruf tätig waren (Loewenberg, 1969: 162). In der üblichen Rollentypologie von Berufspolitikern, Interessenvertretern, Spezialisten und Hinterbänklern haben nur die beiden ersten Gruppen Aussicht, in die höchsten Exekutivämter zu gelangen. Unter der Herrschaft der Sozialdemokraten nahm die Professionalisierung der Führungsgruppen eher zu als ab, da die Berufskarrieren vieler SPD-Politiker, die am Anfang vielfach aus den Medien und dem öffentlichen Dienst rekrutiert wurden, weit weniger Vereinbarkeit von partieller Weiterarbeit im Beruf und politischer Tätigkeit erlaubten als bei den Unionsparteien. Diese haben einen höheren Anteil von Politikern aus freien Berufen und aus den Interessenverbänden in ihren Reihen.

In Deutschland spielten aufgrund der Diskontinuität der vier Regime, die das Land im 20. Jahrhundert durchlief, die *politischen Generationen* eine größere Rolle als in anderen Ländern mit mehr konstitutioneller Kontinuität. Das *Eintrittsalter* in den Bundestag lag bei 46 Jahren, es hat sich seit Beginn der siebziger Jahre auf ca. 41 Jahre verringert. Die durchschnittliche *Verweildauer* im Parlament beträgt etwas über 9 Jahre mit der Tendenz, sich zu verlängern. Bei einer vorgezogenen Wahl wie 1983, wurden die altgedienten Parlamentarier durch kurze Anlaufzeiten für neue Kandidaten vorübergehend begünstigt. Als Faustregel kann noch immer gelten: die *Wiederwahlquote* hat noch kein amerikanisches Ausmaß erreicht. Sie liegt bei 80% für eine einmalige Wiederwahl. Zweidrittel werden zweimal, die Hälfte dreimal und 30% mindestens viermal wieder gewählt (Kaack, 1988: 137).

Diese objektiven Daten sind bedeutsamer als die Befunde von Interviewstudien unter der parlamentarischen Elite. Nach den Ergebnissen der Interviews gaben immerhin 70–80% der Parlamentarier zu, daß die Wiederwahl ihnen »sehr wichtig« oder »wichtig« sei. Für die Wiederwahl war die Wahlkreisarbeit von entscheidender Bedeutung. 79% aller Abgeordneten halten die Arbeit im Wahlkreis für »sehr wichtig«. Am höchsten war dieser Anteil bei der SPD (85%) und den Unionsparteien (82%), geringer ist der Anteil bei einer Partei, die selten ein Direktmandat errang, wie der FDP (53%). Am unwichtigsten schien die Wahlkreisarbeit für die Grünen Abgeordneten (48%), trotz der aufwendig propagierten Ideologie der Basisarbeit (Puhe/Würzberg, 1989: 21f.). Fairerweise muß freilich hinzugefügt werden, daß die Grünen eher eine funktionale Auffassung von Basisarbeit in Bürgerinitiativen und Gruppen haben und weniger auf die territoriale Gesamtheit der Wähler eines ganzen Wahlkreises ausgerichtet sind.

Die Karrierespitze wird von den meisten Politikern nach ca. 25 Berufsjahren mit etwas über 52 Jahren erreicht. Der *Eintritt in die Spitzenposition* hatte sich von 1949 bis 1983 um rund fünf Jahre verringert. Die administrativen Spitzen hatten eine besonders kurze Verweildauer im höchsten erreichten Amt von ca. 5 Jahren. Sie werden im Durchschnitt nach fünf Jahren ausgetauscht und gehen mit etwa 57–58 Jahren in den Ruhestand. Nur jeder fünfte Elitebeamte erreicht die gesetzliche Altersgrenze im Dienst. Bei 30% werden gesundheitliche Gründe für vorzeitiges Ausscheiden angegeben (Derlien/Pipping, 1990: 35). Das »preußische Ministerfieber«, das im 19. Jahrhundert schon von Treitschke belächelt worden war, hat stark abgenommen, weil die Muster der politischen Ablösung bei Kritik aus dem Parlament und der Hierarchie im parlamentarischen System der Bundesrepublik transparenter geworden sind. Aber die 30% an Rücktritten aus Gesundheitsgründen enthalten noch heute einen guten Anteil an »persönlichkeitsschonenden Interpretationsmustern« für den Rücktritt.

Ein Ausscheiden aus den politischen Spitzenpositionen ist nicht gleichbedeutend mit dem Ausscheiden aus öffentlichen Tätigkeiten. Viele arbeiten im Bereich öffentlicher Unternehmen und Banken. Für verdiente *elder statesmen* werden Posten vom diplomatischen Dienst bis zum Bundesrechnungshof gefunden. Mit der Politisierung der Verwaltung hat die Zahl der ehemaligen Staatssekretäre – nicht nur bei der SPD – zugenommen, die in die Politik überwechseln. Etwa 10% der ehemaligen Beamten wechselt in die Wirtschaft hinüber. Die deutsche Einigung hat ganz neue Möglichkeiten des Einsatzes von elder statesmen eröffnet, von der Spitze der Treuhand bis zur Leitung der »Reichsbahn«. Abgewählte Oberbürgermeister sind in großer Zahl in Beratungsverhältnisse in die östlichen Bundesländer eingetreten. Im Vergleich zu anderen Ländern – vor allem zu Amerika – ist die Rotation zwischen Elitensektoren in Deutschland noch immer sehr begrenzt.

Im Vergleich zu den früheren konstitutionellen Regimen Deutschlands hat in der Bundesrepublik seit 1957 die *Rotation im Amt* eher ab- als zugenommen. Die gesicherte parlamentarische Grundlage und die Konzentration des Parteiensystems mit der Vereinfachung der Koalitionsbildung sind dafür verantwortlich zu machen, nicht eine bewußte Oligarchisierungstendenz, die dazu führt, daß immer die gleichen Spitzenpolitiker in neuen Kombinationen auftauchen.

Der *Positionsaustausch* der Elitensektoren untereinander ist relativ selten. Am häufigsten tritt er bei Politikern nach dem Abgang aus dem höchsten Amt ein. Nicht wenige Ex-Politiker sind an die Spitze von Verbänden oder als Berater in große Wirtschaftsunternehmen gegangen. Die Rekrutierung von Wirtschaftsmanagern für die Politik hingegen – wie sie in den USA häufiger vorkommt – ist die Ausnahme geblieben. Der Wechsel von Wirtschaftsminister Friedrichs vom Ministerium in ein Großunternehmen auf dem Höhepunkt der politischen Laufbahn ist eher Ausdruck eines umgekehrten Trends. Auch zwischen kultureller und wissenschaftlicher Elite und der politischen Führung ist der Austausch gering. Nach 1969 gab es einige »Senkrechtstarter« aus dem Bereich der Wissenschaft. Sie spielten alle nach einigen Jahren keine dominierende Rolle mehr oder sind wieder aus der Politik ausgeschieden.

Die Tendenz zur Professionalisierung der politischen Elite ist je nach Untersuchungszeitraum unterschiedlich bewertet worden. In den Regierungen Brandt schienen die Juristen abzunehmen und die Studienfächer der Minister und ihre Karrieren sich auszudifferenzieren. Der Trend hat sich schon in den Regierungen von Helmut Schmidt nicht fortgesetzt (Armingeon, 1986). Diese neueren Befunde sind freilich kein Argument gegen den Trend der Professionalisierung. Dieser ist nicht nur an den Studienfächern und Karrieremustern auszumachen. Der Generalist ohne Spezialkenntnisse, die für ein bestimmtes Ressort prädestinieren, kann es immer noch weit bringen, wie Helmut Kohl demonstrierte. Die meisten Führungskräfte in der Demokratie aber professionalisieren sich – unabhängig von früheren Studien und Karrieren – für bestimmte Politikfelder. Mündliche und schriftliche Beiträge zur Demonstration des eigenen Profils haben sich professionalisiert. Was immer professionelle Wissenschaftler gegen die Bücher von Biedenkopf oder Späth eingewandt haben, deren Professionalitätsgrad liegt weit über den Meinungsäußerungen von Ministern der späten Adenauer-Ära, als noch Titel überwogen wie »Wir brauchen eine heile Welt« (G. Schröder) oder »Gesichtspunkte eines Deutschen« (R. Barzel). Auch Spitzenpolitiker, die auf ein Ressortwissen zurückgreifen können, das in einer Karriere der Interessenvertretung für bestimmte Gruppen erworben wurde, haben sich zunehmend um professionellere Darstellung ihrer Anliegen bemüht, wie Norbert Blüm zeigte.

Im Bereich des Politikverständnisses hat sich die politische Elite ebenfalls seit der Adenauer-Zeit stark modernisiert.

Die unpolitische und konfliktfeindliche Einstellung der politischen Elite, die nach dem Krieg noch eine Bindung an ältere Wertvorstellungen der vordemokratischen Zeit erkennen ließ, hat sich gewandelt.

Die Internalisierung der demokratischen Werthaltung bei den politisch Aktiven hat auch in Deutschland zugenommen (Hoffmann-Lange, 1976:66). Die unpolitische Konzeption ihrer Aufgaben ist nicht einmal mehr in der bürokratischen Elite dominant (vgl. Kap. 8d).

(b) Die »politische Klasse«

Die Debatte um die sozialen Bedingungen eines politischen Systems und seiner Machtstrukturen seit Ende der sechziger Jahre hat zu vielen generellen Betrachtungen, aber zu einem abnehmenden Ertrag empirischer Untersuchungen geführt. Mit einer gewissen Phasenverschiebung wurde die amerikanische Debatte zwischen den Machteliten-Theoretikern wie Mills, Domhoff und anderen und den Pluralisten wie Riesman, Kornhauser oder Arnold Rose noch einmal unter deutschen Vorzeichen geführt. Liberale Pluralisten wie Dahrendorf kamen dabei zur Leugnung einer Machtelite für die Bundesrepublik. Die drei Sektoren der Machtelite der USA waren ohnehin auf Deutschland kaum zu übertragen. Das Militär spielte in der Bundesrepublik nicht die Rolle, welche in den USA die Thesen der Machtelite, des Pentagonismus und Neoimperialismus oder des militärisch-industriellen Komplexes unterstellten. Kritiker der Liberalen wie Jaeggi machten hingegen geltend, daß die einheitlich handelnde Machtelite weniger in einem homogenen sozialen Hintergrund und in sozial-elitären Ausbildungsbedingungen zu suchen sei als vielmehr in der Gemeinsamkeit der Interessen und Ideologien. Die zunehmende soziale Heterogenität der Volksparteien, die Kommunikationsschwierigkeiten zwischen wirtschaftlicher und politischer Elite und die asymmetrische Teilnahme der organisierten Interessen am politischen Prozeß lassen die Machtelitenhypothese für die Bundesrepublik übertrieben erscheinen. Sie ließ sich bisher auch nur empirisch-anekdotisch an Einzelfällen belegen, wie die Stamokap-Theoretiker dies häufig taten, oder hatte nur auf einer Abstraktionsebene der Ableitung des Staates aus den Kapitalverhältnissen einige Plausibilität, die sich bewußt gegen empirische Überprüfung immunisierte.

Gleichwohl wäre ein harmonistisches Pluralismusbild bei der Elitenforschung genauso falsch wie bei der Analyse von Interessengruppen, und die dort gemachten Einwände gelten noch stärker im Bereich der Machtstrukturen (vgl. Kap. 5). Die »stille Revolution« (R. Inglehart), die einen Wandel des politischen Verhaltens vor allem bei der Jugend bewirkt hat, zeigt, daß die traditionelle Folgsamkeit gegenüber den etablierten Eliten auch in der Bunderepublik ins Wanken gekommen ist. Nach der Welle der Überpolitisierung mit zum Teil utopischen Vorstellungen von direkter Demokratie beginnt sich das Pendel auf eine mittlere Position einzuspielen, bei der die repräsentative Demokratie mit ihrer Delegationselitenbildung überwiegend nicht in Frage gestellt wird, die aber zu einem kritischen Verhältnis führt, das sich in Bürgerinitiativen und wachsender Bereitschaft zu unkonventionellem politischen Verhalten niederschlägt (vgl. Kap. 2).

Nach dem Abflauen der Debatten um eine »Machtelite« in Deutschland wurde das Bedürfnis nach Vereinheitlichung der Wahrnehmung von Positionen »derer da oben« mit der Übernahme des Begriffes »politische Klasse« aus den romanischen Ländern befriedigt. In Deutschland überwog ein Gebrauch des Klassenbegriffes für Grundgruppen im Wirtschaftssystem. Der lose Gebrauch von Klassen für Statusgruppen wie in Amerika war lange nicht üblich. Daher war die Resistenz gegen den neuen Begriff groß und wurde zuerst bei den Medieneliten aufgegeben. Eine Klasse im Sinne relativ homogener Herkunfts- und Karrieremuster stellte die deutsche Elite weniger dar als die Eliten von Ländern, die trotz einer älteren demokratischen Tradition eine stärkere Kontinuität der Sozialstrutur bewahrt hatten wie Großbritannien oder Frankreich. Seit jedoch selbst der Begriff der »Versorgungsklassen« (R. Lepsius) akzeptiert wurde, kann auch die Elite als Klasse bezeichnet werden. Professionalisierung und Berufspolitikertum förderten auch ein orthodoxes Marxsches Klassenkriterium, das er altväterlich als die »Dieselbigkeit der Revenüen« bezeichnet hatte.

Sinnvoll an der Zusammenschau einer politischen Klasse ist die Untersuchung der Eliten nicht so sehr von gesonderten Karrieren und Lebenswelten her, als im Sinne einer Analyse der Netzwerke von politischen Beziehungen. Die Mannheimer Elitenstudien hatten schon immer einen weiten Fokus gewählt. Leider fehlen uns entsprechende Studien in neuerer Zeit. Die Eliten, die politiknah leben, ohne zu den politischen Eliten im engeren Sinne zu gehören, und die mit Ausnahme des Militärs auch zu den bevorzugten Zubringermilieus für Berufspolitiker gehören, sind durch die deutsche »Parteibuchverwaltung« vielfach auch stark von parteipolitischen Gesichtspunkten beeinflußt wahrgenommen worden. In Wahlanalysen wurde gelegentlich vor allem den Medieneliten in der Zeit der SPD-Regierungen vorgeworfen, »links« zu stehen (vgl. Kap. 3). Übersehen wurde von konservativer Warte aus, daß Medieneliten an der »kritischen Story« interessiert sind, aber deshalb nicht notwendigerweise im gegnerischen politischen Lager stehen. Es ist kein Zufall, daß die politischen Eliten der Unionsparteien auf die Frage nach den Institutionen oder Gruppen, die ihrer Meinung nach einen zu starken Einfluß auf die parlamentarische Politik nehmen, die Medien an erster Stelle nannten. SPD- und FDP-Eliten witterten eher bei der Ministerialbürokratie einen zu starken Einfluß, während die Grünen ihren Verdacht einer großen Macht der Wirtschaftsverbände in den Vordergrund rückten (Herzog u. a., 1990: 119).

Noch immer gilt die Faustregel, daß die Wirtschafts- und Militäreliten ganz überwiegend zu den Unionsparteien neigen, die Gewerkschaftseliten hingegen zur SPD (Tab. 6.4). Daß beim Bund 65% und in den Ländern sogar 85% der Verwaltungseliten Parteimitglieder waren, wird im Ausland als deutsche Parteibuchverwaltung kritisiert (vgl. Kap. 8c) und von den deutschen Wählern nicht mit Freude zur Kenntnis genommen. Es ist nicht auszuschließen, daß das geringe Vertrauen der Bürger in die Verwaltung, vor allem die städtischen Verwaltungen, unter anderem auf diesen Faktor zurückzuführen ist (vgl. Kap. 2, Tab. 2.1). Daß aber das ritualisierte Proporzdenken in den öffentlich-rechtlichen Rundfunk- und Fernsehanstalten zu einem hohen Prozentsatz von parteilich gebundenen Eliten führte, erweckt Argwohn. Alle Legitimitätsstudien weisen den höchsten Vertrauensvorsprung für Institutionen mit geringer Parteilichkeit aus. Die Zahlen, die das unverdächtige Mannheimer Team auswies (Tab. 6.4), zeigten, daß der Vorwurf der Linkslastigkeit der Medienelite unbegründet ist. Die Parteipräferenzen der Medieneliten sind konservativer als die der Bevölkerung, gemessen an Meinungsumfragen oder gar Wahlresultaten im Untersuchungszeitraum. Diese Anteile sind freilich nicht konstant über die Zeit. In Mobilisierungsphasen nahm der Anteil an SPD-Nahestehern in den Wissenschafts- und Medieneliten zu, sank aber 1972 deutlich wieder ab (Hoffmann-Lange, 1986: 122; Tab. 6.4).

Bloße Gemeinsamkeit der Parteineigungen in verschiedenen Elitensektoren, wie sie die Elitenumfragen auswiesen, schafft jedoch noch keinen Handlungsverbund. Diesen kann erst eine *Netzwerkanalyse* zu Tage fördern, die einen »integrativen Kern des Elitensystems« aufzeigt (Pappi, 1984: 85). 559 Personen wurden als Kern des Elitenzirkels ermittelt. Einige sprachen von Machtelite (Hoffmann-Lange, 1990: 57). Andere bevorzugten den Ausdruck politische Klasse. Die Perzeption der Wichtigkeit von Personen, die bei der Befragung informierter Eliten genannt wurden, korrespondierte keineswegs mit der rechtlichen und politischen Kompetenz der Ämter, die ein Positionsträger innehatte. Lambsdorff wurde 1981 vor Bundeskanzler Schmidt und Oppositionsführer Kohl genannt. Die Präsidenten des BDI und des DGB rangierten vor vielen Spitzenpolitikern. Auch informelle Positionen konnten als einflußreich in der Einschätzung der Angehörigen eines Elitennetzes entdeckt werden. Die politische Elite war in diesem Netz mit 40% vertreten. Zählte man die administrativen Spitzeneliten hinzu, so kam ihr Anteil auf über 50% (Hoffmann-Lange, 1990: 58).

Die Netzwerkanalyse, die bei der Frage nach der Reputation einzelner Mächtiger zur Geltung kommt, reflektiert ein mögliches Endprodukt von politischen Interaktionen. Setzt die Elitenforschung tiefer bei der üblichen Kommunikation der Abgeordneten an, die nicht zum inneren Kreis der »Machtelite« gehören, so ist das Kommunikationsnetz sehr viel begrenzter. Die meisten Bundestagsabgeordneten, die befragt worden sind, ziehen zur Beratung in erster Linie Kollegen in der Partei heran (95%). Danach rangieren die Kontakte mit Journalisten (79%) und Ministerialbeamten (77%). Wissenschaftler (67%) und Verbandsvertreter (65%) erreichten eine weniger prominente Rolle. »Der Bürger« (62%) ist noch seltener genannt, und sein kollektiver Zusammenschluß als »Bürgerinitiative« rangiert auf dem letzten Platz (28%) (Puhe/Würzberg, 1989: 79). Bei den Bürgerkontakten gab es interessante Differenzen unter den Bürgern. Die SPD, in der Ideologie nach den Grünen am ehesten bürgernah, hatte die geringste Rate an Bürgerkontakten aufzuweisen und lag in diesem Punkt noch hinter der FDP. Die Abgeordneten der CDU/CSU hingegen schienen den meisten Kontakt mit Bürgern zu pflegen. Parteiübergreifend war die Bevorzugung der eigenen Parteifreunde zur Kommunikation. Die Unionsparteien neigen mehr zur Konsultation von Ministerialbeamten und Journalisten, die SPD-Abgeordneten zogen Gewerkschafter, FDP-Abgeordnete Ministerialbeamte und Wissenschaftler vor, im Vergleich mit den Kommunikationsgewohnheiten anderer Parteieliten.

Nicht weniger bedeutsam als die Einschätzung der Eliten durch die »Mit-Eliten« sollte in einer Demokratie die Einschätzung der Eliten durch die Masse der Bürger sein. Demokratie als Idee tut sich schwer mit der Akzeptanz einer Elite oder gar einer geschlossenen politischen Klasse. Idealiter sollte es nur *»Delegationseliten auf Zeit«* geben. Die Grünen haben versucht, an diesem demokratischen Postulat festzuhalten, und paradoxerweise das Gegenteil geschafft: einen starken Einfluß von *Strömungseliten* und Fraktionsvorständen, die keine eigenständigen professionellen Politiker hochkommen ließen (vgl. Kap. 4c).

Prima vista scheint die Meinung der Mehrheit der Wähler über die politische Elite ziemlich negativ. 66% stimmten dem Satz zu: »Die

Tabelle 6.4: Parteineigungen in einzelnen Sektoren der Eliten (1981/82)[1]

a) prozentuiert auf alle Befragten einer Gruppe
b) prozentuiert auf die Befragten mit Präferenz für eine der drei großen Parteien

Eliten 1981		n	SPD	CDU/ CSU	FDP	Sonstige/ Keine eindeutige Parteineigung
Verwaltung	a)	296	30,4	37,2	18,2	14,2
	b)	254	35,4	43,3	21,3	–
Wirtschaft	a)	285	8,4	63,5	11,9	16,1
	b)	239	10,0	75,7	14,2	–
Wirtschaftsverbände	a)	174	2,3	69,5	15,5	12,6
	b)	152	2,6	79,6	17,8	–
Gewerkschaften	a)	87	80,5	12,6	1,1	5,7
	b)	82	85,4	13,4	1,2	–
Massenmedien	a)	222	16,7	43,2	18,5	21,6
	b)	174	21,3	55,2	23,6	–
Wissenschaft	a)	130	15,4	38,5	16,9	29,2
	b)	92	21,7	54,3	23,9	–
Militär	a)	43	2,3	65,1	9,3	23,3
	b)	33	3,0	84,8	12,1	–
Kultur	a)	104	29,8	16,3	19,2	34,6
	b)	68	45,6	25,0	29,4	–
nicht-politische Eliten	a)	1470	21,6	45,6	14,6	18,2
insgesamt[2]	b)	1202	26,5	55,7	17,8	–
Bevölkerungsumfrage	a)	2206	22,8	37,7	7,5	31,9
	b)	1502	33,6	55,4	11,1	–
Bundestagswahl 1980		–	42,9	44,5	10,6	1,8
Bundestagswahl 1983		–	38,2	48,8	6,9	6,1[3]

1 Als Parteieneigung wurde der erste Rang für eine Partei auf dem bekannten »Parteienskalometer« definiert, auf dem die Sympathie für jede Partei auf einer Skala von +5 bis −5 ausgedrückt werden sollte. Eine Präferenz für die Grünen wurde nicht gesondert ausgewiesen, da nur 30 Befragte innerhalb der Eliten (2,0%) dieser Partei den höchsten Sympathierang eingeräumt hatten (Bevölkerungsumfrage: 7,1%).

2 Die Restgruppe »Sonstige Eliten« wird wegen ihrer heterogenen Zusammensetzung nicht ausgewiesen.

3 Davon 5,6% für die Grünen.

Quelle: Hoffmann-Lange, 1983: 18.

Tabelle 6.5: Eigenschaften der Politiker in der Perzeption der Wähler

	CDU		CSU		FDP		SPD		Grüne	
	1984	1990	1984	1990	1984	1990	1984	1990	1984	1990
	%	%	%	%	%	%	%	%	%	%
Gute persönliche Ausstrahlung	30	35	24	26	14	31	25	31	9	6
Erfahren	43	53	40	40	29	41	43	41	6	6
Verantwortungsbewußt	30	34	25	30	17	29	26	32	18	15
Gebildet	34	37	31	33	23	36	25	31	18	14
Redegewandt	43	44	48	44	32	42	39	44	23	22
Populär	29	31	24	21	13	23	26	34	19	10
Überzeugend	25	32	22	21	11	23	26	29	21	12
Vertrauenswürdig	27	26	19	17	13	24	25	29	14	10
Bürokratisch	27	22	23	26	22	18	23	23	7	9
Eingebildet, überheblich	29	24	33	26	25	14	22	17	22	20
Leeres Gerede	29	25	26	28	34	19	28	21	42	46
Egoistisch, machtgierig	24	26	29	27	26	18	21	23	18	20
Verlogen	13	11	14	11	19	9	12	6	14	15
Gewissenlos	14	9	14	10	19	6	14	7	15	12
Stur	16	15	26	24	16	9	14	13	16	23
Keine Angabe	2	4	2	5	3	6	2	4	4	6

Quelle: Emnid-Informationen, 1990 Nr. 5/6: 16.

Politiker kümmern sich nicht viel darum, was der kleine Mann sagt und denkt.« 55% empfanden Politik als schmutziges Geschäft, 60% glaubten keinen Einfluß zu haben auf das, was in der Politik geschieht (R. Wildenmann: Ratlose Riesen. Baden-Baden, Nomos, 1989: 48). Im Trendvergleich spezifischer Urteile der Volksmeinung zeigte sich bis 1990, daß die Führungsmannschaften der Parteien – mit Ausnahme der Grünen – günstiger beurteilt wurden als kurz nach der zweiten Wende 1984. Erfahrenheit und Redegewandtheit sind bei den vier etablierten Parteien die meistgenannten Eigenschaften, nur bei den Grünen stand »Leeres Gerede« an erster Stelle, vor Sturheit und Redegewandtheit. Im Verantwortungsbewußtsein rangierte die SPD leicht vor den bürgerlichen Parteien, die Unionsparteien hingegen beeindruckten mehr durch »Bildung« (Emnid-Informationen, 1990, Nr. 5/6: 16). Verlogen und gewissenlos, egoistisch und machtgierig tauchte nur bei einer Minderheit der Antworten auf.

Wenn von politischer Klasse im populären Sprachgebrauch die Rede ist, so wird meist auf eine gewisse Abgehobenheit der Eliten von ihren Wählern angespielt. Daß die soziale Repräsentanz der Gruppen in der Gesellschaft abnimmt, wird in der nivellierten Mittelstandsgesellschaft von den Wählern weniger verübelt. Der *Lebensstil* der deutschen Politiker reizt schwerlich zum »Klassenhaß«. Elitäre Attitüden werden kaum im Wahlkreis demonstriert. Hier hält eher der Stil des amerikanischen »hobnobbing« mehr und mehr Einzug. Der Leerlauf des Dabeiseins zwingt zur Demonstration von Nähe zu den Gewählten. *Responsiveness* – die Fähigkeit, auf neue Impulse der Gesellschaft und ihrer Gruppen zu antworten – hat zugenommen. Entideologisierung der Parteien ermöglicht auch dem einzelnen Abgeordneten noch eine größere Flexibilität in der Antwort auf Herausforderungen in der Wählerschaft.

Die Abgehobenheit liegt weniger an der Elite als Gruppe als an den Parteien in ihrer postmodernen Organisationsform. Diese sind stärker zu professionellen Organisationen des Wahlkampfes geworden, obwohl sie noch kaum Wahlkampfmanager von außerhalb der Parteien – wie in Amerika – heranziehen. Die Kommerzialisierung hat ihre Grenze an der Binnenorientiertheit der Parteien. Öffentliche Parteienfinanzierung und die Abnahme der Bedeutung der einzelnen Person in den Parteien haben die Abgehobenheit der Parteien von ihren Mitgliedern gestärkt. In den Volksparteien besteht bei vielen kaum Neigung, sich zu engagieren. Abgehobenheit wird zwar kritisiert, aber zugleich verlangt, da selbst die Mehrheit des Parteivolkes nicht mit allzuviel Verantwortung behelligt werden möchte (vgl. Kap. 4b). Die Kommunikationsformen des Netzwerkes der weiteren Elite und die Symbiosen, die sich vor allem zwischen Medieneliten und politischen Führungskräften entwickelt haben, erlaubten es, trotz gelegentlicher Kritik der Medien an der Spitzenelite, von einer politischen Klasse im weiteren Sinne zu sprechen.

(c) Konvergenz der Eliten nach der Vereinigung?

Über keinen Bereich des politischen Systems läßt sich so wenig Zuverlässiges ausmachen wie über die Tendenzen der Elitenrekrutierung im vereinten Deutschland. Einige Annahmen ergeben sich aus der Tendenz zur Übernahme der organisatorischen Muster der alten Bundesrepublik, vor allem im Bereich der Parteien (Kap. 4) und der Interessengruppen (Kap. 5). Nur die kirchlichen Eliten der DDR behielten ihr kontinuierliches Gewicht, wenn sie auch nach der Vereinigung den Rückzug aus der Politik der neuen Länder antraten, mit einigen Ausnahmen wie Manfred Stolpe.

Die DDR hatte gerade in der Elitenrekrutierung eine Politik realisiert, die völlig vom Muster Westdeutschlands unterschieden war. Seit 1964 wurde der sowjetische Begriff der »Kader« in der DDR übernommen. Eines der wichtigsten Instrumente der Kaderpolitik war die

Nomenklatur, ein Verzeichnis aller wichtigen Positionen im Partei-, Staats- und Wirtschaftsapparat, und eine Erfassung der Personen, welche fachliche Qualifikation und politische Zuverlässigkeit miteinander vereinten (Glaeßner/Rudolph, 1978).

Der politische Führungskern – im Herbst 1989 64 Positionen umfassend – war stärker an die bekleideten Positionen gebunden als in demokratischen Systemen. Ein weiterer Kreis wurde zur politischen Elite gerechnet und ein noch weiterer Kreis zu den »leitenden Kadern« als Masse der Nomenklatur-Kader (Meyer, 1991: 78f.). Allenfalls eine vierte Gruppe, »Verwaltungsangestellte und Spezialisten ohne Leitungsfunktionen«, hatte nach der Wende Aussicht, den Regimewechsel zu überleben.

In keinem anderen Sektor waren die Auswirkungen des Systemwandels so tiefgreifend wie in der Elitenrekrutierung. Es gab keine westdeutsche Kaderpolitik. Aber wie in der Wirtschaft, versuchte man den Teufel durch Beelzebub, den alten Zentralismus durch zentrale Politik auszutreiben. Evaluierungskommissionen wurden zur Abwicklung von Institutionen und Bildungseinrichtungen eingesetzt. Relativ viel Kontinuität hielt sich in den Schulen und in einigen überlebensfähigen Betrieben. Im höheren Bildungswesen war der Wandel tiefgreifend. Klagen über die Arroganz der »Abwickler« häuften sich. Das Wort des Schriftstellers Peter Rühmkorf machte die Runde, daß der Säuberungseifer sich 1990 in der DDR breitmachte, um die Scham über das 1945 Versäumte nachzuholen (vgl. Kap. 8c).

Die Transformation der DDR führte zu einer neuen politischen Elite. Die alte positive Kaderpolitik der sozialistischen Länder wurde in allen ex-sozialistischen Ländern durch negative Kaderpolitik und Säuberung ersetzt. Die Eliten des alten Regimes konnten sich nicht einmal in den Landtagen halten. 77% der 1990 in ostdeutsche Landtage Gewählten haben ihre Karriere nicht vor Oktober 1989 begonnen. Die Kontinuität der Eliten ist selbst zu der kurzen demokratisierten Phase der DDR zwischen November 1989 und Oktober 1990 gering. Unter den 139 ostdeutschen Abgeordneten, die 1990 in den Bundestag einzogen, waren nur 67 schon Mitglied der Volkskammer gewesen (Derlien/Lock, 1994). Auf der Verwaltungsebene kam es zu dem stärksten Elitenimport, der bis heute wachsende Kritik im Osten hervorruft, obwohl er am Anfang unvermeidlich war.

Anfangs bemühten die Parteien sich um faire Repräsentation der Ostdeutschen. In den Präsidien der Parteien ist die Repräsentation der ostdeutschen Mitglieder proportional. Aber der Anteil der Mitglieder sinkt und damit die Repräsentation in der Elite. Von 27 Parlamentarischen Staatssekretären im 13. Bundestag sind vier aus der

DDR, von den beamteten Staatssekretären keiner. In den parlamentarischen Elitepositionen, wie den Ausschußvorsitzenden und den Sprechern der Fraktionsarbeitskreise, ist die ostdeutsche Repräsentanz minimal. Klagen darüber werden gelegentlich mit dem Hinweis gekontert, daß die ostdeutsche Elite selbst an der zu geringen Repräsentanz schuld sei, weil sie sich allzu stark auf nur ostdeutsche Probleme kapriziere.

Den Verwaltungseliten in den ostdeutschen Ländern fehlte es an Know-how. 1991 waren die Zeitungen voll von administrativen Skandalgeschichten. Bonner Zuweisungen wurden in einer ausländischen Bank angelegt, anstatt sie in die Infrastruktur zu investieren. Tausende von Beamten aus Westdeutschland wurden mit Sondervergünstigungen in die neuen Bundesländer geschickt (vgl. Kap. 8d). Frustrationen über die Arbeitsbedingungen auf westlicher Seite, Frustrationen über die neuen Vorgesetzten auf der östlichen Seite belasteten anfangs das Arbeitsklima.

Die politische Elite Ostdeutschlands fühlte sich anfangs in Bonn recht fremd. Die beiden DDR-Regionalparteien, die 1990 in den Bundestag einzogen, wurden unterschiedlich behandelt. Gegen die PDS wurde die Abneigung unverhüllt zur Schau getragen. Selbst Hans Modrow (Aufbruch und Ende, 1991: 144f.) hat die Mauer des Mißtrauens wie einen Alptraum empfunden: »Wenn ich an die Atmosphäre im Bundestag denke, höre ich schon die Rufe: ›Sie, Herr Modrow, haben es gerade nötig, davon zu sprechen.‹« Das Bündnis 90 wurde im Bundestag freundlicher empfangen als die Grünen bei ihrem Einzug (vgl. Kap. 4c). Aber auch die ostdeutschen Grünen, die sich am Geist der »herrschaftsfreien Diskussion« des Runden Tisches mit beträchtlichem Einfluß, aber ohne direkte Verantwortung orientierten, fanden sich nur schwer mit den hierarchischen Strukturen eines westlichen Parlaments ab. Die Verlegung des Parlamentssitzes nach Berlin hätte atmosphärisch vielleicht einen Teil der Fremdheit für die ostdeutschen Abgeordneten abbauen können. Der Hohn über die »politische Laienspielschar« der Regierung de Maizière hat sich gelegt. Aber die Anfänge der Politik in den neuen Ländern und das erste Auftreten ostdeutscher Repräsentanten im Ausland haben immer wieder ähnlich hämische Kommentare in westdeutschen Zeitungen ausgelöst. Positiv wurde aber auch hervorgehoben, daß die neuen Minister(innen) noch unprätentiös und menschlich auftraten, wie Angela Merkel. Andererseits wurde kritisiert, daß auch Spitzenpolitiker der Opposition, wie Wolfgang Thierse, sich – wie die PDS – überwiegend als Lobbyisten für die Ex-DDR engagierten – wohl eine läßliche Sünde angesichts der Übergangsschwierigkeiten in Ostdeutschland.

Mit den Affären von Verkehrsminister Krause kam 1993 eine neue Form der »Professionalität« ins Visier der Kritik. Auch die ostdeutsche Elite schien sich rasch an Verselbständigungstendenzen des Eigennutzes der politischen Klasse anzupassen. Die deutsche Einigung hatte ohnehin bisher unbekannte Ausmaße der Bereicherung und der mafiosen Verquickung von Politik und Kommerz eröffnet. Gerade weil die Parteien in Ostdeutschland eine schwächere Basis als im Westen hatten, versuchten sie sich durch die Privilegierung im Parteienstaat zu stabilisieren. Durch Skandale in der Parteienfinanzierung und die Diätenerhöhungen, die keine Rücksicht auf die Stimmung im Volk nahmen, von dem man höhere Abgaben für die deutsche Einheit verlangte, wurde die Kritik an der politischen Klasse als Folge der Vereinigung verschärft. Die Kritik wurde vielfach an den Privilegien der politischen Klasse – die auch die Hinterbänkler und die Oppositionsparteien einschloß – festgemacht. Sie verschärfte sich aber durch die abnehmende Fähigkeit der politischen Elite, die Folgeprobleme der deutschen Einheit und der Öffnung Europas nach Osten zu bewältigen. Einerseits mußte die Führung – entgegen ihren eigenen Präferenzen in der christlich-liberalen Koalition – die Steuerung vieler Bereiche durch den Staat ausdehnen. Andererseits wurde zur Selbstbeschränkung des Parteienstaats geblasen (Rüttgers, 1993: 154). Erfahrungsgemäß können ungerechtfertigte Privilegien der Eliten rasch abgebaut werden. Der Rückzug der Parteien aus ihren Einflußsphären in der öffentlichen Wirtschaft, den öffentlich-rechtlichen Medien und aus dem Erziehungssystem hingegen ist schwerer durchzusetzen (v. Beyme, 1995: 201f.). Der Kampf gegen »Cliquen, Klüngel und Karrieren« (Scheuch, 1992) kann nicht mit Vorschlägen zu einer völligen Entflechtung von Politik und Wirtschaft geführt werden. Die Rückkehr zu einer archaischen Gewaltenteilung des 19. Jahrhunderts geht an der Komplexität der Gesellschaft vorbei. Was an Korrektheit der Amtsführung der Eliten gewonnen würde, könnte an Durchsetzungsfähigkeit der politischen Führung gegenüber anderen mächtigen Sektoren der Gesellschaft wieder verlorengehen. Noch ist in Deutschland keine Parteienverdrossenheit entstanden, wie sie die lombardische Liga in Italien repräsentiert, die regional zur stärksten Gruppe zu werden droht. Aber die Reform des Parteienstaats, die Öffnung der Eliten für mehr Partizipation der Bürger, die Stärkung der »Responsivität« der Eliten in vielen sensiblen Bereichen sind die wichtigsten Desiderate in einem demokratischen System, das keine Kaderpolitik nach sozialistischem Vorbild machen kann. Es muß sich darauf beschränken, Mißbrauch, Arroganz der Macht und Abgehobenheit der politischen Klasse zu verhindern.

K. Armingeon: Die Bundesregierung zwischen 1949 und 1985. Eine Forschungsnotiz über Ausbildung und Berufe der Mitglieder der Bundeskabinette in der Bundesrepublik Deutschland. ZParl 1986: 25–40

B. Badura/J. Reese: Jungparlamentarier in Bonn – ihre Sozialisation im Deutschen Bundestag. Stuttgart, Frommann-Holzboog, 1976

K. von Beyme: Die politische Elite in der Bundesrepublik Deutschland. München, Piper, 1974²

K. von Beyme: Elite Input and Policy Output: The Case of Germany. In: M. Czudnowski (Hrsg.): Does Who Governs Matter? DeKalb, Northern Illinois UP, 1982: 55–67

K. von Beyme: Die politische Klasse im Parteienstaat. Frankfurt, Suhrkamp, 1995²

K. Burmeister: Die Professionalisierung der Politik am Beispiel des Berufspolitikers im parlamentarischen System der Bundesrepublik Deutschland. Berlin, Duncker & Humblot, 1993

E. Busch: Parlamentarische Kontrolle. Ausgestaltung und Wirkung. Heidelberg, v. Decker, 1983

H.-U. Derlien: Continuity and Change in the West German Federal Executive Elite 1949–1984. European Journal of Political Research, 1990: 349–372

H.-U. Derlien/G. Pippig: Die administrative Elite: Kontinuität und Wandel 1939 bis 1984. In: Eliten in der Bundesrepublik Deutschland. Der Bürger im Staat, 1990, H. 1: 32–40

H.-U. Derlien: Compétence bureaucratique et allégeances politiques en Allemagne. In: E. Suleiman/H. Mendras (Hrsg.): Le recrutement des élites en Europe. Paris, La découverte, 1995: 64–90

H.-U. Derlien/S. Lock: Eine neue politische Elite? Rekrutierung und Karrieren der Abgeordneten in den fünf neuen Landtagen. ZParl, 1994: 60–94

K. W. Deutsch/L. J. Edinger: Germany rejoins the Powers. Mass Opinion, Interest Groups and Elites in Contemporary German Foreign Policy. Stanford UP, 1959

L. J. Edinger: Post-Totalitarian Leadership. Elite in the German Federal Republic. APSR, 1960: 58–82

L. J. Edinger/D. Searing: Social Background in Elite Analysis. APSR, 1967: 428–445

Eliten in der Bundesrepublik Deutschland. Der Bürger im Staat. H. 1, 1990

H. End: Erneuerungen der Diplomatie. Neuwied, Luchterhand, 1969

E. Enke: Oberschicht und politisches System der BRD. Bern–Frankfurt, Lang, 1974

H. Fogt: Die Grünen in den Parlamenten der Bundesrepublik. Ein Soziogramm, ZParl, 1983: 550–557

E. G. Frankland: Parliamentary Career Achievement in Britain and West Germany. A Comparative Analysis. Legislative Studies, 1977: 137–154

Frauen in der Bundesrepublik Deutschland. Bonn, Bundesministerium für Jugend, Familie und Gesundheit, 1989
D. GAU: Politische Führungsgruppen auf kommunaler Ebene. München, Minerva, 1983
G. J. GLAESSNER: Herrschaft durch Kader. Opladen, Westdeutscher Verlag, 1977
G. J. GLAESSNER/I. RUDOLPH: Macht durch Wissen. Opladen, Westdeutscher Verlag, 1978
F. GRUBE u. a.: Das Management des 6. Deutschen Bundestages. Eine Dokumentation parlamentarischer Karrieren. ZParl, 1970: 152–161
D. HERZOG: Politische Karrieren. Opladen. Westdt. Verlag, 1975
D. HERZOG: Politische Führungsgruppen. Darmstadt, Wissenschaftliche Buchgesellschaft, 1982
D. HERZOG u. a.: Abgeordnete und Bürger. Opladen, Westdt. Verlag, 1990
A. HESS: Politikerberufe und Politiker – Betrachtungen zur Parlamentssoziologie. ZParl, 1985: 581–591
B. HOECKER: Frauen in der Politik. Opladen, Leske & Budrich, 1987
G. HOFMANN: Wer nicht spurt, wird abgekanzelt. Die Neulinge im althergebrachten Parlament stoßen auf Hochmut und Besserwisserei. Die Zeit, 1991, Nr. 7: 12
U. HOFFMANN-LANGE: Politische Einstellungsmuster in der westdeutschen Führungsschicht. Diss., Mannheim 1976
U. HOFFMANN-LANGE u. a.: Konsens und Konflikt zwischen Führungsgruppen in der Bundesrepublik Deutschland. Frankfurt, Lang, 1980
U. HOFFMANN-LANGE: Eliteforschung in der Bundesrepublik Deutschland. APuZG, B 47, 1983: 11–25
U. HOFFMANN-LANGE: Eliten zwischen Alter und Neuer Politik. In: H.-D. Klingemann/M. Kaase (Hrsg.): Wahlen und politischer Prozeß. Opladen, Westdeutscher Verlag, 1986: 108–150
U. HOFFMANN-LANGE: Wer gehört zur Machtelite der Bundesrepublik? In: Eliten in der Bundesrepublik Deutschland. Stuttgart, Landeszentrale für politische Bildung. Der Bürger im Staat, 1990, H. 1: 54–58
U. HOFFMANN-LANGE: Eliten, Macht und Konflikt in der Bundesrepublik. Opladen, Leske & Budrich, 1992
H. J. HOHM: Politik als Beruf. Opladen, Westdeutscher Verlag, 1987
H. KAACK: Personelle Mobilität des Deutschen Bundestages 1949–1969. ZParl, 1971: 387–418
H. KAACK: Zur Struktur der politischen Führungselite in Parteien, Parlament und Regierung. In: H. Kaack/R. Roth (Hrsg.): Handbuch des deutschen Parteiensystems. Opladen, Leske & Budrich, 1980, Bd. 1: 195–219
H. KAACK: Die soziale Zusammensetzung des Deutschen Bundestages. In: U. Thaysen u. a. (Hrsg.): US-Kongreß und Deutscher Bundestag. Opladen, Westdeutscher Verlag, 1988: 128–152
W. KALTEFLEITER/R. WILDENMANN: Westdeutsche Führungsschicht. Eine sozialwissenschaftliche Untersuchung der Inhaber von Führungspositionen. Kiel–Mannheim, 1973 (hektogr.)

W. Kaltefleiter: The Recruitment Market of the German Political Elite. In: H. Eulau/M. Czudnowski (Hrsg.): Elite Recruitment in Democratic Politics. London, Sage, 1976: 239–262

H.-D. Klingemann u. a. (Hrsg.): Politische Klasse und politische Institutionen. Opladen, Westdeutscher Verlag, 1991

M. Knight: The German Executive 1890–1933. Stanford UP, 1955

K. König: Bureaucratic Integration by Elite Transfer: The Case of the Former GDR. Governance, 1993: 386–396

Ch. Landfried: Frauenpolitik. In: Dies.: Politikorientierte Folgenforschung. Speyer, Forschungsinstitut für öffentliche Verwaltung, 1994[4]: 28–53

Th. Leif u. a. (Hrsg.): Die politische Klasse in Deutschland. Bonn, Bouvier, 1992

G. Loewenberg: Parlamentarismus im politischen System der BRD. Tübingen, Wunderlich, 1969

R. Mayntz/H.-U. Derlien: Party patronage and politicization of the West German administrative elite 1970–1987. Governance, 1989: 384–404

G. Meyer: Die DDR-Machtelite in der Ära Honecker. Tübingen, Francke, 1991

H. Neumann: Zur Machtstruktur in der Bundesrepublik Deutschland (Forschungsbericht der Konrad-Adenauer-Stiftung). Melle, Knoth, 1979

F. U. Pappi: Boundary Specification and Structural Models of Elite Systems. Social Circles Revisited. Social Networks, Bd. 6, 1984: 79–95

W. J. Patzelt: Das Amtsverständnis der Abgeordneten. APuZG B 21, 1991: 25–37

F. R. Peetsch: Die Gründergeneration der Bundesrepublik. Sozialprofil und politische Orientierung. PVS, 1986: 237–251

H. Puhe/H. G. Würzberg: Lust und Frust. Das Informationsverhalten des Deutschen Abgeordneten. Köln, Informedia, 1989

H. Rannacher: Das konfessionelle Gleichgewicht als Strukturproblem der Christlich-Demokratischen Union. Diss., Tübingen, 1970

R. Rebenstorf/B. Wessels: Wie wünschen sich die Wähler ihre Abgeordneten? ZParl, 1989: 408–424

H. Rebenstorf: Frauen im Bundestag – anders als die Männer? In: Eliten in der Bundesrepublik. Stuttgart, Landeszentrale für politische Bildung. Der Bürger im Staat, 1990, H. 1: 17–24

H. Rebenstorf: Die politische Klasse. Zur Entwicklung und Reproduktion einer Funktionselite. Frankfurt a. M., Campus 1995

J. Rüttgers: Von der Gremienpartei zur Bürgerpartei. ZParl, 1993: 153–158

H. Sahner: Führungsgruppen und technischer Fortschritt. Meisenheim, Hain, 1975

H. Schatz: Der parlamentarische Entscheidungsprozeß. Bedingungen der verteidigungspolitischen Willensbildung im Deutschen Bundestag. Meisenheim, Hain, 1970

E. K. u. U. Scheuch: Cliquen, Klüngel und Karrieren. Reinbek, Rowohlt, 1992

U. SCHLETH: Once again. Does it pay to study social background in Elite Analyses? Sozialwiss. München, Jahrbuch für Politik, 1971: 99–118
E. SCHNEIDER: Die politische Funktionselite der DDR. Opladen, Westdeutscher Verlag, 1994
D. SCHÖSSLER/E. WEEDE: West german Elite Views on National Security and Foreign Policy Issues. Königstein, Athenäum, 1978
S. S. SCHÜTTEMEYER: Bundestag und Bürger im Spiegel der Demoskopie. Opladen, Westdeutscher Verlag, 1986
H.-J. SIEWERT: Lokale Elitesysteme. Königstein, Hain, 1979
W. SÜSS: Wahl und Führungswechsel. Politik zwischen Legitimation und Elitenkonsens. Zum Bonner Machtwechsel 1982/83. In: H. D. Klingemann/M. Kaase (Hrsg.): Wahlen und politischer Prozeß. Opladen, Westdeutscher Verlag, 1986: 39–83
R. VON WEIZSÄCKER: Im Gespräch mit G. Hofmann und W. Perger. Frankfurt, Eichborn, 1992
B. WESSELS: Erosion des Wachstumsparadigmas: Neue Konfliktstrukturen im politischen System der Bundesrepublik? Opladen, Westdeutscher Verlag, 1991
R. WILDENMANN: Eliten in der Bundesrepublik. Tabellenband. Mannheim 1968 (hektogr.)
R. WILDENMANN u. a.: Führungsschicht in der Bundesrepublik Deutschland 1981. Mannheim, Lehrstuhl für Politische Wissenschaft, 1981
C. W. WITJES: Gewerkschaftliche Führungsgruppen. Berlin, Duncker & Humblot, 1976
W. ZAPF: Wandlungen der deutschen Elite. München, Piper, 1966[2]
B. ZEUNER: Kandidatenaufstellung zur Bundestagswahl 1965. Den Haag, Nijhoff, 1970

7. Das Parlament

(a) Entstehung des Parlamentarismus in Deutschland

Deutschlang als relativ spät industrialisiertes und modernisiertes Land hat auch die Parlamentarisierung des politischen Systems – im Gegensatz zum allgemeinen Wahlrecht – relativ spät durchsetzen können. Gegenüber England und Frankreich war der Rückstand im 19. Jahrhundert von Anfang an nicht aufzuholen. Daß aber auch die skandinavischen Länder, die Beneluxstaaten und Italien Deutschland auf diesem Gebiete überholen sollten, war in der Revolution von 1848 keineswegs vorausbestimmt. Immerhin hat das Parlament im System der Paulskirche eine zwar nicht von allen Parteien gewollte, aber durchaus wirksame Vorherrschaft der Volksvertretung verwirklicht (v. Beyme, 1973: 150ff.).

Das Vorbild der Paulskirche blieb nach dem Scheitern dieses Ansatzes zu einer demokratischen Reichspolitik für mehr als ein halbes Jahrhundert ohne Folgen für die weitere Entwicklung. Im deutschen Kaiserreich wurde die Parlamentarisierung erst angesichts des nahen Untergangs des Systems erreicht. Noch 1917 waren die konservativen Gruppen bis hin zur Mitte mit einer *negativen Parlamentarisierung* zufrieden, nämlich dem Eintritt von Vertrauensleuten der Parteien in die Regierung. Die Regierung des Prinzen Max von Baden war die erste halbwegs parlamentarische. Selbst in den Verfassungsänderungen vom Oktober 1917 blieb die Parlamentarisierung unvollkommen, und das parlamentarische System war in seiner Durchsetzung bis zum Untergang des Kaiserreichs dadurch behindert, daß es nicht auch in dem mächtigsten Einzelstaat, in Preußen, realisiert war.

Im Weimarer System, dem ersten parlamentarischen Regime im Deutschen Reich, war die Stellung des Parlaments gleichwohl gemindert durch die starke Position des Reichspräsidenten und die Konkurrenz der plebiszitären Komponente bis in die Gesetzgebung hinein. Im Lichte dieser Erfahrungen wollte der Parlementarische Rat die Vorherrschaft des Parlaments sichern. Die Voraussetzungen dazu waren günstig: Die Länderparlamente konnten sich zeitlich vor den Regierungen und den Bürokratien in Westdeutschland rekonstituieren. Das Grundgesetz wurde in einem Gremium erfahrener Parlamentarier ausgearbeitet und war durch keine Regierungsvorarbeit – abgesehen von jener der Ministerpräsidenten im Entwurf von Herrenchiemsee – vorbelastet.

Dieser Primat parlamentarischer Gesinnung spiegelt sich in einzelnen Teilen des Systems wider. Mit der *förmlichen Wahl der Regierung* durch das Parlament – und nicht nur der Investitur- oder Vertrauensabstimmung wie in anderen neueren parlamentarischen Verfassungen – sollte der erste Rang des Parlaments unterstrichen werden. Jede Form der *plebiszitären Gesetzgebung* wurde auf Bundesebene abgelehnt, und auf der Landesebene wurde eifersüchtig vom Bund darüber gewacht (z. B. in den Anti-Atombewaffnungsreferenden einiger Länder). Das Mißtrauen gegen die Volksgesetzgebung wurde häufig mit Weimarer Erfahrungen begründet, obwohl die damaligen Volksbegehren (Fürstenenteignung, Verbot des Baues des Panzerkreuzers A und die Initiative gegen den Young-Plan) alle gescheitert waren und keineswegs viel zum Ruin der Republik beitrugen, wie manchmal behauptet worden ist.

Die Rolle des Bundespräsidenten wurde gegenüber Regierung und Parlament bewußt klein gehalten. Insbesondere wurde auf ein *Auflösungsrecht* ohne starke Einschränkung durch Regeln für das Staatsoberhaupt – wie es die meisten klassischen parlamentarischen Systeme kennen, ohne daran Schaden zu nehmen – bewußt verzichtet.

Die Sorgen um die Regierungsstabilität – die auch die Debatten um das Wahlrecht überschatteten – führten zur Schaffung eines *Kanzlersystems*, in dem von Anfang an die Stellung des Parlaments weniger bedeutsam erscheinen mußte als in anderen parlamentarischen Systemen, zumal die Krone der Sanktionen des Parlaments gegen die Regierung, das *Mißtrauensvotum*, durch die allein zulässige Form des konstruktiven Mißtrauensvotums an schwer erfüllbare Voraussetzungen gebunden wurde. Liberale Kritiker wie Karl Loewenstein haben den »rationalisierten Parlamentarismus«, der nach dem Krieg in einigen Ländern entstand, aber in Deutschland keineswegs zufällig wiederum zu dem ausgeklügeltsten System der Befriedigung von Stabilitätsbedürfnissen wurde, schon immer kritisiert. Radikalere Kritiker nahmen in der Parlamentarismuskritik Ende der sechziger Jahre zunächst den Parlamentarismus als *pars pro toto* des ganzen kapitalistischen Systems kritisch unter die Lupe, ehe die neomarxistische Kapitalismuskritik ohne Umwege über den Parlamentarismus zur Pauschalkritik des Systems überging. Dabei wurde von einer Depravationstheorie gegenüber dem »bürgerlichen System« ausgegangen, das seit den Anfängen des parlamentarischen Systems ständig einem Funktionsverlust unterlag. »Involution« statt »Evolution« (Agnoli) oder Funktionsverlust bei der Bildung von Öffentlichkeit (Habermas) wurden unterstellt.

Schienen solche Thesen für Länder mit parlamentarischer Kontinuität noch einige Plausibilität zu haben, so war angesichts der kurzen parlamentarischen Tradition Deutschlands die Depravationsthese schwer zu belegen. Seit dem Ende der Ära Adenauer schien das Parlament – und keineswegs nur die Opposition – in manchen Bereichen eher an Boden zu gewinnen. Parlamentskritik begann daher – vielfach in Anlehnung an die klassische Einteilung der Funktionen des Parlaments durch Bagehot – die Kritik durch Operationalisierung der Fragestellungen anhand einzelner Funktionen überprüfbar zu machen und so zu differenzierteren Aussagen zu gelangen.

Neben dem historischen Vergleich empfiehlt sich der internationale Vergleich der Rolle des Parlaments. In ausländischen vergleichenden Untersuchungen wird der Bundestag »die vielleicht mächtigste gesetzgebende Kammer Europas« genannt (Aberbach u. a. 1981: 231).

(b) Funktionen des Bundestages

Empirische Untersuchungen zeigen, daß die Parlamentarier selbst ein durchaus differenziertes Verhältnis zu der Frage der Qualität der Wahrnehmung einzelner Funktionen durch den Bundestag haben. Die Kontroll- und die Willensbildungsfunktionen wurden von den Bundestagsabgeordneten selbst als relativ zu wenig entwickelt angesehen (Maier u. a., 1969: 19).

Die *Wahlfunktion* des Deutschen Bundestages wird im allgemeinen positiv bewertet. Es gibt keine endlosen Regierungskrisen wie in Italien oder in den Niederlanden, es müssen keine Vorkonsultationen und Vermittler (*informateurs*) eingeschoben werden, ehe das Parlament seinen Willen durch die Investiturabstimmung vollziehen kann, wie in manchen Vielparteiensystemen. Allerdings sind die Vorzüge des Systems kaum Verdienste des Parlaments an sich. Die Parteienkonzentration und die meist klare Indikation für die Regierungsbildung aufgrund der Wahlergebnisse haben dem Bundestag diese Aufgabe leicht gemacht. Nur 1962, 1966 und 1974 hatte der Bundestag formal freie Hand für seine Entscheidung. Aber sie fiel eher in den Parteiverhandlungen als im Parlament. Bei den Regierungsbildungen bis 1961 war die Hegemonie der Unionsparteien noch so ungebrochen, daß andere Lösungen der Regierungsbildung allenfalls auf dem Papier denkbar gewesen wären.

Nur in drei Krisen mußte das System sich bewähren: bei der Ablösung Erhards, beim Versuch der Ablösung Brandts 1972 und beim Sturz Schmidts 1982. Die zweite Krise dauerte vom Tag der Ablehnung der Vertrauensfrage Brandts am 20.9. bis zur Neuwahl im November 1972. Die Gerüchte um Abwerbung und Korruptionserscheinungen wie Stimmenkauf haben damals das Parlament einigen Kredit gekostet. Erst nach dem Zusammenbruch der DDR wurde ruchbar, daß die DDR offenbar an der Abwehr des Sturzes von Brandt mitgewirkt hatte.

Die Krise von 1972 zeigt, daß die in der Literatur meist positiv bewertete Wahlfunktion (Thaysen, 1976: 21f.) nicht in erster Linie durch die Vorzüge des parlamentarischen Systems, sondern eher durch die Eigenarten des Parteiensystems erfolgreich wahrgenommen werden konnte. Die Enquetekommission des Deutschen Bundestages (Beratungen, 1976: 21) formulierte nicht eben milde: »Der Bundestag war mehrere Monate nicht existent und konnte seinen Aufgaben als Staatsleitungsorgan und Kontrollorgan der Regierung nicht nachkommen.« Sie machte – noch im Bann der alten Gegnerschaft gegen ein Auflösungsrecht auf Verlangen des Regierungschefs durch das Staatsoberhaupt, wie es die normale Prozedur in parlamentarischen Systemen ist, die sich kontinuierlich aus konstitutionellen Monarchien entwickelt haben – den sinnvollen Kompromißvorschlag, ein *Selbstauflösungsrecht* mit Zweidrittelmehrheit des Bundestages in Artikel 39 GG aufzunehmen. In Israel hat sich dieses – allerdings unter den Bedingungen eines komplexeren Parteiensystems – als Mittel zur Lösung von Führungskrisen gelegentlich bewährt. In der Bundesrepublik wurde eine solche Bestimmung erstmals im April 1970 in Niedersachsen zur Lösung einer Koalitionskrise eingesetzt.

Selbst die Schwächung der Funktion des Parlaments als Ganzes bei der Kanzlerwahlfunktion ist nicht rein negativ zu bewerten. Der Regierungschef in klassischen parlamentarischen Systemen mit einem fragmentierten Parteiensystem wurde häufig von der Parlamentsfraktion gewählt. Linke Parteien begannen als erste den potentiellen Führungskandidaten durch die repräsentativen Gremien der Partei wählen zu lassen. Die Konservative Partei Großbritanniens und die deutschen Unionsparteien sind diesem Beispiel inzwischen gefolgt. Damit ist die Kabinettsbildungsvorschrift nach Artikel 63 GG nur bei der ersten Wahl Adenauers auch inhaltlich bedeutsam gewesen, solange dieser noch nicht unumstrittener Führer seiner Partei war. Seit die Vorentscheidung von der Partei öffentlich außerhalb des Parlaments in beiden großen Parteien fällt, wird die Wahlprozedur des Bundestages zur Bestätigungsfunktion herabgedrückt. Gleichwohl erscheint das informell eingespielte System demokratischer und transparenter. Der Nominierung des Kanzlerkandidaten fällt um so größere faktische Bedeutung zu, seit der Parteivorsitz nicht mehr notwendigerweise mit der Kanzlerschaft oder der Anwartschaft auf das Kanzleramt verbunden ist. Adenauer hatte bis 1961 die Partei in der Regel hinter sich, aber er maß seinem Amt als Parteivorsitzender kaum mehr als manipulative Bedeutung bei. Erhard wurde geradezu zum Parteiführer wider Willen, dem der Nimbus des Volkskanzlers bedeutsamer war. Auch Kiesinger war kaum als ein dynamischer Parteiführer zu bezeichnen. Brandt pflegte schon in der Opposition lieber das Image des »Regierenden Bürgermeisters« von Berlin als das des Oppositionsführers. Eine paradoxe Entwicklung hat dazu geführt, daß ihm nach der Ausdifferenzierung der beiden Funktionen in der SPD das Amt des Parteivorsitzenden erhalten blieb, während Schmidt die Kanzlerschaft zufiel.

Angesichts der Dreiparteienkonstellation bis 1983 konnte sich in der Bundesrepublik die Alternative nicht klar in der Herausbildung eines *Schattenkabinetts* zeigen, solange der Zwang zur Koalition voraussichtliche Vorbedingung zum Regierungswechsel bleibt. Die Herausstellung einer *Kernmannschaft*, wie sie die CDU in der Opposition entwickelte, hat zwar die Mitwirkung des Parlaments am Prozeß der Regierungsbildung nicht gerade gestärkt, andererseits aber die Transparenz und Kalkulierbarkeit der Folgen des Wahlaktes für den Wähler verbessert.

Es gehört zu den Legenden um die Kanzlerdemokratie, daß der Kanzler bei der Kabinettsbildung dominiere und das Parlament geringen Einfluß habe. Da einzelne Minister heute aus dem Kabinett nicht mehr durch Mißtrauensvotum »herausgeschossen« werden können wie in der Weimarer Republik, bleiben die Sanktionen des Parlaments gegen einzelne Minister schwach. Andererseits ist angesichts des gemäßigten Umfangs deutscher Kabinette die Patronagemacht des Bundeskanzlers mit der eines britischen Premiers nicht zu vergleichen (vgl. Kap. 8a). Selbst für die Adenauerzeit ist behauptet worden, daß dem Kanzler eher ein Kabinett präsentiert werde, als daß er es sich zusammenstelle. Das scheint für CDU-Regierungen zutreffender als für SPD-geführte Kabinette, weil die Unionsparteien weit stärkere Rücksicht auf den Regional-, den Konfessions-, Flügel- und Arbeitsgemeinschaften-Proporz in der Partei nehmen müssen als die SPD. Die Funktion der Parlamentsfraktion war jedoch bei solchen Kompromissen meist nur die eines Vermittlers gegenüber außerparlamentarischen Einflüssen großer Interessengruppen (vgl. Kap. 5b).

Die Rolle des Parlaments als *Rekrutierungsreservoir* für die Exekutive ist vermutlich bedeutender als die direkte Mitwirkung an der Regierungsbildung. In der Weimarer Zeit waren 22% der Minister Nichtparlamentarier und Fachminister. Nur in der ersten Regierung Adenauer schien der unpolitische Geist von Weimar noch präsent: Vier von 14 Ministern waren keine Parlamentarier. Nach 1953 gab es in CDU-Regierungen nur noch wenige Fälle, wobei die Minister sich meistens nach einiger Zeit der Amtsführung um ein Mandat bemühten (Niklas, Balke). Einige Politiker waren nur aufgrund der Beschränkungen, die der deutsche Föderalismus schuf, vorübergehend nicht im Bundestag, wenn sie aus der Landespolitik in die Bundesregierung überwechselten. In SPD-Regierungen war von dieser Regel nur Leussink als Wissenschaftsminister eine nicht sonderlich erfolgreiche Ausnahme. Selbst auf Länderebene nimmt der Anteil der Fachminister ab, häufiger war er noch in den Kultusministerien.

Die *Artikulations-* und *Kommunikationsfunktion* in ihrer Wahrnehmung durch den Deutschen Bundestag wird häufig kritisiert. Die Kommunikationsfunktion des Parlaments und die Artikulation einzelner Interessen im System müssen gleichwohl unterschiedlich beurteilt werden. Die Beachtung, die das Parlament findet, und seine Rolle bei der Bildung von öffentlicher Meinung ist vielfach Gegenstand nostalgischer Betrachtungen. Dabei wird vergessen, daß das Parlament in der »frühbürgerlichen« Zeit allenfalls für ein kleines Besitz- und Bildungsbürgertum, das die Repräsentation im Elfenbeinturm eines zensitär abgeschotteten Wahlrechts vornahm, eine wichtigere Rolle besessen hat als heute für die Masse der Bevölkerung. Umfragen, die zeigen, daß ein Teil der Bevölkerung die Arbeit des Parlaments kaum zur Kenntnis nimmt oder den Bundesrat für die Regierung hält, können – so bedauerlich solche Defizite sind – nicht im Vergleich zu früheren Epochen als Beleg für den generellen Niedergang der Bedeutung des Parlaments genommen werden.

Auf die Frage, durch welche öffentliche Institution die Bürger sich vertreten fühlten, schnitt der Bundestag nicht wesentlich günstiger ab als die Bundesregierung (stark vertreten 9,7%, mittelstark vertreten 43,4%, nicht vertreten 26,6%). Der Bundestag lag mit diesen Werten aber noch immer vor der Verwaltung, den Parteien und gesellschaftlichen Organisationen (Herzog u.a., 1990: 54). Der Repräsentationsbegriff hat seine sozialen Gruppenverfestigungen abgestreift und sich von Merkmalen wie Identität der sozialen Schicht, der Konfession, der Region oder der Generation abgekoppelt. Selbst bei den Frauen spielte der Aspekt proportionaler Vertretung in der Elite nicht die große Rolle, die manche Feministinnen ihm beimaßen (Rebenstorf/ Weßels, 1989: 421). Dies ist freilich kein Grund für die Parteien, auf ein sozial ausgewogenes Maß der Repräsentation von Gruppen zu verzichten. Soziale Ausgewogenheit der politischen Elite dient auch dem Abbau von Benachteiligungen und der Verbesserung des Informationsflusses im Hinblick auf die Bedürfnisse von Gruppen der Gesellschaft.

Die einzige aktive Möglichkeit der Einwirkung des Bürgers auf die parlamentarische Arbeit sind *Eingaben* und *Petitionen*. Eine Auszählung der Wirkung der Petitionen in einer Legislaturperiode hat ergeben, daß nur 3,2% aller Eingaben und 2,6% aller Petitionen der Bundesregierung als Material zur Kenntnisnahme überwiesen wurden. Anregungen zur Gesetzgebung sind im Durchschnitt seltener erfolgreich als die »sozialen Petitionen«, die auf Verbesserung der sozialen Lage des Petenten abzielen und für die eine bestimmte Maßnahme von der Regierung in Aussicht gestellt wird (Kissler, 1976: 438f.).

Die Aufmerksamkeit, die die Arbeit des Parlaments findet, hängt zum Teil von seiner *Arbeitsweise* ab. Ein Redeparlament könnte tendenziell die sportlichen Instinkte der Bevölkerung mehr als ein Arbeitsparlament befriedigen, vorausgesetzt, daß in der Politik bei der Bevölkerung die gleiche Konfliktfreudigkeit herrscht wie beim Sport. Dies muß für Deutschland bezweifelt werden. Ein harter Stil parlamentarischer Auseinandersetzung wird bei der Mehrheit der Bevölkerung nicht geschätzt. Die Aufmerksamkeit für die Parlamentsarbeit in den Medien spielt jedoch eine wichtige Vermittlerrolle. An Übertragungen von Sitzungen des Bundestages im Fernsehen steht die Bundesrepublik im Vergleich zu anderen westlichen Demokratien nicht schlecht da. In der anspruchsvolleren Presse hingegen können sich die führenden Blätter in ihrer Berichterstattung mit dem ›Guardian‹ oder mit ›Le Monde‹ kaum vergleichen.

In der Typologie der Arbeitsstile gilt der Deutsche Bundestag als eine Mischform zwischen Redeparlament nach britischem Muster mit großer Wichtigkeit der Plenardebatten und dem Arbeitsparlament der USA mit einer Priorität der Ausschußarbeit. Die Parlamentsstatistik zeigt die große Bedeutung der Ausschußarbeit in der Bundesrepublik. Die Reduzierung der Ausschüsse hat zu einer immer stärkeren Komplementarität von Ressort, Parlamentsausschuß und interessiertem Großverband geführt.

Ein altes Desiderat der Verbandsforschung war die *Offenlegung der Stellungnahmen der Verbände* bei Regierungsinitiativen im Parlament. Inzwischen wurde die Regelung getroffen (GGO II, § 37 Abs. 3), daß die Regierung in der Begründung ihrer Vorlagen auf die wichtigsten Eingaben der Verbände hinweist. Die Praxis der Regierungsvorlagen bleibt jedoch hinter diesen Anforderungen an Durchsichtigkeit noch weit zurück.

Ein weiteres Instrument zur Verbesserung der Transparenz sind die öffentlichen Anhörungen der Verbände vor Bundestagsausschüssen (*Hearings*): Diese haben erst seit der großen Koalition in der 5. Wahlperiode 1965–1969 an Bedeutung gewonnen. In den ersten neun Wahlperioden hat es 334 Hearings gegeben. Nicht alle Ausschüsse veranstalten überwiegend öffentliche Anhörungen. Im 7. Bundestag standen 78 öffentlichen Hearings noch 91 nichtöffentliche Sitzungen gegenüber (Neumann, 1978: 174), die der Öffentlichkeitsfunktion des Parlaments verlorengingen. Nicht alle öffentlichen Anhörungen haben das Interesse der Öffentlichkeit erregt. Nur wenige haben »parasitäre Publizität« über ihre Bedeutung hinaus erlangt (etwa das »Porno-Hearing«). Heute gilt jedoch die Ansicht nicht mehr, die noch in den sechziger Jahren richtig war, daß nicht immer die wichtigsten Materien auch öffentliche Anhörungen mit sich bringen. Zweifellos hat sich in diesem Punkt als Folge der Parlamentsreformdiskussion vieles gebessert. Im Vergleich zu den USA, die mit ihren Hearings ein Vorbild für die deutschen Anhörungen waren, hat diese Praxis bei uns nicht die gleiche Bedeutung erlangen können (Appoldt, 1971: 114). Die Enquetefunktion der Ausschüsse ist durch die Hearings zweifellos gestärkt worden. Der Gebrauch, der von den Anhörungen gemacht wird, ist jedoch noch immer sehr ungleich verteilt. An der Spitze liegen die Ausschüsse Bildung und Wissenschaft und der Rechtsausschuß.

Da die Vorschläge für einen *Wirtschafts- und Sozialrat* (vgl. Kap. 5) keine Aussicht auf Realisierung haben, kommt der Verbesserung des Anhörungswesens bei der Parlamentsreform eine wichtige Funktion zu. Eine obligatorische Anhörung, die vorgeschlagen worden ist (Mattern, 1969: 64), wird jedoch vermutlich aufgrund von Effizienzerwägungen der Gesetzgebungsarbeit (Schröder, 1976: 262f.) nicht realisiert werden.

Während das obligatorische Hearing kaum die Kommunikationsfunktion des Parlaments verstärken könnte, sondern vielleicht sogar angesichts der Masse der Anhörungen das öffentliche Interesse an dieser Form der Parlamentsarbeit erlahmen ließe, könnte die *Öffentlichkeit von Ausschüssen* der Kommunikationsfunktion dienlich sein. Der obligatorischen Forderung nach Öffentlichkeit hat man nicht nur Effizienzgründe, sondern auch Geheimhaltungserwägungen entgegengesetzt. Immerhin hat die Enquetekommission des Bundestages ihre Empfehlung, die Zahl der Lesungen von Gesetzesentwürfen auf zwei zu reduzieren, mit dem Vorschlag gekoppelt, die erweiterte Ausschußberatung des federführenden und der mitberatenden Ausschüsse öffentlich zu gestalten. Die Öffentlichkeit sollte aber auf Antrag eines Zehntels der Mitglieder oder auf Antrag der Bundesregierung mit Zweidrittelmehrheit ausgeschlossen werden können (Beratungen, 1976: 175).

Neben der Verbesserung und Transparenz der Ausschußarbeit wird immer wieder an einer wirksameren Gestaltung der Plenarsitzungen gearbeitet. Von der Redezeitbegrenzung bis zum Vorschlag der Enquetekommission, die allgemeine Aussprache der ersten Lesung durch schriftliche Stellungnahmen der Fraktionen vorzubereiten und von Details zu entrümpeln, sind viele Anregungen im Gespräch. Selbst dem Zusammenhang von Baulichkeit und Publizitätsfunktion hat man sich angesichts der Neubaupläne in Bonn zunehmend zugewandt. Dennoch wäre es eine Illusion, wenn die Effizienz eines Parlaments an der Qualität seiner Redeschlachten gemessen würde. Das Paulskirchenparlament und der kaiserliche Reichstag waren dem Bundestag an oratorischen Qualitäten überlegen und waren gleichwohl weniger machtvolle Institutionen. Gelegentlich dient die Qualität der Rede eher der Kompensation politischer Ohnmacht.

Alle Bemühungen um die Verbesserung der Plenardebatten können nur Teilerfolge erwarten lassen. Nach empirischen Auszählungen ist die Typologie der Abgeordneten gerade für die Debattenbeteiligung wichtig. Fast die Hälfte der Interessenvertreter beteiligt sich kaum je an Plenardebatten. Sie pflegen ähnlich wie die Hinterbänkler eher in Fragestunden aus demonstrativen Gründen für die Publizität im Wahlkreis tätig zu werden (Loewenberg, 1969: 162). Eine Verbesserung der Beteiligung ist vermutlich erst nach *Abbau der Fraktionshierarchien* denkbar. Dieser wird jedoch angesichts der Tendenz zur ständigen Vergrößerung der Parlamente erschwert, die auch in Deutschland seit dem Reichstag der Kaiserzeit wirksam war. Die Konzentration und die straffe Organisation der modernen Parteien (Kap. 4a) fördert die Hierarchisierung gleichfalls. Dies spiegelt sich in historischer Perspektive in einer Zunahme der Fraktionsdisziplin in deutschen Parlamenten wider. Im vorrepublikanischen Reichstag stimmte meist nur die SPD geschlossen ab, während Zentrum und Nationalliberale häufig nicht geschlossen votierten. In den ersten drei Bundestagen stieg die Fraktionsdisziplin selbst bei der vergleichsweise heterogen zusammengesetzten CDU von 93 % auf 97 % der Abstimmungen (Markmann, 1955: 142ff.). Dies führte zu dem Paradoxon, daß im deutschen Parlament der Angestellte des öffentlichen Dienstes sich vergleichsweise am ehesten eine von der Fraktion abweichende Meinung leisten konnte.

Die Vereinheitlichung des Verhaltens der Fraktionen bietet wie-

Tabelle 7.1: Tätigkeiten des Deutschen Bundestages und des Bundesrates

	1.	2.	3.	4.	5.	6.	7.	8.	9.	10.	11.	12.
	Wahlperiode											
Gesetzesvorlagen												
der Bundesregierung	472	431	394	368	415	351	461	322	155	280	321	419
des Bundestages	301	414	207	245	225	171	136	111	58	183	227	297
des Bundesrates	32	16	5	8	14	24	73	52	38	59	47	179
Insgesamt	805	861	606	621	654	546	670	485	251	522	595	895
Gesetzesbeschlüsse auf Initiative von:												
Bundesregierung	392	371	348	326	372	259	427	288	104	237	267	345
Bundestag	141	132	74	97	80	58	62	39	16	42	68	99
Bundesrat	12	8	2	3	9	13	17	15	8	32	15	28
Bundesregierung/Bundestag/ Bundesrat	–	–	–	–	–	5	10	12	11	9	19	50
Insgesamt	545	511	424	426	461	335	516	354	139	320	369	507
Vermittlungsausschuß angerufen durch:												
Bundesregierung	3	3	3	3	4	2	7	7	3	–	–	14
Bundestag	7	3	–	2	1	–	1	1	–	–	–	–
Bundesrat	70	59	46	34	34	31	96	69	17	6	13	71
Insgesamt	75	65	49	39	39	33	104	77	20	6	13	83
als Gesetz verkündet	63	56	47	35	29	30	89	57	17	6	12	62

Quellen: Schindler 1983, 1987, 1994, Stand der Gesetzgebung 11. und 12. Bundestag.

derum den Medien wenig Anreiz zur Verstärkung der Kommunikationsfunktion des Parlaments. Der Vorsprung der Regierung vor der Opposition konnte auch in der Zeit der Polarisierung seit 1969 durch Ritualisierung der Ausgewogenheit von Sendungen in Rundfunk und Fernsehen nur teilweise behoben werden. Die Gesetzgebungsfunktion und die Effizienz ihrer Ausübung weckt mehr öffentliches Interesse als die Kontrollfunktion des Bundestages. Der Neuigkeitswert und die Selbstdarstellungsmöglichkeiten der Inhaber von Exekutivämtern benachteiligen die Abgeordneten, die nicht zusätzlich ein Regierungsamt bekleiden.

Ein Problem für die Kommunikationsfunktion liegt auch in der Ungleichgewichtigkeit, mit der die Anstrengungen der Parlamentarier von der Öffentlichkeit honoriert werden. Die Parlamentarismuskritik der sechziger Jahre neigte dazu, für die Kommunikationsdefizite des Parlaments in erster Linie die Politiker verantwortlich zu machen. Erfahrene Parlamentarier verweisen auf die Kehrseite der Medaille, die Sensationshascherei der Presse (Lohmar, 1975: 109ff.). Im 19. Jahrhundert wurde von Bagehot die »Lehrfunktion« gegenüber dem Volk noch dem Parlament als ganzem zugeschrieben. Heute wird mit der Stärkung der Position der Exekutive und der Stellung des Kanzlers mehr und mehr die Regierung begünstigt und die Opposition in der Wahrnehmung der Kommunikationsfunktion benachteiligt.

Das Verbindungssystem zwischen Parlament und Gesellschaft ist zudem keine Einbahnstraße. Es fehlt nicht an Informationen für den Abgeordneten. Mit vielen kann er jedoch kaum etwas anfangen, da trotz der Verbesserung des wissenschaftlichen und technischen Hilfsdienstes die Verarbeitungskapazität des Abgeordneten begrenzt bleibt. Der Konflikt zwischen den Rollen des »Wahlkreiskönigs« und des »Parlamentsstars« (R. Barzel) überfordert ohnehin viele Abgeordnete täglich.

Einige Illusionen der bloß technokratischen Parlamentsreform, die das Heil in der Verbesserung der *Hilfsdienste* und der wissenschaftlichen Zuarbeit suchte, werden heute kaum noch geteilt. Im internationalen Vergleich zeigte sich, daß der Bundestag mit seiner besseren technischen und wissenschaftlichen Ausstattung dennoch die Kommunikationsfunktion nicht besser wahrnimmt als beispielsweise das Schweizer Parlament, das durch die traditionelle Vormachtstellung der Legislative und durch das Zusammenwirken von repräsentativen und plebiszitären Komponenten im System die Kommunikationsfunktion vergleichsweise intensiver ausübt als der Bundestag (Egloff, 1974: 76).

Die Artikulationsfunktion des Bundestages für die Einzelinteressen der Gesellschaft ist in ihren Mängeln Hauptpunkt populärer Parlamentarismuskritik. Die Diskrepanzen zwischen den Berufen und Schichten in Bevölkerung und Parlament (vgl. Tab. 6.2) sind kritikwürdig. Die Unterrepräsentation von Frauen und Arbeitern, die Überrepräsentation von Beamten und Akademikern, das Übergewicht der Juristen und das Untergewicht von Naturwissenschaftlern und Technikern muß durch bessere Fraktions- und Parteiplanung bekämpft werden.

Schon die Normen des repräsentativen Parlamentarismus, aber auch die Beobachtung der Realität der Parlamentsarbeit lassen jedoch die tatsächliche Artikulation der Interessen nicht an der berufsständischen Zusammensetzung eines Parlaments ablesen. Organisationszugehörigkeiten und Gruppenloyalitäten sind weitere Determinanten des tatsächlichen politischen Verhaltens. Aus der Tatsache zum Beispiel, daß 40% aller Bundestagsabgeordneten einer Gewerkschaft angehörten (vgl. E.-P. Müller, 1992: 14), kann nicht geschlossen werden, daß das Interesse der Arbeitnehmer (das kaum direkt repräsentiert ist) durch organisatorische Verbundenheit hinreichend kompensiert ist. Eine Analyse der Inhalte der Gesetzgebung kann die tatsächliche Interessendurchsetzung realistischer einfangen als die bloße Auszählung von sozialen Hintergrunddaten über Abgeordnete. Sowohl die systematische Erforschung der Gesetze und Entscheidungen als auch die qualitative Untersuchung des Abstimmungsverhaltens (das bei hoher Fraktionsdisziplin allerdings weniger interessant erscheint als in den USA) sind in Deutschland noch kaum in Angriff genommen worden. Nur zwischen 13 (von 242) und 33 (von 670) Gesetzesentwürfen sind kontrovers verabschiedet worden.

Die *Gesetzgebungsfunktion* wird meist positiv für die Bundesrepublik beurteilt. Dem Bundestag wird bescheinigt, ein fleißiges Parlament zu sein. Im internationalen Vergleich ist der Ausstoß an Gesetzen imposant. Es zeigt sich jedoch, daß Länder wie Italien und Deutschland, die eine faschistische Epoche durchliefen, vor allem am Anfang schon deshalb viele neue Gesetze brauchten, weil die vordemokratischen abgeschafft oder überarbeitet werden mußten. Im Vergleich zu Italien ist die Ausübung der Gesetzgebungsfunktion in der Bundesrepublik noch insofern beeindruckend, als der Föderalismus in Deutschland die Gesetzeskompetenzen des nationalen Parlaments beschneidet. Föderalismusreform und Grundgesetzänderungen führten jedoch vor allem seit den sechziger Jahren zu einer Ausdehnung der Gesetzgebungskompetenzen des Bundestages auf Kosten der Länderparlamente, vor allem in der konkurrierenden Gesetzgebung. Die Ländergesetzgebung schrumpft qualitativ – vorerst noch kaum quantitativ – und beschränkt sich mehr und mehr auf die ausschließlichen Landeskompetenzen. Dies führte dazu, daß die Länder zum Teil selbst dort gesetzgeberische Enthaltsamkeit übten, wo sie zuständig gewesen wären. Bei der Ausführungsgesetzgebung der Länder hat der Bund den häufig kritisierten Weg beschritten, die Landesregierungen zu Rechtsverordnungen zu ermächtigen, anstatt die Ausführungsbestimmungen dem Ermessen der Mehrheiten der Landtage zu überlassen. Zur Eindämmung dieser Entwicklung ist bereits vorgeschlagen worden, das Enumerationsprinzip umzudrehen: nicht die Bundes-, sondern die Länderkompetenzen aufzuzählen (Friedrich, 1975: 60).

Der nicht nachlassende Fleiß des Parlaments ist noch kein Anzeichen für eine wachsende Initiativfunktion. Der Anteil der Gesetzesvorlagen, die von der Bundesregierung ausgingen, wuchs und vor allem der Anteil der verabschiedeten Gesetzentwürfe, die die Vormacht der Regierungsinitiative noch verstärkten, da bei den verabschiedeten Gesetzentwürfen der Anteil der Regierungsinitiativen von 71,9% (1. Bundestag) auf 72,4% (11. Bundestag) stieg. Dieser Ausbau des Vorsprungs der Regierung ist typisch für parlamentarische Systeme, in denen – im Gegensatz zu dualistisch-konstitutionellen Systemen – nicht das Parlament als Ganzes mehr oder weniger kritisch der Regierung gegenübersteht. Gesetzesinitiativen des Bundestages sind überwiegend solche der Opposition, die angesichts der Polarisierung im Hause meist keine Mehrheit finden.

Die Verschärfung der Konfrontation zwischen Regierungsmehrheit und Opposition führte nicht nur zu einer Abnahme der Bedeutung des Parlaments, wie die Gesetzeszahlen vermuten lassen könnten, es läßt sich auch eine Aufwertung des Bundestages insofern zeigen, als bei wichtigen Fragen und Gesetzesprojekten die Konsultation der Opposition vielfach über die Spitzen der parlamentarischen Fraktionen geht. Man hat von »parlamentarischer Mitregierung« gesprochen (Kewenig, 1970). An dieser Kooperation hat sich Kritik entzündet, nicht nur weil eine Aushöhlung der Oppositionsfunktion befürchtet wird, sondern weil das Parlament durch fleißige Mitarbeit und durch die Verbesserung undurchdachter Regierungsinitiativen seine eigene Entmachtung gegenüber der Regierung noch zu beschleunigen droht.

Die wachsende Quantität des legislatorischen Outputs hat einige nachteilige Wirkungen auf die Qualität der Kontrollen. Die Wirkung der Gesetzesflut ist im vorhinein kaum abzuschätzen. Luhmann (Rechtssoziologie, Reinbek, 1972: 292) hat daher vorgeschlagen, von beiläufiger zu ausdifferenzierter politischer Kontrolle überzugehen und etwa ein Amt für Gesetzgebung zu schaffen, dem jedermann die

Folgen melden kann, die bei der Anwendung bestehender Gesetze aufgetreten sind. Wenn man für unser System die Schaffung von weiteren Ämtern eines Ombudsmannes überwiegend ablehnt, wird die Schaffung einer solchen Superbehörde erst recht auf politische Schwierigkeiten stoßen. Der Vorschlag ist daher auch nicht ernsthaft aufgegriffen worden.

Zur Verbesserung der Gesetzgebung und vor allem zur Stärkung der Rückkopplung der Gesetzesinitiative an Bestrebungen in der Wählerschaft wurde immer wieder der *Ausbau der plebiszitären Möglichkeiten der Gesetzgebung* auf Bundesebene vorgeschlagen. In Zeiten der verstärkten politischen Mobilisierung Anfang der siebziger Jahre und auf Initiative der Grünen und einiger Sozialdemokraten in den achtziger Jahren ist die Debatte immer wieder angefacht worden. Umfragen in der Bevölkerung zeigten (AJdÖ, 1983: 351; Infas, Sept. 1986), daß solche Vorschläge auf große Mehrheiten im Wählervolk rechnen konnten. Im Bundesprogramm der Grünen 1980, im Liberalen Manifest von 1985 (: 18) und im Grundsatzprogramm der SPD (Bonn, Dez. 1989: 22) fanden direkte Beteiligungsmöglichkeiten des Volkes Eingang in die Programmatik der Parteien. Die Unionsparteien lehnten hingegen solche Möglichkeiten ab. Hartnäckig hielten sich historische Bedenken aufgrund der Erfahrungen der Weimarer Republik, obwohl dort keine Initiative eine Mehrheit fand (vgl. Jung, 1989). Eine Referendumspraxis, wie sie sich in Italien einbürgerte, mit seltenen Abstimmungen und bisher durchaus moderaten Entscheidungen, die das Augenmaß des Wahlvolkes dokumentierten, wurde in Deutschland weitgehend ignoriert.

Die Parlamentarier sind naturgemäß gegen die Schaffung einer konkurrierenden Möglichkeit der Gesetzgebung. Eine Befragung unter Abgeordneten des 11. Bundestages ergab für die weitreichendste Lösung des Volksentscheids aufgrund eines Volksbegehrens keine Mehrheit. Nur die Grünen Abgeordneten waren zu 100% für diese Lösung. Bei der SPD war es die knappe Mehrheit (52%), bei der FDP 37% und bei den Unionsparteien nur 21% und 22% (Herzog, 1990: 130). Die Volksabstimmung auch nur für die Verabschiedung einer gesamtdeutschen Verfassung zuzulassen (vgl. Kap. 1d) stieß auf starke Widerstände. Als die politische Klasse sich über den Regierungssitz Bonn oder Berlin nicht einigen konnte, hätte sich eine Volksabstimmung angeboten. Aber auch dieser harmlose Präzedenzfall mobilisierte alle Vorurteile gegen Verfahren, die demokratische Unsicherheit in den politischen Prozeß hineintragen könnten.

Die hohe Einschätzung der *Kontrollfunktion* und die scharfe Kritik an den Mängeln ihrer Ausübung im parlamentarischen System orientieren sich zum Teil noch an dualistisch-konstitutionellen Zeiten, als das Parlament als Ganzes einer Regierung gegenüberstand, die nicht direkt vom Vertrauen der Parlamentsmehrheit abhängig war. Die Abgeordneten selbst sind nach Umfragen realistischer. Die Kontrollfunktion sollte nach Ansicht der Mehrheit befragter Abgeordneter höher rangieren, als sie im Durchschnitt in ihrer Bedeutung eingeschätzt wird (Maier u. a., 1969: 19). Eine spätere Befragung der Bundestagsabgeordneten hat die Fragen nach der Zufriedenheit mit der Ausübung der Funktionen des Parlaments etwas anders gestellt. Daher waren die Zahlen nicht direkt vergleichbar. Aber im Ergebnis hat sich die Meinung der Abgeordneten nicht gewandelt: Die Abgeordneten waren mit der parlamentarischen Kontrolle nicht zufrieden, vor allem gegenüber der Verwaltung, aber auch gegenüber der Regierung (Herzog u. a., 1990: 121).

Ein parlamentarisches System mit *Vereinbarkeit von Abgeordnetenmandat und Regierungsamt*, wie es in der Bundesrepublik – im Gegensatz zur 5. Französischen Republik – besteht, erleichtert die tägliche Kontrolle durch Präsenz der Inhaber von Regierungsämtern. Anträge auf Herbeirufung von Regierungsmitgliedern bleiben daher verhältnismäßig selten. Die *Große Anfrage* als »Folgerecht« der »Herbeirufung« – ein Äquivalent der Interpellation in kontinentalen parlamentarischen Systemen – soll der Richtungskontrolle dienen (Thaysen, 1976: 58). Da sie aber der Sanktionen des klassischen Parlamentarismus entbehrt, nimmt ihre Zahl folgerichtig zugunsten kleinerer Kontrollmöglichkeiten wie der *Kleinen Anfrage* und der *Fragestunde* ab. Die Aktuelle Stunde hat darüber hinaus zur Stärkung der Funktion der Öffentlichkeitsbildung des Parlaments beigetragen (Lichtenberg, 1983: 177). Bei diesen Instrumenten erhebt sich aber die Frage, ob sie überwiegend der Kontrolle der Regierung und nicht vielmehr der Profilierung einzelner Abgeordneter dienen, und zwar in Wahrnehmung der Kommunikationsfunktion gegenüber dem Wahlkreis oder den Interessengruppen im Lande. Diese Kontrollmittel verloren sich vielfach in Details der Kommunalpolitik. Die Adressaten der Kontrollinstrumente wurden immer einseitiger ausgewählt. Es dominierten das Finanz-, das Innen- und das Verkehrsministerium. Das britische Vorbild ist in der Häufigkeit der Anwendung, vor allem durch die Hinterbänkler, trotz wachsender Zahlen noch nicht erreicht. Der Charakter des auf Debatte angelegten Redeparlaments nach britischem Vorbild wird im Bundestag auch durch Rollenspezialisierung fragender Abgeordneter und antwortender Minister, die einen wachsenden Fachleutestab konsultieren, erreicht. Auch die Einführung der Aktuellen Stunde im Jahre 1965 mit der Absicht, ein

Forum für kurze Beratungen über aktuelle Fragen zu schaffen, in dem Kontroversen besser zur Geltung kommen, hat das Übergewicht der Spitzen der Fraktionshierarchie und der Regierung nur partiell abbauen können (Loewenberg, 1969: 489f.).

Die *Untersuchungsausschüsse* waren in vorparlamentarischer Zeit ein wichtiges Mittel für Minderheiten zur Kontrolle der Regierung, haben aber mit der Parlamentarisierung der Exekutive in Deutschland an Bedeutung verloren. Im Vergleich mit einem dualistisch-präsidentiellen System wie dem der USA haben Untersuchungsausschüsse – wie alle Ausschüsse – nicht die gleiche durch Senioritätsregeln abgesicherte unabhängige Stellung. Im ersten Deutschen Bundestag wurde das Mittel von den Oppositionsparteien noch häufiger bemüht. Nach Herausbildung stabiler Mehrheitsverhältnisse verlagerte sich die Kontrollfunktion auf andere Möglichkeiten in den Händen der Parlamentsminderheit. Minderheiten können die Einsetzung eines Untersuchungsausschusses durchsetzen, danach spiegeln diese jedoch die Zusammensetzung des Plenums wider und können nicht mehr als Instrument für die Minderheit benutzt werden. Diese frustrierenden Erfahrungen führten dazu, daß im 3. Bundestag kein Untersuchungsausschuß mehr eingesetzt wurde, und in den folgenden Bundestagen lag die Zahl zwischen einem und zwei. Hauptzweck von Untersuchungsausschüssen ist die Aufdeckung von Mißständen, die die Regierung zu verantworten hat. Korruptionsaffären wie die Fibag-Affäre oder die Schützenpanzer-HS-30-Affäre haben jedoch so wenig klare Ergebnisse gezeigt, daß die Kritik an der Unzulänglichkeit dieses Kontrollinstruments auch unter den Politikern immer lauter wurde.

Vor allem in den Landtagen wurde immer wieder vorgeschlagen, die Untersuchungsausschüsse aus dem Pulverdampf parteipolitischer Propagandagefechte herauszunehmen. Auf Bundesebene scheint sich jedoch kein quasi-richterliches und unpolitisches Verständnis der Funktion von Untersuchungsausschüssen durchzusetzen. Die Enquetekommission hat dem Bundestag empfohlen – ähnlich wie die Konferenz der Präsidenten der deutschen Länderparlamente vom März 1972 –, den politischen Charakter der Untersuchungsausschüsse nicht mit richterlichen Funktionen zu vermischen, da diese der »Aufklärung tatsächlicher Sachverhalte mit parlamentarischen Mitteln zum Zweck einer politischen Bewertung« dienten (Beratungen, 1976: 126). Die populärsten Heilmittel, die in der Diskussion vorgeschlagen werden, die Besetzung mit gleichen Anteilen der Fraktionen unabhängig von ihrer Stärke, um die bloße Wiederholung der parlamentarischen Mehrheitsansichten zu verhindern, und die Zuwahl unabhängiger Mitglieder (möglichst aus der Richterschaft) wurden verworfen. Der

Vorschlag, der Opposition die Mehrheit in einem Untersuchungsausschuß zu geben, beschwört die Gefahr herauf, daß die Fortsetzung des parlamentarisch-politischen Kampfes mit anderen (justiziellen) Mitteln angestrebt und so die politische Funktion solcher Ausschüsse überstrapaziert wird.

Innerhalb des deutschen Rechtssystems ließen sich auch andere Kontrollmittel des Parlaments nicht in gleicher Weise ausbauen wie in andersartigen Rechtsordnungen. Der *Wehrbeauftragte* wurde immer als Hilfsorgan des Parlaments verstanden. Versuche, die Bande zum Parlament zu lockern und sich zum allgemeinen Zensor aufzuwerfen, wie sie in der Vorabveröffentlichung harter Kritik in der Presse durch den früheren Wehrbeauftragten Heye gewittert wurden, haben scharfe Reaktionen zur Folge gehabt. Solche Versuche, die Stellung als Kontrollorgan zu stärken, scheiterten an den Realitäten der Mehrheitsverhältnisse, die sich von Anfang an bei den Wahlen des Wehrbeauftragten und in der Opposition der relativ konservativen Mehrheit im Verteidigungsausschuß gegen weiterreichende Aktivitäten des Kontrollorgans niederschlugen. Die quasi-richterlichen und empfehlenden Kompetenzen, die das Vorbild der Einrichtung, der schwedische »militie ombudsman«, besitzt, sind im Rahmen des deutschen Rechtssystem und der vorherrschenden Parlamentsverständnisse nicht zu erwarten. Seine Funktionen bleiben prüfend und beratend. Die Bewegung zur Ausdehnung solcher Einrichtungen in immer weitere Bereiche, die auch Großbritannien und einige angelsächsische Länder erfaßte, stößt in der Bundesrepublik auf Hindernisse. Die Enquetekommission des Deutschen Bundestages hat die Einführung eines allgemeinen Ombudsmannes nach skandinavischem Vorbild angesichts des lückenlosen Systems der Verwaltungsgerichtsbarkeit und der vorliegenden verfassungsrechtlichen Rechtsschutzgarantien sowie aufgrund der Verbesserung des *Petitionswesens* für überflüssig angesehen (Beratungen, 1976: 150).

Die Krone aller parlamentarischen Kontrollmittel bilden in parlamentarischen Regierungssystemen *Mißbilligungsanträge* und das *Mißtrauensvotum*. Das parlamentarische System der Bundesrepublik hat im Interesse der Regierungsstabilität die Kabinettssolidarität stärker betont als die Sanktionsmittel gegenüber einzelnen Kabinettsmitgliedern. Mißbilligungsanträge gegen einzelne Minister spielten in der ersten Legislaturperiode (5 Fälle) die größte Rolle. Die Mehrheit des Parlaments hat »ihre« Minister nicht fallenlassen. Anträge auf Entlassung eines Bundesministers wurden zwar in 3 von 5 der ersten Fälle angenommen, blieben aber ohne politische Konsequenzen, weil der Bundeskanzler gegen die Mehrheit entschied (Thaysen, 1976: 56).

Der Sanktionsmechanismus gegen den Kanzler und die gesamte Bundesregierung ist im »rationalisierten Parlamentarismus« der Nachkriegszeit durch die Einrichtung des konstruktiven Mißtrauensvotums stark erschwert. Es wurde in bewußter Absetzung vom Weimarer System geschaffen, obwohl die normale Ursache des Regierungssturzes in der Weimarer Republik nicht das parlamentarische Mißtrauen oder die Ablehnung einer Vertrauensfrage war (insgesamt gab es nur drei solche Fälle), sondern der Koalitionszerfall, gegen den das konstruktive Mißtrauensvotum unter den Bedingungen einer fragmentierten Parteienstruktur in geringerem Maße gefeit wäre, als es angesichts der heutigen Parteienkonzentration den Anschein hat.

Der erste Antrag auf ein konstruktives Mißtrauensvotum, gegen Willy Brandt am 27.4.1972, war eine echte Bedrohung für die Existenz der Regierung. Trotz der knappen Ablehnung führte der Versuch in eine Pattsituation, die nur durch vorzeitige Parlamentsauflösung gelöst werden konnte.

1982 wurde noch offensichtlicher die Vertrauensfrage gestellt, um sie abschlägig beschieden zu bekommen. Kritiker des abgekarteten Votums, das den Weg zur Bundestagsauflösung freimachen sollte, konnten sich nur auf den »Geist der Verfassung« berufen. Artikel 68 GG schweigt über die Motive hinter einem solchen Votum. Das Bundesverfassungsgericht hat die Prozedur trotz ihres manipulativen Anstrichs durchgehen lassen. »Der Bundeskanzler hatte im Dezember 1982 Anlaß, davon auszugehen, daß aufgrund der außergewöhnlichen Lage, in der sich die Abgeordneten einer Koalitionspartei nach der Beendigung der bisherigen Koalition befanden, eine dauerhafte stabile Mehrheit nicht zustande gebracht werden konnte« (BVerfGE 62: 52). Der Koalitionswechsel wurde von vielen gleichwohl als anrüchig empfunden, und die konfliktscheue politische Kultur schlug sich in Vorstellungen über »Nibelungentreue« nieder, die den Koalitionswechsel wie ein Schurkenstück erscheinen ließ. Bei der Beurteilung muß in Rechnung gestellt werden, daß auch Bundeskanzler Schmidt vor dem Rücktritt der FDP-Minister die gleiche Prozedur zur Klärung der Lage erwogen hat; auch er hätte auf dem Weg zur Parlamentsauflösung Teile seiner Partei anweisen müssen, gegen ihn zu stimmen.

Das konstruktive Mißtrauensvotum, auf dessen stabilisierende Wirkung die Verfassungsväter stolz waren und an dessen heilsame Wirkung auch im Ausland gelegentlich geglaubt wird, hat psychologisch gesehen eher nachteilige Wirkungen gehabt. Der Antrag gegen Brandt war von unkontrollierten und nie ganz aufgeklärten Abwerbungsversuchen der Opposition begleitet. Er zeigte, wie hinter dem Rücken des amtierenden Kanzlers konspiriert werden muß, um in einem System der Parteienkonzentration überhaupt eine Änderung der Mehrheitsverhältnisse zu ermöglichen. Die Ablösung von Bundeskanzler Erhard, gegen den man die schärfste der Waffen nicht ins Spiel bringen wollte, hatte 1966 schon ähnliche Umorientierungsverhandlungen von Teilen seines Koalitionspartners und sogar seiner eigenen Partei mit sich gebracht. In Verbindung mit der stark reglementierten Parlamentsauflösung, die in den meisten parlamentarischen Systemen dem Regierungschef als Gegeninstrument gegen das Mißtrauensvotum zur Verfügung steht, hat die konstitutionelle Regelung der Vertrauensfrage psychologisch negative Motivationen gefördert. Brandt stellte die Vertrauensfrage am 20.9.1972 zur Beendigung der unhaltbaren Pattsituation bewußt mit der Absicht, sie negativ beschieden zu bekommen, weil dies als der einzige Weg zur vorzeitigen Parlamentsauflösung erschien. Die konstruktiven Wirkungen der Vertrauensfrage sind damit eher untergraben, denn eigentlich sollte dies Instrument für Fälle reserviert sein, in denen der Kanzler begründete Hoffnung hat, weiterregieren zu können. Dies war 1972 jedoch von vornherein nicht gegeben. Unter den Bedingungen eines stark fragmentierten Parteiensystems könnte das konstruktive Mißtrauensvotum vielleicht auch einige konstruktive Seiten entfalten. Unter dem Zweieinhalbparteiensystem 1969–1983 hat es ungeachtet des Namens eher destruktive Tendenzen für die parlamentarischen Verkehrsformen entwickelt.

Die Möglichkeit einer Selbstauflösung des Parlaments mit Zweidrittelmehrheit, welche die Enquetekommission des Bundestages vorschlug, könnte zur Lösung von Pattsituationen beitragen, in denen die Regierung keine Mehrheit mehr besitzt, zumal wenn auch Gegner in den eigenen Reihen den »klebenden« Kanzler durch das Mißtrauensvotum zu stürzen versuchen. Übertriebene Hoffnungen sollten an die Selbstauflösung des Parlaments nicht geknüpft werden. Angesichts der Abneigung der Hinterbänkler, sich häufigeren Wahlkämpfen zu stellen, verschärft durch Pensionsregelungen, die sich weitgehend an normalen Fristen der Legislaturperioden orientieren, würde die Zweidrittelmehrheit für die Selbstauflösung kaum zu einer häufigen Erscheinung in der Bundesrepublik werden.

Die Gemeinsame Verfassungskommission hat viele der Vorschläge zur Reform des Parlamentsrechts diskutiert. Außer der Ergänzung des Grundgesetzes um einen Ausschuß für Angelegenheiten der Europäischen Union (Art. 45 GG) konnte sich die Mehrheit zu keiner Reform bereit finden (Sannwald, 1993).

(c) Kooperativer Parlamentarismus und Opposition

Kritik an der Ausübung der Kontrollfunktion des Parlaments darf sich nicht an einer idealen Konfliktsituation zwischen Parlamentsmehrheit und Regierung im vorparlamentarischen Zeitalter orientieren. Die Kontrolle der Regierung wird letztlich nicht durch einzelne Maßnahmen und durch die Verbesserung der instrumentellen Hilfsmittel allein erreicht, sondern vor allem durch die Aktivität einer effektiven Opposition.

Scharfe Konflikte, die mit rhetorischem Aufwand ausgetragen werden, können nicht darüber hinwegtäuschen, daß das Oppositionsverhalten in der Bundesrepublik die Bezeichnung »kooperativer Parlamentarismus« verdient. Im 6. Bundestag stimmte die CDU-CSU-Opposition 93% aller verabschiedeten Gesetze zu. Nur 14 Gesetze wurden von der Opposition abgelehnt, in 9 Fällen enthielt sie sich der Stimme. Nicht selten stimmte die Opposition zähneknirschend einer Regierungsvorlage selbst dann zu, wenn ihre Einwände oder Änderungsvorschläge in den Ausschußberatungen von der Mehrheit nicht akzeptiert wurden (Veen, 1976: 191f.). In der Ära Schmidt nahm die Zahl der kontrovers verabschiedeten Gesetze zwar zu, blieb aber unter der Zehnprozentmarke. Vor allem in Krisen der äußeren Bedrohung (Mauerbau in Berlin 1961) oder der inneren Bedrohung (Schleyer-Entführung 1977) kam es zur engeren Kooperation mit der Opposition in einer gemeinsamen Außenpolitik oder in einem förmlichen Krisenstab. Eine populäre Vorstellung geht davon aus, daß die Regierungsparteien die Agenda thematisieren, die in einen Akt der Gesetzgebung einmündet. Eine Untersuchung der ersten zehn Wahlperioden hat gezeigt (Sebaldt, 1992: 154ff.), daß 7,8% aller Gesetze auf Oppositionsinitiativen zurückgingen. Dabei ist nicht nur der kleine Teil von Oppositionsanträgen zu zählen, der Gesetz wird. Die Thematisierungsfunktion der Opposition ist vor allem indirekt gewichtig: Initiativen der Opposition wurden nicht selten zum Anlaß für eigene Initiativen der Regierungsparteien. Noch größer ist der Einfluß der Opposition durch ihre Möglichkeit, in den Ausschüssen manche Änderung des von den Regierungsparteien getragenen Entwurfs durchzusetzen.

Das Oppostionsverhalten ist nicht zeitlos konstant. Bestimmte Phasen (Friedrich, 1973) lassen sich unterscheiden: 1949 bis 1953 verfolgte die SPD unter Schumacher eine militante Konfrontationspolitik. Es war die Zeit, da die Opposition auch die Gesetzesinitiative noch mehr benutzte als später und häufiger dem Parlament alternative Entwürfe vorlegte. Schrittweise bildete sich mit der wachsenden Zahl der grundlegenden Vorentscheidungen, die die Mehrheit traf und die auch die Opposition im Falle eines Machtwechsels nicht hätte revidieren können (Westintegration, deutscher Verteidigungsbeitrag), ein kooperatives Oppositionsverhalten heraus. Nach den Bundestagswahlen von 1961 plädierte die SPD für die Bildung einer Allparteien-Regierung aufgrund der nationalen Notlage, die durch den Mauerbau in Berlin entstanden war. Trotz der erneuten CDU-FDP-Koalition kam es vorübergehend zu einer intensiven gemeinsamen Außenpolitik. Bis zur großen Koalition 1966 kann die Haltung der SPD-Opposition passiv und »attentistisch« genannt werden. Die Mini-Opposition der FDP in der Zeit der großen Koalition 1966 bis 1969 war untypisch in der bisherigen Geschichte der Bundesrepublik. Durch die für sie existenzbedrohenden Wahlrechtspläne der großen Koalition war die Härte der Opposition ebenso vorprogrammiert wie ineffektiv. Mit der Bildung der sozialliberalen Koalition führte das gouvernementale Selbstverständnis der CDU noch weitgehend das einer »Opposition wider Willen«. Unter Barzel versuchten die Unionsparteien, sich als lautstarke und kämpferische Opposition in der parlamentarischen Arena zur Geltung zu bringen. Seit 1976 wurde diese Haltung noch verstärkt durch eine Art »Im-Felde-unbesiegt-Gefühl« aufgrund der Tatsache, wieder die stärkste Kraft darzustellen und als Gewinner um die Früchte des Sieges gebracht worden zu sein. Seit dem Scheitern des Mißtrauensvotums gegen Brandt und seit der Manövrierung des Bundestags in eine Periode der Handlungsunfähigkeit hat jedoch die *»Brinkmanship«*-Strategie der Opposition sich in mancher Hinsicht gemildert. Kooperative Züge der Oppositionspolitik wurden nach dem Abschluß der wesentlichen Entwicklungen in der Ostpolitik (Moskauer Vertrag, August 1970, Warschauer Vertrag, November 1970, Grundlagenvertrag mit der DDR vom Dezember 1972) selbst in der Außenpolitik wieder sichtbar.

Die Kritik an der geheimen »kleinen großen Koalition auf Zeit« hat die Debatte um die Parlamentsreform immer wieder auf die Notwendigkeit der Stärkung der Rechte der Opposition zurückgeführt. In Hamburg wurde 1971 sogar ein Artikel 23a in die Verfassung eingefügt: »Die Opposition ist wesentlicher Bestandteil der parlamentarischen Demokratie.« Entscheidender als die deklamatorische Aufwertung der Opposition ist die Zuweisung von parlamentarischen Rechten.

Durch den Einzug der Grünen verschärften sich die Konflikte. Die Oppositionsstrategien wandelten sich gleichfalls. Die mächtige Unionsopposition hatte im 7. Bundestag 1972–1976 den Bundesrat und den *Vermittlungsausschuß* erfolgreich für die Durchsetzung ihrer politischen Vorstellungen einsetzen können. 11,8% der Gesetze waren erst nach Anrufung des Vermittlungsausschusses zustande gekommen, und bei 2,1% wurde die Zustimmung versagt. Die Zahl sank im 10. Bundestag auf 1,6%. Wo Änderungsanträge der Oppositionsfraktionen vorgelegt worden waren, kam es gleichwohl in der Zeit der sozialliberalen Koalition vielfach noch zur einstimmigen Verabschiedung. Die Opposition hatte einiges durchgesetzt und konnte zustimmen. Im 10. Bundestag war die Einstimmigkeit schon wegen der Grünen selten, selbst wo die SPD einem Entwurf der unionsgeführten Regierung zustimmte, zu dem sie Änderungsanträge mehr oder weniger erfolgreich lanciert hatte. Die generelle Zahl der *einstimmig* verabschiedeten Gesetze sank drastisch von 72,9% (im 7. Bundestag) auf 15,6% (im 10. Bundestag, davon in der Sozialpolitik auf 24%, in der Wirtschaftspolitik auf 25%, Chronik 10. WP: 322).

Die *Rolle der Opposition* zeigt sich unter anderem in der Initiative von Ausschüssen. In 62,5% und 65,9% der Fälle (7. und 10. Bundestag) haben die *Ausschüsse Änderungswünsche* geäußert. Bei der Wirtschaftspolitik blieb der zuständige Ausschuß in diesem Rahmen. Bei der Sozialpolitik war die Anzahl im 10. Bundestag höher. Obwohl die SPD in 32 Fällen elfmal Anträge stellte und die Grünen nur einmal (1985), hatten die Grünen offenbar ihre Präventivwirkung auch auf das SPD-Verhalten, das schärfer wurde. Dies zeigte sich auch bei der Forderung nach *namentlicher Abstimmung*, die in sieben von 32 Fällen durchgesetzt wurde. Namentliche Abstimmungen haben nur symbolische Bedeutung: eine Drohgeste des unterlegenen Teils, der jedoch ein Indikator für das parlamentarische Klima ist. Die Union hatte im 7. Bundestag mit solchen Instrumenten wenig gearbeitet (einmal bei der Wirtschaft und zweimal in der Sozialpolitik). Sie hatte effektivere Oppositionsmittel in der Hand.

Mit den Grünen kam ein neues Element der Opposition in den Bundestag. *Initiativen der Grünen* in der Wirtschaftspolitik blieben jedoch marginal im sozialen oder ökologischen Bereich der Wirtschaft, von einem Gesetzentwurf zum Verbot der Aussperrung (10/1635, 1984) bis zu einem Arbeitszeitgesetz (10/2188, 1984) oder »Verbot der Leiharbeit« (10/4288, 1985). Am umfassendsten war die Initiative zu einem »Sozialen und ökologischen Sofortprogramm« vom September 1983, mit dem man zwei Fliegen mit einer Klappe schlagen wollte (Umweltzerstörung und Massenarbeitslosigkeit). Mehr Initiativen wurden in der Sozialpolitik entfaltet, da man sich hier stärker auf Realistisches, nämlich Änderungen bestehender Gesetze, spezialisierte. Realistisch nur in der Taktik des Entscheidungsprozesses, nicht notwendigerweise auch im Inhalt der Anträge, wie zum Beispiel dem Verlangen, die Regelsätze der Sozialhilfe um 30% zu erhöhen (10/2577, 1984) oder »Grundrente statt Altersarmut« (10/3496, 1985) oder Mindestrente von 1000 DM pro Person im Rahmen der gesetzlichen Rentenversicherung (10/4047, 1985). Viele weniger ausgabenintensive und durchaus diskutable Vorschläge wie die Forderung nach einem eigenen Psychiatriegesetz (10/4557, 1985) kamen gegen die Gesetzesinitiative der etablierten Parteien nicht durch (15. 12. 1986) (Cornelsen, 1986. 138 ff.). Mit zunehmendem Realismus und einer punktuellen Zusammenarbeit mit der SPD haben sich jedoch die Durchsetzungschancen für die Vorstellungen dieser neuen Opposition verbessert.

Im 10. Bundestag kam keine der Bundestagsinitiativen, die von den Grünen ausging, bis zur Gesetzesreife. Die Rolle der »Opposition in der Opposition« war wesentlich effektiver in der Ausübung der Kontrollfunktionen des Parlaments. Fast die Hälfte aller großen Anfragen (46,9%) und die große Mehrheit der kleinen Anfragen (85,0%) gingen auf die Grünen zurück (Chronik 11 W. P.: 405).

Haushaltsrecht und Planung waren kritische Punkte, an denen die Opposition weiterhin ins Hintertreffen gegenüber der Regierungsübermacht zu geraten drohte. Die verfügbare Manövriermasse des Haushalts wird angesichts mittelfristiger Festlegungen immer geringer. Haushaltsvollzug und parlamentarische Finanzkontrolle werden immer schwieriger. In der Bundesrepublik ist der Anteil der Haushaltsberatungen in der gesamten Sitzungszeit im Jahresdurchschnitt weit unter den Gepflogenheiten anderer parlamentarischer Demokratien wie Großbritannien oder Italien. Es wurde gelegentlich kritisiert, daß von der zu knapp bemessenen Zeit für Haushaltsdebatten ein Drittel auf Themen allgemein-politischer Art verwandt wird und nur ein knappes Drittel der Zeit auf die Diskussion der einzelnen Ansätze (Sturm, 1989: 222 ff.), obwohl andererseits moniert wurde, daß die Haushalte immer fragmentierter und unübersichtlicher und die Haushaltsdebatten immer unpolitischer würden. Die Flucht in die Generaldebatte erscheint für die Opposition häufig der einzig bleibende Weg. Noch selektiver ist die Haushaltskontrolle.

Der *Bundesrechnungshof* ist angesichts der zunehmenden Komplexität der Haushaltspolitik das effektivere Kontrollinstrument. Er stellt häufig eine Vernachlässigung der Kontrollfunktion des Parlaments fest. Die Vorarbeit des Rechnungshofes könnte zur Hilfe für das Parlament werden. Auffällig sind jedoch die langen Fristen, die bei der Auswertung seiner Berichte durch die zuständigen Bundestagsausschüsse verstreichen (Pelny, 1972: 420). Außerdem dient die Finanzkontrolle des Rechnungshofes nicht einseitig zur Stärkung der Kontrollfunktion des Parlaments, sondern ebensosehr der Regierung und damit ihrer parlamentarischen Mehrheit.

(d) Die parlamentarische Vereinigung – ein weiterer Bedeutungsverlust für den Bundestag?

Bei der Betrachtung der politischen Kultur in Deutschland wurde schon deutlich (Kap. 2c), daß die deutsche Vereinigung keine große nationale Rhetorik hervorbrachte. Diese Stimmung spiegelte sich auch in den Parlamenten wider. In der Volkskammer wurde in den Debatten um die Einigungsverträge sehr viel kontroverser diskutiert als im Deutschen Bundestag. Aber auch der Volkskammer wurde von einem Abgeordneten des Bündnis 90 vorgehalten: »Mich überrascht die laue Stimmung und die etwas mäßige Beteiligung im Plenum, als würden wir das 6. Überleitungsgesetz zum Wassereinführungswesen behandeln und nicht einen solch wichtigen Staatsvertrag« (Auf dem Weg, V: 1990: 211). Die erste Einigungsphase war eine Stunde der Exekutive. Das Parlament war kaum eingeschaltet und vielfach unzureichend informiert. Eine Reihe von konservativen Abgeordneten um Herbert Czaja fühlte sich in seinen Rechten als Parlamentarier übergangen und klagte gegen das Verfahren der Bundesregierung, »beitrittsbedingte Änderungen des Grundgesetzes« im Einigungsvertrag zu vereinbaren, mit der Folge, daß der Bundestag in dieser Sache nur in der Form eines Zustimmungsgesetzes befinden konnte. Die Kläger waren der Ansicht, daß das Grundgesetz nur durch ein eigenständiges Gesetz geändert werden könne. Das Gericht wies die Klage zurück. Es sah die Handlungsweise der Bundesregierung durch Art. 23, Satz 2 GG in Verbindung mit dem Wiedervereinigungsgebot des Grundgesetzes abgedeckt. Das Gericht schloß sich nicht der Interpretation an, daß hier auf dem Weg völkerrechtlicher Verträge das Grundgesetz geändert werde, da die DDR zu »Deutschland« gehöre und »nicht als Ausland angesehen werden könne« (BVerfGE 82: 320).

Die Debatte des Deutschen Bundestages wurde von den Ereignissen überrollt. Die Legislative fühlte sich durch die Beschleunigung der Einigung benachteiligt. Eifersüchtig wachte sie über ihre Kompetenz in der Gesetzgebung, welche sie sowohl gegen exekutive Überdehnung der Befugnisse durch Verträge mit der DDR als auch gegen Wünsche nach mehr plebiszitärer Mitwirkung des Volkes verteidigte. Die Parlamentsmehrheit widersetzte sich auch der Idee, daß ein Verfassungsrat als Ausfluß der verfassunggebenden Gewalt des Volkes neben dem Parlament entstehen könnte, entschieden (vgl. Kap. 1d).

Als die Einigungsverträge parlamentarisch behandelt wurden, änderte sich die Regierungspolitik. Auch die Opposition erkannte in der Debatte um den Einigungsvertrag an: »Trotz der Sommerpause ist der Deutsche Bundestag früher und besser informiert worden als beim ersten Staatsvertrag. Allerdings, Herr Schäuble, halten wir das für eine Selbstverständlichkeit und nicht für eine besondere Gnade der Bundesregierung.« Trotz des Unwillens über die geringe parlamentarische Mitwirkung konnte die Oppositionsrednerin für die SPD, Herta Däubler-Gmelin, der Arbeitsleistung der Regierung in knapp bemessener Zeit nicht jeden Respekt versagen: »Was da in wenigen Wochen zusammengetragen, was da abgeklärt, was da ausgehandelt wurde, ist wirklich erstaunlich« (Auf dem Weg, V: 1990: 36, 35).

Noch ist es zu früh auszumachen, ob die lange Stunde der Exekutive zu einem dauerhaften Bedeutungsverlust des Deutschen Bundestages beigetragen hat. Die »Stunde der Exkutive« schlägt sich auch in der Parlamentsstatistik nieder (vgl. Tabelle 7.1). Der Anteil der Regierungsvorlagen (68%) sank im 12. Bundestag (1990–1994). Dies bedeutet jedoch keinen Machtzuwachs des Parlaments, sondern spiegelt eher die Eilbedürftigkeit vieler Regelungen wieder. Die Regierung überläßt die Initiative ihren Fraktionen, um die erste Runde im Bundesrat zu sparen. Die Zusammenlegung von Initiativen war häufiger als je zuvor. Die Zahl der Gesetzesbeschlüsse war die vierthöchste der Geschichte. Die Zahl der Vorlagen die höchste, und sie übertraf noch den ersten Bundestag, der viele Rechtsbereiche grundsätzlich neu zu ordnen hatte.

Das Parlament ist neben den Parteien (vgl. Kap. 4d) sicher die Institution, bei der am häufigsten ein Legitimitätsverlust unterstellt wird. Bei Befragungen der Bürger, denen die übliche Vertrauensfrage gestellt wird, liegt das Parlament nicht an der Spitze. Politikfernere Einrichtungen wie das Verfassungsgericht genießen höheres Ansehen. Dennoch erweckt der Bundestag bei der Mehrheit der Bürger ein beachtliches Vertrauen. Es ist von einer »diffusen Unterstützung« der Wähler für den Bundestag gesprochen worden, weil sich das Vertrauen – je nach dem Wortlaut der Testfrage – unterschiedlich darstellte. Die Bürger nahmen Funktionen der parlamentarischen Arbeit von der Gesetzgebung bis zur Kontrolle nicht ganz undifferenziert wahr (Schüttemeyer, 1986: 272).

Die Bürger sahen ihr Parlament in weniger skeptischem Licht als die Parlamentarier selbst. Umfragen haben ergeben, daß 85% der Mitglieder des Bundestages von einem Ansehensverlust des Parlaments ausgingen. Nur 60% der Bürger hatten eine gleiche Vermutung (Puhe/Würzburg, 1989: 12). Ein Bedeutungsverlust der Legislative gegenüber der Exekutive ist von einer großen Mehrheit der Abgeordneten des 11. Deutschen Bundestages schon vor der deutschen Einigung beklagt worden. Das Gefühl des Bedeutungsverlustes hat am stärksten die Grünen (91 %) und am schwächsten die CSU (61 %) erfaßt. Es beherrschte aber die Mehrheit aller Bundestagsparteien (Herzog u. a., 1990: 111).

Solche Selbstverunsicherungen durch Umfragen sind unter den Abgeordneten nicht folgenlos geblieben. Sie wurden für eine neue Initiative zur Parlamentsreform auch in bester Absicht instrumentalisiert. Im 11. Bundestag entstand eine »Interfraktionelle Initiative Parlamentsreform«, der nahezu 200 Abgeordnete beitraten. Hildegard Hamm-Brücher (FDP) war die wichtigste Initiatorin der neuen Reformdebatte. Ihre Initiative trug einige altliberale Züge, da sie vor allem auf die Stärkung der Stellung des einzelnen Abgeordneten zielte. Ohnmachtsgefühle der Abgeordneten, die sich in einer Befragung gezeigt hatten, legten freilich eine solche Ausrichtung nahe, schon um die Unterstützung von Abgeordneten aller Fraktionen zu sichern. Das Gefühl, eine wichtige Arbeit zu leisten und als Abgeordneter Positives bewirken zu können, hat im 11. Bundestag nur eine Minderheit beflügelt (Puhe/Würzburg, 1989: 16). Eine andere Befragung zeigt, daß sich eine Renaissance des dualistischen Gewaltenteilungsmodells in den Vorstellungen der Abgeordneten anbahnte. Kaum ein Abgeordneter hielt das dualistische Modell für Realität, aber immerhin 39 % hätten es gern verwirklicht gesehen (Werner, 1990: 407).

Die Initiative zur Parlamentsreform versuchte, diese normativen Wunschvorstellungen einzelner Abgeordneter in Vorschläge zur Parlamentsreform umzusetzen. Kritisiert wurde, daß die Wähler auf die Kandidatenauswahl keinen Einfluß hätten, daß die Kontrolle der Regierung nicht funktioniere und daß die Mitverantwortung des einzelnen Abgeordneten stark reduziert worden sei. Hildegard Hamm-Brücher (1990: 308) verwickelte sich in den Widerspruch, den freien Abgeordneten stärken zu wollen, zugleich aber das freie Mandat für überholt zu erklären. Sie warnte davor, in einer gesamtdeutschen Verfassung Illusionen durch Betonung des freien Mandats zu wecken. Zweifellos ist die Spannung zwischen der Gewissensklausel des Grundgesetzes und dem faktischen Mandat der Parteien im Parteienstaat immer stärker geworden. Das gilt vor allem für Parteien in der Regierungsverantwortung, die einen Koalitionsvertrag abschließen. Da wurde gelegentlich in bester Absicht die Quadratur des Kreises angestrebt wie im Koalitionsvertrag der Regierung de Maizière (II.2): »Alle Fraktionen verpflichten sich, im Rahmen der Koalitionsvereinbarungen nicht mit wechselnden Mehrheiten abzustimmen, wobei die Gewissensfreiheit des einzelnen Abgeordneten davon unberührt bleibt.« Die Konsequenz einer solchen Selbstverpflichtung bedeutet: absoluter Fraktionszwang. Das Gewissen einzelner Abgeordneter kann einzelne Dissenter zulassen. Der Gewissensfall wird freilich in der Regel auch von den Fraktionen definiert und bleibt damit keineswegs »davon unberührt«. Niemand leugnet, daß die Gewissensklausel fern der Realität ist. Gleichwohl kann sie als Rechtfertigung von Abgeordneten, die sich gelegentlich dem Fraktionszwang zu entziehen suchen, moralische wie politische Bedeutung erlangen.

Wenig läßt sich bisher über die Veränderungen des parlamentarischen Klimas im 12. gesamtdeutschen Bundestag sagen. Da die Abgeordneten der DDR schon im Oktober 1990 als Gäste bis zum Tag der Vereinigung einzogen, wurde ihnen rasch demonstriert, daß ihnen keine sehr eigenständigen Gestaltungsmöglichkeiten offenstanden. Nostalgische Wünsche nach der sympathisch offenen, wenn auch vielfach chaotischen und folgenlosen Debatte der Volkskammer breiteten sich aus. Der Geist des Runden Tisches als eine Art Nebenparlament in der ersten Phase der Übergangszeit bis März/April 1990 ließ sich auch in die Volkskammer nicht voll integrieren. Zu hart waren die Anforderungen an Professionalisierung auch dort. Zu stark war der Arbeitsdruck zur Schaffung der gesetzgeberischen Voraussetzungen für die deutsche Einigung.

Die Frustration vieler neueintretender Parlamentarier aus den ostdeutschen Ländern war naturgemäß noch größer als in Westdeutschland (vgl. Badura/Reese, 1976). Bei den Parteien, in denen die alten Blockparteien eine gewisse Vorsozialisation bewirkt hatten, waren die Anpassungsschwierigkeiten vergleichsweise am geringsten. Die SPD-Abgeordneten der neuen Länder taten sich schon schwerer. Die PDS-Abgeordneten begegneten der Mauer des Mißtrauens mit betriebsamem organisatorischen Know-how. Am schwersten schienen es die Abgeordneten des Bündnis 90 zu haben. Sie wurden mit mehr Wohlwollen empfangen als einst die Grünen. Angesichts ihrer Schwäche mußten sie jedoch auch um ihre parlamentarischen Rechte kämpfen. Der Zugang zu den Besprechungen der Obleute in den Ausschüssen wurde leichter erreicht als einst von den Grünen. Negativ aber fiel auf, daß die Hauptopfer der DDR-»Stasi« von den Beratungen des Ausschusses, der die Geheimdienste kontrollierte, ausgeschlossen blieben. Ein weiteres Handicap des Bündnis 90 lag in ihrem Verhältnis zu den Grünen. Sie fühlten sich bis Dezember 1990 nicht als parlamentarische Rechtsnachfolger der Grünen im Deutschen Bundestag. Die Grünen hatten in den Augen der ostdeutschen Neuankömmlinge zu wenig erreicht. Andererseits hätte ihnen das partielle Know-how, das einige Grüne Parlamentarier inzwischen erreicht hatten, im 12. Bundestag den Start erleichtert, wenn die Grünen sich nicht selbst durch eigene verfehlte Bündnispolitik den Einzug in den 12. Bundestag verscherzt hätten (vgl. Kap. 4e).

Schon in der Debatte um die Regierungserklärung Kohls kam es zu unerfreulicher Belehrung und gelegentlichem Hohn. Grundsatzdebatten wurden schroff unterbrochen. Ein Publizist kam zu dem Ergebnis: »Wer nicht spurt, ›wird abgekanzelt‹« (Hofmann, 1991: 12). Bei dieser Art Hochmut der Etablierten wurde vielfach übersehen, daß gerade in den Regierungsfraktionen die meisten Vertreter ehemaliger Blockparteien in der DDR sitzen, die belasteter erscheinen als die Vertreter der Kerzenrevolution.

Sind prima vista die Konflikte im Deutschen Bundestag durch die Vereinigung Deutschlands schärfer geworden, so kam es andererseits auch wieder zu verstärkter Kooperation mit der Opposition. Die SPD stellte sich erneut in die Tradition der *parlamentarischen Mitregierung*, als sie den Regierungsparteien die Kooperation ihrer Partei in der schweren Wirtschaftskrise der östlichen Bundesländer anbot. Die FDP war solchen Annäherungsversuchen naturgemäß feindlich gesonnen. Öffentliche Spekulationen über die Notwendigkeit einer großen Koalition hatten den Juniorpartner in der Regierung verschreckt. Das Trauma der FDP-Miniopposition von 1966–1969 hatte seine Nachwirkungen. Bundeskanzler Kohl wies das Angebot nicht zurück, versuchte aber diese Kooperation auf einer wenig gewichtigen Ebene zu halten. »Keine Nebenregierung« lautete die Parole der Union im Frühjahr 1991. Zwei von der Regierung und der Opposition eingesetzte deutschlandpolitische Arbeitsgruppen (»Wirtschaft und Arbeitsmarkt« und »Bodenrecht und Verwaltung«) unter Beteiligung der Minister Schäuble und Waigel und von seiten der SPD der beiden stellvertretenden Parteivorsitzenden Herta Däubler-Gmelin und Wolfgang Thierse führten zu keinem Konsens. Grundsätzliche Änderungswünsche der Opposition im Eigentumsrecht wurden von der Regierung abgelehnt. Nur in einigen Details einer Vereinfachung der Verwaltung kam es zu Kompromissen. Ein Drittel der SPD-Forderungen stieß bei der Bundesregierung im Verwaltungsbereich auf Verständnis. Die abgelehnten Vorschläge versprach die SPD als Antrag im Bundestag anläßlich der Haushaltsberatungen einzubringen. Die parlamentarische Mitregierung kann naturgemäß nicht erfolgreich sein, wenn die Opposition die Regierung parlamentarischen Wechselbädern aussetzt.

Zwischen zahlreichen Kooperationsangeboten standen problematische Alleingänge wie die Forderung nach Auflösung des Bundestages, obwohl die SPD-Politiker Engholm und Vogel wußten, daß diese nur durch eine »Mogelpackung« über eine unechte Vertrauensfrage nach dem umstrittenen Muster von 1982 zu erreichen war. Sie setzten sich allzu leicht dem Verdacht nicht ganz ernstgemeinter Propaganda aus. Auch die Forderung an den Bundeskanzler, wenige Monate nach der Vereinigungswahl wegen der »veränderten Lage« zurückzutreten, hatte wenig Verankerung in den parlamentarischen Bräuchen der Bundesrepublik. Als schädlich für die Kooperation der Opposition erwies sich auch, daß die Partei nicht mit einer Zunge sprach. Lafontaine nannte die Verhandlungen in einem Interview im Mai 1991 »Showveranstaltungen«, auf die man verzichten könne. Seit der Wahl in Rheinland-Pfalz, welche die Mehrheitsverhältnisse im Bundesrat änderte, trat zunehmend die Drohung, mit der neuen Bundesratsmehrheit eine andere Politik zu »erzwingen«, an die Stelle der Kooperationsbereitschaft. Dennoch wurden 1992/93 in der Asylpolitik und in der Frage des Solidaritätsbeitrages wichtige Teilkompromisse zwischen Regierung und Opposition erarbeitet. In anderen Bereichen wie der Frage der deutschen Beteiligung bei Einsätzen von Awacs-Aufklärungsflugzeugen in Bosnien kam es zu keiner Einigung. Teile des Parlaments fühlten sich in der Entscheidungsfindung übergangen. Der deutsche Parlamentarismus leistete sich die Farce, daß eine Regierungspartei wie die FDP – neben der Oppositionspartei SPD – das Bundesverfassungsgericht anrief, das eine einstweilige Anordnung traf, die die verfassungsrechtlichen Bedenken der Liberalen zwar nicht ausräumte, aber zu überspielen erlaubte, um die Koalition zu retten. Wie einst beim Auflösungsurteil waren solche Manöver der Demonstration von Parlamentssouveränität stark abträglich.

Literatur

J. D. Aberbach/R. D. Putnam/B. A. Rockmann: Bureaucrats and Politicians in Western Democraties. Cambridge/Mass., Harvard UP, 1981

F. W. Appoldt: Die öffentlichen Anhörungen (»Hearings«) des Deutschen Bundestages. Berlin, Duncker & Humblot, 1971

Auf dem Weg zur deutschen Einheit V. Deutschlandpolitische Debatten... Bonn, Deutscher Bundestag, 1990

B. Badura/J. Reese: Jungparlamentarier in Bonn – ihre Sozialisation im Deutschen Bundestag, Stuttgart, Frommann-Holzboog, 1976

Beratungen und Empfehlungen zur Verfassungsreform. Teil 1: Parlament und Regierung. Zur Sache, 3/1976. Teil 2: Zur Sache 2/1977

U. Bermbach/F. Esche (Hrsg.): Hamburger Bibliographie zum parlamentarischen System der Bundesrepublik. 6. Erg. Lfg. 1981–1984: Opladen, Westdeutscher Verlag, 1993

K. von Beyme: Die parlamentarischen Regierungssysteme in Europa. München, Piper, 1973[2]

K. von Beyme: Wirtschafts- und Sozialpolitik im Deutschen Bundestag. In: U. Thaysen u. a. (Hrsg.): US-Kongreß und Deutscher Bundestag. Opladen, Westdeutscher Verlag, 1988: 342–365

F.-W. Böckenförde: Planung zwischen Regierung und Parlament. Der Staat, 1972: 429–458

H. Borgs-Maciejewski: Parlamentsorganisation, Heidelberg, v. Decker, 1979

G. R. Boyton/G. Loewenberg: Der Bundestag im Bewußtsein der Öffentlichkeit 1951–1959. PVS, 1973: Nr. 1: 3–26

T. Burkett/S. Schuettemeyer: The West German Parliament. London, Butterworths, 1982

Chronik, Gesetze, Statistik, Dokumentation. Deutscher Bundestag, 1.–10. Wahlperiode. Bonn o. J.

D. Cornelsen: Ankläger im Hohen Haus. Die Grünen im Bundestag. Essen, Klartext, 1986

W. Egloff: Die Informationslage des Parlaments. Eine Untersuchung zur Gesetzgebungslehre am Beispiel des Deutschen Bundestages und der Schweizerischen Bundesversammlung. Zürich, Schulthess, Polygraphischer Verlag, 1974

D. Engels: Parlamentarische Untersuchungsausschüsse. Heidelberg, v. Decker und Müller, 1991[2]

H. K. Freund: Abgeordnetenverhalten. Ausübung des Mandats und persönliche Interessen. Frankfurt, Haag & Herchen, 1986

M. Friedrich: Opposition im Deutschen Bundestag. ZParl, 1973: 392–406

M. Friedrich: Landesparlamente in der Bundesrepublik. Opladen, Westdeutscher Verlag, 1975

K. Günther: Der Kanzlerwechsel in der Bundesrepublik. Adenauer – Erhard – Kiesinger. Hannover, Verlag für Literatur und Zeitgeschehen. 1970

F. Grube u. a.: Politische Planung in Parteien und Parlamentsfraktionen. Göttingen, Schwartz, 1976

W. Härth: Die Rede- und Abstimmungsfreiheiten der Parlamentsabgeordneten in der BRD. Berlin, Duncker & Humblot, 1983

H. Hamm-Brücher: Der freie Volksvertreter – eine Legende. München, Piper, 1990

Ch. Hanke: Informale Regeln als Substrat des parlamentarischen Verhandlungssystems. ZParl, 1994: 410–420

M. Heger: Deutscher Bundesrat und Schweizer Ständerat. Berlin, Duncker & Humblot, 1990

D. Herzog u. a.: Abgeordnete und Bürger. Opladen, Westdeutscher Verlag, 1990

D. Herzog u. a. (Hrsg.): Parlament und Gesellschaft. Opladen, Westdeutscher Verlag, 1993

A. Hess: Berufsstatistik der Mitglieder des 10. Deutschen Bundestages. ZParl, 1983: 486–489

A. Hess: Daten und Aspekte zur Sozialstruktur des 12. Deutschen Bundestages. ZParl, 1992: 201–216

H. Hill (Hrsg.): Zustand und Perspektiven der Gesetzgebung. Berlin, Duncker & Humblot, 1989

S. Hölscheidt: Der Haushaltsausschuß des Deutschen Bundestages. Darmstadt, Neue Darmstädter Verlagsanstalt, 1990

G. Hofmann: Wer nicht spurt, wird abgekanzelt. Die Neulinge im althergebrachten Parlament stoßen auf Hochmut und Besserwisserei. Die Zeit, 1991, Nr. 7: 12

E. Hübner/H. Oberreuter (Hrsg.): Der Bundestag von innen gesehen. München, Piper, 1969

W. Ismayr: Der Deutsche Bundestag. Opladen, Leske & Budrich, 1992

W. Jann: Parlamente und Gesetzgebung. Opladen, Westdt. Verlag, 1996

O. Jung: Direkte Demokratie in der Weimarer Republik. Frankfurt, Campus, 1989

H. Kaack: Zur Abgeordnetensoziologie des Deutschen Bundestages. Zugehörigkeitsdauer und Altersschichtung. ZParl, 1988: 169–187

W. Kewenig: Staatsrechtliche Probleme parlamentarischer Mitregierung am Beispiel der Arbeit der Bundestagsausschüsse. Bad Homburg, Gehlen, 1970

R. Kipke: Die Untersuchungsausschüsse des Deutschen Bundestages. Berlin, Berlin Verlag, 1985

L. Kissler: Die Öffentlichkeitsfunktion des Deutschen Bundestages. Berlin, Duncker & Humblot, 1976

K. Kremer: Der Weg ins Parlament. Kandidatur zum Bundestag. Heidelberg, v. Decker, 1986

J. Kürschner: Die Statusrechte des fraktionslosen Abgeordneten. Berlin, Duncker & Humblot, 1984

P. J. Lapp: Anspruch und Alltag der Volkskammer vor dem Umbruch 1989/90. ZParl, 1990: 115–125

P. Lichtenberg: Die Aktuelle Stunde im Deutschen Bundestag. Berlin, Duncker & Humblot, 1983

G. Loewenberg: Parlamentarismus im politischen System der BRD. Tübingen, Wunderlich, 1969

U. Lohmar: Das Hohe Haus. Der Bundestag und die Verfassungswirklichkeit. Stuttgart, DVA, 1975

H. Maier u. a.: Zum Verständnis des fünften Deutschen Bundestages. München, Bonner Universitätsdruckerei, 1969

H. Markmann: Das Abstimmungsverhalten der Parteifraktionen in deutschen Parlamenten. Meisenheim, Hain, 1955

H. Mattern: Grundlinien des Parlaments. Berlin, Vahlen, 1969

R. Mayntz/F. Neidhardt: Parlamentskultur, ZParl, 1989: 370–387

E. Müller/W. Nuding: Gesetzgebung – ›Flut oder Ebbe‹? PVS, 1984: 74–96

E.-P. Müller: Wirtschaftliche und soziale Interessen im XII. Deutschen Bundestag. ZParl, 1992: 5–16

H. NEUMANN: Zur Machtstruktur in der Bundesrepublik Deutschland. Diss., Kiel, 1978

M. VON NORDHEIM/R. W. TAYLOR: The Significance of Lobbyist-Legislator Interactions in German State Parliaments. Legislative Studies Quarterly, 1976: 511–531

H. OBERREUTER: Institutionalisierung der Opposition? Opposition und Parlamentsreform. In: Ders. (Hrsg.): Parlamentarische Opposition. Hamburg, Hoffmann & Campe, 1975: 266–291

H. OBERREUTER: Scheinpublizität oder Transzendenz? Zur Öffentlichkeit von Parlamentsausschüssen. ZParl, 1975: 77–92

H. OBERREUTER (Hrsg.): Parlamentsreform. Passau, Passavia, 1981

W. J. PATZELT: Das Amtsverständnis der Abgeordneten. APuZG B 21/1991: 25–35

W. PATZELT: Abgeordnete und Repräsentation. Amtsverständnis und Wahlkreisarbeit. Passau, Rothe, 1993

ST. E. PELNY: Zur Reform des Bundesrechnungshofes. Die Legislative ließ ihre Kontrollmöglichkeiten ungenutzt. ZParl, 1972: 417–427

F. VON PETER: Zur Beteiligung des Parlaments auf Bundesebene. DÖV, 1973: 336–342

TH. PETERMANN (Hrsg.): Das wohlberatene Parlament. Orte und Prozesse der Politikberatung beim Deutschen Bundestag. Berlin, Sigma, 1990

K. PORZNER u. a. (Hrsg.): 40 Jahre Deutscher Bundestag. Baden-Baden, Nomos, 1990

H. PUHE/H. G. WÜRZBERG: Lust und Frust. Das Informationsverhalten des deutschen Abgeordneten. Köln, Informedia, 1989

P. RASCHKE/J. KALKE: Quantitative Analyse parlamentarischer Tätigkeiten der Landtage. ZParl, 1994: 32–60

H. RAUSCH: Bundestag und Bundesregierung. München, C. H. Beck, 1976[4]

H. REBENSTORF/B. WESSELS: Wie wünschen sich die Wähler ihre Abgeordneten? ZParl, 1989: 408–424

A. RUMMEL: Der Bundestagspräsident. Stuttgart, Bonn aktuell, 1974

R. SANNWALD: Die Beratungen zur Reform des Parlamentsrechts in der Gemeinsamen Verfassungskommission. ZParl, 1994: 15–32

F. SCHÄFER: Der Bundestag. Opladen, Westdeutscher Verlag, 1982[4]

R. SCHICK (Hrsg.): Der Bundestagspräsident. Stuttgart, Bonn aktuell, 1987

P. SCHINDLER (Red.): Datenhandbuch zur Geschichte des Deutschen Bundestages. 1949–1982. Bonn, Presse- und Informationszentrum des Deutschen Bundestages, 1983

P. SCHINDLER (Red.): Datenhandbuch zur Geschichte des Deutschen Bundestages. 1980–1987. Bonn, Presse- und Informationszentrum des Deutschen Bundestages, 1987, 1983–1991. Baden-Baden, Nomos, 1994

H.-P. SCHNEIDER/W. ZEH (Hrsg.): Parlamentsrecht und Parlamentspraxis, Berlin, De Gruyter, 1989

H. J. SCHRÖDER: Gesetzgebung und Verbände. Berlin, Duncker & Humblot, 1976

E. Schütt-Wetschky: Parlamentsreform: Meilenstein oder Sackgasse? APuZG B 24/25, 1985: 3–15
E. Schütt-Wetschky: Der freie Volksvertreter: Illusion oder Wirklichkeit? APuZG B 21/22, 1991: 15–23
S. S. Schüttemeyer: Bundestag und Bürger im Spiegel der Demoskopie. Opladen, Westdeutscher Verlag, 1986
C. C. Schweitzer: Der Abgeordnete im parlamentarischen Regierungssystem der Bundesrepublik. Opladen, Leske, 1979
M. Sebaldt: Die Thematisierungsfunktion der Opposition. Frankfurt, Lang, 1992
P. M. Stadler: Die parlamentarische Kontrolle der Bundesregierung. Opladen, Westdeutscher Verlag, 1985
H. Steiger: Organisatorische Grundlagen des parlamentarischen Regierungssystems. Berlin, Duncker & Humblot, 1973
R. Sturm: Der Haushaltsausschuß des Deutschen Bundestages. Opladen, Leske, 1988
R. Sturm: Haushaltspolitik in westlichen Demokratien. Baden-Baden, Nomos, 1989
U. Thaysen: Parlamentarisches Regierungssystem in der Bundesrepublik. Opladen, Leske, 1976[2]
U. Thaysen u. a. (Hrsg.): Amerikanischer Kongreß – Deutscher Bundestag. Ein Vergleich. Opladen, Westdeutscher Verlag, 1988
U. Thaysen: Der Runde Tisch oder: Wo blieb das Volk? Opladen, Westdeutscher Verlag, 1990
S. Tiemann: Die Finanzkontrolle des Bundes oder: Was macht der Bundestag mit den Berichten des Bundesrechnungshofes? ZParl, 1977: 93–105
H. J. Veen: Opposition im Bundestag. Bonn, Eichholz Verlag, 1976
Vierzig Jahre Bundesrat. Baden-Baden, Nomos, 1989
W. Graf Vitzthum: Parlament und Planung. Baden-Baden, Nomos, 1978
H.-J. Vonderbeck: Parlamentarische Informations- und Redebefugnisse. Berlin, Duncker & Humblot, 1981
C. Werner: Wer sind die Rebellen im Parlament? Die Interfraktionelle Initiative Parlamentsreform im 11. Deutschen Bundestag. ZParl, 1990: 404–418
R. Graf von Westphalen (Hrsg.): Parlamentslehre. München, Oldenbourg, 1993

8. Regierung und Verwaltung

(a) Die Bundesregierung

Ist das Parlament der institutionelle Sitz der Volkssouveränität, so liegt bei der Regierung das faktische Leitungszentrum. Die Bezeichnung *parlamentarische Regierung* ist seit dem faktischen Primat der Regierung überholt. In England wird daher folgerichtig seit längerem mehr von *cabinet government* oder *prime ministerial government* gesprochen.

Verselbständigungstendenzen der Exekutive zeigen sich durch die Herausdifferenzierung einer besonderen *Organisationsgewalt* aus der gesetzgebenden Gewalt. Der Ausdruck wurde erstmals von Romeo Maurenbrecher 1837 gebraucht. Er bedeutet die Kompetenz, Staatsbehörden zu schaffen, über ihren Wirkungskreis Instruktionen zu erlassen und die Formen ihrer Geschäftsführung zu bestimmen. Die Organisationsgewalt liegt faktisch weitgehend beim Kanzler. Das Parlament ist nur indirekt beteiligt, insofern es im Haushaltsplan die Mittel für ein neues Amt bereitstellen muß.

Die Praxis zeigt jedoch, daß das Parlament allenfalls im nachhinein mitwirkt. Neue Ämter werden erst bei der Beratung des nächsten Haushaltsplanes im Parlament diskutiert. In der Regel wird auf der Grundlage von Art. 112 GG vorgegangen: »Haushaltsüberschreitungen und außerplanmäßige Ausgaben bedürfen der Zustimmung des Bundesministers der Finanzen. Sie darf nur im Falle eines *unvorhergesehenen* und *unabweislichen* Bedürfnisses erteilt werden.« Die herrschende Praxis der Ämterschaffung wird von Juristen zum Teil für bedenklich gehalten (Böckenförde, 1964: 313).

Angesichts der üblichen Koalitionsregierungen ist zwar die Einrichtung neuer Ministerien nicht strikt »unvorhergesehen« und vielfach auch nicht »unabweislich«. Dennoch kann man sich nicht vorstellen, daß das Parlament sich hier einschaltet, ohne daß die Regierungsbildung stark verzögert wird. In Ländern mit förmlicher Investiturabstimmung (z. B. Italien) könnte man annehmen, daß das Parlament mit seinem Vertrauen auch die Ausübung der Organisationsgewalt sanktioniert. In der Bundesrepublik wird hingegen dem Kanzler bei seiner Wahl gleichsam ein Vorschußvertrauen gegeben.

Im internationalen Vergleich wird man nicht sagen können, daß dieses Vertrauen von deutschen Bundeskanzlern mißbraucht worden ist. Die *Größe der Regierung* und die Ausdehnung der Ressorts über den *klassischen* Kanon der Ministerien (Äußeres, Inneres, Verteidigung, Finanzen, Justiz) und den *neoklassischen* Kanon (Wirtschaft, Arbeit und Soziales, Ernährung und Landwirtschaft), die sich in fast allen parlamentarischen Systemen finden, hinaus hängt von einigen Faktoren ab, die der Regierungschef nicht willkürlich manipulieren kann: vom *Problemdruck* durch besondere Aufgaben, zum Beispiel Kriegsfolgen (sie führten zum Vertriebenen- und gesamtdeutschen Ministerium), und vom *politischen Druck* durch Schwierigkeiten der Koalitionsbildung (sie führen zu Ressorts, die sich sachlich vertreten lassen, aber zunächst koalitionsbedingt erscheinen wie einst das Atomministerium und das Gesundheitsministerium).

Mit der Ernennung von *»Ministern ohne Geschäftsbereich«* ist man in der Bundesrepublik sparsam verfahren. Bis in die sechziger Jahre gab es die Tendenz, das Kabinett bei jeder Regierungsbildung zu vergrößern, unter der großen Koalition war dies nahezu unvermeidlich. 1969 machte man den lobenswerten Anfang zur Verringerung der Anzahl der Ressorts, 1972 kam es wieder zur Vermehrung. Mit 16–17 Ressorts im Durchschnitt ist die Bundesrepublik aber noch immer maßvoll unter den größeren Staaten der westlichen Welt.

Die *Ausdehnung der Ämter* – noch nicht im britischen Ausmaß, wo manchmal knapp die Hälfte einer Fraktion mit Ämtern versorgt wird – ist eher auf der Ebene unterhalb der Minister festzustellen (parlamentarische Staatssekretäre, Staatsminister). Es ist jedoch davor zu warnen, ein kleines Kabinett (abgesehen von gruppenpsychologischen Erwägungen für die Kabinettsberatung) an sich für einen Vorteil zu halten. Je kleiner das Kabinett, um so monströser werden die Ämter, die dann wieder durch neue Posten untergliedert werden müssen. Nicht einmal der *Spareffekt* eines kleinen Kabinetts ist so groß, wie in der Öffentlichkeit häufig geglaubt wird. Die Ausweitung der Ämter unterhalb der ministeriellen Ebene ist dann durch die Kleinheit des Kabinetts eine Notwendigkeit geworden. Nur Länder mit extremer Regierungsinstabilität und komplizierten Koalitionsverhandlungen wie Italien erlauben sich den Luxus eines großen Kabinetts und außerdem noch einer großen Zahl von Untersekretären (meist über 50).

Umstritten war die Bestellung eines Ministers im Bundeskanzleramt. Eine solche Position ist eigentlich »systemwidrig« (Bracher, in: Löwenthal/Schwarz, 1974: 191), weil der Minister nach Art. 65 GG sein Ressort selbständig leiten müßte.

Im internationalen Vergleich wird man sagen können, daß sowohl die verfassungsgesetzlichen Vorgaben für die Organisationsgewalt der Bundesregierung in dem Versuch einer Balance zwischen Kanzler-, Ressort- und Kabinettsprinzip als auch die bisherige Regierungsbildungspraxis weit weniger irrationale Ressortzuschnitte geschaffen haben als in vielen anderen parlamentarischen Systemen (vgl. v. Beyme, 1969: 279ff.). Die Verkleinerung des Kabinetts war kein dauerhafter Trend. Vorschläge, die Ministerzahl sich ausdehnen zu lassen, aber nur einen engeren Kreis mit Kabinettsrang zu versehen (die Praxis in Großbritannien), oder der Vorschlag einer Untergliederung der Regierung in ein politisches und in ein Verwaltungskabinett (Guilleaume) sind weder mit dem Grundgesetz noch mit der deutschen Regierungstradtion ohne weiteres vereinbar.

Das *Bundeskanzleramt* hat sich mit wachsenden Planungsaufgaben ausdifferenziert. Der einstige Vorwurf, es sei zu sehr als »Kanzlei« und zu wenig als »Stab« aufgebaut (Schöne, 1968: 220), war nach Abklingen der Planungseuphorie fast wieder so zutreffend wie vor 1969. Gleichwohl ist die Unterausstattung mit politisch dem Kanzler verbundenen Mitarbeitern im Vergleich zum amerikanischen Präsidenten und selbst zum britischen Premierminister noch immer auffällig. Jeder Versuch, ein *»cabinet«* aufzubauen, wie es selbst der französische Premierminister um sich hat, wird in Deutschland wie ein Anschlag auf die Verfassung oder wenigstens auf das Berufsbeamtentum beargwöhnt.

Im Kabinett sind im Prinzip alle gleich. Das Gewicht der einzelnen Minister hängt jedoch von verschiedenen Faktoren ab: einmal von der *konstitutionellen Hervorhebung von Ämtern* und von der Gewohnheit, in Koalitionsregierungen das Außenministerium mit dem Amt des Vizekanzlers zu verbinden. Der Finanzminister genießt Sonderrechte (Art. 112, Art. 114 Abs. 1 GG), die ihm Koordinations- und Vetofunktionen verleihen. Die Einführung der Finanzplanung hat die Koordinierungs- und Kontrollfähigkeit des Finanzministers gestärkt und droht somit, seine herausragende Stellung noch zusätzlich abzusichern.

Dieser Prozeß hat jedoch auch gegenläufige Tendenzen hervorgerufen seit dem Abbau der orthodoxen Finanztheorien, die sich zu förmlichen Budgetideologien steigern konnten, mit Grundsätzen wie der Forderung nach einem Minimalhaushalt, der Ablehnung aller nichtfiskalischen Zielsetzungen und der Neutralität der Finanzpolitik, schließlich der Auffassung von der Unproduktivität der Staatsausgaben, verbunden mit dem Postulat möglichst geringer Besteuerung und einer Abneigung gegen öffentliche Kreditaufnahmen (Zunker, 1972: 121). Mit der Ausdehnung der Staatsaufgaben und dem Ausbau der mehrjährigen Finanzplanung sind den Vetofunktionen des Finanzministers engere Grenzen gezogen worden, und seine Tätigkeit wird durch Aufgabenplanung stärker in den politischen Kontext der gesamten Regierung integriert.

Die Bedeutung eines Ressorts hängt ferner von der *Größe und Komplexität des Amtes* ab: Finanzen, Inneres, Verkehr und Verteidigung haben rein von der Quantität der Beschäftigten her ein starkes Gewicht.

Schließlich spielen das *persönliche und das politische* Ansehen des Amtsinhabers eine Rolle. Gelegentlich hat auch ein Minister ohne Geschäftsbereich politischen Einfluß gehabt, der nicht mit dem organisatorischen Gewicht seines Portefeuilles erklärt werden konnte (etwa Krone unter Adenauer).

Nach der Verfassung (Art. 65 GG) leiten die Minister innerhalb des Rahmens der *Richtlinien der Politik*, die vom Kanzler vorgegeben werden, den Geschäftsbereich »selbständig und in eigener Verantwortung«. Artikel 65 legt den Wettstreit dreier Prinzipien an: des Kanzlerprinzips, des Ressortprinzips und des Kollegialprinzips. Über Meinungsverschiedenheiten zwischen den Bundesministern entscheidet die Bundesregierung. Die Literatur hat sich in ihrer Auslegung des Gewichts dieser Prinzipien vielfach von den faktischen Führungsstilen beeinflussen lassen. Restriktiv wurde die Richtlinienkompetenz unter dem starken Kanzler Adenauer ausgelegt (Junker, 1965), expansiv hingegen vielfach unter dem führungsschwächeren Kanzler Erhard (Hennis, 1964), in dessen Amtszeit die Richtlinienkompetenz des Bundeskanzlers zu einer Art funktionalem Äquivalent der Cäsarismus-Diskussion um den Weimarer Reichspräsidenten zu werden drohte.

Angesichts des vergleichsweise kleinen Umfangs der Bundesregierung ist die Ausdifferenzierung nicht so stark wie in anderen Kabinetten. Grundgesetz und gemeinsame Geschäftsordnung der Bundesregierungen kennen keine *Kabinettsausschüsse*. Sie sind jedoch mit zunehmender Planung gleichwohl zur besseren Realisierung der Richtlinienkompetenz entstanden. Sie sind ressortübergreifend und problemorientiert. Wichtig sind vor allem jene, die nicht nur Abbild des Problemkreises eines Ressorts sind, wie die Kabinettsausschüsse für Europapolitik, Umweltfragen oder für die Reform der Struktur von Bundesregierung und Bundesverwaltung (Aufzählung bei

Rausch, 1976: 229). Der ›Erste Bericht zur Reform der Struktur von Bundesregierung und Bundesverwaltung‹ (1969: 14) ging davon aus, daß Kabinettsausschüsse die Tatsache kompensieren müssen, daß einerseits eine Hierarchisierung des Kabinetts nach britischem Vorbild nach dem Grundgesetz nicht möglich ist und andererseits die gruppendynamische Idealgröße von 7 bis 9 Ministern aus koalitionspolitischen Gründen nicht zu erreichen ist. Gleichwohl empfahl die Projektgruppe, nur sparsamen Gebrauch von Kabinettsausschüssen als Dauereinrichtung zu machen, weil sonst bestimmte Minister, deren Zuständigkeiten im Schnittpunkt mehrerer Ressorts liegen, überfordert würden.

Ein weiteres Koordinierungsmittel sind die *interministeriellen Ausschüsse* als Vertretung der Ministerialbürokratie und als Hilfsmittel, bestimmte Vorlagen »kabinettsreif« zu gestalten. Über sie gibt es nur interne Informationen. Die solidarische Verantwortlichkeit der Regierung, die Selbständigkeitsbestrebungen der Ressorts und die mangelnde Wahrnehmung der Kontrollfunktion des Bundestages haben Zahl und Arbeitsweise dieser Ausschüsse für die Öffentlichkeit bisher wenig transparent werden lassen (Prior, 1968: 17).

Die Ausdifferenzierung der Institutionen hat seit der großen Koalition auch auf der Ebene des einzelnen Ressorts eingesetzt. 1967 wurde das Amt des *parlamentarischen Staatssekretärs* geschaffen, in Anlehnung an die britische Kabinettshierarchie. Das Gesetz von 1967, das die neue Institution umriß, verlieh den neuen Amtsinhabern keine Weisungsbefugnisse gegenüber den Beamten. Die Hauptaufgabe war der Kontakt mit den politischen Gremien. Zunächst existierte das neue Amt nur in einigen Ressorts, seit 1969 in allen. 1972 hat der Finanzminister als erster zwei parlamentarische Staatssekretäre durchgesetzt. 1974 wurde im Auswärtigen Amt der Titel »Staatsminister« vergeben. Zur Verbesserung der Kommunikation in der Koalition ist gelegentlich ein parlamentarischer Staatssekretär nicht aus der Partei des Ministers, sondern aus der des Koalitionspartners genommen worden. Die wichtigste Funktion des neuen Amtes ist die Rekrutierung von Ministern, wie der Aufstieg zahlreicher parlamentarischer Staatssekretäre in Ämter mit Kabinettsrang in den letzten Jahren zeigt.

Die Ämtervermehrung hielt sich in der Bundesrepublik im internationalen Vergleich in Grenzen. Selbst nach der Vereinigungswahl im Dezember wuchs die Zahl der Ministerien nur um zwei. Die Ebene der parlamentarischen Staatssekretäre hat den Druck nach Ämtervermehrung für die Patronagepolitik aufgefangen. Die Zahl der parlamentarischen Staatssekretäre wuchs 1991 um sechs auf 33. Unter dem Druck der Kampagne gegen die Verselbständigung der politischen

Klasse wurde bei der kleinen Kabinettsumbildung 1993 ein Anfang mit der Reduzierung der parlamentarischen Staatssekretäre gemacht. Die Institution war einst unter anderem zur Verbesserung der Kommunikation zwischen dem Parlament und der Regierung geschaffen worden. Inzwischen wird die Einrichtung eher skeptisch beurteilt, weil sie den Fraktionen Führungspersonal entzieht (FAZ, 1.2.1991: 1). Die Versorgung von verdienstvollen Parlamentariern rückt in den Vordergrund. Der Grundsatz, wer nicht Minister wird, soll wenigstens als parlamentarischer Staatssekretär ausscheiden können, droht neue Erwartungshaltungen an die Patronagemacht der Regierung heranzutragen.

Unter Adenauer war das Kanzleramt die tatsächliche Schaltzentrale. Bis zu einer selbständigen deutschen Außenpolitik wurde sie vom Kanzler selbst mitgeleitet. Diese Ära endete 1961, als die Unionsparteien die absolute Mehrheit verloren. Die angewachsene FDP konnte einen *Koalitionsvertrag* durchsetzen, der stark auf Einschränkung der Befugnisse des Kanzlers angelegt war. 1963, nach dem Regierungsantritt Erhards, verselbständigten sich die Ressorts zunehmend. Es bürgerte sich ein, daß die einzelnen Ministerien erst am Ende der Legislaturperiode informierten, wenn sie selbst ein Interesse an der Berichterstattung hatten, um die geplanten Gesetzesinitiativen für das nächste Regierungsprogramm anzumelden.

Der überstrapazierte Terminus »Kanzlerdemokratie« erwies sich immer mehr als ein Begriff der Ära Adenauer. In einer Zeit der noch nicht gefestigten Demokratie konnte ein starker Kanzler das System weit stärker formen als seine Nachfolger. Die magische Überhöhung der Richtlinienkompetenz wurde in der frühen Zeit zur demokratisierten Variante des Führerkults. Die wenigsten Kanzler entsprachen diesem Führungsbild.

Erhard schien wie das Antibild des Machtpolitikers Adenauer. Sein Führungsstil im Kabinett war kollegial. Er war kein Parteiführer, obwohl 1966 die Verbindung von Kanzleramt und CDU-Vorsitz nominell wiederhergestellt wurde (Niclauß, 1988: 88). Sein Stil war nicht der eines parlamentarischen Premiers. Er polarisierte nicht Regierungs- und Oppositionsparteien. Erhard neigte zum Überredungsdirigismus, dessen Adressat das ganze Volk oder die großen Interessengruppen des Volkes waren. Kiesingers Position als Bundeskanzler in einer großen Koalition konnte kaum stärker sein. Helmut Schmidt hatte 1966 die große Koalition gegen Widerstreben in der SPD mit dem trostreichen Bonmot gerechtfertigt: »Es gibt keine Richtlinien gegen Brandt und Wehner.« Nach einem anderen Bonmot des stellvertretenden Regierungssprechers Konrad Ahlers war der Kanzler auf die

Rolle »eines wandelnden Vermittlungsausschusses« begrenzt. Im August 1967 wurde mit dem »Kreßbronner Kreis« die informelle Beratung der Koalitionspartner auch institutionalisiert. Den Fraktionsführern Barzel und Schmidt fiel in dieser Konzertierung eine überragende Nebenkanzlerrolle zu. Kiesingers Selbstauffassung eines überparteilichen »Staatsmannes« hat seine Ausmanövrierung durch die Parteiführer einer neuen sozial-liberalen Koalition nach den Wahlen von 1969 erleichtert.

Auch Willy Brandt ließ seinen Kabinettskollegen ein hohes Maß an autonomen Entscheidungen. Der Kanzler konzentrierte sich vor allem auf die Außenpolitik, was zu Spannungen mit der FDP und Außenminister Walter Scheel führen mußte. Sein Charisma konnte vorübergehend eine latente Führungsschwäche verdecken (Müller-Rommel/Pieper, 1991: 11). Stars der eigenen Partei wie Schiller, Möller und Helmut Schmidt waren kaum durch Richtlinienkompetenz einzubinden. Horst Ehmke als Kanzleramtsminister hatte gehofft, das Kanzleramt als zentrale Planungs- und Koordinationsbehörde zu einem Instrument der Richtlinienkompetenz auszubauen. Die Absicht scheiterte nicht nur am liberalen Koalitionspartner. Helmut Schmidt ist am häufigsten mit Adenauer verglichen worden. Seiner Führungsstärke fügte er glänzende Rhetorik, wirtschaftlichen Sachverstand und intellektuelle Brillanz hinzu. Auch Schmidt wurde sein distanziertes Verhältnis zur Partei zum Verhängnis. Er war nur ein stellvertretender Parteivorsitzender. Wo Brandt anfangs seine Partei durch Visionen motivieren konnte, wurde Schmidt – auch durch einen zunehmend herrischen Führungsstil – erst in seiner Partei und zunehmend auch vom liberalen Koalitionspartner isoliert.

Kein Kanzler hat so effektiv die Rolle des Parteiführers eingesetzt wie Helmut Kohl. Obwohl er sich als Enkel Adenauers fühlte, fehlte ihm für diese Rolle das Gewicht eines weitblickenden Außenpolitikers, das sein Außenminister Genscher entwickelte. Die Partei hatte in den älteren Lobhymnen auf die Richtlinienkompetenz keine Rolle gespielt. Gerade die Führung der Partei und die Fähigkeit zum Konfliktmanagement in der Koalition gegenüber der Schwesterpartei CSU und gegenüber der FDP waren jedoch Kohls entscheidende Vorteile. Die Handhabung der Netzwerke innerhalb der politischen Klasse wurde zum Erfolgskriterium. Koordinationsdemokratie (Jäger, 1988) wurde daher die treffendste Bezeichnungen im Vergleich zur alten Überhöhung (Hennis) oder Verteufelung (Loewenstein) der Kanzlerdemokratie. Was einst mit dem archaischen Nimbus von »Staatskunst« umgeben wurde, entpuppte sich vor allem als handwerkliche Organisations- und Kommunikationsfähigkeit. Kanzler mit einer Mission und mit intuitivem Genie, wie sie Erhard und Brandt auf unterschiedliche Weise repräsentiert hatten, hatten einige Schwierigkeiten, in die Rolle der Koordinationsdemokratie hineinzuwachsen.

(b) Der Bundespräsident

Die Weimarer Erfahrungen haben in kaum einem Teil der Institutionen des Grundgesetzes so stark zur Wandlung eines Amtes beigetragen wie bei dem des Bundespräsidenten. Die zweigeteilte Exekutivspitze, die sich in parlamentarischen Monarchien entwickelte und der Regelfall in modernen parlamentarischen Systemen geblieben ist, wurde im Lichte des »Traumas von Weimar« in der einen »Spitze«, im Amt des Staatsoberhauptes, in solchem Umfang geschwächt, daß man sich fragen könnte, ob es nicht systemgerechter gewesen wäre, auf ein repräsentatives Staatsoberhaupt gänzlich zu verzichten, wie es die SPD im Parlamentarischen Rat vorgeschlagen hatte. Der Präsident sollte keine vom Parlament unabhängige Legitimationsquelle besitzen, daher wird eine Volkswahl, die immer wieder einmal als Vorschlag auftaucht, überwiegend abgelehnt. Die Wahl durch die *Bundesversammlung*, ein Gremium, das zur Hälfte aus den Mitgliedern des Bundestages und einer gleichen Zahl von Landtagsabgeordneten, die nach den Grundsätzen der Verhältniswahl gewählt werden (Art. 54 Abs. 1 Satz 1 GG), besteht, unterstreicht noch die Bindung an das föderative Element der Ordnung gegen den zentralisierenden Einfluß der Weimarer Reichspräsidenten.

Die Kompetenzen des Bundespräsidenten weisen kaum die Funktion aktiver Gestaltung des politischen Lebens auf, sondern nur repräsentative Aufgaben. Insbesondere ist ihm der Oberbefehl über die Streitkräfte entzogen, den das Staatsoberhaupt in vielen parlamentarischen und präsidentiellen Systemen hat. In der Bundesrepublik liegt diese Befehlsgewalt im Frieden beim Verteidigungsminister (Art. 65a GG), im Kriegsfall beim Bundeskanzler (Art. 115b). Auch die frühere Diktaturgewalt des Weimarer Reichspräsidenten und das Notverordnungsrecht wurden dem Bundespräsidenten nicht übertragen. Der Einfluß auf Regierung und Parlament wurde bewußt klein gehalten. Aufgrund des Mißbrauchs des Auflösungsrechtes durch den Reichspräsidenten im Jahr 1932 führte der »Hindenburg-Schock« im Parlamentarischen Rat zu einem eng umgrenzten Auflösungsrecht, das sich für die Bundesrepublik mit ihren bisher meist übersichtlichen parlamentarischen Mehrheiten nicht immer als ausreichend erwiesen hat (vgl. Kap. 6). Die Mitwirkung bei der Regierungsumbildung ist auf die Ermessensentscheidung des Art. 63 Abs. 4 Satz 3 GG und im Recht der Parlamentsauflösung nach Art. 68 Abs. 1 GG beschränkt. Dank relativ klarer Wahlergebnisse konnte die Regierungsbildung von den Bundespräsidenten bisher kaum beeinflußt werden. Nur Heinrich Lübke hat seine persönlichen Wünsche für die Regierungsbildung 1961 und 1965 zugunsten einer großen Koalition durchblicken lassen. 1965 nach dem Wahlsieg Erhards mußte das starre Festhalten Lübkes an dem Gedanken einer großen Koalition wie eine Kampfansage an den amtierenden Kanzler angesehen werden. Durchsetzen konnte er seine Ansicht nicht. Da in der Bundesrepublik keine systemfeindlichen Gruppen von rechts und links die Regierungsbildung auf das Gravitationsprinzip mit einem Drang zu Regierungen der Mitte festlegen, wie in der Weimarer Republik, gab es keine Gelegenheit, die Ermessensspielräume des Bundespräsidenten auszudehnen.

Man geht in Rechts- und Politikwissenschaft überwiegend davon aus, daß der Bundespräsident nicht verpflichtet ist, jeden Ministervorschlag eines Kanzlers bedingungslos zu unterschreiben (Winkler, 1967: 36). Sein Ermessen erstreckt sich jedoch nicht auf die politische Opportunität. Lübke versuchte vergeblich, seinen Nachfolger im Amt des Landwirtschaftsministers, Schwarz, aus der Regierung fernzuhalten. Auch der Widerstand des Bundespräsidenten gegen die Ernennung des Außenministers Schröder 1961 und 1965, dessen Außenpolitik er für falsch hielt, ließ sich gegen eine entschlossene Fraktion nicht durchhalten. Ein Veto von Heuss gegen Dehler 1953 als Justziminister – wegen dessen offener Kritik des Bundesverfassungsgerichts – war nur erfolgreich, weil Adenauer dieses Veto gegen einen schwierigen Mitarbeiter nicht ungelegen kam und die Koalition dadurch nicht gefährdet wurde. Zum konstitutionellen Präzedenzfall ist diese präsidentielle Intervention nicht geworden. Das Ermessen des Bundespräsidenten erstreckt sich allenfalls auf Sachverhalte, welche die Autorität des Staates berühren, wie die Ablehnung eines Ministerkandidaten wegen NS-Vergangenheit, Amtsmißbrauch oder Straftaten. Eine weitergehende Intervention wäre ein Eingriff in die Richtlinienkompetenz nach Art. 65 GG.

Ein materielles und formelles Prüfungsrecht bei *Ernennung von Beamten und Offizieren* nach Art. 60 Abs. 1 GG wird überwiegend angenommen, mit Ausnahme bei der Ernennung der Bundesverfassungsrichter (Art. 94 Abs. 1 GG), wo die Entscheidungen von Bundestag und Bundesrat für den Präsidenten bindend sind. Lübke hat 1965 bei der Ernennung eines durch NS-Vergangenheit belasteten Bundesrichter (Carl Creifeld) von seinem Prüfungsrecht Gebrauch gemacht.

Durch den Verzicht des Kandidaten kam es jedoch nicht zu einem Verfassungskonflikt.

Das *Prüfungsrecht bei Gesetzen* nach Art. 82 GG wird überwiegend bejaht, jedoch restriktiv interpretiert. Da eine Entscheidung des Bundesverfassungsgerichts herbeigeführt werden kann (Art. 93 Abs. 1 GG), sind der Ausübung des Prüfungsrechts enge Grenzen gegen Mißbrauch gesetzt. In den ersten 20 Jahren des Bundestages hat es sechs Konflikte gegeben. Einer der bekanntesten Streitfälle war das Gutachten, das Bundespräsident Heuss 1952 bei der Debatte um den Wehrbeitrag einholte, der nur durch die Rücknahme des Antrags auf Bitten von Bundeskanzler Adenauer beigelegt werden konnte. 1956 wurde bei Änderung des Bundesverfassungsgerichtsgesetzes der Paragraph über unverbindliche und dennoch politisch präjudizierende Gutachten gestrichen. Im Konflikt um das Gesetz zur Errichtung der ›Stiftung preußischer Kulturbesitz‹ 1957, das vom Bundespräsidenten unterzeichnet wurde, worauf der Bundesrat eine Organklage anstrengte, wurde die Haltung des Präsidenten durch Urteil des Bundesverfassungsgerichtes in einem abstrakten Normenkontrollverfahren als verfassungsgemäß bestätigt, da die Verfassungsmäßigkeit des Gesetzes vom Gericht unterstrichen wurde. Ein wichtiger Präzedenzfall für die Anerkennung des materiellen Prüfungsrechts war es, daß der Bundestag die Weigerung Lübkes, das Gesetz gegen den Betriebs- und Belegschaftshandel zu unterschreiben, hinnahm, weil eine Mehrheit die Fragwürdigkeit dieses Gesetzes und seine Wahlgeschenkfunktion spürte. Ähnlich verhielt sich der Bundestag 1969, als der Bundespräsident ein Architektengesetz nicht unterzeichnete, weil er in Analogie zum Ingenieursgesetz die Verfassungsmäßigkeit einiger Teile der Vorlage bezweifelte.

Da in der Bundesrepublik nicht der Präsident – wie in der Weimarer Republik vielfach postuliert –, sondern das Bundesverfassungsgericht *»pouvoir neutre«* ist, droht bei solchen Konflikten die Gefahr, daß der Bundespräsident zum Parteigänger einer Partei im politischen Konflikt der Staatsorgane wird. Art. 82 Abs. 1 GG ist daher in gewisser Weise systemwidrig, was zu dem Vorschlag geführt hat, den Bundespräsidenten von diesem Zopf aus der Zeit der konstitutionellen Monarchie zu befreien (Berger, 1971: 11).

Die politische Bedeutung des Amtes des Bundespräsidenten liegt weit mehr in der *stilgebenden* und *repräsentativen Funktion* des Amtsinhabers als in seinen Kompetenzen. Die bisherigen Präsidenten haben jeweils andere Aufgaben ihres Amtes betont: Heuss die geistige Repräsentanz eines nicht belasteten und respektablen neuen Deutschland nach innen und nach außen, Heinemann den »Bürgerpräsidenten« und Integrationsfaktor für nicht artikulationsfähige Interessen und Randgruppen, Scheel die Repräsentation des Ganzen trotz fortschreitender Polarisierung der beiden politischen Lager.

Karl Carstens hat sich trotz seiner Einübung in die Rolle eines Oppositionsführers im Amt des Bundespräsidenten – in das er wegen seiner NSDAP-Mitgliedschaft und einer Falschaussage vor dem Guillaume-Ausschuß 1974 auf außerordentlich umstrittene Weise eintrat – restriktiv an seine Kompetenzen gehalten. Carstens (1971: 103f.) hat sich damit mehr an seine wissenschaftlichen Überzeugungen gehalten als an seine vorübergehende politische Sozialisation. Daher fertigte er Gesetze aus, selbst wenn er – wie beim Staatshaftungsgesetz (1981) – Bedenken hatte. Das Gesetz wurde 1982 vom Bundesverfassungsgericht für nichtig erklärt. Seine Mitwirkungsbereitschaft ging weit, wie er bei der Parlamentsauflösung Anfang 1983 demonstrierte. Einige Bundestagsabgeordnete klagten gegen diese Entscheidung vor dem Bundesverfassungsgericht wegen des zweifelhaften Manövers, zu dem die Exekutive mangels einer im parlamentarischen System üblichen diskretionären Auflösung gezwungen war (vgl. Kap. 7a). Carstens hatte das Glück, daß auch das Bundesverfassungsgericht in einer stark umstrittenen Entscheidung dieses Manöver billigte (BVerfGE 62, 3ff., Heyde/Wöhrmann, 1984: 231ff.).

Kein Präsident – auch nicht der allseits respektierte Gustav Heinemann – hat so enthusiastische Verehrung genossen wie Richard von Weizsäcker. Die Führung Kohls, die das Gefühl der Bürger wenig ansprach, bekam ihre Kompensation durch den Bundespräsidenten, in einer Mischung aus »Banker und Kirchentagspräsident, die Vertrauen herstellt, und die sakrale Art, mit der Weizsäcker zu verstehen gibt, daß er weiß, was die Menschen wollen: das große Ganze, den Konsens, die verbindenden Brücken über den Abgründen des Parteienhaders« (N. Grunenberg in: Die Zeit, 28.6.1985). Heuss neben Adenauer, Weizsäcker neben Kohl haben eine gekonnte Arbeitsteilung verwirklicht: Untersuchungen von Fernsehdebatten zeigten, daß Kohls brüsker Stil als »verbaler Django« gegenüber dem sanften Werben eines »verbalen Jesus« bei den Zuschauern durchaus günstiger eingeschätzt wurde (Merten, 1991), weil mit dieser Art von Kraftdemonstration Führungsstärke suggeriert wurde. Das Djangotum stärkt aber zugleich das Bedürfnis nach einem verbalen Gegenbild im Amt des Bundespräsidenten. Dieser Annahme widersprach die weitverbreitete Auffassung, daß Weizsäcker der »bessere Bundeskanzler« gewesen wäre (Jäger, 1990: 45). Die Bürger sahen die beiden Exponenten der doppelköpfigen Exekutive eher komplementär als konkurrierend. Weizsäcker ist freilich gelegentlich mit seinem diskreten Führungsgestaltungswillen dem Bundeskanzler stark ins Gehege gekommen. Etwa in der Frage des Regierungssitzes Berlin, als Weizsäcker sich mit einem »Memorandum« direkt an die Öffentlichkeit wandte, auch motiviert von der Sorge, er solle allein von den wichtigen Staatsorganen in die rein nominelle Hauptstadt Berlin abgeschoben werden (vgl. Kap. 1c). Herzog hat man nach Weizsäcker eine schwierige Zeit der Rollenfindung prophezeit – zu Unrecht. Mit einer gewissen volkstümlichen Unbekümmertheit ging er ganz unprofessoral an sein Amt. Er hat sich in kurzer Zeit Ansehen erworben, ohne am Image zu leiden, ein bequemer Präsident zu sein.

Die These, daß Bundespräsidenten desto schneller vergessen werden, je besser sie die Aufgabe der Integration und Konsensbildung erfüllt haben (Jäger, 1990: 47), läßt sich bei eingehender Prüfung kaum halten. Lübke ist vergessen, obwohl er sich am kräftigsten als politischer Präsident eingemischt hat. Heuss und Heinemann sind wegen ihrer Repräsentanz eines geistigen Deutschland stärker im Bewußtsein der Bürger verankert als ein Kanzler wie Kiesinger, der gewiß nicht zu den unkultiviertesten deutschen Regierungschefs gehört hat.

Im deutschen System kam es aufgrund der schwachen Kompetenzen des Präsidentenamts kaum zu Rivalitäten in der Außenpolitik, wie sie zwischen dem Präsidenten der Republik und dem Premierminister in Frankreich unter den Bedingungen der *cohabitation* von Amtsträgern aus unterschiedlichen Parteien gang und gäbe waren. Eigenwilligkeiten in der Außenpolitik haben jedoch bei einigen deutschen Bundespräsidenten gelegentlich Anlaß zu Konflikten gegeben. Selbst die Zugehörigkeit des Bundespräsidenten und des Kanzlers zur gleichen Partei schützte nicht vor Meinungsverschiedenheiten, wie sich gelegentlich an Konflikten zwischen Lübke und Erhard und Verstimmungen zwischen Scheel und Außenminister Genscher, zwischen Weizsäcker und Kohl bei Staatsbesuchen zeigte. Man geht davon aus, daß der Text einer Präsidentenrede mit der Regierung abgestimmt werden muß. In der Bundesrepublik wurde jedoch darauf verzichtet, dieses Verhältnis so starr wie in einigen parlamentarischen Monarchien zu gestalten, wo der Herrscher die Thronrede, die vom Regierungschef redigiert wurde, wörtlich ablesen muß. Im Sinne persönlicher Gestaltungsmöglichkeiten, wie sie vor allem Heuss und Heinemann wahrgenommen haben, ist diese Zurückhaltung der Regierung auch künftig wünschenswert.

Tabelle 8.1: Personal der öffentlichen Haushalte (Vollbeschäftigte, in 1000)

	Insgesamt	Bund	Länder	Gemeinden
1950	1327	62	722	543
1960	1802	361	949	641
1970	2272	536	1209	757
1980	2804	553	1567	920
1990	2848	553	1535	1002
1993	3050	504	1535	1010

Quelle: Statistisches Jahrbuch 1995 für die Bundesrepublik Deutschland, Kohlhammer, 1995: 520f.

(c) Verwaltung und politische Verwaltungsführung

Dem föderativen Aufbau der Bundesrepublik gemäß gibt es keine zentralisierte Einheitsverwaltung. Viele Bundesministerien haben keinen bürokratischen Unterbau zur Durchführung der getroffenen politischen Entscheidungen, sondern überlassen diese der Verwaltung der Länder im Auftrag des Bundes. Es gibt keine Universalbehörden mit Aufgabenbündelung aus unterschiedlichen Bereichen, sondern nur Sonderverwaltungen. Einen eigenen Unterbau haben der Auswärtige Dienst, die Bundesfinanzverwaltung, Bundesbahn, Bundeswasserstraßen und Schiffahrt, Bundeswehrverwaltung und Luftverkehrsverwaltung. Zur Entlastung der Ministerien von gesetzesausführender und »nichtministerieller Tätigkeit« gibt es zahlreiche *Bundesoberbehörden* (Art. 87 Abs. 3 GG). Die größten von ihnen sind wesentlich personalreicher als die kleineren Ministerien (etwa das Ministerium für innerdeutsche Beziehungen bis 1990 mit rund 300 Bediensteten), wie zum Beispiel das Bundesamt für Wehrtechnik und Beschaffung mit fast 20000, die Bundesanstalt für Flugsicherung mit 3130, das Bundeskriminalamt mit 2300 und das Statistische Bundesamt mit 2300 Beschäftigten. Organisatorisch mit ihnen verwandt, aber meist kleiner sind die *nicht rechtsfähigen Bundesanstalten*, die hauptsächlich im wissenschaftlichen Informationsbereich arbeiten wie die Bundeszentrale für politische Bildung, das Bundesarchiv und einige wissenschaftliche Einrichtungen. Von ungefähr 100 solchen zentralen nichtministeriellen Organisationseinheiten (Liste in: Becker, 1978: 180ff.) dieser beiden Typen sind drei Viertel den Ministerien ohne bundeseigenen Verwaltungsunterbau unterstellt. Die meisten dienen Informationsfunktionen, die nach außen gerichtet sind, während ähnliche Einrichtungen in Ressorts mit bundeseigenem Verwaltungsunterbau eher nach innen gerichtete Funktionen der Zuarbeit für die Tätigkeiten des Ministeriums aufweisen, vor allem bei zahlreichen Einrichtungen des Bundesministeriums der Finanzen. In einer Zeit, da die Euphorie der Auffassung, daß der Staat selbst alles regulieren kann, verflogen ist, nimmt die Bedeutung der »Quangos« (quasi non-governmental organizations) als Erscheinungsform des »government by contract« zu (vgl. Schuppert, 1981: 167). Angesichts der etatistischen deutschen Tradition wird jedoch die Tendenz zur *»deregulation«* nicht so weit gehen wie in Amerika. Ein guter Teil der an gesellschaftlichen Organisationen in der Implementation von staatlichen Entscheidungen übertragenen Funktionen wird daher bei uns unter dem Stichwort »Neokorporatismus« behandelt (vgl. Kap. 5d).

Den dritten Zweig der Bundesverwaltungsorganisation bilden rechtlich selbständige *Anstalten des Öffentlichen Rechts*. Einige von ihnen haben einen eigenen Verwaltungsunterbau, zum Beispiel die Bundesanstalt für Arbeitsvermittlung und Arbeitslosenversicherung und die Bundesbank. Diese beiden Einrichtungen haben darüber hinaus zunehmend an politischem Gewicht gewonnen. Die Bundesbank hat dank ihrer Autonomie zur Absicherung der Kreditmechanik gegen staatliche Befehle selbständige Befugnisse, die nicht selten in ihrer einseitigen Ausrichtung auf die Geldwertstabilität andere Ziele der staatlichen Politik im magischen Vieleck konterkarierten, die Bundesanstalt für Arbeit hingegen durch das Gewicht des Arbeitslosenproblems seit 1973 und durch ihren Drang, immer neue Politiken zur Bekämpfung der Arbeitslosigkeit selbst in Angriff zu nehmen.

Die *Verwaltung der Länder* liegt bei den Ministerien, den Regierungspräsidenten (außer in einigen kleineren Bundesländern, in denen diese nicht als Zwischenstufe existieren) und bei den Gemeinden.

Das *Personal* im öffentlichen Dienst hat sich 1913 bis 1960 je 1000 Einwohner mehr als verdoppelt, 1993 waren in der Verwaltung 3 Millionen Personen beschäftigt, die meisten davon in den Ländern und in den Gemeinden, 504000 beim Bund (ohne Soldaten und Bundesgrenzschutz – vgl. Tab. 8.1). Im Laufe der Entwicklung der Bundesrepublik hat sich der Anteil des Personals beim Bund mehr als verdoppelt. Daraus kann jedoch nicht auf eine Zentralisierungstendenz geschlossen werden, da der Hauptzuwachs durch die Militärverwaltung zu erklären ist. Etwa jeder siebente abhängig Erwerbstätige ist im öffentlichen Dienst beschäftigt, der Anteil der öffentlich Bediensteten an den abhängig Erwerbstätigen hat sich jedoch nicht vermehrt (1950: 15,1%, 1960: 13%, 1971: 14,2% – Studienkommission, 1973: 53).

Im internationalen Vergleich hatte Deutschland lange einen Vorsprung vor angelsächsischen Ländern im Prozentsatz der Staatsbediensteten. Nach dem Zweiten Weltkrieg haben sich jedoch die deutschen Wachstumsraten denen anderer Länder angeglichen (Cullity, 1967). Die Bundesrepublik lag in der Relation von Staatsbediensteten zur Bevölkerung mit 64 pro Tausend im hinteren Mittelfeld, hinter den klassischen Wohlfahrtsstaaten wie Schweden (156) und Dänemark (129), aber auch hinter den angelsächsischen Ländern (Großbritannien 96, USA 78), die auf ihre anti-etatistische Tradition bis heute stolz sind (vgl. v. Beyme, 1984: 45f.).

Der Anteil an den Personalausgaben wächst in den öffentlichen Haushalten schneller als andere Leistungen. Während sich in den sechziger Jahren die öffentlichen Ausgaben etwa verdoppelten, wuchs der Anteil der Personalausgaben auf das Zweieinhalbfache. Nicht alle Einkommensverbesserungen sind funktions- und leistungsgerecht gestaltet, wie es die Grundsätze der Besoldung im öffentlichen Dienst verlangen, vielmehr haben unsystematische Änderungen des Stellenkegels, globale Höherstufungen, Regelbeförderungen ihren Anteil an der steigenden Kostenflut.

Der Anteil der traditionellen Verwaltung oder *Ordnungsverwaltung* (oberste Staatsführung, Innenverwaltung, Finanzverwaltung und Rechtswesen) hat sich umgerechnet auf die Einwohnerzahl entgegen populären Vorwürfen nicht nennenswert erhöht. Die Hauptwachstumsraten hat die *Leistungsverwaltung* (in den Bereichen Soziales, Gesundheit und Bildung) zu verzeichnen.

Der Anteil der Angestellten ist dabei wesentlich stärker gestiegen als der der Beamten. Die *Wirtschaftsverwaltung* hingegen stagniert vergleichsweise. Die Ausdehnung des Staatssektors ist trotz einiger Zielformulierungen der SPD nach 1969 keines der zentralen Ziele der Politik geworden.

Bei der *Rekrutierung* der Beamten und Angestellten des Staates wurde kritisiert, daß noch immer das Juristenmonopol nicht gebrochen sei. Dieses drückt sich nicht nur in der numerischen Bevorzugung von Juristen aus, sondern auch in den Laufbahnvorschriften und in der Definition der Arbeitsanforderungen, die dem juristischen Studium weitgehend angepaßt sind (Brinkmann, 1973: 150ff.). Außenseiter haben noch immer erschwerten Zugang. Durch die Zunahme der politischen Beamten hat sich ihr Verhältnis verbessert. Bei ihnen kommt etwa ein Außenseiter auf vier Laufbahnbeamte, während bei den nichtpolitischen Beamten dieses Verhältnis etwa 1 : 14 beträgt (Steinkemper, 1974: 40). Die stärker politische Orientierung einiger Beamtengruppen hat seit 1969 zugenommen. In der Zeit der CDU-Vorherrschaft bestand die Mehrheit der Beamten so selbstverständlich aus »Nahestehern«, daß die Ressortinhaber sich häufig nicht einmal die Frage nach dem politischen Standort ihrer Mitarbeiter vorlegen mußten.

Trotz dieser stärker politischen Ausrichtung eines Teils der Beamten ist es 1969 nicht zu einer personalpolitischen »Massensäuberung« gekommen, wie in der konservativen Presse manchmal behauptet wurde. Die Entlassungen waren gering im Vergleich zu einem britischen oder gar einem amerikanischen Wechsel in der Exekutivspitze. Die Umbesetzungen und anderweitigen Beschäftigungen von Beamten beliefen sich kaum auf eine Hundertschaft. Debatten im Bundestag darüber (5.11.1969: 249 C) ergaben, daß selbst beim Wechsel von CDU-Kanzlern vor 1969 ähnliche – wenn auch weniger weitreichende – Revirements üblich waren. 1982 vollzog sich der Regierungswechsel in diesem Bereich wesentlich geräuschloser als 1969. Die öffentliche Meinung und die Opposition hatten stärker akzeptiert, daß ein Regierungswechsel auch mit einer gewissen Ämterrotation verbunden sein muß. Es ist in Deutschland zu keinem »Beutesystem« gekommen. Altkonstitutionelle Vorstellungen über die politische Neutralität der Beamten (außer den allernächsten Mitarbeitern eines Ministers) sind auch nach 1969 nicht verschwunden. Sie sind seit der Möglichkeit eines abermaligen Machtwechsels etwa ab 1976 sogar wieder stärker geworden. Andererseits sind die deutschen Beamten im internationalen Vergleich nicht so unpolitisch gesinnt, wie vielfach in älteren Untersuchungen unterstellt worden ist. Die deutsche Verwaltungselite hält in dieser Beziehung etwa die Mitte zwischen den politischen Bürokraten in Großbritannien und den klassischen Bürokraten Italiens (Putnam, 1973). Elitenuntersuchungen zeigen, daß das Politikverständnis der Verwaltungseliten jedoch zu differenzieren ist. Eine politische Auffassung in bezug auf Konflikte der etablierten Parteien und Gruppen ist relativ stark internalisiert. Bei Fragen der Existenz der Grundlagen des Systems, etwa bei Bedrohung des Status quo durch Extremismus und radikale Demokratisierungsforderungen, reagieren die Verwaltungseliten in Deutschland – nur noch vom Militär übertroffen – konfliktscheu und traditionell-autoritätsbewußt (Kaltefleiter/Wildenmann, 1973: 110ff.). Eine vergleichende Studie sieht die deutsche Bürokratie im Grade ihrer Kommunikationsbereitschaft außerhalb der hierarchischen Strukturen stark angenähert an das amerikanische Modell (Aberbach u.a., 1981: 231).

Klassische Laufbahnbeamte sind in Deutschland seltener geworden, 20% der administrativen Eliten gehörten einem Mischtyp an, der unter SPD-geführten Regierungen auf 33% anstieg. Ein Wandel der Karrieremuster zeichnete sich nur bei den in Deutschland seltenen

Regierungswechseln ab. Die größten Veränderungen ließen sich 1969 feststellen, vor allem im Bereich der Ausbildung. 1982 hat sich dieser Trend jedoch auch nach einem abermaligen Wechsel nicht umgekehrt. Unter der Regierung Kohl dominierten die Laufbahnbeamten in den Spitzenpositionen wie seit 1972/73 und auch davor mit ca. 40% (Derlien/Pippig, 1990: 34f.). Quereinsteiger haben es noch immer schwer. Die horizontale Elitenmobilität ist geringer als in Ländern wie den USA oder Frankreich.

Die Einstellung der Bürger zur Verwaltung in der Bundesrepublik hat mit der »Modernisierung« des Selbstverständnisses der Verwaltungseliten nicht Schritt gehalten. Befragungen ergaben, daß ein Drittel der Bevölkerung der Bürokratie noch stark entfremdet gegenübersteht. 40% der 1978 Befragten mißtrauten der Verwaltung und vermuteten Willkür und Bestechlichkeit, 68% der Befragten hielten die deutsche öffentliche Verwaltung für ineffektiv. Am kritischsten in diesem Punkt waren die Facharbeiter mit 78% (Folgen, 1978: 11f.). Dabei waren die direkten Erfahrungen der Befragten im Umgang mit Ämtern und Behörden sehr viel positiver. Das Verhältnis zur Polizei wurden zunehmend kritischer. Die Konfliktbereitschaft bei ungerechter Behandlung durch die Behörden wächst (Feick/Mayntz, 1982: 433ff.). In der politischen Kultur-Forschung (Kap. 2a) zeigte sich, daß die Verwaltung, vor allem die städtische Verwaltung, von allen staatlichen Institutionen noch immer das geringste Vertrauen der Bürger mobilisierte.

Der Abbau der Distanz zwischen Bürokratie und Gesellschaft hat auch in einer stärkeren Zuwendung der Verwaltungseliten zu den Parteien seinen Niederschlag gefunden. Die Hälfte aller Inhaber von Führungspositionen ist in einer mehr oder weniger lockeren Form mit Parteien verbunden (Steinkemper, 1974: 61). Die Parteineigungen der Verwaltungseliten sind vor allem auf der Landesebene stark ausgeprägt.

Der lobenswerte Versuch, in Deutschland dem Trend aller parlamentarischen Systeme zur Vermehrung der Ämter auf höchster Ebene zu widerstehen, hatte seinen Preis auf der Ebene der Verwaltung. Der Ämterhunger der Parteien mußte unterhalb der Ministerebene befriedigt werden. Dies hat die Durchsetzung des Parteienstaats in der Spitzenbürokratie erleichtert.

Die politische Homogenisierung der Verwaltung ist die Kehrseite der überhöhten Fürsorgepflicht des Staates für seine Beamten. In Preußen wurden 1852 durch Gesetz alle Unterstaatssekretäre, Ministerialdirektoren, Oberpräsidenten, Regierungspräsidenten und Landräte politische Beamte. 1862 hat Bismarck Hunderte von Beamten, die liberaler Neigung verdächtig schienen, aus dem Dienst entlassen. 1873 wurde der Katalog der politischen Beamten noch erweitert, obwohl das Kaiserreich die parlamentarische Regierungsweise nicht durchsetzte. Parlamentarische Ministerverantwortlichkeit erzwang die Sicherstellung der politischen Loyalität der Spitzenbeamten, damit der Minister in seiner politischen Verantwortlichkeit nicht einen Zweifrontenkrieg gegen parlamentarische Opposition und gegen illoyale Mitarbeiter seines Hauses führen mußte. Aber dieser Grund war bis 1918 nicht gegeben. Die Nationalsozialisten haben 1937 bis herab zum Regierungsrat die Politisierung der Beamtenschaft vorangetrieben. Nach solchen Erfahrungen schien die Ausweitung der politischen Beamtenschaft in der Bundesrepublik anfangs tabu.

Doch auch die Bundesrepublik hat den Rahmen der politischen Beamten weiter gesteckt als andere westliche Demokratien. Als politischer Beamter gilt man ab dem Posten eines Ministerialdirektors, in einigen Verwaltungszweigen schon durch Beförderung nach A 16, wie im Auswärtigen Dienst oder im Staatsschutz. In Bund und Ländern wurden einzelne Ämter später der Liste politischer Beamtenposten hinzugefügt.

In der Zeit der CDU-Vorherrschaft war die parteiliche Ämterpatronage wenig auffallend. Loyalität konnte auch durch *»Nahesteher«* und *Sympathisanten* ohne förmliche Parteimitgliedschaft hergestellt werden. Erst in der Opposition wurde die CDU zur Massenmitgliederpartei. In der Ministerialbürokratie – vor allem in einem Ressort wie dem Innenministerium, das immer von der CDU geführt worden war – gab es mit der neuen SPD-Regierung anfangs durchaus *Kommunikationsschwierigkeiten*. Sie bauten sich jedoch nach einiger Zeit ab (Brausewetter, 1976: 84). Anfangs wurden wichtige Informationen nicht nur den neuen Behördenchefs vorenthalten, sondern auch der Opposition zugespielt. Schon vor dem mißlungenen Versuch der CDU, Brandt durch ein Mißtrauensvotum zu stürzen, wurden Gerüchte laut, daß die Opposition durch Indiskretion konservativer Ministerialbeamter wichtige Informationen gegen die Regierung erhalte (Seeliger, 1970: 9ff.).

Neu an der SPD-Politik war weniger das Ausmaß der Ämterpatronage als die Offenheit, mit der die neuen *Modelle politischer Verwaltungsführung* diskutiert wurden. Der Staatsrechtler und Bundesminister im Kanzleramt, Horst Ehmke, hat einigen Staub aufgewirbelt mit seiner Gegenattacke gegen die CDU nach der Kritik an der neuen Personalpolitik: »Sie sind offenbar der Meinung, Sie regieren in diesem Lande zwanzig Jahre, pumpen die Ministerien und das Kanzleramt mit CDU-Leuten voll... und wenn dann eine neue Regierung die

Verantwortung übernimmt, übernimmt sie auf solchen zentralen Stellen Personal, das Sie unter dem Gesichtspunkt seiner politischen Loyalität zu Ihnen ausgewählt haben. Davon ist doch wohl im Ernst nicht zu reden« (BT, Sten. Ber., Bd. 72, 20.2.1970: 1483f.). In der Presse wurden solche Äußerungen zum Teil wütend kommentiert. Man sah das Berufsbeamtentum schlechthin in Gefahr, und in der Literatur verstieg sich ein Kommentator sogar zu einer Parallele zu Lenins Konzeption der Kaderverwaltung in der Schrift »Marxismus und Staat« (Seemann, 1978: 9).

Von konservativer Seite wurde gern ein Artikel von Kenneth Dyson (1977, deutsch 1979, Kap. 4) hochgespielt, der die »westdeutsche Parteibuch-Verwaltung« analysierte. Danach war die Parteimitgliedschaft nicht auf die politischen Beamten beschränkt. Da es nach 17 Jahren Unionsherrschaft in der Bundesvewaltung kein Personalreservoir der SPD gab, mußte die neue Regierungspartei jedoch Außenseiter importieren oder nicht parteigebundene Beamte befördern. Dyson stellte fest, daß daher der Anteil der CDU-Mitglieder zunimmt, je tiefer man in die Bonner Hierarchie hinabsteige. Unterhalb der Ebene der politischen Beamten gab es in den damals von der SPD und FDP regierten Flächenstaaten wie Niedersachsen und Nordrhein-Westfalen beträchtlich mehr Unterstützung für die CDU als für die SPD. Bei den Staatssekretären dominierten zwar die SPD-Mitglieder, bei den Abteilungsleitern jedoch durchaus noch die Unionsanhänger.

In der Zeit der Vorherrschaft der SPD verlor die CDU ihre naturwüchsige Hegemonie in allen Sektoren der Eliten und konnte nicht mehr die Fiktion aufrechterhalten, sie sei die geborene Regierungspartei, die in der ersten Phase Barzels Führerschaft der Opposition gegen Brandt noch überwogen hatte. Es war ein Verdienst Kohls für seine Partei, die CDU in eine effektive und weniger deklamatorische Oppositionspolitik hineingeführt zu haben. Als die Kleinarbeit, verstärkt durch die intellektuelle Tendenzwende, ihre Früchte trug und Schmidt 1982 durch konstruktives Mißtrauensvotum gestürzt wurde, waren auch die Grundsätze der Parteipatronage weit weniger umstritten als 1969. Niemand machte mehr großes Aufheben von dem Revirement, das eintrat, vor allem 1983, nachdem die Kanzlerschaft Kohls durch Wahlen bestätigt war.

Durch Koalitionswechsel gefährdet sind 24 permanente Staatssekretäre und ca. 110 Beamte der Besoldungsstufen B 9–B 10 (Derlien, 1983: 5ff.). 1982–83 haben 44 hohe Beamte den Abschied erhalten, die Hälfte der Staatssekretäre und ein Drittel der Abteilungsleiter. Nicht immer lagen politische Gründe vor. Wie 1969 war das Revirement auch der Anlaß, sich von weniger tüchtigen Beamten zu trennen, ohne sie zu diskreditieren. 200 weitere Beamte wurden versetzt, darunter 90 hohe Funktionsträger. Unwillen erregte, daß unter den unteren Chargen sogar ein Fahrer des Ministerwagens war (Mayntz, 1985: 532).

Die *Umorientierung* eines großen Teils *der politologischen Verwaltungswissenschaft*, die nach 1969 einen großen Aufschwung nahm, hat die theoretische Rechtfertigung für diesen Prozeß geliefert. Die Durchdringung von Gestaltungs- und Machterhaltungsmaximen wurde nicht mehr als Negativbild gebrandmarkt. Böhret (1970: 42) stellte fest: »Ein politischer Entscheidungsträger handelt rational, wenn er konkrete politische Ziele aus dem übergeordneten gesellschaftlichen Wertsystem so ableitet, nach Prioritäten ordnet und verfolgt, daß er seinen politischen Nutzen innerhalb der gegebenen Entscheidungsstruktur maximiert«. *Politische Verwaltungsführung* (Grauhan, 1969) wurde zum Postulat eines neuen Verständnisses von Politik und Verwaltung, das auch die seit der vorparlamentarischen Phase diskriminierten Parteien in milderem Licht dastehen ließ.

Es entwickelten sich jedoch Auswüchse der Patronage, die immer wieder einmal beschnitten werden mußten bei der Vermischung von Parteipolitik und Verwaltung, etwa wenn Mitglieder der Planungsabteilung des Bundeskanzleramtes an der Vorbereitung von Wahlkampfplattformen für die Bundestagswahl 1980 mitgewirkt haben (BT, Sten. Prot., 28. Juni 1979: 13143ff.). Die Sinn- und Heilvermittler, die verdächtigt wurden, den Politisierungsprozeß auf der Grundlage der Soziologie oder Politikwissenschaft voranzutreiben (Seemann, 1980: 153), hatten jedoch auf dem Höhepunkt der Debatte gerade in der Regierung Schmidt kaum Ansatzpunkte gefunden. Der *Aufruf an den Bundespräsidenten*, seine Mitwirkungskompetenz in Fragen der Personalgewalt stärker zu bedenken (Seemann, 1980: 154), wurde angesichts eines erneuten Machtwechsels überflüssig. Die Homogenisierung der Ämter in der zweigeteilten Exekutive hat der Bundesrepublik seit 1982 die Entstehung eines *cohabitation*-Konflikts im französischen Ausmaß erspart. Die *Beschwörung der Gewaltenteilung* (Seemann, 1981) als Damm gegen die Parteipolitisierung erwies sich als überholter Nebenkriegsschauplatz. Auch die Unionsparteien haben die Regeln der parlamentarischen Demokratie mit ihrem Mehrheitsverbund von Parlamentsmehrheit, Regierungspartei und politisch geführter Verwaltung weitgehend internalisiert.

Nicht Appelle an den guten Willen einzelner Akteure könnten die deutsche Parteibuch-Verwaltung abbauen, sondern allenfalls eine tiefgreifende Strukturreform. Als Nachteil des deutschen *Mischsystems* ist anzusehen, daß der politische Beamte de facto nur noch äußerlich »Bürokrat« ist (Kugele, 1976: 204). Eine überwiegend juristische Betrachtungsweise, die nach sauberer Trennung der Funktionen wie in anderen Demokratien drängte, verkennt jedoch, daß die tatsächlichen Verhaltensmuster der Spitzenbürokratie in allen Ländern – unabhängig vom System – sich angeglichen haben und zu einer stärker politisch-konzeptionellen Amtsauffassung führen.

Diese Erfahrungen zeigten einmal mehr, daß parteipolitische Homogenisierungsversuche noch nicht zur *»Gleichschaltung«* der Beamtenschaft führen. Beamte unterschiedlicher Parteiauffassung waren einander oft näher in ihren Abgrenzungsversuchen gegen politische Einflüsse von außen als Beamte und Politiker, Ressortkonflikte wurden von Beamten der gleichen Partei mit Inbrunst ausgetragen.

Die Arbeit mit Stäben führte auch in Deutschland zu *Konflikten zwischen »staff« und »line«*. Sie wurde als Anfang der Aushöhlung des Berufsbeamtentums angesehen, und sie hat der parteipolitischen Penetration Vorschub geleistet, weil sie Außenseitern den Eingang in die Verwaltung ermöglichte. Obwohl die Planungsabteilungen den politischen Parteien und ihrer Programmimplementation am nächsten standen, ist es auch der SPD nicht gelungen, die alten Verwaltungseliten zu verdrängen. Eine Studie über die Planungsstäbe zeigte, daß der Wissenschaftssektor mit 37,3% nach den Planern aus Bundes-, Landes- und Kommunalverwaltungen mit 44% immer noch das stärkste Rekrutierungsreservoir für planende Tätigkeiten gewesen ist (Grottian/Murswieck, 1974: 84). Auch in diesem ideologieempfindlichen Bereich kam es nicht zu einem »personalpolitischen Blutbad« nach dem ersten Regierungswechsel 1969. Parteizugehörigkeit spielte eine große Rolle, vor allem auf der Abteilungsleiterebene (66,7% waren Parteimitglieder), aber die FDP war kaum vertreten, und die Unionsparteien stellten Anfang der siebziger Jahre immer noch ca. ein Drittel der Positionen (Grottian/Murswieck 1974: 92).

Mit dem Abklingen der Planungseuphorie begann schon unter der Kanzlerschaft Schmidts (1974–1982) eine Erosion der Planungstätigkeiten im Bundeskanzleramt und in einigen Ministerien. Nur ein Teil der Stabsmitglieder wurde in den normalen Beamtendienst übernommen. Nicht wenige gingen zurück, woher sie kamen, in die Wissenschaft.

Nach dem Gesetz hat »Der Beamte... bei politischer Betätigung diejenige *Mäßigung und Zurückhaltung* zu wahren, die sich aus seiner Stellung gegenüber der Gesamtheit und aus der Rücksicht auf die Pflichten seines Amtes ergibt« (BRRG, § 35, Abs. 2). In Deutschland gibt es *weniger* scharfe *Einschränkungen der politischen Rechte der Beamten* als in anderen Ländern.

Die Alliierten hatten 1945 für die Beamten ein Verbot parteipolitischer Betätigung durchgesetzt, wie es im amerikanischen Bundesverwaltungsdienst und im britischen Civil Service für die höheren Positionen besteht. Im Entwurf des Bundesbeamtengesetzes war ein Verbot für Beamte enthalten, als aktive Anhänger einer Partei aufzutreten. Der Bundesrat und später der Bundestag zwangen die Regierung zum Kompromiß auf die vage *»Mäßigungsklausel«*. Die Rechtsprechung versteht darunter vor allem, daß parteipolitische Betätigung nicht unter Ausnutzung einer amtlichen Stellung geschehen darf. Im Personalvertretungsgesetz des Bundes wird daher verboten, daß Leiter von Dienststellen und der Personalrat sich parteipolitisch betätigen. Kritik an der Regierung durch Beamte ist erlaubt. Für einige Funktionen sind in den Ländern die Grenzen enger gezogen, in Bayern etwa für die Bereitschaftspolizisten (Frowein 1967: 34f.).

Zu Konflikten über politische Betätigung der Beamten kommt es im Normalfall nur, wenn das *Bekenntnis zur »demokratischen Grundordnung«* in Zweifel gezogen wird, etwa bei Wahlkampfhilfe von Beamten für die DKP oder die NPD.

Eine gewisse Minimalpolitisierung der Beamtenschaft wurde schon relativ früh durch das Konzept der *»wehrhaften Demokratie«* bewirkt. Noch 1950 lehnte es die Bundesregierung ab, nach dem Vorbild des Beamtengesetzes von Rheinland-Pfalz die aktive Betätigung zugunsten der geltenden Verfassungsordnung zu verlangen, weil man die Politisierung der Verwaltung fürchtete (BT, Verhandlungen, 1949, Anlageband 1, Nr. 175, 10). 1953 wurde jedoch die politische Neutralität der Beamten gemindert durch die Verpflichtung zum »aktiven Eintreten für die demokratische Grundordnung« (Schönbohm, 1979).

Mit irreführenden Schlagworten wie *»Berufsverbot«* und *»Radikalenerlaß«* (es handelte sich um ein Rundschreiben, nicht um einen Erlaß) ist Deutschland international in die Schußlinie der Kritik gekommen. Ein internationaler Vergleich zeigt, daß die Bundesregierung am weitesten gegangen ist in der *Verrechtlichung der Zugangskontrolle*, daß aber andere Länder mit indirekten Praktiken des Fernhaltens von Extremisten aus dem öffentlichen Dienst vergleichbare Resultate erzielt haben (Böckenförde u. a., 1981). Sicher ist, daß die Überprüfungspraxis einen sinnlosen bürokratischen Aufwand bedeutet, da im Durchschnitt nur 0,05–0,1 % je nach Land und Einstellungspraxis – aus politischen Gründen der Zugang zum öffentlichen Dienst verwehrt worden ist.

Trotz mancher Mißstände wird die parteipolitische Penetration der Verwaltung in der Wissenschaft nicht so negativ beurteilt wie in der populären Presse. Ohne diese wechselseitige Durchdringung von Politik und Verwaltung wäre die Bürokratie in Deutschland relativ unbeweglich. Der Automatismus der Beförderung verträgt sich kaum mit dem *Leistungsprinzip*, das immer gegen politische Mobilität angeführt wird. Der Aufbau der deutschen Verwaltung ist relativ traditionell.

Die Rekrutierung überwiegend aus den Mittelschichten, unter denen nach wie vor die größte Neigung zum Eintritt in den Staatsdienst gefunden wurde, setzte der Fortentwicklung des Politikverständnisses in Richtung »radikale Neuerungen« zusätzliche Grenzen. Die weitere Politisierung der Besetzung von Beamtenstellen wird überwiegend abgelehnt. Zugleich entwickelt sich jedoch eine zunehmend modernere Auffassung von Verwaltung, die gekennzeichnet ist durch Publikumsorientierung und Bejahung einer an der Politik orientierten Verwaltung, verbunden mit dem Abbau der traditionelleren Gesetzesorientierung (Luhmann/Mayntz, 1973: 351f.).

Das Elitenbewußtsein ist bei der Verwaltungselite zum Teil geringer als angenommen. Man empfindet vielfach die prekäre Situation des Staatsdieners, der sich gegenüber der Wirtschaft als unterbezahlt betrachtet (Schmid/Treiber, 1975: 225). Die Verschlechterung der Chancen auf dem Arbeitsmarkt seit Mitte der siebziger Jahre könnte hier jedoch inzwischen einen Wandel bewirkt haben.

Modelle politischer Verwaltungsführung mit Enthierarchisierung und Reorganisation nach parlamentarischen Prinzipien, wie sie in der Zeit hochgespannter Demokratisierungserwartungen gefordert wurden (Grauhan, 1969: 29), wurden langsam internalisiert. Die Offenheit für gesellschaftliche Einflüsse und Interessengruppen ist gestiegen, aber die Grenzen der Demokratisierung und selbst der Parlamentarisierung für das Subsystem Verwaltung werden noch immer überwiegend eng gesehen (Pippig, 1988; Herbert, 1989). Das Modell erforderte eine Lockerung der Loyalität der Verwaltung zur Parlamentsmehrheit, die in einem parlamentarischen System realistischerweise kaum erwartet werden kann.

Mit zunehmender Ausdehnung der Staatstätigkeit und wachsendem Personal im öffentlichen Dienst wurde die *Reform des öffentlichen Dienstes* ein immer dringenderes Problem. Die drei Statusgruppen (Beamte, Angestellte und Arbeiter) sind durch die Tätigkeitsmerkmale nur noch schwer zu rechtfertigen. Die rechtliche Absicherung und Unkündbarkeit (bei Angestellten nach 15 Jahren) hat die Gruppen teilweise auch schon einander angenähert. Die Beschwörung des Beamtenethos ist weithin zur Ideologie einer Statusgruppe geworden. Wenn Gruppen mit gleichem sozialen Hintergrund unter den Angestellten und Beamten im öffentlichen Dienst vergleichen wurden, konnte kaum ein Unterschied festgestellt werden (Ellwein/Zoll, 1974: 160ff., 202). Daß die herausgehobene Stellung des Beamten notwendig sei, um ihn zum unabhängigen und gleichwohl loyalen Diener wechselnder Mehrheiten zu machen (Leisner, 1975: 121ff.), ist ebenfalls erfahrungsgemäß durch unterschiedliches Verhalten der Statusgruppen nicht nachzuweisen. Die geringfügigen Unterschiede, die empirische Untersuchungen zutage fördern, lassen sich nicht auf verschiedene Einstellungen der Statusgruppen, sondern auf eine andere Zusammensetzung der Gruppen zurückführen. Die »Arbeitnehmer« sind im Vergleich zu den Beamten durch einen höheren Anteil der Frauen, ein durchschnittlich niedrigeres Dienstalter und eine Massierung der Beschäftigten auf der Rangstufe des mittleren Dienstes gekennzeichnet. Die Studienkommission für die Reform des öffentlichen Dienstrechts (1973: 120ff., 142) hat in ihrer Mehrheit ein funktionsadäquates *einheitliches Dienstrecht* befürwortet, mit Ausnahme der Bereiche hoheitlicher Tätigkeit (Polizei und Rechtswesen), in denen Differenzierungen als funktional anerkannt wurden. Die Kommission verkannte jedoch die verfassungsrechtlichen und Interessengruppen-Widerstände gegen eine solche Reform nicht. Es bleibt umstritten, ob der 1971 eingefügte Art. 74a des Grundgesetzes, der die konkurrierende Gesetzgebungszuständigkeit des Bundes auf die Besoldung und Versorgung der Angehörigen des öffentlichen Dienstes ausdehnte, für eine Vereinheitlichung des Rechts des öffentlichen Dienstes des Bundes und der Länder ausreicht. Die Barrieren des Artikels 33 GG sind ohne Verfassungsänderung kaum zu überwinden.

Die Reform des öffentlichen Dienstes stößt auch auf erhebliche interessenpolitische Widerstände nicht nur der etablierten Statusgruppen. Sie reichen bis in die Reihen der Gewerkschaften, die Beschäftigte im öffentlichen Dienst organisieren. Die Überrepräsentation der Beamten bei der Schaffung des Grundgesetzes hat sich im Artikel 33 Abs. 4 niedergeschlagen (vgl. Kap. 1a), der von der traditionellen Konzeption eines »öffentlich-rechtlichen Dienst- und Treueverhältnisses« ausgeht. Er dient heute vor allem zur Verteidigung des Status quo der Beamteninteressen. Seinerzeit war dieses Konzept auch gegen Gefahren gedacht, wie sie in der Zeit des Nationalsozialismus drohten, wo unter dem irreführenden Titel der »Wiederherstellung des Berufsbeamtentums« willkürlichen Säuberungen des Staatsapparates eine quasi-legale Grundlage unterschoben wurde. In der Diskussion wird vielfach die »Entbeamtung« gefordert, oder wenigstens »aufgabenadäquate Reduktion des Beamtenstatus« auf eine enger abzugrenzende Hoheitsverwaltung. Dafür sprechen auch noch andere Entwicklungen, so die Neigung von immer weiteren Teilen des öffentlichen Dienstes, an den Vorrechten der Nichtbeamten – wie dem Streikrecht – teilzuhaben. Die Unterwerfung des Beamten unter ein besonderes Disziplinarrecht, die überhöhten Treueanforderungen in der Radikalendebatte und die Last sonstiger zweifelhaft gewordener Privilegien ließen auch mehr und mehr Beamte vor allem im Bereich der Leistungsverwaltung an der Zeitgemäßheit ihrer Stellung irre werden.

Anläßlich der Vereinigung hätte man sich einige Reformen gewünscht. Sie schienen um so gebotener, als die westdeutschen Akteure eine große Abneigung zeigten, ostdeutsche Angestellte des öffentlichen Dienstes zu Beamten zu erheben. 1992 waren von 1,1 Millionen Vollzeitbeschäftigten im öffentlichen Dienst der neuen Bundesländer nur knapp 80000 verbeamtet, während im Westen fast jeder zweite Vollzeitbeschäftigte im öffentlichen Dienst Beamter war (Stat. Jahrb. 1994, 1995: 538).

Erst mit der Finanzierungskrise der deutschen Einheit kam auch die Beamtenreform wieder auf die Tagesordnung. Auch SPD-Länderregierungen, wie die Schleswig-Holsteins, nahmen immer weniger Rücksicht auf die ÖTV. SPD-nahe Einrichtungen diskutierten weitreichende Reformen, weil in den Ministerien zuviel »gerudert« und wenig »gesteuert« werde (Jann, 1994: 23). Vorgeschlagen wurden die Verschlankung der Ministerien durch Auslagerung ganzer Abteilungen, die Entbeamtung weiter Teile der öffentlichen Verwaltung und die Schaffung von Spitzenpositionen auf Zeit (Jann, 1994). Die »Abschaffung des Berufsbeamtentums« (Bruns, 1994) findet nur wenige Fürsprecher, da die Inkompetenz der ideologisierten Administratoren der alten DDR auf die Vernichtung des Berufsbeamtentums zurückgeführt wird. Eine grundgesetzändernde Mehrheit für eine weitreichende Beamtenreform ist noch nicht in Sicht. Der finanzielle Leidensdruck der öffentlichen Hände muß anscheinend noch wachsen.

Trotz oder wegen der etatistischen Tradition Deutschlands hat die Bundesrepublik nach Überwindung der Nachkriegsrestriktionen in allen Sektoren so bald wie möglich für möglichst wenig *Planung* und Reglementierung optiert, selbst in den Bereichen, die nach dem Krieg am stärksten geplant und administriert werden mußten, wie den Wohnungs- und Städtebau.

Die Marktwirtschaft als Ideologie blieb in kaum einer westlichen Demokratie so stark wie in der Bundesrepublik und legte dem Ausbau der Planung mächtige Hindernisse in den Weg. Der Neoliberalismus überlagerte eine deutsche Tradition des Denkens in Begriffen staatlicher Steuerung der Wirtschaft von Friedrich List bis zu den Kathedersozialisten und wurde fast zu einer »Buchreligion« mit Propheten (Röpke, Rüstow) und Predigern (Erhard, Müller-Armack) (Arndt, 1966: 117). Die Ideologie der Nichtplanung basierte auf traumatischen Erfahrungen der Übersteuerung im Nationalsozialismus, in der Besatzungszeit und in der DDR und wurde verstärkt durch die voreilige Zurückführung der Erfolge im Wiederaufbau auf eine nichtgeplante Politik. Seit dem Zusammenbruch des realen Sozialismus in der DDR wurde der Sieg Erhards über Marx noch stärker ideologisiert. Der nachmoderne Paradigmawechsel hat die Ansprüche der Politik auf Steuerung der Gesellschaft reduziert, von Planung über Steuerung auf Konzertierung und Koordination mit Hilfe zur Selbsthilfe.

Folge dieser ideologischen Option war eine immer wieder verschleppte Anpassung des Regierungsapparates an die neuen Erfordernisse. Die Ressorts blieben weitgehend Klientel-orientiert (vgl. Kap. 5b), so daß es bei einer rein *negativen Koordinierung* unter den Ministerien blieb, aber zu keiner positiven Aufgabenplanung kam.

Die *Finanzknappheit* seit der ersten Krise (1966/67) ließ den Spielraum für Innovationen geringer werden, die vorher trotz schlechter Kooperation dank der Prosperität gelegentlich noch möglich gewesen waren (1956 gab es rund 7 Milliarden DM an Reserven im »Juliusturm«). Im bundesstaatlichen Verband verlor der Bund gegenüber den Ländern zunehmend an Steuerungskapazität. Die Länder kamen seit 1967 durch die Protestbewegung in der Bildungspolitik unter starken Druck und versuchten unkoordiniert auf eigene Faust zu reagieren, so daß dem Bund weitere Handlungsinitiativen verlorengingen.

In dieser Krisensituation mußten zunächst Sofortmaßnahmen von der Regierung Kiesinger-Brandt getroffen werden (vgl. Schatz in: Mayntz/Scharpf, 1973: 21ff.).

In der Ära Erhard gab es nur punktuelle antizyklische Maßnahmen und Maßhalteappelle. Unter der Regierung Kiesinger wurde 1967/68 ein systematischer Interdependenzbezug des administrativen und des ökonomisch-technischen Systems herzustellen versucht. Die neuen Maßnahmen waren getragen von den Konzeptionen einer »Neuen Ökonomie«. Ihr lag die Auffassung zugrunde, daß makroökonomische Größen wie effektive monetäre Nachfrage, Beschäftigung, Wirtschaftswachstum und Preisniveau vom planenden Staat mit wirtschaftspolitischen Instrumenten wie Finanz-, Kredit- und Einkommenspolitik angegangen werden müssen.

Dennoch waren die Hindernisse auf dem Wege zur Rationalisierung der Regierungsarbeit noch immer beträchtlich. Selbst die Einrichtung eines *Planungsstabes* stieß auf große Hindernisse. Die Ressorts gaben ungern qualifizierte Kräfte für diese Aufgabe frei. Der Planungsstab hatte zunächst in einem politischen Vakuum zu operieren. Vielfach wurden die Themen, die er bearbeitete, als noch nicht relevant hingestellt, oder es wurden Krisensymptome in brandeiliger Ad-hoc-Behandlung zu kurieren versucht, wobei die längerfristige und übergreifende Perspektive wieder verlorenging. Das Bundeskanzleramt beschränkte seine Intervention vielfach auf die Negativkoordinierung.

Auch unter den SPD-Regierungen seit 1969 wurde der Ausbau staatlicher Steuerungselemente nicht sehr weit vorangetrieben. In der SPD selbst gab es Widerstände gegen eine Verstärkung der Staatsintervention. Für Schiller waren 1972 sogar Eingriffe in die Wechselkurse so unakzeptabel, daß er sich in Konflikte mit den Kabinettskollegen stürzte, die zu seinem Rücktritt vom Amt des Wirtschafts- und Finanzministers und zum Austritt aus seiner Partei führten. Die Debatten um die Strukturpolitik blieben zum Teil abstrakt. Es fehlte an Erfolgskontrollen auf seiten der Regierung und an pragmatischen Operationalisierungsvorschlägen bei den linken Gruppen, die mehr als einzelne strukturpolitische Maßnahmen wollten und in Richtung »Investitionslenkung« drängten (vgl. Mayntz/Scharpf, 1975: 16).

Eine Begleiterscheinung der Regierungsreform und des Bemühens um den Ausbau der Planung waren die Verwissenschaftlichung der Regierungspolitik und der Ausbau der *wissenschaftlichen Politikberatung*. Zahlreiche Ministerien haben wissenschaftliche Beiräte geschaffen. Außerdem gab es – geschätzt – ungefähr 200 Beratergruppen mit etwa 3000 Sachverständigen auf Bundesebene (Dietzel, 1976). Während man sich bemüht hat, mehr Transparenz in die Anhörungen der Spitzenverbände nach der Gemeinsamen Geschäftsordnung der Bundesministerien (§ 23) zu bringen, werden Beiräte als amtliche Institutionen vielfach mit dem Schleier der Nichtöffentlichkeit umgeben. Es gibt keine Stelle, die ihre Zahl und Besetzung vollständig erfaßte. Nur durch Anfragen im Bundestag von 1969 und 1977 ist etwas Licht ins Dunkel des »government by committee« (K. Wheare) gebracht worden. 1969 wurden 264 Beratergremien (190 bei den Ministerien, 74 bei nachgeordneten Behörden) festgestellt (Dt. Bundestag, Drucksache V/4585, 14.7.1969), 1977 wurden 358 Beiräte (ebd., 26.5.1955, Drucksache 8/484) auf eine Anfrage hin bekanntgegeben. Eine Umfrage von 1992 ergab die Zahl von 294 Beratungsgremien der Bundesregierung. Hinzu kamen 54 ressorteigene und 82 Bund-Länder-Einrichtungen (Murswieck, 1994: 110). Daß Interessengruppeneinfluß und wissenschaftliche Beratung nicht immer strikt zu scheiden sind, läßt der Umstand vermuten, daß die typischen »Verbandsinseln«

(Wirtschafts-, Landwirtschafts- und Arbeitsministerium) auch die meisten Beiräte beschäftigen.

Im Vergleich zu anderen westlichen Demokratien fallen mehrere Eigenarten der deutschen Politikberatung ins Auge: In den USA wird die Exekutivspitze viel stärker aktiv als das Bundeskanzleramt. Die Aktivierung von wissenschaftlichem Sachverstand ist weit mehr mit dem Prinzip der *»presidential leadership«* verbunden. Es fehlt darüber hinaus an Einrichtungen für kontinuierliche Entscheidungsvorbereitung, wie sie die »Royal Commissions« in Großbritannien darstellen. Auch die Publizität – mit Ausnahme der Gutachten der Wirtschaftssachverständigen – ist vergleichbar gering und kann nicht mit dem schwedischen Prozeß der Rückäußerung von Sachverständigen und Verbänden verglichen werden. Eine Neuerung war es bereits, daß die ›Kommission für sozialen Wandel‹ seit 1971 immerhin wichtige Gutachten publiziert und damit den Dialog zwischen Wissenschaft und Politik transparent gemacht hat. Weiterhin fällt auf, daß in Deutschland im Vergleich zu den USA die wissenschaftlichen Großorganisationen, die ständig für die Regierung arbeiten, noch schwach entwikkelt sind, seien es unabhängige Einrichtungen wie die Prognos AG, seien es Regierungsforschungsinstitute, wie sie für die Bereiche Arbeitsmarkt und Berufsforschung bestehen, oder Einrichtungen der weniger spezialisierten Politikberatung wie die ›Stifung Wissenschaft und Politik‹ in Ebenhausen oder das ›Institut für Ostwissenschaft und Internationale Studien‹ in Köln.

Bei der wissenschaftlichen Beratung drohen in modernen Staaten die Grenzen zwischen Information und Propaganda im Außenverhältnis immer fließender zu werden. Das Bundesverfassungsgericht hat im März 1977 der Bundesregierung vorgeworfen, gegen Art. 20 Abs. 1 und Abs. 2 Satz 2 GG verstoßen und den Grundsatz der Chancengleichheit bei Wahlen dadurch verletzt zu haben, »daß sie vor der Bundestagswahl 1976 durch Anzeigenserien, Faltblätter und sonstige Publikationen werbend in den Wahlkampf eingegriffen hat und keine Vorkehrungen dagegen traf, daß von ihr für Zwecke der Öffentlichkeitsarbeit unter Einsatz von Haushaltsmitteln hergestellte Druckwerke in großem Umfange von den die Regierung tragenden Parteien als zusätzliches Wahlkampfmaterial bezogen worden sind«. Das Urteil ist als Stärkung der Idee der »Bürgerdemokratie und der Opposition« gewertet worden (Häberle in: JZ, 1977: 361 f.), obwohl an den Gepflogenheiten des etablierten Parteienstaates gemessen – die erstmals vor 1969 von der klagenden Opposition in einer Zeit entwickelt wurden, da sie die Regierungsverantwortung trug – ein so striktes Neutralitätsgebot der Regierung ein bißchen realitätsfremd erscheint.

Zu beklagen ist das Fehlen eines regierungseigenen Vertriebs- und Informationsnetzes, wie es das ›Government Printing Office‹ in den USA ist oder in ›Her Majesty's Stationary Office‹ (HMSO) und den Government Bookshops in Großbritannien existiert, in denen jährlich Millionen von Druckerzeugnissen verkauft (nicht verschenkt) werden. Die Anregung, eine ähnliche Einrichtung zu schaffen, könnte nicht nur der bedarfsgerechteren, informativeren Anlage von Regierungsdruckerzeugnissen dienen (Leonardy, 1978: 31), sondern zugleich die wissenschaftliche Politikberatung in ihren Ergebnissen für Bürger und Interessengruppen transparenter zu gestalten helfen.

Auffällig ist außerdem das vergleichsweise *unpolitische Verständnis der Beratungsgremien*. Die gesetzlichen Aufträge von der Sozialenquete-Kommission bis zum Sachverständigenrat wurden betont unpolitisch gehalten. Politische Vorschläge sind unerwünscht, und erst über den Umweg der Kontroversen mit den Meinungen der wirtschaftswissenschaftlichen Forschungsinstitute kommt eine politischkonfliktorische Note in die Debatte um eine empfehlenswerte Wirtschaftspolitik. An Räte mit Initiativrecht und an den Ausbau der Befugnisse von Enquete-Kommissionen, wie sie in einigen anderen Ländern bestehen, ist in Deutschland zur Zeit nicht zu denken.

In der Bundesrepublik ist ein technokratisches Modell der Wissenschaftler-Dominanz daher kaum zu befürchten. Der Einfluß der Wissenschaft in der Politikberatung wird von Kennern in der Ministerialbürokratie relativ gering eingeschätzt (Friedrich, 1970: 196).

(d) Die deutsche Einigung – die Stunde der Exekutive

Die ersten politischen Schritte in Richtung deutsche Wiedervereinigung waren außenpolitischer Natur, auch wenn die Bundesregierung 40 Jahre an der Fiktion festgehalten hatte, daß es sich in den Beziehungen zur DDR um »innerdeutsche Beziehungen« gehandelt habe. Die Aushandlung der Verträge zur Einheit Deutschlands und ihre Absicherung bei den Siegermächten gaben der Exekutive ein Übergewicht. Das wurde in den parlamentarischen Debatten um die Verträge von vielen Sprechern gerügt. Angesichts der gebotenen Eile aber hat niemand ernsthaft die Exekutive daran hindern wollen, die nötigen Schritte zu unternehmen.

Für die Verschmelzung der beiden demokratisch gewählten deutschen Regierungen, zwischen dem Beitritt der DDR im Oktober und den ersten Wahlen im Dezember 1990, war es kein gutes Omen, daß die DDR-Minister »ohne Portefeuille« in die Bundesregierung eintreten mußten. Bei der ersten Regierungsbildung nach den gesamtdeutschen Wahlen vertiefte sich bei vielen ostdeutschen Wählern die Enttäuschung. Sie sahen sich bei der Regierungsbildung zu kurz gekommen, obwohl sie mit drei Ressorts numerisch fair vertreten zu sein schienen. Keines der Kernressorts wurde einem ostdeutschen Politiker anvertraut. Das Bildungsministerium hat geringe Kompetenzen auf Bundesebene. Das Verkehrsministerium scheint stark auf DDR-Sonderprobleme zugeschnitten zu sein. Das Ministerium für Frauen und Jugend war ein gedritteltes Ressort, das mit zwei weiteren Kolleginnen geteilt werden mußte. Die Vertretung der Frauen und Ostdeutschen wirkte lieblos als Pflichtübung von Quoten-Vorstellungen. Als Proporz im Proporz wurden auch noch zwei Mitglieder ehemaliger Blockparteien (LDPD und CDU) berücksichtigt. Angela Merkel als Repräsentantin des »Demokratischen Aufbruchs« repräsentierte gleichsam die unbelastete Generation. Zufriedenheit konnte diese Vertretung nicht verbreiten. Gerade im Elitensektor war das paritätische Denken aus der Zeit der Verhandlungen zweier deutscher Staaten um die deutsche Einheit noch stark.

Die erste gesamtdeutsche Regierungsbildung ist für die Aufblähung der Elitenpositionen kritisiert worden. Bemerkenswert ist eher für das volkreichste Land Westeuropas, daß es bei 19 Ministerien geblieben ist – nur zwei Positionen über dem langjährigen Durchschnitt. Die Zahl der parlamentarischen Staatssekretäre wuchs um sechs auf 33. Auf der Ebene der Spitzenpositionen ist es kaum möglich, alle Mobilitätswünsche in Ostdeutschland zu erfüllen. Viele politische Karrieren werden sich vermutlich regionalisieren. In fünfeinhalb allzu kleinen neuen Bundesländern fällt prozentual auf die Bevölkerung umgerechnet eine adäquate Zahl von Spitzenpositionen an, die vorerst eher mit dem Problem konfrontiert sind, noch nicht mit Politikern und Politikerinnen des nötigen professionellen Zuschnitts besetzt werden zu können.

Bei der 2. Regierungsbildung nach der Vereinigung 1994 nahm man weniger Rücksichten auf den Ost-West-Proporz. So konnte die Regierung auf 17 Ressorts verkleinert und die Zahl der parlamentarischen Staatssekretäre geringfügig auf 27 reduziert werden.

Auf der Ebene der politischen Elite wird die Integration vergleichsweise jedoch leichter sein als bei den wirtschaftlichen, kulturellen und Medieneliten aus dem Westen, die weit stärker die ostdeutschen Länder für eine gewisse Zeit noch überfremden werden.

Weit problematischer als das Gefühl der Benachteiligung bei der Repräsentanz in den zentralen Institutionen ist die Abhängigkeit der neuen Bundesländer von der Verwaltungskompetenz Westdeutschlands. Bei Regimewechseln – wie selbst 1945 – wurde vielfach die politische Führung ausgewechselt, und die Verwaltungselite mußte im Amt gelassen werden. Selbst Lenin hat nach 1917 in Rußland dafür plädiert. Beim Übergang vom realen Sozialismus zur Demokratie stellte sich jedoch das Problem neu: Die Verwaltung war inkompetent, da sie nach den Erfordernissen einer politisierten Kaderverwaltung trainiert worden war. Für gewisse Ressorts in den Ländern konnten keine Fachleute gefunden werden. Unter 52 ostdeutschen Ministern sind 14 aus dem Westen übernommen worden, darunter sämtliche Justizminister und Finanzminister. Selbst unter den Wirtschaftsmanagern wurden bis Mitte 1991 mehr (1000) wegen Unfähigkeit als wegen politischer Belastung (400) entlassen (FAZ, 9.8.1991: 11). Die politisch Belasteten herauszufinden war nicht in allen Sektoren leicht. Unter der Übergangsregierung Modrow wurden viele Anhänger des alten Regimes in der Verwaltung durch Umsetzung »getarnt«. Die Personalakten sind planmäßig gesäubert und Stasi-Akten »bereinigt« oder vernichtet worden (Derlien, 1991: 64ff.).

Die territoriale Verwaltungsstruktur der DDR war so antiquiert wie ihr funktionales Selbstverständnis: eine ungünstige Kleinräumigkeit in Landkreisen mit zu wenigen Einwohnern – mit 80000 Einwohnern weniger als die Hälfte der Landkreise im Westen (Seibel 1991: 199). Durch die Wiederherstellung der Länder stellte sich die Frage nach der Zukunft der Zwischenebene der ehemaligen Bezirksverwaltungen. Angesichts der Einwohnerzahlen ostdeutscher Länder schienen sie nicht nötig. Länder von der Größe Schleswig-Holsteins haben auch im Westen auf Mittelbehörden verzichtet. In Thüringen wurden die Bezirksverwaltungen als staatliche Mittelinstanzen nach der Auflösung neu gebildet.

Die Ministerialverwaltungen mußten in ihrer formalen Struktur auf dem Reißbrett neu entworfen werden. Nicht wenige Ressorts zogen in Gebäude ein, in denen nur der Minister und der Staatssekretär von Anfang an ein Telefon zur Verfügung hatten. Patenländer in Westdeutschland halfen mit Know-how und Personal aus. Im Sommer 1991 waren ungefähr zehntausend Beamte aus Westdeutschland in den neuen Bundesländern tätig. Frustrationen breiteten sich in der Zusammenarbeit aus. Den Neuankömmlingen wurde Besserwisserei, den Eingesessenen Faulheit und mangelnde Anpassungsfähigkeit nachgesagt. Vor allem in der Finanzverwaltung und in der Rechtspflege fehlte es an Beamten. Die Verbände schlugen Alarm: Im Westen werde die Verwaltung ausgezehrt, im Osten hingegen funktioniere sie dennoch nicht. Ein Kolonisierungsdrang hat sich durch die Einigung in der westdeutschen Verwaltung nicht ausgebreitet. Nur durch massive Anreize konnte das Personal für den Aufbau von Justiz und Verwaltung in den neuen Bundesländern gewonnen werden. Zu den Privilegien gehörten »Verwendungszulagen«, steuerfreie Aufwandsentschädigungen, Reisekosten und Trennungsgelder für wöchentliche Fahrten zum Wohnort. Am stärksten motivierte aber zweifellos die Aussicht auf einen unorthodoxen Aufstieg.

Wo die Behörden personell ausgestattet waren, fehlte es an gültigen Verwaltungsvorschriften. Die Westhelfer wurden vielfach in ihrem Innovationseifer gebremst. Ein Beamter, der den ostdeutschen Dienst nach kurzer Zeit wieder quittierte, faßte seine Erfahrung in dem Satz zusammen: »Ausgebildete Sänger stören in Laienchören«. »Politisierte Inkompetenz« (H. U. Derlien) von 40 Jahren Kaderverwaltung hat ihre Nachwirkungen. Die Abschaffung des Berufsbeamtentums galt als schwerwiegender Nachteil in der DDR-Verwaltung. Hatten linke Reformer in der Zeit der siebziger Jahre bei Denkspielen für die Reform des öffentlichen Dienstes nach dem Vorbild sozialistischer Länder geliebäugelt, so wurden solche Vorstellungen im Prozeß der Wiedervereinigung nicht wieder aufgegriffen, weil das Vorbild allzu diskreditiert schien.

Die personelle Revolution in der Exekutive der DDR war weniger weitreichend als die nach 1945 in der sowjetischen Besatzungszone. Im Einigungsvertrag war die Einführung des Berufsbeamtentums vorgesehen (Art. 20 Abs. 2). Wo Einrichtungen Aufgaben wahrnahmen, die künftig nicht mehr von der öffentlichen Verwaltung wahrgenommen werden sollten, wurde ein Modus der »Abwicklung« vereinbart. »Abwicklung« (Art. 13) wurde zum bestgehaßten Terminus aus dem neuen ›Wörterbuch des Unmenschen‹, das die alte »Plaste- und Elaste«-Sprache der DDR abzulösen begann. Angesichts der zahlreichen Angestellten des öffentlichen Dienstes, die übernommen werden mußten, weil der Einigungsvertrag es vorsah und arbeitsmarktpolitische Gründe dafür sprachen, ließen sich die rigiden Forderungen an die Treuepflicht bei vielen ehemaligen SED-Mitgliedern nicht durchführen. Der Ruf nach einem »Radikalenerlaß für die DDR« wurde vom Innenminister aus praktischen Erwägungen abgelehnt (Der Spiegel, 1990, Nr. 14: 31 f.). Die Regelungen des Einigungsvertrages und ihre Implementation in der Praxis haben in mancher Hinsicht die Grundsätze des Berufsbeamtentums, die in der alten Bundesrepublik galten, modifiziert (Goerlich, 1991: 77).

Die originellste und zugleich umstrittenste Einrichtung der Exekutive im deutschen Einigungsprozeß war die *Treuhandanstalt*. Sie wurde am 1. März 1990 von der damaligen DDR-Regierung als »Anstalt zur treuhänderischen Verwaltung des Volkseigentums« geschaffen. De Maizière hat Ende Juni 1990 Carsten Rohwedder als ehrenamtlichen Vorsitzenden des Treuhand-Verwaltungsrates berufen. Nachdem der Präsident der Treuhand, Gohlke, nach langen Konflikten zurücktrat, übernahm Rohwedder bis zu seiner Ermordung durch die RAF die Präsidentschaft. Laut Einigungsvertrag (Art. 25) galt das Gesetz zur Privatisierung und Reorganisation des volkseigenen Vermögens, kurz Treuhandgesetz, vom 17. Juni 1990 mit dem Wirksamwerden des Beitritts der DDR fort. Sie wurde eine rechtsfähige bundesunmittelbare Anstalt des öffentlichen Rechts. Die Fach- und Rechtsaufsicht stand dem Finanzminister zu, der die Aufsicht im Einvernehmen mit dem Wirtschaftsminister und anderen Ressorts wahrnehmen sollte. Ansprüche des damaligen Wirtschaftsministers Möllemann, der im Interesse einer besseren wirtschaftspolitischen Koordinierung der Aktivitäten der Treuhand die Aufsicht beanspruchte, wurden von Finanzminister Waigel zurückgewiesen. Beteiligungen der Treuhandanstalt wurden zu mittelbaren Beteiligungen des Bundes deklariert.

Klare Zielvorgaben wurden dieser gigantischen Einrichtung von der politischen Führung kaum mitgegeben. Im Selbstverständnis der Treuhand sollte Privatisierung vor Sanierung gehen. Die Massenarbeitslosigkeit in den östlichen Bundesländern zwang jedoch zu einer behutsameren Gewichteverteilung zwischen den beiden Zielen. Angesichts der kritischen Lage fast aller Betriebe in der Ex-DDR fiel der Treuhand zunehmend die Aufgabe der Liquiditätssicherung zu. Durch den Staatsvertrag wurden Kreditaufnahmen in Höhe von 17 Milliarden DM möglich. Der Einigungsvertrag stockte die Summe auf 25 Milliarden DM auf (Art. 25.4). Der Sachverständigenrat zur Begutachtung der gesamtwirtschaftlichen Entwicklung (Jg. 1990/91 : 517) beschwor die Gefahr, daß die Sanierungsmaßnahmen der Treuhand sich zunehmend am Markt nicht bewährten und gegen politischen Druck nicht abgeschirmt werden könnten. Der Gesetzgeber wurde aufgerufen, die Ziele der Treuhand klar zu formulieren. Die Kredite im Vorgriff auf künftige Privatisierungserlöse erwiesen sich als Fehlkalkulation. Der Sachverständigenrat vermutete, »daß hier das Fell eines noch nicht erlegten Bären mehrfach verteilt worden ist« (Jg. 1990/91 : 518). Die westdeutschen und ausländischen Investoren zögerten, nicht zuletzt wegen mangelnder Infrastruktur und ungeklärter Rechtsfragen. Der Weg des Verkaufs von Volksaktien, den die Bundesrepublik früher erfolgreich beschritten hatte, empfahl sich angesichts der maroden Betriebe zum Schutz der Volksaktionäre nicht.

Nach dem Zusammenbruch der sozialistischen Planwirtschaft war die Bundesregierung gezwungen, den Teufel des Zentralismus mit dem Beelzebub des zentralen Dirigismus einer Superbehörde auszutreiben. Bei der Privatisierung stieß die Treuhand auf Schwierigkeiten bei der Preisfestsetzung, für die es keine verläßlichen Kriterien gab. Investoren boten nach Einschätzung der Zukunftswerte, und die lagen in der Regel weit unter dem Erwartungshorizont der Treuhand und unter den angebotenen Werten, die unter Bedingungen einer florierenden ostdeutschen Wirtschaft vertretbar gewesen wären. Umweltschäden, finanzielle Altlasten und überhöhte Personalbestände ließen die Angebote trotz attraktiver langfristiger Aussichten mittelfristig für die Investoren nicht interessant erscheinen. Vor allem in der Frage der Altschulden war wiederum der Gesetzgeber zu einer Lösung aufgerufen.

Zunehmend geriet die Treuhand in den Zielkonflikt zwischen einem marktwirtschaftlich vertretbaren Sanierungskonzept und der Kalkulation der sozialpolitischen Folgen der Anwendung der »reinen Doktrin«. Die Folge wäre eine Entindustrialisierung; die Gefahr der Entstehung eines »Mezzogiorno« im Osten wurde an die Wand gemalt. 1991 wurde zunehmend deutlich, daß politische Konzessionen an Abweichungen von den marktwirtschaftlichen Regeln sich nicht vermeiden ließen. Die Opposition hat als »parlamentarische Mitregierung« (vgl. Kap. 7 c) nicht viel durchsetzen können. Gleichwohl blieb bemerkenswert, daß der Finanzminister gegenüber den Oppositionsforderungen in vielen Details argumentierte, sie seien schon verwirklicht. Zweifellos hat die Union in dieser schweren Krise ein kleines Stück SPD-Politik übernommen. Wie schon in früheren Krisenzeiten bewährte es sich, daß Teile der CDU in ihren sozialpolitischen Konzeptionen der SPD näherstanden als der FDP, mit der sie überwiegend koalierten.

Während die Länder in Ostdeutschland auf Regionalisierung der Treuhandarbeit drängten und die Ländervertretung im Treuhandaufsichtsrat erstritten, drängten die Gewerkschaften eher auf eine weitere Zentralisierung. Die IG-Metall wurde zum Promotor der Idee einer *Staatsholding*, die Zweidrittel aller sanierungsfähig erscheinenden Betriebe in Ostdeutschland übernehmen sollte. Birgit Breuel, die dritte Leiterin der Treuhand nach Rohwedders Ermordung, widersprach den Vorschlägen: »Wir sind selbst schon eine Industrieholding, wir brauchen keine zu gründen« (FAZ, 7.5.1991: 5). Die Treuhand blieb ein Fremdkörper in der Marktwirtschaft. Sie stellte eine parastaatliche Intervention zur Vorbereitung des Marktes dar. Sie erhielt ihre Rechtfertigung nur, wenn sie ihr eigenes Ende rasch vorbereitete. Sie hat Wort gehalten. Rechtsnachfolger der Treuhand wird die Bundesanstalt für vereinigungsbedingte Sonderaufgaben. Ihr obliegt die »Abwicklung der Abwicklung«. Die Treuhand hat 12363 Unternehmen betreut. Bis September 1994 wurden davon 3661 liquidiert. Reprivatisiert wurden 1571. Der Rest wurde überwiegend oder vollständig privatisiert. 144 Firmen waren noch im Angebot (SVR, Jg. 1994/95: 84). Die Gründer der Treuhand glaubten noch, daß die Anstalt ein Vermögen von vielen Milliarden verwaltete. Die Privatisierung aber brachte weit weniger Geld ein, als daß sie Schulden hinterließ. Ende 1994 wurde die Gesamtschuldenlast auf 250 Milliarden DM geschätzt. Nach Auflösung der Treuhand wurden kleinere Trägerorganisationen geschaffen. Der Widerspruch in der öffentlichen Debatte, die Erhaltung von regional wichtigen Betrieben zu verlangen, der Treuhand aber die Kosten aufzubürden, wird ab 1995 verschwinden. Die Länder müssen dann die Verantwortung für die Unternehmen tragen, die sie für erhaltenswert einschätzen (Jg. 1992/93, Ziff. 304). Der Sachverständigenrat (Jg 1992/93, Ziff. 296) sah keine Alternative zur Privatisierungs- und Liquidierungspolitik der Treuhand. Jede Alternativstrategie würde die Schuldenlast über die 250 Milliardengrenze hinaus steigern und die Wirtschaft in der einst überindustrialisierten DDR der Gesundung keinen Schritt näherbringen.

Die Treuhand ist eine der kuriosesten Einrichtungen, welche die moderne Demokratie hervorgebracht hat. Als Anstalt des öffentlichen Rechts ist sie ein Musterexemplar der Quagos (quasi-governmental organizations), die im Vergleich zu direkten Regierungsinstitutionen in vielen modernen Staaten an Boden gewinnen. Als Mischung aus der größten Konkursverwaltung der Geschichte und einer Industrieholding auf Zeit ist ihre politische Bedeutung gar nicht zu unterschätzen. Ihr Einfluß auf die Zentralisierung des Systems und die Beeinträchtigung des Föderalismus war beträchtlich. Kein Wunder, daß vor allem von den Ländern her zur Jagd auf den Leviathan geblasen wurde (vgl. Kap. 9e). Im historischen Rückblick – und im Vergleich zu den Transformationseinrichtungen anderer post-kommunistischer Länder – wird sich jedoch das »erfolgreiche Scheitern« (Seibel, 1994) dieser Einrichtung vermutlich wieder verklären.

Literatur

J. D. Aberbach/R. D. Putnam/B. A. Rockman: Bureaucrats and Politicians in Western Democracies. Cambridge/Mass., Harvard University Press, 1981

Aktionsprogramm zur Dienstrechtsreform. Bonn, Bundesmin. des Innern, 1976

H.-J. Arndt: West Germany. Politics or Non-Planning. Syracuse UP, 1966

A. Baring: Machtwechsel. Die Ära Brandt–Scheel. Stuttgart, DVA, 1982
B. Becker: Zentrale nichtministerielle Organisationseinheiten der unmittelbaren Bundesverwaltung. Verwaltungsarchiv, 1978: 149–202
A. Benz/W. Seibel (Hrsg.): Zwischen Kooperation und Korruption. Abweichendes Verhalten in der Verwaltung. Baden-Baden, Nomos, 1992
A. Benz u. a. (Hrsg.): Verwaltungsreform und Verwaltungspolitik im Prozeß der deutschen Einigung. Baden-Baden, Nomos, 1992
St. Berger: Materielles Prüfungsrecht des Bundespräsidenten? ZParl, 1971: 3–11
W. Bernet: Vom Staatsdienst zum öffentlichen Dienst. DÖV, 1991: 185–191
K. von Beyme: Organisationsgewalt. Patronage und Ressortteilung im Bereich der Regierung. Die Verwaltung, 1969: 279–293
K. von Beyme: Unregierbarkeit in westlichen Demokratien. Leviathan, 1984: 39–49
K. von Beyme/M. Schmidt (Hrsg.): Politik in der Bundesrepublik Deutschland. Opladen, Westdeutscher Verlag, 1990
W. Bleek: Von der Kameralausbildung zum Juristenprivileg. Berlin, Colloquium Verlag, 1972
E. W. Böckenförde: Die Organisationsgewalt im Bereich der Regierung. Berlin, Duncker & Humblot, 1964
E. W. Böckenförde u. a. (Hrsg.): Extremisten und öffentlicher Dienst. Baden-Baden, Nomos, 1981
C. Böhret: Entscheidungshilfen für die Regierung. Opladen, Westdeutscher Verlag, 1970
C. Böhret: Folgen. Entwurf für eine aktive Politik gegen schleichende Katastrophen. Opladen, Leske & Budrich, 1990
H. H. Brausewetter: Kanzlerprinzip, Ressortprinzip und Kabinettsprinzip in der ersten Regierung Brandt. Bonn, Eichholz Verlag, 1976
B. Breuel (Hrsg.): Treuhand intern. Berlin, Ullstein, 1993
G. Brinkmann: Die Diskriminierung der Nicht-Juristen im allgemeinen höheren Verwaltungsdienst der Bundesrepublik Deutschland. Zeitschrift für die gesamte Staatswissenschaft, 1973, H. 1: 150–167
W. Bruder: Sozialwissenschaften und Politikberatung. Zur Nutzung sozialwissenschaftlicher Informationen in der Ministerialorganisation. Opladen, Westdeutscher Verlag, 1980
W. Bruns: Zeitbombe Bürokratie. Das Ende des bürokratischen Jahrhunderts. Berlin, Ullstein, 1994
M. J. Buse: Einführung in die politische Verwaltung. Stuttgart, Kohlhammer, 1975
K. Carstens: Politische Führung. Erfahrungen im Dienst der Bundesregierung. Stuttgart, DVA, 1971
P. Christ: Zum Sündenbock gestempelt. Die Zeit, 1991, Nr. 15: 17
J. P. Cullity: The Growth of Governmental Employment in Germany. 1882–1950. Zeitschrift für die gesamte Staatswissenschaft, 1967: 201–217
E. Curdt: Wie demokratisch ist unsere Verwaltung? APuZG B 7, 1990: 21–29

H. U. Derlien/G. Pippig: Die administrative Elite. Kontinuität und Wandel 1949 bis 1984. In: Eliten in der Bundesrepublik Deutschland. Der Bürger im Staat, 1990, H. 1: 32–35

H.-U. Derlien: Regimewechsel und Personalpolitik. Bamberg, Verwaltungswissenschaftliche Beiträge, 1991 (hektograph.)

R. Dieckmann: Schwierigkeiten mit der Erfolgskontrolle in der öffentlichen Verwaltung. DÖV, 1980: 747–744

N. Diederich u. a.: Die diskreten Kontrolleure. Eine Wirkungsanalyse des Bundesrechnungshofs. Opladen, Westdeutscher Verlag, 1990

N. Diederich u. a.: Der Bundesrechnungshof. Berlin, FU, Zentralinstitut für sozialwissenschaftliche Forschung, 1988

G. T. W. Dietzel: Wissenschaft und staatliche Entscheidungsplanung. Diss. Speyer, 1976

A. Doering-Manteuffel: Strukturmerkmale der Kanzlerdemokratie. Der Staat, 1991: 1–18

Th. Ellwein/R. Zoll: Berufsbeamtentum. Anspruch und Wirklichkeit. Düsseldorf, Bertelsmann, 1973

Th. Ellwein: Regieren und Verwalten. Opladen, Westdt. Verlag, 1976

Erster Bericht zur Reform der Struktur von Bundesregierung und Bundesverwaltung. Projektgruppe für Regierungs- und Verwaltungsreform beim Bundesminister des Inneren. Bonn, Aug. 1969

J. Feick/R. Mayntz: Bürger im bürokratischen Staat: Repräsentative Beurteilungen und Handlungseinschätzungen. Die Verwaltung, 1982: 409–434

H. Fenske: Bürokratie in Deutschland. Berlin, Colloquium, 1985

J. Fiedler: The Doctrine of Political Neutrality of the German Higher Civil Service. A Reassessment. Berkeley, University of California Press, 1969

Folgen des Bürokratismus. Einstellungen der Wahlbevölkerung zur öffentlichen Verwaltung in der Bundesrepublik Deutschland. München/Heidelberg, Sozialwiss. Institut Nowak & Sörgel, 1978 (hektogr.)

D. Frank: Politische Planung im Spannungsverhältnis zwischen Regierung und Parlament. Meisenheim, Hain, 1976

H. Friedrich: Staatliche Verwaltung und Wissenschaft. Frankfurt, EVA, 1970

J. Frowein: Die politische Betätigung des Beamten. Tübingen, Mohr, 1967

O. W. Gabriel: Bürgerbeteiligung und kommunale Demokratie. München, Minerva, 1983

D. Gau: Politische Führungsgruppen auf kommunaler Ebene. München, Minerva, 1983

H. Goerlich: Hergebrachte Grundsätze und Beitrittsbeamtentum. Eine Notiz aus der deutschen Vereinigung. JZ, 1991: 76–78

R.-R. Grauhan: Modelle politischer Verwaltungsführung. Konstanz, Universitätsverlag, 1969

P. Grottian/A. Murswieck (Hrsg.): Handlungsspielräume der Staatsadministration. Hamburg, Hoffmann & Campe, 1974

F. Hampel: Politikberatung in der Bundesrepublik: Überlegungen am Beispiel von Enquete-Kommissionen. ZParl, 1991: 111–133

H.-H. Hartwich/G. Wewer (Hrsg.): Regieren in der Bundesrepublik. Opladen, Leske, 1990 Bd. 1, 1991 Bd. 2, 1993 Bd. 3, 1994 Bd.4
M. Heidenreich (Hrsg.): Krisen, Kader, Kombinate. Kontinuität und Wandel in ostdeutschen Betrieben. Berlin, Sigma, 1992
G.-M. Hellstern/H. Wollmann (Hrsg.): Experimentelle Politik – Reformstrohfeuer oder Lernstrategie? Opladen, Westdeutscher Verlag, 1983
W. Hennis: Richtlinienkompetenz und Regierungstechnik. Tübingen, Mohr, Recht und Staat 300/301, 1964
W. Hennis u. a. (Hrsg.): Regierbarkeit. Studien zu ihrer Problematisierung. Stuttgart, Klett, 1977
W. Herbert: Bürgernahe Verwaltung als Leitbild öffentlichen Handelns. Speyer, Speyerer Forschungsberichte 82, 1989
A. Héritier (Hrsg.): Policy-Analyse. PVS-Sonderheft 24, 1993
J. J. Hesse: Staat, Politik und Bürokratie. Opladen, Westdt. Verlag, 1993
J. J. Hesse/A. Benz: Die Modernisierung der Staatsorganisation. Institutionenpolitik im internationalen Vergleich: USA, Großbritannien, Frankreich, Bundesrepublik Deutschland. Baden-Baden, Nomos, 1990
J.-J. Hesse: Staat, Politik und Bürokratie. Opladen, Westdeutscher Verlag, 1995
W. Heyde/G. Wöhrmann: Auflösung und Neuwahl des Bundestages 1983 vor dem Bundesverfassungsgericht. Heidelberg, v. Decker, 1984
K. Hildebrandt: Von Erhard zur Großen Koalition 1963–1969. Stuttgart, Klett, 1984
Institut für sozialwissenschaftliche Forschung München: Arbeitsplatzstruktur und Laufbahnreform im öffentlichen Dienst. Baden-Baden, Nomos, 1973
W. Jäger: Die Bundespräsidenten. Von Theodor Heuss bis Richard von Weizsäcker. APuZ B 16/17, 1990: 33–47
W. Jäger: Von der Kanzlerdemokratie zur Koordinierungsdemokratie. ZfP, 1988: 15–32
W. Jäger/W. Link: Republik im Wandel 1974–1982. Die Ära Schmidt. Stuttgart, DVA, 1987
W. Jann: Moderner Staat und effiziente Verwaltung. Zur Reform des öffentlichen Sektors in Deutschland. Gutachten. Bonn, Friedrich-Ebert-Stiftung, 1994
E. U. Junker: Die Richtlinienkompetenz des Bundeskanzlers. Tübingen, Mohr, 1965
W. Kaltefleiter: Die Funktionen des Staatsoberhauptes in der parlamentarischen Demokratie. Köln/Opladen, Westdeutscher Verlag, 1970
W. Kaltefleiter/R. Wildenmann (Hrsg.): Westdeutsche Führungsschicht. Eine sozialwissenschaftliche Untersuchung der Inhaber von Führungspositionen. Kiel/Mannheim, 1973 (hektogr.)
R. Koch: Personalsteuerung in der Ministerialbürokratie. Baden-Baden, Nomos, 1976
H. König: Dynamische Verwaltung. Stuttgart, Bonn aktuell, 1977
K. König: Vom Umgang mit Komplexität in Organisationen: Das Bundeskanzleramt. Der Staat, 1989, H. 1: 49–70

K. König (Hrsg.): Verwaltungsstrukturen der DDR. Baden-Baden, Nomos, 1991
D. Koerfer: Kampf ums Kanzleramt. Erhard und Adenauer. Stuttgart, DVA, 1987
H. Korff: Haushaltspolitik. Stuttgart, Kohlhammer, 1975
Ch. Graf von Krockow (Hrsg.): Verwaltung zwischen Bürger und Politik. Bonn, Bundeszentrale für politische Bildung, 1985
J. Küpper: Die Kanzlerdemokratie. Voraussetzungen und Änderungen des Regierungsstils in der Ära Adenauer. Frankfurt, Lang, 1985
D. Kugele: Der politische Beamte: Eine Studie über Genesis, Motiv, Bewährung und Reform einer politisch-administrativen Institution. München, Tuduv, 1976
H. Laufer: Der parlamentarische Staatssekretär. Eine Studie über ein neues Amt der Bundesregierung. München, C. H. Beck, 1969
F. Lehner: Grenzen des Regierens. Eine Studie zur Regierungsproblematik hochindustrieller Demokratien. Königstein, Athenäum, 1979
W. Leisner (Hrsg.): Das Berufsbeamtentum im demokratischen Staat. Berlin, Duncker & Humblot, 1975
U. Leonardy: Öffentlichkeitsarbeit der Regierung minus Wahlwerbung. Informationsläden des Staates. ZParl, 1978: 23–33
K. Lompe: Möglichkeiten und Grenzen politischer Planung in parlamentarischen Demokratien. Hannover, Niedersächsische Landeszentrale für politische Bildung, 1975
N. Luhmann / R. Mayntz: Personal im öffentlichen Dienst. Eintritt und Karrieren. Baden-Baden, Nomos, 1973
R. Mayntz / F. W. Scharpf (Hrsg.): Planungsorganisation. München, Piper, 1973
R. Mayntz (Hrsg.): Implementation politischer Programme. Königstein, Hain, 1980
R. Mayntz: Executive Leadership in Germany: Dispersion of Power or ›Kanzlerdemokratie‹? In: R. Rose / E. N. Suleiman (Hrsg.): Presidents and Prime Ministers, Washington, AEI, 1980: 139–170
R. Mayntz (Hrsg.): Implementation politischer Programme II. Opladen, Westdeutscher Verlag, 1983
R. Mayntz: I quadri direttivi dell'amministratione centrale della RFA. Quaderni costitutionali, 1985: 521–538
R. Mayntz / H.-U. Derlien: Party patronage and politicization of the West German administrative elite 1970–1987. Governance, 1989: 384–404
R. Mayntz / F. W. Scharpf (Hrsg.): Policy-Making in the German Federal Bureaucracy. Amsterdam, Elsevier, 1975
R. Mayntz: Soziologie der öffentlichen Verwaltung. Heidelberg / Karlsruhe, C. F. Müller, 1978
K. Merten: Django und Jesus: Verbal-nonverbales Verhalten der Kanzlerkandidaten Kohl und Rau im Bundestagswahlkampf. In: Opp de Hipt / E. Latniak (Hrsg.): Sprache statt Politik. Opladen, Westdeutscher Verlag, 1991: 188–210

R. Morsey: Personal- und Beamtenpolitik 1847–1950. In: Ders. (Hrsg.): Verwaltungsgeschichte. Berlin, Duncker & Humblot, 1977: 191–238

F. Müller-Rommel/G. Pieper: Das Bundeskanzleramt als Regierungszentrale. APuZG B 21/22, 1991: 3–13

A. Murswieck: Regierungsreform durch Planungsorganisation. Opladen, Westdeutscher Verlag, 1975

H. Nassmacher u.a. (Hrsg.): Politische Strukturen im Umbruch. Berlin, Akademie-Verlag, 1994

H. Neumann: Zur Machtstruktur in der Bundesrepublik Deutschland. Diss., Kiel, 1978

K. Niclauss: Kanzlerdemokratie. Bonner Regierungspraxis von Konrad Adenauer bis Helmut Kohl. Stuttgart, Kohlhammer, 1988

G. Pippig: Die Verwaltung und ihr Publikum. Opladen, Westdt. Vlg., 1988

H. Prior: Die interministeriellen Ausschüsse der Bundesministerien. Stuttgart, Fischer, 1968

R. D. Putnam: The Political Attitudes of Senior Civil Servants in Western Europe. British Journal of Political Science, 1973: 257–290

R. D. Putnam: The Political Attitudes of Senior Civil Servants in Britain, Germany, and Italy (1973). Wiederabgedruckt in: M. Dogan (Hrsg.): The Mandarins of Western Europe. The Political Role of Top Civil Servants. New York, Willey, 1975: 87–127

J. C. G. Röhl: Beamtenpolitik im Wilhelminischen Deutschland. In: M. Stürmer (Hrsg.): Das Kaiserliche Deutschland. Düsseldorf, Droste, 1970: 287–311

W. Schäuble: Der Vertrag. Stuttgart, DVA, 1991

F. Scharpf: Politische Durchsetzbarkeit innerer Reformen. Göttingen, Schwartz, 1974

G. Schmid/H. Treiber: Bürokratie und Politik. Zur Struktur und Funktion der Ministerialbürokratie in der Bundesrepublik Deutschland. München, Fink, 1975

M. G. Schmidt: Regieren in der Bundesrepublik Deutschland. Opladen, Leske & Budrich, 1992

R. Schmoeckel/B. Kaiser: Die vergessene Regierung: Die große Koalition 1966 bis 1969 und ihre langfristigen Wirkungen. Bonn, Bouvier, 1991

S. Schöne: Von der Reichskanzlei zum Bundeskanzleramt. Berlin, Duncker & Humblot, 1968

G. Scholz: Die Bundespräsidenten. Heidelberg, Decker & Müller, 1992[2]

G. F. Schuppert: Die Erfüllung öffentlicher Aufgaben durch verselbständigte Verwaltungseinheiten. Göttingen, Schwartz, 1981

K. Seemann: Abschied von der klassischen Ministerialverwaltung. München, Vahlen, 1978

W. Seibel: Verwaltungsreform in den ostdeutschen Bundesländern, DÖV, 1991: 198–204

W. Seibel: Funktionaler Dilettantismus. Erfolgreich scheiternde Organisationen im »dritten Sektor« zwischen Markt und Staat. Baden-Baden, Nomos, 1992

W. Seibel u. a. (Hrsg.): Verwaltungsreform und Verwaltungspolitik im Prozeß der deutschen Einigung. Baden-Baden, Nomos, 1993
W. Seibel: Strategische Fehler oder erfolgreiches Scheitern? Zur Entwicklung der Treuhandanstalt 1990–1993. PVS, 1994: 3–39
W. Seibel: Innovation, Imitation, Persistenz: Muster staatlicher Institutionenbildung in Ostdeutschland seit 1980. Konstanz, 1995 (mimeo)
H. Siedentopf (Hrsg.): Führungskräfte in der öffentlichen Verwaltung. Baden-Baden, Nomos, 1989
G. Smith: Resources of a German Chancellor. West European Politics, 1991: 48–61
K. Sontheimer/W. Bleek: Abschied vom Berufsbeamtentum? Perspektiven einer Reform des öffentlichen Dienstes. Hamburg, Hoffmann & Campe, 1972
B. Steinkemper: Klassische und politische Bürokraten in der Ministerialverwaltung der Bundesrepublik Deutschland. Köln, Heymanns, 1974
W. Strauss: Die Personalpolitik in den Bundesministerien zu Beginn der Bundesrepublik Deutschland. In: D. Blumenwitz u. a. (Hrsg.): Konrad Adenauer und seine Zeit. Stuttgart, DVA, 1976: 275–282
Studienkommission für die Reform des öffentlichen Dienstrechts: Bericht der Kommission. Baden-Baden, Nomos, 1973
R. Sturm: Haushaltspolitik in westlichen Demokratien. Baden-Baden, Nomos, 1989
L. Türmer: Bürokratie und Effizienz staatlichen Handelns. Berlin, Duncker & Humblot, 1984
F. Wagener: Neubau der Verwaltung. Gliederung der öffentlichen Aufgaben und ihrer Träger nach Effektivität und Integrationswert. Berlin, Duncker & Humblot, 1969
H. O. Walker: Das Presse- und Informationsamt der Bundesregierung. Frankfurt, Haag & Herchen, 1982
J. Weingarten: Finanzverwaltung und Gesetzesvollzug. Opladen, Westdeutscher Verlag, 1993
M. Wichmann: Parteipolitische Patronage. Vorschläge zur Beseitigung eines Verfassungsverstoßes im Bereich des öffentlichen Dienstes. Frankfurt, Lang, 1986
H. Willems: Soziale Unruhen und Politikerberatung. Opladen, Westdeutscher Verlag, 1993
H. J. Winkler: Der Bundespräsident. Repräsentant oder Politiker? Opladen, Leske, 1967
I. M. Winter: Unsere Bundespräsidenten. Düsseldorf, Droste, 1990
B. Wunder: Geschichte der Bürokratie in Deutschland. Frankfurt, Suhrkamp, 1986
A. Zunker: Finanzplanung und Bundeshaushalt. Zur Koordinierung und Kontrolle durch den Bundesfinanzminister. Frankfurt, Metzner, 1972

9. Der Föderalismus

(a) Die Entstehung des deutschen Föderalismus

In der Zeit, in der das Grundgesetz erarbeitet wurde, gab es keine deutsche Zentralgewalt. Der föderalistische Charakter des Systems wurde daher durch die zwei Hauptquellen der Einflußnahme in Anlehnung an eine alte deutsche föderalistische Tradition stark unterstrichen. Diese Quellen waren der Einfluß der Ministerpräsidenten der Länder und der Einfluß der Militärgouverneure der Alliierten.

Deutschland war die Nation unter den größeren Völkern Europas, die am spätesten ihre staatliche Einheit verwirklicht hat. Föderative Gebilde sui generis wie das Deutsche Reich (bis 1806), der Rheinbund unter dem Protektorat Napoleons und der Deutsche Bund seit 1815 sind in die herkömmliche Typologie von Staatenbünden und Bundesstaaten schwer einzuordnen. Die konföderative Komponente und die mangelhaft ausgebildete Zentralgewalt charakterisieren alle diese Vorläufer einer Gesamtstaatlichkeit auf deutschem Boden. Der Versuch in der Paulskirche 1848/49, einen demokratischen Bundesstaat mit allgemeinem Wahlrecht für Männer ab 25 Jahren, einem Zweikammersystem von Volkshaus und Staatenhaus und einem Reichsgericht als einer Art Verfassungsgericht zu schaffen, war wegweisend in der deutschen Geschichte. Er scheiterte aber an den Sonderbestrebungen vor allem der zwei deutschen Großmächte Preußen und Österreich.

Nach einem kurzen Intermezzo des Norddeutschen Bundes unter preußischer Hegemonie wurde 1871 ein monarchisch-hegemonialer Bundesstaat geschaffen, der vielfach als »Pseudoföderalismus« bezeichnet worden ist. Die Kräfteverhältnisse in diesem Bundesstaat waren in zweifacher Hinsicht von Ungleichgewichtigkeiten gekennzeichnet: Die Hegemonie Preußens, das 65 % des Reichsgebietes und 62 % der Bevölkerung des Deutschen Reiches einschloß, ließ von Anfang an keinen Föderalismus unter Gleichen aufkommen. Privilegien für die süddeutschen Staaten (das Recht auf Bier- und Branntweinsteuern, eigene Post- und Heeresverwaltungen für Bayern und Württemberg, zwei Zusatzstimmen für Bayern im Bundesrat und Sonderrechte in der auswärtigen Politik vor allem für Bayern, Württemberg und Sachsen) konnten zwar die Vorherrschaft Preußens nicht mildern, verzerrten aber das Kräftegleichgewicht in der Föderation noch zusätzlich. Ein unzureichendes Finanzsystem, in dem das Reich durch Matrikularbeiträge – bis auf die Einnahmen aus Zöllen – weitgehend von den Staaten abhängig war, erwies sich als Belastung. Die mangelnde Parlamentarisierung des Systems, die verhinderte, daß der Reichstag eine vom Willen der Mehrheit des Volkes getragene demokratisch legitimierte, zentralisierende Kraft wurde, behinderte diesen Pseudoföderalismus des Deutschen Reiches zusätzlich.

Bei Gründung der Weimarer Republik waren – nicht zuletzt aufgrund separatistischer Tendenzen in einigen Gebieten des Reiches – als Gegenreaktion die zentralisierenden Kräfte noch stärker als bei Gründung des Bismarck-Reiches. Das System der Weimarer Republik war kein Bundesstaat, sondern ein dezentralisierter Einheitsstaat.

Als Reaktion auf den zentralistischen Einheitsstaat, in den die Nationalsozialisten die Weimarer Republik umwandelten, waren die föderalistischen Kräfte nach 1945 in den Westzonen stark. In der sowjetisch besetzten Zone wurden föderative Relikte der Länder erst 1952 beseitigt. Die marxistische Tradition war antiföderalistisch. Marx und Engels haben einen Föderalismus immer nur für multiethnische Systeme als sinnvoll angesehen, und der deutsche Marxismus war immer eine stark unitarisch gesinnte Bewegung. Teilungspläne, vor allem in den USA, spielten nur auf dem Reißbrett eine Rolle. Schon bei der Konferenz in Jalta legten Roosevelt und Churchill weitgehend eine föderative Dezentralisierungskonzeption ihren Verhandlungen mit Stalin zugrunde. Die Sowjets haben in der ersten Phase eher einen gewissen Widerstand gegen die »Zwangsföderalisierung Deutschlands« (Molotov) an den Tag gelegt, solange sie hofften, einen Einfluß auf ganz Deutschland ausüben zu können.

Eine Belastung des deutschen Föderalismus stellte die willkürliche Ziehung der Ländergrenzen durch die Besatzungsmächte dar. Nur Bayern und die Hansestädte waren historische Gebilde. Rheinland-Pfalz und Nordrhein-Westfalen waren reine Kunstprodukte in den Grenzen der Besatzungszonen. Da eine zentrale Reichsgewalt nicht mehr existierte, lag die faktische Macht – soweit sich die Besatzungsmächte diese nicht vorbehalten hatten – in den Händen der Länderregierungen.

Kein Wunder, daß der Föderalismus in den Debatten des Parlamentarischen Rates die heftigsten Konflikte auslöste, schärfer als die Fragen der Eigentums- und Sozialordnung, die von der späteren neomarxistischen Literatur im Sinne einer »verhinderten Neuordnung« als Hauptprobleme hochgespielt wurden.

Hauptstreitfragen waren das Repräsentationsmodell für die Länderkammer und die Finanzverfassung. Für die zweite Kammer bevorzugten SPD und FDP ein *Senatsmodell* nach amerikanischem Muster, das immerhin in der deutschen Tradition im Staatenhaus der Paulskirche auch ein Vorbild in Deutschland hatte. Die gleiche Repräsentation wurde nicht ohne Eigennutz im Hinblick auf die Stärke der SPD in den kleineren Ländern gegen die CDU vorgeschlagen, die für ein Vertretungssystem proportional zur Größe der Bevölkerung der Länder eintrat. Die CDU/CSU, die DP und das Zentrum vertraten ein *Bundesratsmodell* als gemeinsames Organ der Länder in der Tradition des deutschen Bundesrates der Kaiserzeit. Nachdem ein Vermittlungsvorschlag Adenauers für ein Dreikammersystem (Unterhaus, Senat, Bundesrat als Beirat mit Vetorecht in Fragen der Finanzordnung) keine Mehrheit fand, wurde die *gemäßigte Bundesratslösung* geschaffen mit einem Kompromiß in der Repräsentationsfrage. Die Abstufung der Stimmen zwischen 3 und 5 für den Bundesrat schien eine faire Lösung zwischen dem republikanischen Gleichheitsprinzip der Schweiz und der USA und dem Prinzip der Gewichtung der Länder nach Größe, die der deutschen Tradition des monarchistischen Föderalismus entsprach.

Stärker als in der Repräsentationsfrage waren die Auflagen der Besatzungsmächte in der Gestaltung der *Finanzverfassung*, da die Alliierten die Vorstellungen des Parlamentarischen Rates kritisierten, weil die Länder nach ihrer Ansicht nicht genügend eigene Finanzquellen hatten. Der Finanzausgleich schien ihnen ein Einfallstor des Zentralismus. Der Gegenvorschlag, das amerikanische System der *grants-in-aid* zu übernehmen, konnte jedoch mit dem Hinweis auf die Mißbräuche und auf die zentralisierenden Wirkungen des Dotationssystems abgewehrt werden. In dieser Frage waren größere Teile der CDU geneigt, den zentralistischeren Vorstellungen von SPD und FDP entgegenzukommen und für eine Bundesfinanzverwaltung zu stimmen. Der Kompromiß sah die nach den Ebenen des Bundes und der Länder geteilte Finanzverwaltung vor, eine Trennung, die bis heute das ideale Gleichgewicht zwischen Ländern und Bund nicht hat finden lassen. Der Hinweis auf die sozialen Probleme und die Lösung des Lastenausgleichs in der Vertriebenenfrage hat schon damals den Zentralisten ein starkes Gewicht gegeben, das durch die wachsenden Probleme der Staatsintervention noch gestiegen ist.

Die Wiederherstellung der 1952 von der DDR aufgelösten Länder war in Artikel 1 des Einigungsvertrages das erste Ziel. Die Wirkung des Beitritts von fünf neuen Ländern wurde im Interesse der größeren Flächenstaaten abgefedert. Eine Änderung des Grundgesetzes Art. 51 Abs. 2 gab jedem Land mindestens drei Stimmen. Länder mit mehr als zwei Millionen Einwohnern bekamen vier, mit mehr als sechs Millionen fünf, Länder mit mehr als sieben Millionen Einwohnern sechs Stimmen.

(b) Der Bundesrat

Der Bundesrat ist keine zweite Kammer. Er ist nicht Teil eines Parlaments, das in zwei Häuser gegliedert ist wie in den Zweikammersystemen Westeuropas. Die Wahrnehmung der *Kommunikationsfunktion* ist noch unbefriedigender als beim Bundestag, obwohl im Gegensatz zum kaiserlichen Bundesrat die Sitzungen in der Regel öffentlich sind. Dennoch nimmt die Öffentlichkeit geringen Anteil, da politische Kontroversen im Plenum des Bundesrates nicht ausgetragen werden. Ein Ministerpräsident klagte einmal: »Der Bundesrat ist kein echtes Parlament, wenn seine Mitglieder am Freitag dort sitzen und schwungvolle Erklärungen abgeben, wohl wissend, daß die Entscheidungen längst am Dienstag zuvor in allen Kabinetten gefällt worden sind.« Konflikte in den Landesregierungen oder zwischen ihnen werden weitgehend vorgeklärt. Sämtliche Stimmen eines Landes werden von einem Stimmführer abgegeben, über den vorab von den Landeskabinetten entschieden wird. Daher ist auch Anwesenheit über die Stimmführer hinaus nicht wichtig. Selten nehmen so viele Bundesratsmitglieder an Bundesratssitzungen teil, wie ein Land Stimmen hat.

Konflikte mit der Bundestagsmehrheit werden ebenfalls außerhalb des Bundesrates im *Vermittlungsausschuß* ausgetragen, der nichtöffentlich tagt. Die Weisungsgebundenheit erlaubt keine unabhängigen Eigeninitiativen der Bundesratsmitglieder oder gar die Herausbildung jener *»folkways«*, die für die amerikanischen Senatoren viel beschrieben wurden. Amerikanische Untersuchungen haben unter dem Stichwort »Folkways im Bundesrat‹ daher vornehmlich prozedurale Fragen behandelt (Pinncy, 1963: 49ff.).

Auch in der Ausübung der *Kontrollfunktion* ist der Bundesrat mit parlamentarischen Zweikammersystemen nicht zu vergleichen, weil gerade in dieser Funktion sein halbparlamentarischer Charakter hinderlich ist. Die Kontrollmittel über die Möglichkeit der Zensierung von Regierungsvorlagen im ersten Durchgang durch die Beteiligung an den Ausschußverhandlungen des Bundestages und die Anrufung des Vermittlungsausschusses sind Mittel indirekter Natur. Die Existenz eines *Bundesratsministeriums* (bis 1969) – an dessen Wiege nicht nur sachliche, sondern auch koalitionsarithmetische Erwägungen Pate gestanden haben – stärkte weniger die Kontrollfunktion des Bundesrates als Möglichkeiten der Einflußnahme der Bundesregierung. Dennoch zeigte sich, daß bei ernsthaften Konflikten mit der Regierungsmehrheit die Stellung des Bundesratsministers nicht ausreichte, um das offene Ausbrechen des Konfliktes zu verhindern (Neunreither, 1959: 95). Es kam im Bundesrat nicht zur Effektivierung der typisch parlamentarischen Kontrollmittel wie Interpellation, Fragestunden, Untersuchungsausschüsse oder gar zu Sanktionen, die den Bestand von Regierungen tangieren.

Das *Frage- und Zitierrecht* wird meist aus rhetorischen Gründen der Publizität ausgeübt. (Laufer, 1985: 84). Es gibt keine Sonderkontrollrechte für den Bundesrat, wie sie der amerikanische Senat vor allem durch seine Vetomacht bei allen wichtigen Personalentscheidungen besitzt. Die Mitwirkung bei der Ernennung des Generalbundesanwaltes und die Wahl von Bundesverfassungsrichtern für die beiden Senate und der Bundesanwälte oder die Entsendung von Vertretern in einige Verwaltungsräte und andere Gremien sind kein Äquivalent dafür.

Als Kriterium eines echten Zweikammersystems gilt die mehr als beratende Mitwirkung der zweiten Kammer an der *Gesetzgebung*. In diesem Bereich kommt der Bundesrat einem parlamentarischen Gremium nahe. Nach häufigen Initiativen des Bundesrates in der ersten Legislaturperiode nahm die Zahl der von ihm eingebrachten Gesetzentwürfe stark ab. Erst in der Zeit der Opposition der Unionsparteien, die die Mehrheit im Bundesrat besaßen, wurde die Initiativfunktion wiederbelebt. Die Initiative stieg von 3,2% der Gesetzentwürfe, die aus dem Bundesrat kamen (5. Legislaturperiode) auf 11,3% (10. Legislaturperiode). Danach sank der Anteil wieder. Die Zahl der vom Bundesrat als zustimmungsbedürftig angesehenen Gesetze hat sich aufgrund eifersüchtiger Wachsamkeit eines mehrheitlich oppositionell gestimmten Bundesrates nach 1969 auf etwa 55% erhöht.

Obwohl in den Regierungskoalitionsparteien und zum Teil in der Publizistik die Meinung vertreten worden ist, die mindere demokratische Legitimation des Bundesrates müsse in der Gesetzgebung gegen jede Machtverlagerung zugunsten des Bundesrates sprechen, die nicht ausdrücklich vom Grundgesetz legitimiert ist, hat die CDU-CSU-Opposition am Beispiel des 4. Rentenänderungsgesetzes die Auffassung durchzusetzen versucht, daß jedes Gesetz, das mit Zustimmung des Bundesrates ergangen ist, auch nur mit seiner Zustimmung geändert werden könne, selbst wenn die Änderung keine zustimmungspflichtigen Teile des Gesetzes betrifft. Es kam 1974 zum Urteil des Bundesverfassungsgerichts, das dieser Auffassung widersprach. Das Urteil war aber keineswegs eine rechtliche Niederlage des Bundesrates oder eine politische Niederlage der CDU/CSU, da das Gericht auch nicht der Meinung der Bundesregierung zustimmte, Gesetze seien nur dann zustimmungspflichtig, wenn sich dies direkt aus ihrem Inhalt ergebe, sondern die Zustimmungspflicht schon dann bejahte, wenn ein Gesetz »den nicht ausdrücklich geänderten Vorschriften über das Verwaltungsverfahren eine wesentlich andere Bedeutung und Tragweite verleihe« (BVerfGE 37: 383).

Die Zunahme der zustimmungspflichtigen Gesetze stützt sich auf Art. 84 Abs. 1 GG, welcher Gesetze für zustimmungsbedürftig erklärt, wenn sie Einrichtungen der Behörden und das Verwaltungsverfahren der Länder betreffen. Die Zunahme ist daher nicht nur auf Obstruktionspolitik der Opposition zurückzuführen. Der Bund hat entschieden seine Gesetzgebungszuständigkeiten durch Verfassungsänderungen auf Kosten der Länder ausgedehnt und neigt dazu, Verwaltungsverfahren immer stärker zu regeln. Zunehmende Wachsamkeit der oppositionellen Bundesratsmehrheit bis 1982 und in den neunziger Jahren war die natürliche Folge dieses Wandels.

Die Zahl der am Einspruch des Bundesrates gescheiterten Gesetze hat sich in den siebziger Jahren erhöht. Der Bundesrat ist jedoch noch immer kein »Grab von Gesetzesinitiativen«, wie die Parlamentsstatistik belegt. Im Vergleich zu echten Zweikammersystemen – mit Ausnahme Österreichs – ist die Zahl der Einsprüche verhältnismäßig gering. Die kooperative Oppositionspolitik (vgl. Kap. 7c) kann nicht in allen Fragen zu einer Obstruktionspolitik im Bundesrat führen. Große Teile der Gesetzgebung werden von der Opposition mitgetragen: Selbst wenn die Opposition eine härtere Politik verfolgen wollte, gibt es Grenzen. Der Bundesrat kann nur das ganze Gesetz verwerfen. In einigen Fällen wie bei der Steuerreform, beim Hochschulrahmengesetz, der Berufsbildungsreform oder dem neuen Eherecht drohte die Gefahr, daß die Regierung den ganzen Plan fallen lassen könnte und die Opposition für das Scheitern einer gesetzlichen Regelung verantwortlich machen würde. Vielfach übernahmen die Koalitionsparteien nach 1969 Änderungswünsche der Opposition, um den Konflikt zu mildern. Gelegentlich versteckten sich Teile der Koalitionsparlamentarier hinter der Opposition und waren im stillen froh, Abstriche von einem Gesetzentwurf als Konzession an die Opposition im Bundesrat hinstellen zu können, um nicht ihre eigene konservativere Anschauung zu einem Gesetzesprojekt offenbaren zu müssen. Das galt für einige FDP-Abgeordnete bei der Steuerreform und für konservativere SPD-

Abgeordnete beim Hochschulrahmengesetz (Fromme, 1976: 69). Manche Oppositionsinitiativen im Bundesrat sind eher situationsbedingt als grundsätzlicher Art. So hatte zum Beispiel die Initiative der Unionsparteien für die Vorziehung der Anpassung der Kriegsopferrenten vor allem wahltaktischen Charakter.

Das *Vermittlungsverfahren* bei Konflikten mit dem Bundesrat (16 Vertreter für jedes Land, die nun nicht weisungsgebunden sind, und 16 Bundestagsmitglieder nach dem Fraktionsproporz werden in den Ausschuß entsandt) hat sich im ganzen bewährt. Nur in wenigen Fällen, in denen der Vermittlungsausschuß angerufen wurde, kam es zu keiner Einigung. Diese Zahl nahm im 12. Bundestag drastisch zu (Tab. 7.1).

Der bürokratische Einschlag des Bundesrates zeigt sich vor allem in einigen *administrativen Funktionen*, für die es in anderen Zweikammersystemen keine Entsprechung gibt (Zustimmung bei Veräußerung von Bundesvermögen, Mitwirkung bei gewissen Rechtsverordnungen und Verwaltungsvorschriften, beim Bundeszwang und beim inneren Notstand).

Die zunehmende Einschaltung der Länderbürokratien im Vorbereitungsstadium der Gesetzgebung kann darüber hinaus das bürokratische Element noch verstärken. Die Landesparlamente hingegen haben weniger direkten Einfluß auf den Bundesrat. Aufforderungen eines Landesparlaments, die die Landesregierung auf ein bestimmtes Abstimmungsverhalten festlegen wollen, gelten im Hinblick auf den Charakter eines Bundesorgans als rechtlich unverbindlich (Friedrich, 1975: 78).

Zweite Kammern in anderen parlamentarischen Systemen haben nicht selten eine wichtige *Rekrutierungsfunktion* für das System. Obwohl in der Bundesrepublik die Mitglieder der Landesregierungen gegenüber zweiten Kammern in anderen Systemen einen institutionalisierten Startvorsprung für eine bundespolitische Karriere zu haben scheinen, wird diese Möglichkeit des Wechsels von der Landes- in die Bundespolitik durch die Minister der Landesregierungen nicht sehr stark genutzt. Wo davon Gebrauch gemacht wurde, ist die Tätigkeit im Bundesrat für die Positionsinhaber kaum direkt motivierend gewesen. In vielen Fällen hat der Kontakt mit der Bundesrepublik eher abschreckend gewirkt. Sogar der erste deutsche Bundesratsminister, Hellwege, zog sich 1955 in die Landespolitik zurück, als das Amt des Ministerpräsidenten von Niedersachsen für ihn erreichbar wurde. Viele Landesminister haben wiederholten Angeboten aus Bonn widerstanden. Auch Bonner Spitzenpolitiker, die einmal Chef von Landesregierungen gewesen sind, wie Kiesinger und Scharping, sind gelegentlich einen Hauch von Nostalgie nach der Überschaubarkeit und Kontrollierbarkeit der Landespolitik nicht losgeworden. Ein Vorteil des Bundesrates ist es jedoch zweifellos, daß er sich überwiegend aus aktiven Politikern zusammensetzt und aufgrund des Ratsprinzips davor bewahrt wird, das Schicksal anderer zweiter Kammern zu erleiden, mehr und mehr zur Endstation für »elder statesmen« zu werden.

(c) Der »Parteienbundesstaat«

Parteien sind in allen Föderationen neben den Interessengruppen wichtige Vehikel des Zentralismus. Streitigkeiten zwischen Bund und Ländern werden mit zunehmender Polarisierung im System mehr und mehr zu Parteistreitigkeiten, die im Gewand des föderalistischen Streits verfassungsrechtlich ausgetragen werden. Der »unklare Grundsatz der Bundestreue« (Hesse, 1962: 9) ist so sehr Relikt einer vorparteienstaatlichen und vordemokratischen Föderation, daß er sich immer weniger dazu eignet, Verhaltensmaßregeln für die Länder abzuleiten. Oppositionsverhalten kann nicht unter dem Deckmantel der »Bundestreue« durch eine Wohlverhaltenspflicht beschränkt werden. Tendenzen zum »Parteienbundesstaat« wurden daher seit 1969 von den Regierungsparteien oft allzu einseitig kritisiert. Gelegentlich hat sich der Konflikt bis ins Kleinliche zugespitzt. Etwa 1975, als es zu einer scharfen Kontroverse kam, ob Helmut Kohl in seiner Eigenschaft als Mitglied des Bundesrates sein Rederecht im Bundestag dazu benutzen dürfe, als CDU-Vorsitzender zu seinen Parteifreunden zu sprechen. Kohls Versuch, seinen Einfluß über den Bundesrat in den Bundestag hineinzuverlängern, hatte zweifellos parteipolitische Nebenabsichten. Die Zahl der Auftritte von Landes-CDU-Politikern im Bundestag (vor allem von Kohl und von Stoltenberg) hatte sich im 7. Bundestag so drastisch vermehrt, daß diese Mitwirkung von Landespolitikern schon als Teil der Oppositionsstrategie anzusehen war. Die rechtlichen Streitfragen um diese Einflußnahme sind weniger wichtig als die Diskussion der Grundsatzfrage, ob es sinnvoll ist, den Oppositionschef außerhalb des Palaments zu suchen. Die Kontroverse ist daher von der CDU auch konsequenterweise damit erledigt worden, daß Kohl sein Ministerpräsidentenamt aufgab und im Bundestag als Führer der Opposition präsent wurde.

Die Entwicklung zur Polarisierung ist im deutschen Föderalismus zunächst nicht angelegt gewesen. Die Ministerpräsidenten der Länder steuerten ihr nach dem Krieg entgegen und bemühten sich um möglichst breite Koalitionen, gelegentlich sogar um eine Allparteienkoalition. Um 1950/51 war jedoch die erste Welle der Polarisierung so stark, daß die meisten großen Koalitionen in den Ländern zerbrachen, 1963 sogar in dem durch den Mauerbau von 1961 sich erneut stark bedroht fühlenden Berlin. Die unnachgiebige Oppositionspolitik Schumachers hat die Polarisierung auf Länder- wie auf Bundesebene vorangetrieben. Große Koalitionen, wie sie vorübergehend in Niedersachsen (1965) und Baden-Württemberg im Anschluß an die große Koalition im Bund (1966) entstanden, wurden vielfach als Anomalie empfunden (Lehmbruch, 1976: 30). Seit 1969 setzte sich die Polarisierung in den Ländern durch mit dem Ende der großen Koalitionen in Niedersachsen (1970) und Baden-Württemberg (1972). In Niedersachsen zerbrach die große Koalition unter anderem, weil die CDU-Landesminister die schriftliche Festlegung einer Generalklausel für die Stimmabgabe im Bundesrat forderten. Bei Widerspruch von CDU-Ministern sollte das Land sich im Bundesrat der Stimme enthalten, eine Forderung, die sich als Kompromiß ad hoc bei konträren Koalitionspartnern in Bund und Ländern oft ergeben hat, dessen Festschreibung jedoch der niedersächsischen SPD nicht akzeptabel erschien. Die CDU hat in ihrem Werben um die FDP gelegentlich eine Bundesratsklausel angeboten, zum Beispiel Ministerpräsident Albrecht 1974 in Niedersachsen, der deutlich erkennen ließ, daß seine Regierung die Verträge mit Polen – die von der FDP im Bund mitgetragen wurden – nicht im Bundesrat ablehnen würde, falls es zur Koalition mit der FDP in Niedersachsen kommen werde. Seit 1977 kam es zur erneuten Auflockerung der polarisierten Blöcke durch CDU-FDP-Koalitionen in Niedersachsen und im Saarland. Mit dieser Umorientierung der FDP auf Länderebene hatte sich die Gefahr zugespitzt, daß die Opposition eine Zweidrittelmehrheit im Bundesrat erlangte. Durch den Machtwechsel von 1982 ist dieses Problem vorübergehend entschärft worden. Es tauchte nach der deutschen Einigung 1991 erneut auf (vgl. Kap. 9e). Die besonderen sozialen Belastungen machten es möglich, daß die SPD nicht unter der Erfahrung litt, daß die Union nur fünf Flächenstaaten für eine Bundesratsmehrheit brauchte, während die SPD für eine solche Mehrheit sechs Länder erobern mußte. (Abromeit 1992: 65). Der neue Zuwachs an Ländern dürfte die alte Asymmetrie gemildert haben.

(d) Die bundesstaatliche Finanzverfassung: Vom kooperativen Föderalismus zur Politikverflechtung

So alt wie der Föderalismus sind die Debatten um die Kompetenzen der Länder und die Attribute der Staatlichkeit von Gliedstaaten im föderalistischen System. Die alten Spitzfindigkeiten, ob Bund, Länder oder beide zur gesamten Hand »souverän« seien, sind überholt. Keine Ebene ist mehr voll souverän, seit auch die Nationalstaaten immer mehr Kompetenzen an supranationale Institutionen abtreten. Auch die alten Debatten waren vielfach nur das ideologische Gewand, in dem die Parteien um die Kernfrage miteinander rangen: Wie werden die Finanzmittel verteilt? Aufgabenabgrenzungen und Kompetenzkataloge in der Verfassung wurden ebenfalls zum Instrument des Kampfes um die Finanzen im Föderalismus.

Die deutsche bundesstaatliche Finanzverfassung entwickelte sich nach 1945 aus historischen Erfahrungen und der Realität der sozialen Not in der Nachkriegszeit. Die historischen Erfahrungen führten dazu, daß der Bund nicht, wie nach Artikel 70 der Reichsverfassung von 1871, von Matrikularbeiträgen der Länder abhängig bleiben sollte. Andererseits sollte die Entmachtung der Länder in der Finanzpolitik vermieden werden, die im System von Weimar eintrat. Die aktuellen Erfahrungen der Not nach 1945 führten zu einem weiteren Kompromiß: Einerseits sollten Bund und Ländern getrennte Einnahmequellen zur Verfügung stehen, um einen Scheinföderalismus zu vermeiden. Andererseits sollte die *»Einheitlichkeit der Lebensverhältnisse«* – auf die vor allem die SPD in den Beratungen von Herrenchiemsee und im Parlamentarischen Rat drängte – verwirklicht werden. Als nachteilig erwies sich, daß das Grundgesetz überwiegend von Juristen erarbeitet wurde. Die wirtschafts- und finanzpolitischen Auswirkungen der überwiegend staatsrechtlichen Regelungen, die in Termini von politischen Gleichgewichten gefaßt waren, sind bei den Verfassungsarbeiten zu kurz gekommen. Um die staatsrechtliche Lösung den wirtschaftspolitischen Erfordernissen anzupassen, entwickelte sich folgerichtig die Politikverflechtung. Sie ist keine Fehlentwicklung des Systems, sondern die immanente Konsequenz der 1949 niedergelegten Verfassungsordnung (Hesse/Renzsch, 1990: 562). Der deutsche Nachkriegsföderalismus war von Anfang an Verbundföderalismus und kein dualer Föderalismus mit getrennten Sphären von Bund und Ländern, wie er dem amerikanischen Föderalismusmodell zugrunde lag.

Das föderalistische Denken nach 1945 war weitgehend von einer Konzeption der vertikalen Gewaltenteilung bestimmt. Die Länder verstanden sich vielfach als vom Bund getrennte staatliche Einheiten, die eifersüchtig über Kompetenzen und Finanzmittel wachten. Weder die Kooperation mit dem Bund und der Länder untereinander noch die gemeinsame Bewältigung von Aufgaben wurde hinreichend durch das System des Grundgesetzes ermöglicht. Kooperationsnormen, wie sie in den Artikeln 29 (Gebietsänderungen), 107 Abs. 2 (horizontaler Finanzausgleich), 36 (Amts- und Katastrophenhilfe), 91 GG (Polizeihilfe) bestanden, waren selten und blieben unzureichend angesichts der Flut gemeinsamer Aufgaben.

In allen Bundesstaaten der Welt (mit Ausnahme neuerer Trends in Kanada, wo es angesichts der Konflikte mit Quebec eher zu einer Dezentralisierung in den letzten Jahren kam) gibt es Zentralisierungsprozesse und den Drang des Bundes, seine Kompetenzen durch formelle Verfassungsänderung oder durch extensive Auslegung der bestehenden Normen zu erweitern. Daneben aber gab es immer auch die freiwillige Selbstkoordinierung der Gliedstaaten, die in Amerika *kooperativer Föderalismus* genannt wurde.

Die *Kooperation zwischen den Ländern* wurde über *informelle Zusammenarbeit* wie die Zusammenkünfte einzelner Ministerpräsidenten, der Leiter der Staatskanzlei und der Spezialisten von Landtagsfraktionen oder in einer institutionalisierten Kooperation wie den Konferenzen der Ministerpräsidenten und der Ressortminister realisiert, die sich mehr und mehr von der rein negativen Koordination zur positiven Koordination weiterentwickelten. Die *Ständige Konferenz der Kultusminister* mit einer ausdifferenzierten Struktur von Plenum, Präsidium und Vorsitzenden, mit Ausschüssen und einem Generalsekretär ist die am stärksten institutionalisierte Einrichtung der Selbstkoordination im Bereich der Kompetenzen, die überwiegend bei den Ländern liegen.

Die *Kooperation zwischen Bund und Ländern* wurde in der Geschäftsordnung der Bundesregierung im § 31 erstmals 1951 in der Form gemeinsamer Besprechungen der Bundesregierung mit den Landesregierungen geregelt. Nicht nur in Zeiten der wachsenden Polarisierung war dies aber kein wirksames Instrument der Politik. Wesentlich wichtiger waren die informellen Zusammenkünfte der Bundeskanzler mit den Ministerpräsidenten der Länder, die ihrer Partei angehörten und deren Unterstützung für ihre Politik sie sich auf allen Ebenen zu versichern suchten.

Rechtliche Vereinbarungen zwischen Bund und Ländern, das heißt Staatsverträge und Verwaltungsabkommen, waren mangels institutionalisierter Formen der Kooperation schon früh eine ständig wichtiger werdende Notwendigkeit, die von der Bundesregierung bis über den

Rand dessen hinaus, was von Verfassungsrechtlern als »kalter Verfassungswandel« noch als zulässig angesehen wurde, benutzt wurde (Grawert, 1967: 298). Die Verzahnung von Bundes- und Landesexekutiven hat schon vor Entstehung der Gemeinschaftsaufgaben und der Politikverflechtung durch die Bevorzugung der partnerschaftlichen Regelung von Konflikten durch Verwaltungsabkommen im großen Maßstab – am Grundgesetz vorbei – stattgefunden.

Auch *Bund-Länder-Ausschüsse*, die aus Fachleuten der Bundes- und Länderministerien zusammengesetzt waren, sind zu Hunderten entstanden. Die *Bund-Länder-Kommission für Bildungsplanung* wurde nach der Verfassungsreform von 1969 auf verfassungsmäßiger Grundlage (Art. 91 b) gebildet. Der *Wissenschaftsrat* (Verwaltungsabkommen vom 5. 9. 1957) und der *Bildungsrat* (15. 7. 1965) waren planend und koordinierend für den Bereich Wissenschaftsförderung und Bildungsbereich (mit Ausnahme der Hochschulen) tätig. Ihre Vorschläge waren nicht rechtsverbindlich. Aber der hohe Sachverstand, der durch Politiker, Beamte und Wissenschaftler in diesen Gremien konzentriert war, hat maßgebenden Einfluß ausgeübt, bis zu der Zeit, als die Reformeuphorie Mitte der siebziger Jahre abklang und vor allem der Bildungsrat von den CDU-Ländern mehr und mehr als unerwünscht angesehen wurde. Die zweite Säule der Bund-Länder-Planung entstand im Bereich der Wirtschaftsplanung durch die Institutionen *Finanzplanungsrat* und *Konjunkturrat*.

Eine Sonderform der Kooperation sind die *Vertretungen der Länder beim Bund*, ein Relikt der staatenbündischen Tradition. Dieser Einrichtung steht in der Regel ein Kabinettsmitglied des Landes vor, welches zugleich Minister für Bundesangelegenheiten ist. Der funktionale Lobbyismus der Interessengruppen hat in ihr sein territoriales Äquivalent gefunden.

Mit der Verfassungsreform von 1969 und der Schaffung der Gemeinschaftsaufgaben des Artikels 91 a GG kam eine neue Form gemeinsamer Problembewältigung im Bundesstaat auf, die seit einiger Zeit unter dem Ausdruck *»Politikverflechtung«* diskutiert wird. Der deutsche Föderalismus unterschied sich schon vor 1989 von anderen Bundesstaaten dadurch, daß die Verteilung der Aufgabenbereiche weniger charakteristisch für das System war als die funktionale Differenzierung nach Kompetenzarten. Die Folge davon war, daß das Gros der materiellen Gesetzgebungskompetenz und die Zuständigkeit für Entscheidungen über die Höhe der öffentlichen Einnahmen überwiegend an den Bund fielen, während die Länder und Gemeinden über Verwaltungszuständigkeiten und die Entscheidung über den Hauptteil der öffentlichen Aufgaben, vor allem der öffentlichen Investitionen, den Haupteinfluß besitzen (Scharpf u.a. 1976: 19). Artikel 91a GG schuf *Gemeinschaftsaufgaben* unter Mitwirkung des Bundes für die Bereiche Ausbau und Neubau von Hochschulen, Verbesserung der regionalen Wirtschaftsstruktur und Verbesserung der Agrarstruktur und des Küstenschutzes.

In vielen Bereichen war die Reform nicht hinreichend auf andere Subsysteme abgestimmt. Wenn Länder und Gemeinden über 80% der öffentlichen Investitionen tätigten, so zeigte sich, daß sie sich kaum an die Erfordernisse der Stabilitätspolitik halten. Allenfalls in Rezessionszeiten bestand Harmonie zwischen den Zielsetzungen der Länder und des Bundes (Kock, 1975: 197).

Neben den Gemeinschaftsaufgaben wurde eine *Finanzreform* durchgeführt, die auf den Empfehlungen der Troeger-Kommission beruhte, die ihr Gutachten 1966 vorgelegt hatte. Diese Reform wurde notwendig, da die Einkommen- und Körperschaftsteuern, die nach einem einfachen, zustimmungsbedürftigen Bundesgesetz mit wechselnden Anteilen zwischen Bund und Ländern verteilt wurden, besonders stark von den Schwankungen der wirtschaftlichen Entwicklung abhingen. Um Bund und Ländern einen gleichen Anteil am Wachstum zukommen zu lassen, wurde in Artikel 106 Absatz 3 verfügt, daß dieses Steueraufkommen zur Hälfte dem Bund und den Ländern zufließen solle. Der Finanzausgleich war bis dahin oft um Jahre hinter der Entwicklung zurückgeblieben. Die finanziellen Schwierigkeiten der steuerschwachen Bundesländer mußten daher durch ein Dotationssystem ausgeglichen werden, bei dem einzelne Länderaufgaben durch den Bund bezuschußt wurden. Bis 1969 erhielten die Länder etwa zwei Drittel der Einkommensteuer und der Körperschaftsteuer. Die Reform reduzierte diesen Anteil auf 50% und schuf eine Entschädigung durch die Beteiligung der Länder an der Gewerbesteuerumlage und an der Umsatzsteuer. Die Anteile von Bund und Ländern an der Umsatzsteuer werden durch ein zustimmungsbedürftiges Bundesgesetz festgelegt. Der politische Konflikt um die Anteile konzentrierte sich seither auf die Umsatzsteuer. Die Schaffung des großen Steuerverbunds sollte die Egalisierung der Lebensbedingungen fördern und gleichmäßige Auswirkungen der Steuerpolitik im ganzen Land sicherstellen.

Die Umverteilung des Steueraufkommens hat den horizontalen Finanzausgleich nicht überflüssig gemacht. Nach dem Gesetz über den Finanzausgleich zwischen Bund und Ländern vom 28.8.1969 wird der Finanzausgleich in der Bundesrepublik mit verbesserter Ausgleichswirkung als früher auf zwei Stufen vorgenommen:

- Bei der *Verteilung der Umsatzsteuer* unter den Ländern wurde der

Anteil der einzelnen Länder nicht – wie bei anderen Steuern – nach dem örtlichen Aufkommen verteilt, mit den vielfach kritisierten Verzerrungen für die Struktur- und die regionale Standortpolitik. Den Ländern steht vielmehr das Aufkommen entsprechend ihrer Einwohnerzahl zu. Darüber hinaus konnte bis zu einem Viertel des Länderanteils an der Umsatzsteuer zur Anhebung der Steuereinnahmen finanzschwacher Länder im vorhinein verwendet werden.
- Auf einer zweiten Stufe schloß sich der *Finanzausgleich* zwischen den reicheren und den ärmeren Bundesländern an.

Die höchsten Zahlungen leisteten 1994 Hessen (2,1 Mrd. DM) und Baden-Württemberg (1 Mrd. DM). Bayern wurde 1989 erstmals ausgleichspflichtig. Nordrhein-Westfalen hatte die Gruppe der zahlenden Länder 1980 verlassen, wurde aber 1989–1992 wieder zur Ausgleichskasse gebeten. Hamburgs Leistungen sind Ende der achtziger Jahre stark zurückgegangen. Unter den ausgleichsberechtigten Ländern erhielt Niedersachsen die höchsten Zuwendungen. Dies führte zu Klagen, die vor dem Verfassungsgericht ausgetragen wurden. Niedersachsen mußte sich seine Öleinnahmen anrechnen lassen. 1993 wurde Hamburg ausgleichsberechtigt.

Seit dem Niedergang Hamburgs als Geberland scheinen die Thesen vom Süd-Nord-Gefälle von Jahr zu Jahr zutreffender zu werden. Durch die Vereinigung Deutschlands hat Hamburg jedoch einen Aufschwung genommen, der seine Lage langfristig ändern dürfte. Bayerns Lage hat sich kontinuierlich gebessert. Seit die nördlichen Problemgebiete nicht mehr Zonenrandgebiete sind, dürfte auch hier der Aufschwung einsetzen. Nur das Saarland und Rheinland-Pfalz passen noch nicht in das vereinfachte Bild des Süd-Nord-Gefälles. Durch die Vereinigung Deutschlands hat dieses Bild jedoch sein ostdeutsches Pendant bekommen. Der Norden mit Mecklenburg-Vorpommern gehört zu den wirtschaftlich schwächsten Regionen mit der höchsten Arbeitslosigkeit und der stärksten Entvölkerung und Überalterung der marginalisierten Landzonen. Sachsen und Thüringen hingegen haben Aussichten, der prosperierende Süden Ostdeutschlands zu werden.

Der Umfang des Länderfinanzausgleichs ist ständig gewachsen. 1970 betrug die Summe 1,2 Mrd. DM, 1990 bereits 4 Mrd. DM. Dem Ausgleich wurde 1987 und 1988 ein Übergang zu den 1987 in der Volkszählung ermittelten Bevölkerungszahlen zugrunde gelegt. Zusätzlich erhielten die leistungssschwachen Länder seit 1970 *Ergänzungszuweisungen*. 1990 machten diese 2,9 Mrd. DM aus. Bayern ist aus dem Kreis der Empfängerländer 1988 ausgeschieden. Für die Jahre 1988 bis 1994 wurden die Bundesergänzungszuweisungen in einer Höhe von 2% des Aufkommens an Umsatzsteuer festgelegt.

1994 wurden Sonder-Bundesergänzungszuweisungen von 3,4 Mrd. DM zur Sanierung der Haushalte von Bremen und des Saarlandes gewährt (Finanzbericht, 1995: 153f.).

Die Schaffung der *Gemeinschaftsausgaben* ist Anfang der siebziger Jahre als eine fast ideale Lösung begrüßt worden (Tiemann, 1970). Inzwischen mehrte sich jedoch die Kritik. Die Aushöhlung der Landesparlamente ist dabei gelegentlich allzu einseitig auf die Reform von 1969 zurückgeführt worden (Laufer, 1991: 126ff.). Der Vorwurf einer Stärkung der Bürokratie kam von allen Seiten, auch wenn die Stärkung des Bundes billigend in Kauf genommen wurde. Die Studie von Scharpf schloß mit der sibyllinischen Äußerung: »Politikverflechtung bietet trotz ihrer Kosten den beteiligten Akteuren in Bürokratie und Politik offenbar andere Vorteile« (Scharpf u. a. 1976: 233). Die Altföderalisten mit ihrem Festhalten an einem Modell getrennter Kompetenzen und Mittel übersahen vielfach die Interessen der Landesbürokraten an der vielkritisierten »Ressortkumpanei«.

Die Aufgabenverteilung im Föderalismus hatte sich gewandelt, seit Konrad Hesse (1962) die griffige Formel vom unitarischen Bundesstaat prägte. Er erklärte dessen Entwicklung noch mit der Künstlichkeit der Territorien, die zum Teil von den Alliierten unter Gesichtspunkten abgerundeter Besatzungszonen willkürlich geschnitten worden waren. Ferner habe die Integration von Millionen Flüchtlingen und Migranten das regionale Zusammengehörigkeitsgefühl untergraben. Inzwischen zeigte sich, daß auch in den künstlichen Bundesländern ein Regionalgefühl gewachsen ist. Vielfach – wie in der Pfalz oder in Franken – kann es nicht mit einem ganzen Bundesland identisch sein. Nach dem Krieg waren die Länder nur in wenigen Regionen innerlich verankert. 1983 stimmten 70% der Befragten der Forderung zu, den Bundesländern mehr Selbständigkeit zu geben (Eurobarometer 19, V: 151). Eine Wahlbeteiligung an Landtagswahlen, die meist nur 10% unter den Bundestagswahlen liegt, zeigt ebenfalls die Akzeptanz der landespolitischen Ebene. Der Mangel an emotionaler Identifikation mit einem ganzen Bundesland hat die Wertschätzung der Bundesländer nicht beeinträchtigt (Mayntz, 1989: 14). Dazu beigetragen hat, daß die Länder von den Parteien und Verbänden als Untergliederung inzwischen voll akzeptiert worden sind, wenn man von einigen historischen Ungereimtheiten, wie bei den Kirchen, absieht.

Der neue Drang zur Selbstgleichschaltung im unitarischen Bundesstaat war eher aufgrund des Konsenses von Eliten gewachsen. Die Aufgabenverteilung wurde immer weniger nach Sachgebieten vorgenommen. Es kam zur funktionalen Differenzierung. Der Bund nahm immer weitere Bereiche der gesetzgeberischen Regulierung an sich. Die Länder wurden durch Mitwirkungsrechte in der Zentrale und die Übertragung der Ausführung von Maßnahmen kompensiert. Dieses System führte zunehmend zur Selbstblockade. Deutschland hat bei Krisen wie Terrorismus oder Kernkraftunglücken hysterischer reagiert als andere Länder, aber weniger durchgreifende Maßnahmen ergriffen als die britische Law-and-Order-Politik oder die des schwedischen Ausstiegs aus der Kernkraft (Scharpf, 1989: 123). Im internationalen Vergleich zeigte sich, daß Modernisierungsschübe nicht durch eine »Reform von oben« initiiert worden sind (Hesse/Renzsch, 1990: 130). Der Nachteil dieser institutionellen Verflechtungsträgheit war der Mangel an grundlegenden Politikänderungen. Der Vorteil war, daß solche Modernisierungsschübe nicht spektakulär steckenblieben wie häufig in den USA, in Großbritannien, in Frankreich unter Giscard und Mitterrand. In Deutschland ist allenfalls ein Fall vergleichbar: der reformerische Aufbruch der Ära Brandt.

Der schwerfällige deutsche Entscheidungsprozeß wird vielfach unter der Rubrik ›Föderalismus‹ behandelt. Aber er kann nicht allein auf das Mit-, Gegen- und Nebeneinander von Bund- und Länderinitativen zurückgeführt werden. Andere Faktoren der Fragmentierung des Machtsystems wie die Bundesbank oder die Verfassungsgerichtsbarkeit (vgl. Kap. 10) und die zahlreichen Delegationsverhältnisse von politischen Entscheidungen auf die Meso-Ebene (vgl. Kap. 5) spielen eine ebenso gewichtige Rolle.

Angesichts der *»Überverflechtung«* in einzelnen Politikbereichen ist das alte Modell des Finanzausgleichs immer wieder als die adäquatere Lösung hingestellt worden. Vor allem Vertreter süddeutscher Länder haben gelegentlich die völlige Abschaffung der Gemeinschaftsaufgaben gefordert und die Enquetekommission des Bundestages für die Verfassungsreform als Adressaten ihres Lobbyismus benutzt. Bis zum Zwischenbericht hat die Enquetekommission versucht, vertikal verflochtene Fachplanungen in eine integrierte Aufgabenplanung einzubetten. Das Ende der Planungseuphorie hat diesem Versuch der »Flucht nach vorn«, der von einigen unrealistischen Prämissen ausging, in der Mitte der siebziger Jahre keine Chancen mehr eröffnet. Im Endbericht sah die Enquetekommission keine Alternative mehr zur Politikverflechtung und empfahl, am System der Finanzverfassung und an den Gemeinschaftsaufgaben festzuhalten (Beratungen, 1977: 172ff.). Der Vorsitzende der Kommission, Friedrich Schäfer (in: Scharpf u. a., 1977: 129), begründete diese Entscheidung mit der Befürchtung, daß eine radikale Änderung der Reform von 1969 in einer Zeit knapp gewordener Haushaltsmittel zur Verschärfung des Kampfes um zweckfreie Mittel in der Steuerverteilung führen würde, ohne daß die Länder dafür die Möglichkeit bekämen, stärker eigenständige Sachprogramme zu entwickeln. Weniger weitreichende Alternativen zur Politikverflechtung, wie die koordinierte Aufgabenplanung ohne Mitfinanzierung oder eine Politikentflechtung, die dem Bund einen Teil der Gemeinschaftsaufgaben nach Art. 19a GG in Auftragsverwaltung überträgt, die Mehrzahl der Investitionshilfen jedoch nach Art. 104a Abs. 4 GG zurück in die ausschließliche Verantwortung der Länder führt, scheinen ebenfalls keine Realisierungsaussichten mehr zu haben. Das Kartell der Status-quo-Verteidiger bemüht in seiner Argumentation gegen die Alternativmodelle häufig die Krisenfurcht und das Legitimationsdefizit, obwohl es an anderer Stelle das Krisengerede für eine künstliche Stimmungsmache der linken Literatur zu halten pflegt.

Es bestand die Gefahr, daß die Opposition um der Konsolidierung ihrer Macht willen eine Zeitlang versuchte, das Rad auf das Jahr 1949 zurückzudrehen. Die Polarisierung zwischen den zwei Lagern hat im wichtigsten Reservat der Länder, in der Bildungspolitik, zu einer chaotischen Zerklüftung des Bildungsföderalismus geführt, wie der »Mängelbericht« eines Gutachtens der Bundesregierung 1978 zeigte. Ernste Gefahren für die horizontale Mobilität des Teils der Bevölkerung, der Kinder im schulpflichtigen Alter hat, sind nicht mehr von der Hand zu weisen. Die Länder haben im übrigen an Boden verloren. Die Altföderalisten versuchten, diesen zurückzugewinnen und den Ländern wieder mehr »Staatsqualität« zu geben (Doppler, 1975: 207). Bei der Polemik gegen die angeblich zentralisierende Politik der SPD-FDP-Koalition wurde übersehen, daß die Unionsparteien die Bundesrepublik in die Europäische Gemeinschaft hineingeführt haben und jene Kompetenzabtretungen des Bundes an die Europäische Gemeinschaft durchsetzten, die den Bund heute wegen seiner internationalen Verpflichtungen zwingen, stärker reglementierend in die Länderpolitik einzugreifen.

Als einfachste Alternative zur Politikverflechtung und zur gegenwärtigen Finanzverfassung erscheint die *Neugliederung des Bundesgebietes* und die Schaffung von fünf oder sechs finanziell ausgewogenen Gebietseinheiten. Artikel 29 GG in der ursprünglichen Fassung schrieb die Neugliederung vor. Es wurden dafür Fristen gesetzt bis 31. März 1975. Nur für den Gebietsteil Baden im Land Baden-Württemberg wurde der 30. Juni 1970 genannt. 1970 fand ein Volksentscheid statt, der die Existenz des 1951 aus drei Bundesländern (Baden, Württemberg, Südwürttemberg-Hohenzollern) gebildeten Bundeslandes bestätigte. Im Jahre 1956 sind acht Volksbegehren zur Umgliederung durchgeführt worden. Die Umgliederung des Regierungsbezirks Pfalz nach Bayern oder nach Baden-Württemberg fand nicht die notwendige Mehrheit von 10% der Wahlberechtigten. Sechs Volksbegehren waren hingegen erfolgreich: die Wiederherstellung der Länder Oldenburg (12,9%). Schaumburg-Lippe (15,3%), Baden (15,1%) und die Umgliederung der Regierungsbezirke Koblenz und Trier nach Nordrhein-Westfalen (14,2%), Montabaur nach Hessen (25,3%) und Rheinhessen nach Hessen (20,2%). Die Bundesregierung war damit unter Zugzwang gesetzt. Wollte sie sich nicht durch neues Stückwerk der Gefahr einzelner in ihrem Ergebnis nicht abzusehender Umgliederungswünsche aussetzen, so mußte sie ein Konzept für eine umfassende Neugliederung vorlegen. Die Regierung Brandt machte sich 1969 daran, den Verfassungsauftrag in Art. 29 GG zu erfüllen, und berief eine Kommission unabhängiger Sachverständiger unter dem Staatssekretär a. D. Werner Ernst (Ernst-Kommission), die ihren Bericht 1973 vorlegte (Vorschläge, 1973).

Die Kommission legte jeweils zwei Lösungsalternativen vor mit jeweils einem oder zwei Ländern im Gebiet der vier nördlichsten Bundesländer und jeweils ein oder zwei Lösungen für den mittel-, west- und südwestdeutschen Raum. Die Lösungsvorschläge im Norden und Südwesten waren voneinander unabhängig und jeweils miteinander kombinierbar. Außerdem schlug die Kommission aus wirtschaftlichen und sozialen Gründen einige Grenzveränderungen vor, die vor allem den Raum Ulm/Neu-Ulm, Wertheim/Tauberbischofsheim, Ahrweiler/Neuwied, Altenkirchen, Osnabrück/Tecklenburg und Kassel/Münden betrafen. Nur Nordrhein-Westfalen und Bayern wären bei dieser Neugliederung im Grundbestand unangetastet geblieben.

1976 wurde Artikel 29 neu gefaßt. Die Bestimmung »Das Bundesgebiet... ist... neu zu gliedern« wurde in »kann neu gegliedert werden« abgemildert. Zur Zeit scheint Artikel 29 GG jedoch »dazu bestimmt zu sein, als Leiche im Keller der Verfassungsrechtler zu verwesen« (Lehmbruch, 1977: 464). Lange wurde der Hauptwiderstand gegen die Neugliederung überwiegend in den von den Unionsparteien regierten Flächenstaaten vermutet. Die Widerstände der kleinen SPD-regierten Stadtstaaten waren jedoch nicht geringer, und selbst in den mittleren Flächenstaaten Hessen und Niedersachsen wuchs unter SPD-geführten Regierungen die Opposition gegen eine Neugliederung. »Rien ne dure que le provisoire« – jener oben bereits einmal zitierte Gemeinspruch aus der Zeit der Dritten Französischen Republik, den wir Deutschen in bezug auf die Bundesrepublik bis 1989 immer wieder voller Ahnungen anführten, scheint vor allem auch für den irrationalen Status quo der territorialen Aufteilung zu gelten.

1989 schien die »Stunde Null« der Neugliederung gekommen. Die föderale Wiedervereinigung zeigte jedoch bald, daß die Mängel der territorialen Gliederung mit einigen Ändeurngen in Ostdeutschland nur noch einmal reproduziert wurden (Kap. 9e). Werner Ernst (1991), der einstige Vorsitzende der Kommission, hoffte darauf, daß bei den Verfassungsarbeiten wieder politischer Handlungsdruck erzeugt werde, indem Art. 29 GG wieder – wie bis 1976 – eine Mußvorschrift wird. Nur für die Vereinigung der beiden Länder Berlin und Brandenburg am Ende dieses Jahrzehnts sind bisher die ersten Weichen gestellt worden.

(e) Erosion des Föderalismus zwischen dem europäischen Binnenmarkt und der deutschen Vereinigung?

Die deutsche Einigung schien auf den ersten Blick ein großer Tag für die Tradition des Föderalismus. Im ersten Artikel des Einigungsvertrages wurde die Wiederherstellung der Länder verheißen. Die Länder, die genannt wurden, sind durch Rückgriff auf die Gebilde entstanden, welche die DDR 1952 abgeschafft hatte. Sie hatten ähnliche Nachteile wie die Länder Westdeutschlands: Sachsen hatte eine Tradition und dokumentierte sie stolz durch den Zusatz »Freistaat«. Brandenburg war Ursprungsland eines Großstaates Preußen, der von den Alliierten abgeschafft worden war. Es hatte Traditionen allenfalls als preußische Provinz. Sachsen-Anhalt war ein reines Kunstprodukt mit einigen karthographischen Willkürlichkeiten (vgl. Mecklenburg-Vorpommern... 1991: IV). Thüringen war erst in der Weimarer Republik zu einem Land zusammengeschlossen worden. Bis dahin war es das klassische Land deutscher Kleinstaaterei gewesen. Obwohl die meisten thüringischen Staaten – von Sachsen-Eisenach bis Sachsen-Altenburg – mit dem dynastischen Zusatz »Sachsen« begannen, haben die Thüringer trotz der Beherrschung durch die Wettiner ihre Sondertradition mit Nachdruck verteidigt und sich einer Fusion widersetzt. Ein Land Sachsen-Thüringen hätte das drittgrößte Bundesland werden können, wenn Teile von Sachsen-Anhalt ihm zugeordnet worden wären. Eine Zweiländervariante hatte jedoch politisch keine Chance. Eine Dreiländervariante, die im Kabinett de Maizière diskutiert worden ist, hätte Mecklenburg ohne Zusatz »Vorpommern« erhalten. Aber nicht einmal eine Vierländervariante war nach dem Bekenntnis des Regionalministers der DDR, Preiß, im Kabinett de Maizière durchsetzbar (Der Spiegel, 4.6.1990: 32, Blaschke, 1990). Die Bundesrepublik hat in den Einigungsverhandlungen vermutlich gewichtigere Punkte gegenüber der DDR-Regierung durchzukämpfen gehabt, als daß sie sich in der Neugliederung hätte voll engagieren können.

Angesichts der Statusfurcht, die sich in Westdeutschland im Hinblick auf die Integration mit nicht überschaubaren Konsequenzen ausbreitete, wäre eine Neugliederung der Länder sicher auch nicht durchgesetzt worden, wenn ein langsamerer Einigungsprozeß dazu Zeit gelassen hätte. Immerhin wurden ein paar Überlegungen angestellt, Ländergrenzen über die alte Demarkationslinie hinweglaufen zu lassen, um die Integration zu beschleunigen. Engholm dachte über ein Land Schleswig-Holstein/Mecklenburg nach. Ein Land Hessen/Thüringen hätte sich im Rückgriff auf mittelalterliche dynastische Verbindungen sogar historisch, nicht nur ökonomisch, rechtfertigen lassen. Niedersachsen hatte wenigstens im Harzgebiet so viele historische Bindungen zu Sachsen-Anhalt, daß sich sowohl historische als auch wirtschaftliche Gründe für eine Vereinigung dieser beiden Länder hätten finden lassen. Am weitreichendsten war der Siebenländerplan des Hamburger Bundessenators Horst Gobrecht (FR, 21.4.1990: 1); selbst ein bayerischer Minister, Thomas Goppel, trat noch im März 1991 für Ost-West-Länder-Verbindungen ein.

Der Einigungsvertrag war einer künftigen Neugliederung kaum förderlicher als das Grundgesetz. Im Artikel 5 wurde eine Neugliederung im Raum Berlin-Brandenburg vorgesehen. Der Hinweis auf die nötige Vereinbarung der beteiligten Länder stellte sicher, daß kein Neugliederungsflächenbrand daraus entstehen konnte.

Wo der Rückfall in die alte Kleinstaaterei auch in Ostdeutschland beklagt wurde, mußten die Kritiker des Status quo sich damit trösten, daß der Rückgriff auf die fünf Länder, welche die DDR 1952 abgeschafft hatte, wenigstens weitere Begehrlichkeiten abwehrte, wie sie vom Plan der Wiederherstellung einer Hansestadt Rostock bis zu einem »Bundesland Schlesien« im Restzipfel der alten preußischen Provinz bei Görlitz auftauchten. Selbst die Autonomierechte der Sorben, welche im Verfassungsentwurf des Runden Tisches (Art. 34,2) stark hervorgehoben worden waren, wurden von den westdeutschen Unterhändlern zu einem Protokollzusatz auf dem Niveau der Volkstumspflege herabgedrückt (Zusatz 14 zu Art. 35).

Die Haltung der ostdeutschen Bürger zu den Ländern schien 1990 weniger abständlich, als es die Haltung der Westdeutschen um 1946 gewesen war, wenn man den Omgus Surveys der amerikanischen Besatzungsmacht traut. Ein großer Prozentsatz forderte die Wiederherstellung der Länder. Erstaunliche Rückgriffe auf räumliche Ungereimtheiten der alten dynastischen Grenzen haben sich erhalten. Altenburg, ein Zipfel Thüringens, der nach Sachsen fast vor die Tore

Leipzigs hineinragt, hat sich mehrheitlich für den Verbleib bei Thüringen entschieden, obwohl diese Entscheidung sich langfristig wirtschaftspolitisch als wenig durchdacht erweisen dürfte.

Die Neugliederung im Kleinen wurde durch den Artikel 29 des Grundgesetzes offengehalten, nach dem Gebiete mit weniger als 10000 Einwohnern durch einen Staatsvertrag der beteiligten Länder das Land wechseln können. So geschah es erstmals mit dem Ort Neuhaus/Elbe, der von Mecklenburg an Niedersachsen zurückkam. In vielen Grenzgebieten sind Wünsche nach Veränderung aufgebrochen, die teils auf alte dynastische Reminiszenzen, teils auf handfeste materielle Erwägungen zurückgehen. Blankenburg am Harz oder das Eichsfeld wollten wieder zu Niedersachsen, zu dem sie historisch gehörten. Im Vogtland haben Gruppen, die den Anschluß an Sachsen forcierten, sogar ein »länderfreies Gebiet« ausgerufen, weil ihnen die Prozedur der Grenzbereinigung zu langsam vorankam. Die Länderverwaltungen, welche mit Wechslerwünschen überflutet wurden, hatten jedoch in der ersten Phase der Konsolidierung der neuen Länder in der Regel dringendere Aufgaben zu bewältigen.

Ein Motiv der DDR-Bevölkerung für die rasche Wiedervereinigung war die Angleichung der Lebensverhältnisse. Das verlangte eher Zentralisierung als Föderalisierung. Die DDR hatte in der Ausgleichung regionaler Unterschiede in einigen Bereichen durchaus Erfolge vorzuweisen (v. Beyme, 1988). Hinter diese »Errungenschaften« wollte die Mehrheit der Bevölkerung nicht zurück. In keinem anderen der bisher behandelten Bereiche der Politik geht ein so starker Sog von der Vereinigung in Richtung Zentralisation aus wie im Bereich des Föderalismus. Dies geschieht nicht aufgrund der Stärke der Ex-DDR, sondern aufgrund ihrer Schwäche. Westdeutschland ist durch die rasche Vereinigung »zur gesamten Hand« für die Angleichung der Lebensverhältnisse haftbar gemacht worden. Es kann sich dieser Aufgabe nicht entziehen, und diese wird nicht ohne Rückwirkung auf das Verhältnis von Bund und Ländern bleiben.

Durch die deutsche Vereinigung wurde der Nerv des Finanzkompromisses zwischen Bund und Ländern erneut getroffen. Gegen die Neuregelung von 1987, die nach dem Urteil des Bundesverfassungsgerichts vom 24.6.1986 (BVerfG 72: 330ff.) nötig wurde, ist von vier SPD-regierten Bundesländern geklagt worden. Das zeigt – ebenso wie die ständigen Umverteilungen –, wie prekär der Konsens um die Finanzen im Föderalismus jeweils ist. Der Einigungsvertrag konnte im Art. 7.3 wegen der Unterschiede der Steuersysteme in den alten und neuen Bundesländern nur Übergangsregelungen festlegen. Die Unterhändler der DDR hatten in der zweiten Verhandlungsrunde die sofortige Einbeziehung der DDR in den westdeutschen Finanzausgleich gefordert (Schäuble, 1991: 181). Der eigentliche Konflikt spielte sich nicht zwischen Bonn und Ost-Berlin, sondern zwischen der Bundesregierung und den westdeutschen Ländern ab. Finanzminister Waigel gebührte nicht zuletzt das Verdienst, einen Kompromiß für ein erneutes Provisorium im Bund-Länder-Konflikt gefunden zu haben:

- Die Beteiligung der neuen Länder am Länderanteil an der Umsatzsteuer wurde von 1991 bis 1994 stufenweise der in Art. 107 Abs. 1 Satz 4 GG vorgesehenen grundsätzlichen Verteilung nach der Einwohnerzahl angenähert. In der Finanzministerkonferenz am 21. 12. 1991 haben sich die alten Länder grundsätzlich bereiterklärt, anstatt nach der Stufenregelung des Einigungsvertrages die neuen Länder sofort voll nach der Einwohnerzahl am Länderanteil an der Umsatzsteuer zu beteiligen.
- Ein Länderfinanzausgleich nach Art. 107 Abs. 2 GG fand bis Ende 1994 zwischen den alten und den neuen Bundesländern nicht statt, sondern wurde – bei Anwendung grundsätzlich gleicher Berechnungsmethoden – jeweils gesondert unter den alten und den neuen Ländern ohne Beteiligung Berlins durchgeführt.

Mit dem *Fonds »Deutsche Einheit«* ging man den für den deutschen Föderalismus typischen Weg des geringsten Widerstandes. Weder direkte Steuererhöhungen noch sofortige Ausgabenminderungen, sondern Kreditfinanzierung wurde als Ausweg gewählt, sehr zur Sorge der deutschen Bundesbank, die noch vor dem Rücktritt von Bundesbankpräsident Pöhl im Mai 1991 ständig daran erinnerte, daß die Kreditnachfrage von Staat und Wirtchaft rascher gewachsen sei, als »mittelfristig erträglich erscheint« (Die Wirtschaftslage, 1991: 9). Die Länder haben mit dem Fonds für die deutsche Einheit ihre Belastungsgrenze gleichsam festgeschrieben. Den Verteilungsschlüssel bei der Umsatzsteuer haben sie in der Auseinandersetzung mit dem Bund sogar zu ihren Gunsten verändert.

Die Länder, die im ersten Teil der Vereinigungspolitik mit Recht Klage führten, bei der Willensbildung kaum konsultiert worden zu sein, waren in der zweiten Phase, als der Bund ihre Hilfe bei der Finanzierung der deutschen Einheit brauchte, auf Egoismus festgelegt. Der »doppelte Coup«, der den Ländern gelang (Peffekoven, 1990), könnte sich freilich als Bumerang für die Kompetenzen der Länder erweisen. Der Bund, der bei den Ländern hinreichende Solidarität vermißte, mußte sich nach weiteren Handlungsmöglichkeiten umsehen, die auf die Dauer den Zentralismus wieder fördern könnten. Die Finanzverfassung galt zunächst nur im Westen. Der Osten wurde finanzpolitisch in einer Art »Generalgouvernement« regiert und finanziell an den

»Tropf des Bundes und der westdeutschen Länder gehängt«, wie eine Zeitung kommentierte (zit. bei Schmidt, 1991: 63). Kurzfristig hat das den Ländern Kosten erspart. Es wird geschätzt, daß nach dem Alternativmodell des Finanzausgleichs 20 Mrd. DM von Westen nach Osten transferiert worden wären (BT Drucksache, 11/7023).

Der Bund wurde durch diese Politik der Länder seinerseits in einen überregionalen Egoismus getrieben. Berlin- und Zonenrandförderung wurden nicht zuletzt auf Drängen der Europäischen Gemeinschaft abgebaut.

Anfang 1991 wurde ein Weg der Steuererhöhung beschritten, der auch die CDU-Länder tangierte, als das böse Wort von der »Steuerlüge« des Wahlkampfes 1990 kursierte. CDU-Mehrheiten hatten einen harten Stand. Die ersten Landtagswahlen in Hessen und Rheinland-Pfalz gingen verloren und änderten die Kräftekonstellation im ganzen Land. Der Sieg der Länder beim Fonds Deutsche Einheit wurde zum Pyrrhus-Sieg. Im Februar 1991 kam es zur ersten Revision des provisorischen Konsenses. Ein *»Gemeinschaftswerk Aufschwung Ost«* wurde zur Nachbesserung unvermeidlich. Der Bund war mit 12 Mrd. DM beteiligt, 5 Mrd. DM davon waren als Soforthilfe zur Investition in die Infrastruktur gedacht. Eine Verwaltungsvereinbarung teilte die Summe nach Einwohnerzahl der ostdeutschen Länder auf. Um langwierige Transferwege zu vermeiden, griffen die Ministerpräsidenten zu einem archaischen Verteilungsmodus: Sie bestellten die Landräte ein, um ihnen die entsprechenden Schecks auszuhändigen (FAZ, 2.3.1991: 1). Hinzu trat ein Moratorium für die Zins- und Tilgungslasten bei den Altschulden im Wohnungsbau. Durch die zusätzlichen Ausgaben konnten die ostdeutschen Länder für 1991 mit ca. 50 Mrd. DM Investitionsmitteln rechnen. Der Bundeshaushalt stieg um 12 Mrd. DM auf 412 Mrd. DM. Die volle Beteiligung der neuen Länder an der Umsatzsteuer sollte ihnen 4,8 Mrd. DM Einnahmen bringen. Die Erhöhung der Mineralöl- und Versicherungssteuer und eine auf ein Jahr befristete Solidarabgabe auf die Lohn-, Einkommen- und Körperschaftsteuern waren unbeliebt, wurden aber wegen der sofortigen Reinvestition vom Bund als »Beitrag zur Konjunkturbelebung« bezeichnet.

Vor allem die armen ostdeutschen Länder mußten zunehmend auf den Bund schauen, obwohl ihnen nicht wenige Hilfen auch von den Ländern zuteil wurden. Mithilfen beim Aufbau der Verwaltung konnten ja überhaupt nur von den Ländern mit einer reichlicheren Personaldecke und von den Gemeinden kommen (vgl. Kap. 8d). Die verwirrende Fülle von wirtschaftlichen Hilfen für die neuen Länder mit Förderungsmitteln an öffentliche Haushalte, Unternehmen und Privatpersonen (von denen vor allem freiberuflich Tätige angesprochen wurden) sind überwiegend als Aktionen des Bundes wahrgenommen worden. Die Wünsche der armen Ostländer und die Steuerungsversuche des Bundes verbanden sich 1991 zu einer Koalition, die eher den Zentralismus als den Föderalismus stärkten.

Im Bundesrat wurden Anfang 1991 eine Reihe von Gesetzesänderungen beschlossen, welche Hemmnisse für Investitionen abbauen sollten, vor allem durch Erleichterung der Privatisierung. Die SPD-geführten Länder, damals noch ohne Bundesratsmehrheit, haben zähneknirschend gegen ihre Bedenken im einzelnen zugestimmt, um den Aufschwung Ost nicht zu behindern. Im März 1993 wurde ein Kompromiß über den finanzpolitischen Teil des Solidarpaktes erreicht, der vermeiden sollte, daß der Vermittlungsausschuß angerufen werden mußte, was neue Verzögerungen bedeutet hätte.

Die Neuregelung der Finanzbeziehungen zwischen Bund und Ländern war eine der härtesten Belastungsproben des Systems nach der Vereinigung. Wider Erwarten einigten sich Bund und Länder auf ein neues System anläßlich des Solidarpaktes. Das »Gesetz zur Umsetzung des Föderalen Konsolidierungsprogramms« (FKPG) wurde im Mai 1993 verabschiedet. Auflagen eines Urteils des Bundesverfassungsgerichts vom Mai 1992 (BVerfGE 86, 148ff.) wurden verarbeitet. Nicht verarbeitet wurden hingegen die zahlreichen Vorschläge für ein innovatives föderales Finanzsystem, das vom Sachverständigenrat in zahlreichen Gutachten angemahnt worden und vom Wissenschaftlichen Beirat beim Bundesministerium der Finanzen mit einem Gutachten und von zahlreichen Wissenschaftlern mit guten Projekten begleitet worden war. Das System blieb grundsätzlich beim alten. Die neuen Länder wurden durch die Verteilung der Umsatzsteuer durch »Vorabauffüllung« auf das Niveau der alten finanzschwachen Bundesländer gehoben und damit erst »ausgleichsfähig« gemacht. Da man das System nicht ändern wollte, hatte man die Finanzkraft der neuen Länder an die Erfordernisse des Ausgleichssystems angepaßt (Renzsch, 1994: 129). Da der Berg nicht zum Propheten kam, mußte der Prophet sich zum Berge begeben.

Das politisch Bemerkenswerte an diesem Kompromiß war die Lernfähigkeit des Bundes. Auf einer Klausurtagung der Regierungschefs von Bund und Ländern im März 1993 rückte der Bund von seinem Modell ab und schwenkte praktisch auf das Ländermodell ein. Das kompetitive Parteiensystem mit seiner Instrumentalisierung des Bundesrats hätte einen solchen Kompromiß schwerlich leisten können, jedenfalls nicht in kurzer Zeit. Die Interessen der Länder waren unabhängig von der Koalition an der Regierung relativ ähnlich. Ländersolidarität konnte dem Bund Konzessionen abringen. Der Bund verzichtete auf eine Erhöhung seines Anteils an der Umsatzsteuer. Die neuen Länder mußten einige Konzessionen machen, die mit Sonderbedarfshilfen und Investitionshilfen von 20,6 Mrd. DM jährlich für zehn Jahre kompensiert wurden. Der Bund stand unter größerem Handlungszwang als die Länder, da er auf keinen Fall den Bundestagswahlkampf mit einem unerledigten Mammutthema wie dem Finanzausgleich belasten wollte. Horizontale Konflikte der Länder untereinander konnten vermieden werden, weil es gelang, eine relativ egalitäre Pro-Kopf-Belastung der alten Länder durchzusetzen (Renzsch, 1994: 132).

Im Finanzbericht 1995 (: 155) wurde geschätzt, daß für 1995 über die horizontale Verteilung der Umsatzsteuer und Länderfinanzausgleich etwa 30 Mrd. DM an die neuen Bundesländer fließen. Für die Anhebung des Länderanteils an der Umsatzsteuer von 37% auf 44% müssen die alten Bundesländer den Bund entlasten, indem sie einen zusätzlichen Betrag von 2,1 Mrd. DM jährlich zur Abwicklung des Fonds »Deutsche Einheit« übernehmen. Der Länderfinanzausgleich wird ca. 13 Md. DM ausmachen. Neben den ostdeutschen Ländern erhalten Bremen, Niedersachsen, Rheinland-Pfalz und das Saarland Zahlungen. Geberländer waren 1995 Hessen, Baden-Württemberg, Bayern und abweichend von den Vorjahren auch Nordrhein-Westfalen, Hamburg und Schleswig-Holstein. Zusätzlich werden 5–6 Mrd. DM zum Abbau »teilungsbedingter Sonderbelastungen« und zum Ausgleich einer schwachen Finanzkraft der ostdeutschen Kommunen Bundesergänzungszuweisungen von 14 Mrd. DM und für finanzschwache alte wie neue Bundesländer Fehlbeträge zur Kompensierung einer unterdurchschnittlichen Finanzkraft von 5–6 Mrd. DM jährlich gezahlt. Die ostdeutschen Länder erhielten vom Bund außerhalb des Finanzausgleichs als Sanierungshilfen und Maßnahmen zur Steigerung ihrer Wirtschaftskraft ab 1995 für zehn Jahre Finanzhilfen nach Art. 104a Abs. 4 GG in Höhe von 6,6 Mrd. DM jährlich.

Im »halbsouveränen Staat« haben die Länder wider Erwarten Stärke gezeigt und einige Unkenrufe hinsichtlich der endgültigen Schwächung des Föderalismus falsifiziert. Die Regelung entspricht dem Normalmuster: Ein tragfähiger Kompromiß kam überraschend schnell zustande. Große Änderungen an der prekären Machtbalance im System durch Reformen waren nicht zu erwarten.

Es ist bereits abzusehen, daß der Finanzausgleich – ähnlich wie die Parteienfinanzierung – zu einem Dauerbrenner des Systems wird. Ohne Not läßt sich der Bund ausbeuten, urteilte Peffekoven (FAZ 23.3.1995: 17), einer der besten Kenner der Materie. Wenn der Boom von 8–9% pro Jahr im Osten anhält, dann wächst die Finanzkraft der neuen Bundesländer. Dies entlastet jedoch die ausgleichspflichtigen Länder, nicht den Bund. Nachbesserungen des Finanzausgleichs werden daher notwendig.

Eine Alternative zum jetzigen Finanzausgleich wäre die Stärkung der Einnahmeautonomie. Die Länder hatten bis 1994 einen Handlungsspielraum eigentlich nur bei den Ausgaben. Die Steuerautonomie der Länder ist paradoxerweise sogar schwächer entwickelt als die der Gemeinden. Anreize zur Sparsamkeit sind damit nicht gegeben. Für die ausgleichspflichtigen Länder zahlen sich nicht einmal Mehreinnahmen aus, weil sie einen gewichtigen Teil an andere Länder abführen müßten. Mischfinanzierungen, wie die nach dem Wohngeldgesetz oder dem Bundesausbildungsförderungsgesetz (Bafög), gelten als Übel. Die Länder führen die Gesetze im Auftrag des Bundes aus, haben aber – anders als bei der Sozialhilfe – keine eigenständige Regelungskompetenz. Vor- und Nachteile der Stadt-Staaten bei Ausgaben für Kultur und Infrastruktur schienen den Experten weniger leicht zu berechnen als den Bundesverfassungsrichtern, die in der Regel ökonomischen Fragen fernstehen (vgl. Kap. 10a). Das amerikanische System der *grants-in-aid*, Beteiligung des Bundes durch Finanzhilfen in Notlagen, gewinnt in der Bundesrepublik an Boden, weil die Verschwendung von Geldern nach dem Gießkannenprinzip vermieden wird und bei sozialen und wirtschaftlichen Engpässen in finanziellen Größenordnungen gezielt interveniert werden kann, so daß die Hilfe auch effektiv umgesetzt wird.

Die Unzufriedenheit mit Mischfinanzierung und Finanzausgleich führte vermutlich zu einer liebenden Überschätzung des alternativen Modells. Nach intensivem Studium des amerikanischen Systems der *grants-in-aid*, das die Alliierten 1948 empfahlen und die deutschen Parlamentarier verwarfen, wird offenbar werden, daß auch dieses Modell Fehlallokationen und Quasi-Korruption nicht verhindert. Ganz sicher richtig bleibt der Grundgedanke einer Stärkung der Autonomie der Länder, die eine weitere Erosion des Föderalismus verhindert und vermeidet, daß die deutsche Einheit einen weiteren Zentralisierungsschub nach sich zieht. Aber auch die Stärkung der finanziellen Autonomie ist nicht ohne Gefahren. Ohne sorgfältige Begrenzungen der Höhe des Spielraums bei den Ländereinnahmen droht ein mörderischer Wettbewerb der Länder um Standortvorteile und Steuervergünstigungen für die Firmen. Zu Ausweichmanövern würde geradezu eingeladen. Nimmt man die Empfehlung, die ergiebige Kraftfahrzeugsteuer den Ländern zu überlassen, ernst, so könnten die Ausweichmanöver nicht nur Managemententscheidungen in großen Firmen, sondern sogar Sparversuche bei Massen von Bürgern auslösen. Die armen Länder, die sich durch Steuererhöhungen zu sanieren suchen, würden noch ärmer – die reichen Länder könnten weitere Steuersenkungen anbieten und noch reicher werden (Sachverständigenrat Jg 1990/91 Ziffer 441).

Nicht alle Wandlungen im Kräftegleichgewicht des deutschen Föderalismus sind auf den deutschen Einigungsprozeß zurückzuführen. Aber diese überstürzte Integration hat einige negative Entwicklungen verstärkt. Einerseits förderte sie zentralisierende Tendenzen im unitarischen Bundesstaat. Die Überspielung allen wirtschaftlichen Sachverstands durch die totgesagte politische Steuerungskapazität gab dem Zentralstaat neues Selbstbewußtsein. Andererseits riefen gerade zentralisierende Tendenzen Gegenkräfte auf den Plan. Mit den Grünen und der Herausbildung von zwei Lagern in einem Vierparteiensystem (vgl. Kap. 4d) kamen auch neue Konstellationen in den Koalitionen auf Landesebene auf.

Verhandlungen mit den Ländern wurden komplizierter, da sich in den neunziger Jahren acht verschiedene Regierungsmodelle herausbildeten, welche die Stimmenverteilung im Bundesrat beeinflußten: *Alleinregierungen* der Union (Bayern und Sachsen), der SPD in Brandenburg, *CDU-FDP-Koalitionen* wie in Mecklenburg-Vorpommern, Thüringen und Sachsen-Anhalt bis 1994, *große Koalitionen*, wie sie in Baden-Württemberg (bis 1996) und Berlin (bis 1995) praktiziert wurden und ab 1994 in Mecklenburg und Thüringen nicht vermieden werden konnten. *SPD-Grüne-Koalitionen* haben Tradition in Hessen und wurden in Niedersachsen und Bremen (hier mit geringem Erfolg) und ab 1995 in Nordrhein-Westfalen praktiziert. Außerdem gab es Raritäten, wie die *Ampelkoalition* in Brandenburg bis 1994, und eine wenig im Trend liegende Koalition zwischen SPD und FDP in Rheinland-Pfalz und zwei umstrittene *Duldungsmodelle der SPD*, durch die Statt-Partei in Hamburg und durch die PDS in Sachsen-Anhalt. In einer solchen Konstellation des Bundesrates ist die Opposition der SPD stärker noch als ohnehin durch die *parlamentarische Mitregierung* in einer Zeit der Krise (vgl. Kap. 7c) zur partiellen Kooperation gezwungen. Die CDU hat unter Schmidt 1976 ähnlich »mitregiert«. Die Verträge der SPD-Regierung mit Polen kamen nur zustande, weil die CDU-regierten Länder Niedersachsen und Saarland als Mehrheitsbeschaffer im Bundesrat wirkten. Die Rollenteilung, die damals herrschte, läßt sich allerdings für die SPD am Anfang der neunziger Jahre kaum rekonstruieren: Strauß führte die Obstruktionspolitik, Kohl die Kooperationspolitik.

In der Krise der Talfahrt der ostdeutschen Wirtschaft kam es zu neuen Formen der parlamentarischen Mitregierung der Opposition (vgl. Kap. 7d). Die Forderung nach einem neuen »runden Tisch« wurde in der Opposition laut. Die deutschlandpolitischen Arbeitsgruppen, auf die sich die Regierung einließ, konnten in vielen Fragen keine Einigung erzielen. Von der Eigentumsfrage bis zu den flächendeckenden Qualifizierungsgesellschaften, von der großzügigeren Entschuldung der Altlasten bis zur Erhöhung einer Investitionszulage von 12 auf 25% wurden die meisten Forderungen der Opposition als entweder schon erfüllt oder als unsinnig abgelehnt. Eine Nebenregierung entstand nicht, und der Dissens in der Ausgestaltung des föderalen Systems trat deutlich zutage. Die Bund-Länder-Mischfinanzierung ist von einigen SPD-Politikern zur Abschaffung empfohlen worden. Die Stärkung der Länder wurde von der SPD immer dann gefordert, wenn sie einer Bundesratsmehrheit näher rückte. Die Erhöhung der Länderanteile an der Mehrwertsteuer und die Erschließung eigener zusätzlicher Finanzquellen der Länder, vor allem zur Deckung von ökologischen Ausgaben, wurde propagiert. Die Mitregierung in der Steuerungspolitik zeichnete sich in diesen Forderungen ab. Der Parteiföderalismus (Kap. 9c) als Scharnier, in dem die Parteien das parlamentarisch-föderale System vertikal und horizontal »versäulen«, scheint im vereinten Deutschland noch an Bedeutung zu gewinnen (Hesse/Renzsch, 1990: 564).

Die Ungewißheit der Entwicklung des deutschen Föderalismus war um so größer, als die deutsche Einigung mit einer wichtigen Etappe der Integration in der Europäischen Gemeinschaft zusammenfiel. Dieses zeitliche Zusammentreffen war einer der Gründe für die internationale Unterstützung der deutschen Einigung (vgl. Einleitung). Man hoffte, daß nach vollendeter Vereinigung das neue Deutschland den Rücken und den Kopf frei haben werde für die europäischen Aufgaben, welche die Bundesregierung in der zweiten Hälfte der achtziger Jahre zunehmend hintangestellt hatte. Der Finanzrahmen der EG wurde 1988 auf 1,2% des Bruttosozialprodukts erweitert. Er wurde 1993 erreicht. Innerhalb des Jahresplanfonds wurden Zölle und Agrarabschöpfungen entsprechend dem tatsächlichen Aufkommen, abzüglich einer Erhebungskostenpauschale, an die EU abgeführt. Ferner stehen der EU weiterhin Mehrwertsteuer-Eigenmittel bis zu 1,4% der einheitlichen Bemessungsgrundlage zu, die allein zu Lasten des Bundesanteils am innerstaatlichen Umsatzsteueraufkommen gehen. Mit den BSP-Eigenmitteln als vierter Finanzierungsquelle soll der relative Wohlstand der Mitgliedstaaten bei der Finanzierung des EU-Haushalts stärker berücksichtigt werden. Danach führen die Mitgliedstaaten Eigenmittelbeträge zur Restfinanzierung auf der Basis des BSP zu Marktpreisen ab; auch dies geht zu Lasten des Bundes. Rückflüsse an die östlichen Bundesländer aus dem EU-Haushalt betrugen nur 3,8 Mrd. DM (Finanzbericht, 1991: 40).

In den achtziger Jahren entbrannte in der Wissenschaft eine Debatte parallel zu jener, welche die Politikverflechtung in Bund und Ländern bearbeitete: Wirkt die Kooperation zwischen Bundesländern und EU zentralisierend oder nicht? In einer ersten Phase wurden zentralistische Untergangsszenarien für den Föderalismus erstellt. Der Pessimismus schlug nach einer Weile der Selbstüberbietung der Wissenschaft mit düsteren Prognosen in einen neuen Optimismus um. Unter allen Regionen Europas haben nur die deutschen Bundesländer die Qualität demokratischer Staatlichkeit. Die EU nimmt auf diese Besonderheit keine Rücksicht. Aber dies ist ihr kaum zu verübeln, da selbst das Grundgesetz erlaubt (Art. 24.1), ohne Zustimmung des Bundesrates Rechte der Länder auf supranationale Einrichtungen zu übertragen.

Der Binnenmarkt droht die zentralisierende Wirkung der EU noch zu verstärken. Die Politikverflechtungsversuche, welche die Länder gegenüber der EU-Ebene unternommen haben, dienten in den achtziger Jahren vor allem der Verzögerung von europäischen Entscheidungen (Hrbek/Thaysen, 1986: 17ff.). Mit zunehmender Abwanderung von Kompetenzen von Bonn nach Brüssel sind die Gegenleistungen an Mitwirkungsrechten weniger wert, welche die Länder vom Bund für die Abtretung einiger Gesetzgebungsrechte erhielten. Die Chance einer Reföderalisierung des Systems angesichts der europäischen Zentralisierung ist daher die Dezentralisierung in allen Bereichen, die nicht mehr nationalstaatlich geregelt werden müssen (Scharpf, 1989: 154). Wurde in der Zeit der Planungs- und Reformeuphorie der Föderalismus vielfach als fossiles Relikt betrachtet, das man durch möglichst raffinierte Politikverflechtung unschädlich machen mußte, ist mit wachsender Steuerungsskepsis der Föderalismus als »evolutionär höchst fortschrittliche Struktur« entdeckt worden (Mayntz, 1989: 9). Die Gleichzeitigkeit der Entscheidungsmöglichkeiten auf mehreren Ebenen erscheint dem postmodernen Lebensgefühl nahe. Es ist ein faires Verfahren bereitzustellen, das nicht allzu hohe Erwartungen an die Problemlösungskapazität des Staates weckt, die nur enttäuscht werden können. Partizipation und Autonomie für einige Sektoren der Entscheidungen werden gegen den Versuch von »Politik aus einem Guß« getauscht. Von den Funktionen des Föderalismus (Abromeit, 1992: 13) erfüllt der deutsche Bundesstaat die der vermehrten Partizipation, am wenigsten aber die Möglichkeit der Entlastung des zentralen Entscheidungssystems, weil er zu zentralisiert ist, als daß nicht jeder Konflikt sofort auf die zentrale Ebene verlagert würde.

Literatur

H. Abromeit: Korrektive parlamentarischer Mehrheitsherrschaft. ZParl, 1987: 420–435

H. Abromeit: Der verkappte Einheitsstaat. Opladen, Leske & Budrich, 1992

U. von Alemann u. a. (Hrsg.): Die Kraft der Region: Nordrhein-Westfalen in Europa. Bonn, Dietz, 1990

H. Apel: Wie lange soll Bonn die Zeche zahlen? Die Länder schröpfen den Bund und machen ihn international handlungsunfähig. Die Zeit Nr. 29, 1977: 3

A. Benz: Zur Dynamik der föderativen Staatsorganisation. PVS, 1984: 53–73

A. Benz: Föderalismus als dynamisches System. Opladen, Westdeutscher Verlag, 1985

Beratungen und Empfehlungen zur Verfassungsreform. Teil II: Bund und Länder. Schlußbericht der Enquete-Kommission Verfassungsreform des Deutschen Bundestages. Zur Sache 2, 1977

K. von Beyme: Regionalpolitik in der DDR. In: G. J. Glaeßner (Hrsg.): Die DDR in der Ära Honecker. Opladen, Westdeutscher Verlag, 1988: 434–449

H.-J. Blanke: Föderalismus und Integrationsgewalt. Berlin, Duncker & Humblot, 1991

K. Blaschke: Alte Länder – neue Länder. Zur territorialen Neugliederung der DDR. APuZG B 27, 1990: 39–54

H. Boldt (Hrsg.): Wiedervereinigung und föderative Ordnung. In: R. Wildenmann (Hrsg.): Nation und Demokratie. Baden-Baden, Nomos, 1991: 35–50

S. Bulmer: Efficiency, Democracy and West German Federalism. Manchester, EPRU Working Paper, 1990

Bundesrat (Hrsg.): Vierzig Jahre Bundesrat. Baden-Baden, Nomos 1989

Der Bundesrat als Verfassungsorgan und politische Kraft. Bad Honnef/Darmstadt, Neue Darmstädter Verlagsanstalt, 1974

E. Deuerlein: Föderalismus. Bonn, Bundeszentrale für politische Bildung, 1972

Deutscher Bundestag: Die Länder in der DDR. Bonn, Wissenschaftliche Dienste des Deutschen Bundestags, 1990

H. Doppler: Finanzpolitik und Föderativprinzig. Düsseldorf, Werner-Verlag, 1975

Th. Ellwein: Der Entscheidungsprozeß im Bundesrat. In: Ders.: Politische Wissenschaft. Opladen, Westdeutscher Verlag, 1987: 277–294

W. Ernst: Gedanken zur Neugliederung des Bundesgebietes. Gegenwartskunde, 1991, H. 1: 5–15

F. Esche/J. Hartmann (Hrsg.): Handbuch der deutschen Bundesländer. Frankfurt, Campus, 1990

G. Fabritius: Der Bundesrat: Transmissionsriemen für die Unitarisierung der Bundesrepublik? Geschichte der Koalitionsbildung in den Bundesländern. ZParl, 1976: 448–460

J. FRIEDRICH u.a. (Hrsg.): Süd-Nord-Gefälle in der Bundesrepublik? Opladen, Westdeutscher Verlag, 1986

M. FRIEDRICH: Landesparlamente in der Bundesrepublik. Opladen, Westdeutscher Verlag, 1975

F. K. FROMME: Gesetzgebung im Widerstreit. Wer beherrscht den Bundesstaat? Die Kontroverse 1969–1976. Stuttgart, Bonn aktuell, 1976

D. GARLICHS: Grenzen staatlicher Infrastrukturpolitik. Bund-Länder-Kooperation in der Fernstraßenplanung. Königstein, Hain, 1980

R. GRAWERT: Verwaltungsabkommen zwischen Bund und Ländern in der Bundesrepublik Deutschland. Berlin, Duncker & Humblot, 1967

M. GREIFFENHAGEN u.a. (Hrsg.): Die neuen Bundesländer. Stuttgart, Kohlhammer, 1994

A. B. GUNLICKS (Hrsg.): Föderalismus in der Bewährungsprobe. Die Bundesrepublik Deutschland in den 90er Jahren. Bochum, Brockmeyer, 1994[2]

J. HARTMANN (Hrsg.): Handbuch der deutschen Bundesländer. Bonn, Bundeszentrale für politische Bildung, 1994

J. J. HESSE/W. RENZSCH: Zehn Thesen zur Entwicklung und Lage des deutschen Föderalismus. Staatswissenschaften und Staatspraxis, 1990, Nr. 4: 562–578

J. J. HESSE/W. RENZSCH (Hrsg.): Föderalstaatliche Entwicklung in Europa. Baden-Baden, Nomos, 1991

K. HESSE: Der unitarische Bundesstaat. Karlsruhe, C. F. Müller, 1962

R. HICKEL: Föderalismus zum Nulltarif? Blätter für dt. u. int. Politik, 1991: 425–438

R. HRBEK: Bundesrat und Neugliederung. Parteipolitsche Machtverschiebungen durch Neugliederungsmodelle. ZParl, 1972: 150–161

R. HRBEK/U. THAYSEN (Hrsg.): Die deutschen Länder und die Europäischen Gemeinschaften. Baden-Baden, Nomos, 1986

C. JEFFERY/R. SAVIGEAR (Hrsg.): German Federalism Today. Leicester UP, 1991

G. KISKER: Kooperation im Bundesstaat. Tübingen, Mohr, 1971

H. KLATT: Reform und Perspektiven des Föderalismus in der BRD. APuZG 29, 1986: 3–21

H. KLATT: Reform und Perspektiven des Föderalismus in der Bundesrepublik Deutschland. Stärkung der Länder als Modernisierungskonzept. APuZG B 28, 1986: 3–21

H. KOCK: Stabilitätspolitik im föderalistischen System der BRD. Köln, Bund, 1975

P. J. KOCK: Bayerns Weg in die Bundesrepublik. Stuttgart, DVA, 1983

R. KUNZE: Kooperativer Föderalismus in der Bundesrepublik. Stuttgart, Fischer, 1968

H. LAUFER: Der Bundesrat als Instrument der Opposition? ZParl, 1970: 318–341

H. LAUFER: Das föderative System der Bundesrepublik Deutschland. München, Bayerische Landeszentrale für politische Bildungsarbeit, 1991[6]

H. LAUFER: Die Neugestaltung der bundesstaatlichen Ordnung. In: E. Jesse/

A. Mitter (Hrsg.): Die Gestaltung der deutschen Einheit. Bonn, Bouvier, 1992: 215–245
G. Lehmbruch: Parteienwettbewerb im Bundesstaat. Stuttgart, Kohlhammer, 1976
G. Lehmbruch: Verfassungspolitische Alternativen der Politikverflechtung, ZParl, 1977: 461–474
U. A. Leonardy: Entscheidungszwänge zur Neugliederung des Bundesgebietes. ZParl, 1973: 175–182
R. Lhotta: Der »verkorkste Bundesstaat«. Anmerkungen zur bundesstaatlichen Reformdiskussion. ZParl, 1993: 117–132
R. Mayntz: Föderalismus und die Gesellschaft der Gegenwart. Köln, Max-Planck-Institut für Gesellschaftsforschung. Discussion Paper 3/1989
Mecklenburg-Vorpommern, Brandenburg, Sachsen-Anhalt, Thüringen, Sachsen. Informationen zur politischen Bildung, Nr. 230, 1991
K. Neunreither: Der Bundesrat zwischen Politik und Verwaltung. Heidelberg, Quelle & Meyer, 1959
R. Peffekoven: Die Bundesländer entziehen sich ihrer Pflicht. FAZ, 20.7.1990: 13
R. Peffekoven: Finanzausgleich im vereinten Deutschland. Wirtschaftsdienst, 1990/VIII: 346–352
A. Pfitzer: Der Bundesrat. Mitwirkung der Länder im Bund. Heidelberg, v. Decker & Müller, 1991[3]
E. L. Pinney: Federalism, Bureaucracy, and Party Politics in Western Germany. The Role of the Bundesrat. Chapel Hill, University of North Carolina Press, 1963
W. Renzsch: Föderale Finanzbeziehungen im Parteienstaat. ZParl, 1989: 331–345
W. Renzsch: Finanzverfassung und Finanzausgleich. Bonn, Dietz, 1991
W. Renzsch: Föderative Problembewältigung: Zur Einbeziehung der neuen Länder in den gesamtdeutschen Finanzausgleich ab 1995: ZParl, 1994: 116–138
K. Reuter: Föderalismus. Grundlagen und Wirkungen in der Bundesrepublik Deutschland. Heidelberg, v. Decker, 1983
W. Rutz u. a.: Die fünf neuen Bundesländer. Darmstadt, Wiss. Buchgesellschaft, 1993
Sachverständigenrat zur Begutachtung der gesamwirtschaftlichen Entwicklung: Auf dem Weg zur wirtschaftlichen Einheit Deutschlands. Stuttgart, Metzler/Poeschel, 1991 (SVR)
F. W. Scharpf u. a.: Politikverflechtung. Theorie und Empirie des kooperativen Föderalismus in der Bundesrepublik. Kronberg, Scriptor, Bd. 1, 1976, Bd. 2, 1977
F. W. Scharpf: Die Politikverflechtungs-Falle: Europäische Integration und deutscher Föderalismus im Vergleich. PVS, 1985: 323–356
F. W. Scharpf: Der Bundesrat und die Kooperation auf der »dritten Ebene«. In: Bundesrat (Hrsg.): Vierzig Jahre Bundesrat. Baden-Baden, Nomos, 1989: 121–162

F. W. SCHARPF: Föderalismus an der Wegscheide: eine Replik. Staatswissenschaften und Staatspraxis, 1990a, Nr. 4: 579–587
F. W. SCHARPF: Regionalisierung des europäischen Raums. Die Zukunft der Bundesländer im Spannungsfeld zwischen EG, Bund und Kommunen. In: U. von Alemann u. a. (Hrsg.): Die Kraft der Region. Nordrhein-Westfalen in Europa. Bonn, Dietz, 1990[6]: 32–46
F. W. SCHARPF/A. BENZ: Kooperation als Alternative zur Neugliederung? Baden-Baden, Nomos, 1991
F. SCHARPF: Optionen des Föderalismus in Deutschland und Europa. Frankfurt, Campus, 1994
W. SCHÄUBLE: Der Vertrag. Stuttgart, DVA, 1991
M. G. SCHMIDT: CDU und SPD an der Regierung. Ein Vergleich ihrer Politik in den Ländern. Frankfurt, Campus, 1980
M. G. SCHMIDT: Politikverflechtung zwischen Bund, Ländern und Gemeinden. Hagen, Fernuniversität, 1991
M. G. SCHMIDT: Politikverflechtung zwischen Bund, Ländern und Gemeinden. Hagen, Fernuniversität, 1994
R. SCHMIDT (Hrsg.): Aktuelle Fragen der regionalen Strukturpolitik. Heidelberg, v. Decker, 1989
R. O. SCHULTZE: Föderalismus als Alternative? ZParl, 1990: 475–490
R.-O. SCHULTZE: Statt Subsidiarität und Entscheidungsautonomie – Politikverflechtung und kein Ende: Der deutsche Föderalismus nach der Vereinigung. Staatswissenschaften und Staatspraxis. 1993: 225–255
R. STURM: Die Zukunft des deutschen Föderalismus. In: U. Liebert/W. Merkel: Politik der deutschen Einigung. Opladen, Leske & Budrich, 1991: 161–182
R. STURM: Industriepolitik der Bundesländer und die europäische Integration. Unternehmen und Verwaltungen im erweiterten Binnenmarkt. Baden-Baden, Nomos, 1991
B. TIEMANN: Gemeinschaftsaufgaben von Bund und Ländern in verfassungsrechtlicher Sicht. Berlin, Duncker & Humblot, 1970
B. VOGEL/G. G. OETTINGER (Hrsg.): Föderalismus in der Bewährung. Köln, Deutscher Gemeindeverlag/Kohlhammer, 1992
Vorschläge zur Neugliederung des Bundesgebietes gemäß Art. 29 des Grundgesetzes. Bericht der Sachverständigenkommission für die Neugliederung des Bundesgebietes. Köln, Heymanns, 1973
E. WEGNER (Hrsg.): Finanzausgleich. Probleme der Einheit. Marburg, Metropolis, 1992
H. WEIS: Regierungswechsel in den Bundesländern. Berlin, Duncker & Humblot, 1980
Die Wirtschaftslage in der Bundesrepublik Deutschland um die Jahreswende 1990/91. Monatsberichte der Deutschen Bundesbank, Febr. 1991: 5–46
W. ZEH: Spätföderalismus: Vereinigungs- oder Differenzierungsföderalismus? ZParl, 1977: 475–490
G. ZILLER: Der Bundesrat. Düsseldorf, Droste, 1989[8]

10. Das Bundesverfassungsgericht

(a) Entstehung, Organisation und Richterwahl

Zwei Sorgen haben die Verfassungsväter dazu bewogen, im Bundesverfassungsgericht eine Einrichtung zu schaffen, die in dieser herausgehobenen Stellung keine Tradition in der deutschen Rechtsgeschichte hat. Einmal war es die Sorge um den *Rechtsstaat*. Die Kapitulation des Rechtspositivismus vor dem nationalsozialistischen Unrecht, weil Recht in der Weimarer Republik von der herrschenden Lehre allzu *formal* auf die Prozedur staatlicher Willensbildung und die Einzelheiten des Gesetzgebungsverfahrens beschränkt gesehen wurde, führte nach 1945 zur Suche nach einer Einrichtung, die kontrolliert, ob die Gesetze auch *materiell* mit den Grundsätzen des Rechtsstaates in Einklang sind. Zum anderen war der Wunsch, erstmals einen echten *Bundesstaat* zu schaffen, in dem keine Hegemonialmacht die Konflikte letztlich schlichtet, sondern ein Organ der Rechtspflege die Streitigkeiten zwischen Bundesstaat und Ländern beilegt, Geburtshelfer bei der Entstehung des Bundesverfassungsgerichts.
Im Kaiserreich war die Schlichtungsfunktion noch einem politischen Organ, dem Bundesrat, übertragen worden. Die Weimarer Reichsverfassung schuf 1919 einen Staatsgerichtshof für das Deutsche Reich. Seine Stellung im System war jedoch mit der des Bundesverfassungsgerichtes nicht zu vergleichen. Er war zuständig für Streitigkeiten zwischen Reich und einem Land oder den einzelnen Ländern und bei Verfassungsstreitigkeiten innerhalb eines Landes. Außerdem oblagen ihm Relikte der konstitutionellen Zeit wie Anklagen gegen Reichspräsident, Reichskanzler und Minister, Maßnahmen, die durch die politischen Sanktionen des parlamentarischen Systems ihre alte Bedeutung längst eingebüßt hatten. Dem Staatsgerichtshof fehlten hingegen wesentliche Zuständigkeiten eines Bundesverfassungsgerichts wie die Entscheidung bei Streitigkeiten zwischen Reichsverfassungsorganen und die allgemeine Kontrolle von Normen im Hinblick auf ihre Ver-

Tabelle 10.1: Zuständigkeiten des Bundesverfassungsgerichts

	Art des Verfahrens	Antragsberechtigte
Es kontrolliert den Gesetzgeber	konkrete Normenkontrolle	jedes Gericht
	abstrakte Normenkontrolle	BReg., Landesreg., ½ der Mitglieder des BTags
	Verfassungsbeschwerde	jedermann
	kommunale Verfassungsbeschwerde (soweit nicht Landesverfassungsgerichte)	Gemeinden und Gemeindeverbände
Es kontrolliert Behörden und Gerichte	Verfassungsbeschwerde	jedermann
Es entscheidet Verfassungsstreitigkeiten zwischen staatlichen Organen	Organstreitigkeiten	BTag, BRat, BReg., BPräs., BTagsfraktionen, einzelne Abgeordnete
	Bund-Länder-Streit	BReg., Landesreg.
	Verfassungsstreitigkeiten innerhalb eines Landes	Landesorgane
Es entscheidet ferner über	Beschwerden im Wahlprüfungsverfahren des BTags	u. a. der betroffene Abgeordnete (vgl. § 48 BVerfGG)
	Parteiverbote	BTag, BRat, BReg. (u. U. Landtag)
	Verwirkung von Grundrechten	BTag, BReg., Landesreg.
	Anklagen gegen den Bundespräsidenten und gegen Richter	BTag, BRat BTag (Landtag)

Quelle: Heyde/Gielen, 1973: 22

fassungsmäßigkeit. Artikel 13 der Weimarer Verfassung sah zwar eine abstrakte Normenkontrolle über die Vereinbarkeit von Landesrecht mit dem Reichsrecht vor, übertrug diese aber nicht dem Staatsgerichtshof, sondern dem Reichsgericht. Außerdem fehlte ihm die Möglichkeit der Nachprüfung von Grundrechtsverletzungen aufgrund von Beschwerden der Bürger, welche die wichtigste Errungenschaft der

Verfassungsgerichtsbarkeit für den einzelnen Staatsbürger darstellt. Entgegen umstrittenen Doktrinen der Weimarer Zeit war für die Bundesrepublik von Anfang an klar, daß das Bundesverfassungsgericht und kein anderes Organ *»Hüter der Verfassung«* sein sollte.

Erfahrungen der Geschichte trugen zur Einrichtung der Verfassungsgerichtsbarkeit bei. Die überwiegend römisch-rechtliche Tradition des Kontinents war generell der richterlichen Überprüfung von Parlaments- und Regierungsakten abhold. Die herrschende Lehre in Deutschland im besonderen leugnete eine richterliche Autorität, Gesetze zu annullieren. Der Rechtsstaat in Deutschland war weitgehend als Begriff konzipiert, der neutral gegenüber politischen Zielen gedacht war. Er setzte keine anderen Prinzipien voraus – wie die parlamentarische Regierungsweise in Großbritannien oder das *judicial review* in den USA.

Nach 1945 sollte ein grundlegender Neuanfang gemacht werden. Die Kompetenzen des Bundesverfassungsgerichts gehen über alle vergleichbaren Systeme der Verfassungsgerichtsbarkeit hinaus. Der Supreme Court der USA – der vielfach als Vorbild des Bundesverfassungsgerichts dargestellt wird – ist im Gegensatz zu der deutschen Einrichtung in erster Linie Appellationsinstanz gegenüber den nachgeordneten Bundesgerichten. Die Verfassungsgerichtsbarkeit in den USA ist weit dezentralisierter, weil *alle* Gerichte über Verfassungsfragen entscheiden, auf welcher Ebene sie sich auch stellen. Angesichts dieses deutschen Monopols ist die Gefahr des Gegensatzes zu anderen politischen Gewalten in der Bundesrepublik größer als in den USA, zumal dort nur konkrete Normenkontrolle möglich ist und kein Organstreit im deutschen Sinne existiert.

Ausländische Kommentatoren nannten das Bundesverfassungsgericht angesichts seiner Kompetenzfülle die »originellste und interessanteste Institution im westdeutschen Verfassungssystem« (Alfred Grosser). Aber nicht nur progressive Absichten wurden mit dieser Einrichtung verbunden: Die mangelnde demokratische Tradition und die Gewohnheit, den Rechtsstaat stärker als die politische Partizipation zu betonen, verbanden sich mit dem Vollständigkeitsdrang nach stabilisierenden Elementen, den das Trauma von Weimar bei den Politikern der Nachkriegszeit hinterlassen hatte.

Das Bundesverfassungsgericht ist gegenüber den in Art. 95 GG erwähnten fünf obersten Gerichtshöfen des Bundes besonders herausgehoben. Es steht selbständig und unabhängig neben anderen Verfassungsorganen (§ 1 des Gesetzes über das Bundesverfassungsgericht). Zunächst wurden aus dieser Deklaration nicht die notwendigen organisatorischen Konsequenzen gezogen. Erst seit 1953 kann das Gericht seine Verwaltungsgeschäfte selbständig wahrnehmen und besitzt einen eigenständigen Haushaltsplan, der nicht mehr in dem des Justizministeriums eingeschlossen ist. Trotz dieser Änderungen wurde das Bundesverfassungsgericht als ein »hinkendes Verfassungsorgan« bezeichnet (Starck, 1976: 31), weil Organisation und Verfahren nicht von der Verfassung selbst geregelt sind, sondern durch Einschaltung des Gesetzgebers zustande kommen. An Kompetenzfülle und politischer Bedeutung hat sich das Gericht jedoch inzwischen durchaus als eigenständiges Verfassungsorgan profiliert.

Das Bundesverfassungsgericht ist als Zwillingsgericht in zwei Senaten organisiert. Jeder der beiden Senate hat einen ausschließlichen Zuständigkeitsbereich: der erste Senat in Normenkontroll- und Verfassungsbeschwerdeverfahren, vor allem Art. 1-17 GG betreffend. Für Normenkontrollen und Verfassungsbeschwerden aus den Bereichen öffentlicher Dienst, Wehr- und Ersatzdienst, Straf- und Bußgeldverfahren, Strafvollzug wie Organstreitigkeiten, Parteiverbote und Wahlbeschwerden ist der zweite Senat zuständig. Den ersten Senat hat man daher als *»Grundrechtssenat«*, den zweiten als den *»Staatsrechtssenat«* bezeichnet. Bei Unklarheiten, welcher Senat zuständig ist, entscheidet ein Sechserausschuß (Präsident, Vizepräsident und je zwei Richter aus beiden Senaten). Die Richter können zwischen den Senaten nicht ausgetauscht werden, sie werden jeweils unmittelbar für einen bestimmten Senat gewählt. Ursprünglich waren es zwölf Richter je Senat, 1956 wurde die Zahl auf zehn und 1963 auf acht reduziert. Diese Unaustauschbarkeit der Richter in Verbindung mit ihrer Unabsetzbarkeit kann politische Probleme durch die Bedingung für die *Beschlußfähigkeit* eines Senats ergeben (mindestens sechs Richter müssen anwesend sein). Um die Beschlußfähigkeit nicht zum Ziel politischer Ambitionen der Prozeßparteien zu machen, wurde in § 18 B VerfGG gesichert, daß die frühere Mitwirkung von Richtern im Gesetzgebungsverfahren, die Äußerung von wissenschaftlichen Meinungen zu einem Thema oder die Parteizugehörigkeit nicht als Ausschlußgrund angesehen werden.

Noch stärkere politische Implikationen hat die *Richterwahl*. Im Vergleich zu anderen Bestellungsmodi höchster Richter durch Kooptation aus den Reihen der Richter, durch die Exekutive oder durch die Exekutive mit dem Veto eines Legislativorgans (z. B. des Senats in den USA) scheint die Wahl durch das Parlament demokratisch legitimiert. In der Bundesrepublik war dabei Rücksicht auf das föderative Element zu nehmen. Neben dem zwölfköpfigen Wahlmännerausschuß des Bundestages wählt der Bundesrat jeweils die Hälfte der Verfassungsrichter direkt mit Zweidrittelmehrheit. Die Politisierungsgefahr ist gegeben, weil de facto die Fraktionen die Kandidaten aushandeln, und dies meist unter heftigen, zum Teil in der Öffentlichkeit ausgetragenen Kontroversen. Seit die Konflikte zwischen Bundestag und Bundesrat infolge der Polarisierung zwischen den beiden größten Parteien zunehmen (vgl. Kap. 9c), wird die unterschiedliche demokratische Legitimation der beiden Wahlorgane für Bundesverfassungsrichter als zunehmend problematisch empfunden (Billing, 1969: 291 ff.) und ein einheitliches Wahlverfahren für alle Verfassungsrichter auch von Juristen gelegentlich als wünschenswert angesehen (Kröger in: Starck, 1976, Bd. 1: 79).

Die Gefahr der Entstehung zweier unterschiedlich stark legitimierter Richtergruppen wird dadurch gemildert, daß die Zweidrittelregelung zur Einigung der Parteien zwingt und auch der jeweiligen Opposition einen starken Einfluß einräumt. Die fixierten Voraussetzungen für dieses Richteramt verhindern zudem, daß unbefähigte Politiker in das Amt gelangen. Die einmalige Wahl auf zwölf Jahre soll die Richter gegen politische Pressionen widerstandsfähig machen. Parteipolitische Bindungen der Richter wurden sorgfältig abgewogen. Das leichte Übergewicht der Richter, die der CDU nahestehen, kam vor allem durch die größere Zahl derer zustande, die durch Tod oder Rücktritt ausschieden. Diese wurden gemeinhin auf das Unions-Ticket verbucht. Nicht immer war ein striktes Gleichgewicht in den Senaten möglich. In den ersten Jahren des Gerichts wurde häufig vom »roten« und vom »schwarzen« Senat gesprochen. Mit dem Rücktritt von Kurt Zweigert im Februar 1952 entstand in den Augen eines Teils der Öffentlichkeit im damals von der SPD anhängig gemachten Rechtsstreit um die Europäische Verteidigungsgemeinschaft (EVG) und die deutsche Wiederbewaffnung die Gefahr, daß sich in dem zuständigen Senat eine Mehrheit der Richter bilde, die gegen dieses Kernstück Adenauerscher Außenpolitik eingestellt waren. Die CDU beharrte daher energisch darauf, den Nachfolger zu benennen. Die Verzögerungstaktik der SPD in der Nachfolgefrage hat die Richterwahl erstmals ins Zwielicht gebracht. Versuche der Unionsparteien, mit der Vergrößerung ihrer Mehrheit ab 1953 den Modus der Richterwahl zu ändern, schürten das Mißtrauen, daß es auch in Deutschland zu einer Art *»court packing«* kommen könnte, wie Präsident Roosevelt es in dem New Deal gegen die konservative Mehrheit des Supreme Court eingesetzt hatte. Die Krise bei den Richterwahlen von 1963 verstärkte den Politisierungsverdacht zusätzlich. Von den Ausscheidenden stellten sich mehr Kandidaten der SPD als der Unionsparteien zur Wiederwahl zweier SPD-orientierter Richter (Draht und Lehmann). Die Neuregelung vom Dezember 1970, welche für die künftig zu bestellenden Richter keine Wiederwahl mehr zuließ, hat einen Teil der Gravamina beseitigt, die in den fünfziger und sechziger Jahren die Wahlen der Bundesverfassungsrichter politisierten.

Als die SPD die Regierungsverantwortung übernahm, tauchte ziemlich bald der Verdacht auf, auch sie habe ähnliche Pläne der personalpolitischen Beeinflussung der Zusammensetzung des Bundesverfassungsgerichts, wie sie einst die Unionsparteien durchzusetzen versuchten. Durch die Zerschlagung der Hoffnungen auf eine Bundesratsmehrheit für die SPD-FDP-Koalition (erstmals durch die Landtagswahl im Mai 1971 in Schleswig-Holstein) ist das Problem nicht aktuell geworden. Der Kampf um die Präsidentschaft des Verfassungsgerichts, welche die SPD nun als stärkste Regierungspartei gerne mit einem Mann ihres Vertrauens besetzt hätte, schuf neue Konflikte.

1971 mit der Ergänzungswahl von Benda und Hirsch verstärkte sich der Politisierungsverdacht aufgrund von Mitgliedern, die dem Zwölferausschuß angehört hatten. Früher galt die Regel, daß der Bundesrat überwiegend hohe Beamte wählte, während der Bundestag Richter der höheren Gerichte bevorzugte. Beide Institutionen entwikkelten jedoch eine Tendenz, die Richter aus ihren eigenen früheren Mitgliedern zu wählen. Die meisten Richter haben eine Karriere in Justiz oder Verwaltung hinter sich. Die Zahl der Richter, die Erfahrungen in Wirtschaft oder Politik haben, hat abgenommen. Kritiker haben von einer »Bürokratisierung des Gerichts« gesprochen und befürchten vom Wandel der Karrieremuster sogar Rückwirkungen auf die Rechtsprechung (Bryde, 1982: 148ff.). Zwischen den beiden großen Parteien läßt sich jedoch eine gewisse Differenz feststellen. Die Richter, die von der SPD nominiert wurden, sind doppelt so häufig politisch tätig gewesen wie die Richter, welche die Unionsparteien benannten (Landfried, 1984: 39).

Die komplizierten Proporzgesichtspunkte bei der Richterwahl setzen dem vordergründig parteipolitischen Einfluß Grenzen. Man bemühte sich auch bei den politischen Anschauungen der Richter um eine gewisse Balance der zentralistischen und der föderalistischen Einstellungen. Schließlich herrschte über die besondere Sorgfalt bei der Auswahl durch den Nationalsozialismus nicht belasteter Richter Konsens in allen beteiligten Parteien.

Auch ein Gleichgewicht der Konfessionen wurde angestrebt. Während die CDU-CSU benannten Richter überwiegend Katholiken waren, sind die meisten SPD-Nahesteher Protestanten, was neuerdings zu einer leichten Unterrepräsentierung der Katholiken – wie auch sonst in der politischen Elite (vgl. Kap. 6) – beiträgt.

Der Regionalproporz wurde ebenfalls bedacht. Am Anfang ergab sich ein Übergewicht des Südwestens, was mit dem Sitz des Gerichts in Karlsruhe erklärt worden ist. Die Verschiedenheit der Lebenserfahrungen und die wissenschaftliche Reputation einzelner Bundesverfassungsrichter ist immer wieder positiv hervorgehoben worden.

Auch von ausländischen Forschern ist dem Bundesverfassungsgericht bescheinigt worden, Richter von hervorragender Qualität zu besitzen, die auf der Liberalismus-Konservatismus-Skala nicht als dogmatisch einzuordnen seien, sondern in ihrer Einstellung je nach dem Streitgegenstand wechselten und im ganzen einen pragmatischen Mittelweg bevorzugten (Kommers, 1976: 155).

(b) Die Zuständigkeiten des Bundesverfassungsgerichts

Das Bundesverfassungsgericht wird nicht von sich aus tätig, sondern nur auf Antrag. Die Rolle des Hüters der Verfassung ist »passiv«, nicht »aktiv«. Einer aktiven Tätigkeit steht der Einwand entgegen, daß die Überwachungspflicht von Amts wegen dem Verfassungsgericht ein Übergewicht gegenüber den anderen Gewalten verleihen würde.

Die quantitative Bedeutung der einzelnen Zuständigkeiten ist unterschiedlich. Verfassungsbeschwerden machen den größten Teil der Vorgänge aus, die vor das Bundesverfassungsgericht kommen (bis 1990: 78449). Die konkreten Normenkontrollverfahren nehmen die zweite Stelle ein (2520; vgl. Tab. 10.2).

Die *Verfassungsbeschwerde* ist 1969 durch Grundgesetzänderung in den Art. 93 Abs. 1, Nr. 4a in die Verfassung aufgenommen worden. Sie ist für den einzelnen Bürger der ihn am stärksten betreffende Teil der Aktivitäten des Gerichts. Die Verfassungsbeschwerde kann von jedermann, der sich durch öffentliche Akte in seinen Grundrechten verletzt fühlt, erhoben werden. Er muß jedoch selbst von dem Hoheitsakt betroffen sein. Eine Popularklage ist nicht vorgesehen (im Gegensatz zum Bayerischen Verfassungsgerichtshof).

Der Kreis derer, die zur Beschwerde befugt sind, mußte in vielen Entscheidungen immer wieder abgesteckt werden, um einen effektiven Grundrechtsschutz zu ermöglichen und zu verhindern, daß das Bundesverfassungsgericht zu einer Superrevisionsinstanz wird, weil es mit weithergeholten Behauptungen in verkappten Popularbeschwerden mit Anträgen überflutet wird. Trotz dieser Eingrenzung des Kreises der möglichen Antragsteller ließ sich die Flut der Verfassungsbeschwerden nur dadurch bewältigen, daß ein großer Teil nicht zur Entscheidung kommt, weil sie von einem Ausschuß jeder der beiden

Senate, der aus drei Richtern besteht, als unzulässig abgelehnt werden. Gründe dafür sind nicht nur die Verstreichung von Fristen, sondern auch die Feststellung, daß nicht das Bundesverfassungsgericht, sondern die allgemeine Gerichtsbarkeit für den Fall zuständig ist. Die Auslegung des Rechts unterhalb der Ebene des Grundgesetzes fällt nur dann in die Kompetenz des Bundesverfassungsgerichts, wenn den Richtern anderer Gerichte eine Verletzung verfassungsrechtlicher Normen, die in Nichtbeachtung von Grundrechten liegt, unterlaufen zu sein scheint. Nur ein kleiner Teil der anhängig gewordenen Verfahren führt zu einer Nichtigkeitserklärung von Gesetzen oder zur Aufhebung von Gerichtsentscheidungen oder Verwaltungsakten. Der Anteil der erfolgreichen Verfassungsbeschwerden ist gering (ca. 1-2 %), aber der Anteil an den erfolgreich verlaufenden Verfahren ist (mit mehr als der Hälfte) hoch.

Die antizipatorische Bedeutung für das Verhalten des Gesetzgebers ist noch wichtiger als die bloße Zahl der Entscheidungen des Gerichts, die das Handeln des Gesetzgebers ex post facto korrigieren. Wichtige Beispiele dafür sind die Entscheidung zum Mitbestimmungsgesetz von 1976, die Debatte um die Wehrpflichtnovelle von 1977 und das Problem der Extremisten im öffentlichen Dienst. In allen drei Fällen kam es zu einem »vorauseilenden Gehorsam« des Bundestages. Einziger Vorteil dieser Vorwirkung, die zur Innovationsfeindschaft führen kann, ist die sorgfältige Prüfung aller Gesetzgebungsvorhaben auf ihre Verfassungsmäßigkeit durch Innen- und Justizministerium. Selbst die Richter in Karlsruhe haben auf Befragen zu einem Teil den mangelnden politischen Mut der Politiker kritisch beurteilt (vgl. Landfried, 1984: 50ff.). Die wachsende Zahl der eingehenden Verfassungsbeschwerden (von 1975 auf 1976 schnellte die Zahl von 1540 auf 2407, von 1986-1989 von 2935 auf 3693 empor) zeugte vom wachsenden Vertrauen der Bürger in die Verfassungsgerichtsbarkeit. 1976 sah es vorübergehend so aus, als ob der Preis dafür eine wachsende Kluft zwischen eingegangenen (2407) und erledigten Verfassungsbeschwerden (1575) sei. Die Zahlen für 1990 zeigten jedoch, daß sich das Gericht erfolgreich auf die vermehrten Aufgaben eingestellt hat. 1990 ging die Zahl der Verfassungsbeschwerden um ca. 10 % zurück. Die deutsche Vereinigung hat jedoch im ersten Halbjahr 1991 zu einer wachsenden Flut von Klagen geführt.

Das Verfassungsgericht ist der Klageflut nicht hilflos ausgesetzt. Gelegentlich wird sie durch Grundsatzentscheidungen wie der zum Asylrecht eingedämmt, wie der Rückgang der Verfassungsbeschwerden im ersten Halbjahr 1990 zeigte. Unklare Grundsatzentscheidungen könnten freilich auch neue Klagelawinen auslösen. Es wäre verwunderlich, wenn der Gesichtspunkt der Entscheidungsökonomie bei Grundsatzentscheidungen, die den Kritikern nicht einleuchten, nicht gelegentlich eine subsidiäre Rolle spielte. Ein zweites Mittel der Kanalisierung der Beschwerdefluten wurde 1984 vom Justizministerium eingesetzt. Ab 1986 wurden eine *Mißbrauchsgebühr* und eine *Nichtannahmegebühr* eingeführt. Die mißbräuchliche Bemühung des Gerichts scheint eine wenig verbreitete Erscheinung zu sein. Die Statistik des Bundesverfassungsgerichts hat 1990 nur in 0,45% der eingereichten Verfassungsbeschwerden eine Mißbrauchsgebühr vermerkt. Die Nichtannahmegebühr hingegen betraf 1990 immerhin 18,08% aller Fälle.

Die *konkrete Normenkontrolle* wird eingeleitet durch den Beschluß eines Gerichtes, das einen konkreten Rechtsstreit aussetzt, weil es eine Bestimmung, die für das Verfahren von Wichtigkeit ist, für verfassungswidrig hält (z.B. Numerus-clausus-Urteile 1972, BVerfGE 33, 303ff.; Radikalen-Beschluß 1975, BVerfGE 39, 334ff.), nicht bloß bezweifelt oder nur die Zweifel von dritter Seite aufgreift (BVerfGE 1, 189; 2, 411; 4, 218).

Schutzobjekt sind nicht die Rechtsuchenden und die Organe der Rechtspflege, sondern der Gesetzgeber soll davor geschützt werden, daß Gerichte seine Gesetze mißachten oder nicht anwenden (Bettermann, in: Starck, 1976, Bd. 1: 328). Dabei hat das Bundesverfassungsgericht ein Entscheidungsmonopol für Gesetze. Verordnungen kann hingegen jedes Gericht auf ihre Verfassungsmäßigkeit hin prüfen. In keinem Bereich hat das Bundesverfassungsgericht den Grundsatz der richterlichen Selbstbeschränkung so strikt angewendet und die Zulässigkeit von Vorlagen so streng geprüft. In keinem anderen Bereich der Zuständigkeiten ist aber auch die Diskrepanz zwischen durch Entscheidung erledigten und »auf sonstige Weise« erledigten Verfahren – in diesem Falle meist durch Zurücknahme des Antrags – so groß wie bei der konkreten Normenkontrolle.

Verfahren der *abstrakten Normenkontrolle*, die losgelöst vom konkreten Fall auf Antrag der Bundesregierung, einer Landesregierung oder mindestens eines Drittels des Bundestages beim Bundesverfassungsgericht angestrengt werden können, sind vor allem ein Instrument des Schutzes der Minderheiten und der Opposition. Bayern und Hessen als Hauptbeteiligte haben bisher als Vorreiter der jeweiligen Opposition dieses Mittel benutzt. Seit der Polarisierung im Parteiensystem nach 1969 hat die Opposition der Unionsparteien im Bund sich zunehmend dieses Mittels bedient. Die weitreichendsten Verfahren der abstrakten Normenkontrolle waren das Urteil zum Deutschlandvertrag 1952 (BVerfGE 1, 396), das Saarurteil 1955 (BVerfGE 4, 157), das Urteil zur Parteienfinanzierung 1966 (BVerfGE 20, 56), das Abhörurteil 1970 (BVerfGE 30, 1), das Grundlagenvertragsurteil 1973 (BVerfGE 36, 1), der Bundesrats-Beschluß (BVerfGE 37, 363f.) und das Urteil zum Abtreibungsparagraphen 1975 (BVerfGE 39, 1). Die Kritik an der Aufgabe richterlicher Zurückhaltung in den letzten Jahren bezieht sich nicht selten auf Verfahren der abstrakten Normenkontrolle. Gelegentlich ist sogar die Tendenz zu beobachten, daß das Bundesverfassungsgericht die verschiedenen Prozeßarten vermengt und damit die prozeßrechtlichen Kompetenzgrenzen verwischt werden. Das Diätenurteil (BVerfGE 40, 296f.) etwa ist mit Recht eine »abstrakte Normenkontrolle aus Anlaß einer Verfassungsbeschwerde« genannt worden (Eckertz, 1978: 190).

Die *Bund-Länder-Streitigkeiten* haben relativ geringe Bedeutung. Die wenigen Fälle waren jedoch von großer politischer Tragweite. Der Niedergang der Bedeutung der Länder, die wachsende Verflechtung des Landes- und der Bundesparteienstruktur, die verwaltungsrechtlichen Kontrollen, die es kaum noch zu Fällen von Bundesaufsicht kommen lassen, haben diese Konfliktform seltener auftreten lassen, als man zu Beginn des Systems hätte vermuten können. Von den wenigen Fällen, die sich zuspitzen, sind einige nicht in erster Linie Bund-Länder-Konflikte, sondern Kontroversen zwischen Opposition und Regierung im Gewande des Bund-Länder-Streits (z.B. Volksbefragung zur Atombewaffnung in Hessen, BVerfGE 8, 122f.; Fernsehstreit, BVerfGE 12, 205f.).

Auch die *Organstreitigkeiten* waren verhältnismäßig selten. Einmal gab es Überschneidungen mit der abstrakten Normenkontrolle, die sich im Zweifel als die handlichere Prozeßform erwies. Zum anderen war es Praxis des Gerichts, diese durch Aufschub der Entscheidung der Dringlichkeit zu berauben, um die Quote der zurückgezogenen Anträge zu erhöhen. Im Bereich »Wahlen« können auch die Parteien als Prozeßpartei auftreten (Parteienfinanzierung, Fünfprozentklausel). Eines der umstrittensten Beispiele dieses Verfahrenstyps betraf die vorzeitige Auflösung des Bundestages 1983 (vgl. Kap. 7b).

Unter den *sonstigen Zuständigkeiten* des Bundesverfassungsgerichts sind die *Parteiverbotsverfahren* nur in den fünfziger Jahren von Bedeutung geworden (1952 gegen die neofaschistische SRP, 1956 gegen die KPD). Das Bundesverfassungsgericht hat für die Antragstellung im KPD-Prozeß der Regierung ein politisches Ermessen zuerkannt (BVerfGE 5, 85). Aus politischen Zweckmäßigkeitsgründen kann daher auf einen Verbotsantrag verzichtet werden, auch wenn die Regierung von der Verfassungswidrigkeit einer Partei überzeugt ist. Aufgrund der Erfahrung, daß die Bundesregierung 1956 durch eine Ver-

Tabelle 10.2: Übersicht über die Verfahren des Bundesverfassungsgerichts (Stand 31. 12. 1994)

	Verfahrensart	anhängig geworden	entschieden	auf sonstige Weise erledigt
A	Verwirkung von Grundrechten (Art. 18 GG)	4	2	–
B	Verfassungswidrigkeiten von Parteien (Art. 21 Abs. 2 GG)	5	2	–
C	Wahl- und Mandatsprüfung (Art. 41 Abs. 2 GG)	89	73	16
D	Präsidentenanklage (Art. 61 GG)	–	–	–
E	Organstreit (Art. 93 Abs. 1 Nr. 1 GG)	107	51	46
F	Abstrakte Normenkontrolle (Art. 93 Abs. 1 Nr. 2 GG)	124	68	41
G	Bund-Länder-Streit (Art 93 Abs. 1 Nr. 3 und Art. 84 Abs. 4 Satz 2 GG)	26	14	10
H	Andere öffentlich-rechtliche Streitigkeiten (Art. 93 Abs. 1 Nr. 4 GG)	69	31	28
I	Richteranklage (Art. 98 Abs. 2 und 5 GG)	–	–	–
K	Verfassungsstreitigkeiten innerhalb eines Landes (Art. 99 GG)	14	10	2
L	Konkrete Normenkontrolle (Senate) (Kammer seit 1993) (Art. 100 Abs. 1 GG)	2901	931 28	1830
M	Nachprüfung von Völkerrecht (Art. 100 Abs. 2 GG)	12	6	6
N	Vorlagen von Landesverfassungsgerichten (Art. 100 Abs. 3 GG)	7	4	3
O	Fortgelten von Recht als Bundesrecht (Art. 126 GG)	151	19	132
P	Sonst. durch Bundesgesetz zugewiesene Fälle (Art. 93 Abs. 3 GG) – ab 1971 –	4	2	1
Q	Einstweilige Anordnung (§ 32 BVerfGG) und – bis 1970 – sonstige Verfahren	747	507	239
R	Verfassungsbeschwerde (Art 93 Abs. 1 Nr. 4a, 4b GG)	97007	3750[1] 77017[2]	13960
U	Plenarentscheidungen (§ 16 Abs. 1 BVerfGG)	1	–	–
	Summe aller Verfahren	101268	82516	16314

1 Senat 2 Ausschuß

Quelle: Statistische Übersicht des Bundesverfassungsgerichts.

besserung des Verhältnisses zu Moskau nach Aufnahme der diplomatischen Beziehungen kein Interesse mehr an dem KPD-Verbot hatte, hält man sich seither mit Verbotsanträgen zurück und gibt der politischen Auseinandersetzung den Vorzug, solange bestimmte radikale Gruppen nicht sehr stark sind. Nach 1976 hat die Inanspruchnahme des Parteienprivilegs durch einige kommunistische Parteien maoistischer Richtung den Verbotsüberlegungen bei einigen Landespolitikern wieder Auftrieb gegeben. 1991 haben bayerische Politiker über ein Verbot der PDS öffentlich nachgedacht. Der Innenminister lehnte solche Überlegungen jedoch glücklicherweise ab.

Unterhalb der Parteienebene reichte bisher die Behinderung durch administrative Auflösung radikaler Gruppen aus. Verfahren wegen *Verwirkung von Grundrechten* wurden bisher nur zweimal gegen Rechtsradikale angestrengt (1952, 1969), ohne daß es zum Urteil kam. Am 2. Juli 1974 (BVerfGE 38, 25) hat das Bundesverfassungsgericht mit der Zurückweisung eines Antrags der Bundesregierung gegen den Chefredakteur der ›Deutschen National-Zeitung‹ mit der Begründung, seine Auffassungen stellten noch keine ernsthafte Gefahr für den Bestand der freiheitlich-demokratischen Grundordnung dar, seine bisherige Verzögerungstaktik in der Ausübung dieses Instruments fortgesetzt.

(c) Richterliche Zurückhaltung oder aktive Rolle der Richter im politischen Prozeß?

Das Bundesverfassungsgericht hat angesichts der schweren Konflikte im politischen System seit 1969 eine wichtige Befriedungsfunktion, indem es die Rechte der Minderheiten und der Opposition auch in Zeiten längerer Herrschaft einer Mehrheit immer wieder zur Geltung bringt und die Offenheit des politischen Prozesses selbst für die nicht zum etablierten Parteienkartell gehörenden Gruppen garantiert. Das Bundesverfassungsgericht greift tief in den Kompetenzbereich von Parlament und Regierung ein, obwohl es kein Ersatzgesetzgeber ist, wie die Kritik manchmal unterstellt. In den USA ist die *Political-Question-Doktrin* entwickelt worden, mit welcher der Supreme Court die Entscheidung in überwiegend politischen Fragen umgehen kann. Vom kontinental-europäischen Rechtsdenken her erscheint die Anwendung der Doktrin manchmal willkürlich, zumal viele Rechtsstreitigkeiten große politische Implikationen haben, auch wenn man definiert, daß politische Streitigkeiten im Gegensatz zu politischen Rechtsstreitigkeiten solche sind, bei denen es um neues Recht, um

»den Streit *um* das Recht und nicht *nach* dem Recht« geht (Das Bundesverfassungsgericht, 1963: 68).

Das Bundesverfassungsgericht war sich der Problematik gleichwohl bewußt. Im Vergleich zur Mannheimer Elitenbefragung von 1972 hat bei Interviews 1983 die Zahl der Richter stark zugenommen, welche sich darüber im klaren waren, daß die Rechtsfortbildung einen gewichtigen Teil ihrer Tätigkeit ausmacht (Landfried, 1984: 23). Das Gericht akzeptierte daher zunehmend einen anderen Grundsatz der amerikanischen Verfassungsgerichtsbarkeit, das *judicial self-restraint*, die richterliche Selbstbeschränkung. Im Urteil zum Grundlagenvertrag von 1973, der nach dem Gefühl vieler an die Grundlagen der nationalen Identität Deutschlands rührte, sah das Bundesverfassungsgericht den Anlaß gegeben, seine Rolle klarzustellen, da es als Komplize der Exekutive bei der Verschleuderung nationaler Positionen in der Außenpolitik kritisiert wurde: »Die Durchsetzung dieser Verfassungsordnung obliegt letztverbindlich dem Bundesverfassungsgericht. Der Grundsatz des judicial self-restraint, den sich das Bundesverfassungsgericht auferlegt, bedeutet nicht eine Verkürzung oder Abschwächung seiner eben dargelegten Kompetenz, sondern nur den Verzicht, ›Politik zu treiben‹, d. h. in den von der Verfassung geschaffenen und begrenzten Raum freier politischer Gestaltung einzugreifen« (BVerfGE 36, 14). Das Gericht lehnte es daher ab, Zweckmäßigkeit und Opportunität von Akten der anderen Verfassungsorgane zu überprüfen. Aus den Grundrechten hat das Bundesverfassungsgericht für die einzelnen keine originären Leistungsansprüche gegenüber dem Staat herausinterpretiert. Die geringe Entwicklung sozialer Grundrechte im Grundgesetz (Kap. 1b) hat diese Zurückhaltung begünstigt. Die Unterstützung von Leistungsansprüchen des einzelnen würde zwangsläufig finanzielle Vorentscheidungen mit sich bringen und letztlich dem Gericht die Prioritätensetzung in der Haushaltsplanung übertragen. Wie im Numerus-clausus-Urteil von 1972 (BVerfGE 33, 303f.) werden daher der Exekutive in der Regel keine neuen finanziellen Belastungen aufgebürdet, sondern es wird lediglich eine dem Gleichheitsgrundsatz entsprechende Verteilung des Vorhandenen auferlegt.

Zurückhaltung erlegt sich das Gericht in der Regel auch bei der Absteckung des *Handlungsspielraums* der Regierung auf. Eine empirische Untersuchung ergab, daß jede vierte Tatsachenfeststellung eine Prognose enthält (Philippi, 1971: 193). Das Gericht bemüht sich um rationale Voraussagen und vermeidet intuitive Verfahren. Dennoch muß dem Gesetzgeber ein großzügiger Prognosespielraum eingeräumt werden. Die Grenze richterlicher Selbstbeschränkung wird je-

Tabelle 10.3: Politikfelder der nichtig oder mit dem Grundgesetz unvereinbar erklärten Gesetze 1951–1991

Sozialpolitik	61
Steuer- und Finanzpolitik	35
Rechtspolitik	29
Regulatorische Maßnahmen innerhalb von Staatsorganen oder zwischen den Staatsorganen	25
Wirtschaftspolitik	12
Verkehrspolitik	9
Bildungspolitik	7
Arbeitsmarktpolitik	6
Gesundheitspolitik	4
Umweltpolitik	1
Militärpolitik	1
Andere	7

Quelle: v. Beyme, 1985: 268; Ergänzung durch Landfried, 1992.

doch zunehmend in Ratschlägen für die Zukunft überschritten. Die Absicht ist dabei gelegentlich durchaus wohlwollend. Das Gericht will erneute Niederlagen des Gesetzgebers in weiteren Verfahren vermeiden. Im Urteil zum Parteiengesetz (BVerfGE 24, 300f) ist das nicht gelungen, als in einer zweiten Runde des Konfliktes der Mindeststimmenanteil der Parteien für die Wahlkampfkostenerstattung von 2,5 % auf 0,5 % herabgesetzt wurde.

Seit der »Tendenzwende«, etwa von 1972/73 bis zum Machtwechsel 1982, zeigten sich Entwicklungen, welche die richterliche Zurückhaltung in vielen Punkten vermissen ließen und dem Verdacht Nahrung gaben, daß die Bundesverfassungsrichter sich mehr und mehr zu einer aktiven Rolle im politischen Prozeß bekannten *(judicial activism)*. Aktiv gestaltend wurde etwa in den Streitfällen Hochschulurteil (BVerfGE 35, 79f.), Grundlagenvertragsurteil (BVerfGE 36, 1), Abtreibungsurteil (BVerfGE 39, 1), Witwer-Urteil (BVerfGE 39, 169) und dem Diätenurteil (BVerfGE 40, 296f.) in den politischen Prozeß eingegriffen. Diese Entwicklung begann mit dem Parteienfinanzierungsurteil und hatte ihren vorläufigen Höhepunkt im Abtreibungsurteil (und im Urteil zur Kriegsdienstverweigerung). Im ersteren entschied das Gericht gegen die Rechtsauffassung der Mehrheit der Politiker und fiel weit hinter das, was andere Hohe Gerichte im Ausland – wie der Supreme Court in den USA, der Österreichische Verfassungsgerichtshof und der französische Conseil Constitutionnel – entschieden hatten, zurück.

Im Urteil vom Mai 1977 über die Etathoheit wurde die Bundesregierung dafür gerügt, daß sie Sonderbewilligungen für den Haushalt erteilt hatte, ohne daß ein »unabweisbares Bedürfnis« im Sinne des Grundgesetzes nachzuweisen war. Ebenso gegen die einstigen Gepflogenheiten der Regierungspraxis der CDU-CSU-Opposition fiel das Wahlprogagandaurteil über die Bundestagswahl von 1976 aus, in dem der SPD-Regierung eine Zurückhaltung auferlegt wurde, welche keine CDU-Regierung je eingehalten hatte. Der Gerechtigkeit halber muß jedoch hinzugefügt werden, daß die damalige Opposition, die SPD, ebenfalls versucht hatte, mit Hilfe des Verfassungsgerichts die Benachteiligung der Opposition in diesem Punkt auszugleichen. Verhängnisvoller als die sachliche Entscheidung an sich war der Eindruck, der in der Öffentlichkeit durch solche Urteile geweckt wurde, die Regierung unterlaufe an vielen Stellen wissentlich das Grundgesetz. Im Urteil gegen das Vorschaltgesetz zur Hochschulreform in Niedersachsen im Mai 1973, in dem jedes Partizipationsmodell für verfassungswidrig erklärt wurde, in dem die Professoren nicht wenigstens 51 % der Stimmen hatten (BVerfGE 35, 79 ff.), kam das Gericht in den Geruch konservativer Parteinahme gegen die wichtigsten Reformen der Ära Brandt. Mit dem Urteil über die Zustimmung des Bundesrates zur Änderung von Zustimmungsgesetzen (BVerfGE 37, 363 ff.) wurde anläßlich des 4. Rentenversicherungsänderungsgesetzes von den Regierungen von Rheinland-Pfalz und Bayern die Stellung der Opposition im Gesetzgebungsprozeß zu stärken versucht.

Am schärfsten wird von der Kritik die mangelnde Zurückhaltung des Bundesverfassungsgerichts in der *Außenpolitik* vermerkt. Das Urteil über das Saar-Statut von 1954, gegen das seinerzeit die SPD klagte, und das Urteil über den Grundlagenvertrag von 1973 wurden häufig verglichen, um den juristischen Aktivismus, der sich entwickelt hat, zu kritisieren. In beiden Fällen ging es um einen ähnlichen Vorwurf, nämlich, daß ein außenpolitischer Vertrag praktisch auf eine Abtretung deutschen Staatsgebietes hinauslaufe. Während das Gericht jedoch 1954 den politischen Organen noch unterstellte, daß sie keine »grundsatzwidrigen Bindungen« hätten eingehen wollen, und der Regierung Adenauer keine Auflagen gemacht wurden, bestätigte es 1973 im Grundlagenvertragsurteil zwar die Gültigkeit des Vertrages, aber verband das Urteil mit vielen Bedenken und dem Versuch, die Regierung juristisch an die Leine zu legen. Das Saar-Urteil ist als nahezu uneingeschränktes politisches Vertrauensbekenntnis zur Regierung Adenauer, das Grundlagenurteil hingegen als kaum verhülltes Mißtrauensvotum gegen die Regierung Brandt gedeutet worden (Schueler, 1978: 10).

Wurde dieses Urteil manchmal noch mit dem Unterschied der Meinungen in der Bundesrepublik gegenüber Fragen der West- und der Ostpolitik gedeutet, der nicht auf die Verfassungsrichter beschränkt ist, so ist auch in der Westpolitik der Trend zur Einmischung in die politische Sphäre stärker geworden, etwa im Europabeschluß (BVerfGE 37, 271) in bezug auf das Verhältnis von nationaler und europäischer Entscheidungsgewalt.

Schlüsselt man die Politikfelder auf, in denen Gesetze vom Bundesverfassungsgericht als mit dem Grundgesetz nicht vereinbar erklärt worden sind (vgl. Tab. 10.3), so zeigt sich, daß in der Außen- und der Wirtschaftspolitik schon eine gewisse richterliche Zurückhaltung geübt wird. Vor allem Sozial-, Steuer- und Finanzpolitik sind unter den Materien, auf die das überlastete Gericht immer wieder Einfluß nimmt.

Die Überlastung des Gerichts ist nicht nur ein quantitatives Problem, das mit Vorschlägen zur Einführung von Gebühren oder der Durchforstung einiger Verfahren allein behoben werden kann. Es geht vor allem auch um die Verbesserung der Information und die wissenschaftliche Zuarbeit für die Richter. Die Gefahr, daß ein wissenschaftlich begründetes Urteil in konfliktreichen Zeiten durch einen eifernden Normativismus ersetzt wird, ist auch in der Bundesrepublik nicht immer vermieden worden. Die Kritik an einigen Urteilen richtete sich weniger gegen den Inhalt, der sich in manchen Fällen durchaus rechtfertigen ließ, sondern gegen den Stil ihrer Begründung, der in den siebziger Jahren endeutig oppositionsfreundlich und eifernder gegenüber der Regierungskoalition gewesen ist. Im Abtreibungsurteil hat das Gericht auch nach Meinung eines Ex-Verfassungsrichters »eingekleidet in den Urteilsstil ein Mustergesetz entworfen« (Konrad Zweigert, in: Starck, 1976, Bd. 1: 75).

Angesichts dieser neueren Entwicklung wurde auch in der Bundesrepublik der Ruf nach einer *»Political-Question-Doktrin«* laut, die es erlaubt, kaum Justiziables stärker auszuklammern. Eine Befragung der Richter ergab, daß nur zwei die *political question* für die Bundesrepublik wünschten, drei sie bereits implizit angewandt sahen und zehn diese Einrichtung mit dem deutschen System für schwer vereinbar hielten (Landfried, 1984: 153).

Die Verfassungsgerichtsbarkeit dient in westlichen Demokratien einerseits der Kontinuität und hat daher auch in anderen Ländern vielfach bremsend in Zeiten beschleunigter Neuerungen gewirkt. Andererseits muß sie – gerade bei der erschwerten Verfassungsänderung in Bundesstaaten – eine der wichtigsten Einrichtungen des Verfassungswandels sein und muß auch ihre Innovationsfunktion wahrnehmen. Eine Zeitlang drohte diese auf den Bereich des Minderheitenschutzes und der Erinnerung an ausrückliche Verfassungsaufträge zusammenzuschrumpfen. Das Bundesverfassungsgericht hat das Parlament mehrfach ermahnt, klare Verfassungsaufträge durch gesetzgeberische Initiativen zu verwirklichen, wie bei der Gleichstellung der unehelichen mit den ehelichen Kindern (BVerfGE 8, 210; 17, 148; 25, 148) oder 1972 bei der Feststellung, daß Grundrechte von Strafgefangenen nur durch Gesetze eingeschränkt werden können und daß keine Relikte obrigkeitsstaatlicher Vorstellungen vom *»besonderen Gewaltverhältnis«* dazu führen, daß die notwendig erscheinenden Gesetze nicht zustande kommen (BVerfGE 33,1). Diese innovative Funktion des Bundesverfassungsgerichts hält freilich die umstrittene Lehre vom Verfassungsauftrag in engem, auf den Wortlaut des Grundgesetzes beschränkten Rahmen. Eine radikale Fortentwicklung des Systems im Sinne der Lehre vom Verfassungsauftrag würde ein Gericht nicht nur überfordern, sondern würde auch gegen andere, die Rechts- und Erwartungssicherheit des Bürgers schützende Funktionen verstoßen.

Mit der Reform vom Dezember 1970 ist die Publikation von abweichenden Meinungen einzelner Richter *(dissenting opinions)* nach amerikanischem Vorbild möglich geworden (§ 30. Abs. 2, BVerfGG). Diese sind ein wichtiger Indikator für sich anbahnende Meinungsumschwünge, am spektakulärsten bei der Entscheidung zur Parteienfinanzierung (1992, vgl. Kap. 4b), bei der nur ein Richter seine Meinung gegenüber 1986 ändern mußte. Zwei hatten bereits früher dissentiert. Die Selbstkorrektur des Gerichtes konnte so auf »Wandel durch Personalwechsel« reduziert werden (Landfried 1992). Nicht selten hat das Verfassungsgericht – vor allem bei den vier Grundsatzurteilen zur deutschen Einigung – Autorität durch Einstimmigkeit gesucht. Im ganzen hat sich das Institut der abweichenden Meinung durchgesetzt. Die Mehrheit der Richter hat abweichende Meinungen verfaßt. Je stärker politisch die Richter dachten, um so häufiger taten sie es – mit Ausnahmen wie Ernst Benda. Die Störung der Routine, die von solchen Voten ausgeht, erzeugt Wettbewerbsdruck, schärft die Argumentation und macht die Entscheidungen transparenter, gelegentlich auch verständlicher (Lamprecht 1992: 82ff., 290ff.).

Die drohenden Folgen der neueren Entwicklung werden zunehmend schärfer in der Publizistik gebrandmarkt. Es besteht vor allem die Gefahr, daß ein Verfassungsorgan, das immer mehr versucht, die anderen festzulegen, das System als Ganzes weniger lernfähig macht, da die gegenseitige Korrektur der verschiedenen Gewalten nicht mehr funktioniert. Da die Bindungswirkung der Urteile des Bundesverfassungsgerichts auch auf die sie tragenden Gründe ausgedehnt wurde und diese angesichts der Ausdehnung der Kompetenzen des Gerichts gelegentlich nur noch entfernt mit dem zur Entscheidung stehenden Gegenstand zu tun hatten (z.B. im Radikalenurteil, BVerfGE 39, 334), werden einmal getroffene Entscheidungen schwer revidierbar. Zwar kann das Gericht selbst früher vertretene Auffassungen und sogar deren Begründung aufgeben, aber eine Umfrage von 1983 zeigte, daß die Richter selbst nur zum kleineren Teil diese Möglichkeit als groß einschätzen (Landfried, 1984: 219). Wenn das Bundesverfassungsgericht frühere Ansichten nicht revidiert, wenn nötig, dann ist die Revision einer Stellungnahme des Gerichts praktisch nur über eine Verfassungsbeschwerde möglich, weil nur der einzelne Bürger nicht – wie andere Gerichte und Verfassungsorgane durch das Bundesverfassungsgerichtsgesetz (§ 31) – an die Entscheidung gebunden ist. Die paradoxe Folge einer solchen Entwicklung wäre, daß die Rechtsentwicklung dem Bundesverfassungsgericht entgleitet (Eckertz, 1978: 187), weil sich neben der verwirrenden Fülle der Entscheidungen und ihrer tragenden Gründe angesichts ihrer schweren Revidierbarkeit eine abweichende Praxis zu etablieren droht.

Diese Entwicklung ist nicht unumkehrbar. Die anderen Verfassungsorgane könnten sie stoppen. Ministerien und Fraktionen funktionalisieren oft nicht ungern Verfassungsgerichtsentscheidungen, und vermeintliche Restriktionen in Karlsruhe sind häufig nur den Urteilen »vorauseilender Gehorsam« (vgl. Landfried, 1984: 194). Es wurde behauptet, daß ein Teil der Politiker die Berufung auf Handlungsgrenzen durch das Bundesverfassungsgericht recht bequem findet und daß dieses langsam die Rolle des Reichspräsidenten der Weimarer Republik als Entschuldigung für mangelnde Aktivität der Parlamentsparteien spiele (Eckertz, 1978: 191). Neuere Elitenforschungen (Kaltefleiter/Wildenmann, 1973: 114f.) haben diesen Verdacht eigentlich nicht erhärtet. Nur 2,1% der Befragten wünschten eine Stärkung der Kompetenz des Bundesverfassungsgerichts. Zwar stimmten 18,3% der Meinung zu, das Bundesverfassungsgericht werde durch politische Kräfte zu sehr beschränkt. Aber in die Antworten auf diese allgemeine Frage dürfte auch Kritik an dem Bestellungsmodus und nicht nur Bedauern über mangelnde Entwicklungsspielräume eingeflossen sein. Sehr viel mehr der befragten Akteure (26,1%) waren hingegen der Meinung, das Bundesverfassungsgericht urteile auch über Fragen, die eigentlich in die Kompetenz des Parlaments fallen.

Nach dem Regierungswechsel von 1982 stellte sich das Zurückhaltungsproblem in anderer Weise. In einer Zeit, da die neuen sozialen Bewegungen (vgl. Kap. 4c) von der Umwelt- bis zur Sicherheitspolitik mit Alles-oder-nichts-Forderungen auf den Plan traten, breitete sich gerade unter den sonst ultrademokratisch gesonnenen Alternativen die Neigung aus, das Mehrheitsprinzip der Demokratie in Frage zu stellen. Trotz der generellen Institutionenkritik ist dabei das Verfassungsgericht eine beliebte »Klagemauer der Nation« geworden, vor der zunehmend Wertkonflikte ausgetragen werden, welche das Gericht überfordern.

In diesem Konflikt um die Werte wird man bei *Routineentscheidungen* sich tunlichst auf die Fußballschiedsrichterkonzeption zurückziehen können. Bei *Innovationsentscheidungen* ist die Luhmannsche Insensibilität für die Folgen von Gerichtsentscheidungen unrealistisch. Die deutschen Verfassungsrichter sind zwischen den beiden Meinungen nicht weniger hin- und hergezogen als ihre amerikanischen Kollegen. Manchmal werden beide Auffassungen in sympathischer Inkonsequenz nebeneinander vertreten. Helmut Simon hat in wissenschaftlichen Veröffentlichungen bekannt: »Im Zweifel Verzicht auf eine ständige Verfeinerung der Verfassungsinterpretation und Offenlassen von Streitfragen zur Selbstregulierung im politischen Prozeß« (Simon, 1983: 1284). In seinen Ende 1983 selbst vom Bundespräsidenten ohne Namensnennung gerügten Äußerungen gegenüber den Medien hingegen vertrat er eine wertgeladene Konzeption, die ohne »Verfeinerung der Verfassungsinterpretation«, vielleicht sogar ohne »Überspitzung einer bestimmten Verfassungsinterpretation« nicht ausgekommen wäre. Jedenfalls war ihm klar, daß die »Selbstregulierung im politischen Prozeß« geradewegs zur fristgerechten Aufstellung von Pershing II führen werde. Der Konflikt ist auf der Grundlage des Wortlauts des Grundgesetzes kaum zu schlichten. Die mangelnde Einheit der Verfassung wirkt sich auch hier aus. Im organisatorischen Teil ist sie gewaltenteilig-funktional angelegt, im Staatszweckteil und in Teilen der Grundrechte auf »wehrhafte Demokratie« hin. Der Zwiespalt der Richter hat seine verfassungsmäßige Grundlage. Die Spannung zwischen Wertorientierung in Grundsatzfragen und prozessualem Formalismus in Routinefragen ist unaufhebbar und letztlich vermutlich sogar fruchtbar. Mit den Worten Weizsäckers in den Heidelberger Thesen zum Frieden: »Nicht jeder muß dasselbe tun, aber jeder muß wissen, was er tut.« Wer eine starke Wertbezogenheit der Entscheidungen favorisiert, sollte wissen, daß dies mit »judicial restraint« nicht vereinbar ist.

(d) Hüter eines gesamtdeutschen Grundkonsenses?

In den achtziger Jahren sah es gelegentlich so aus, als ob die längst unscharfe, aber in der Öffentlichkeit festgesetzte Meinung über einen liberalen Grundrechtssenat und einen etatistischeren »Staatsgerichtshof« wieder an Plausibilität gewönne. Das Urteil über den Zivildienst, das der Regierung bestätigte, daß der Ersatzdienst länger als der Wehrdienst dauern könne, der Ausschluß der Grünen von dem Ausschuß, der die Geheimdienste kontrollierte, oder das Parteienfinanzierungsurteil, das die Großspender schamlos begünstigte (vgl. Kap. 4c), und schließlich das Urteil, in dem das Wahlrecht für Ausländer bei Gemeinde- und Kreiswahlen in Schleswig-Holstein für verfassungswidrig erklärt wurde, sind vielfach als konservative Tendenzwende gedeutet worden.

Der Leitsatz des Urteils vom 31. Oktober 1990, »das Staatsvolk, von dem die Staatsgewalt in der Bundesrepublik Deutschland ausgeht, wird nach dem Grundgesetz von den Deutschen... gebildet« (BVerfGE, 83,37), ist gelegentlich als nationalistisch gedeutet worden. Ein solches Verdikt tut den Richtern des zweiten Senats unrecht. Das nicht sehr wegweisende Ergebnis, das hinter Regelungen in den Niederlanden und einigen skandinavischen Ländern zurückblieb, ist nicht zuletzt als Akt richterlicher Zurückhaltung zu verstehen. Das Gericht mischt sich ungern in die Außenpolitik ein. Daß ein anderes Urteil außenpolitische Konsequenzen gehabt hätte, ist nicht zu leugnen. Man kann in dem Urteil auch ein Moratorium sehen, das der Regierung die Möglichkeit offenhält, in der EU eine einheitliche Lösung zu erreichen, und dem Gesetzgeber die Chance zu einer grundsätzlichen Klärung der Frage auf allen Ebenen des Wahlrechts gibt.

Der »Grundrechtssenat« hat es naturgemäß leichter, Lösungen zu finden, die dem Grundrechtsverständnis der meisten europäischen Staaten entsprechen. Die Grundrechtsprechung ist international bereits homogener als die staatliche Ausgestaltung der westlichen Demokratien. Bei den Entscheidungen zum Demonstrationsrecht oder zur Rundfunkfreiheit hatte der erste Senat weniger Rücksichten auf die Staatsräson zu nehmen und konnte seine Liberalität unter Beweis stellen.

Mit der Wende zu den neunziger Jahren zeigte sich jedoch, daß die Pauschalurteile über die beiden Senate nicht immer haltbar waren. Die deutsche Einigung warf viele Fragen des *»due process«* und der Fairneß auf. Dem Verfassungsgericht wuchsen in beiden Senaten wichtige Funktionen des Wächters über ein faires Verfahren gegenüber den ostdeutschen Bürgern zu. Im Wahlrechtsurteil wurde vom zweiten Senat verhindert, daß die Fünfprozentklausel bei den ersten gesamtdeutschen Wahlen sogleich bundesweit angewandt wurde. DDR-regionale Parteien bekamen somit eine Chance, auch wenn sie nicht durch Listenverbindungen mit einer westdeutschen Gruppe listenfähig geworden sind (vgl. Kap. 3a). Selbst die PDS, die im Kampf um ihr Vermögen (vgl. Kap. 4e) vor dem Gericht einmal unterlag (BVerfGE 84,290 ff.), bekam in ihrem Anspruch auf Fraktionsstatus wenigstens einen Teilerfolg, da ihr die Mitgliedschaft in den Unterausschüssen des Deutschen Bundestages zugesprochen wurde (BVerfGE 84,304 ff.).

In das Bild des liberalen ersten Senats schien es weniger zu passen, daß das Bundesverfassungsgericht die »Warteschleife« im April 1991 für verfassungsmäßig erklärte. Die Angestellten des öffentlichen Dienstes, die mit Wirksamwerden des Einigungsvertrages vom 3. Oktober 1990 suspendiert wurden, da sie Einrichtungen angehörten, die nicht von Bund, Ländern und Gemeinden übernommen und daher »abgewickelt« wurden, wurden für 6 Monate (und Personen über 50 Jahre für 9 Monate) unter Zahlung von 70% ihrer Bezüge gleichsam beurlaubt. 304 der Betroffenen haben in Karlsruhe Verfassungsbeschwerden eingereicht, weil ihnen pauschal und nicht individuell gekündigt worden sei. Sie sahen darin eine Verletzung der Berufsfreiheit, des Eigentumsrechts und der Rechtsweggarantie sowie der Menschenwürde. Die Zahl der Betroffenen schwankte je nach Angaben zwischen drei- und sechshunderttausend. Die Verfassungsbeschwerde wurde in wesentlichen Teilen abgewiesen. Die Menschenwürde sah das Gericht nicht verletzt, da die Bediensteten in der Warteschleife nach Ablauf ihrer Verträge zunächst Arbeitslosengeld und später Arbeitslosenhilfe oder Sozialhilfe erhielten, so daß ihr Existenzminimum gesichert sei. Die staatliche Politik einer effizienten Neuordnung der Verwaltung in den neuen Bundesländern, mit der Konsequenz der Abschaffung aller als überflüssig erachteten Einrichtungen, wurde damit gestützt. Lediglich gegenüber Frauen, die Anspruch auf Mutterschutz hatten, Alleinerziehenden, Behinderten und älteren Angestellten wurden kleine Konzessionen gemacht (BVerfGE 85,167 ff.).

Auch beim Urteil über die Klage von Eigentümern, die sich nicht mit der Respektierung der Enteignung durch die sowjetische Besatzungsmacht abfinden wollten, ist das Gericht 1991 weitgehend der Staatsräson gefolgt, obwohl an seiner allgemeinen Abneigung gegen willkürliche Staatseingriffe kein Zweifel bestand. Die Richter suchten einen Mittelweg zwischen der außenpolitischen Staatsräson, wie sie in einem gemeinsamen Brief Genschers und de Maizières vom 14. September 1990 ausgedrückt worden ist, daß die »Enteignungen auf besatzungsrechtlicher Grundlage« nicht rückgängig zu machen seien, und den Geboten der Gerechtigkeit gegenüber den Enteigneten. Die Enteignungen galten nicht in dem Verantwortungsbereich der »dem Grundgesetz verpflichteten Staatsgewalt«. Als doppelte Sicherung konnte man darauf hinweisen, daß bis 1949 auch das Grundgesetz, auf das die Kläger sich beriefen, noch nicht einmal in Westdeutschland gegolten hat (BVerfGE 84,90 ff.).

Auch in diesem Urteil wurde der Staatsgewalt ein weiterer Gestaltungsraum zugemessen. Richterliche Zurückhaltung wurde vor allem im Hinblick auf die Kostenlawine in beiden Urteilen geübt: Wiedergutmachungsleistungen an die Enteigneten und Personalabbau im öffentlichen Dienst sollten sich an der »finanziellen Leistungsfähigkeit von Bund und Ländern« ausrichten und mußten die sonstigen Staatsaufgaben berücksichtigen. Eine Pflicht zur Herstellung des Status quo ante durch Entschädigung bestand daher nicht. Die Planer in den Ministerien, die sich in ihren Vorarbeiten an der Lastenausgleichsgesetzgebung der Nachkriegszeit in Westdeutschland orientierten, konnten daher ohne grundsätzliche Richtungsänderungen weiterarbeiten.

Zweimal hat das Verfassungsgericht zum Einigungsvertrag entschieden; beide Male hat es sich stark zurückgehalten. Während frühere Entscheidungen für ihr Pathos der moralischen Belehrung kritisiert worden waren, wurde 1991 dem Gericht vorgeworfen, nicht klar das Unrecht beim Namen genannt zu haben, das im Gefolge der Bodenreform Tausenden von Menschen widerfuhr (Fromme, 1991). Beide Male hat das Gericht die »Indemnitätsklausel« des im Einigungsvertrag (II 4.5.) geänderten Artikels 143, nach der DDR-Recht längstens bis zum 31. Dezember 1992 von Bestimmungen des Grundgesetzes abweichen könne, nicht angegriffen. Vielfach ist moniert worden, daß das Gericht keine speziellen Kenntnisse der Verhältnisse in der DDR gehabt habe. Dabei ist seine Lage aber eher leichter als bei anderen Materien, über die es entscheiden mußte, wie z. B. in Fragen der Sicherheitspolitik. Die Forderung, daß möglichst bald ein ostdeutscher Richter nachrücken solle, ist gleichwohl gerechtfertigt. Da auch der Regionalproporz immer eine gewisse Rolle bei der Besetzung der Richterbank gespielt hat (vgl. Kap. 10a), ist kaum zu befürchten, daß dieses Desiderat nicht bei nächster Gelegenheit erfüllt wird.

Die Politik »aus dem Geist des Konsens«, die zur »geschmeidigen Anpassung an die Bedürfnisse der Macht« führt (Preuß, 1987: 5 f.), hat sich im Prozeß der deutschen Einheit erneut bewährt. Die hervorragende Rolle, die das Gericht spielte, beruhte auf dem hohen Grad von Akzeptanz, die es bei den Bürgern wie bei den politischen Eliten genießt. Noch immer baut das Verfassungsgericht seinen Vorsprung des Vertrauens vor anderen staatlichen Institutionen aus (vgl. Tab. 2.1). Auch die Radikalsten des Runden Tisches haben nicht bezweifelt, daß selbst eine unabhängige demokratische DDR ein Verfassungsgericht brauche, das im Verfassungsentwurf des Runden Tisches dem Karlsruher Original wie ein Ei dem anderen glich. Distanz zur Politik bei Gespür für politische Notwendigkeiten ist die Mittellage, welche das Verfassungsgericht jeweils finden muß. »Meta-Recht« ist der Grundkonsens genannt worden, der als »Verfassungspatriotismus« den Charakter einer »vorverfassungsrechtlichen zivilen Religion« angenommen habe (Preuß, 1987: 8). Dieser häufig belehrend wertgeladen definierte Grundkonsens kann in einer postmodernen fragmentierten Gesellschaft nicht mehr naturwüchsig als gegeben angesehen werden. Er wird in mühevoller Interpretationsarbeit an der Verfassung erst definiert. Diese Definition wird von den politischen Akteuren an der Macht nicht in jedem Falle für richtig gehalten. Aber der Dissens verpufft in maßvoller Richterschelte: Die Politiker wissen, was sie der Verfassungsgerichtsbarkeit verdanken, auch wenn diese im Einzelfall gegen sie entscheidet. Sie entlastet den politischen Prozeß. Unpopuläre Entscheidungen können von Bonn nach Karlsruhe transportiert werden und erlangen von dort aus höhere Akzeptanz, als wenn sie im Parlament getroffen würden. Bei der Entscheidung über eine einstweilige Anordnung, ob deutsche Soldaten mit AWACs-Flugzeugen im Auftrag der UNO mitfliegen dürfen, im Jahre 1993, wurde diese Möglichkeit bis zur Farce ausgebaut. Das Gericht wurde zu einem Scheinprozeß mißbraucht, dessen Urteil von der FDP gleichsam wie ein Gutachten behandelt wurde. Die Regierung hat sich in den Augen der Öffentlichkeit um seine Verantwortung gedrückt und das Gericht in leichtfertiger Weise in politische Querelen hineingezogen, welche die Regierungsparteien hätten untereinander austragen müssen.

Eine Reihe von Urteilen haben Mitte der neunziger Jahre das Gericht tief in den politischen Tagesstreit hineingezogen. Dazu gehörte das Urteil zur Meinungsfreiheit mit der Frage, ob Soldaten als »Mörder« bezeichnet werden dürfen, die Liberalisierung der Meinung des Gerichts zur Frage der Nötigung bei Sitzblockaden, das Urteil, das die führenden Männer der DDR-Spionage straffrei ließ, soweit keine DDR-Gesetze verletzt worden sind. Am meisten Wirbel machte das Urteil zur Religionsfreiheit, das die Anordnung der Aufhängung von Kreuzen durch den Staat für nicht in Einklang mit Art. 4 Abs. 1 GG erklärte (August 1995). Im letzten Fall gab das Gericht sich die Blöße, ohne Senatsbeschluß eine Klarstellung nachzuschieben, weil das Urteil mißverständlich formuliert worden war.

Bedenklicher als einzelne Pannen ist der Trend, das Verfassungsgericht durch maßlose Urteilsschelte in den Strudel des abnehmenden Vertrauens in die Institutionen der Republik hineinzuziehen (vgl. Tab. 2.1). Urteilsschelte wurde zur politischen Drohgebärde funktionalisiert. Im Fall des Kruzifix-Urteils galt die Kritik als Warnung für die anstehende Entscheidung zum Asylkompromiß. Politiker, die sich unliebsamen Urteilen nicht beugen wollen, übersehen, daß sie selbst durch Verlagerung von mancher unpopulären Entscheidung nach Karlsruhe dazu beigetragen haben, daß das Gericht im allgemeinen zu mächtig, im besonderen aber meist hoffnungslos überfordert wird.

Literatur

K. von Beyme: Verfassungsgerichtsbarkeit und Policy Analysis. In: Ch. Broda u. a. (Hrsg.): Festschrift für Rudolf Wassermann. Neuwied, Luchterhand, 1985: 259–277

G. Biehler: Sozialliberale Gesetzgebung und Bundesverfassungsgericht. Baden-Baden, Nomos, 1990

W. Billing: Das Problem der Richterwahl zum Bundesverfassungsgericht. Berlin, Duncker & Humblot, 1969

A. von Brünneck: Verfassungsgerichtsbarkeit in den westlichen Demokratien. Ein systematischer Verfassungsvergleich. Baden-Baden, Nomos, 1992

B.-O. Bryde: Verfassungsentwicklung. Baden-Baden, Nomos, 1982

R. T. Cole: The West German Federal Constitutional Court: An Evaluation after Six Years. The Journal of Politics, 1958: 278–307

R. Dolzer: Verfassungskonkretisierung durch das Bundesverfassungsgericht und durch politische Verfassungsorgane. Heidelberg, v. Decker & C. F. Müller, 1982

F. W. Dopatka: Das Bundesverfassungsgericht und seine Umwelt. Berlin, Duncker & Humblot, 1982

I. Ebsen: Das Bundesverfassungsgericht als Element gesellschaftlicher Selbstregulierung. Berlin, Duncker & Humblot, 1985

R. Eckertz: Die Kompetenz des Bundesverfassungsgerichts und die Eigenheit des Politischen. Der Staat, 1978: 183–203

F. K. Fromme: Überfordertes Verfassungsgericht. FAZ, 2. 5. 1991: 1

P. Häberle: Verfassungsgerichtsbarkeit als politische Kraft. In: J. Becker (Hrsg.): Dreißig Jahre Bundesrepublik. München, Vogel, 1979: 53–76

W. Haller: Die Verfassungsgerichtsbarkeit im Gefüge der Staatsfunktionen. DÖV, 1980: 465–472

W. HEYDE/P. GIELEN: Die Hüter der Verfassung. Verfassungsgerichte im Bund und in den Ländern. Karlsruhe, C. F. Müller, 1973

H.-G. JASCHKE: Streitbare Demokratie und innere Sicherheit. Opladen, Westdeutscher Verlag, 1991

N. JOHNSON: The Interdependence of Law and Politics: Judges and the Constitution in Western Germany. West European Politics, 1982: 236–252

W. KALTEFLEITER/R. WILDENMANN (Hrsg.): Westdeutsche Führungsschicht. Kiel/Mannheim, 1973 (hektogr.)

D. KOMMERS: Judicial Politics in West Germany. A Study of the Constitutional Court. London, Sage, 1976

J. LAMEYER: Streitbare Demokratie. Eine verfassungshermeneutische Untersuchung. Berlin, Duncker & Humblot, 1978

R. LAMPRECHT: ›Abweichende Meinungen‹ und ihre Bedeutung für die Rechtskultur. Baden-Baden, Nomos, 1992

R. LAMPRECHT/W. MALANOWSKI: Richter machen Politik. Auftrag und Anspruch des Bundesverfassungsgerichts. Frankfurt, S. Fischer, 1979

CH. LANDFRIED: Bundesverfassungsgericht und Gesetzgeber. Wirkungen der Verfassungsrechtssprechung auf die parlamentarische Willensbildung und die soziale Realität. Baden-Baden, Nomos, 1984

CH. LANDFRIED: Rechtspolitik. In: K. von Beyme/M. G. Schmidt (Hrsg.): Politik in der Bundesrepublik Deutschland. Opladen, Westdeutscher Verlag, 1990: 76–98

CH. LANDFRIED: Parteienfinanzierung. Das Urteil des Bundesverfassungsgerichts vom 9. April 1992. ZParl, 1992: 439–447

CH. LANDFRIED: Judicial Policy-Making in Germany. West European Politics, 1992: 50–67

H. LAUFER: Verfassungsgerichtsbarkeit und politischer Prozeß. Tübingen, Mohr, 1968

H. LIETZMANN: Das Bundesverfassungsgericht. Eine sozialwissenschaftliche Studie. Opladen, Westdeutscher Verlag, 1988

E. MCWHINNEY: Judicial Restraint and the West German Constitutional Court. Harvard Law Review, 1961/62: 5–38

K.-H. MILLIGRAMM: Seperate Opinion und Sondervotum in der Rechtsprechung des Supreme Court of the United States und des Bundesverfassungsgerichts. Berlin, Duncker & Humblot, 1985

K.-J. PHILIPPI: Tatsachenfeststellungen des Bundesverfassungsgerichts. Köln, Heymanns, 1971

U. K. PREUSS: Politik aus dem Geist des Konsenses. Zur Rechtsprechung des Bundesverfassungsgerichts. Merkur, 1987, H. 1: 1–12

H. SÄCKER: Das Bundesverfassungsgericht. München, C. H. Beck, 1975

H. SCHUELER: Die Konterkapitäne von Karlsruhe. Wird Bonn von den Verfassungsrichtern regiert? Die Zeit, Nr. 9, 1978: 9–11 (Zeit-Dossier)

H. SIMON: Verfassungsgerichtsbarkeit. In: E. BENDA u. a. (Hrsg.): Handbuch des Verfassungsrechts. Berlin, De Gruyter, 1983: 1253–1280

CH. STARCK (Hrsg.): Bundesverfassungsgericht und Grundgesetz. Festgabe aus Anlaß des 25jährigen Bestehens des Bundesverfassungsgerichts. 2 Bde. Tübingen, Mohr, 1976

CH. STARCK/A. WEBER (Hrsg.): Verfassungsgerichtsbarkeit in Westeuropa. Baden-Baden, Nomos, 1986, 2 Bde.
M. TOHIDIPUR: Verfassung, Bundesverfassungsgerichtsbarkeit, Politik. Frankfurt, Suhrkamp, 1976
R. WASSERMANN: Der politische Richter. München, Piper, 1972

11. Ausblick: Die Leistungen des Systems und die Aufgabe der Vereinheitlichung der Lebensverhältnisse in Deutschland

Deutschland kennt in seinen politischen Systemen traditionell eine starke Steuerung durch gesetzliche Regelungen des sozialen Lebens. Gerade wegen der politischen und sozialen Heterogenität des Landes wurden die deutschen Staaten in einzelnen Bereichen – wie der Bildungs-, der Militär- und der Sozialpolitik – früher auf den Weg einer allgemeinen staatlichen Regelung verwiesen als andere größere Staaten. Das gilt vor allem für die deutsche Vormacht in der zweiten Hälfte des 19. Jahrhunderts, für Preußen. Selbst scharfe Kritiker Preußens und seiner deutschen Einigungspolitik wie Friedrich Engels lobten einige Innovationen in Preußen: »Zwei gute Einrichtungen hatte Preußen vor andern Großstaaten voraus: die allgemeine Wehrpflicht und den allgemeinen Schulzwang... und damit erhielt sich Preußen die Möglichkeit, die in der Volksmasse schlummernde potentielle Energie eines Tags in einem Grade zu entfalten, der für eine gleiche Volkszahl anderswo unerreichbar blieb« (MEW, Bd. 21: 422). Bildungs- und Sozialpolitik tragen in der Bundesrepublik bis heute an den negativen Folgen dieses Vorteils, ein Vorreiter gewesen zu sein, durch ihre Zersplitterung. In der Bildungspolitik wurden diese Nachteile durch den westdeutschen Föderalismus zusätzlich verstärkt.

Beachtlich war auch die Steuerung im Bereich der gesellschaftlichen Interessengruppen. Durch frühe rechtliche Anerkennung der Gruppen und Verrechtlichung ihrer Austausch- und Konfliktbeziehungen, durch organisatorische Begünstigung von Spitzenverbänden und Privilegierung der Parteien ist die Zentralisation bei den Organisationen der Interessenaggregation wie bei denen der Interessenartikulation vorangetrieben worden: in der Sphäre der Interessengruppen seit dem Kaiserreich, auf der Ebene der Parteien erst seit der Existenz des Grundgesetzes. Die herausgehobene Position der Beamten und die Konservierung eines traditionellen Loyalitäts- und Fürsorgeverhältnisses zwischen Staatsdienern und dem Staat hat die Steuerungsleistungen deutscher politischer Systeme trotz der späten nationalen

Einigung und der sozialen Heterogenität des Landes im Vergleich zu westlichen parlamentarischen Systemen beachtlich gestärkt. Der Preis dafür war eine verspätete Parlamentarisierung und Demokratisierung des Systems, wenn man letztere nicht nur an der frühen Einführung des allgemeinen Wahlrechts in Deutschland mißt.

Die Bundesrepublik folgt als politisches System jedoch nicht in allen Bereichen dem herkömmlichen Muster, die mangelnde Einheit der Lebensverhältnisse durch *»Übersteuerung«* mit Hilfe der staatlichen Administration zu kompensieren. Im Föderalismus und in der stark entwickelten Marktideologie als Grundlage einer sehr verbreiteten Aversion gegen weitreichende Planung der Politik neigte die Bundesrepublik in den ersten zwei Jahrzehnten eher zur *»Untersteuerung«* des Systems durch zentrale Institutionen. Die Erfolge der kaum geplanten Wiederaufbauphase und eine allgemeine Abneigung gegen die Übersteuerung in der Zeit des Nationalsozialismus, in der Besatzungszeit und in der DDR haben eine Ideologie der Nicht-Planung entstehen lassen.

Der Anteil des Staatssektors blieb gering und ist unter Erhard noch weiter verringert worden. Steuerungsleistungen für die Gesamtwirtschaft kann er weniger als in anderen Marktwirtschaften erbringen. Die Planung blieb im Vergleich zu anderen westlichen Demokratien unterentwickelt, und durch den Föderalismus wurde selbst die existierende sektorale Planung in den Bereichen Wirtschaft und Bildung stark fragmentiert. Dezentrale Lenkungsinstitutionen mit wachsender Unabhängigkeit von der Regierung entwickelten sich nicht nur bei Verfassungsorganen wie dem Bundesverfassungsgericht (vgl. Kap. 10c) und dem Bundesrat (Kap. 9b), sondern auch bei Einrichtungen, die ministeriellen Ressorts zugeordnet sind, wie der Bundesbank oder bei der Bundesanstalt für Arbeit (Kap. 8c). Die Grenzen der Steuerungsmöglichkeit des Staates sind durch einen aus rechtsstaatlicher Sicht erfreulich starken Ausbau des institutionellen Grundrechtsschutzes und die Absicherung einer aller Bereiche der Staatstätigkeit umfassenden Verwaltungsgerichtsbarkeit noch zusätzlich enger gesteckt als in anderen westlichen Demokratien.

Trotz dieser partiellen Untersteuerung des Systems sind seine Leistungen im internationalen Vergleich vielfach bewundert worden. Gemessen an den selbstgesteckten Zielen im magischen Vieleck fällt der Vergleich mit anderen Demokratien bei vielen Indikatoren positiv aus. In der Entwicklung des Bruttosozialprodukts und der Lebenshaltungskosten (Tabelle 11.1, Reihe 3-6) gab es bisher geringere Ungleichgewichtigkeiten als in anderen Marktwirtschaften. Der Anstieg der Stundenlöhne ist weniger als in anderen Ländern von der Inflation

(Reihe 6) eingeholt worden. Die Arbeitslosenquote (Reihe 7) ist trotz geringerer Erfolge in der Senkung der Arbeitslosigkeit in den Zeiten des Booms, als es in den USA gelang, niedriger geblieben als in den europäischen Nachbarländern mit Ausnahme von Österreich, Schweden, der Schweiz und 1995 auch Großbritannien. Korporative Kooperationsverhältnisse in den beiden ersten Ländern und die Sonderbedingungen der Schweiz können diesen Vorsprung erklären. Die Bundesrepublik litt unter dem Paradoxon, selbst unter SPD-geführten Regierungen, ihr Hauptziel, die Senkung der Arbeitslosigkeit, weniger zu realisieren als ihr zweites Hauptziel, die Bändigung der Inflationsraten (Reihe 6). Die Besonderheiten eines fragmentierten Machtsystems mit sektoral konkurrierenden Kräften wie Länder, Bundesbank oder Verfassungsgerichtsbarkeit wurden zur Erklärung solcher Defizite herangezogen.

Trotz solcher Steuerungsdefizite ist die Leistung des Systems im internationalen Vergleich selbst dann noch relativ günstig, wenn man berücksichtigt, daß die Zahlen mancher EU-Länder noch stärker »geschönt« sind als die der Bundesanstalt der Arbeit, die Ende der achtziger Jahre den Berechnungsmodus von Arbeitslosigkeit zu ihren Gunsten änderte. Andererseits ist die »Kurzarbeit« eine deutsche Besonderheit, die seit der deutschen Vereinigung zur Irreführung benutzt werden kann, wenn in den ostdeutschen Ländern Kurzarbeit vielfach schon »Nullarbeit« bedeutete. Hinter der im ganzen noch akzeptablen Leistung in der Arbeitsmarktpolitik der Bundesrepublik stehen beunruhigende regionale Differenzen.

Nicht jede gute Leistung auf dem Gebiet der sozialen Leistungen ist positiv zu bewerten, wenn sie durch zu hohe Staatsverschuldung und hohe Inflationsraten erkauft wird. Diese Gefahr haben die korporativ handelnden Pioniere der Arbeitsmarktpolitik in den nordeuropäischen Ländern nicht immer vermieden. Die Bundesbank war sehr beunruhigt über die Staatsschulden. Mit 44% des BIP/BSP lag die Bundesrepublik (1993) im internationalen Vergleich noch relativ günstig. Wo ein vergleichbares Land wie Großbritannien auf diesem Feld bessere Erfolge aufzuweisen schien, mußten die sozialen Kosten einer thatcherischen Roßkur zur Abmagerung des Wohlfahrtsstaates dagegen aufgerechnet werden. Selbst Japan – das gelobte Land bei so vielen Indikatoren zur gesamtwirtschaftlichen Lage – war höher verschuldet als die Bundesrepublik (Tabelle 11.1[10].

Die Staatsverschuldung kann so wenig wie andere Indikatoren isoliert beurteilt werden. Die Währungsreserven und die Entwicklung der Leistungsbilanz (Reihe 8) entscheiden unter anderem, wie bedrohlich der Schuldenstand für ein System tatsächlich ist. Bei den Währungsre-

Tabelle 11.1: Gesamtwirtschaftliche Daten

Land	Jahr	Bruttosozialprodukt bzw. Bruttoinlandsprodukt nominal in v. H.	real gegenüber Vorjahr	Deflator	Verbraucherpreise in v. H. gegenüber Vorjahr	Arbeitslosenquote in v. H.	Leistungsbilanzsaldo in v. H. des BSP/BIP	Steuern und Sozialabgaben in v. H. des BSP	Staatsschulden in v. H. des BIP	durch Streiks verlorene Arbeitstage in 1000
1	2	3	4	5	6	7	8	9	10	11
BRD	1980	6,4	1,5		5,5	3,8	−1,7	38,0	32,5	
	1985	4,1	1,9	2,2	2,0	8,2	2,6	38,0	41,1	1990: 363,5
	1990	9,0	4,5	3,4	2,7	4,9	3,1	37,7	43,3	1991: 153,5
	1995	rd 4,5	rd 2,5	rd 2,0	rd 2,5	9,75	−0,5	41,7*	62,8	1993: 592,9
Belgien	1980	8,0	4,2		6,6	9,4	−4,1	44,4	79,7	
	1985	6,5	0,8		4,9	13,6	0,8	47,6	122,7	1989: 133,0
	1990	6,8	3,7	3,0	3,5	8,7	1,9	44,3	130,0	1990: 103,0
	1995	4,9	2,6	2,2	2,2	12,7	5,4	45,2*	144,8	1992: 119,7
Dänemark	1980	7,8	−0,4		10,7	7,0	−3,7	45,5	33,5	
	1985	8,8	4,3		4,3	9,0	−4,7	49,0	64,1	1990: 97,6
	1990	3,9	1,7	3,3	2,1	9,5	2,3	48,1	59,7	1991: 70,0
	1995	6,1	3,5	2,5	2,6	10,5	2,5	48,9*	69,6	1993: 113,7
Frankreich	1980	13,2	1,6		13,3	6,3	−0,6	41,7	37,3	
	1985	7,8	1,9		5,8	10,2	0,0	44,5	45,5	1990: 528,0
	1990	5,4	2,2	3,0	3,0	8,9	−1,3	43,8	43,8	1991: 497,3
	1995	4,5	2,9	1,6	1,4	12,2	1,6	43,7*	60,6	1993: 510,9
Groß-britannien	1980	17,3	−1,7		16,2	6,1	1,2	35,3	54,6	
	1985	9,5	3,6		5,4	11,6	0,8	29,2	53,1	1990: 1903
	1990	7,4	1,0	6,4	5,6	5,9	−2,9	30,1	34,9	1991: 761
	1995	5,7	3,2	2,5	2,9	8,9	−2,3	52,3*	52,3	1993: 649

Italien	1980	25,2	4,2		20,5	7,7	−2,2	30,2	58,5	
	1985	11,7	2,6		9,0	10,2	−0,9	34,4	84,3	1989: 3105
	1990	10,0	2,2	7,6	6,3	11,1	−1,2	39,5	100,5	1990: 5181,3
	1995	5,6	2,6	2,9	3,0	11,9	2,5	42,4*	120,7	1993: 2737,1
Japan	1980	8,2	3,5		7,5	2,0	−1,0	25,5	52,0	
	1985	6,8	5,2		2,2	2,6	3,6	27,5	68,5	1989: 219,0
	1990	7,4	5,2	2,1	2,2	2,1	1,2	31,4	66,0	1990: 144,5
	1995	3,6	4,7	0,8	0,3	2,8	2,5	30,2*	82,6	1992: 231,4
Nieder-lande	1980	6,6	0,9		7,0	4,1	−1,7	45,8	45,9	
	1985	4,5	2,6		2,2	10,0	4,0	44,9	69,6	1990: 206,7
	1990	6,9	3,9	2,9	2,3	6,4	3,7	45,4	79,2	1991: 96,3
	1995	5,0	2,8	2,1	2,0	9,5	3,5	46,7*	81,7	1993: 44,6
Schweiz	1980	7,4	4,4		4,5	0,2	−0,5	30,8		
	1985	6,9	3,7		3,7	0,8	5,4	32,0	k. A.	1990: 4,0
	1990	7,6	2,2	5,3	5,4	0,6	3,8	31,2		1991: 0,05
	1995	5,4	2,5	2,8	2,5	3,8	6,8	32,2*		1993: 0,6
USA	1980	8,8	−0,5		10,4	7,2	0,0	29,2	37,9	
	1985	6,9	3,2		3,9	7,2	−3,0	29,2	48,5	1990: 5925,5
	1990	5,1	1,0	4,1	5,1	5,5	−1,7	29,8 (91)	56,4	1991: 4583,6
	1995	5,8	3,0	2,8	3,1	5,8	−2,1	29,5*	64,1	1993: 3981,2

* 1992

Quellen: BMFT: Finanzbericht 1995, OECD: Main Economic Indicatiors 12/1990, ILO: Yearbook of Labor Statistics, Genf 1994; Jahresgutachten 1992/93: 173, Tabelle 52.

serven war Deutschland lange Spitzenreiter. Die Deutschen waren darauf kaum weniger stolz als auf ihre Rolle als »Weltmeister des Exports« und die positive Leistungsbilanz, die um so beachtlicher erschien, weil kaum ein Volk durch exzessives Reisen so hohe Beträge an Devisen ins Ausland brachte. An allen drei Indikatoren gemessen, begann Deutschland schon vor der Vereinigung leicht abzufallen. In der Baisse von 1992 mußte der Sachverständigenrat (Jg 1992/93, Ziff. 214) feststellen, daß erstmals die Erhöhung der Auslandsnachfrage bei einer Rezession im Inland ausblieb.

Kein Indikator wirkt sich so direkt auf die Zufriedenheit der Bürger aus wie die Steuerlast. Im Vergleich der Belastung von Bürgern mit Steuern und Abgaben (Reihe 9) lag die Bundesrepublik in den achtziger und neunziger Jahren unter dem Belastungsniveau der meisten Wohlfahrtsstaaten. Nur Japan, die Schweiz und die USA, die ihren Bürgern ein höheres Maß an privater Daseinsvorsorge zumuten, trugen eine leichtere Steuerlast. Mit den Steuererhöhungen und Belastungen im Versicherungswesen, die nach der deutschen Vereinigung wenig glaubhaft als zeitlich befristet angekündigt werden mußten, dürfte sich Deutschlands Position in den neunziger Jahren verschlechtern. Anpassungen an den Durchschnittssatz bei der Mehrwertsteuer, der in Europa bei 15% liegt, sind der Bundesrepublik nicht erspart geblieben.

Unglücklicherweise hat die Bundesregierung offenbar damit gerechnet, daß sie mit den durch die europäische Einigung notwendigen Steuererhöhungen auch für die deutsche Einheit davonkommen könnte. Dies hat sich inzwischen als Fehlrechnung erwiesen. Die Bundesrepublik hatte in der Vorbereitung der Integrationsrunde von Maastricht immer sehr rigide Grundsätze für die Zulassung von Ländern des inneren Zirkels für das »Europa der zwei Geschwindigkeiten« verfochten. 1992/1993 kam in der verspäteten Rezession die Frage auf, ob Deutschland selbst diesen Kriterien noch gerecht wurde.

Wenn nach Faktoren gesucht wird, welche die im ganzen günstige Bilanz der wirtschaftlichen und sozialen Leistungen erklären, ist das hohe Maß an Arbeitsfrieden in der Bundesrepublik immer an erster Stelle genannt worden. Die Konfliktträchtigkeit der Arbeitsbeziehungen, gemessen an verlorenen Arbeitstagen (Tab. 11.1, Reihe 11), hat auch in der Bundesrepublik zugenommen. Die Arbeitsbeziehungen sind in den siebziger und achtziger Jahren nicht mehr so konfliktarm gewesen wie in der Aufbauzeit nach dem Krieg. Aber im Vergleich mit mittleren und großen Demokratien ist die Konflikthäufigkeit noch immer gering. Sie liegt gelegentlich unter dem Niveau Japans, einem Land, das bekannt ist für seine paternalistischen Arbeitsverhältnisse.

Das »deutsche Modell« mit starker Regelung der Konflikte der Interessengruppen wird im Ausland mit einem Gemisch von Kritik und heimlicher Bewunderung zur Kenntnis genommen. Ein kommunistischer Funktionär der CGT in Frankreich hat in einem privaten Gespräch einmal zugegeben: »Sonntags halten wir Brandreden gegen die integrative Politik des DGB, montags aber hoffen wir im stillen, an Einfluß, Einheitlichkeit, Organisations- und Finanzkraft einmal so stark zu werden wie er.«

Ein Vergleich der Ausgaben mit anderen hochentwickelten Industrieländern der westlichen Welt wäre nur von begrenzter Aussagekraft. Wie ein Blick auf andere Bundesstaaten zeigt (Kanada, Österreich, Schweiz, USA), fallen in föderalistischen Systemen die Bundesausgaben für Erziehung gering aus, weil die Hauptausgaben bei den Gliedstaaten liegen. Gerade im Vergleich der Erziehungsausgaben wird in der populären Literatur, die anprangern möchte, viel Mißbrauch getrieben. Selbst die Verteidigungsausgaben, die in allen Staaten bei der höchsten staatlichen Ebene liegen, können auf diese Weise überhöht erscheinen, wenn im Vergleich zu zentralisierten Staaten rechnerisch wichtige Posten aus dem Bundesbudget herausfallen und so die relativen Anteile verzerren. Das gilt auch für die anscheinend gute Lage der Bundesrepublik in den Ausgaben für Soziales und Gesundheit. Diese Ausgabenposten können im internationalen Vergleich angesichts der höchst unterschiedlichen Organisationsformen der sozialen Sicherungssysteme auch unter nicht-föderativen Staaten nur schwer vergleichbar gemacht werden. Dennoch liegt auch unter Berücksichtigung solcher Unterschiede die Bundesrepublik in diesem Bereich in der Spitzengruppe, aber die Leistungen als Anteil vom Bruttosozialprodukt sinken.

In der Tradition deutscher Liberaler lag es, alles Britische zu bewundern, von der kommunalen Selbstverwaltung bis zur Organisation des Parlaments, vom Zweiparteiensystem bis zum Wahlrecht. Seit den sechziger Jahren hat sich das Bewunderungsgefälle erstmals ein wenig ausgeglichen. Britische Royal Commissions reisten durch die Bundesrepublik. Sie blieben skeptisch gegen schlichte Imitationen, aber sie begannen, sich mit vielen Detaillösungen des deutschen Systems anzufreunden, vom Föderalismus bis zum Wahlrecht oder den Arbeitsbeziehungen (vgl. Royal Commission on the Constitution. London, HMSO, 1973: 152ff.; Report of the Committee of Enquiry on Industrial Democracy. London, HMSO, 1977: 2 et passim).

Manche der Leistungen im Nachkriegsdeutschland sind nicht überwiegend auf das politische System zurückzuführen. Die Startvorteile für eine Wirtschaft, die nach den Kriegszerstörungen unter dem

Zwang zur totalen Erneuerung stand, sind nur sehr indirekt mit den Aktivitäten der Politik der Ära Adenauer verbunden. Der gründliche Verlust der Illusion, als mittlerer Staat noch eine Großmacht zu sein, gab der Bundesrepublik gegenüber Großbritannien und Frankreich weitere Vorteile, die nach dem Krieg einen Teil ihrer Anstrengungen und Mittel noch auf die sterbenden Bereiche der Machtrepräsentanz in aller Welt richteten. Die Existenz einer »industriellen Reservearmee« in Form von Vertriebenen, die besonders motiviert waren, den kollektiven Niedergang der Gesellschaft durch individuelle Anstrengungen im Bereich der Arbeit zu kompensieren, gab Westdeutschland einen unvergleichlichen Vorteil beim Neubeginn. Selbst Diskriminierungen wie die Unterbewertung der D-Mark münzten sich vorübergehend in Vorteile für das Exportgeschäft um.

Gleichwohl war zu Selbstgefälligkeiten über die Prosperität des »Modells Deutschland«, wie sie manchmal in Wahlkämpfen durchschimmerten, wenig Anlaß. In der Zeit des langfristigen Aufschwungs wurde manche fällige Anpassung in der Strukturpolitik versäumt. Die Schonzeit des Differenzierungswettbewerbs im internationalen Wirtschaftsaustausch ist vorüber. Die Bundesrepublik beginnt die Folgen eines zunehmenden Verdrängungswettbewerbs einerseits und eines wachsenden Protektionismus anderer hochentwickelter Industrieländer, die wichtige Handelspartner sind, andererseits zu spüren. Angesichts der überproportionalen Bedeutung des Industriesektors in der Bundesrepublik drohten Stagnationskrisen im industriellen Bereich stärker auf Wachstum und Beschäftigungsniveau durchzuschlagen als in anderen Ländern.

Die Wiedervereinigung hat eine unionsgeführte Regierung gezwungen, manche Maßnahme aus dem Arsenal der Sozialdemokraten, von den Subventionen bis zu Arbeitsmarktprogrammen, zu übernehmen. Die einst als »links« verschriene binnenorientierte expansive Vollbeschäftigungspolitik hat sich im Osten Deutschlands nicht vermeiden lassen. Die Exportoffensive ist angesichts der Abschwächung der Weltkonjunktur zu Beginn der neunziger Jahre zum Erliegen gekommen. Die Binnennachfrage aufgrund der Vereinigung und des Kaufnachholbedarfs der Ostdeutschen hat nur bis 1990/91 verhindert, daß es zu einem wirtschaftlichen Einbruch kam.

Im Ausland wurde die Bundesrepublik zunehmend verdächtigt, ihre Macht als *»économie dominante«* auszubauen. Das Mißtrauen, das aus den wirtschaftspolitischen Meinungsverschiedenheiten deutscher und ausländischer Politiker entsteht, schafft für die politisch Verantwortlichen in der Bundesrepublik zusätzliche Belastungen. Die Bundesrepublik gerät zunehmend unter den Druck, nach den Vorstellungen der Mehrheit der Industrieländer zu handeln, ohne ihre eigene starke Position hinreichend in Veto-Macht umsetzen zu können, welche auf die Richtung eines gemeinsamen Kurses der Industrieländer Einfluß nehmen könnte.

Die Sorge vor der dominanten deutschen Wirtschaft im Ausland hat den deutschen Einigungsprozeß noch einmal begleitet. Vorübergehend trat Entspannung ein. Eine leise Schadenfreude über die wirtschaftlichen Schwierigkeiten Deutschlands nach der Vereinigung und den Wertverlust der DM breitete sich in wichtigen Medien der Nachbarländer aus. Der eigentliche Testfall für die dominante Ökonomie kommt jedoch vermutlich erst mit der Vollendung des Binnenmarktes.

Trotz mancher Krisenzeiten blieb den politischen Institutionen im überwiegenden Schönwetter-System der Nachkriegszeit der Erfolgstest bisher erspart. Die Legitimation des Systems vollzog sich weitgehend über Wirtschaftsleistungen. Rechtssicherung und soziale Leistungen kompensierten unter den demokratischen Bedingungen des Grundgesetzes die traditionell unterentwickelte Bereitschaft vieler Deutscher zur politischen Anteilnahme und vor allem zu einer konflikt-toleranten Partizipation (vgl. Kap. 2).

Wichtigstes Charakteristikum des deutschen Systems ist die *Fragmentierung der Macht*. In der Regel werden die Thesen über die Selbstblockade des deutschen Systems im Bereich der Föderalismus untersucht (Kap. 9). Das Neben- und Gegeneinander von Bund und Ländern hat zweifellos dazu beigetragen, daß Deutschland als ein System gilt, in dem radikale Innovationen in einer »Revolution von oben« so gut wie ausgeschlossen sind. Die Reformen der Ära Brandt haben dies erwiesen.

Das sozialdemokratische Experiment, das 1982 nach 13 Jahren zu Ende ging, zeigte zunehmend einige Begrenzungen wie Möglichkeiten des Systems der Bundesrepublik. Die vergleichende Politikforschung hat für Europa Lowis Schule machende Annahme »policies determine politics« nicht voll übernehmen können. Zunehmend kamen die Institutionen wieder ins Blickfeld. Gerade für die Bundesrepublik war erklärungsbedürftig, warum sie trotz ähnlicher Traditionen und Ziele der Sozialdemokratie an der Macht, wie in Österreich oder Schweden, keineswegs die gleichen Erfolge hatte. Sie war erfolgreicher als Schweden in der Inflationsbekämpfung, aber weit weniger erfolgreich in der Bekämpfung der Arbeitslosigkeit. Unter Schmidt wurde ein eher typisch konservatives Ziel wie Geldwertstabilität besser erreicht als ein typisch sozialdemokratisches Ziel wie die Arbeitsplatzsicherung. Zu den Erklärungen dieses Phänomens gehören institutionelle

Faktoren wie die Stärke der Opposition und die Zwänge einer Koalitionsregierung mit den Liberalen ebenso wie die Bremswirkung von Föderalismus, Bundesbank, Verfassungsgerichtsbarkeit und anderer Institutionen.

Im internationalen Vergleich gab es danach kaum Gründe, die Gesamtleistung der Bundesrepublik als unterdurchschnittlich einzustufen. Das partiell selbstblockierte System hat gelegentlich auch ein paar Vorteile:

- *Geringere Schwankungen* der Richtung der Politikentwicklung als in majoritären Konkurrenzdemokratien und Einheitsstaaten und damit Kontinuität, auch wenn alternative Regierungen sich häufen sollten.
- *Größere Mehrheiten* für die Entscheidungen, die nicht als abortive Non-Decisions auf der Strecke bleiben.

Im Lichte weitreichender Strukturreformen allerdings ist das System überholungsbedürftig. Nicht nur im Wirtschafts- und Strukturbereich, sondern, wie die politische Krise 1982/83 zeigte, zunehmend auch im institutionellen Gefüge, auf das die Verfassungsväter einst so stolz waren und das sich mehr und mehr als ein System erwies, das konstruiert ist, um die Mängel von »Weimar« zu überwinden, und daher gerade gegenüber einigen Problemen von »Bonn« versagt hat. Die erneute Arbeit am Grundgesetz, die durch die deutsche Einigung notwendig wurde, zeigte bisher nicht, daß das System zu einer tiefgreifenden Weiterentwicklung fähig ist (vgl. Kap. 1d).

Die deutsche Vereinigung wurde möglich am Ende einer langen Prosperitätsphase. Nach dem wirtschaftlichen Einbruch Mitte der siebziger Jahre im Gefolge der Ölkrise hatte kaum eine Prognose einen so anhaltenden Aufschwung für möglich gehalten. Keineswegs nur linke Krisentheoretiker hatten geraten, den »kurzen Traum immerwährender Prosperität« (Burkhart Lutz) aufzugeben. Der Zeitpunkt der Vereinigung war alles andere als geplant, gleichwohl hat er sich in einem günstigen Moment ereignet. Die Prosperität war hinreichend groß, um die Opfer finanzierbar werden zu lassen, welche die Integration zweier diametral entgegengesetzter Wirtschaftssysteme erforderte.

Der deutsche Einigungsprozeß wurde durch die Wirtschaftskrise überrollt. Erstmals hat die Inlandskrise keinen Exportboom ausgelöst. Die deutsche Wirtschaft war in einer strukturellen Anpassungskrise. Die Wirtschaftsexperten machten vor allem die zu rasche Angleichung der Lebensverhältnisse dafür verantwortlich. Der Pro-Kopf-Konsum in Ostdeutschland stieg bis 1992 auf 60%, die Tariflöhne stiegen bis 1993 auf 80% des Westniveaus, nur die Effektivlöhne blieben weiter zurück (Jg 1992/93, Ziff. 250) Erste Erfolge wurden sichtbar: Per Saldo wurde die Abwanderung von Arbeitskräften aus Ostdeutschland von 110000 (1991) auf 50000 (1992) verringert:

Der Sachverständigenrat kam zu einer vorsichtig optimistischen Einschätzung, da der Abbau von Arbeitsplätzen in Ostdeutschland sich verlangsamte. Dennoch blieben die Krisenzeichen alarmierend: Das Finanzierungsdefizit aller dem öffentlichen Bereich zugeordneten Haushalte betrug 1992 214 Milliarden DM. Die gesetzliche Rentenversicherung schloß im gesamten Bundesgebiet mit einem Defizit von 3 Milliarden DM ab (Jg 1992/93, Ziff. 199), die Nürnberger Anstalt für Arbeit meldete im April 1993 ein Defizit von ca. 20 Milliarden, von dem nur knapp 5 Milliarden durch einen Nachtragshaushalt abgedeckt waren. Alle Finanzplanungen des Finanzministers wurden 1993 von negativen Fakten überrollt. Die Neuverschuldung war auf 38 Milliarden geplant worden. Die doppelte Summe wurde erforderlich.

Das politische System Deutschlands trug Mitschuld an dieser Entwicklung. Im *Solidarpakt* hatten sich Regierungsparteien und Opposition in langen Verhandlungen zu einem Kompromiß durchgerungen. Die doppelte Konzertierung zwischen Bund und Ländern, Regierungslager und Opposition hatte ihren Preis: Die finanziellen Leistungen an Ostdeutschland mußten weiterhin durch neue Schulden aufgebracht werden. Das Hauptziel der Regierung, die Konsolidierung der Staatshaushalte, wurde erneut aufgeschoben. Der Sachverständigenrat hatte schon im Vorfeld der Verhandlungen (Jg 1992/93, Ziff. 282) seine Zweifel an dieser Lieblingsstrategie der Oppostion angemeldet: Spektakuläre Aktionen wie ein Solidarpakt konnten seiner Meinung nach nur zu Enttäuschungen führen. In einer Marktwirtschaft sind die Steuerungsmöglichkeiten des Staates gering. Auch ein Solidarpakt kann private Investitionen (1991: 84 Milliarden, 1992: 113 Milliarden DM) und Preisdisziplin nicht erzwingen.

Die Schrumpfung der industriellen Basis in den neuen Bundesländern betrug von Januar 1991 bis August 1992 57 %. Der Rückgang war am größten in Thüringen (−65 %) und am geringsten in Brandenburg (−49 %). Der Grundsatz *»Rückgabe vor Entschädigung«*, der sich als ein Hemmnis für private Investitionen erwies, wurde im »Gesetz zur Änderung des Vermögensgesetzes« und in weiteren 19 Gesetzen gelockert. Die Auswirkungen haben sich noch kaum in vermehrten privaten Investitionen gezeigt. Vor allem ausländische Investoren hielten sich weiter zurück. Der Sachverständigenrat stellte eine Sprachbarriere fest, da die wenigen ausländischen Anleger überwiegend aus dem deutschsprachigen Ausland kamen. Die Unübersichtlichkeit der Rechtslage und das undurchdringliche Gestrüpp staatlicher Regulierung wird dies eine Weile kaum ändern lassen. Von einer *Deindustrialisierung* mochte der Sachverständigenrat gleichwohl nicht sprechen (Jg 1992/93, Ziff. 293). Er sah positive Anzeichen für eine strukturelle Anpassung der ostdeutschen Wirtschaft in den Bereichen Verarbeitung von Steinen und Erden, Stahl und Leichtmetallbau, Druckereigewerbe und Ernährungsindustrie.

Nicht alle Belastungen des Systems der Bundesrepublik erwiesen sich als Folgen der Einigung. Aber nicht wenige waren Fernwirkungen der Veränderungen in Europa durch den Zusammenbruch des Sozialismus. Ende 1991 hatte Deutschland pro 1000 Einwohner bereits 3,3 Asylanten aufzunehmen. Nur die Schweiz und Österreich zeigten eine vergleichbare Belastung. Der Asylkompromiß hat ab 1993 die Lage entschärft und zum Niedergang des Rechtsextremismus beigetragen.

In der ersten Phase der Vereinigung hatte eine *institutionelle Entdifferenzierung* stattgefunden. Die Bundesregierung entschied im Alleingang, unter Umgehung der funktionalen Gruppen und der Bundesländer. In einer zweiten Phase hingegen wurde eine begrenzte *strategische Anpassungsfähigkeit der Institutionen* sichtbar. Die Tradition der Konzertierung wichtiger Entscheidungen mit den großen Interessengruppen lebt wieder auf (Lehmbruch 1991, vgl. Kap. 5d).

Im historischen Rückblick wird die Kritik an der Entscheidungsfähigkeit der deutschen Institutionen sich vermutlich mildern. Immerhin wurde erreicht, daß ein so stark funktional und föderal fragmentiertes System ein Drittel des Bundeshaushalts in der einen oder anderen Form für Ostdeutschland ausgab. 1992 wurde eine Summe von 9500 DM pro Kopf und Jahr an Transfers errechnet. Osteuropa träumte nach dem Zusammenbruch des Sozialismus von einem neuen Marshallplan, der nie zustande kam. Der Marshall Fonds übertrug nach 1947 800 DM pro Kopf an die westliche Besatzungszonen. Die Transfers von West- nach Ostdeutschland übertrafen diese einstige Hilfe um das Elffache (Seibel 1992: 184). An den Aufstellungen westdeutscher Hilfeleistungen ist vielfach Kritik geübt worden, weil sie einigungsbedingte Einnahmen durch Steuern und Beiträge in Ostdeutschland, wachstumsbedingte Impulse, die auf die Einigung zurückgingen, und die Möglichkeiten zum Abbau von Ausgaben, die aus der deutschen Teilung resultierten, nicht berücksichtigten. Diese Mängel sind inzwischen behoben.

Die Nettotransfers nach Abzug der Rückflüsse stiegen ständig von 106 Mrd. DM (1991) bis 155 Mrd. DM (1995). Die Bundesbank schlug Alarm und forderte einen Abbau der Transferzahlungen, um keinen Gewöhnungseffekt eintreten zu lassen.

Das schwerfällige System der Bundesrepublik, das als »halbsouverän« bezeichnet worden ist. (P. Katzenstein), weil es die Macht mit den Ländern und organisierten Interessen teilen muß, war flexibel genug, um Strategiewechsel zu ermöglichen. Eine konservativ-liberale Koalitionsregierung hat eine Arbeitsmarktpolitik betrieben, die sozialdemokratischer erschien als die der Schweden in der Hochzeit der aktiven Arbeitsmarktpolitik (M. G. Schmidt).

Das deutsche Volk mit seinem selbstverschuldeten Unglück von 1945 ist nach fast einem halben Jahrhundert im Wartestand mit einem blauen Auge davongekommen. 1945 hätte die historische Chance bestanden, das traditionelle *West-Ost-Gefälle* abzubauen, nachdem die Ostgebiete verloren waren. 40 Jahre DDR-Mißwirtschaft haben es auf verkleinerter Fläche noch einmal reproduziert, obwohl die ostdeutsche Industrie und die Städte der DDR – mit einigen Ausnahmen – nicht so verheerend zerbombt waren wie die meisten westdeutschen Industriezentren und obwohl die Wohnverhältnisse in Ostdeutschland 1945 – auch weil ein geringerer Teil des Flüchtlingsstroms in der DDR geblieben war – günstiger erschienen als in der Bundesrepublik (von Beyme, 1987: 294ff.). Solche Standortvorteile wurden durch die Selbststeinmauerung, die Zerreißung der traditionellen wirtschaftlichen Verflechtungen, durch den erzwungenen Exodus von Millionen Ostdeutschen und durch eine verfehlte Eingliederung in den sozialistischen Weltmarkt verspielt. Dieses konnte unentwickelten Ländern wie Bulgarien vorübergehende Vorteile bringen. Die schon entwickelten Ökonomien des Ostblocks wie die DDR und die Tschechoslowakei wurden durch die Planungsfesseln systematisch unter ihr Ausgangsniveau gedrückt. An diesen Folgen hat das vereinte Deutschland noch eine Weile zu tragen. Das West-Ost-Gefälle wird jedoch vermutlich dauerhafter in der Psyche der Menschen und der gegenseitigen Perzeption von Ost- und Westdeutschen erhalten bleiben als in den realen ökonomischen Gegebenheiten, wenn die Startschwierigkeiten einmal überwunden sein werden.

Die *Mentalitätsunterschiede* in Ost und West und der Modernisierungsgrad der Lebensstile sind unverkennbar, aber angesichts der Akzeleration sozialer Prozesse nicht unüberwindlich. Die Einheit der *Kulturnation* – vom Westen beschworen, aber kaum relevant für tägliches Handeln, von der DDR-Führung energisch im Namen einer »sozialistischen Lebensweise« geleugnet – ist stärker erhalten geblieben, als man geglaubt hat. Die Systemunterschiede wurden nicht nur von der kommunistischen Propaganda systematisch überhöht. Sie wurden auch von westlichen Skeptikern für größer gehalten als tatsächlich gegeben. Die rasche Nivellierung der Plaste- und Elaste-Sprache in der

DDR zeigte es. Da wurde noch manchmal von der »Spezifik« einer Sprache gesprochen, aber selbst die Termini, auf die man stolz war – von der »Datscha« bis zum »Objektleiter« –, sind erstaunlich rasch aus dem Sprachschatz getilgt worden. Statt dessen haben die Westdeutschen ein neues Kapitel aus dem »Wörterbuch des Unmenschen« aufgeschlagen, von der »Abwicklung« bis zur »Warteschleife«. Von der angeblich mangelnden Verantwortungsbereitschaft der »Werktätigen« bis zu ihrer Xenophobie, weil sie an den Ansturm von Ausländern nicht so dosiert gewöhnt wurden wie die Westdeutschen nach 1945, werden viele andersartige Haltungen in Ostdeutschland kritisiert.

In entscheidenden *Verhaltensweisen* im politischen System hingegen waren die Unterschiede bemerkenswert gering. Deduziert man das Bündnispotential der CDU bei den Märzwahlen 1990, so kamen etwa jene 40% heraus, auf welche die CDU sich auch im Westen verlassen kann. Addiert man das linke Potential von SPD- und PDS-Stimmen, die nicht so rasch vom alten Regime lassen konnten und die sich auf Dauer – zum Kummer der SPD – in einer sozialdemokratischen, etwas altertümlich verstandenen »Milieupartei« nicht unwohl fühlen dürften, so erhält man etwa jene 36-37%, auf welche die SPD auch im Westen als Minimalpotential zählen kann. Liberale und Grüne Stimmen waren in Ost und West nahezu identisch.

Die Wahlen von 1990 reflektierten keine *Parteienidentifikation* im Ausmaß des Westens (vgl. Kap. 3b). Sie reflektierten Spaltungen in der Gesellschaft, die von *östlichen Traditionen und westlich gerichteten Erwartungen* geprägt waren. »Östlich« war der Zentrum-Peripherie-Konflikt, der sich als Nord-Süd-Spaltung in den Wählerstimmen niederschlug. »Westlich« orientiert war das Gesamtgleichgewicht der politischen Kräfte in der ehemaligen DDR.

Am ungleichgewichtigsten blieben die *Organisationsmuster* und die Repräsentanz der Ostdeutschen in der politischen Elite (Kap. 5 u. 6). Gewerkschaftsmitglieder waren angesichts der existentiellen Nöte am leichtesten zu reproduzieren, sowie klar wurde, daß die Gewerkschaften zum Motor für die rasche Angleichung der Einkommen wurden. In anderen Bereichen vollzog sich die Angleichung langsamer. Die »erfundenen Klassen« der DDR-Sozialstatistik mußten sich erst in reale Berufs- und Statusgruppen ausdifferenzieren, um organisierbar zu werden. Ganze Gruppen wie die Bauern im westlichen Sinne gab es lange nicht.

Aber auch im landwirtschaftlichen Bereich vollzog sich die Anpassung erstaunlich schnell. Marktwirtschaftler von äußerster Unduldsamkeit gegen Relikte des alten Wirtschaftssystems hätten sich kaum träumen lassen, wie rasch sich das LPG-Sterben vollzog, und zwar nicht nur auf Grund von Machenschaften ehemaliger Eigentümer, welche Rache an der Parole von 1946 »Junkerland in Bauernhand« nehmen wollten. Es sind eher die alten LPG-Kader mit Know-how als die »Wiedereinrichter«, die sich durchsetzten. »Die roten Junker« kamen ins Gerede. Der Deutsche Bauernverband hat sich gegen seine eigentliche Familienbetriebsideologie zum Repräsentanten dieser Gruppen gemacht. Im ganzen schimmern bei der Organisationsbereitschaft (Kap. 5), dem Grad des Interesses an der Politik (vgl. Kap. 2), in der Bereitschaft, sich in die vorherrschenden politischen Strömungen einzuordnen (Kap. 4), und in der Bevorzugung einer möglichst konfliktarmen Politik (Kap. 2) Konstanten einer gemeinsamen deutschen politischen Kultur durch.

Eine *»Vereinigung in Würde«* mit einem wirklich *symmetrischen Beitrag* des jeweiligen Systems war nicht möglich. Zu tief schien jeder Sozialismus diskreditiert. Die SPD ist dadurch nicht wenig gehandikapt worden, obwohl sie glaubte, die »wohlverstandenen Interessen« der DDR-Bürger zu berücksichtigen. Ohne Solidarität der ex-sozialistischen Länder war ein Bewahren positiver Seiten des alten Sozialismus als Insel im kapitalistischen Weltmeer undenkbar. Selbst die Vereinigung von Systemen ohne Unterschiede des Wirtschaftssystems ist bisher niemals symmetrisch verlaufen. Der südwestdeutsche Liberalismus konnte sich nicht durchsetzen, als er im Bismarck-Reich absorbiert wurde. Der Mezzogiorno-Autoritarismus wurde glücklicherweise nicht die vorherrschende Komponente der italienischen politischen Kultur nach dem Risorgimento. Um so weniger war zu erwarten, daß ein System seine in der Theorie positiven Seiten in die Integration retten konnte, das nicht einmal das Minimum an Demokratie und Wohlfahrtsstaat entwickelt hatte, das seinem Entwicklungsstand angemessen gewesen wäre.

Ebenso erstaunlich war die *Statusfurcht*, die sich bei den Konservativen im Vereinigungsprozeß zeigte. Der *Verfassungspatriotismus* zugunsten des Grundgesetzes wurde in das Gegenteil dessen umgemünzt, was ein wohlmeinender Demokrat wie Jürgen Habermas mit der Übernahme des Terminus bezweckt hatte. Verfassungspatriotismus wurde eingesetzt, um jede Änderung abzuwehren. Selbst vielbeklagte Nachteile der Verfassungsordnung wie die mangelnde explizite Zustimmung des Volkes zum Grundgesetz, die man gerne den Besatzungsmächten anlastete, wollte die Mehrheit erhalten. Der »Verfassungspatriotismus« drohte in »Verfassungsnationalismus« umzuschlagen, als bei den Grünen, in der SPD und in Teilen der FDP die Neigung gering war, durch Grundgesetzänderungen Friedenseinsätze deutscher Truppen außerhalb des Verteidigungsgebietes zu ermöglichen. Es wurde vielfach verkannt, daß die Betonung des Rechtsstaats im Verfassungspatriotismus zum Status-quo-Denken gerinnen mußte. Im Ausland war wenig Verständnis für den neuen deutschen »Sonderweg« zu erhoffen, der sich mit historischen Erfahrungen der Deutschen um die Übernahme internationaler Verantwortlichkeiten für die Friedenssicherung zu drücken versuchte oder – gegen die Mehrheit der Wähler – am uneingeschränkten Asylrecht festhielt, als ob die neuen Wanderungsströme noch mit den politischen Flüchtlingswellen vor dem Zugriff des Nationalismus zu vergleichen wären.

Die Klagen mancher Linker über den »Unterwerfungsvertrag« waren unangemessen. Man konnte nicht demokratische Grundsätze vertreten, aber die Rettung des Sozialismus dem Mehrheitswillen der DDR-Bevölkerung entziehen. Die DDR-Bevölkerung hatte eindeutig gegen den Sozialismus votiert. Wie die Westdeutschen nach 1945 direkt in den Genuß der Vorteile einer bedingungslosen Kapitulation kamen, weil die Alliierten sich – im Gegensatz zu 1918 – nun Gedanken machen mußten, wie sie die Unterworfenen in eine Wirtschaft einbetteten, die ihr Überleben garantierte, so hofften die Ostdeutschen, die Bundesrepublik in die Haftung für ihr Wohlergehen »zur gesamten Hand« nehmen zu können. Die Rechnung ist aufgegangen. Aus »Brüdern und Schwestern« der 40jährigen Feiertagsrhetorik wurden die »armen Vettern und Cousinen«. Aber diese Distanz in der familiären Nähe erleichterte die Annahme der eigenen Opfer für die westdeutschen Wähler. Die Kalkulation des Eigennutzes zwang auch jene, die keinerlei verwandtschaftliche Gefühle jenseits der Werra festmachen konnten, die Bedürfnisse von 20% Ostdeutschen mit einer Vetoposition bei den Wahlen nicht zu vergessen. Kleine Korrekturen der eigenen Vormachtposition im Bundesrat durch Spreizung der Stimmen, welche die großen westdeutschen Länder privilegierte (Kap. 9d), konnten an dem Grundsachverhalt nichts ändern, da bei allen nicht zustimmungspflichtigen Gesetzen der Bundestag noch immer den Ausschlag gab.

Die *Nostalgie* nach der alten DDR, die sich bei den Menschen in der Warteschleife auszubreiten drohte, hatte ihr westliches Pendant. Erstmals wurde das provisorische Zweckgebilde Bundesrepublik, in 40 Jahren Rückblick nostalgisch verklärt, mit Gefühlen besetzt, die den Verfassungspatriotismus überschritten. Die Bundesrepublik wird nie mehr so sein, was sie einmal war – lautete die Klage. Es gab Konservative, die sie nicht nur verklärten, wie Niklas Luhmann (FAZ, 22.8. 1990: N3). Dabeisein und Dagegensein – lautete seine Kurzformel, und da konnte er schon 1990 sicher sein, daß die alte untergegangene Bundesrepublik einige Kontinuität im gesamten Deutschland entwickeln würde. Profitieren und protestieren – so könnte man die Ambivalenz der Bürgergefühle umschreiben. Im Grunde ist diese Dichotomie nur die Übernahme der These von der blockierten Gesellschaft, die der französische Soziologe Michel Crozier für Frankreich entwickelt hatte. Im Arsenal der Unregierbarkeitshypothesen hatte sie bedeutet, daß der moderne Staat im Zweifrontenkrieg keine Chance hat, sich durchzusetzen: Als *»bourgeois«* stellen die Bürger steigende Ansprüche für ihr Wohlergehen an den Staat, als *»citoyens«* hingegen schwören sie jedem Kollektivismus ab und versuchen, die Grenzen des Staates zurückzudrängen und ihre Freiheitsrechte auszudehnen. Die deutsche Einheit ist ein Testfall für diese Hypothese, und die Erwartungshaltungen der ostdeutschen Neubürger scheinen sie zu bestätigen. Man hat gegen den Sozialismus gewählt, möchte aber alles an Absicherung erhalten, was das alte Regime gewährte. Die wirtschaftspolitisch fast unverantwortlichen Lohnerhöhungen, welche die Gewerkschaften erkämpften, wurden dankbar angenommen. Gegen die Mieterhöhungen aber wurde jede Obstruktionsmacht eingesetzt.

Die DDR konnte mit einigen Anstrengungen von westlichen Produktionsstätten aus bedient werden. Eile zum Engagement empfanden die Investoren nicht. Nachfrage, die nicht gedeckt werden konnte, wurde leicht aus dem westlichen Ausland befriedigt.

Das historisch einmalige große Experiment der Integration zweier unterschiedlicher Wirtschaftssysteme wird weltweit mit Spannung verfolgt. Sozialer Wandel wird gemeinhin an vier Indikatoren gemessen (W. Zapf): Tempo, Tiefgang, Richtung und Steuerbarkeit. Kein Zweifel: *Das Tempo* des sozialen Wandels ist atemberaubend, und der *Tiefgang* läßt selbst jene Strukturen wie die landwirtschaftlichen Produktionsgenossenschaften, die von der Betriebsgröße und Mechanisierung her überlebensfähig schienen, in kurzer Zeit verschwinden. Die *Richtung* ist sehr viel eindeutiger, als die Apologeten billigen, die gern ein bißchen Sozialismus erhalten hätten. Konzessionen an staatliche Steuerung, selbst in der Arbeitsmarktpolitik, gingen kaum über das hinaus, was auch im Westen vielfach erprobt worden ist. Die *Steuerbarkeit* allein schien gering in diesem Prozeß des sozialen Wandels. In den ersten zwei Jahren griffen weder die staatlichen Programme noch die Marktmechanismen voll, weil die rechtliche Lage, die Infrastruktur der DDR und die verunsicherte Bevölkerung ohne marktwirtschaftliches Know-how die heilenden Kräfte der »unsichtbaren Hand« wesentlich langsamer wirksam werden ließen, als die Ideologen des Rufes »Erhard siegte über Marx« es wahrhaben wollten. Die Grenzen staatlicher Steuerung wurden sichtbar: Steuerung konnte nur die Rahmenbedingungen neu ordnen, durch Schaffung des neuen Rechts, Aufbau einer neuen Verwaltung, Klärung der Eigentumsverhältnisse und Bereitstellung der Mittel für die Erneuerung der in Grund und Boden gewirtschafteten Infrastruktur. Am Ende der Planungseuphorie hatte auch in der politischen Theorie die Hoffnung auf Steuerung kontinuierlich abgenommen. In dieser Hinsicht fiel die Wiedervereinigung ebenfalls auf einen günstigen Zeitpunkt: Es gab nur noch bei Minderheiten übertriebene Planungshoffnungen, und diese wollten sie gerade nicht vom »kapitalistischen« Westen auf ostdeutschem Boden verwirklicht sehen (vgl. Kap. 8d)

Wenn sich der Erfolg der Einigungspolitik einstellt, so beruht er schwerlich auf der großen *Steuerungsfähigkeit* des politischen Systems. Dieses hat sich freilich handlungsfähiger als erwartet erwiesen, auch wenn man einen Generalplan für die Einigung vermißte. Vor allem in der Föderalismusforschung ist dem System bescheinigt worden, daß es nur zu inkrementalen Maßnahmen des Weiterwurstelns fähig sei, wo Strukturreformen angestanden hätten (vgl. Kap. 9d). Es gab kein Vorbild für die Umstellung einer sozialistischen Planwirtschaft auf eine Marktökonomie. Anfangs hat man gleichsam den Teufel Planwirtschaft mit dem Beelzebub zentrale Einrichtung für Sanierung und Privatisierung in Gestalt der »Treuhand« ausgetrieben. Sehr rasch erschallte der Ruf der neuen ostdeutschen Länder nach Regionalisierung dieser Anstalt. Treuhand-Chef Rohwedder hat nicht verborgen, daß es eine Unvereinbarkeit von betriebsorientierter Politik der Treuhand und den Erfordernissen einer wirtschaftlichen Struktur- und Regionalpolitik nach übergeordneten Gesichtspunkten gab. Die verwirrende Fülle der getrennt und gemeinschaftlich zwischen Bund und Ländern bewältigten Aufgaben hat sich auch bei der Steuerung der Wirtschaft in den neuen Ländern reproduziert.

In vieler Hinsicht erwies sich jedoch die deutsche Unübersichtlichkeit des *Föderalismus* bei der Integration Ostdeutschlands von Vorteil: Die Länderhilfe, die Hilfe westdeutscher Gemeinden beim Aufbau einer modernen Verwaltung in den neuen Bundesländern, hätte sich schwerlich zentral in gleich effizienter Weise steuern lassen. Schon vor dem Zusammenbruch ist der deutsche Föderalismus als ein »evolutionär fortschrittliches System« bezeichnet worden, obwohl er früher überwiegend als Hemmschuh zur Bewältigung großer Aufgaben galt. Das Urteil ist durch das Maßnahmengewirr im deutschen Einigungsprozeß nicht hinfällig geworden.

Die deutsche Vereinigung wird im In- und Ausland (vgl. Lehmbruch, 1995) unter dem Aspekt bewertet, daß die Transformation sich nicht auf Ostdeutschland hätte beschränken dürfen, da in Westdeutschland ein großer Reformstau zu beklagen war. Aber ist es wirklich so verwunderlich, daß die Bundesrepublik, die im 12. Bundestag das größte Gesetzgebungsprogramm ihrer Geschichte absolvieren mußte (vgl. Kap. 7), wenig Aufmerksamkeit auf die fälligen Reformen richtete? Nicht wenige Transformationsstudien messen die Leistungen der Regierung in diesem Bereich, als ob die Politiker dieses Reforminteresse geteilt hätten. Aber Wolfgang Schäuble (1991: 157, 231) als Hauptinitiator der Verträge mit der DDR hat immer klipp und klar gesagt, daß die Wiedervereinigung nicht die günstigste Gelegenheit sei, *»durch die Hintertür durchzusetzen, was ohne diese Gelegenheit seit Jahren nicht gelungen ist.«*. Taktisch zutreffend ist zweifellos Schäubles Argument, daß man die Verhandlungen – die unter Zeitdruck stattfanden – nicht mit zu vielen Lösungsversuchen belasten durfte. Beim Streit um die *Erhaltung der Fristenlösung* war es für die Reformer besonders bitter, daß auch alle Nachbesserungsversuche der Opposition zu § 218 nur zu einer Schonfrist für die Regelung der DDR führte. Die Bundesregierung konnte die Opposition austricksen, da eine Übergangsregelung, nach der von der Rechtslage Westdeutschlands langfristig abgewichen worden wäre, einer Grundgesetzänderung bedurft hätte. Für diese wurde die Union gebraucht. Die Schwierigkeit des *Verfassungswandels* – von den Grundgesetzvätern und -müttern gewollt und von der Publizistik im allgemeinen begrüßt – erwies sich als beispiellose Schranke gegen Reformen der Bundesrepublik aus Anlaß der Vereinigung in vielen Bereichen (vgl. Kap. 1). Ein exzessiv angelegter *Rechtswegstaat* verband sich im »halbsouveränen Staat« mit einer *sektoralen Korporatismus- oder Selbstverwaltungstradition,* die Eingriffe des staatlichen Akteurs auf ein Minimum beschränkten. Die Vereinigung löste Statusängste auch bei den etablierten sozialen Großakteuren aus. Verschiebungen im Gleichgewicht der Kräfte wurden nach Möglichkeit blockiert. Durch die Rezession, die dem »geborgten« Anfangsboom folgte, wurden solche Statusängste noch verstärkt.

Die Reformfähigkeit des Bundes war noch geringer in den Bereichen, in denen er geringe Kompetenzen aufgrund der föderalen Machtverteilung besaß. *Forschungs- und Rundfunkpolitik* sind dafür gute Beispiele. Auch sie werden als Musterbeispiele westdeutscher Kolonialisierungspolitik gewertet. Im Bereich von *Schulen und Hochschulen* hatte der Bund keine Kompetenzen. Die Länder, und im Rahmen ihrer Autonomie die ostdeutschen Hochschulen, arbeiteten mit westdeutschen Spezialisten zusammen. Die Arbeit, die dort von der »Gelehrtenrepublik« geleistet wurde, war beachtlich, aber nicht immer uneigennützig.

Auch im *Kulturbereich* ist das Kahlschlaggeschrei vielfach übertrieben worden. Eine empirische Studie über die DDR-Orchester zeigte, daß der Abbau des kulturellen Erbes in quantitativer Hinsicht kaum stattfand. Allenfalls bei der Arbeitszufriedenheit zeigten sich nach der Wende Verschlechterungen (Allmendinger, 1993: 247, 275). In diesem kulturellen Bereich, der stark von staatlicher Alimentierung abhängig ist, ergaben sich trotz der 40 Jahre Trennung erstaunliche Gemeinsamkeiten einer *deutschen »Staatskultur«* im Gegensatz zu den angelsächsischen »Marktkulturen«, die zum Vergleich herangezogen worden sind. Der Kulturbereich wurde zu einer der seltenen Ausnahmen, bei denen der Bund sich – zum Kummer der Haushaltsexperten und Verfassungsjuristen – über seine Kompetenzen hinaus in eine Bundesförderung verstricken ließ, die nicht zu seinen eigentlichen Aufgaben gehört (Ackermann, 1991: 17). Die Länder haben in der »Stunde der Exekutive« aber noch manche Kompetenzüberschreitung des Bundes akzeptiert, wenn sie nur ihre Finanzen schonen konnten.

In der *Rundfunkpolitik* kam es ebenfalls zu tiefgreifenden Kolonialisierungstendenzen. Jedes Argument zur Erhaltung des Bestehenden der DDR konnte mit dem Gegenargument vom Tisch gewischt werden, daß die alten Seilschaften daran gehindert werden müßten, weiterhin ihre Propaganda über die Massenmedien zu lancieren (Schäuble, 1991: 198). Zur Koalition der Länder und westdeutscher Interessenten, vor allem der Rundfunk- und Fernsehanstalten, traten hier ganz vordergründige *Parteipatronagemotivationen* hinzu, die im Art. 36 des Einigungsvertrages per 31. Dezember 1991 das Aus für die DDR-Rundfunk- und Fernsehanstalten brachten. Die versäumten Chancen einer sinnvollen Neugliederung der Bundesländer hätten bei der Entstehung großer Sendegebiete partiell nachgeholt werden können. Die nordostdeutsche Rundfunkanstalt (NORA) mit Sitz in Berlin scheiterte am Veto der Fraktion der FDP, der Linken Liste, der PDS und der SPD-Fraktion in Mecklenburg-Vorpommern, welche den Beitritt zum NDR betrieb. Der Mitteldeutsche Rundfunk schuf ein großflächiges Sendegebiet, nachdem Thüringen auf Pläne der Kooperation mit Hessen verzichet hatte, aber er wurde vielfach wie eine »Außenstelle des Bayrischen Rundfunks« angesehen. Eine unverhüllt parteipolitische Personalpolitik wurde im Ostdeutschen Rundfunk in Brandenburg von der SPD im Gegenzug betrieben.

In allen Bereichen mit stark föderalistischer Zersplitterung der Kompetenzen schien der Bund allenfalls noch *viertelsouverän*. Grundlegende Innovationen der Reformpolitik konnten von ihm nicht erwartet werden. Mit begrenzter Intervention, bei Überlassung vieler Aufgaben an unbezahlte Kolonisatoren und Locatoren, wurden im

Sinne der Ausdehnung des Status quo im Westen erstaunliche Erfolge erzielt, die an Gründlichkeit und Tiefe der Umgestaltung jeden sozialistischen Klassenkampf in den Schatten stellten.

Östliche Verbände waren noch nicht konfliktfähig, und wo ihre Organisation stand, fehlte ihr das soziale Umfeld, das eine funktionierende Verbandsstruktur an informellen Netzwerken zur Verfügung stellt. Es hielten sich in Ostdeutschland unabhängig nur einige lokale und funktionale Gruppen, soweit sie geringe revindikative Funktionen hatten, wie im Bereich der Kulturschaffenden, oder dort, wo aus Statusgesichtspunkten westliche Verbände die potentiellen Mitglieder der DDR ausgrenzten, wie bei den berufsständischen Verbänden der Ingenieure in Westdeutschland (Eichener u. a, 1992, 1. Halbband: 250ff). In einer solchen Lage asymmetrischer Organisationspotentiale war es nicht verwunderlich, daß die westlichen Interessen sich durchsetzten und daß der Vereinheitlichungsdruck, der von gesellschaftlichen Organisationen ausging, vielfach größer war als jener, den aufgeklärte Bürokraten auf der Ebene der staatlichen Akteure ausübten. Im Vakuum der Verbandslandschaft Ostdeutschlands mußte der Gesetzgeber zunächst die *heterogene Strukturbildung* zulassen, weil hier zentralisierte Entscheidung gar nicht möglich war (vgl. Manow-Borgwardt, 1994). Der *Selbstverwaltungspessimismus* war durch westdeutsche Erfahrungen gerechtfertigt, in Ostdeutschland war *Selbstverwaltungsoptimismus* unumgänglich, um für staatliche Akteure überhaupt gesellschaftlich organisierte Gesprächspartner zu bekommen (vgl. Kap. 5). Der Staat der Bundesrepublik beruht auf einem komplizierten Geflecht von sich ausbalancierenden und *konterkarierenden Vetogruppen in den Ländern, in den organisierten Verbänden, in den konkurrierenden Bürokratien, in den politischen Eliten.* Die Kompromißbereitschaft bei marginalen Verteilungsgewinnen ist vergleichsweise größer als dort, wo große Verteilungen winken und für den, der leer ausgeht, ein Statusverfall droht, auch wenn andere ebenfalls nichts bekommen!

Die neuere Transformationsforschung arbeitet überwiegend mit diesem Modell, angereichert um eine moderne Netzwerkanalyse. Die Netzwerke haben sich in der Einigung erwartungsgemäß verhalten. Gelegentlich hat eine Gruppe, eine Partei, ein Elitenakteur seine Position in den asymmetrischen Verteilungspositionen zwischen Ost und West schamloser ausgespielt als in der Bonner Routinepolitik. Die Spielregeln waren weniger fixiert, und auch die, welche in Bonn an feste Spielregeln gewohnt waren, zeigten sich, wie Kolonisatoren auch anderswo, außerhalb des schützenden Hags hauptstädtischer Kleinstadtenge etwas rücksichtsloser. Es ging um einmaligen großen Gewinn und um ein Spiel auf kurze Zeit. Antizipierende Konzessionen, um das Spiel eines *»general political exchange«* – bei dem es nicht auf jeder Stufe zum Austausch von äquivalenten Leistungen kommt – nicht zu stören, schienen nicht vielversprechend. Die Tendenz zur *Sektoralisierung der Politikfeldarenen* war noch größer als bei westlicher Politik im allgemeinen und zeigte Varianzen (vgl. Matrix). Es war kaum zu erwarten, daß anläßlich der Wiedervereinigung die Handlungslogiken der Akteure von den in Westdeutschland eingespielten Mustern abweichen würden.

Die *Gesundheitspolitik* gilt vielfach als Beispiel, bei dem es erhaltenswerte Einrichtungen der DDR gegeben hatte. Die Effizienz des Systems der DDR wurde vom Bundesgesundheitsministerium (Indikatoren, 1993) nicht schlecht beurteilt. Dennoch hat die ärztliche Statuspolitik erreicht, daß das Monopol der ambulanten Versorgung durch freiberufliche Ärzte wie im Westen sichergestellt wurde (Lehmbruch, 1994). Wer hätte anders entscheiden sollen? Die Patienten waren nicht organisiert und hatten schwerlich eine einheitliche Meinung. Umfragen zeigen bis heute, daß die ostdeutsche Bevölkerung in der Frage, ob das alte oder neue Gesundheitssystem besser sei, gespalten ist (vgl. Kap 2). Die Ärzte Ostdeutschlands waren die einzig organisierbaren »Betroffenen« und haben für das westliche Modell gestimmt. Vom Interesse der Gruppe her sind sie dabei gut gefahren (Perschke-Hartmann, 1993).

Ähnlich führte der westdeutsche Transformationsdruck auf die politischen Akteure, vom *Sozialstaat* zum Sicherungsstaat zu gelangen (Nullmeier/Rüb, 1993), zur Entlastung auf dem östlichen Kriegsschauplatz der Interessenkonflikte. Den Interessengruppen mit öffentlichem Status gelang es, das gegliederte System der Sozialversicherung mit seinen ständischen Relikten aus der Zeit des Bismarckschen Paternalismus auch in Ostdeutschland einzuführen. Den zuständigen Ministerien wurden gewisse Interessen an der Erhaltung einiger *Reformbrückenköpfe* durch Erhaltung einiger Elemente des Gesundheits- und Sozialversicherungssystems der DDR nachgesagt (Lehmbruch, 1994: 33). Aber die Entlastungsstrategien zwangen dazu, die Koalition von westdeutschen Interessenten und interessierten Parteien gewähren zu lassen, um sich auf die Probleme der gesamtdeutschen Reformvorhaben konzentrieren zu können. Der halbsouveräne Staat hat in weiser Beschränkung nur an den Fronten gekämpft, an denen sich ein lang erwiesener Reformbedarf kumuliert hatte.

Nicht nur Statuspolitik war im Vereinigungsprozeß erfolgreich, sondern auch *Klassenpolitik*. Ein Teil der Landnahme in der Wirtschaftspolitik wird mit Modellen einer *Stamokap-Theorie* gedeutet werden (vorsichtig Offe, 1994: 263): Ein Parafiscus, die Treuhand, Bankenkonsortien, Investorengruppen und Ministerialbürokraten entschieden über die Filetstücke der DDR-Produktivvermögen und verteilten sie. Im Stromvertrag haben die »drei großen Schwestern« der westdeutschen Energieversorgung mit der Regierung der DDR und der Treuhandanstalt – zur Erleichterung der staatlichen Akteure (Schäuble, 1991: 224) – sogar an der Regierung vorbei die Weichen in Richtung einer oligopolistischen Marktwirtschaft gestellt. *Private interest government* in Deutschland! Nicht einmal der Rest des kommunalen *»Gas- und Wasser-Sozialismus«*, den jede Marktwirtschaft duldet, wurde damit möglich – zum Ärger der ostdeutschen Kommunen.

Der Verdacht wurde laut, daß die westdeutschen Industrieinteressen so dominant waren, daß ausländische Investoren keine Chance bekamen. Bischofferode und SKET in Magdeburg oder Fritz Heckert in Chemnitz wurden als Beispiele genannt, wie Großbetriebe zerschlagen und interessengerecht für westdeutsche Investoren zurechtgeschneidert wurden (Lehmbruch, 1994: 26f.). Aber es gab durchaus Gegenbeispiele wie die EKO-Stahlwerke in Eisenhüttenstadt, allerdings nur, wenn westdeutsche Konzerne kein hinreichendes Interesse zeigten. Außerdem haben Erhaltungsinitiativen der Länder, vor allem in Brandenburg und in Sachsen, zunehmend die Alleinentscheidung der großindustriellen Interessenten konterkariert.

Der wirtschaftliche Aufschwung im Osten kann auf die Dauer nur erhalten bleiben, wenn neue Unternehmen – neben den von der Treuhand privatisierten und reprivatisierten – entstehen. Bis 1992 wurden 200-300000 Gewerbe angemeldet. 1993 nur noch 190000. Ihnen standen 119000 Gewerbeabmeldungen gegenüber. Mit einem positiven Saldo von 40000 im ersten Halbjahr 1994 lagen die östlichen Bundesländer weit über dem Saldo Nordrhein-Westfalens, das eine etwa vergleichbare Bevölkerungszahl aufweist (SRV: Jg 1994/95: 86) Aber der Vergleich mit einem Revier im Niedergang ist nicht fair, da Ostdeutschland »blühende Landschaften« versprochen worden waren. Kein Zweifel, daß die Gewerbeanmeldungszahl rückläufig ist. Es wird jedoch geltend gemacht, daß ausländische Investitionen im Osten Mitte der neunziger Jahre häufiger waren als in Westdeutschland.

Die andere Seite der Klassenpolitik, die *Gewerkschaften*, waren im Vereinigungsprozeß zunächst kaum benachteiligt. Die Gewerkschaften waren die zögerlichsten Landnehmer unter den großen Interessenten, wurden aber rasch in die Rolle eines Anwalts der Angleichungsansprüche gedrängt. Die Rolle mußten sie spielen, weil der ständig sinkende gewerkschaftliche Organisationsgrad, der anfangs weit über Westniveau lag, zur Stabilisierung der eigenen Organisation zwang. Ihre egalisierende *Einkommenspolitik* wird gegen den Rat der meisten Experten politisch akzeptiert. Nur ein paar linke Ökonomen haben ihre Bedenken ganz der Selbsterhaltungspolitik gewerkschaftlicher Organisationsimperative untergeordnet (z.B. Hickel/Priebe, 1994: 44f.). Mit steigendem Potential des Linkspopulismus der PDS wurde die Bereitschaft größer, dem Druck übersteigender Angleichungserwartungen nachzugeben, besonders in einem Superwahljahr wie 1994.

Das Neue an der Umbruchsituation erscheint, daß politische Akteure wider besseres Transformationswissen handeln. Auch in Zeiten normaler Innovationspolitik werden Interessen durch distributive oder gar redistributive Politik positiv und negativ tangiert. Weite Sektoren der Gesellschaft hingegen sind von der Maßnahme nicht betroffen. Die Transformation hingegen bringt eine neue Lage für die Berater von Politikern mit sich: Sie müssen weit stärker als üblich *Akzeptanz* ins Kalkül einbeziehen. Nie gab es so große Koalitionen von Gewinnern und Verlierern. Wissenschaftler werden in diesem Prozeß in gewisser Weise korrumpiert: Sie äußern ihre Meinung, und wenn die Politik anders entscheidet, beeilen sie sich, eine Verbeugung vor dem Primat der Politik zu machen (Schiller, 1994: 38).

Man kann den gleichen Sachverhalt auch positiv formulieren: Etabliertes Spezialwissen löst in Transformationszeiten die Probleme nicht und behindert in fachlicher Enge den Kommunikationsprozeß. In Umbruchsituationen kann *soziale Kompetenz* wichtiger werden als *Sachkompetenz* (Czada, 1994: 263). Aber dieser Euphemismus birgt populistische Gefahren. Der Dezisionismus stützt sich auf stimmungsdemokratische Prozesse zur Minimisierung von Unzufriedenheit: Fachkompetenz muß dann durch große Anstrengungen – wie etwa im Bereich der *Arbeitsmarktpolitik* – wieder gutmachen, was soziale Kompetenz in vorauseilendem Gehorsam gegenüber der Volksmeinung angerichtet hat (etwa durch generöse Umtauschraten und zu rasche Lohnangleichung).

Die Transformation in Ostdeutschland wird vorwiegend als *Steuerungsproblem* beleuchtet. Dabei zeigt sich, daß der Staat in einigen Bereichen effizient steuerte (z.B. in der Arbeitsmarktpolitik), zum Teil, weil er in anderen Bereichen falsche Weichen stellte (wie in der Eigentums- und Privatisierungspolitik). Die christdemokratisch-liberale Regierung entwickelte sektoral einen *Vereinigungskeynesianismus wider Willen.* Gelegentlich hat der Bund sogar »übersteuert«, weil die Länder nicht zahlungswillig oder -fähig schienen, wie in der Kulturpolitik.

In anderen Bereichen überließ er nach der Setzung eines normati-

Matrix: Akteure und Ziele der Transformationspolitik in Ostdeutschland

	Dominante Akteure		
	staatliche	parastaatliche	Interessenten und Verbände
Bestandserhaltung für Institutionen und Regulierungen	Arbeitsmarktpolitik (aktive Teile) Kultur- und Denkmalpolitik Wirtschaftliche Strukturpolitik der neuen Länder Schulpolitik der neuen Länder	Beschäftigungsauflagen der Treuhand Beschäftigungsgesellschaften	Agrarpolitik Lohnpolitik und Arbeitsplatzerhaltungspolitik der Gewerkschaften
Transformation und Übernahme westlicher Lösungen	Verfassungspolitik Föderalismuspolitik Finanzpolitik Rechtspolitik (überwiegend) krass: § 218 Frauenpolitik Beamtenpolitik	Privatisierungspolitik Geldpolitik Abwicklung der Hochschulen	Soziales Sicherheitssystem Gesundheitswesen Forschungspolitik Investitionspolitik der wirtschaftlichen Akteure
	Rundfunkpolitik		Abwicklung der Forschungseinrichtungen

ven Rahmens das Feld *parastaatlichen Einrichtungen* wie der Treuhand. In den meisten Arenen beherrschten *organisierte Interessen* das Feld, vor allem in jenen Statusbereichen, in denen die Regierung sich gezwungen sah, sich an anderer Stelle mit den Interessengruppen anzulegen, weil größere Reformen im Bereich der Gesundheitspolitik und der Sozialpolitik auf der Agenda standen. Gerade weil in einigen Sektoren großer Reformbedarf bestand, hatten die Akteure nicht den Rücken frei, anläßlich der Vereinigungspolitik weitere Reformen anzupacken. Staatliche Akteure hätten die vielen Aufgaben ohne parastaatliche und private Akteure schwerlich bewältigen können (vgl. Matrix).

Daß die Interessengruppen im Zeitalter eines fehlenden generellen Normenkonsenses nur noch ein Interesse an der Erhaltung des übergreifenden Systems haben (Mayntz, 1992: 18), ist eine ehrwürdige

Binsenweisheit der Verbandsforschung. Das »entfremdete Interesse von Organisationen an sich selbst« wird im Zeitalter postmoderner Selbststeuerungstheorien nach der autopoietischen Wende in der Systemtheorie milder als in der früheren Linken beurteilt. Die Interessen verhielten sich erwartungsgemäß, und nur in wenigen Bereichen richteten sie großen Schaden an, weil sie dem begründeten Erhaltungsinteresse der DDR-Einrichtungen, die sich nur schwach artikulieren konnten, nicht nachgaben.

Die Steuerungsfähigkeit des Staats der Bundesrepublik in der »Stunde der Exekutive« war größer, als man erwarten konnte, zumal viele andere Akteure (z. B. die Länder und die Gewerkschaften) noch weit hilfloser erschienen. Dennoch war die sektorale Fragmentierung der Problemverarbeitung im Transformationsprozeß größer als bei der herkömmlichen Innovationspolitik. Die Netzwerke von staatlichen, parastaatlichen und Verbandsinteressen haben – ohne große Innovationsabsichten – die Übertragung der Einrichtungen der Bundesrepublik bewerkstelligt. *Gesellschaftliche Selbstregulierung aber schließt große gesamtstaatliche Reformen aus.*

Gerhard Lehmbruch (1994) zog es vor, von *Transformationsdynamik* zu sprechen, da es *Transformationsstrategien* allenfalls sektoral gab. Dies schließt aber nicht aus, von Steuerung zu sprechen. Mangelnde Konzepte wurden gelegentlich durch *Dezisionismus* ausgeglichen.

Angesichts solcher Verselbständigungstendenzen der Prozesse ist es nicht verwunderlich, daß ein altes Paradoxon der Bundesrepublik sich zuspitzte: Die beiden großen Volksparteien erreichten jeweils das Gegenteil von dem, was sie auf ihre Fahnen geschrieben hatten. Die SPD unter Schmidt wollte *Arbeitsmarktpolitik*, war aber erfolgreich in der Realisierung des Unions-Ziels Nr. 1: der *Inflationsbekämpfung*. Kohl wollte keine »sozialdemokratische« aktive Arbeitsmarktpolitik und mußte gerade diese in gigantischem Maße schaffen, so daß sie schwedischer erscheint als die schwedische Arbeitsmarktpolitik auf ihren sozialdemokratischen Höhepunkten (M. G. Schmidt).

Im Lichte dieses hier beschriebenen »Steuerungschaos« waren große Innovationen nicht zu erwarten. Das ist um so bedauerlicher, als ihre Unerledigtheit den Prozeß des Zusammenwachsens der beiden Teile Deutschlands belastet. Viele Reformen wären wünschbar gewesen. Als die *Verbeamtung* in Ostdeutschland stark umstritten war, hätte ein Verbeamtungsstopp in ganz Deutschland vielleicht den »ersten Schritt in die richtige Richtung« – wie das im Bonn-Deutsch genannt wurde – darstellen können. Aber die Beamtenlobby, die ihr Interesse sogar im Grundgesetz zementierte, war stärker. Eine *Föde-*

ralismusreform war überfällig, nicht nur als Reform des horizontalen Finanzausgleichs. Aber sollte man wirklich das zarte Pflänzchen eines Regionalbewußtseins in den neuen Bundesländern durch rationale Flächenzusammenlegungspolitik wieder ausjäten?

Verfassungsveränderungen standen 1990 auch in Deutschland auf der Tagesordnung. Ich meine nicht die Staatsziel-Romantik, die Hauptergebnis des Verfassungsprozesses 1993/94 wurde, sondern Änderungen bei Föderalismus und im Institutionengefüge der Gewalten, vor allem in der Frage des Parlamentsauflösungsrechts (vgl. Kap. 1). Aber auch diese Desiderate konnten keine Aufmerksamkeit in der »Vordringlichkeit des Befristeten« (Luhmann) auf sich ziehen. Die *Non-Decisions* in diesen Bereichen sind bedauerlich, aber zugleich erklärlich.

Viele der geschilderten Friktionen werden auch den Westen zunehmend ändern. Von einem *»Schleichweg in die Dritte Republik«* (Czada, 1994) möchte ich gleichwohl nicht reden. Die Differenzen der Transformationspolitik in Ostdeutschland zum politischen »business as usual« in Bonn sind dafür nicht groß genug. Ein Vergleich zur Transformation nach 1949 muß uns vorsichtig machen. Non-Decisions und Reformversäumnisse allüberall! Ein Land lag in Trümmern, aber es blieb elf Jahre ohne Bundesbaugesetz und 22 Jahre ohne Städtebaugesetz. Die Anforderungsbedingungen waren damals ungleich härter als die nicht so rosige Lage im heutigen Ostdeutschland. Dennoch unterblieben viele Innovationen, die selbst die Alliierten uns aufdrängen wollten, vom modernisierten Föderalismus bis zum vereinheitlichten sozialen Sicherungssystem. Trotz dieser versäumten Reformen wurde die Geschichte dieser Republik eine Erfolgsstory!

Literatur

M. Ackermann: Der kulturelle Einigungsprozeß. Bonn, Friedrich-Ebert-Stiftung, 1991

J. Allmendinger: Staatskultur und Marktkultur, ostdeutsche Orchester im Vergleich. In: Stiftung mitteldeutscher Kulturrat (Hrsg.): Kultur und Kulturträger in der DDR. Berlin, Akademie-Verlag, 1993: 215–281

H. L. Arnold (Hrsg.): Die Abwicklung der DDR. Göttingen, Wallstein, 1992

P. Bauer: Ideologie und politische Beteiligung in der Bundesrepublik Deutschland. Opladen, Westdeutscher Verlag, 1993

H. Bertram (Hrsg.): Die Familie in den neuen Bundesländern. Opladen, Leske & Budrich, 1992

H. Bertram (Hrsg.): Ostdeutschland im Wandel. Lebensverhältnisse – politische Einstellungen. Opladen, Leske & Budrich, 1995

H. Bertram u. a. (Hrsg.): Sozialer und demographischer Wandel in den neuen Bundesländern. Berlin, Akademie Verlag, 1995

K. von Beyme: Der Wiederaufbau. München, Piper, 1987

K. von Beyme: Die Wunde, die Deutschland heißt? Kulturelle Identität nach der Vereinigung. Universitas, 1993: 154–169

K. von Beyme: Verfehlte Vereinigung – verpaßte Reformen? Zur Problematik der Evaluation der Vereinigungspolitik in Deutschland seit 1989. Journal für Sozialforschung, 1994: 249–269

Bundesministerium für Gesundheit (Hrsg.): Indikatoren zum Gesundheitszustand der Bevölkerung der ehemaligen DDR. Bonn, 1993

R. Czada: Schleichweg in die »Dritte Republik«. Politik der Vereinigung und politischer Wandel in Deutschland. PVS, 1994: 245–270

V. Eichener u. a. (Hrsg.): Organisierte Interessen in Ostdeutschland. Marburg, Metropolis, 1992, 2 Halbbände

Th. Emmert: Konfliktlinien, Sozialismus und Wahlverhalten. Ein sozialstruktureller Erklärungsversuch der Volkskammerwahlen am 8. März 1990 in der DDR. Heidelberg, Mag. Diss., 1991

H.-W. Fuchs/L. R. Reuter: Bildungspolitik seit der Wende. Opladen, Leske & Budrich, 1995

B. Gahlen u. a. (Hrsg.): Von der Plan- zur Marktwirtschaft. Eine Zwischenbilanz. Tübingen, Mohr, 1992

R. Geissler (Hrsg.): Sozialer Umbruch in Ostdeutschland. Opladen, Leske & Budrich, 1993

H. Hickel/J. Priebe: Nach dem Fehlstart. Ökonomische Perspektiven der deutschen Einigung. Frankfurt, Fischer, 1994

H.-G. Hockerts: Grundlinien und soziale Folgen der Sozialpolitik. In: H. Kaelble u. a. (Hrsg.): Sozialgeschichte der DDR. Stuttgart, Klett-Cotta, 1994: 519–544

M. Hüther: Integration der Transformation. Überlegungen zur Wirtschaftspolitik für das vereinigte Deutschland. Jahrbuch für Sozialwissenschaft, 1993: 31–52

Jahresgutachten 1994/95 des Sachverständigenrates zur Begutachtung der gesamtwirtschaftlichen Entwicklung (zit. Jg.)

J. Kocka: Vereinigungskrise. Zur Geschichte der Gegenwart. Göttingen, Vandenhoeck & Ruprecht, 1995

H. Krumrey: Aufschwung Ost. Märchen oder Modell? Frankfurt, Fischer, 1992

G. Lehmbruch: Die deutsche Vereinigung. Strukturen und Strategien. PVS, 1991: 585–604

G. Lehmbruch: Institutionen, Interessen und sektorale Variationen in der Transformationsdynamik der politischen Ökonomie Ostdeutschlands. Journal für Sozialforschung, 1994: 21–44

G. Lehmbruch (Hrsg.): Einigung und Zerfall. Deutschland und Europa nach dem Ende der Ost-West-Konflikts. Opladen, Leske & Budrich, 1995

Ph. Manow-Borgwardt: Die Sozialversicherung in der DDR und der BRD

1945–1990: Über die Fortschrittlichkeit rückschrittlicher Institutionen. PVS, 1994: 40–61
R. Mayntz: Die außeruniversitäre Forschung im Prozeß der deutschen Einigung. Leviathan, 1992: 64–82
R. Mayntz (Hrsg.): Verbände zwischen Mitgliederinteressen und Gemeinwohl. Gütersloh, Bertelsmann, 1992
R. Mayntz (Hrsg.): Deutsche Forschung im Einigungsprozeß. Frankfurt, Campus, 1994
H.-W. Meyer (Hrsg.): Sozial gerecht teilen – ökologisch umsteuern? Köln, Bund, 1994, 2 Bde
M. Müller/W. Thierse (Hrsg.): Deutsche Ansichten. Die Republik im Übergang. Bonn, Dietz, 1992
G. Neuweiler: Das gesamtdeutsche Haus für Forschung und Lehre. APuZG B 25/1994: 3–11
F. Nullmeier/F. W. Rüb: Die Transformation der Sozialpolitik. Vom Sozialstaat zum Sicherungsstaat. Frankfurt, Campus, 1993
C. Offe: Der Tunnel am Ende des Lichts. Erkundungen der politischen Transformation im neuen Osten. Frankfurt, Campus, 1994
D. Patton: Social Coalitions, Political Strategies and German Unification, 1990–1993. West European Politics, 1993: 470–491
Ch. Perschke-Hartmann: Dic doppelte Reform. Gesundheitspolitik von Blüm zu Seehofer. Opladen, Leske & Budrich, 1994
M. E. Porter: Nationale Wettbewerbsvorteile. München, Droemer Knaur, 1991: 735 ff.
J. Priebe/R. Hickel: Der Preis der Einheit. Bilanz und Perspektiven der deutschen Wiedervereinigung. Frankfurt, Fischer, 1991
B. Schäfers: Gesellschaftlicher Wandel in Deutschland. Stuttgart, Enke, 1995[6]
W. Schäuble: Der Vertrag. Stuttgart, DVA, 1991
K. Schiller: Der schwierige Weg in die offene Gesellschaft. Kritische Anmerkungen zur deutschen Vereinigung. Berlin, Siedler, 1994
R. Schmidt/B. Lutz (Hrsg.): Chancen und Risiken der industriellen Restrukturierung in Ostdeutschland. Berlin, Akademie Verlag, 1995
W. Seibel: Necessary Illusions: The transformation of Governance structures in the New Germany. La Revue Tocqueville, 1992: 177–197
W. Seibel: Strategische Fehler oder erfolgreiches Scheitern? Zur Entwicklungslogik der Treuhandanstalt 1990–1993. PVS, 1994: 2–39
H. Siebert: Das Wagnis der Einheit. Eine wirtschaftspolitische Therapie. Stuttgart, DVA, 1992
G. u. H.-W. Sinn: Kaltstart. Volkswirtschaftliche Aspekte der deutschen Vereinigung. Tübingen, Mohr, 1991
R. Ulrich/R. Münz: Migration von und nach Ostdeutschland. Berliner Journal für Soziologie, 1994: 293–302
B. Wehner: Deutschland stagniert. Vor der ost- zur gesamtdeutschen Wirtschaftskrise. Darmstadt, Wiss. Buchgesellschaft, 1994
D. Wittich (Hrsg.): Momente des Umbruchs. Sozialstruktur und Lebensqualität in Ostdeutschland. Berlin, Akademie-Verlag, 1994

W. Zapf: Die Transformation in der ehemaligen DDR und die soziologische Theorie der Modernisierung. Berliner Journal für Soziologie, 1994: 295–306

Politik und Zeitgeschichte

Imanuel Geiss

Der lange Weg in die Katastrophe

Die Vorgeschichte des Ersten Weltkriegs 1815–1914. 368 Seiten. SP 943

Die Entstehung dieser »Urkatastrophe des 20. Jahrhunderts« (George F. Kennan) kann man nur verstehen, wenn nicht nur die letzten Jahre – oder gar Monate – vor dem Juli 1914 untersucht werden, sondern die Herausbildung des Europäischen Staatensystems seit dem Wiener Kongreß von 1815 analysiert wird.

Der Erste Weltkrieg

Wirkung, Wahrnehmung, Analyse. Im Auftrag des Militärgeschichtlichen Forschungsamtes herausgegeben von Wolfgang Michalka. 1062 Seiten. SP 1927

Ursachen, Verlauf und Auswirkungen des Ersten Weltkrieges werden von über 40 Wissenschaftlern des In- und Auslandes vergleichend untersucht. Probleme der Internationalen Beziehungen bieten eine differenzierte Gesamtschau des folgenschweren Ereignisses unseres Jahrhunderts.

Ruth von Mayenburg

Hotel Lux

Das Absteigequartier der Weltrevolution. 352 Seiten. SP 1355

Die Erste Republik

Dokumente zur Geschichte des Weimarer Staates. Herausgegeben von Peter Longerich. 512 Seiten. SP 1429

Die Weimarer Republik war der erste Versuch, einen demokratischen Staat in Deutschland zu errichten. In diesem Lesebuch wird die erste deutsche Republik in zeitgenössischen Texten belegt, wird gezeigt, wie dieser Versuch verlief und warum er nicht gelang.

Jürgen Schmädeke

Der Deutsche Reichstag

Geschichte und Gegenwart eines Bauwerks. 176 Seiten mit 35 Abbildungen. SP 2049

DEM DEUTSCHEN VOLKE – so steht es am Giebel über dem Hauptportal des Reichstagsgebäudes in Berlin, das vor gerade 100 Jahren bezogen worden ist. Und in der Tat: Was hier entschieden wurde, hat in das Leben dieses Volkes eingegriffen, es verändert. So verkörpert das monumentale Bauwerk die bewegte Geschichte Deutschlands.

Politik und Zeitgeschichte

Führerbilder

Hitler, Mussolini, Roosevelt, Stalin in Fotografie und Film. Herausgegeben von Martin Loiperdinger, Rudolf Herz und Ulrich Pohlmann. 235 Seiten. SP 2162

Das Dritte Reich im Überblick

Chronik, Ereignisse, Zusammenhänge. Herausgegeben von Martin Broszat und Norbert Frei in Verbindung mit Wolfgang Benz, Manfred Funke, Hermann Graml, Lothar Gruchmann, Ludolf Herbst, Hartmut Mehringer, Günter Plum, Werner Röder, Albrecht Tyrell. 335 Seiten. SP 1091

Joachim C. Fest

Das Gesicht des Dritten Reiches

Profile einer totalitären Herrschaft. 516 Seiten. SP 1842

Joseph Goebbels

Tagebücher

Herausgegeben von Ralf Georg Reuth. 5 Bände in Kassette. Zusammen 2304 Seiten. SP 1410

Ralf Georg Reuth

Goebbels

760 Seiten mit 33 Schwarzweißfotos. SP 2023

Peter Hoffmann

Widerstand · Staatsstreich · Attentat

Der Kampf der Opposition gegen Hitler. 1003 Seiten mit Karten, Skizzen und 8 Fotos. SP 418

Detlef Graf von Schwerin

»Dann sind's die besten Köpfe, die man henkt«

Die junge Generation im deutschen Widerstand. 571 Seiten mit 20 Abbildungen. SP 1953

Detlef Graf von Schwerin, dessen Vater am Attentat vom 20. Juli 1944 maßgeblich beteiligt war, schrieb eine Gruppenbiographie über den innersten Zirkel der Verschwörer, die es so noch nicht gegeben hat.

Der Zweite Weltkrieg

Grundzüge, Analysen, Forschungsbilanz. Herausgegeben von Wolfgang Michalka. 878 Seiten. SP 811

Zwei Wege nach Moskau

Vom Hitler-Stalin-Pakt zum Unternehmen »Barbarossa«. Herausgegeben von Bernd Wegner. 664 Seiten. SP 1346

Der Band gibt einen Überblick über Vorgeschichte, Verlauf und die weltpolitischen Folgen.